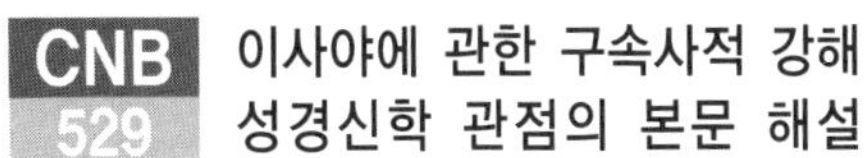

이사야

이광호

2016년

교회와성경

지은이 | 이광호

영남대학교와 경북대학교대학원에서 법학과 서양사학을 공부했으며, 고려신학대학원(M.Div.)과 ACTS(Th.M.)에서 신학일반 및 조직신학을 공부한 후 대구 가톨릭대학교(Ph.D.)에서 선교학을 위한 비교종교학을 연구하였다.
'홍은개혁신학연구원'에서 성경신학 담당교수를 비롯해 고신대학교, 고려신학대학원, 영남신학대학교, 브니엘신학교, 대구가톨릭대학교, 숭실대학교 등에서 학생들을 가르쳤으며, 이슬람 전문선교단체인 국제 WIN선교회 한국대표를 지냈다.
현재는 실로암교회에서 담임목회를 하면서 한국개혁장로회신학교 교장을 맡고 있으며 부경신학연구원에서 강의하고 있다.

저서

- 성경에 나타난 성도의 사회참여(1990)
- 갈라디아서 강해(1990)
- 더불어 나누는 즐거움(1995)
- 기독교관점에서 본 세계문화사(1998)
- 세계 선교의 새로운 과제들(1998)
- 이슬람과 한국의 민간신앙(1998)
- 아빠, 교회 그만하고 슈퍼하자요(1995)
- 교회와 신앙(2002)
- 한국교회 무엇을 개혁할 것인가(2004)
- CNB 501 에세이 산상수훈(2005)
- CNB 502 예수님 생애 마지막 7일(2006)
- CNB 503 구약신학의 구속사적 이해(2006)
- CNB 504 신약신학의 구속사적 이해(2006)
- CNB 505 창세기(2007)
- CNB 506 바울의 생애와 바울서신(2007)
- CNB 507 손에 잡히는 신앙생활(2007)
- CNB 508 아름다운 신앙생활(2007)
- CNB 509 열매 맺는 신앙생활(2007)
- CNB 510 웨스트민스터 신앙고백(2008)
- CNB 511 사무엘서(2010)
- CNB 512 요한복음(2009)
- CNB 513 요한계시록(2009)
- CNB 514 로마서(2010)
- CNB 515 야고보서(2010)
- CNB 516 다니엘서(2011)
- CNB 517 열왕기상하(2011)
- CNB 518 고린도전후서(2012)
- CNB 519 개혁조직신학(2012)
- CNB 520 마태복음(2013)
- CNB 521 히브리서(2013)
- CNB 522 출애굽기(2013)
- CNB 523 목회서신(2014)
- CNB 524 사사기, 룻기(2014)
- CNB 525 옥중서신(2014)
- CNB 526 요한 1, 2, 3서, 유다서(2014)
- CNB 527 레위기(2015)
- CNB 528 스코틀랜드 신앙고백서(2015)

역서

- 모슬렘 세계에 예수 그리스도를 심자(Charles R. Marsh, 1985년, CLC)
- 예수님의 수제자들(F. F. Bruce, 1988년, CLC)
- 치유함을 받으라(Colin Urquhart, 1988년, CLC)

홈페이지 http://siloam-church.org

이사야

CNB 529

이사야

A Study on the Book of Isaiah
by Kwangho Lee

Published by the Church & Bible Publishing House

초판 인쇄 | 2016년 2월 15일
초판 발행 | 2016년 2월 20일

발행처 | 교회와성경
주소 | 평택시 특구로 43번길 90 (서정동)
전화 | 031-662-4742
등록번호 | 제2012-03호
등록일자 | 2012년 7월 12일

발행인 | 문민규
지은이 | 이광호
편집주간 | 송영찬
편집 | 신명기
디자인 | 조혜진

총판 | (주) 비전북출판유통
주소 | 경기도 고양시 일산구 장항동 568-17호 (우) 411-834
전화 | 031-907-3927(대) 팩스 031-905-3927

값은 표지에 있습니다.
파손된 책은 구입처나 출판사에서 교환해 드립니다.
ISBN 978-89-98322-16-8 93230

Printed in Seoul of Korea

CNB시리즈
서 문

CNB The Church and The Bible 시리즈는 개혁신앙의 교회관과 성경신학적 구속사 해석에 근거한 신 · 구약 성경 연구 시리즈이다.

이 시리즈는 보다 정확한 성경 본문 해석을 바탕으로 역사적 개혁 교회의 면모를 조명하고 우리 시대의 교회가 마땅히 추구해야 할 방향을 제시함으로써 교회의 삶과 문화를 창달하는 것을 그 목적으로 하고 있다.

따라서 이 시리즈는 진지하게 성경을 연구하며 본문이 제시하는 메시지에 충실하고 있다. 그렇다고 이 시리즈가 다분히 학문적이거나 또는 적용이라는 의미에 국한되지 않는다. 학구적인 자세는 변함 없지만 궁극적으로 하나님의 나라를 지향함에 있어 개혁주의 교회관을 분명히 하기 위해 보다 더 관심을 가진다는 의미이다.

본 시리즈의 집필자들은 이미 신 · 구약 계시로써 말씀하셨던 하나님께서 지금도 말씀하고 계시며, 몸된 교회의 머리이자 영원한 왕이신 그리스도께서 지금도 통치하시며, 태초부터 모든 성도들을 부르시어 복음으로 성장하게 하시는 성령께서 지금도 구원 사역을 성취하심으로써 창세로부터 종말에 이르기까지 거룩한 나라로서 교회가 여전히 존재하고 있음을 그 무엇보다도 중요하게 여기고 있다.

아무쪼록 이 시리즈를 통해 계시에 근거한 바른 교회관과 성경관을 가지고 이 땅에 진정한 그리스도인의 삶과 문화가 확장되기를 바라는 바이다.

시리즈 편집인

김영철 목사, 미문(美聞)교회 목사, Th.M.
송영찬 목사, 기독교개혁신보 편집국장, M.Div.
오광만 목사, 대한신학대학원대학교 교수, Ph.D.
이광호 목사, 실로암교회 목사, Ph.D.

이사야

A Study on the Book of Isaiah

2016년

교회와성경

머리말

여호와 하나님께서는 BC8세기 모든 면에서 혼란스럽던 시기에 젊은 이사야를 불러 선지자로 세우셨다. 그것은 먼저 하나님 자신을 위해서였으며 이스라엘 민족 때문이었다. 이는 전체적으로 보아 메시아와 직접 연관되어 있었음을 말해 준다. 따라서 이사야가 선지자가 된 것은 그의 자발적인 결단으로 인한 것이 아니었으며 하나님께서 이사야 개인의 신앙이나 삶을 위해 그를 특별히 선지자로 부르신 것도 아니었다.

당시 예루살렘과 전체 이스라엘 왕국은 종교적으로 매우 부패한 상태였으며 특히 그가 속한 유다 왕국의 왕들(웃시아, 요담, 아하스, 히스기야, 므낫세)은 대개 하나님의 뜻을 멸시한 채 악한 정치를 펼치고 있었다. 물론 그 가운데 선정善政을 위해 애쓴 왕이 없지 않았으나 전반적으로는 하나님을 기억하지 않는 악한 왕들이었다.

그 왕들은 백성들 위에 군림하여 학정을 펼치면서도 하나님의 뜻 보다는 민심의 동향을 살피기에 급급했다. 나아가 살아계신 여호와 하나님을 두려워하지 않고 강대국을 비롯한 주변의 여러 나라들 사이에서 외교적인 계산을 하기에 바빴다. 그러다보니 국가와 사회적으로 불의와 죄악이 가득 찰 수밖에 없었다.

그런 역사적 배경 가운데 하나님께서는 선지자 이사야를 통해 예언하셨으며 성경을 기록하도록 계시하셨다. 오늘날 교회가 소유하고 있는 이사야서 66장 전체는 구약 성경에서 매우 중요한 위치를 차지하고 있다. 이사야가 직접 계시 받아 그 서책을 기록했지만 자유주의자들 가운데는 선지자 한 사람이 이사야서 전체를 쓴 것이 아니라 여러 사람이 상이한 시대에 기록한 것으로 간주하고 있다. 그런 자들은 성경에 기록된 내용의 근본적인 뜻을 이해하지 못하기 때문에 섣불리 그런 결론을 내리고 있다.

자유주의자들은 이사야서를 1장에서 39장까지와 40장에서 마지막 66장까지를 양분하고 있다. 나아가 전체를 세 부분으로 나누어 이사야서 1장에서 39장까지를 '제1이사야서', 40장에서 55장까지를 '제2이사야서', 56장에서 마지막 66장까지를 '제3이사야서' 라고 주장하기도 한다. 그들은 앞의 39장까지는 이사야 선지자가 쓴 글이지만 나중 부분은 다른 사람들의 기록이라는 것이다.

즉 그런 주장을 하는 신학자들은 40장 이하의 내용은 바벨론 포로 이후에 한 명 혹은 두 명의 이름이 알려지지 않은 저자가 쓴 글이라고 생각한다. 다시 말해 우리가 알고 있는 선지자 이사야가 쓴 글이 아니라는 것이다. 그들이 그런 주장을 내세우는 근거는 이사야서의 앞부분과 나중에 기록된 부분이 내용과 문체가 서로 다르다는 것이 그 이유이다. 본문을 통해 살펴보겠지만 그것은 믿음이 없는 자들의 억측에 지나지 않는다.

이처럼 우리 시대는 하나님의 말씀이 인간들의 이성에 의해 심각한 도전을 받고 있다. 하지만 이사야서는 한 사람의 선지자가 계시 받아 쓴 것이 틀림없다. 신약 성경은 이사야서를 인용할 때 한결같이 이사야의 글이라 증거하고 있다. 마태복음 12:18-21에서는 이사야서 42:1-3을 인용하면서 이사야의 글이라고 했으며, 누가복음 4:18에는 이사야서 61:1,2를 인용하며 동일한 증거를 했다. 그리고 요한복음 12:38-40에는 이사야서 53:1과 6:10을 인용하면서 이사야의 글이라는 사실을 밝히고 있다. 이처럼 이사야서가 선지자 이사야가 쓴 책이란 사실은 성경 자체가 증거하고 있는 것이다.

또한 우리가 기억하고 있어야 할 바는 이사야서가 역사와 시대별 혹은 연대기적인 순서에 따라 기록된 것이 아니라는 사실이다. 부분적으로는 시대와 무관하게 뒤섞여 나오는 경우가 많다. 하지만 전체 내용으로 보아서는 앗수르, 바벨론, 페르시아, 헬라, 로마시대에 연결되어 있다. 나아가 예루살렘 성전과 예수 그리스도의 사역에 연결되어 있으며, 최종심판과 새 하늘과 새 땅에 연결되어 있다. 즉 이사야서는 기록 당시로부터 주님의 초림과 재림까지의 전체 역사를 반영하고 있는 것이다.

우리는 이사야서를 통해 인간 역사 가운데 발생하는 하나님의 놀라운 경륜을 볼 수 있어야 한다. 나아가 하나님께서 자기 자녀들을 구원하시기 위해 친히 작정하고 실행하신 모든 일들에 대하여 깊은 관심을 기울여야 할 필요가 있다. 이사야서에 기록된 하나님의 말씀은 단순한 과거의 사건으로 끝난 것이 아니라 우리의 현실과 연관되어 있으며 장차 이르게 될 궁극적인 소망에 밀접하게 연관되어 있기 때문이다.

이 책을 접하는 모든 성도들이 성경을 이해하는 데 작은 도움이 되기를 바란다. 역사 가운데 지속적으로 일해오신 하나님께서는 지금도 여전히 교회 가운데서 일하고 계신다. 구약 시대와 우리 시대의 하나님은 동일하신 분이다. 우리는 과거를 보며 현재를 깨닫고, 그것을 통해 과거와 미래에 연관된 하나님의 경륜을 깨닫는 것이 지상 교회에 허락된 놀라운 축복임을 기억해야만 한다.

이 책을 출간하면서 감사해야 할 분들이 많다는 생각이 든다. 특히 모든 수고를 아끼지 않는 친구 송영찬 목사님과 실로암 교회 모든 성도님들과 사랑하는 가족들, 그리고 이름을 거명하지 않은 여러분들에게 진심으로 감사드린다. 좋은 이웃의 관심과 격려가 없었다면 이런 결실을 기대할 수 없었다. 이 땅에 살아가는 동안 그리스도 안에서 진정으로 신뢰할 만한 이웃이 많다는 것은 최상의 복이다. 부족한 것들 투성이임에도 불구하고 소자에게 넘치는 복을 허락하신 하나님께 조용히 감사드린다.

2016년 1월
실로암교회 서재에서
이 광 호 목사

차 례

제4부 | 하나님의 경고와 이스라엘을 향한 약속 (사 24-39장)

제5부 | 하나님의 구원 계획과 '고난 받는 종' (사 40-55장)

제6부 | 예루살렘의 회복과 '새 하늘과 새 땅' (사 56-66장)

제 1 부

유다에 대한 책망과 소망

(이사야 1-6장)

제1장

이사야 시대의 배도와 하나님의 경고
(사 1:1-31)

1. 이사야 선지자의 시기 (사 1:1)

이사야서는 구약시대 선지자 이사야가 생존해 있던 오랜 기간 동안 그를 통해 하나님으로부터 계시되어 기록된 진리의 말씀이다. 그는 60년이 넘는 긴 기간(대략 BC 740-680) 동안 예언했던 것이 분명하다. 이사야서 1장 1절에 기록된 웃시야 왕, 요담 왕, 아하스 왕, 히스기야 왕의 시기가 그 사실을 말해주고 있다.

요담의 통치기간 16년(왕상 15:33), 아하스의 통치기간 16년(왕하 16:2), 히스기야의 통치기간 29년(왕하 18:2)을 합하면 60년 정도가 된다. 일반적으로는 웃시야왕(BC 781-740) 통치 말기의 기간과 그를 죽인 므낫세 왕 때의 기간을 합치면 그가 선지자직을 수행했던 기간은 최소한 64년 정도가 되며 실제로는 그 이상이 될 것으로 보기도 한다.[1)]

이사야가 하나님의 말씀을 구두로 예언하며 선지자로서 사역한 시기가

---

1) J. Calvin, 이사야서 주석, 저자 서문, 참조.

그 정도라고 해도 그것이 이사야서를 기록한 기간과 일치하는 것으로 보기는 어렵다. 그렇지만 그가 예언한 전체 시기 중에 하나님의 말씀이 계시된 것이 분명하다. 아마도 그 기간 중 특정한 때 그를 통해 몇 차례에 걸쳐 하나님의 말씀이 계시되었던 것이다.

2. 배도에 빠진 시대 (사 1:2-9)

선지자 이사야는 책의 맨 앞부분에서 마치 울부짖듯이 천지를 향해 외쳤다. 그는 이스라엘 자손들이 아니라 하늘과 땅을 그 대상으로 하고 있다.[2] 배도에 빠진 백성들은 여호와 하나님의 말씀을 들을 수 있는 귀가 완전히 막혀버린 듯하다. 하나님께서는 저들을 부모가 자식에게 하듯이 최선을 다해 양육했음에도 불구하고 그들은 하나님의 뜻을 거역한 채 배도의 길에 빠졌다.

그것은 하나님의 언약을 소유한 이스라엘 백성으로서는 결코 있을 수 없는 일이었다. 일반 동물들도 그렇게 하지는 않는다. 집에서 키우는 소나 나귀도 저의 주인을 알아보는데 하물며 언약의 백성이 저들의 주인이신 하나님을 알아보지 못했다. 그것은 하나님의 사랑을 거부하는 사악한 행위가 아닐 수 없었다.

선지자 이사야는 그와 같은 모습을 보이고 있는 나라와 배도에 빠진 백성을 보며 안타까운 마음을 금하지 못했다. 그들은 하나님께 저항함으로써 범죄에 빠진 나라에 속한 백성이 되어 악한 종자로서 부패한 자들이 되어 있었다. 그 인간들은 거룩한 하나님을 버리고 감히 여호와를 업신여기는 오만한 태도에 빠졌다.

---

2) 우리는 여기서, 맨 처음 인간이 사탄의 유혹을 받아 범죄에 빠지게 되었을 때, 하나님께서 창세기 3:5에 기록된 메시아 언약을 주시면서 아담과 하와가 아니라 뱀에게 장차 일어나게 될 일을 예언하며 선포하신 사실을 떠올리게 된다.

그것은 하나님의 무서운 징계를 자초하는 행위였다. 하지만 그 당사자들은 그 사실을 전혀 인식하지 못한 채 더욱 패역한 길을 걸었다. 그 백성의 머리는 심각한 질병에 걸리고 마음은 피곤에 찌들어 있었다. 따라서 머리부터 발바닥까지 성한 곳이 하나도 없이 상하고 터진 부위와 심하게 찢긴 상처들만 가득했다. 하지만 그들은 자신의 상처에 고인 고름을 짜내거나 그 상처를 싸매지 못했으며 거기에 치료하는 기름을 바르지 못했다.

그리고 그 백성들이 살고 있던 땅은 황무하게 변해 버렸으며 많은 성읍들은 불에 타 파괴되었다. 또한 저들이 경작하던 토지는 목전에서 이방인의 손에 빼앗기게 되었으며 파괴를 당해 황폐하게 되었다. 결국 하나님의 거룩한 성 시온은 마치 포도원의 망대나 과수원 가운데 세워져 있는 원두막처럼 주변의 것들에 의해 에워싸인 듯 외로운 성읍으로 겨우 남아 있게 되었을 따름이다.

우리가 여기서 기억해야 할 바는, 그것마저도 만군의 여호와 하나님께서 언약의 자녀들을 위해 남겨두셨기 때문에 가능했다는 사실이다. 당시 많은 이스라엘 백성은 입술로는 여호와 하나님의 이름을 부지런히 불러댔지만 실상은 부패한 상태가 되어 여호와 하나님께 저항하고 있었다. 만일 하나님의 적극적인 도우심이 없었다면 그 성은 소돔과 고모라처럼 불타 파괴되었을 것이다. 이렇게 되자 인간들의 눈에 보기에는 그 성읍이 옛날의 영광을 회복하여 소생할 가능성이 전혀 없어 보이는 실정에 처하게 되었다.

3. 헛된 제사에 몰입한 배도자들 (사 1:10-14)

이사야 선지자는 소돔과 고모라처럼 타락한 유다의 관원들과 백성을 향해 하나님의 말씀과 율법을 들으라고 촉구했다. 이는 저들이 율법을 통해 선포되는 하나님의 음성으로부터 귀를 막고 있었음을 말해준다. 그럼에도 불구하고 저들은 잘못된 신앙 행위에 열성을 다하고 있었다. 그들은 하나님께 많은 제물을 번제로 바치면서 자기의 종교성에 스스로 만족했던 것이다. 그것은 착각에 의한 이기적인 신앙에 지나지 않았다.

그러므로 하나님께서는 저들이 바치는 제물을 기쁘게 받지 않으셨다. 도리어 배도에 빠진 자들의 그와 같은 종교행위를 심하게 책망하셨다. 그들이 아무리 많은 제물을 바친다고 해도 그것들은 결코 하나님의 기쁨의 대상이 되지 않았다. 그들이 번제로 바치는 수양을 비롯한 살찐 짐승들의 기름과 수송아지나 어린 양이나 수염소의 피는 하나님 보시기에 역겹게 하는 역할을 했을 따름이다.

배도의 길을 걷는 자들은 하나님의 뜻을 기억하지 않은 채 많은 제물들을 가져와 자의적인 제사를 지내기를 즐겨했다. 그들은 제사행위 자체를 통해 자신의 신앙을 드러내며 확인하고자 했다. 그것은 도리어 하나님을 욕되게 하는 것으로서 성전의 마당을 밟고 지나가는 위선적인 행위에 지나지 않았다.

이와 같이 그들은 자기가 가져온 제물들을 통해 여러 사람들 앞에 자신의 신앙을 드러내 보이며 자랑으로 삼기를 좋아했다. 마치 그것으로써 하나님을 기쁘게 할 수 있을 것처럼 크게 선전하며 기고만장했다. 어리석은 자들은 또한 그렇게 하는 것이 이스라엘의 하나님에 대한 충성인양 생각했으며, 그와 같은 사고와 행동은 마치 누룩처럼 퍼져나가 많은 사람들에게 영향을 끼쳤다.

그러므로 하나님께서는 저들에게 헛된 제물을 자기 앞으로 가져오지 말며 분향하지도 말라고 하셨다. 또한 그런 신앙자세로는 월삭과 안식일과 절기와 각종 성회로 모이는 것도 그만두라고 요구하셨다. 그런 것들은 하나님이 기쁘게 받으시는 것이 아니라 도리어 가증하게 여기는 것들이다. 하나님께서는 그런 헛된 종교행위를 싫어하실 뿐 아니라 그것을 보는 것조차 견디기 힘들다고 하셨던 것이다.

하나님께서는 자신의 이름을 핑계대는 배도자들의 종교행위가 자기에게 무거운 짐이 된다는 사실을 언급하셨다. 그것은 하나님을 심하게 괴롭히는 행동이라는 것이다. 즉 많은 제물을 가져와 그것을 바치는 저들의 제사는 하나님께 영광을 돌리는 것이 아니라 도리어 심각한 괴로움을 끼치는 행위라는 것이었다.

이에 대해서는 오늘날 우리도 주의 깊게 생각해 보지 않으면 안 된다. 계시된 말씀을 통한 하나님의 뜻을 기억하지 않은 상태에서 행해지는 모든 이기적인 종교행위는 하나님 앞에서 가증한 것이 될 수 있기 때문이다. 아무리 많은 사람들이 모여 다양한 악기들을 동원하고 아름다운 멜로디의 노래를 부른다고 해도 하나님의 뜻에 맞지 않다면 그것은 가증한 행위가 될 우려가 따른다.

나아가 설령 수많은 교인들이 모여 대성통곡하며 회개기도를 한다고 해도 그것이 본질을 외면한 형식에 지나지 않을 경우 그 행사는 도리어 하나님을 욕되게 하는 것이 될 수 있다. 스스로는 하나님 앞에서 형식적인 회개를 외치면서 가슴 뿌듯한 생각을 할지 모르지만 그것은 하나님의 이름을 핑계댄 이기적인 종교행위에 지나지 않는다.

현대를 살아가는 하나님의 자녀들은 이에 대해 더욱 민감하게 반응하지 않으면 안 된다. 교회 가운데 하나님과 그의 말씀을 이용해 자신의 이익을 꾀하는 종교지도자들이 많기 때문이다. 성숙한 성도들은 항상 말씀과 성령의 도우심에 따라 참된 제사를 드리도록 애써야 하며 어린 교인들이 배도자들의 주장과 행위에 속아 넘어가지 않도록 올바른 신앙지도를 해야만 한다.

4. 하나님의 책망과 요구 (사 1:15-17)

하나님께서는 자신의 이름을 핑계대면서 그릇된 종교 활동을 지속하는 자들의 모든 신앙행위와 기도는 받지 않으신다. 인간들은 저들이 즐기는 종교적인 행동 자체를 하나님이 기뻐할 것으로 여기지만 그것은 착각에 지나지 않는다. 그와 같은 태도는 종교를 앞세운 인간들의 이기적인 자기 기만에 지나지 않기 때문이다.

이사야 선지자가 예언할 당시 이스라엘 백성은 자신의 목적을 추구하는 과정에서 다른 사람들에게 해악을 끼치는 경우가 허다했다. 따라서 저들의 손에는 억울하게 흘린 사람들의 피가 가득하다는 비유적인 언어를 사용했다. 그와 같은 악한 생활을 완전히 청산하지 않고 하나님의 목전에서 저들의 악덕을 버리지 않은 채 불의한 삶을 지속한다면 하나님의 무서운 진노를 피할 수 없다.

그러므로 언약의 백성들은 항상 선을 익혀 행하는 가운데 하나님의 공의를 구해야만 한다. 또한 억울하게 학대받는 이웃을 도와주고 고아를 위하여 신원하며 과부들의 편에 서서 저들을 위해 변호할 수 있어야 했다. 이는 자신의 유익을 추구하기 위해 기득권자들의 편에 설 것이 아니라 약자의 편에 서 있어야 한다는 사실을 말해준다.

그럼에도 불구하고 어리석은 백성들은 온갖 악행을 저지르면서도, 겉보기에는 그럴듯한 자세를 취하고 열성적으로 기도하면 그로부터 어떤 효력이 나타날 것으로 여긴다. 하나님을 믿고 그를 진정으로 의지하는 참된 신앙을 가진 성도들이라면 그와 같은 신앙을 경멸하고 성경에 기록된 그 의미를 올바르게 깨달을 수 있어야 한다. 그렇지 않으면 저들의 모든 종교적인 열정은 하나님의 기쁨의 대상이 되는 것이 아니라 도리어 하나님을 욕되게 하는 것으로서 책망의 대상이 될 것이 분명하기 때문이다.

5. 회개 촉구 (사 1:18-20)

하나님께서는 이스라엘 백성에게 허심탄회한 마음으로 저들과 대화하여 옳고 그름을 따져보자고 말씀하셨다. 이는 하나님의 사랑과 은혜에 기인하고 있다. 저들이 회개함으로써 하나님의 뜻을 따르고 돌아오면 그 동안의 모든 죄를 용서해 주시겠다는 것이었다. 거기에는, 설령 저들의 죄가 주홍 같이 붉다고 할지라도 눈과 양털 같이 희게 해 주리라는 약속이 포함되어 있었다. 즉 아무리 많은 사람의 생명을 해하고 엄청난 양의 피를 흘렸을지라도 모두 용서해 주시리라는 것이었다.

또한 하나님께서는 이스라엘 백성들이 돌이켜 자신의 말씀에 온전히 순종하면 땅에서 나는 아름다운 소산들을 먹을 수 있게 해 주시리라는 약속을 하셨다. 그러나 저들이 하나님의 요구를 거절하여 배도에 빠진 삶을 지속한다면 하나님께서 보내시는 무서운 칼에 의한 심판을 면할 수 없게 된다. 이스라엘 자손은 저들에게 주신 하나님의 그 말씀을 기억하지 않으면 안 되었다.

오늘날 우리도 하나님의 그 말씀을 마음속 깊이 새겨두어야 한다. 이 세상에 살아가는 동안에는 새 사람이 되어 하나님의 자녀의 신분을 소유했다고 할지라도 여전히 많은 유혹들에 휩싸여 살아가면서 죄와 짝하기가 일쑤다. 어리석은 인간들은 하나님께 저항하는 범죄에 빠져 있으면서도 그에 대한 인식을 전혀 하지 못하는 경우가 많다. 그러나 믿음에 깨어있는 성숙한 성도들은 하나님을 경외하는 가운데 자기를 돌이켜 보며 회개하는 자세를 가져야만 한다. 우리는 항상 이에 대한 깨달음을 마음속 깊이 소유하고 있지 않으면 안 된다.

6. 하나님의 심판 예고 (사 1:21-23)

예루살렘은 언약의 백성이 거하는 도성으로서 마땅히 소유해야 할 거룩한 정체성을 유지해야 했다. 하지만 그것을 포기하고 하나님을 알지 못하는 이방인들과 교류하는 것을 자연스럽게 여겼다. 그러므로 선지자 이사야는 신실한 성읍이 어찌하여 몸을 파는 창녀처럼 되었는지 탄식하고 있다. 배도에 빠진 백성들이 자신의 더러운 욕망을 채우기 위해서 하나님의 신실하신 뜻을 저버렸기 때문이다.

원래 예루살렘에는 거룩한 여호와 하나님의 공평과 의리가 굳건히 자리잡고 있어야만 했다. 그러나 이제 그곳에는 그와 같은 것들은 완전히 사라져 버렸다. 따라서 예루살렘 성 안에는 인간의 욕망을 채우기 위해서라면 무슨 짓이라도 저지를 수 있는 악한 살인자들로 가득 차 있었다.

예루살렘은 한 때 순은과 같이 순수한 도성이었다. 하지만 이제는 과거의 모습은 완전히 사라진 채 온갖 더러운 불순물들이 뒤섞인 찌꺼기 같이 되어버렸다. 또한 그 도성은 순수한 포도주에 물을 섞어 희석시킨 꼴이 되어 있었다. 저들 가운데는 원래 존재했던 순수함이 완전히 사라져 버린 것이다.

그리하여 하나님의 도성 예루살렘에서 언약의 백성들을 다스리는 지도자들은 하나님에 대한 반역자가 되어 도둑의 무리와 한패거리가 되어 있었다. 그들은 뇌물을 주고받기를 즐겨했으며 자기가 받게 될 보수를 계산하면서 그것을 위해 여기저기 쫓아다니기에 급급했다. 따라서 지도자의 지위에 앉아 있는 자들은 고아와 과부처럼 외롭고 힘없는 자들의 소송을 변호해 줄 마음을 가지지 않았으며 저들이 억울하게 당한 피해를 해결해 주려하지 않았다. 저들에게는 오로지 이기적인 욕망만 가득 차 있었을 따름이다.

이에 대해서는 오늘날 지상 교회가 잘 생각해 보아야 한다. 하나님께서 거룩한 피로 값 주고 사신 교회는 하나님께서 거하시는 순결한 공동체이다. 거기에는 공평과 의리가 자리잡고 있어야 하며 인간들의 종교적인 욕망이 강하게 작용해서는 안 된다.

그러나 우리시대의 타락한 교회들은 마치 이사야 시대의 예루살렘처럼 더러운 창녀가 되어 있다고 해도 과언이 아니다. 그들은 하나님의 이름을 핑계대어 자신의 욕망을 추구하기에 여념이 없다. 이러한 때 우리는 하나님의 도우심을 바라며 그에게 간구하지 않으면 안 된다. 그래야만 하나님의 은혜를 통해 예수 그리스도의 거룩한 신부로서 순결한 모습을 회복할 수 있는 가능성이 주어질 것이기 때문이다.

7. 회복에 대한 소망 (사 1:24-27)

거룩한 성 예루살렘이 그와 같이 악하게 변질하게 된 것은 이스라엘 민족 가운데 발생한 안타까운 일이 아닐 수 없었다. 그것은 여호와 하나님께서 보시기에 괘씸한 일이기도 했거니와 매우 슬픈 일이었다. 그럼에도 불구하고 배도에 빠진 백성들은 그에 대한 아무런 깨달음을 가지지 못했다.

하지만 하나님께서는 저들에게 사랑과 은혜를 베풀어 창녀가 된 이스라엘을 회복해 주시고자 작정하고 계셨다. 그는 예루살렘과 이스라엘 민족 가운데 존재하는 불순한 찌꺼기와 혼잡한 것들을 제거하기를 원하셨다. 이스라엘을 정결케 하는 일은 타락한 속성을 지닌 인간들이 스스로 행할 수 있는 일이 아니었다. 그것은 오직 전능하신 하나님께서 이룩하실 수 있는 일이다. 그래야만 과거에 대한 완벽한 정리와 회복이 가능하게 된다.

따라서 하나님께서는 그 일을 이루시기 위하여, 이스라엘 백성 가운데서 악을 조장한 원수들과 대적자들을 보응하리라는 말씀을 하셨다. 그렇게 함으로써 언약의 백성을 다스리는 지도자들과 관리들을 본래와 같이 회복시키시리라는 것이었다. 그것을 통해 퇴락한 예루살렘 성이 다시금 하나님의 거룩하고 신실한 성읍이라는 칭호를 되찾을 수 있게 된다. 그리하여 시온성은 하나님의 도우심에 따라 정의(justice)가 회복되고 진정한 회개와 더불어 주님께 돌아선 백성들이 의(righteousness)로 구속함을 받게 되리라는 약속을 하셨다.

하나님의 자녀들은 항상 자기 백성들을 회복시키시기 위해 사역하시는 여호와 하나님을 기억해야 한다. 그래야만 세상에서 쓰러지고 넘어질 때도 구원자 하나님을 온전히 바라볼 수 있게 된다. 우리는 자기 백성을 끝까지 회복시키시고자 하는 하나님의 사랑과 약속을 바라보는 가운데 참 신앙을 지켜 나가야 하는 것이다.

8. 멸망에 대한 경고 (사 1:28-31)

여호와 하나님을 떠나 자기 욕망에 따라 살아가는 자들에게는 아무런 소망이 없다. 설령 언약의 백성 가운데서 살아간다고 하더라도 하나님의 약속을 올바르게 알지 못하면 이방인과 그다지 다르지 않다. 따라서 하나님의 자녀들은 자신이 속한 위치에 대한 올바른 깨달음을 가지고 있어야만 한다.

하나님을 믿는 백성들은 항상 하나님의 경고의 말씀을 귀담아 듣지 않으면 안 된다. 그의 경고를 무시하는 자들과 악한 자들은 패망할 수밖에 없으며 여호와 하나님을 버린 자들도 멸망을 당하게 된다. 그들은 스스로 자신의 자랑거리로 여기던 지상의 모든 것들로 인해 도리어 부끄러움을 당할 것이다. 그 사람들이 기뻐하던 상수리나무를 비롯한 푸르른 수목樹木과 저들이 즐기던 물이 풍부한 아름다운 동산으로 인해 도리어 수치를 당하게 될 것이다.[3)]

하나님의 말씀에 불순종함으로 인해 발생하게 되는 문제는 인간들에게

3) 당시 배도에 빠진 이스라엘 백성들 가운데는 상수리나무를 비롯한 수목이 풍부한 지역에 우상을 세워 놓고 그것을 향해 제사를 지내면서 하나님 보시기에 악행을 저지르는 자들이 많았다. 그들 중 다수는 하나님의 성전이 있는 예루살렘은 거리가 멀기 때문에 저들도 가시적인 대상을 만들어 두고 하나님을 섬기고자 원했다. 종교적인 욕망으로 인해 생겨난 그와 같은 풍조는 백성들 사이에 널리 퍼져 나가게 되어 온 땅을 더럽혔다. 그런 종교행위는 하나님의 율법을 멸시한 자의적인 제사를 지내는 것으로서 하나님의 분노를 자극하는 악한 배도 행위에 지나지 않았다.

절망을 안겨 주게 된다. 푸르던 상수리나무는 그 잎사귀가 마를 것이며 사람들이 쉴 만한 아름다운 동산은 물 없이 건조한 사막처럼 변하게 된다. 막강한 세력을 자랑하며 우쭐대던 사람들은 아무런 힘없이 쉽게 타버리는 나뭇잎 같이 되어 힘을 잃게 될 것이다. 또한 저들의 모든 행위는 불티와 같아서 다른 것들과 함께 타버리겠지만 그 불을 끌 사람이 존재하지 않는다. 그들은 그로 말미암아 하나님의 무서운 심판을 받게 되는 것이다.

이에 대해서는 오늘날 우리도 자기 자신을 주의 깊게 돌아볼 수 있어야 한다. 그렇게 함으로써 하나님의 능력을 온전히 의존하게 되기 때문이다. 배도에 빠진 이스라엘 백성들처럼 하나님의 경고를 멸시하면 패망하게 되듯이 우리시대 지상 교회도 그와 마찬가지다. 이사야 시대처럼 배도에 빠진 현대에 살고 있는 성도들도 하나님의 뜻을 민감하게 생각하고 받아들일 때 하나님의 약속과 은혜를 더욱 선명하게 깨달을 수 있게 된다.

제2장

예루살렘의 역할과 '여호와의 날'

(사 2:1-22)

1. '마지막 때' (In the last days)와 예루살렘 (사 2:1-3)

이사야 선지자는 유다와 예루살렘에 관한 예언의 말씀을 전했다. 그것은 마지막 때 예루살렘에 일어날 일에 연관된 내용이었다. 이는 구속사 가운데서 발생하게 될 역사적 사건들을 포함하고 있지만 그와 동시에 종말에 연관된 의미를 지니고 있다.

마지막 때가 이르게 되면 여호와의 성전(the LORD' s temple)이 서 있는 산이 삼라만상森羅萬象의 으뜸이 되어 모든 언덕 위에 우뚝 서게 되리라고 했다. 즉 시온산이 모든 산들 위에 드러나게 되며 모든 민족이 그리로 모여들게 된다. 그 산은 아브라함이 독자 이삭을 제물로 바쳤던 모리아(Moria) 산으로서 메시아의 도래를 예고하는 산이다.

이사야의 예언 가운데는 언약의 민족인 이스라엘과 거룩한 성전이 있는 예루살렘을 통해 하나님의 복음이 이방인들에게까지 전파될 것에 관한 내용이 들어 있다. 이는 이스라엘의 민족주의와 정면으로 배치되는 의미를 지닌다. 다시 말해 언약의 백성들은 이제 아브라함의 자손이라는 혈통 자체로 인해 자부심을 가질 수 없다는 사실이 선언되고 있다.

마지막 때가 이르면 많은 민족들(many peoples)이 모여, "오라 우리가 여호와의 산에 오르며 야곱의 하나님의 전에 이르자 그가 그의 길을 우리에게 가르치실 것이라 우리가 그 길로 행하리라"(사 2:3)고 외치게 될 것이다. 이는 장차 그런 일이 발생하게 되리라는 선지자의 예언이었다. 그것은 이방인들을 향한 소망의 메시지가 되기도 했다.

선지자 이사야는 그 시온에서 하나님의 율법이 나오게 된다는 사실을 예언하고 있다. 우리는 여기서 매우 중요한 의미를 발견하게 된다. 모세를 통해 주어진 구약의 율법 곧 오경五經은 당시에 이미 기록된 책으로 존재하고 있었다. 그런데 이사야서 본문에서는 '장차 시온에서부터 율법(the Law)이 나오게 되리라' 는 사실과 '여호와의 말씀(the word of the LORD)이 예루살렘으로부터 나오게 되리라' 는 사실을 예언하고 있다.

우리는 이 말씀의 의미를 주의 깊게 생각해 보아야 한다. 이는 구약의 모든 율법은 예루살렘 성전에 연관되어 있다는 사실을 말해 주고 있기 때문이다. 이 말은 그것이 장차 예루살렘 성전을 통해 성취될 예수 그리스도의 구속사역과 밀접하게 연관되어 있음을 드러내 보여준다. 신약성경에서 예수님께서는 이스라엘 백성들을 향해 자신이 '성전' 이라는 사실을 언급하고 있다.

> **"예수께서 대답하여 가라사대 너희가 이 성전을 헐라 내가 사흘 동안에 일으키리라 유대인들이 가로되 이 성전은 사십 륙년 동안에 지었거늘 네가 삼 일 동안에 일으키겠느뇨 하더라 그러나 예수는 성전된 자기 육체를 가리켜 말씀하신 것이라"**(요 2:19-21)

예수님께서 이스라엘 백성에게 자신을 가리켜 거룩한 '성전' (the Temple)

이라고 표현하신 것은 매우 중요한 의미를 지니고 있다. 그것은 단순한 상징에 머물지 않고 실체적인 사실과 직접 연관되어 있기 때문이다. 즉 그는 예루살렘 성전이 감당한 직무와 같이 하나님과 인간 사이의 통로 역할을 할 영원한 성전이 되기 위해 이 세상에 오신 것이다.

구약시대 이스라엘 백성은 예루살렘 성전을 통하지 않고는 여호와 하나님께로 나아갈 수 없었다. 제사장들에게 허락된 사역으로서 번제단에 바치는 제물과, 촛대와 떡상과 향단이 놓인 성소를 거쳐 휘장 넘어 지성소에 놓인 법궤를 통해 거룩하신 하나님을 만날 수 있었다. 그것은 천상에 계신 여호와 하나님께 나아갈 수 있는 유일한 길이었다.

신약시대 예수 그리스도께서는 십자가 사역을 통해 구약의 율법과 성전의 의미를 성취함으로써 모든 예언을 완성하셨다. 이제 지상 교회에 속한 성도들은 하나님의 아들이신 그리스도의 사역으로 인해 여호와 하나님 앞으로 나아갈 수 있게 되었다. 따라서 예수님은 자기가 거룩한 성전으로서 하나님 앞으로 나아갈 수 있는 유일한 길(the way)이라는 사실을 선포하셨다. 사도 요한은 그에 대한 계시의 말씀을 기록하고 있다.

> **"예수께서 가라사대 내가 곧 길이요 진리요 생명이니 나로 말미암지 않고는 아버지께로 올 자가 없느니라"**(요 14:6)

우리는 이 말씀을 통해, 하나님의 율법이 시온에서 나오게 될 것이며 여호와의 말씀이 예루살렘에서 나오게 되리라고 하신 말씀이 메시아 예언에 연관된다는 사실을 기억해야 한다. 하나님께서는 이사야 선지자에게 예언의 말씀을 주심으로써 장차 예루살렘을 통해 만방에 하나님의 복음이 선포될 것과 예수 그리스도를 통해 여호와 하나님을 만나게 될 사실을 미리 약속으로 알려 주셨던 것이다.

2. '여호와의 판결' 과 변화된 세상 (사 2:4)

이사야는 예루살렘 성전으로부터 하나님의 판결이 시작된다는 사실을 언급하고 있다. 이는 예루살렘을 통해 사역하시는 메시아께서 이 세상에 오셔서 이스라엘 민족뿐 아니라 세상의 모든 족속들을 심판하시리라는 사실을 의미하고 있다. 그로 말미암아 세상에는 엄청난 변화가 일어나게 된다. 그전에는 상상조차 할 수 없던 일이 발생하게 되는 것이다.

그중에 가장 두드러지는 것은 이스라엘 민족과 이방 민족 사이에 막혔던 벽이 허물어진다는 점이다. 예루살렘은 타락하여 배도에 빠지게 되지만 그리스도의 사역으로 말미암아 이방 종족들은 복음을 받아들여 새로운 국면을 맞이하게 된다. 그것은 이스라엘 백성들에게는 충격적인 일이며 이방인들에게도 놀라운 사실이 아닐 수 없다.

예루살렘에서 시작되어 열방 중에 시행되는 하나님의 심판으로 인해 이방인들 사이에서 끊임없이 되풀이 되던 전쟁이 멈추어지게 된다. 이는 천년왕국의 실행을 예고하고 있으며 저들 가운데 존재하는 모든 갈등 요소가 완전히 해소된다는 것을 의미한다. 그것은 물론 영적인 전쟁과 연관되는 것으로서 상징적으로 이해해야 할 내용이다.

그 백성들은 칼을 쳐서 농기구를 제작하고 창을 녹여 낫을 만들게 된다. 이제는 나라와 나라 사이에 칼과 창을 겨누며 전쟁을 할 필요가 없어질 것이기 때문이다. 여호와 하나님을 알게 된 사람들에게는 이제 자기와 세속왕국의 욕망을 쟁취할 목적으로 피 흘리는 전쟁을 치르기 위한 훈련을 할 필요가 없어지게 되는 것이다. 따라서 그들은 이제 오직 하나님을 바라보며 평화롭게 살아가면 된다. 이사야 선지자는 장차 그렇게 될 때가 오게 되리라는 사실을 이스라엘 가운데서 예언하고 있다.

3. '여호와의 빛' 과 '이방의 풍속' (사 2:5-9)

하나님의 아들이신 메시아가 이 세상에 오시기 전에는 언약의 자손인 이스라엘 백성이 저들에게 주어진 특별한 정체성을 유지해야만 했다. 율법 아래 존재하는 예루살렘은 하나님의 거룩한 도성으로서 그 안에 건립된 성전에 연관된 의미를 잠시도 잊어서는 안 되었다. 그것은 그 자체로서 메시아 강림에 연관된 예언적인 의미를 담고 있었기 때문이다.

그럼에도 불구하고 배도에 빠진 이스라엘 자손들은 하나님의 뜻을 저버렸다. 그에 반해 하나님께서는 저들에게 회개를 촉구하며, 모든 불의한 것으로부터 돌이키기를 기다리셨다. 선지자 이사야는 언약의 백성들에게 그에 대한 예언을 했던 것이다.

그러므로 선지자는 "야곱의 족속아 오라 우리가 여호와의 빛에 행하자" (사 2:5)고 외쳤다. 그에 순종하는 것이 이스라엘 백성이 살 수 있는 유일한 길이었다. 하지만 어리석은 백성들과 그 지도자들은 자신의 욕망에 따라 살아가기를 좋아했을 따름이다. 그런 상태에서는 하나님께서 자기 앞에 불의로 가득 채워진 저들을 용납하실 수 없었다. 거룩하신 하나님은 결코 죄악에 물든 인간들을 있는 그대로 받아들이지 않으신다.

이스라엘 백성은 약속의 땅에 기거하면서 그 가운데 동방의 이방인들 즉 앗수르와 바벨론과 페르시아 사람들[4]이 행하는 종교적인 풍속[5]을 받아들였다. 또한 그들은 블레셋 사람들처럼 술객이 되어 이방 종교사상이 가득한 점을 치며 이방인과 더불어 손을 맞잡고 언약을 맺는 행위를 서슴지 않았다. 이는 하나님을 경외해야 할 언약의 자손과 하나님을 멸시하는

4) 이스라엘 민족 주변에는 항상 많은 민족과 왕국들이 있어 왔다. 이사야의 예언 가운데는 앗수르, 바벨론, 페르시아를 비롯한 역사적인 여러 왕국들의 부침에 관한 예언들이 포함되어 있다.

5) 당시 이스라엘 지경 주변의 이방 종족들 가운데는 다양한 형태의 종교들과 바알, 아스다롯, 밀곰, 다곤 등 수많은 거짓 신령들이 존재했다.

자들 사이의 경계를 허물어 버리는 것을 의미하고 있다. 하지만 어리석은 백성들은 잠시 보이는 것들에 의해 영적인 눈이 멀게 되어 그와 같이 행하는 것이 과연 죽는 길인지 사는 길인지 분간조차 하지 못했다.

그렇지만 그 결과는 이스라엘 백성에게 일시적인 풍요로움을 갖다 주었다. 그들의 땅에는 저들이 원하는 대로 은과 금이 가득하고 각종 보화들이 풍부하게 되었다. 또한 전쟁을 치를 만한 충분한 수의 말들과 전차들이 있었다.

뿐만 아니라 그 땅에는 그와 더불어 더러운 우상들도 여기 저기 많아지게 되었다. 하지만 백성들이 취하는 외형적인 풍요로움은 거시적인 안목으로 볼 때 결코 유익을 끼치지 못했다. 즉 인간들의 풍요로움은 하나님을 멀리하도록 했으며 인간적인 욕망의 종교성에 물들게 했기 때문이다.

결국 이스라엘 자손들은 점차 저들의 손으로 제작한 신상들을 경배하는 더러운 배도의 길에 더욱 깊이 빠져들어 갔다. 그리하여 언약의 땅에서 살아가는 모든 사람들이 그 나쁜 영향 아래 놓이게 되었다. 따라서 지도 계층에 있는 귀족들뿐 아니라 일반 시민들도 그 더러운 우상들 앞에서 굴복하는 것이 보통이 되어 버렸다.

그러므로 선지자 이사야는 그와 같이 배도에 빠진 자들을 용서해 주지 말 것을 하나님께 간구했다. 저들에게 엄벌을 내려야만 한다는 것이다. 천박한 자든 존귀한 자든 배도에 빠진 인간들은 하나님 앞에서 동일한 악에 참여하는 자들에 지나지 않는다. 이사야가 저들에게 무서운 벌을 내리시도록 하나님께 간구한 것은 저들의 삶이 근본적으로 변화하지 않으면 안 된다는 사실에 연관되어 있다.

하나님의 말씀을 떠난 배도자들은 저들의 악행에도 불구하고 하나님께서 용서해 주시리라는 막연한 생각을 하며 종교적으로 더욱 심한 악행을 도모하게 된다. 그것은 죄에 빠진 인간들의 악한 본성으로 인해 발생하는 문제이다. 따라서 언약의 백성들은 선지자들의 선포를 받아들여 이방인의 종교적인 풍속을 버리고 '여호와의 빛' 에 거하는 것이 유일한 소망이 될 수 있다는 사실을 마음속 깊이 새기지 않으면 안 된다.

4. '여호와의 날' 에 대한 예언 (사 2:10-19)

'여호와의 날' 은 모든 악한 세력에 대한 궁극적인 심판에 연관되어 있다. 우주만물 가운데 존재하는 영물靈物들뿐 아니라 이 세상의 어떤 인간도 그 무서운 심판에 저항하지 못한다. 그날에는 악한 것에 속한 자들이 하나님의 엄위한 선포로 말미암아 그 위기를 피해 몸을 숨길 만한 장소를 찾아 도망치고자 해도 피신할 곳이 없다.

선지자 이사야는 이스라엘 자손들에게 여호와 하나님께서 일어나 땅을 뒤흔드실 때 그의 두려운 얼굴을 피하라고 말했다. 죄에 물든 인간으로서 광채가 넘치는 그 위엄을 피하지 않으면 죽음에 직면할 수밖에 없기 때문이다. 따라서 세상의 모든 인간들은 산속 바위굴로 들어가 몸을 숨기거나 심지어는 진토 가운데 자기 몸을 숨기고자 몸부림칠 것이다. 하지만 악한 인간들에게는 자신의 몸을 숨길 곳이 어디에도 존재하지 않는다.

이에 대해서는 이사야와 동시대에 하나님의 말씀을 선포했던 미가의 예언서에도 그대로 나타난다. 선지자 미가는 북이스라엘 왕국에 대한 예언을 했다. 여로보암 이후부터 모세의 율법을 떠나 있으면서 하나님의 이름을 핑계대며 인간 본위의 왕국을 세워가던 자들에게 심판의 때가 임하리라는 사실을 예언했던 것이다.

> **"이러므로 내가 사마리아로 들의 무더기 같게 하고 포도 심을 동산 같게 하며 또 그 돌들을 골짜기에 쏟아 내리고 그 지대를 드러내며 그 새긴 우상을 다 파쇄하고 그 음행의 값을 다 불사르며 그 목상을 다 훼파하리니 그가 기생의 값으로 모았은즉 그것이 기생의 값으로 돌아가리라"**(미 1:6,7)

이 말씀은 패망을 앞둔 북쪽 이스라엘 왕국을 향한 예언의 선포이다. 하나님을 떠나 배도에 빠진 자들의 멸망은 이제 눈앞에 놓여 있었다. 그럼에도 불구하고 하나님과 율법에 대한 용어가 입술과 귀에 익숙한 자들은 하나님께서 저들을 지켜 주시리라는 막연한 생각을 하고 있었다. 그들의 영적인 눈과 귀는 완전히 막혀 버렸던 것이다.

그러나 선지자 미가는 사마리아와 북쪽 이스라엘 왕국에 여호와 하나님의 무서운 심판이 임하게 되리라는 사실을 선포했다. 더러운 우상으로 가득 차 있을 뿐 아니라 온갖 음행이 넘쳐나는 그 땅을 하나님께서 그냥 두시지 않으리라는 것이었다. 그와 같은 심판은 장차 오게 될 새로운 세계의 도래를 위한 예비 단계라 말할 수 있다. 즉 악에 대한 심판을 통해 하나님의 고유한 의가 드러나게 되는 것이다.

앞서 언급한 대로 선지자 이사야는 미가와 동일한 시대에 하나님의 말씀을 예언하면서 예루살렘에 연관된 구속사적인 의미를 더욱 분명하게 드러내 보여주고 있다. 그래서 여호와의 날에 임할 궁극적인 심판을 통해 창조주 하나님께서 홀로 영광을 받으리라는 점을 강조했다. 이는 그 날을 통해 여호와의 영광이 온 세상에 나타나게 된다는 사실과 연관되어 있다.

이에 관련된 의미로서 사도 요한은 계시록을 기록하며 종말의 때에 그와 같은 사건이 일어나게 되리라는 사실을 언급하고 있다. 천상의 보좌에 앉아 계신 하나님과 그의 어린 양이신 예수 그리스도의 진노가 임하게 되면 온 세상이 심한 두려움에 떨지 않을 수 없게 된다. 성경은 종말에 연관된 그에 대한 사실을 분명하게 증언하고 있다.

> **"땅의 임금들과 왕족들과 장군들과 부자들과 강한 자들과 각 종과 자주자가 굴과 산 바위틈에 숨어 산과 바위에게 이르되 우리 위에 떨어져 보좌에 앉으신 이의 낯에서와 어린 양의 진노에서 우리를 가리우라 그들의 진노의 큰 날이 이르렀으니 누가 능히 서리요 하더라"**(계 6:15-17)

이처럼 '여호와의 날' 이 이르게 되면 눈이 높은 자들과 교만한 자들은 일순간에 두렵고 비천한 자리에 놓여 짓밟히게 된다.[6] 또한 저들이 즐기던 레바논의 아름다운 백향목과 우상화된 바산의 상수리나무는 말라버리게 된다. 이는 당시 오만에 빠진 부패한 지도자들의 파멸에 대한 상징적인 의미를 지니고 있다.

또한 높은 산들과 낮은 언덕뿐 아니라 저들이 세운 모든 망대와 견고한 성벽들은 아무런 힘을 쓰지 못하고 무너져 내려앉게 된다. 뿐만 아니라 바다에 떠다니며 무역을 하던 선박들과 도시를 아름답게 꾸미고 있던 모든 조각물들도 파괴되고 만다. 이처럼 그 날이 되면 스스로 성공하여 높은 자리에 앉아서 자고하여 교만에 빠진 인간들은 비천한 자리에 처하는 비참한 현실을 경험할 수밖에 없다.

그와 동시에 여호와 하나님의 존귀함이 저들 가운데 분명하게 드러나게 된다. 땅을 더럽히던 모든 우상들은 사라지게 될 것이며, 하나님의 무서운 심판으로 인해 암혈이나 토굴에 들어가 피하던 자들도 땅이 진동하는 하나님의 심판과 그의 위엄과 놀라운 영광이 나타나면 그 앞에서 견디지 못하게 된다.

이와 같은 일은 역사 가운데 점차적으로 드러나게 되며 예수 그리스도께서 오시기 전의 이스라엘 민족 중에 먼저 예시 되어 나타난다. 유다 왕국과 예루살렘 성읍 가운데서 그 일이 발생하게 되는 것이다. 그리고 궁극적으로는 그리스도의 십자가 사역과 그의 재림이 있게 될 마지막 날 모든 것이 성취될 것이다. 구약시대의 이스라엘 백성뿐 아니라 오늘날 타락한 이 세상을 살아가는 모든 성도들도 그에 연관된 하나님의 예언을 궁극적인 소망으로 여기며 살아가야 한다.

---

6) '눈이 높고 교만한 자들' 은 저들의 그럴듯한 종교적인 모습과는 달리 '하나님의 영광' 을 가로채거나 나눠 가지려는 오만한 태도를 가지고 있다. 그런 자들은 그것을 통해 자기의 기쁨과 즐거움을 삼고자 한다.

5. '여호와의 심판' 과 위력 (사 2:20-22)

악한 사탄의 세력에 속한 배도자들에게 임하는 여호와 하나님의 심판은 사람들의 상상을 초월하는 무서운 위력을 동반한다. 하나님께 저항한다는 것은 그 심판을 자기 머리 위로 유도하는 것과 다르지 않다. 그러나 배도에 빠진 자들은 그에 대한 분명한 인식을 하지 못한 채 제 갈 길을 가게 된다.

다시 말하자면 어리석은 인간들은 자신과 우주만물을 창조하신 여호와 하나님을 믿고 의지하는 것이 아니라 자기의 취향에 맞는 대상들을 만들어 두고 그것을 섬기며 살아가기를 좋아한다. 그것을 통해 자신의 종교적인 욕망을 채우기에 급급하기 때문이다. 하지만 그와 같은 행동은 거룩한 하나님을 분노하게 만든다.

성경은 여호와 하나님을 일컬어 자신의 뜻에 반하는 것을 결코 용납지 않는 분으로서 '소멸하는 불' 이자 '질투하시는 하나님' 이라 묘사하고 있다. 이는 하나님 이외에 다른 것을 더 좋아하거나 섬기는 것을 절대로 용납하지 않는다는 의미를 지닌다. 모세는 이스라엘 백성이 시내광야를 떠나 가나안 땅으로 들어가기 전 그에 관한 중요한 교훈을 주었다.

> **"너희는 스스로 삼가 너희의 하나님 여호와께서 너희와 세우신 언약을 잊지 말고 네 하나님 여호와께서 금하신 어떤 형상의 우상도 조각하지 말라 네 하나님 여호와는 소멸하는 불이시요 질투하시는 하나님이시니라"**(신 4:23,24)

어리석은 자들과 배도에 빠진 인간들은 자신의 종교적인 욕망을 채우기 위해 다양한 형상들을 만들기를 좋아한다. 여기는 직접적인 우상뿐 아니라 종교성 깃든 간접적인 조형물들도 포함되는 것으로 이해해야 한다. 즉 종교를 위한 특수한 건축물이나 내부의 지나친 장식까지도 이에 포함되는 것이다.

하나님께서 그에 심히 진노하시는 까닭은, 그 혐오스러운 것들이 결국 하나님의 고유한 자리와 영역을 침범하여 차지하게 된다는 사실을 말해주고 있다. 즉 타락한 인간들은 거룩한 하나님 대신에 이방인들이 추구하는 더러운 우상이나 조형물들을 만들어 두고 그것을 섬기기를 즐겨한다.

그와 같은 배도행위는 결코 용납될 수 없는 것으로서, 하나님께서 저들과 맺은 언약을 일방적으로 파기하는 성격을 지니고 있다. 이는 하나님과의 관계 단절을 선언하는 의미를 지니게 된다. 그렇게 되면 배도에 빠진 인간들이 스스로 자기의 욕망을 포기하지 못해 여호와 하나님을 떠나는 심각한 오류에 빠지게 되는 것이다.

그것은 여호와 하나님을 욕되게 하는 심각한 배도 행위가 아닐 수 없다. 따라서 하나님께서는 심판의 때가 이르게 되면, 사악한 인간들이 스스로를 위해 금과 은으로 제작하여 만든 모든 우상들을 파괴하여 들판의 두더지와 박쥐에게 던져버리신다. 종교적인 목적으로 경배하며 섬기기 위해 만든 것들이 더러운 쓰레기가 되어버리는 것이다.

그러므로 하나님의 진노는 그 위에 쏟아 부어져 온 땅을 진동시킬 것이며 우주에는 무서운 변화를 동반하게 된다. 그런 상황이 도래하면 불의에 빠진 인간들은 두려움으로 인해 암혈巖穴과 험악한 바위틈으로 도망쳐 거기에 숨게 되지만 아무런 효력이 없다. 그럼에도 불구하고 사악한 인간들은 하나님의 위엄과 영광의 광채를 견디지 못해 제각기 살 길을 찾아 피신하고자 한다. 그때가 되면 인간들이 자기를 위해 만든 모든 것들이 얼마나 허망한지 그대로 밝혀지게 된다.

선지자 이사야는 이스라엘 백성들에게, 장차 임하게 될 그와 같은 놀라운 사실을 예언하면서 실제적인 아무런 능력이 없는 무능한 인생을 의지하지 말라는 당부를 하고 있다. 잠시 동안 이 세상에서 호흡하며 살다가 필시 죽게 될 인간들에게 그것은 아무런 가치가 없다는 것이다. 그럼에도 불구하고 욕망에 가득찬 인간들은 선지자를 통해 말씀하시는 여호와 하나님의 음성에 귀를 기울이지 않았다.

이와 같은 하나님의 말씀은 오늘날 우리에게도 그대로 효력 있게 선포되고 있다. 어리석은 인간들은 자기의 취향에 맞는 종교를 스스로 구축해 가고자 한다. 더욱 한심한 것은 하나님을 안다고 주장하는 자들조차도 그와 별반 다르지 않다는 사실이다. 인간화 작업이 극대화된 현대에 살아가는 우리는 참된 가치를 소유한 성도로서 험난한 이 세상을 그에 대한 분명한 깨달음과 더불어 살아가지 않으면 안 된다.

제3장

예루살렘과 유다의 멸망에 대한 예언

(사 3:1-26)

1. 혼란에 빠지게 될 예루살렘과 유다 왕국 (사 3:1-7)

우주만물을 창조하신 여호와 하나님은 사랑이 많고 자비로우실 뿐 아니라 어떠한 불의도 용납하지 않는 공의로우신 분이다. 그는 자기보다 더 소중하게 여기는 물건을 두거나 유무형의 대상들을 의지하며 살아가는 자들을 결코 용납하시지 않는다. 그러나 여호와 하나님을 모르는 인간들은 그와 같은 삶의 행태를 가지는 것을 자연스럽게 생각한다.

하나님의 뜻을 멀리하는 어리석은 인간들은 하나님 이외에 다양한 대상들을 설정해 두고 그것을 의지하며 살아가기를 좋아한다. 그렇게 함으로써 인생의 만족을 누리고자 하기 때문이다. 그런 자들이 의지하는 것들은 자기 자신의 능력이 될 수도 있으며 강력한 세력이 될 수도 있다. 또한 개별적인 실력이나 주변에 존재하는 여러 유형의 물건들이 될 수도 있다. 나아가 금과 은붙이나 돌, 나무 등의 물질로 신상이나 우상을 만들어 두고 그것이 마치 하나님이라도 되는 양 여기며 섬기기도 한다.

그런데 우리에게 문제가 되는 것은 언약의 범주 안에 들어와 있다고 주장하는 자들의 혼합주의적인 우상숭배 현상이다. 배도에 빠진 자들은 입술로는 여호와 하나님의 이름을 부르며 그를 섬긴다고 여길지 모르지만 실상은 하나님을 욕되게 하고 있다. 그들은 열정적으로 주님의 이름을 불러 외치기도 하고 종교적인 다양한 형식을 가져와 화려한 종교 행사를 개최할 수도 있다. 하지만 그런 자들의 입술을 통해 표현되는 말이나 마음속 생각과 달리 실제로는 하나님이 아니라 전혀 다른 신령들을 섬기고 있는 것이다.

이사야 선지자가 예언할 당시 다수의 이스라엘 백성은 하나님보다 다른 것들을 의지하고 있었다. 그들은 세상을 살아가는 방편으로 먹을 양식과 마실 물에 모든 것을 의존했다. 그것들만 충분히 있으면 인생을 잘 살아갈 수 있을 것으로 판단했기 때문이다. 나아가 전쟁을 할 수 있는 군인들과 재판관들과 선지자들과 복술자들과 장로들과 정치인들과 귀족과 선생들과 정교한 장인들과 재주 많은 요술자들이 저들의 삶에 지침을 제시해 줄 것처럼 여겼다. 다방면의 소위 유능한 자들의 요구를 잘 따르면 될 것으로 생각했던 것이다.

그러나 그것은 여호와 하나님을 멀리한 결과로서 발생하는 본질적인 착각으로 말미암는 것들이다. 위에 나열된, 개인의 삶을 위한 필수품들과 국가 제도 및 기술자를 비롯한 다양한 것들을 의지한다면 사람들에게 일시적인 만족을 제공해 주게 될지도 모른다. 하지만 궁극적인 측면에서는 인생에 진정한 유익을 주지 못한다. 그럼에도 불구하고 어리석은 백성들은 그것들을 의지하며 성공적인 삶을 구가하고자 하는 노력을 게을리 하지 않았다.

하나님께서는 이스라엘 백성의 그와 같은 경박한 삶을 경멸하셨다. 그것은 결국 여호와 하나님이 아니라 오염된 세상의 것들에 의존하는 것에 지나지 않았기 때문이다. 그러므로 하나님께서는 저들이 신뢰하며 의지하는 모든 것들을 제거해 버리시고자 했다. 이는 결국 이스라엘 백성들이 견디기 어려운 궁지에 몰리게 될 수밖에 없는 상황이 임박하게 되었음을 말해 주고 있다.

여호와 하나님은 이스라엘 백성이 믿고 의지하는 것 자체를 심판하여 제거하실 뿐 아니라 그로 말미암아 언약의 왕국 체제 전반에 엄청난 변화를 가져오게 되리라는 사실을 예언하셨다. 그것은 먼저 경험이 없는 철부지와 풋내기들이 권력을 장악하여 노인들을 다스리게 되는 일을 통해 드러나게 된다. 또한 신분이 비천하던 사람들이 귀족들 앞에서 교만한 태도를 보이는 일들이 발생하게 될 것이라고 하셨다.

이는 곧 유다 왕국 내부에서 다양한 측면의 자중지란自中之亂이 일어나게 되리라는 사실을 말해 주고 있다. 백성들이 서로간 학대하며 이웃을 잔해하는 자들이 생겨나는가 하면, 젊은이들이 나이 든 사람들에게 버릇없이 굴게 되며 천박한 자들이 그동안 자신을 뽐내며 존귀한 것으로 자랑하던 자들을 억누르고 높아지게 됨으로써 기본적인 사회질서가 허물어지게 된다. 이는 사회질서의 붕괴와 더불어 발생하는 왕국 체제의 자멸自滅과 연관된 의미를 지니고 있다.

이와 같은 혼란스러운 현상은 가장 기초적인 공동체인 가정 안에서도 일어나게 된다. 가족 구성원들 사이에 사랑이 식어져 가고 신뢰가 점차 사라진다. 형제들이 부모 앞에서 재물을 두고 서로 더 많이 차지하기 위해 심하게 다투게 되며 개인적인 목적을 달성하기 위해 서로간 이용하려는 마음을 먹게 된다.

따라서 그들은 억지로 다른 형제를 앞세워 자신의 목적과 편의를 도모하고자 애쓴다. 그것이 자기를 위한 가장 손쉬운 방법이 된다고 여기고 있기 때문이다. 하지만 아무도 그에 쉽게 응하거나 이용당하려 하지 않는다. 모두가 극단적인 이기주의에 빠져 자기의 욕망을 추구하기에 급급할 뿐 형제를 위해 무언가 행하기를 거부한다.

이렇게 되면 가정뿐 아니라 국가의 기강이 흔들릴 뿐 아니라 전체 사회가 혼란스럽게 되어 간다. 나아가 가정 내부의 질서가 하물어지면 사랑과 신뢰의 근본이 완전히 깨어지게 된다. 이 모든 상황은 언약의 자손들이 오염된 세상의 것들을 사랑하고 의지함으로써 여호와 하나님을 버렸기 때문에 따라오는 하나님의 심판에 근거한다.

선지자 이사야가 그에 대한 예언과 더불어 엄중한 경고를 하고 있음에도 불구하고 당시 배도에 빠져 눈이 먼 백성들은 그에 대한 아무런 인식조차 하지 못했다. 따라서 그들은 배도의 길을 멈추거나 거기서부터 돌이키지 않은 채 제 갈 길을 더욱 열심히 달려갔다. 그것은 결국 여호와 하나님의 심판을 재촉했으며 패망을 바라보는 악한 행위를 중단하지 않았다는 사실을 말해 준다.

이사야 시대의 유다 왕국은 배도에 빠진 우리 시대와 크게 다르지 않다. 오늘날도 어리석은 종교인들은 입술의 표현과는 달리 세상의 것들을 탐하여 의지하고 있다. 그들은 겉으로 드러나는 공적인 자리나 사람들이 보는 데서는 하나님의 이름을 앞세우지만 실상은 이기적인 욕망에 빠져 있는 경우가 허다하다.

나아가 그들 가운데는 그런 부정한 사실에 대한 인식조차 하지 못한 채 종교적인 열성을 부리는 경우가 수없이 많이 있다. 우리는 선지자 이사야의 예언을 통해 자신과 현대 교회의 모습을 정확하게 직시할 수 있어야 한다. 그래야만 타락한 세상의 것들을 의지하지 않고 오직 여호와 하나님만을 바라볼 수 있게 될 것이기 때문이다.

2. 예루살렘과 유다의 멸망 (사 3:8-12)

여호와 하나님의 뜻을 떠난 예루살렘은 결국 멸망하게 될 것이며 배도에 빠진 유다 왕국은 원수들에 의해 엎드러질 수밖에 없다. 저들이 아무리 많은 소유물을 의지하고 주변의 능력과 세력을 신뢰한다고 할지라도 그것은 결코 오래가지 못한다. 배도자들은 여호와 하나님의 엄한 징계와 심판을 피할 수 없을 것이기 때문이다.

약속의 땅 가나안에서 살고 있던 언약의 백성은 급기야 저들에게 주어진 고유한 본분을 버리고 말과 행위로써 여호와 하나님을 거역했다. 그들은 감히 하나님을 대적하며 그의 영광을 모독하면서도 인간적인 욕망을 포기하지 않았다. 당시 이스라엘 자손들은 마치 아브라함 시대의 타락한 소돔과 고모라성에 살던 악한 인간들과 같았다.

그들은 하나님 앞에서 저지르는 더러운 죄와 불의를 완전히 감추어 둘 수 없었다. 이사야 선지자는 배도자들이 저들의 뻔뻔스런 인상과 안색을 통해 스스로 자신의 죄를 고발하고 있다는 사실을 언급했다. 겉으로 드러나는 행색이 저들의 속내를 그대로 보여주게 된다는 것이다. 이에 대해서는 이사야와 동시대에 하나님의 말씀을 예언하던 호세아를 통해서도 그와 동일한 내용이 선포되고 있다.

> **"저희의 행위가 저희로 자기 하나님에게 돌아가지 못하게 하나니 이는 음란한 마음이 그 속에 있어 여호와를 알지 못하는 까닭이라 이스라엘의 교만이 그 얼굴에 증거가 되나니 그 죄악을 인하여 이스라엘과 에브라임이 넘어지고 유다도 저희와 한가지로 넘어지리라"**(호 5:4,5)

오만한 태도로 여호와 하나님께 저항하는 자들은 양심이 마비되어 두려운 마음마저 버리게 된다. 따라서 배도에 빠진 그런 자들의 영혼에는 하나님의 무서운 진노가 임하지 않을 수 없었다. 그들은 하나님의 뜻을 거역함으로써 스스로 무서운 재앙을 자취하기를 게을리하지 않았기 때문이다. 이는 인간의 더러운 욕망이 당사자에게는 말초적인 만족을 가져다주게 될지 모르지만 궁극적으로는 멸망의 원인이 된다는 사실을 말해주고 있다.

그러므로 선지자 이사야는 언약의 백성들을 향해 '의인에게 참된 복이 있다' 는 사실을 선포하도록 요구했다. 그들은 이방인으로부터 들여온 더러운 세상의 것들을 탐하지 않기 때문에 초라해 보일 수 있다. 하지만 그 사람들은 장차 하나님으로부터 허락된 저들의 선한 행실로 말미암아 맺히게 될 그 열매를 먹을 수 있게 된다. 하나님을 경외하는 자들은 그것을 통해 영원한 기쁨을 누릴 수 있게 되는 것이다.

이와 달리 참된 진리를 버린 악한 자들에게는 사람들이 상상할 수 없는 무서운 화가 미치게 된다. 하나님을 배신한 인간들이 자기를 위해 스스로 행한 모든 일들로 인해 엄중한 심판과 보응을 받는 것은 지극히 당연한 일이다. 결국 이스라엘 백성은 그로 인해 엄청난 치욕을 당할 수밖에 없다.

배도자들은 철부지 젊은이들에 의해 학대를 당하게 되며 여자처럼 나약한 자들이 저들을 다스리게 되는 기이한 현상이 일어나게 된다. 이는 백성들을 올바르게 인도해야 할 지도자들이 도리어 백성들을 유혹하여 저들의 길을 혼란스럽게 만든 결과로서 나타난다. 예루살렘과 유다의 멸망은 백성들의 더러운 욕망에 기인하며, 악한 지도자들의 타락이 그와 같은 상황을 불러오게 되는 것이다.

3. 하나님의 심판 (사 3:13-15)

이사야 선지자는 악한 배도자들을 심판하시기 위해 여호와 하나님께서 재판정裁判廷에 들어서신다는 사실을 말하고 있다. 언약의 백성들을 지도하는 장로들과 고위 정치인들을 심문하시기 위해 하나님이 그 자리에 앉으시게 된다. 그것은 상징적인 의미가 아니라 매우 현실적인 의미를 보여주고 있다. 그렇게 되면 배도에 빠진 자들은 하나님으로부터 가해지는 무서운 형벌을 피할 수 없다.

그렇지만 언약의 백성들을 억압하고 저들의 것을 착취하던 압제자들은 그런 때가 그렇게 속히 임하리라 생각지 않았다. 도리어 저들의 호사스런 생활이 끝없이 이어질 것이라 착각하고 있었다. 따라서 그들은 자신의 욕망을 추구하기 위해 하나님의 율법을 멸시하고 그에 올바르게 순종하며 살아가기를 거부했다.

그들은 언약의 민족 가운데서 허락된 저들의 지도자 신분과 직위를 남용해 다른 사람들의 포도원을 가로채 삼키기도 했으며 가난한 자들의 물건을 탈취하기도 했다. 그 사람들은 정상적으로 볼 때 자기에게 돌아올 물건이 아닌 것들을 자기의 것으로 만드는 악행을 예사롭게 저질렀다. 그들은 하나님께 속한 언약의 백성을 짓밟고 저들의 얼굴에 맷돌질하듯 잔인하게 대하면서 착취 행위를 지속했다. 악한 배도자들은 억울한 사람들을 수없이 많이 양산해 냈던 것이다.

그런데 문제는 어리석은 자들 중에는 그런 악행을 지속하면서도 자기는 결코 그렇게 한 적이 없다고 생각하는 자들이 많이 있었을 것이란 사실이다. 그들은 자신의 그와 같은 삶이 하나님으로부터 받은 특별한 혜택이라고 자랑하는 자들도 없지 않았을 것이 분명하다. 그런 자들은 자기의 욕망을 채우기 위해 연약한 자들과 가난한 자들의 것을 교묘하게 착취하면서도 마치 저들을 위해 봉사하고 있는 것으로 여겼을 것이다. 그들은 하나님의 뜻을 알지 못한 채 하나님의 이름을 이용해 자신의 욕망을 채우기에 급급했을 따름이다.

이에 대해서는 오늘날 우리도 냉철하게 생각해 보아야 한다. 즉 계시된 하나님의 말씀을 통해 우리 자신을 되돌아보지 않으면 안 된다. 어쩌면 오늘날 우리 가운데 상당수는 착취자의 대열에 서 있을 수도 있다. 자신은 하나님과 교회와 성도들을 위한 봉사자라고 스스로 생각하겠지만 실상은 전혀 다른 행위를 하고 있을지 모르는 것이다.

타락한 인간들 가운데 감히 하나님의 백성을 임의로 지배하거나 자기를 위해 저들을 이용해도 괜찮을 자는 아무도 없다. 하나님을 위해 존재하는 언약의 백성들과 신앙에 연관된 모든 상황을 이기적인 목적으로 악용하는 것은 결코 용납될 수 없는 일이다. 하나님의 자녀들을 핍박하거나 저들의 것을 착취하는 행위는 곧 하나님을 멸시하는 것이 되기 때문이다. 지상의 모든 교회들은 이사야 선지자를 통해 말씀하시는 여호와 하나님의 음성을 귀담아 듣지 않으면 안 된다.

이와 같은 악한 상황의 전개는 예수님 당시와 사도 교회 시대에도 전혀 예외가 아니었다. 지도 계층에 있으면서 권세를 가진 배도에 빠진 자들은 순진한 백성들을 자기를 위한 도구로 삼는 것이 예사였다. 그들은 그렇게 살아가는 것이 인생의 목적인 양 착각하고 있었던 것이다. 따라서 야고보는 당시 하나님의 뜻을 멸시하던 부유한 지도자들에게 엄한 경고의 말씀을 전했다.

> **"들으라 부한 자들아 너희에게 임할 고생을 인하여 울고 통곡하라 너희 재물은 썩었고 너희 옷은 좀먹었으며 너희 금과 은은 녹이 슬었으니 이 녹이 너희에게 증거가 되며 불같이 너희 살을 먹으리라 너희가 말세에 재물을 쌓았도다 보라 너희 밭에 추수한 품군에게 주지 아니한 삯이 소리 지르며 추수한 자의 우는 소리가 만군의 주의 귀에 들렸느니라"**(약 5:1-4)

하나님을 진정으로 경외하는 성도들이라면 야고보를 통해 계시된 이 말씀을 마음속 깊이 새겨들어야 한다. 특히 지상 교회의 지도자와 직분자로 세워진 자들은 더욱 그렇다. 여기에는 우리가 여간 주의 깊게 신경 쓰지 않으면 안 될 매우 중요한 교훈이 내포되어 있다. 그것은 누구에게나 자기도 의식하지 못한 채 다른 사람들에 대한 착취자가 되어 개인적인 부를 쌓는 자리에 앉게 될 우려가 존재한다는 사실이다. 그것은 결국 종말에 이르러 하나님의 무서운 심판의 대상이 될 따름이다.

오늘날 우리에게도 하나님의 최종 심판은 눈앞에 바짝 다가와 있다. 주님의 재림이 점차 임박해져 가고 있으며 설령 그의 재림이 우리의 짐작보다 다소 늦추어진다 할지라도 모든 인간들은 현실적으로 죽음에 맞닿아 있다. 어리석은 자들은 자기가 언제 죽게 될지 모를 뿐 더러 죽음 후에 무서운 심판이 따른다는 사실을 지식적으로 알고 있으면서도 그것이 자기와 멀리 떨어진 것으로 여기고 있다. 그렇지만 지혜로운 자들은 하나님께서 이사야 선지자의 예언과 성경에 기록된 그에 연관된 교훈을 항상 염두에 두고 이 세상을 살아가야만 한다.

4. '시온의 딸들' 을 향한 경고 (사 3:16-26)

이사야서 본문 가운데 언급된 '시온의 딸들' (the daughters of Zion)이란 예루살렘을 수도로 두고 있는 이스라엘 백성을 지칭하는 것으로 이해하는 것이 자연스럽다. 성경은 언약의 자손들을 여성으로 묘사하는 경우가 많다. 나아가 지상 교회를 여성으로 묘사할 뿐 아니라 그리스도의 순결한 신부로 표현하고 있다. 이는 언약의 백성들은 순결한 자세로 하나님께 속해 있어야 하며 그에게 온전히 순종해야 한다는 사실에 연관된 것으로 받아들일 수 있다.

이사야 선지자는 하나님의 계시를 통해, 시온의 딸들이 외간 남자들에게 추파를 던지며 행동한다는 사실을 강력하게 지적했다. 그들은 목을 길게 뺀 상태로 꼬리를 치듯이 걸으며 발목에는 소리나는 장식을 달고 다니는 것으로 묘사하며 그와 같은 저들의 삶이 불결하다고 말했다. 그 여인들에게는 육체적인 욕망만 가득 차 있었을 따름이다. 즉 저들에게는 하나님에 대한 두려움이나 경건한 삶의 태도가 전혀 보이지 않았다.

이는 하나님의 거룩한 신부가 되어야 할 이스라엘 백성이 외간 남자와 같은 이방인들에게 잘 보이기 위해 교태를 부리고 있는 것을 의미한다. 그들은 더러운 이방 종교사상을 끌어들이기 위해 별별 추한 짓을 다 동원하고 있다. 결국 음란에 빠진 이스라엘 민족은 이방인과 저들의 종교를 택함으로써 하나님을 버렸다.

그러므로 여호와 하나님께서는 음란에 빠진 저들을 심판하고자 작정하셨다. 그들은 자신의 욕망을 추구하며 만족스럽게 살아가기를 원했지만 하나님은 저들을 정반대의 상황에 처하도록 하시리라는 것이었다. 시온의 딸들의 머리 위 정수리에는 하나님의 징벌로 인해 딱지가 생기게 될 것이며, 저들의 하체가 많은 사람들 앞에 드러나게 함으로써 창피를 당하도록 하실 것이다.

이사야 선지자는 또한 비유로 말하기를, 그와 같은 날이 이르게 되면 그들이 장식한 발목 고리와 머리의 망사와 이방인들의 종교적인 상징을 나타내는 반달 장식과 귀고리와 팔목 고리와 얼굴 가리개와 화관과 발목 사슬과 띠와 향수병과 호신용 부적과 반지와 코 고리와 예복과 겉옷과 목도리와 손주머니와 손거울과 세마포 옷과 머리 수건과 너울을 전부 제하여 버리시게 된다고 했다. 저들이 그동안 자랑으로 삼고 값어치 있는 것으로 여기던 모든 것들을 완전히 상실당하게 되는 것이다. 즉 배도자들이 추구하고 노력해 왔던 모든 결과물들은 일순간에 허사가 되고 마는 것이다.

여호와 하나님께서 관여하시는 그 날은 저들에게 견디기 어려운 처절한 심판날이 될 것이 틀림없다. 그동안 이방인들을 위한 음란에 빠져 애써 가꾸어온 몸과 그 몸에 바르던 향수와 값비싼 화장품, 저들의 의상에 화려하게 묶은 띠와 아름답게 장식한 머리숱과 화려한 옷들이 사라지게 될 것이다. 그대신 저들의 몸에서는 썩은 냄새가 날 것이며 권위를 자랑하던 끈 대신에 초라한 노끈으로 허리를 동여매고 대머리가 되어 굵은 베옷을 입고 얼굴에는 문신한 흔적을 가진 채 수치스러운 상황을 맞이하게 될 것이다.

그 날에는 언약의 백성 가운데 힘 있는 장정들과 군인들이 전쟁에서 패하여 멸망당하게 된다. 예루살렘 성문에서는 슬퍼하며 곡하는 자들이 많아지게 될 것이며 시온은 황폐하여 무너져 내리게 된다. 이사야 선지자는 이방 남성들을 향해 음란을 서슴지 않은 시온의 딸들에게 그와 같은 두려운 날이 속히 도래하리라는 사실을 경고했다.

그렇지만 더러운 탐욕으로 가득 채워진 어리석은 이스라엘 백성은 그와 같은 상황이 눈앞에 펼쳐지기 전까지 선지자의 경고를 받아들이지 않았다. 저들에게는 오로지 이 세상에서의 추한 욕망만 의미 있는 것으로 받아들여졌다. 그러나 저들에게 그 심판의 날은 결코 멀리 떨어져 있지 않았다. 그러므로 하나님으로부터 계시된 말씀을 듣고 곧바로 삶을 전환하는 것이 가장 지혜로운 판단이었다.

이에 대해서는 오늘날 우리도 그와 동일한 형편에 놓여 있다. 어리석은 인간들은 세속적인 욕망에 따라 살면서 세상에 탐닉하기를 좋아하며 그로부터 인생에 도움이 되는 것들을 얻고자 애쓰고 있다. 그런 자들은 타락한 세상에서 아름다워 보이는 것들로 자신의 몸을 장식하고 세상의 값진 것들로 치장하기를 좋아한다. 그러나 주님께서 임하시게 되면 그 모든 것들은 도리어 불신앙의 증거 역할을 하게 될 따름이다. 지혜롭고 성숙한 성도들은 하나님께서 선지자를 통해 계시하신 말씀의 뜻을 온전히 깨달아 자신의 삶에 적용할 수 있어야만 한다.

제4장

전쟁을 통한 심판과 하나님의 예루살렘 회복
(사 4:1-6)

1. 전쟁의 결과 (사 4:1)

인간들은 항상 정복욕에 사로잡혀 있다. 그것은 집단화 될수록 실제화 될 가능성이 높아진다. 국가와 국가간에 전쟁이 일어나게 되면 모든 사람들에게 참혹한 결과를 가져올 수밖에 없다. 전쟁이란 근본적으로 살상殺傷을 허용할 뿐 아니라 그것을 당연시하기 때문이다. 따라서 서로간 상대방을 정복하여 세력을 넓히려는 욕망을 가지고 싸우지만 결과적으로는 엄청나게 많은 불행을 초래하게 된다.

우선 전쟁이 발발하면 식량문제나 일반 범죄가 증가할 뿐 아니라 인간들의 기초 공동체라 할 수 있는 가정이 심각한 고통을 겪을 수밖에 없다. 전쟁에 나간 젊은 병사들이 죽게 되면 당사자의 불행일 뿐 아니라 그 유가족은 보다 더 끔찍한 고통을 감내해야만 한다. 자식을 잃고 남편을 잃고 아버지를 잃는 자들이 많이 생겨나게 될 것이기 때문이다.

선지자 이사야는 전쟁의 결과에 관한 내용 가운데 혼인에 관련된 문제를 특별히 언급하고 있다. 그것은 많은 청년들이 전쟁이 벌어지는 중에 생명을 잃기 때문에 인구의 성비균형性比均衡이 깨어지는 것에 연관되어 있다. 전사자戰死者로 인해 결혼할 만한 혼기에 찬 남성들의 수가 여성들에 비해 턱없이 부족하게 되어 버린 것이다.

그러므로 일곱 명의 여자가 있다고 해도 그 가운데 한 명만 남성을 만나 결혼할 수 있을 따름이었다. 당시에는 혼인을 하지 않는 것을 수치로 여기던 때였다. 물론 그것은 성경적인 교훈을 근거로 한 것이 아니라 이방사상에 물들었기 때문에 나타나는 현상으로 이해하는 것이 자연스럽다(고전 7:32-38, 참조).

따라서 성경에서는 일곱 명의 여자가 한 남자를 붙잡고 혼인하자며 애원하는 일이 발생하게 된다는 사실을 언급하고 있다. 먹는 음식이라든지 입는 의복 문제 등 일반적인 생활은 자신이 알아서 할 터이니 자기가 원하는 남자를 보고 남편이라고 부를 수 있게만 해 달하는 것이었다. 즉 혼례만 치를 수 있다면 어떤 조건도 붙이지 않고 그것 자체로 만족한다는 의미였다.

이는 당시의 일반적인 관습에 의한다면 파격적인 제안이라 할 수 있다. 보통은 남편이 아내를 얻고자 할 때 처갓집에 일정 액수의 돈이나 물품을 주고 데려오는 경우가 많았다(창 34:12; 출 22:17, 참조). 본문 가운데서 많은 처녀들이 한 남자에게 의식주에 연관된 문제는 자기가 해결할 테니 혼인만 해달라고 요청한 것은 당시의 성비 불균형으로 인해 혼인에 관한 형편이 얼마나 열악했던가 하는 점을 여실히 보여주고 있다.

2. '피난자'와 '남은 자'를 위한 은혜 (사 4:2,3)

세상이 아무리 어려운 형편에 처한다고 할지라도 하나님의 은혜를 입은 성도들에게는 별 염려할 것이 없다. 이는 환난과 고통에서 완전히 제외된다는 의미와는 다르다. 사람을 죽이는 살상이 일어나는 전쟁 중에도 하나님을 경외하는 성도들에게는 하나님의 놀라운 은혜가 임하게 된다. 그것은 저들이 전쟁을 위한 칼이나 군사력이 아니라 여호와 하나님을 의존하기 때문에 얻게 되는 선물이다.

진정한 하나님의 자녀들은 피비린내나는 전투 상황을 보고 그 전쟁의 결과에 인생의 모든 것을 걸지 않는다. 그들은 어떤 경우에도 여호와 하나님 한 분만 의지하게 된다. 약삭빠른 사람들은 생명을 부지하기 위해 안전하고 조건이 좋아보이는 지역을 찾아 떠나겠지만, 하나님께 속한 자들은 그렇지 않다.

이사야서에 언급된 그와 같은 전쟁 상황은 일반적인 경우가 아니라 예루살렘을 중심으로 하여 전개되는 것에 연관되어 있다. 즉 예루살렘과 그 적대 세력은, 하나님과 세상에 대한 대표성을 지니고 있다. 따라서 하나님을 진심으로 경외하는 자들은 그런 일이 발생할 때 그곳을 피해 다른 지역으로 떠나는 것이 아니라 도리어 예루살렘에 남아 있고자 한다. 하나님의 거룩한 성전이 그 자리에 있기 때문이다.

여기서 우리가 깨달아야 할 바는, 모든 성도들은 하나님의 성전에 피하는 것이 유일한 살 길이 된다는 사실이다. 하나님께서 계시는 성전이 아니고는 이 세상 어디에도 안전한 피난처가 존재하지 않는다. 우선 보기에 안전해 보이고 괜찮게 여겨질지라도 하나님을 떠나 있다면 거기에는 저들을 지켜줄 만한 아무런 보장성이 없다.

우리는 이 말 가운데 종말론적인 의미가 내포되어 있다는 사실을 이해해야 한다. 이는 그것이 장차 도래하게 될 예수 그리스도의 십자가 사건에 연관되는 동시에 마지막에 있게 될 최종 심판날에 연관되어 있음을 의미한다. 요엘서에서는 그에 관련된 분명한 의미가 잘 드러나고 있다.

> **"여호와의 크고 두려운 날이 이르기 전에 해가 어두워지고 달이 핏빛 같이 변하려니와 누구든지 여호와의 이름을 부르는 자는 구원을 얻으리니 이는 나 여호**

와의 말대로 시온산과 예루살렘에서 피할 자가 있을 것임이요 남은 자 중에 나 여호와의 부름을 받을 자가 있을 것임이니라"(욜 2:31,32)

인간들이 살아가는 이 세상에는 항상 끔찍한 전쟁이 일어나고 있다. 인간들은 그 가운데서 생명을 부지하기 위해 몸부림을 친다. 하지만 사람들의 생명은 궁극적으로 전쟁이나 피비린내 나는 싸움을 피하는 것에 달려있지 않다. 그것은 오직 여호와 하나님께 달려 있으며 거룩한 성전을 통해 구체적으로 드러나게 된다.

그러므로 성도들은 모든 전쟁이 여호와 하나님의 심판과 연관되어 있음을 기억해야 한다. 전쟁에서의 패배뿐 아니라 일반적인 승리마저도 근본적으로는 그 원인이 인간의 죄에 관련되어 있음을 기억하는 것은 매우 중요하다. 따라서 하나님의 자녀들은 계시된 말씀을 통한 본질을 깨달을 수 있어야 하며 그것을 통해 정확한 해석을 할 수 있어야만 한다.

구약의 선지자들은 장차 '여호와의 날' 이 임하게 되리라는 사실을 지속적으로 언급하고 있다. 그 날은 궁극적인 심판을 동반한 크고 두려운 날이 될 것이며 천체를 비롯한 우주만물의 변화를 동반하게 된다. 이는 이 세상에는 인간들 스스로 의지할 만한 대상이 없으며 피할 만한 장소가 아예 없다는 사실을 말해준다.

인간들이 피할 수 있는 유일한 피난처는 시온산과 예루살렘밖에 없다. 거기에는 하나님의 거룩한 성전이 존재하기 때문에 그곳에 피하는 자들은 생명을 구할 수 있다. 배도에 빠진 이스라엘 지도자들의 악한 요구를 단호히 거부하는 가운데 이방인들에게 굴복하지 않고 오직 여호와 하나님의 부르심에 순종하여 그의 성소에 나아가는 자들은 영원한 화를 면할 수 있게 되는 것이다.

따라서 장차 임하게 될 그 크고 두려운 심판의 날이 하나님의 자녀들에게는 도리어 영화롭고 감사한 날이 된다. 그 날에는 '여호와의 가지' (the

Branch of the LORD)가 아름답고 영화로운 모습을 보이게 되며, 그 열매는 살아남은 언약의 백성들에게 허락되어 자랑과 영광이 된다(사 4:2). 여기서 '가지' (the Branch)란 장차 이땅에 오실 메시아와 연관된 것으로 이해하는 것이 바람직하다.

그러므로 시온에 남아 있는 자 곧 예루살렘에 머물러 있으면서 그 안에 생존한 자들 가운데 명부名簿에 기록된 모든 사람들은 거룩한 자로 칭함을 받게 된다(사 4:3). 여기서 우리는 매우 중요한 의미를 발견하게 되는데 그것은 하나님의 '기록된 책' 에 관한 사실이다. 본문 가운데서 예루살렘에 남은 자로서 그 이름이 기록된 자들은 창세전 기록된 생명책과 연관성이 있는 것으로 보아야 한다.

그리고 거룩한 자로 칭함을 받는다는 것은 그리스도로 말미암아 의로운 자로 인정받게 된 사실에 연관되어 있다. 이는 그들이 이땅에서 본성적으로 거룩한 사람으로 바뀌는 것이 아니라 하나님의 구속사역으로 인해 거룩한 자로 인정받게 된다는 사실을 말해준다. 이 말은 오늘날 우리가 예수 그리스도로 말미암아 의롭게 인정받아(칭의, justification) 그의 성도가 된 사실과 밀접하게 연관되어 있는 것으로 이해할 수 있다.

3. '예루살렘' 을 청결하게 하심 (사 4:4)

하나님의 성전이 있는 도성인 예루살렘은 거룩한 상태를 유지해야 한다. 하나님께서 항상 자신의 거룩한 성전에 거하시기 때문이다. 이는 상징적이거나 관념적인 의미가 아니라, 그가 실제로 그 가운데 계신다는 사실로 받아들여야 한다. 따라서 인간들이 그 거룩한 도성을 자신의 목적을 위해 변형시키려 해서는 안 된다.

우리는 이 말씀을 구속사적인 의미와 더불어 생각해야만 한다. 즉 그것은 예루살렘의 현재적인 거룩성에 얽매이는 것이 아니라 미래와 영원성에 연관되기 때문이다. 이는 장차 오시게 될 예수 그리스도의 구속사역과 그로 말미암아 세워진 지상 교회와도 연관되어 있다.

그러므로 인간의 몸을 입고 이땅에 오신 성자이신 예수님께서는 예루살렘 성전이 거룩해야 한다는 사실을 실제적으로 보여주셨다. 그는 당시 성전 안에서 매매를 하던 종교 지도자들을 보며 '강도' 라며 질책하셨던 것이다. 즉 배도에 빠진 종교 지도자들이 거룩한 성전을 강도의 소굴로 만든다는 것이었다. 따라서 예수님께서는 종교적인 명분을 앞세워 성전을 더럽히는 자들을 내쫓으심으로써 성전을 청결하게 하셨다.

> **"예수께서 성전에 들어 가사 성전 안에서 매매하는 모든 자를 내어 쫓으시며 돈 바꾸는 자들의 상과 비둘기파는 자들의 의자를 둘러엎으시고 저희에게 이르시되 기록된바 내 집은 기도하는 집이라 일컬음을 받으리라 하였거늘 너희는 강도의 굴혈을 만드는도다 하시니라"**(마 21:12,13)

우리는 이 말씀 가운데 드러나는 예수님의 행동과 그가 하신 말씀의 의미를 잘 생각해 보아야만 한다. 성전은 원래부터 하나님께서 거하시면서 거룩한 제사를 받기 위해 하나님의 뜻에 따라 건립되었다. 하지만 어리석은 인간들은 그 사실을 망각하고 그것을 자기를 위한 종교적인 공간으로 만들어 가고자 했다. 인간적인 취향에 따라 모든 것을 시행하려고 했던 것이다.

예수님 당시 배도에 빠진 자들은 종교심을 앞세워 성전 안에서 매매하는 것을 당연시했다. 아마도 그들 가운데 다수는 그와 같은 행위가 하나님을 기쁘게 하는 것인 양 여겼을 것이 틀림없다.[7] 하지만 그것은 하나님의

---

7) 당시 성전에서 매매하던 자들은 개인적인 부를 채우기 위해서가 아니라 공적인 입장에서 그렇게 한 것으로 이해해야 한다. (이광호, 『마태복음』, 서울: 칼빈아카데미, 2012, pp.531-536, 참조; 이광호, 『요한복음』, 서울: 도서출판 깔뱅, 2009, pp.49-52, 참조.)

영광을 위한 것이 아니라 도리어 거룩한 하나님의 성전을 이기적인 욕망의 장으로 만들어 버리는 것과 같았다.

예루살렘 성전이 거룩해야 하는 것은 예수님 시대뿐 아니라 모세 이후 구약시대 전반에 걸쳐서 그러해야만 했다. 그렇지만 각 시대마다 배도에 빠진 자들은 그것을 무시하는 경우가 많았다. 선지자 이사야가 예언하던 시대에도 그와 마찬가지였다. 따라서 그는 하나님께서 '심판하는 영'과 '소멸하는 영'으로 예루살렘을 청결케 하시리라는 예언을 했던 것이다.

우리가 여기서 주의 깊게 생각해 보아야 할 점은 신약시대에는 지상 교회가 구약시대의 성전의 역할을 대신하게 되었다는 사실이다. 따라서 교회는 원리적으로 거룩한 공동체가 되어야 한다. 만일 교회를 더럽히는 자가 있다면 그것은 하나님을 모독하는 것이 된다. 사도 바울은 고린도 교회에 편지하면서 그와 연관된 교훈을 주고 있다.

> **"너희가 하나님의 성전인 것과 하나님의 성령이 너희 안에 거하시는 것을 알지 못하느뇨 누구든지 하나님의 성전을 더럽히면 하나님이 그 사람을 멸하시리라 하나님의 성전은 거룩하니 너희도 그러하니라"**(고전 3:16,17)

지상에 흩어진 참된 교회들은 하나님께서 피로 값 주고 사신 거룩한 무리이다. 이는 지상 교회는 교회 자체를 위해서가 아니라 하나님을 위해 존재한다는 사실을 말해주고 있다. 하나님께서 거하시는 영역이라면 당연히 거룩해야만 한다. "내가 거룩하니 너희도 거룩할찌어다"(레 11:45; 벧전 1:16)라고 하신 하나님의 말씀은 그런 의미와 직접 연관되어 있다.

그러므로 지상에 존재하는 교회는 항상 거룩성을 유지하지 않으면 안 된다. 우리가 여기서 반드시 깨달아야 할 점은, 교회가 끊임없이 자신을 살피지 않는다면 즉시 더럽혀지게 된다는 사실이다. 이는 악한 사탄이 하나님의 자녀들을 끊임없이 미혹하기 때문에 성숙한 성도들은 불의한 것들이 교회 안으로 들어오지 못하도록 방어해야 한다는 사실을 말해주고 있다.

이사야 선지자는 더럽혀진 예루살렘을 보며 하나님께서 다시금 그곳을 거룩하게 하실 때가 도래하리라는 선포를 했다. 우리는 그것이 인간들을 위한 것이기에 앞서 하나님 자신을 위한 사역이라는 사실을 기억하지 않으면 안 된다. 그것은 결국 장차 도래하게 될 예수 그리스도의 십자가 사역으로 말미암아 완성될 것이었다.

4. '시온산'과 이스라엘 백성 위에 임재한 하나님의 영광 (사 4:5)

선지자 이사야는 여호와 하나님께서 거하시는 시온산과 백성들의 집회 위에 낮이면 구름과 연기를 만드시고 밤이면 화염의 타오르는 불길로 빛을 만드신다고 했다. 그리고 여호와의 모든 영광이 그 위를 가득 덮게 된다는 사실을 말했다. 이는 예루살렘 성전을 중심으로 그 위에 항상 하나님의 영광이 존재한다는 사실을 말해주고 있다.

이 말씀은 이스라엘 백성이 시내광야에 머물고 있던 때를 연상케 한다. 출애굽한 언약의 자손들이 시내광야에 유리하던 40년 동안 저들 위에는 항상 구름기둥과 불기둥이 떠나지 않았다. 하나님께서 기적적인 방법을 통해 그것들을 허락하신 이유는 언약의 자손들 가운데 존재하는 거룩한 성막과 연관되어 있었다. 이는 여호와 하나님이 그 가운데 거하신다는 사실을 증거해 주는 역할을 했다.

> "이 땅 거민에게 고하리이다 주 여호와께서 이 백성 중에 계심을 그들도 들었으니 곧 주 여호와께서 대면하여 보이시며 주의 구름이 그들 위에 섰으며 주께서 낮에는 구름기둥 가운데서, 밤에는 불기둥 가운데서 그들 앞에서 행하시는 것이니이다"(민 14:14)

이스라엘 백성이 시내광야에 머물 동안 하나님께서는 잠시도 저들을 떠나지 않으셨다. 하나님은 낮과 밤에 구름기둥과 불기둥으로 저들을 보호하셨으며 백성들의 앞길을 인도하셨다. 우리가 여기서 반드시 기억해야 할 바는 출애굽한 이스라엘 자손이 그곳을 떠나 가나안 땅에 들어갔을 때도 여전히 구름기둥과 불기둥이 저들 가운데 존재했다는 사실이다. 비록 드러나는 형체는 사라지고 육안으로 볼 수 있는 구름기둥과 불기둥은 없었지만 하나님은 그 전과 마찬가지로 이스라엘 백성 가운데 계셨던 것이다.

이에 대한 중요한 증거가, 이사야 선지자의 언급대로 예루살렘과 모든 집회 위에 여호와 하나님의 구름과 불이 존재한다는 사실에서 나타나고 있다. 당시 일반 사람들의 눈에는 그것이 보이지 않았다. 하지만 하나님께서는 거기에 임재해 계셨다. 그럼에도 불구하고 어리석은 자들은 그 사실을 깨닫지 못했다. 그들은 그 위를 뒤덮고 있는 하나님의 영광을 전혀 인식하지 못했던 것이다.

이에 대해서는 오늘날 우리 시대에도 그때와 다르지 않다. 비록 육안으로 보이지 않지만 교회 위에는 항상 영적인 의미에서 구름기둥과 불기둥이 존재한다. 하나님께서는 그 가운데서 자기 백성들을 보호하시며 선한 길로 인도하고 계시는 것이다. 이사야 선지자가 예언하던 당시 시온산과 모든 집회 위에 존재하던 구름과 화염이 오늘날 우리 시대의 교회와 집회 위에 존재하고 있으며 하나님의 영광이 그 위를 뒤덮고 있다.

그럼에도 불구하고 어리석은 자들은 그것을 전혀 인식하지 못한 채 배도에 빠져 있는 실정이다. 그런 자들은 거룩한 성 예루살렘에 거하면서도 구름과 화염의 빛을 보지 못하거나 무시하는 자들과도 같다. 따라서 진정으로 지혜로운 자들은 항상 자기와 함께 계시며 선한 길로 인도하시는 여호와 하나님을 볼 수 있는 영안을 가져야만 하는 것이다.

5. 하나님의 '보호 장막' (사 4:6)

하나님의 자녀들은 항상 하나님의 보호 아래 살아가게 된다. 어리석은 인간들은 자기 자신의 노력으로 인생을 살아가려고 발버둥치지만 그것은 참된 삶에 아무런 도움이 되지 않는다. 그런 자들은 굳건하고 안전한 집을 짓고 그 안에서 호의호식好衣好食하는 것이 최상의 삶이라 믿으나 그것은 도리어 위험할 수 있다. 현상적으로 눈앞에 펼쳐진 것들을 누리는 동안 하나님을 잊어버리거나 그의 도우심을 멀리할 우려가 따르기 때문이다. 우리는 이를 초막절(the feast of tabernacles)과 연관지어 이해할 수 있다.

구약시대 이스라엘 백성들은 매년 규례에 따라 초막절을 지켰다. 초막절을 지키는 중요한 의미 가운데 하나는, 그들이 시내광야에서 유리하는 동안 안정된 가옥에 산 것이 아니라 임시거처에 살았던 사실을 기억토록 하는 것이었다. 당시 시내광야에는 하나님의 성막이 존재했으므로 저들의 삶의 중심은 자신의 처소가 여호와 하나님이 거하시는 성소였다. 하나님께서는 그것을 기념하여 절기로 지키도록 요구하셨던 것이다.

> **"여호와께서 모세에게 일러 가라사대 이스라엘 자손에게 고하여 이르라 칠월 십오일은 초막절이니 여호와를 위하여 칠일 동안 지킬 것이라 첫날에는 성회가 있을찌니 너희는 아무 노동도 하지 말찌며 칠일 동안에 너희는 화제를 여호와께 드릴 것이요 제 팔일에도 너희에게 성회가 될 것이며 화제를 여호와께 드릴찌니 이는 거룩한 대회라 너희는 아무 노동도 하지 말찌니라"**(레 23:33-36)

이스라엘 백성은 규례에 따라 일 년에 칠일 동안을 초막절로 지키는 것을 매우 중요하게 여겼다. 그 첫날과 마지막 날은 온 백성이 성회로 모였다. 그 기간 중에는 아무 노동도 하지 말아야 했다. 이는 저들의 생명은 인간의 명석한 두뇌나 재주 많은 손끝이 아니라 오직 여호와 하나님께 달려 있다는 사실을 말해주고 있다. 그 절기 동안 백성들은 하나님께 거룩한 제물을 바치며 그에게 경배하는 일을 삶의 가장 중심에 두고 있었던 것이다.

만일 시내광야에 살아가던 이스라엘 자손이 돌이나 흙으로 지은 반영구적인 집에 살았다면 그곳에 오랫동안 살고자 하는 욕망을 가졌을 것이 틀림없다. 하지만 그들은 임시적인 이동식 장막(tabernacles)에 기거하면서 언제든지 가나안 땅을 향해 나아가기를 기대하며 살았다. 이처럼 이스라엘 백성이 초막절을 지킨 구속사적 의미는, 지상 교회에 속한 성도들로 하여금 타락한 세상이 저들이 살아갈 영원한 거처가 아니란 사실을 확인시키는 역할을 한 것이다.

또한 이스라엘 백성이 정해진 규례에 따라 초막절을 지킨 것은 여호와 하나님께 자신의 모든 것을 맡기는 삶을 보여준다. 즉 매년 정해진 때 율법에 따라 초막절을 지키는 것은 단순한 종교적인 행사 이상의 의미를 지니고 있었다. 다시 말해 이스라엘 백성은 그 초막절을 통해 일 년 내내 초막절 정신으로 살아가야 함을 기억하게 되었던 것이다.

그러므로 시편 기자는, 환난 날에 여호와 하나님께서 자기를 초막 속에서 비밀리에 지켜주신다는 사실을 노래했다. 하나님의 자녀가 초막에 거한다는 것은, 겉보기에 안전하게 보이지만 실상은 그렇지 못한 세상의 영역으로부터 피하여 하나님이 계신 곳을 찾아 그에 의지한다는 사실에 연관되어 있다. 즉 하나님께서는 성전에 거하시고 그의 백성은 초막에서 그의 그늘 아래 거하게 되는 것이다.

> **"여호와께서 환난 날에 나를 그 초막 속에 비밀히 지키시고 그 장막 은밀한 곳에 나를 숨기시며 바위 위에 높이 두시리로다 이제 내 머리가 나를 두른 내 원수 위에 들리리니 내가 그 장막에서 즐거운 제사를 드리겠고 노래하여 여호와를 찬송하리로다"**(시 27:5, 6)

하나님의 자녀들은 이 세상에서 평안한 삶을 누리는 것을 궁극적인 목표로 삼지 않는다. 도리어 타락한 세상에 살아가면서 대적자들에 의해 환난과 핍박을 당하게 된다(롬 8:35; 살후 1:4, 참조). 따라서 참된 지혜를 소유한 성도들은 불안전한 세상의 것에 기대지 않고 오직 여호와 하나님만을 바라보아야 한다.

그러므로 성도들은 이땅에 굳건한 집을 짓고 그곳에서 영원히 살고자 하는 욕망을 버리지 않으면 안 된다. 그대신 잠시 지나가는 세상에 좋은 거처를 마련해 두고 그곳에서 안식하려 할 것이 아니라 하나님께서 예비해 두신 영원토록 안전한 영역으로 피해야 한다. 성경은 이를 두고 초막에 피하는 것으로 비유적으로 말하고 있다.

즉, 인간들이 값비싼 재료로 굳건하게 지은 집이 몸을 피할 수 있는 곳이 되는 것이 아니라 도리어 이 세상에서 임시로 지은 초막이 진정한 피난처가 된다. 좋고 화려한 집에서는 사람이 그 집과 내부의 것들에 의존하게 되겠지만 임시로 지어진 초막에서는 하나님을 의지할 수밖에 없을 것이기 때문이다. 우리가 반드시 기억해야 할 바는 반석 위에 지어진 그 초막이 여호와 하나님을 진정으로 경배하는 곳이 된다는 사실이다.

제5장

포도원 비유와 하나님의 심판

(사 5:1-30)

1. 포도원 비유를 통한 노래 (사 5:1-7)

본문 가운데는 포도원 비유를 통한 노래가 기록되어 있다. 선지자 이사야는 '사랑하는 자' 를 위하여 그의 포도원을 노래한다고 했다. 이 말은 아마도 전체적으로 볼 때 하나님을 찬양하는 노래일 것이다. 그는 먼저 자기가 사랑하는 자에게 속한 포도원이 매우 기름진 산 위에 위치하고 있다는 사실을 언급했다.

포도원의 주인은 직접 땅을 선정하고 척박한 그곳의 모든 돌들을 제거하고 기경함으로써 좋은 밭을 일구어 최상품의 포도나무를 심었다. 그리고 그 중앙에 높은 망대를 세우고 그 안에 포도주를 짜는 틀을 만들었다. 그 모든 것은 포도원의 주인이 자신의 목적과 의도에 따라 홀로 행한 일이다.

이는 물론 저들 가운데 존재하는 예루살렘 성전과 이스라엘 민족을 비유적으로 일컫고 있다. 이스라엘 민족은 하나님께서 경작하시는 포도원과 도 같다. 하나님께서는 약속의 땅을 선정하시고 자신의 특별한 포도원을 만드셨던 것이다. 정상적인 포도원이라면 포도나무가 잘 자라 좋은 열매를 맺어야 하는 것이 마땅하다. 그 포도와 그로부터 나오는 달콤한 포도주는 주인을 기쁘게 하는 역할을 해야 하기 때문이다.

하지만 그 포도원은 아름답고 좋은 포도를 맺은 것이 아니라 도리어 아무런 쓸모없는 들포도를 맺었다. 이렇게 된 까닭은 이스라엘 자손의 배도자들이 포도원을 망쳐놓았기 때문이다. 그들은 포도원을 주인의 뜻에 따라 기경하며 가꾸지 않고 개인적인 욕구에 따라 엉망으로 만들어 버렸던 것이다. 이에 대해서는 예레미야 선지자도 예루살렘과 이스라엘 민족에 대하여 예언하며 그와 동일한 비유로 말하고 있다.

> **"많은 목자가 내 포도원을 훼파하며 내 분깃을 유린하여 나의 낙토로 황무지를 만들었도다 그들이 이를 황무케 하였으므로 그 황무지가 나를 향하여 슬퍼하는도다 온 땅이 황무함은 이를 개의하는 자가 없음이로다"**(렘 12:10,11)

주인의 뜻을 저버린 인간들이 포도원을 훼파하고 주인의 것을 제 맘대로 유린하게 되면 그곳은 황무지가 될 수밖에 없다. 이스라엘의 악한 배도자들은 거룩한 성 예루살렘을 더럽히고 언약의 자손들로 하여금 자신의 배도 행위에 참여하도록 유인했다. 그 결과 포도원은 아름다운 결실을 하지 못하고 혼탁한 상황에 처하게 되어버렸다.

그러므로 선지자 이사야는 예루살렘 거민과 유다 사람들을 향해 사리事理를 올바르게 분별함으로써 옳고 그름에 대하여 제대로 판단해 보도록 요구 했다. 선지자는 포도원을 위해 지금껏 신실하게 일해 오며 질 좋은 포도가 맺히기를 기다렸지만 결과는 쓸모없는 들포도만 맺히게 된 까닭이 뭐냐며 따지듯이 물었다. 그러면서 이사야는 하나님께서 본분을 망각한 그 포도원을 그대로 두지 않으리라는 사실을 예언했다.

이제 곧 하나님의 심판이 임하게 되면 그 포도원의 울타리가 걷히게 되고 담은 허물어지게 된다. 그런 상황이 닥치면 그 땅은 짐승들에 의해 짓밟히게 됨으로써 포도원의 기능을 상실하게 되어 못 쓰게 된다. 폐허된 포도원에서는 가지치기를 할 일이 없을 뿐더러, 흙을 파서 북을 돋우는 일도 할 필요가 없다. 결국 황폐한 포도원에는 아름다운 포도가 아니라 가시덤불과 엉겅퀴로 뒤덮히게 될 것이다. 이는 하나님께서 그 위에 구름과 비를 허락하지 않기 때문에 나타나는 현상이다.

선지자 이사야는 본문 가운데서, 자신이 언급한 포도원에 연관된 그 비유가 북쪽 이스라엘 사람들과 남쪽 유다 사람들에 관한 예언이라는 사실을 밝혔다. 여호와 하나님의 소유인 포도원은 언약의 자손인 이스라엘 족속이며 그가 기뻐하시는 나무는 유다 사람이라는 것이었다. 하나님께서는 그 백성들 가운데 공의(justice)가 베풀어지기를 원하셨지만 도리어 포악한 일들이 되풀이 되었으며, 자신의 의(righteousness)가 드러나기를 바라셨지만 오히려 억울한 일을 당한 자들의 아우성만 넘쳐났을 따름이다.

2. 탐욕자들과 방탕한 무리에 대한 심판 (사 5:8-17)

선지자 이사야는 이제, 욕심에 가득 차게 되어 이웃을 전혀 생각지 않는 이기적인 사람들을 향해 저주를 선포하고 있다. 그런 자들은 주변의 집들을 연이어 사들이고 토지들을 깡그리 사들여 사유화私有化하기를 지속했다. 그렇게 되면 가난한 사람들이 거처할 수 있는 조건이 열악해지며 양식을 위해 경작할 만한 토지가 줄어들게 된다. 따라서 그런 식으로 자기의 욕망을 채우며 이웃을 기억하지 않는 자들에게 무서운 화가 임하리라는 것이었다.

당시 힘 있는 자들에게는 그렇게 하는 것이 그다지 특별한 일이 아니었다. 그들은 가옥과 토지를 많이 사들여 부자가 되는 것을 최상의 목표로 삼고 있었다. 하지만 그것은 일시적인 성공으로 비쳐질지 모르지만 실상은 패망의 길에 들어서는 것에 지나지 않는다. 이사야 선지자와 동일한 시대에 하나님의 말씀을 선포했던 선지자 미가도 그런 악한 자들에 대한 경고의 예언을 했다.

> **"그들이 침상에서 죄를 꾀하며 악을 꾸미고 날이 밝으면 그 손에 힘이 있으므로 그것을 행하는 자는 화 있을진저 밭들을 탐하여 빼앗고 집들을 탐하여 차지하니 그들이 남자와 그의 집과 사람과 그의 산업을 강탈하도다"**(미 2:2)

죄에 빠진 인간들은 '소유'에 대하여 근본적인 오해를 하고 있다. 스스로 자기 인생을 만족스럽게 꾸려가기 위해 더 많은 것을 소유함으로써 개인적인 욕망을 채워가는 것만큼 어리석은 자들은 없다. 아무리 많은 가옥과 토지를 사들여 사유화한다고 해도 좋은 이웃을 버리게 된다면 그 모든 것들은 아무런 의미가 없게 된다. 또한 전쟁에 의해 나라가 패망해 버린다면 넓은 땅이 소유주에게 줄 만한 유익이 남지 않는다.

하나님께서는 선지자 이사야를 통해, 가옥과 땅을 탐하는 자들의 삶이 얼마나 허망한 것인지 만방에 드러내 보이시겠다는 말씀을 하셨다. 저들이 소유한 넓은 토지는 반드시 황폐하게 될 것이며, 아무리 크고 화려한 집이라 할지라도 텅 빈 흉가凶家가 되어 사람들이 살지 않게 되리라는 것이었다. 이는 배도에 빠진 이스라엘 민족에게 임할 하나님의 심판을 선포하고 있는 것과 같다.

선지자는 또한 그들이 아무리 많은 땅을 소유하고 있다고 할지라도 그것으로 인해 궁극적인 만족을 얻지 못하리라는 사실을 예언했다. 열흘 동안 밭갈이를 해야 할 만큼 넓은 포도원에서 겨우 포도주 한 바트(bath)가 생산될 것이며, 한 호멜(homer)의 종자를 뿌리면 간신히 한 에바(ephah) 정도의 곡식을 얻게 되리라는 것이었다.[8] 이는 땀 흘려 일하는 노동력이 아무런 소용이 없을 뿐더러 뿌린 씨앗만큼의 소출도 거두지 못하는 현상이 발생하게 된다는 예언이다. 이 말은 인간들의 상상을 넘어선 극심한 흉년이 임하게 되리라는 사실을 말해주고 있다.

또한 선지자 이사야는 부유한 재산으로 인해 날마다 호의호식하며 향락에 젖어있던 자들에게 임할 저주를 선포했다. 아침부터 밤늦은 시간까지 독주와 포도주에 취하는 자들에게 무서운 화가 미친다는 것이었다. 그런 자들은 음식을 배불리 먹고 즐겁게 살아가는 것이 인생을 누리며 잘 살아가는 것인 양 판단하고 있었다. 그들은 사람들을 불러 모아 연회를 베풀며 즐거움에 취하기를 좋아했다. 그것을 위해 수금과 비파와 소고와 피리 등 다양한 악기들을 동원하고, 먹고 마실 음식과 포도주들을 가득 준비해 두고 인생을 즐겼다.

하지만 그 사람들은 여호와 하나님과 그의 사역에 대해서는 아무런 관심을 두지 않았다. 그들은 여호와께서 행하시는 거룩한 일에 마음을 두지 않았으며, 그가 손수 행하시는 사역에 관해서는 아랑곳하지 않았다. 그와 같이 어리석음에 빠진 자들은 오직 세상에서의 향락에만 눈이 멀어 있었던 것이다.

그러나 저들이 즐기는 모든 욕망과 향락은 결코 오래가지 못한다. 하나님께서는 배도에 빠진 저들의 행태를 그냥 좌시하지 않으신다. 나아가 그에 대한 올바른 인식이 결여된 일반 백성들도 하나님을 멸시하기는 마찬가지다. 배도의 길에 동참한 백성들은 결국 원수들에게 사로잡히는 운명에 처하게 된다. 그들 가운데 존귀한 지위에 앉아 인생을 자랑하던 자들은 굶주림에 빠지게 될 것이며 많은 백성들이 목말라 고통을 당하게 될 것이

---

8) '현대인의 성경' 에서는 이를 번역하면서, 오늘날 우리의 기준으로 볼 때 약 40,000평방미터(12,100평)의 포도원에 포도주가 22리터 정도 나오고 한 말의 씨를 뿌렸을 때 한 되 정도의 곡식이 나오게 되는 것으로 계산하고 있다; 구약 시대의 도량형 가운데 위 본문에 나타나는 열(10) 에바는 한(1) 호멜이다.

기 때문이다.

선지자는, 음부 곧 스올(Sheol)이 욕심을 내어 입을 크게 벌려 배도자들의 호화로움과 떠들썩하게 함께 즐기던 모든 무리를 삼켜버릴 것이라고 말했다. 이렇게 하여 존귀한 지위에 있던 자들은 비천하게 되며, 천박한 자리에 있던 자들도 견디기 어려운 굴욕을 당하게 된다. 이렇듯이 하나님과 사람들 앞에서 눈을 치켜뜨고 오만하게 굴던 자들은 하나님의 심판 앞에서 완전히 기가 꺾일 수밖에 없다.

그렇지만 여호와 하나님은 의롭고 공의로우신 분이기 때문에 우주만물 가운데서 높임을 받고 만천하에 자신의 거룩함을 드러내신다. 그때가 이르게 되면 하나님의 은혜로 말미암아 모든 것들이 다시금 회복된다. 따라서 짓밟힌 땅 가운데서 어린 양들이 풀을 뜯어 먹게 될 것이며, 부자들의 소유였던 황폐한 토지에서 낯선 사람들(strangers)이 양식을 구해 먹게 된다. 이는 하나님의 복음이 이방인들에게 개방된다는 사실을 예언하고 있는 것이다.

3. 거짓말하는 자와 교만한 자들의 악행 (사 5:18-23)

언약의 민족 가운데는 항상 거짓을 일삼는 자들이 있어 왔다. 그 위선자들에게 여호와 하나님에 대한 진정한 경외심은 없었다. 그럼에도 불구하고 그들은 예루살렘 성전이 중요한 의미를 가진 것으로 언급하기를 좋아했을 것이며 아브라함이 저들의 조상이자 모세의 율법이 중요하다는 사실을 끊임없이 주장했을 것이 분명하다. 하지만 그런 자들은 말과 행위와 달리 배도에 빠진 자들이었다.

그 사람들은 자신의 목적을 달성하기 위해서라면 어떤 거짓말도 서슴지 않았다. 선지자는 그런 자들을 두고, 거짓으로 끈을 삼아 재앙을 끌어당기며 수레 줄로 죄악을 끌어당기는 것과 같다는 말로 표현하고 있다. 즉 그들은 소극적인 범죄를 저지르는 것이 아니라 하나님께 저항하는 적극적인 악행을 저지르고 있었다. 그러므로 선지자는 그런 배도자들을 향해 무서운 저주를 선포했던 것이다.

배도에 빠진 이스라엘 민족의 지도자들은 어리석은 백성들을 속이기에 급급했다. 그들은 자기의 사사로운 욕망을 채우기 위해서는 어떤 거짓도 마다하지 않았다. 저들의 입술에는 항상 사람들에게 달콤하게 여겨지는 위장된 언술로 가득 차 있었으며 저들의 말 가운데는 온갖 미사여구美辭麗句가 다 섞여 있었다.

그런 자들은 대개 그와 같은 사고와 행동이 마치 지혜롭고 명철한 것인 양 착각하고 있다. 하지만 그것은 도리어 미련한 행위로서 하나님께 저항하는 행위가 된다. 그러므로 사도 바울은 고린도 교회에 편지하면서 그점을 강조하고 있다. 이 세상에서 인간들이 생각하는 모든 지혜는 오히려 미련한 것에 지나지 않는다는 것이었다.

> **"지혜 있는 자가 어디 있느뇨 선비가 어디 있느뇨 이 세대에 변사가 어디 있느뇨 하나님께서 이 세상의 지혜를 미련케 하신 것이 아니뇨 하나님의 지혜에 있어서는 이 세상이 자기 지혜로 하나님을 알지 못하는고로 하나님께서 전도의 미련한 것으로 믿는 자들을 구원하시기를 기뻐하셨도다"(고전 1:20,21); "아무도 자기를 속이지 말라 너희 중에 누구든지 이 세상에서 지혜 있는 줄로 생각하거든 미련한 자가 되어라 그리하여야 지혜로운 자가 되리라"(고전 3:18)**

우리는 사도 바울을 통해 계시된 진리의 말씀을 마음속 깊이 새기지 않으면 안 된다. 그리하여 성경에 기록된 계시를 기초로 한 참 지혜와 세상의 거짓 지혜를 분별할 수 있어야만 한다. 그에 대하여 민감하지 않으면 스스로 자신에게 속아 넘어가기 쉽다.

그럼에도 불구하고 이사야 시대의 배도자들은 세속적인 욕망을 추구하면서 자신과 이웃을 속이는 행위를 중단하지 않았다. 그들은 타락한 본성에 근거한 저들의 이성과 경험에 의존했을 따름이다. 그런 자들은 자기에게 유익이 된다고 판단하면 온갖 꾀를 짜내어 다른 사람들을 미혹하기를 계속했다.

나아가 배도자들은 사람들 앞에서 자기가 마치 하나님의 뜻이 이루어지기를 기다리고 있는 양 처신했다. 이스라엘의 하나님께서 저들에게 좋은 응답을 해줄 것이라 선전하는 자들도 많았다. 하지만 그런 자들은 실제로 그와 같은 날이 오기를 기다리지 않았다. 단지 그런 종교적인 용어를 되풀이해 사용함으로써 자신의 욕망과 유익을 추구했을 따름이다.

배도에 빠진 자들의 삶에는 온갖 거짓으로 점철되어 있다. 그들은 악을 선한 것인 양 선전했으며, 선을 도리어 악한 것인 양 매도하기도 했다. 즉 다른 사람들에게 자기의 악행이 마치 선한 것이라도 되는 양 포장했으며, 진리와 더불어 세상에 저항하며 살아가는 선한 성도들의 삶을 도리어 악하거나 미련한 것으로 폄하하기도 했다.

그런 자들은 흑암을 광명한 것인 양 만들어버리고 광명을 흑암인 것처럼 만들기를 계속했다. 그들은 또한 쓴 것을 단 것인 양 선전하고 단 것을 쓴 것인 양 사람들에게 선전하기를 좋아했다. 그렇게 함으로써 신앙이 어린 사람들의 판단력을 흐리게 만들어 버렸다.

나아가 그들은 하나님을 경외하지 않는 자세로 포도주와 독주를 마시면서 범죄에 빠져 난폭한 삶을 즐겼다. 그들은 뇌물을 받고 악한 자를 의로운 자로 호도했을 뿐 아니라, 죄가 없는 자들을 위해 공의를 베풀지도 않았다. 이사야 선지자는 개인적인 목적을 추구하기 위해 하나님의 율법을 거스르는 그런 악한 자들이 장차 저주를 받게 되리라는 사실을 예언했다.

4. 악행에 대한 하나님의 심판 (사 5:24-30)

거룩한 하나님께서는 결코 인간들의 악행을 용납하시지 않는다. 이스라엘 민족 가운데서 그것이 상징을 넘어 현실로 다가왔다. 여호와 하나님께서는 배도에 빠진 자기 백성에게 매우 진노하셨으며 저들 위에 심판의 손을 펼쳐 드셨다. 그렇게 되자 산들이 크게 진동했으며 그로 말미암아 많은 사람들이 죽음에 처하게 되었다. 그들의 죽은 시체는 길가에 버려져서 마치 쓰레기더미처럼 쌓이는 형국에 놓였다.

배도에 빠진 백성들의 삶은 그 악행으로 말미암아 모든 힘을 완전히 상실해 버리게 되었다. 그들은 마치 지푸라기가 불길에 휩쓸리고 검불이 불속에 타버리는 것처럼 덧없이 되어 버렸다. 그 백성의 근본 뿌리는 썩고 꽃잎이 시들어 먼지가 흩날리듯 날려가 버리게 된 것이다.

그럼에도 불구하고 아직 하나님의 진노는 풀리지 않았다. 심판을 위한 그의 손이 여전히 저들 위에 펼쳐져 있었기 때문이다. 그것은 저들이 거룩한 여호와 하나님의 율법을 청종하지 않고 거역했기 때문에 나타난 지극히 당연한 현상이었다.

우리는 여기서 하나님께서 배도한 자들에게 얼마나 크게 분노하셨는가 하는 점을 잘 알 수 있다. 이스라엘 민족 내부에서 발생한 하나님의 심판으로 인해 백성들은 심한 고통에 빠지지 않을 수 없었다. 그런데 이번에는 하나님께서 심판의 매를 외부로부터 이스라엘 민족 내부로 가지고 들어오시리라는 사실이 선포되었다. 즉 여호와 하나님은 멀리 있는 외국 나라들에게 특별한 신호를 보내 저들을 땅 끝에서부터 불러오실 작정을 하고 계셨다.

그러므로 선지자 이사야는 이방의 군대가 예루살렘을 향해 속력을 다해 돌진해 올 것이라고 예언했다.[9] 그들은 막강한 군사력을 소유하고 있었으므로 병사들 가운데 아무도 지치거나 비틀거리는 자가 없을 것이다. 또한

9) 이는 나중에 도래하게 될 앗수르 군대와, 바벨론 군대의 무자비한 침공에 연관된 것으로 이해할 수 있다. 하지만 배도에 빠진 지도자들은 하나님의 이름을 핑계 삼아 그런 일이 결코 발생하지 않을 것처럼 선전했다.

저들 중에 졸거나 잠자는 자가 없을 뿐 아니라 허리띠나 군화끈이 풀린 자도 없을 것이다. 먼 길에도 불구하고 그들의 전력은 전혀 흐트러짐이 없으리라는 것이었다.

전쟁을 위한 저들의 화살은 날카로우며 모든 활은 시위가 당겨져 언제든지 공격할 채비를 갖추고 있게 된다. 또한 그들이 타고 오는 말굽은 차돌 같이 단단할 것이라고 했다. 나아가 병사들이 몰고 온 전차의 바퀴는 마치 회리바람처럼 빨리 돌아갈 것이라는 사실을 예언했다.

이방 지역에서 몰려오는 그 군대의 함성은 마치 암사자의 포효 같을 것이며, 병사들의 외치는 소리는 어린 사자들의 으르렁거림 같을 것이다. 적군이 이스라엘 백성의 진영으로 진격해 들어와 소리지르며 많은 전리품을 빼앗아간다고 해도 그에 저항하여 물건을 지켜낼 자가 아무도 없을 만큼 허약해진다.

그 날 몰려 들어오게 될 적군의 함성 소리는 마치 바닷가에 밀어닥치는 성난 파도 소리 같을 것이 분명하다. 그때 저들의 땅을 바라보면 흑암과 고통이 가득할 것이며 깜깜한 어두움이 빛을 가려버리게 된다. 즉 낮이라 할지라도 빛이 구름에 가려 심한 어두움에 빠지게 되는 것이다. 우리는 그 지역이 하나님의 것을 자기의 소유로 만들어 온갖 악행을 일삼던 배도자들이 착취한 땅이었다는 사실을 떠올리게 된다.

73

제6장

선지자 이사야가 본 환상과 그에게 주어진 사명
(사 6:1-13)

1. 웃시야 왕이 죽던 해 이사야가 본 이상 (사 6:1-3)

선지자 이사야는 웃시야 왕이 죽던 해 즉 BC 740년 경, 하나님께서 계시하신 특별한 이상을 보게 되었다. 그것은 이사야의 기대나 요청에 의한 것이 아니라 하나님께서 일방적으로 보여주신 것이었다. 하나님은 선지자를 통해 이스라엘 민족에 대한 자신의 뜻을 보여주시고자 했던 것이다.

이사야 선지자가 본 것은 천상의 나라에 있는 영광의 보좌였다. 물론 그곳은 지상에 있는 예루살렘 성전과 연결되어 있는 것으로 이해해야 한다. 거기에는 여호와 하나님께서 영화로운 모습으로 앉아계셨다. 이사야는 하나님의 옷자락이 성전에 가득한 것을 보았다는 말을 하고 있다. 우리는 물론 하나님께서 인간들처럼 옷을 입고 계시는 것으로 생각지 않는다.

우리가 여기서 분명히 깨달아야 할 점은 하나님의 실재성이다. 하나님이 인간들의 눈으로 볼 수 없는 분이라 해서 존재 자체가 비실제적인 것은 아니다. 하나님께서는 실재하시는 자신의 모습을 선지자 이사야에게 보여주셨으며 그 선지자는 그와 같은 광경을 통해 하나님의 존재를 시각적으로 볼 수 있었다. 이로써 우리는 하나님의 구체적인 존재에 대하여 분명히 알 수 있다.

이사야의 눈앞에 펼쳐진 광경은 천상의 보좌 주변에 스랍들(seraphims)이 하나님을 보좌하고 서 있는 모습이었다. 그 스랍들은 각기 여섯 개의 날개들이 있어서 두 날개로는 자신의 얼굴을 가렸으며 두 날개로는 자신의 발을 가리고 있었다. 그리고 다른 두 날개로는 날았다. 이사야는 얼굴과 발을 가지고 여섯 날개를 가진 스랍들을 직접 보았던 것이다. 그들은 하나님의 보좌에서 수종드는 천사들이었다.

그 천사들은, "거룩하다 거룩하다 거룩하다 만군의 여호와여 그의 영광이 온 땅에 충만하도다"라고 외치며 서로 화답했다. 이에 대해서는 사도 요한이 계시록에서 증언한 내용과 동일한 광경이다. 그가 성령의 이끌림을 받아 천상의 나라에 올라갔을 때 그와 유사한 모습을 보았었다. 요한이 본 네 생물 곧 천사들도 여섯 개의 날개를 가진 존재로서 하나님을 찬양하고 있었던 것이다.

> **"네 생물이 각각 여섯 날개가 있고 그 안과 주위에 눈이 가득하더라 그들이 밤낮 쉬지 않고 이르기를 거룩하다 거룩하다 거룩하다 주 하나님 곧 전능하신 이여 전에도 계셨고 이제도 계시고 장차 오실 자라 하고"**(계 4:8)

이사야 선지자가 천상에서 목격한 것과 사도 요한이 천상에서 보고 계시록에 기록한 내용이 상통한다는 사실은 추호도 의심의 여지가 없다. 하나님께서는 구약시대에 이사야 선지자를 통해 그 모습을 미리 보여주셨다. 우리가 여기서 깨달아야 할 점은 그 모든 것들이 일시적인 상황이 아니라 역사를 초월한 영원에 연관된 것이란 사실이다. 이사야는 그 모든 광경을 보며 영화로우신 하나님의 존재를 분명히 알게 되었을 것이 분명하다.

2. '거룩한 하나님' 과 '부정한 인간' (사 6:4,5)

하나님은 거룩한 분일 뿐 아니라 영광을 받으시기에 합당한 분이다. 스랍 곧 천사들이 서로 화답하며 하나님을 찬양할 때 그 소리로 말미암아 문지방의 터가 요동하며 성전에 연기가 가득하게 된 것을 이사야가 목격했다. 이는 우주만물이 하나님으로 인해 즐거워하며 하나님의 영광이 성전에 충만하게 되었다는 사실을 의미하고 있다.

하나님의 영광이 인간들에게 비추어지면 인간의 부정하고 더러운 모습은 그대로 드러날 수밖에 없다. 따라서 여호와 하나님 앞에 선 이사야는 자기가 입술이 부정한 사람이라는 사실을 고백했다. 여기서 특별히 입술이 언급된 것은 하나님의 말씀을 입술로 선포하며 예언해야 할 선지자의 사명에 연관되어 있다. 나아가 입술은 인간의 삶을 겉으로 드러내는 방편이 되기 때문이었던 것으로 보인다. 이는 물론 그의 입술뿐 아니라 삶 전체가 부정하다는 사실을 말해주고 있는 것이다.

이사야가 더럽고 부정한 자신의 모습을 볼 수 있었던 것은 거룩하신 하나님의 영광을 보았기 때문에 가능한 일이었다. 하나님의 영광을 보지 못한 상태에서는 인간들이 자신의 부정하고 더러운 모습을 볼 수 없다. 만일 거룩한 하나님의 존재와 상관없이 스스로 자기를 부정한 자로 인식한다면 그것은 관념적인 것일 뿐 실제적인 상황과는 거리가 멀다.

그러므로 죄에 대한 이사야의 깨달음은 단순한 인식의 차원이 아니라 외부를 향해 구체적으로 노출되는 성격을 지니고 있었다. 인간은 하나님의 영광을 보게 되는 순간 자기의 부정한 모습을 그대로 인식할 수밖에 없다. 따라서 이사야는 자기뿐 아니라 모든 이스라엘 백성이 하나님 보시기에 부정하다는 사실을 고백했다.

물론 이 세상에 존재하는 인간들 가운데 부정하지 않은 자는 아무도 없다. 언약의 자손인 이스라엘 백성들 역시 마찬가지였다. 선지자 이사야는 그 더러운 사람들 가운데 섞여 살아가면서 부정한 삶을 살고 있었던 것이다.

하나님께서는 특별히 부르신 사역자였던 모세에게조차, 자연적인 상태로는 거룩한 자신의 모습을 보지 못한다는 사실을 경고하셨다. 하나님의 사람 모세조차도 여호와 하나님을 직접 볼 수 없다면 다른 인간들은 두말할 나위가 없다. 만일 그렇게 하는 자가 있다면 생명을 보존하지 못한다.

> **"또 가라사대 네가 내 얼굴을 보지 못하리니 나를 보고 살 자가 없음이니라"** (출 33:20)

죄에 빠진 인간들은 거룩한 하나님을 직접 대면할 수 없다. 누구든지 그렇게 한다면 죽임을 면하지 못한다. 단지 인간의 몸을 입으신 하나님의 아들 예수 그리스도를 통해서만 하나님과 교제하는 것이 가능하게 된다. 따라서 죄인의 모습을 지닌 이사야는 거룩하신 하나님을 목격한 후 자기에게 화가 미쳤다고 외쳤다.

부정한 상태로는 어느 누구도 거룩한 하나님의 심판을 면할 수 없다는 사실을 깨닫는 것이 매우 중요하다. 부정하고 더러운 상태로 만군의 왕이신 여호와 하나님을 직접 보았다는 것은 그에 의해 죽임을 당할 수밖에 없다는 사실을 말해준다. 당시 이사야는, 하나님의 긍휼하심이 아니고서는 죽을 수밖에 없는 자기 자신과 선민인 이스라엘 민족의 형편을 명확히 깨닫게 되었던 것이다.

3. 부정을 정결케 하심 (사 6:6,7)

선지자 이사야가 여호와 하나님 앞에서 자신의 부정함을 고백한 것은 지극히 당연한 일이었다. 하지만 죄에 빠진 인간들 가운데는 지극히 당연한 그 사실을 제대로 인식하지 못한다. 하나님의 은혜를 입은 이사야는 그의 영광을 목격하면서 그 앞에 서 있는 자기의 부정한 모습을 선명하게 볼 수 있었다.

선지자가 자신의 부정한 모습을 보면서 그로 인해 멸망하게 되었다는 생각을 하고 있을 때 스랍들 중에 하나가 하나님의 보내심을 받아 그에게로 날아왔다. 더럽고 부정한 자신의 모습을 깨닫고 간구하는 이사야를 보고 하나님께서는 그를 정결케 해주고자 하셨다. 그 천사의 손에는 불집게가 들려 있었다. 그는 하나님께 바쳐지는 제물을 태우기 위해 제단에서 타고 있던 핀 숯을 불집게로 집어 이사야를 향해 날아왔던 것이다.

천사는 그 숯을 선지자의 입술에 대며, "보라 이것이 네 입에 닿았으니 네 악이 제하여졌고 네 죄가 사하여졌느니라"고 말했다. 이로써 이사야가 하나님으로부터 사죄의 은총을 입게 되었다. 그가 죄를 용서받을 수 있었던 것은 하나님의 크고 놀라운 영광을 보게 된 사실과 분리된 채 설명될 수 없다.

이사야 선지자는 거룩하신 하나님의 존재를 있는 그대로 받아들였다. 그러므로 은혜로운 하나님께서 저의 모든 부정과 죄악을 제거함으로써 용서해주셨다. 이는 천사와 연관된 일반적인 행위를 넘어선 개념으로 받아들여야 한다.

우리는 '제단의 타는 숯' 이 하나님의 영역인 거룩한 성소와 밀접하게 연관되어 있다는 사실을 깨닫지 않으면 안 된다. 즉 그 숯불은 여호와 하나님께 바쳐지는 제물과 직접적인 관련이 있다. 다시 말해 그것은 제사장을 통해 하나님께 제물을 바치는 것과 직접 관련되어 있었던 것이다.

우리는 또한 성전에서 바쳐지는 모든 제물과 제사행위가 장차 오시게 될 메시아를 지향하고 있다는 사실을 깨달아야 한다. 천사가 불집게로 집은 타는 숯은 제물을 태우기 위해 사용되는 생동적인 의미를 지니고 있다.

따라서 제단에서 취한 그 숯이 이사야의 죄를 용서하게 된 것은 구약시대의 성전 제사와 더불어 장차 임하게 될 메시아 사역에 밀접하게 연관된 것으로 이해해야만 하는 것이다.

4. 하나님의 사역과 이사야의 사명 (사 6:8)

선지자 이사야는 천사가 제단의 타는 숯불을 가지고 와서 자기의 입술에 대며 죄를 용서해 줄 때 또 다른 소리를 듣게 되었다. 그것은 여호와 하나님의 음성이었다. 하나님께서는, "내가 누구를 보내며 누가 우리를 위하여 갈꼬" 라고 말씀하셨다.

이 본문 가운데 '내가' (I) 라는 말과 '우리를 위하여' (for us)에서 나오는 '나' 와 '우리' 는 동일한 한 분 하나님으로서 여호와(Jehovah)이시다. 여기서 성경은 우리에게 삼위일체 하나님의 존재를 드러내 보여주고 있다. 그 하나님께서 패역한 언약의 백성에게 누구를 보내야 할지 말씀하셨던 것이다.

물론 하나님께서는 이스라엘 백성 가운데 이사야가 아닌 다른 특별한 인물을 찾아서 그 임무를 맡기고자 한 것이 아니었다. 하나님은 이미 자기 앞에 서 있는 이사야를 염두에 두고 계셨을 것이 틀림없다. 즉 제단의 타는 숯불을 통해 정결하게 된 선지자 이사야를 저들에게 보내고자 하는 뜻을 정하신 상태에서, 그가 자신의 말씀을 듣고 순종하기를 원하셨던 것이다. 이제 그가 취해야 할 자세는 하나님 앞에서의 온전한 순종이었다.

그러므로 이사야는 "내가 여기 있나이다 나를 보내소서" 라고 응답했다. 이와 같은 상황에서 감히 그 말씀을 거절할 수 없었다. 따라서 그는 어떠한 고통과 어려움이 닥칠지라도 하나님께서 맡기시는 소임을 성실하게 감당하리라는 다짐을 했던 것이다.

우리는 여기서 지상 교회에 속한 성도들의 직분에 연관된 매우 중요한 현실적인 의미를 생각해 보아야 한다. 먼저, 이사야가 하나님의 말씀에 응답할 수 있었던 것은 그가 하나님에 의해 정결케 되었기 때문이다. 그것은 물론 관념적인 선언이 아니라 제단의 타는 숯불을 통한 실제적인 과정을 거친 것이었다.

만일 그렇지 않았다면 이사야는 종교성에 물든 개인적인 욕망에 따라 응답했을지도 모른다. 이에 대해서는 오늘날 우리도 그와 동일한 개념 가운데서 신중하게 생각해 볼 수 있어야만 한다. 하나님께서는 지금도 자신의 거룩한 언약을 완성하시기 위해 특별한 사역자들을 부르고 계시기 때문이다.

원리적인 측면에서 볼 때, 하나님께서는 자신이 요구하시는 사역에 대한 참여를 위해 개별 인간이 스스로 자원하도록 하시는 것이 아니라 하나님께서 먼저 자신의 일을 위해 부르실 자를 지목해 두고 계신다. 여기서 중요한 사실은 하나님이 부르실 때 그의 음성을 올바르게 듣고 그에 순종하는 자세이다. 물론 그때 선행되어야 할 조건은 사명을 감당하기 위해서 하나님 곧 예수 그리스도에 의해 정결케 되어야 한다는 점이다.

5. 인간에 대한 하나님의 섭리와 경륜 (사 6:9,10)

하나님께서는 인간들에게 먼저 준엄한 심판을 선언하고자 하셨다. 그리고 난 후 그 심판 아래 놓인 인간들 가운데서 자기 자녀들을 구원하시고자 했다. 즉 심판이 선포되지 않은 상태에서 창세전에 선택된 백성들을 구원하시고자 한 것이 아니었다. 이에 대해서는 성경에 기록된 아담 이후의 인간들에 연관하여 기록된 전체 내용에서도 알 수 있지만 이사야서 본문을 통해 더욱 잘 드러나고 있다.

하나님은 이사야를 불러 배도에 빠진 백성들에게 보내시면서 특별한 임무를 맡기셨다. 그것은 백성들을 향해 무서운 심판을 시행하고자 하시는 하나님의 뜻을 전하고자 하시는 것이었다. 배도자들에게 전해질 그 말씀은 저들이 기다리는 축복의 메시지가 아니라 도리어 저주의 메시지였다.

하나님께서는 배도에 빠진 백성에게 영원한 진리를 깨닫도록 예언의 말씀을 선포하도록 한 것이 아니라 그와는 정반대였다. 그 백성들로 하여금 하나님으로부터 선포되는 음성만 듣도록 하고 그 진정한 의미를 깨닫는 것을 허용하시지 않는다는 것이었다. 하나님을 인격적으로 경외하지 않는 사람들은 선지자가 선포하는 행위를 눈으로 보고 그 소리를 귀로 듣게 되지만 그 내용에 대해서는 전혀 깨달을 수 없다. 나중 예수님께서는 이사야서의 기록을 인용하시며 그에 연관된 말씀을 하셨다.

> **"그러므로 내가 그들에게 비유로 말하는 것은 그들이 보아도 보지 못하며 들어도 듣지 못하며 깨닫지 못함이니라 이사야의 예언이 그들에게 이루어졌으니 일렀으되 너희가 듣기는 들어도 깨닫지 못할 것이요 보기는 보아도 알지 못하리라 이 백성들의 마음이 완악하여져서 그 귀는 듣기에 둔하고 눈은 감았으니 이는 눈으로 보고 귀로 듣고 마음으로 깨달아 돌이켜 내게 고침을 받을까 두려워 함이라 하였느니라"**(마 13:13-15)

하나님의 구원은 아무에게나 무작위無作爲로 전달되지 않는다. 이는 창세전 선택에 연관되어 있으며, 복음의 말씀이 인간들의 종교적인 노력으로 되는 것이 아니라는 사실을 말해주고 있다. 즉 영원한 구원은 오직 여호와 하나님의 뜻에 달려 있는 것이다.

이 말씀은 이방인들에게 복음이 전파되는 것에 연관된다는 사실이 나중 사도 바울에 의해 설명되고 있다. 배도에 빠진 언약의 백성들은 여호와 하나님을 버렸지만 하나님께서는 자기의 자녀들을 유대인들이 아닌 다른 영역에 예비해 두고 계셨던 것이다. 사도행전 맨 마지막 부분에서 이사야서를 인용한 바울의 증언에서 그 의미가 잘 드러난다.

"....... 바울이 한 말로 이르되 성령이 선지자 이사야를 통하여 너희 조상들에게 말씀하신 것이 옳도다 일렀으되 이 백성에게 가서 말하기를 너희가 듣기는 들어도 도무지 깨닫지 못하며 보기는 보아도 도무지 알지 못하는도다 이 백성들의 마음이 우둔하여져서 그 귀로는 둔하게 듣고 그 눈은 감았으니 이는 눈으로 보고 귀로 듣고 마음으로 깨달아 돌아오면 내가 고쳐 줄까 함이라 하였으니 그런즉 하나님의 이 구원이 이방인에게로 보내어진 줄 알라 그들은 그것을 들으리라 하더라"(행 28:25-28)

배도에 빠진 자들은 하나님의 뜻을 가볍게 여겼을 뿐 아니라 도리어 그것을 경멸하는 태도를 보였다. 그들은 선지자들과 사도들이 전하는 말씀에 귀를 기울이지 않았다. 그런 자들은 입술로는 구약성경에 기록된 믿음의 조상들을 공경한다고 말했지만 실상은 전혀 그렇지 못했다. 하나님께서 이사야 선지자를 통해 예언하신 내용들은 장차 있게 될 이방인들의 구원사역에 연관되어 있었던 것이다.

그러므로 하나님께서는 이사야 선지자에게 그 백성의 마음이 굳어지고 귀가 막힐 뿐 아니라 눈이 어두워지도록 하라는 명령을 내리셨다. 이 말은 굳이 저들의 타락한 마음을 긍정적으로 자극하지 않음으로써 참된 언약의 자손들과 구분하고자 하는 의미를 내포하고 있었다. 그 악한 자들이 선지자가 선포한 말씀을 또다시 자기를 위해 악용하게 되면 신실한 성도들이 다칠 우려가 따를 것이 분명했다.

하나님께서 이사야 선지자를 특별히 택하여 부르신 까닭은, 이스라엘 민족 가운데서 박해를 받으며 어렵게 살아가는 자기 백성들을 위해서였다. 하나님은 배도자들이 아니라 자신을 따르는 선한 백성들의 구원에 주된 관심을 두고 계셨다. 저들에게 영원한 구원을 위한 하나님의 약속이 주어졌기 때문이다.

따라서 언약의 영역 내부에 거주하면서 자기를 경멸하는 인간들이 돌이켜 고침을 받을까 우려한다고 말씀하셨다. 즉 하나님께서는 자기를 멸시하고 떠난 자들이 고침을 받게 되는 것을 원하시지 않았다. 우리는 여기서 하나님께 속한 백성과 그렇지 않은 자들 사이에 명확한 경계가 존재한다는 사실을 알 수 있다.

6. '하나님의 때' (사 6:11,12)

하나님의 모든 섭리는 경륜과 때에 따라 진행된다. 그에 관한 사실이 인간 역사 가운데 구속사적인 사건으로 드러나게 된다. 따라서 하나님의 자녀들은 항상 하나님의 경륜과 때에 관하여 깊은 관심을 두고 살아가야만 한다. 이는 물론 그 구체적인 때를 알아내야 한다는 의미가 아니다. 이 말은 하나님의 경륜에 대한 인식을 하고 있지 않으면 구속사적인 의미를 깨달을 수 없다는 사실을 말해주고 있다.

이사야 선지자는 언제까지 그런 두려운 모습을 보이실지 하나님께 물었다. 그것은 하나님의 진노가 멈추어질 때가 언제인지 묻는 질문이었다. 그는 하나님께서 당장은 진노하고 계시지만 장차 그 진노가 완전히 풀리게 될 때가 오리라는 사실을 잘 알고 있었던 것이다.

선지자 이사야의 질문을 들은 하나님께서는 그에 대한 답변을 주셨다. 모든 성들이 황폐하게 되어 주민들이 없어지고 그 가운데 사람들이 살지 않아 모든 가옥이 폐가廢家로 남고 밭마다 황무지가 될 때까지 그렇게 되리라는 것이었다.

즉 여호와 하나님께서 배도에 빠진 백성들을 멀리 이방 지역으로 포로로 잡혀가게 함으로써 그 땅이 완전히 황폐화될 때까지 그런 상황이 지속될 것이라고 하셨다. 이는 하나님의 심판이 있은 후에야 비로소 다시금 은혜를 베풀어주신다는 의미를 지니고 있다. 하나님을 경외하는 자들은 이 말씀을 귀담아 듣지 않으면 안 되었다.

7. 나무 그루터기와 '거룩한 씨' (사 6:13)

하나님께서는 선지자 이사야를 통해 배도에 빠진 자들이 반드시 무서운 심판을 맛보게 되리라는 사실을 선포하셨다. 그것은 하나님을 멸시하는 이스라엘 백성들에게 마땅히 전달되어야 할 내용이었다. 하지만 배도자들은 선지자를 통해 전달되는 예언의 말씀에 귀를 기울이지 않았다. 하나님께서 그 경고를 듣고 위선적인 태도를 보일지 모르는 자들이 듣지 못하도록 귀를 막으셨기 때문이다.

결국 이스라엘 자손은 저들의 배도 행위로 말미암아 철저히 패망하게 된다. 비록 열 개 가운데 하나가 남아있다고 할지라도 그것들은 끝내 철저히 멸망당하게 될 것이었다. 이는 하나님께서 그 백성을 이방인들의 손에 넘겨주시리라는 것을 의미하고 있다.

그렇지만 하나님께서는 언약의 백성들을 완전히 버리시지는 않는다. 밤나무와 상수리나무가 완전히 베임을 당한다고 해도 그 그루터기가 여전히 남아있게 되듯이 패망한 이스라엘 민족 가운데서도 거룩한 씨가 남아 그 땅의 그루터기 역할을 하게 된다는 것이었다. 이 말씀은 하나님께서 장차 이스라엘의 남은 자들을 통해 이땅에 메시아를 보내시리라는 사실에 연관되어 있다. 그것이 언약의 자손들에게 허락된 유일한 소망이 될 수 있었다.

제2부

임마누엘과 메시아 약속

(이사야 7-12장)

제7장

이스라엘 왕국 멸망 예언과 '임마누엘'의 징조

(사 7:1-25)

1. 아람과 북이스라엘 동맹군의 예루살렘 공격 (사 7:1,2)

웃시야 왕이 통치하던 시기는 외세의 위협으로 인해 상당한 어려움이 있었음에도 불구하고 유다 왕국이 나름대로 번성하던 시기였다. 그가 죽게 되자 왕국은 더욱 위태로운 지경에 빠지게 되었다. 웃시야의 손자이자 요담의 아들인 아하스 왕 때는 예루살렘이 적군의 침공 위기에 놓였다.

그때는 아람왕 르신(Rezin)과 북이스라엘 왕국의 베가(Pekah) 왕이 동맹을 맺어 연합군을 결성해 쳐들어왔다.[10] 이는 유다 왕국에게는 매우 충격적인 일이 아닐 수 없었다. 에브라임 족속이 주축이 된 언약의 자손들이 이방인들의 아람 왕국의 편에 섰다는 것은 결코 예사로운 일이 아니었다.

비록 남북 왕국이 정치적으로 갈라져 있기는 했으나 가나안 땅의 모든

---

10) 아람(Aram)은 이스라엘에 인접한 지역에 위치해 있었으며 앗수르(Assyria)는 더 멀리 동쪽에 위치해 있었다. 이스라엘과 아람은 앗수르를 경계하기 위해 연합전선을 펼쳤으나 저들에게 동조하지 않는 남쪽 유다 왕국 역시 저들의 적대세력으로 간주되었다.

백성들은 혈통적인 한 형제들이었다. 그 사람들은 아브라함의 자손이었으며 모세를 통해 애굽의 노예생활에서 탈출해 나온 자들이었다. 그들은 다윗과 솔로몬이 통치했던 한 왕국의 자손들이었다.

그런 판국에 북 왕국의 이스라엘 민족에 속한 에브라임이 이방 왕국과 손을 잡고 형제의 나라를 공격해 들어왔다. 더군다나 그들은 하나님의 성전이 있는 거룩한 도성 예루살렘을 에워싸고 공격을 시도했다. 이는 남쪽 유다 왕국을 당혹스럽게 하지 않을 수 없었다.

북 왕국 사람들은 남 유다 왕국의 모든 사정을 속속들이 알고 있었다. 이는 그들이 유다 왕국의 강점과 약점에 대한 모든 정보를 가지고 있었음을 말해준다. 그런 식으로 아람과 북이스라엘 왕국이 연합전선을 편다는 것은 남 유다 왕국과 예루살렘 성전이 풍전등화風前燈火의 위기에 처한 형국이라 말하지 않을 수 없었다.

유다 왕국이 당한 가장 큰 정신적인 충격은 동일한 혈통을 지닌 이스라엘 왕국이 이방의 원수들과 동맹을 맺어 하나님의 도성을 침공했다는 사실이었을 것이다. 저들이 이방 왕국의 군대와 동맹을 맺어 연합군을 형성하리라고는 미처 생각지 못했을 것으로 보인다. 이렇게 되자 유다의 왕뿐 아니라 일반 백성들마저도 마치 숲이 세찬 바람에 흔들리듯이 흔들려 심각한 불안 상태에 빠지게 되었다.

당시의 이와 같은 상황은 오늘날 우리에게도 중요한 교훈을 주고 있다. 우리의 적대 세력은 바깥에 존재할 뿐 아니라 언약공동체라 할 수 있는 기독교 내부에 포진해 있다. 그들은 우리와 동일한 외적인 명칭을 가지고 기독교 색채를 띤 종교적인 주장을 되풀이 하고 있지만 저들은 오히려 원수들과 연합하여 참된 하나님의 교회를 공격하고 있는 것이다.

하나님의 자녀들은 이에 대해 여간 민감한 자세로 대응하지 않으면 안 된다. 겉보기에는 저들이 우리와 동일한 기독교인처럼 보이지만 실상은 악한 세상과 합세하여 하나님의 교회를 위협하고 있기 때문이다. 성숙한 교회와 성도들은 항상 그에 대하여 지혜롭게 대처할 수 있어야만 한다.

2. 아하스 왕을 향한 이사야의 예언 (사 7:3-9)

아하스 왕을 비롯한 유다 왕국의 백성들이 극한 위기에 처해 있을 때 하나님께서는 선지자 이사야를 불러 말씀하셨다. 이사야에게 저의 아들 스알야숩(Shear Jashup)을 데리고 '윗 못' 수도水道 끝에 있는 세탁자의 밭 큰 길로 나가서 아하스 왕을 만나 하나님의 말씀을 전하라는 것이었다. 하나님께서는 왜 이사야 혼자 가지 않고 그의 아들을 데리고 가도록 요구하셨을까?

그것은 아마도 이사야가 자기 아들로 하여금 모든 실상을 보여주도록 하고, 자식을 대동한 자리에서 약속 있는 말을 하도록 하기 위해서였을 것이다. 이는 이스라엘이 처한 현실을 다음 세대에 전달하는 의미를 지니고 있었다. 나아가 보다 중요한 것은 '스알야숩' 이라는 이름과 연관된 행위적 언약 선포이다. '남은 자만이 돌아오리라' 는 의미의 이름을 가진 자와 더불어 하나님의 예언이 아하스 왕 앞에 선포되었던 것이다.

선지자 이사야가 아하스 왕에게 직접 전해야 할 말은 '너는 삼가며 조용하라' 는 것이었다. 이는 아람 왕 르신과 북쪽 이스라엘 왕국의 베가 왕이 무섭게 진격해 온다할지라도 그에 흔들리지 말고 침착하게 대응하라는 요구였다. 이 말은 언약의 민족이면서 배도에 빠진 자와 악한 이방인 사이에 결성된 연합군이 용맹스러운 모습을 보이겠지만 하나님을 경외하는 자로서 저들을 두려워할 필요가 없다는 의미를 지니고 있다.

그들이 아무리 미친 듯 날뛴다고 해도 연기나는 두 개의 타는 부지깽이 그루터기에 지나지 않는다는 것이었다. 하나님께서 이미 저들을 맥없는 군대로 만들었으니 두려워하거나 낙심할 필요가 전혀 없었던 것이다. 하지만 원수들의 연합군은 그 사실을 전혀 인식하지 못한 채 저들의 용맹한 전투력이 승리를 가져올 것으로 확신하고 있었다.

그것은 물론 잘못된 전략분석이었지만 저들의 사기를 극도로 돋우었을 것은 틀림없다. 어리석은 자들은 장차 임하게 될 실상과 상관없이 미리 허상의 승리에 들떠 있었다. 그들은 유다 왕국에 대한 하나님의 구원 계획과 약속을 전혀 알수 없었기 때문에 어리석은 자만에 빠지는 오류를 범하고 있었던 것이다.

따라서 기고만장氣高萬丈해진 아람과 이스라엘의 통치자들은 간악한 전략을 세워 유다 왕국의 전의戰意를 완전히 꺾어놓으려고 했다. 그것을 위해 그들은 엉뚱한 소문을 퍼뜨려 민간에 돌게 했다. 하나님의 대적자들은 예루살렘을 쳐서 유다 왕국을 함락시킴으로써 아하스 왕 대신에 다브엘의 아들을 유다 왕국의 새로운 왕으로 세우겠다는 말을 흘렸던 것이다.

이는 결코 쉽게 넘길 가벼운 사안이 아니었다. 그런 소문이 널리 퍼지게 되면 전의를 상실한 유다 왕국 가운데는 내부적으로 자중지란自中之亂이 일어날 수밖에 없다. 즉 다브엘과 그를 추종하는 세력이 정권을 장악하기 위한 욕망에 사로잡혀 원수들의 편에 서게 될 가능성이 생겨날 것이기 때문이다.

만일 그런 일이 발생한다면 그렇잖아도 허약한 유다 왕국은 쉽게 무너지게 될 것이 분명하다. 따라서 아람 왕과 북이스라엘 왕국은 그 소문을 전략적인 무기로 삼았다. 하지만 여호와 하나님께서는 아하스 왕에게 그것을 두려워하거나 낙심하는 대신 대응을 삼가고 잠잠히 있으라는 요구를 하셨다.

이 말은 그런 뜬소문에 신경을 쓰지 말고 무시하라는 의미를 지니고 있다. 즉 그것은 원수들의 전략에 상응하는 특별한 대응책을 세울 것이 아니라 여호와 하나님만 의지하고 가만히 있으라는 요구였다. 이는 결단코 원수들이 바라는 것처럼 되지 않으리라는 사실에 대한 하나님의 말씀이었다.

따라서 선지자 이사야를 통해 주어진 이 예언은 직접 저들을 대항해 싸우시는 분은 오직 여호와 하나님이라는 사실을 증거하고 있다. 이와 같은 일은 나중 앗수르가 예루살렘을 공격할 때도 구체적으로 일어나게 되었다. 열왕기하에는 그에 연관된 내용이 기록되어 있다.

> **"앗수르 왕이 다르단과 랍사리스와 랍사게로 대군을 거느리고 라기스에서부터 예루살렘으로 가서 히스기야왕을 치게 하매 저희가 예루살렘으로 올라가니라 저희가 올라가서 윗못 수도 결 곧 세탁자의 밭에 있는 큰 길에 이르러 서니라....... 이 밤에 여호와의 사자가 나와서 앗수르 진에서 군사 십팔만 오천을 친지라 아침에 일찌기 일어나 보니 다 송장이 되었더라"**(왕하 18:17-19:35)

이처럼 하나님께서는 자신의 약속에 따라 권능으로 언약의 백성들을 보호하셨다. 따라서 남유다 왕국은 하나님의 약속과 예언대로 앗수르의 맹렬한 공격에도 불구하고 예루살렘 성을 굳건히 지켜낼 수 있었다. 그것은 전적으로 여호와 하나님의 작정에 따른 것이었다. 그러나 배도에 빠져 아람 왕국과 동맹을 맺었던 북이스라엘 왕국은 사마리아가 함락됨으로써 패망의 쓴 맛을 볼 수밖에 없었다.

그러므로 먼저 주어진 말씀에 뒤이어 북이스라엘 왕국의 멸망에 대한 예언이 이사야 선지자를 통해 전달되었다. 하나님께서는 아람의 머리는 다메섹이요 다메섹의 머리는 르신이며, 육십오(65) 년 내에 에브라임이 패망하게 되어 다시는 나라를 이루지 못하리라고 말씀하셨다. 이 예언은 이방 왕국인 아람과 배도에 빠진 이스라엘이 부당한 군사적 동맹을 맺고 있지만 저들의 우호 관계가 아무런 역할을 하지 못하게 되리라는 것을 의미한다. 그렇게 되면 이스라엘 왕국은 완전히 패망하여 다시금 일어서지 못한다는 것이었다.

하나님께서는 아무도 예기치 못하는 그와 같은 사건이 앞으로 육십오(65) 년 내에 반드시 이루어진다는 사실을 예언하셨다. 당시 에브라임의 머리는 사마리아였으며 사마리아의 머리는 베가 왕이었다. 하지만 그때 벌어진 정국은 결코 오래가지 못하고 이스라엘은 이방 왕국에 의해 완전히 패망하게 될 것이 예고되었다. 여기서 육십오년 안에 그와 같은 일이 일어난다는 것은 그 예언이 반드시 성취된다는 사실을 구체적으로 말해주고 있다.

이사야 선지자를 통해 이 예언이 주어진 시기를 BC 735년경으로 본다면 사마리아가 앗수르에 의해 함락되고 북이스라엘 왕국이 패망한 것은 그로부터 불과 13년 밖에 지나지 않은 BC 722년이었다. 그런데 BC 735년부터 육십오년 후라고 하면 그보다 훨씬 후인 BC 670년경이 된다. 이는 아마도 사마리아가 함락되고 북이스라엘 왕국이 정복당한 뒤 약 50년 동안 상당한 저항 세력이 남아 있었음을 말해주는 것으로 보인다.[11] 그런 역사적 과정을 거쳐 북이스라엘 왕국이 완전히 패망한 것으로 이해하는 것이 가장 자연스럽다.

북이스라엘 왕국의 패망을 예언하신 하나님께서는 이사야 선지자로 하여금 유다 왕 아하스에게 자신의 뜻을 알리고 그것을 굳게 믿으라고 말씀하셨다. 그렇게 하는 것이 유다 왕국이 승리를 거둘 수 있는 유일한 방법이었다. 즉 전쟁을 위한 군사력이나 지략이나 전략이 아니라 하나님에 대

---

11) 이에 대해서는 다양한 견해들이 있다. 위클리프 주석성경(The Wycliffe Commentary Bible)에서는 본문의 연대를 북 이스라엘 왕국이 패망한 후 앗수르 제국이 가나안 땅 북부지역에 이방인들을 대규모 강제 이주시킨 것에 연관지어 설명한다. 이는 아슈르바니팔(Ashurbanipal, BC 669-626)의 통치하에 일어난 강력한 정치 행위와 관련이 있다. 그로 말미암아 북이스라엘 왕국은 완전히 패망하여 재기 불능의 상태가 되었다는 것이다. 한편 칼빈(J. Calvin)은 그의 주석에서, 이사야가 예언한 이 말씀을 역사적으로 거슬러 올라가 설명하고 있다. 그는 아모스 3:11("그러므로 주 여호와께서 가라사대 이 땅 사면에 대적이 있어 네 힘을 쇠하게 하며 네 궁궐을 약탈하리라")을 근거로 이를 해석하고 있다. 즉 그 당시 여러 왕들의 통치시기를 합산한다. 요담 왕 통치 16년(왕하 15:33), 아하스 왕 통치 16년(왕하 16:2), 히스기야 왕 통치 6년, 그리고 이 예언이 공표된 다음부터 웃시야 왕이 다스렸던 27년을 합하면 65년이 된다는 것이다. 하지만 그 연대를 구체적으로 정확한 계산을 한다는 것은 결코 쉽지 않은 문제이다.

한 믿음이 최상의 무기였던 것이다. 만일 그 예언의 말씀을 주신 여호와 하나님에 대한 굳건한 믿음을 소유하지 않는다면 유다 왕국이 굳게 설 수 없었다. 따라서 유다 백성들은 전쟁의 승리가 오직 여호와 하나님께 달려 있다는 사실을 굳게 믿고 있어야만 했다.

이에 대해서는 오늘날 우리 역시 그와 동일한 신앙 자세를 유지해야 한다. 이방인들과 배도자들이 연합해 하나님의 교회를 노리고 엄습해 온다고 할지라도 우리는 저들을 전혀 겁낼 필요가 없다. 하지만 그것은 하나님과 그의 말씀 앞에 굳건히 서 있을 때 해당되는 말이다. 온전한 신앙을 갖추지 못한 상태에서 하나님의 도우심을 기대하거나 믿는 것은 도리어 무모한 행위에 지나지 않는다. 구약시대의 거짓 선지자들과 저들을 따르던 자들은 그와 같은 거짓 신앙을 소유하고 있었다. 따라서 오늘날 우리는 하나님의 요구에 따라 참된 신앙을 소유함으로써 원수들의 모략에 대응할 수 있어야만 한다.

3. 하나님의 약속이 경멸당함 (사 7:10-13)

이사야 선지자는 아하스 왕에게 또 다른 하나님의 명령을 전했다. 그것은 여호와 하나님께 한 징조를 구하라는 것이었다. 이는 막강한 군사력을 지닌 이스라엘 왕국과 아람 왕국의 연합작전에도 불구하고 하나님께서 유다 왕국에 승리를 안겨주겠다는 것에 대한 징조와 연관되어 있다. 하지만 아무데서나 그것을 구할 것이 아니라 하나님이 요구하시는 대로 순종하도록 명하셨다. 그것은 그가 깊은 데서 구하든지 높은 데서 구하든지 하라는 것이었다(사 7:11).[12)]

---

12) 칼빈은 하나님께서 '깊은 데서든지 높은 데서든지 구하라' 고 말씀하신 것은 단순히 '위 아니면 아래' 정도로 가볍게 받아들이는 것이 무난한 것으로 이해했다. 즉 특별한 장소적인 조건을 부여한 것이 아니라는 것이다(J. Calvin, 이사야서 주석, 참조).

그러나 아하스 왕은 하나님께서 요구하시는 깊은 곳이나 높은 곳에 대한 관심을 가지기는커녕 징조 자체를 구하지 않겠노라는 반응을 보였다. 즉 하나님께서 말씀하신 승리를 믿기 어렵다는 것이었다. 하지만 그 표면적인 이유는 여호와 하나님을 시험하지 않겠노라는 것을 앞세웠다. 따라서 겉보기에는 그 말이 매우 그럴듯한 겸손한 태도처럼 비쳐질 수도 있었다.

그렇지만 그 말은 결코 저의 겸손한 자세 때문이 아니었다. 그것은 도리어 하나님에 대한 불신으로 말미암은 매우 교만한 태도를 보여주고 있다. 외부로 드러난 말과 행동은 저의 속마음과 전혀 달랐던 것이다. 이는 그에게 여호와 하나님과 그의 선지자에 대한 믿음과 신뢰가 전혀 없다는 사실을 보여주고 있을 따름이다.

그러므로 이사야 선지자는 그를 심하게 책망했다. 그는 아하스 왕뿐 아니라 다윗의 집 곧 아하스 왕가王家를 향해 무서운 경고의 말씀을 전했다. 그것은 저들이 이스라엘 민족을 괴롭히고도 그것을 별것 아닌 것처럼 작은 일로 여겨, 이제는 여호와 하나님마저 괴롭히려 하고 있다는 것이었다.

그렇다면 이는 과연 무엇을 의미하고 있는가? 하나님을 전적으로 신뢰하지 않고 그를 의지하지 않는 다윗 왕가는 저들의 잘못된 신앙으로 인해 일반 백성들을 무서운 궁지로 몰아넣었다. 그렇게 되었으면 이제 뉘우치고 하나님의 말씀에 순종하고 그에게로 돌아서는 것이 당연한 도리였다. 하지만 저들은 하나님에 대한 전적인 신뢰를 보이기를 거부했다. 이는 결국 여호와 하나님을 괴롭히는 것과 마찬가지였다.

우리는 이에 연관하여 매우 주의 깊은 생각을 해볼 수 있어야만 한다. 성도들을 위해 봉사하는 직분을 맡은 교회의 지도자들은 여호와 하나님만을 온전히 의지해야 한다. 그렇게 하지 않으면 하나님의 자녀들 곧 교회를 괴롭히는 것이 된다. 나아가 하나님의 말씀을 청종하지 않는 것은 거룩한 하나님을 괴롭히는 것과 마찬가지다. 오늘날 우리는 여호와 하나님을 위하며 섬긴다고 주장하면서 실상은 하나님의 교회와 하나님을 괴롭히는 위태로운 자리에 서 있지는 않은지 깊이 반성해 보지 않으면 안 된다.

4. '임마누엘' 의 약속 (사 7:14-17)

선지자 이사야는 하나님께 징조를 구하기를 거부하는 아하스의 악한 태도를 보고 또 다른 예언을 했다. 그것은 하나님께서 친히 저들에게 징조를 주시리라는 약속이었다. 즉 요아스는 하나님의 요청에도 불구하고 아무런 징조를 구하지 않았지만, 은혜로우신 하나님께서는 자신의 경륜에 따라 징조를 베풀어주신다는 것이었다.

그 징조는 메시아 예언과 직접 연관된 것으로서 장차 '처녀가 잉태하여 아들을 낳으리라' 는 예언이었다. 이는 자연 질서와 완전히 배치되는 독특한 사건에 연관된 것이었다. 혼인을 하지 않고 남자와의 관계가 없는 상태에서 아들을 낳는다는 것은 일반적인 상식으로는 불가능한 일이다. 따라서 이와 같은 예언은 하나님의 특별한 섭리와 간섭이 아니고는 도저히 발생할 수 없는 일이었다.

그렇지만 창세전의 예정과 선택 가운데 하나님의 은혜를 입은 성도들은 그 예언을 가감 없이 그대로 받아들이게 된다. 이는 막연한 태도로 그것을 맹신하는 반응과는 다른 그 이상의 의미를 지니고 있다. 즉 이사야의 예언을 듣는 성숙한 성도들을 비롯하여 저들에게 속한 자들은 성경과 하나님의 은혜로 말미암아 그 놀라운 사실을 흔쾌히 받아들일 수 있었다.

그들은 이사야 선지자의 예언을 듣고 창세기 3장 15절에 기록되어 약속된 '그 여자의 후손' 을 머리에 떠올렸을 것이 틀림없다. 그것은 하나님의 약속에 따라 처녀의 몸에서 출생하게 될 '그 여자의 후손' 을 통해 여호와 하나님의 뜻이 성취될 것을 믿었던 것이다. 이는 인간들의 상상을 초월하는 놀라운 징조가 아닐 수 없었다.

이사야는 그 처녀가 잉태함으로써 출산하게 될 저의 아들이 사람들로부터 '임마누엘'이라 불리게 될 사실을 예언했다. 수백 년이 지난 후 때가 이르러 하나님의 아들이신 예수님께서 인간의 몸을 입고 이 세상에 오셨을 때 그는 임마누엘이라 불렀다. 이 말은 '하나님이 우리와 함께 계시다'는 의미를 지니고 있다. 이는 곧 하나님이 인간의 몸을 입고 세상에 태어나 인간들 가운데서 신령한 활동을 하게 된다는 사실을 입증하고 있다.

하나님의 아들이자 하나님 자신인 예수 그리스도는 죄가 전혀 없는 분으로서 아담의 자손인 보통 인간들과는 근본적으로 차이가 나는 존재였다. 즉 완벽한 인간인 동시에 완벽한 하나님의 아들이었다. 그는 죄는 없으되 인간들처럼 어머니의 젖을 먹고 자라나셨으며 그가 장성하여 공사역과 십자가 사역을 감당하심으로써 자기 자녀들을 죄에서 구원하셨다.

선지자 이사야가 예언했던 그 일은 장차 반드시 일어나게 될 사실이었다. 이사야는 그 사건이 발생하기 전에 참 언약의 백성들의 원수가 되어있는 두 왕의 땅이 완전히 황폐하게 되리라는 사실을 언급했다. 이는 북이스라엘 왕국과 앗수르 땅의 패망을 의미하는 것으로 이해할 수 있다.

그 놀라운 사건은 하나님의 무서운 심판의 결과로 인해서 발생하게 된다. 여호와 하나님께서, 이스라엘 왕국이 유다 왕국으로부터 떨어져 나와 남북으로 갈린 이후 지금껏 당해보지 못한 끔찍한 날이 저들에게 임하도록 하신다는 것이었다. 그것은 배도에 빠져 이방 왕국과 손을 잡고 동맹을 맺은 북이스라엘 왕국이 패망하게 된다는 사실에 대한 예언이다. 즉 언약의 민족에 속한 이스라엘 왕국이 저들과 우호 관계를 유지하고 있는 아람 왕국과 앗수르 제국에 의해 멸망당하게 된다는 것이었다.

5. 하나님의 징계

(1) 애굽과 앗수르 (사 7:18-20)

이스라엘 왕국이 패망하게 되는 날 여호와 하나님께서는 이방 족속들을 불러들여 저들을 심판하시게 된다. 하나님께서는 남방 지역의 애굽으로부터 군사들을 불러 저들을 괴롭히실 것이며, 북쪽의 앗수르 땅에서 군사들을 불러오신다. 선지자 이사야는 그것을 '애굽의 파리' 와 '앗수르의 벌' 이라 묘사하고 있다.

이는 애굽이 저들을 지원해주는 것이 아니라 도리어 귀찮게 할 것이며, 앗수르 군대가 와서 저들을 공격하게 되리라는 사실을 말해준다. 이방의 여러 군대들이 쳐들어와 거친 골짜기와 산에 있는 바위틈과 사람들이 쳐놓은 가시나무 울타리와 모든 초장을 적군들이 장악하게 된다. 그날에는 앗수르 왕의 군대가 삭도削刀가 되어 이스라엘 백성의 머리털과 발의 털과 수염까지 밀어버리게 된다.

이 말은 언약의 자손이라 칭함을 받는 저들이 더러운 이방인들로부터 부끄러움과 낭패를 당할 수밖에 없게 된다는 사실을 말해주고 있다. 이는 저들이 전혀 예측할 수 없었던 일로서 엄청난 충격이 된다. 이사야가 전한 그 예언을 듣게 된 백성들은 그것을 받아들이기는커녕 도리어 선지자에게 강한 거부감을 가졌을 것이 틀림없다. 하지만 저들은 여호와 하나님으로부터 임하는 무서운 심판을 피할 길이 없었다.

(2) 생존자와 땅의 폐허 (사 7:21-25)

하나님께서 허락하신 약속의 땅은 더러운 이방인들에 의해 유린당함으로써 심각한 지경에 이르게 되지만 그 가운데서 살아남는 자들이 존재하게 된다. 그때가 되면 사람들은 가난하게 되어, 농부들은 어린 암소 한 마리와 양 두 마리 정도밖에 소유하지 못할 만큼 어려운 형편에 처하게 된다. 하지만 온 땅에 풀이 무성하여 그것들이 젖을 많이 내기 때문에 소수의 생존자들은 버터와 꿀을 먹고 살아가게 된다.

이는 열악한 환경에도 불구하고 하나님께서 그 남은 자들을 살려주시게 된다는 사실을 말해주고 있다. 하나님의 보호하심에 따라 살아남은 자들이 그 땅에 생존할 수 있게 되는 것이다. 물론 남은 자들이 그곳에 생존하게 되는 궁극적인 이유는 장차 그 가운데 오시게 될 메시아가 존재하고 있기 때문이다.

한편 그때 그곳에는 은 천 냥의 값어치가 되는 좋은 포도나무가 심겨 있던 밭이 지력地力을 상실하고 가시덤불과 잡초들이 무성하게 된다. 그리고 그곳은 더 이상 농사를 지을 만한 좋은 옥토가 아니라 사냥꾼이 활을 가지고 들어가는 사냥터와 같이 되어 버린다. 그렇게 되면 그 전에 농기구로 땅을 갈던 모든 들과 산에도 가시덤불이 가득하여 사람들은 두려움에 빠져 그곳으로 들어가기를 꺼린다. 결국 그 땅은 소와 양들이 짓밟고 다니는 폐허된 영역으로 변하고 만다.

이는 그 땅이 여호와 하나님의 심판의 대상이 되어 황무하게 됨으로써 매우 어려운 환경으로 뒤바뀌게 된다는 사실을 말해주고 있다. 선지자들의 말을 귀담아 듣는 지혜로운 자들은 이에 대한 깨달음을 가져야만 한다. 즉 하나님의 말씀에 온전히 순종하지 않는 것이 얼마나 두려운 환경을 재촉하는지 생각지 않으면 안 된다. 그럼에도 불구하고 어리석은 자들은 장차 임하게 될 일은 생각지 않고 일시적인 것들을 추구하며 현실에 안주安住하고자 하는 욕망을 버리지 못하고 있다.

제8장

하나님께서 보여주신 특별한 징조와 예표

(사 8:1-22)

1. '마헬살랄하스바스' (사 8:1-4)

하나님께서는 선지자 이사야에게 '큰 서판' 을 준비하도록 했다. 그리고는 그 위에 사람들이 일반적으로 사용하는 표준 언어로 '마헬살랄하스바스' (Maher-Shalal-Hash-Baz)라고 쓰라는 요구를 했다. 이는 하나님의 특별한 예언으로서 많은 사람들이 그 글을 보고 읽을 수 있도록 공개하라는 의미를 지니고 있다.

그 글귀는 '급히 노략하며 서둘러 약탈하라' 는 뜻을 담고 있다.[13] 전반적인 문맥에 비추어 볼 때, 이는 이스라엘 백성에게 그렇게 하도록 명령한 것이 아니라 도리어 적군들이 침입해 들어와 노략과 약탈을 감행하게 되리라는 사실에 연관되어 있다. 많은 사람들에게 그와 같은 예언이 전해진다는 것은 백성들의 민심을 안정시키는 데 전혀 도움이 되지 않았다. 그것

13) J. Calvin, 이사야서 주석, 참조.

은 오히려 불안 요인으로 작용하게 될 따름이었다.

그럼에도 불구하고 하나님은 이사야 선지자에게 그렇게 하도록 요구하셨다. 이와 같은 예언은 이스라엘 백성들이 쉽게 받아들이고 싶지 않았을 것이 틀림없다. 따라서 하나님께서는 선지자 이사야가 쓴 글에 대하여 신실한 제사장인 우리야와 예베레기야의 아들 스가랴를 불러 그에 관한 사실을 증거토록 하겠노라는 말씀을 하셨다.[14] 이는 그와 같은 일이 반드시 일어나게 된다는 사실을 확인시켜 주고 있다.

나아가 하나님께서는 '마헬살랄하스바스'가 지닌 의미가 언어적 선언뿐 아니라 행위적인 증거와 더불어 이스라엘 민족 가운데 상존하여 선포되도록 하셨다. 그리하여 이사야는 자기 아내와 동침하여 출산한 아기의 이름을 하나님의 요구에 따라 '마헬살랄하스바스'라 지었던 것이다. 하나님은 그 아기가 자기의 부모를 향해 "아빠, 엄마"라는 말을 채 익히기도 전에 그의 이름대로 앗수르 왕이 다메섹과 사마리아에서 탈취한 노략물을 가져가게 되리라는 사실을 예언하셨다.

이스라엘 자손들은 선지자를 통해 전해지는 예언의 메시지를 듣고 심각한 위기감을 느끼지 않을 수 없었다. 갓 태어난 이사야의 어린 자식이 아직 부모를 알아보기도 전에 막강한 앗수르 군대가 침략하여 모든 보화와 재물을 약탈해간다는 것은 극한 위기가 임박했다는 사실을 보여주고 있다. 그럼에도 불구하고 어리석은 자들은 눈앞에 놓여있는 세상의 것들에 잔뜩 취해 있었다.

---

14) 제사장이 그 사실에 대해 공적으로 증거하게 된다는 것은 우리가 주의 깊게 생각해 보아야 할 문제이다. 제사장의 중요한 직임은 제사를 주관하는 일과 더불어 옳고 그름을 분별하고 증거하는 일이다. 구약시대 문둥병은 의사가 아니라 제사장이 진단하고 그 치유방법을 제시했다. 분별과 증거는 정경에 대한 확증을 하는 제사장들의 직임과도 연관되어 있다(이광호, 『구약신학의 구속사적 이해』, 서울: 도서출판 깔뱅, 2006, pp.29-31, 참조).

2. 배도에 빠진 백성들 (사 8:5-8)

이스라엘을 향한 무서운 경고가 되풀이 되었지만 세상의 탐욕에 빠진 언약의 백성들은 여호와 하나님의 말씀에 귀를 기울이지 않았다. 하나님께서는 이를 두고 백성들이 '천천히 흐르는 실로아(Shiloa) 물'을 버린 것이라 말씀하셨다. 여기서 언급된 '실로아'란 예루살렘에 있는 실로암 못을 지칭하고 있다.

그 물은 예루살렘 거민들에게는 없어서는 안 될 매우 소중한 역할을 했으나 그들은 그것을 버렸다. 어리석은 자들은 천천히 흐르는 그 물이 지닌 의미를 대수롭지 않게 여기고 마음속 깊이 받아들이지 않았다. 이는 저들이 주변에서 발생하는 불안한 정국으로 인해 조급한 마음을 먹고 있었다는 사실을 말해준다. 그대신 배도자들은 다메섹의 르신과 사마리아의 베가가 결성한 연합군의 전투력을 인정하며 기대했다. 이방 나라와 더불어 맺은 동맹관계가 하나님의 뜻에 반한다는 사실을 가볍게 여기고 오히려 그 군대가 앗수르의 위협으로부터 저들을 구해 줄 것이라 믿고 있었던 것이다.

이는 저들이 여호와 하나님을 의지하지 않고 세상의 일반적인 사회 정치 논리에 빠져 있다는 사실을 말해주고 있다. 따라서 하나님께서는 그 백성들을 엄히 다스려 심판하시고자 했다. 하나님은 세차게 넘쳐흐르는 유프라테스 강을 상징적인 예로 들어, 앗수르 왕과 그의 거센 세력으로 하여금 저들 위를 뒤덮게 하리라는 사실을 예언하셨다.

이는 곧 예루살렘의 천천히 흐르는 물을 싫어하는 저들에게 앗수르 제국의 빠른 물살을 보내 주시겠다는 것을 의미한다. 그렇게 되면 모든 골짜기와 언덕 위에 물이 차고 넘쳐나게 된다. 그 물은 유다 지역으로 들어와 넘쳐나서 사람들의 목에 까지 미쳐 모든 것들을 휩쓸어가 버린다.

하지만 임마누엘 하나님께서는 자기의 백성과 함께 거하시면서 그의 편

날개로 언약의 땅을 보호하시게 된다. 이는 메시아의 존재와 예언에 밀접하게 연관되어 있다. 이스라엘 민족을 인도하시면서 인간의 몸을 입고 이 세상에 오시게 될 임마누엘 하나님이 자기 백성을 위해 세우신 언약을 이루시고자 하여 그 땅을 보존하신다는 의미를 담고 있기 때문이다.

3. 패망을 앞둔 백성들의 오만한 태도 (사 8:9-12)

막강한 군사력을 갖춘 이방 민족들은 하나님의 경고에도 불구하고 오만한 태도를 멈출 줄 몰랐다. 그 사람들은 오히려 전능하신 하나님 앞에서 고개를 쳐들기를 주저하지 않았다. 그들은 여호와 하나님 앞에서 겸손한 태도를 보이기는커녕 자신의 세력으로 인해 결코 멸망하지 않을 듯 오히려 사기 충전해 목소리를 높였다.

하지만 하나님께서는 이방 족속들에게 그와 같은 태도를 멈추도록 명한 것이 아니라 오히려 방자한 모습으로 분주하게 실컷 떠들어 보라고 말씀하셨다. 그들이 아무리 허리를 동이고 전투를 준비한다고 해도 필경은 패망하게 된다는 것이었다. 이방 군대들이 상호 동맹을 맺어 연합군을 결성하고 승리를 쟁취하기 위해 온갖 전략을 동원하겠지만 저들의 결과는 멸망일 따름이었다.

언약의 백성들이 최종적인 승리를 거둘 수 있는 것은 오직 여호와 하나님께서 저들과 함께 계시므로 가능한 일이다. 따라서 하나님은 선지자 이사야에게 강한 손을 펼쳐 보여주시며 이방인의 길로 행치 말도록 각성시키셨다. 배도자들이 이방 족속들과 맹약을 맺어 힘을 결집하고서도, 더 큰 세력에 대하여 두려워하는 모습을 보일지라도 저들의 판단과 행동에 민감하게 반응할 필요가 없다. 하나님의 사람은 저들이 두려워하는 어떤 것이라 할지라도 그로 인해 두려워하거나 놀랄 이유가 없다는 것이다.

4. '진정한 피난처'와 '거치는 돌'이 되시는 하나님 (사 8:13-15)

하나님의 자녀들은 마땅히 우주만물을 창조하신 만군의 하나님 여호와를 거룩한 존재로 알아야 한다. 그는 모든 인간들이 진정으로 경외해야 할 분이며 두려워해야 할 대상이다. 이는 세상의 것들은 그 무엇이라 할지라도 성도들에게 두려움의 대상이 될 수 없다는 사실을 말해주고 있다.

따라서 계시된 말씀을 통해 여호와 하나님을 올바르게 알아가는 것은 인간들에게 있어서 가장 중요한 문제가 된다. 그래야만 하나님을 진정으로 두려워하여 그를 의지하는 지혜를 배울 수 있기 때문이다. 그것을 모르는 인간들의 삶은 겉보기에 아무리 화려하고 성공한 것처럼 보일지라도 아무런 의미가 없다.

타락한 세상에 살아가는 성도들에게 있어서 여호와 하나님은 자신의 몸을 피할 수 있는 유일한 피난처가 되신다. 하지만 악한 자들에게는 그 동일한 하나님이 정반대의 역할을 한다. 선지자 이사야는 배도에 빠진 북이스라엘과 유다 왕국 백성들에게는 그가 거치는 돌이나 걸려 넘어지게 하는 반석이 된다는 사실을 교훈했다.

이처럼 여호와 하나님은 자신의 절대적인 기준에 따라 정반대의 역할을 동시에 하시게 된다. 창세전에 선택하신 자기 자녀들에게는 영원한 생명의 근원이 되시는 반면, 그렇지 않은 자들은 그로 말미암아 무서운 심판을 받게 된다. 물론 인간들 가운데 누가 영원한 구원에 참여할 성도인지 아닌지에 대해서는 오직 하나님 홀로 완벽하게 알고 계신다.

이사야 선지자가 언급하고 있는 바 하나님께서 감당하시는 상이한 두 가지 역할은 예수 그리스도의 사역에 직접 연관되어 있다. 인간의 몸을 입고 이땅에 오신 하나님의 아들은 신령한 영적 건축물의 보배로운 모퉁이 머릿돌이 되셨다. 하나님께서는 그것을 통해 창세전에 택하신 자기 백성들에게 영원한 생명을 공급하신다. 하지만 하나님을 알지 못하는 자들에게는 그것이 부딪치고 걸려 넘어지게 하는 돌이 된다. 베드로는 그의 서신에서 이에 연관된 기록을 남기고 있다.

> **"성경에 기록되었으되 보라 내가 택한 보배로운 모퉁잇돌을 시온에 두노니 그를 믿는 자는 부끄러움을 당하지 아니하리라 하였으니 그러므로 믿는 너희에게는 보배이나 믿지 아니하는 자에게는 건축자들이 버린 그 돌이 모퉁이의 머릿돌이 되고 또한 부딪치는 돌과 걸려 넘어지게 하는 바위가 되었다 하였느니라 그들이 말씀을 순종하지 아니하므로 넘어지나니 이는 그들을 이렇게 정하신 것이라"**(벧전 2:6-8)

인간의 몸을 입고 이 세상에 오신 예수 그리스도가 그러하듯이 여호와 하나님은 구약시대의 배도에 빠진 예루살렘 거민들에게 함정과 올무가 되었다. 하나님을 멸시하는 배도자들이 그로 말미암아 거치는 돌에 걸려 넘어지게 되었다. 또한 그것으로 인해 뼈가 부러지거나 올무에 걸려 원수들의 손에 사로잡히는 자들이 많았다.

이에 대해서는 오늘날 우리 시대에도 과거와 전혀 다를 바 없이 그대로 적용되고 있다. 즉 이 말씀은 신구약 성경이 계시되던 옛날에만 해당되는 말씀이 아니라 현대의 지상 교회와 온 세상에서도 그 역할이 지속되고 있음을 의미한다. 천상에 소망을 두고 살아가는 성도들과 성숙한 지상 교회는 이에 대한 분명한 깨달음을 가지지 않으면 안 된다.

5. "율법을 봉함하라"(사 8:16-18)

하나님으로부터 계시된 예언이 선지자를 통해 언약의 백성들에게 공표되었다. 거기에는 장차 일어날 구속사적인 사건들이 포함되어 있다. 하지만 이제 구체적으로 그것이 성취될 때까지 봉함되어야만 했다. 그에 대해 함부로 지껄이거나 인간들의 주장을 가미시켜서는 안 되기 때문이다. 그러므로 하나님께서는 이사야 선지자에게 '증거의 말씀'을 싸매며 제자들 가운데 봉함하도록 요구하셨다.

이 말은 또한 하나님의 예언은 장차 반드시 이루어지게 될 것이라는 사실에 대한 증거가 된다. 나아가 그의 백성들은 그 약속을 믿고 묵묵히 기다려야 한다는 사실을 말해주고 있다. 언약을 소유한 성도들에게는 그것이 최상의 소망이 된다. 우리가 여기서 깊은 주의를 기울여야 할 바는, 하나님의 예언 성취는 인간들의 종교적인 활동이 아니라 하나님의 예언 자체에 존재하는 능력에 의해 이루어진다는 사실이다.

그러므로 선지자 이사야는, 이제부터 자기는 야곱의 집에 대하여 낯을 가리시는 여호와 하나님을 기다리며 오직 그만 바라보겠노라는 고백을 했다. 여기에는 하나님을 끝까지 바라보고자 하는 선지자의 마음이 잘 드러나고 있다. 이는 또한 배도에 빠진 종교인들에 의해 하나님의 뜻이 이루어지지 않는다는 사실을 말해주고 있다. 나아가 역사적 정황이 그것을 진척시켜 나가는 것도 아니다. 우리는 배도자들의 열정적인 종교행위와 세상 왕국의 통치자들이 하나님을 도리어 진노케 한다는 사실을 기억하지 않으면 안 된다.

이에 대해서는 오늘날 지상 교회에 속해 살아가는 모든 성도들 역시 귀를 기울여야만 한다. 계시된 성경을 통해 예언된 하나님의 말씀을 믿고 그것의 성취를 기다리는 것이 지상 교회와 그에 속한 성도들의 기본적인 신앙 자세이다. 따라서 영원한 천상의 나라에 소망을 두고 주님의 재림을 기다리는 성도들은 항상 하나님의 때를 바라보며 타락한 이 세상 가운데서 살아가야만 하는 것이다.

물론 하나님께서는 선지자 이사야를 통해 언어로 계시하셨으며 동시에 그의 실제적인 환경을 통해 계시를 전달하셨다. 이사야의 두 아들에게 주어진 이름은 하나님께서 특별히 허락하신 것들이다. 그 이름을 통해 이스라엘 민족 가운데서 여호와 하나님의 징조와 예표를 드러내 보여주셨던 것이다.

그러므로 이사야는 '증거의 말씀을 싸매며 제자들 가운데서 율법을 봉함하라' 고 요구하신 하나님의 말씀을 듣고 자기 자식들을 통해 계시된 그 예언적인 의미를 밝혔다. 이 말은 여호와 하나님께서 자식들을 주시면서 장차 이스라엘 백성 중에 일어나게 될 사건들에 대한 징조와 예표가 되게 하셨다는 의미를 지닌다. 이는 잉태와 더불어 출생할 때부터 저들의 이름을 통해 하나님의 예언이 선포되었기 때문이다.

이사야의 아들 스알야숩(Shear-Jashup)은 하나님께서 친히 지어주신 이름으로서 "남은 자만 돌아오리라"는 의미를 지니고 있다(사 7:3). 그리고 마헬살랄하스바스(Maher-Shalal-Hash-Baz)는 "급히 노략하며 서둘러 약탈하라"는 언어적인 의미를 담고 있다. 저들의 이름은 가정 내의 일반적인 과정을 거쳐 지어진 것이 아니라 예루살렘 가운데 계시는 여호와 하나님께서 지어주신 것들이었다.

선지자 이사야의 두 아들 가운데, 스알야숩이라는 이름은 이스라엘 민족이 패망할 것과 그런 와중에서도 하나님은 자기 자녀들을 남겨 보존하시리라는 특별한 의미를 담고 있었다. 또한 마헬살랄하스바스라는 이름을 통해, 원수들의 군대가 하나님께서 심판하시는 도구가 되어 이스라엘 백성을 맹렬하게 공격할 때가 속히 이르리라는 사실이 예언되었다. 우리는 이를 통해 하나님께서 이사야의 가정과 환경을 통해 이스라엘 백성들 가운데 거룩한 뜻을 상시적으로 말씀하고 계신 사실을 알 수 있다.

6. "무당과 박수를 경계하라"(사 8:19-22)

하나님을 배반하고 타락한 인간들은 더러운 죄에 빠져 항상 가시적이고 현상적인 것들을 눈으로 보며 확인하고자 한다. 거듭난 하나님의 자녀들이라 할지라도 신앙이 어린 교인들은 그로부터 벗어나기 쉽지 않다. 그런 자들은 하나님에 관한 모든 일들에 대해서도 그와 같은 반응을 보이기에 익숙하다.

그러나 하나님의 자녀들은 천상으로부터 계시된 진리의 말씀인 율법과 증거에 전적으로 의존해야만 한다. 그것은 지상 교회를 향해 주어진 하나님의 약속을 의미하고 있다. 따라서 신앙이 성숙한 성도들은 결코 눈에 보이고 손으로 만질 수 있는 물질적인 것들이나 감각이나 느낌을 통해 하나님을 알아가려 하지 않는다. 성도들은 타락한 세상 가운데 살아가면서 오직 계시된 말씀을 통한 약속에 따라 전투하는 자세로 살아가게 될 따름이다.

따라서 성숙한 신앙을 위해 선행되어야 할 점은 계시된 말씀을 통해 드러난 하나님의 약속을 소유하는 것이란 사실을 이해하는 것은 매우 중요하다. 그것은 오늘날 우리 시대뿐 아니라 과거에도 전혀 다르지 않았다. 나아가 예수님과 사도들이 활동하던 사도교회 시대와 구약시대에도 언약의 백성들 가운데는 그와 동일한 원리가 존재했었다.

하지만 여호와 하나님을 멸시하는 배도에 빠진 종교 지도자들은 어리석은 백성들에게, 말씀을 통해 계시된 약속보다 감각적인 것들을 바라보고 의지하도록 선전하며 유도했다. 자신의 욕망을 채우기 위해서는 그런 방법을 사용하는 것이 훨씬 쉬웠기 때문이다. 이사야 선지자가 예언할 당시에도 그와 같은 자들은 숱하게 많이 있었다.

그러므로 이사야는 인간적인 욕망에 빠져 하나님의 뜻을 저버린 어리석은 자들을 심하게 책망하고 있다. 누구든지 종교성을 내세워, 주절거리는 무당과 박수들에게 궁금한 것들을 물어보라고 하거든 강한 자세로 저들에게 저항하라고 했다. 그런 자들은 대개 이스라엘 민족 가운데 존재하는 배도자들이었다. 따라서 언약의 자손으로서 저들에게 여호와 하나님께 구하는 것이 당연하다는 사실을 말하고, 살아있는 자들을 위하여 죽은 자에게 구할 수 있느냐고 선포하라는 것이었다.

여호와 하나님을 진정으로 경외하는 성도들은 마땅히 율법과 증거의 말씀을 좇아야만 한다. 어리석은 배도자들의 말과 가르침이 하나님의 율법에 조화되지 않는다면 저들에게 참된 생명이 허락될 수 없다. 그들은 이 땅에서 헤매며 곤고한 삶을 살다가 결국은 처참한 굶주림을 맛보게 된다. 그렇게 되면 스스로 격분하여 감히 여호와 하나님을 저주하는 악한 자리에 서게 된다. 그들은 하늘을 쳐다보거나 아래로 땅을 굽어보아도 환난과 고통의 흑암밖에 없으며, 영원한 흑암 속으로 쫓겨 들어갈 수밖에 없게 되는 것이다.

우리 시대에도 무당과 박수 같은 자들이 여기저기 널려 있다. 교회 밖에 있으면서 그렇게 행하는 자들에 대해서는 지나치게 민감한 반응을 보일 필요가 없다. 하지만 기독교 내부에서 신령스러워 보이는 겉모습을 띠고 있는 그와 같은 자들에 대해서는 강력한 자세로 대응하지 않으면 안 된다.

그런 자들은 구약시대 이스라엘 백성을 혼란스럽게 했듯이 오늘날 어리석은 교인들에게 눈에 보이는 신비한 요소들과 감각적인 것들을 제시하며 혼탁한 분위기를 조성하고 있다. 그러나 성숙한 신앙인들은 오직 기록된 성경 말씀을 통해 성령의 도우심에 힘입어 하나님과 교제하며 예배하는 삶을 살아가야 한다. 말세지말에 살아가는 우리는 정신을 바짝 차려 그것들을 경계해야만 한다.

제9장

'평강의 왕' 과 준엄한 심판

(사 9:1-21)

1. 흑암에 비치는 큰 빛 (사 9:1,2)

아담으로 말미암아 멸망의 수렁에 빠진 세상은 전체가 흑암천지로 변했다. 영적인 빛을 완전히 상실한 인간들은 참된 진리에 관한 아무것도 인식하지 못하게 되었다. 따라서 죄에 빠진 자들은 진리에 근거하여 그에 따라 살아가는 것이 아니라 세상에서 형성된 인간들의 이성과 경험에 의해 가치관을 확립하며 살아가게 되는 것이다. 이는 인간들이 깜깜한 흑암 속에 갇히게 되었음을 말해준다.

이사야 선지자는, 이전에 죄로 말미암아 고통당하던 자들에게 장차 흑암이 없어지게 되리라는 사실을 예언했다. 그것은 역사적 실재와 더불어 구체적인 현장에 연관되어 있었다. 이전에는 스불론 땅과 납달리 땅이 언약의 범주 안에 존재했음에도 불구하고 심한 멸시를 당했으나 장차 놀라운 변화가 일어나게 된다는 것이었다. 그 땅은 해변길[15]과 요단 건너편에

---

15) 여기서 언급된 '해변길' 이란 지중해 연안의 해변길이 아니라 갈릴리 바다를 둘러싸고 있는 해변길을 일컫고 있다.

있는 이방의 갈릴리 지역을 포함하고 있다.

이 예언 가운데는 하나님께서 멸시를 받는 그 흑암 지역을 장차 영화롭게 하신다는 의미가 담겨 있다. 그것은 어두운 죄악에 물든 상태에서 살아가던 백성들이 큰 빛을 보게 되며, 사망의 그늘진 땅에 거주하던 자들에게 영원한 생명의 빛이 비친다는 사실에 연관되어 있다. 이는 갈릴리 지역에서 하나님의 진리가 선포되며 그곳에서 전파되는 예수 그리스도의 사역을 통해 하나님의 예언이 성취된다는 사실을 말해 준다. 복음서에는 그에 연관된 구체적인 성취 기록이 나타난다.

> **"예수께서 요한의 잡힘을 들으시고 갈릴리로 물러 가셨다가 나사렛을 떠나 스불론과 납달리 지경 해변에 있는 가버나움에 가서 사시니 이는 선지자 이사야로 하신 말씀을 이루려 하심이라 일렀으되 스불론 땅과 납달리 땅과 요단강 저편 해변 길과 이방의 갈릴리여 흑암에 앉은 백성이 큰 빛을 보았고 사망의 땅과 그늘에 앉은 자들에게 빛이 비취었도다 하였느니라"**(마 4:12-16)

복음서 기자가 위의 본문에서 증거하고 있듯이 예수 그리스도의 지상 사역으로 말미암아 이사야서에 기록된 내용이 그대로 성취되었다. 세상에 오신 하나님의 아들이 예루살렘이 아니라 유다지역으로부터 멀리 떨어진 이방 갈릴리 지역에서부터 복음을 선포하신 것은 결코 우연히 된 일이 아니다. 그것은 하나님의 섭리에 근거한 예언과 경륜에 따른 것이었다. 우리는 이를 통해 이사야서 본문에 기록된 말씀의 예언적 성격을 분명히 알 수 있다.

이사야의 예언대로 인간의 몸을 입고 이땅에 강림하신 메시아로 말미암아 깜깜한 흑암 중에 거하던 백성들이 큰 빛을 볼 수 있었다. 아무런 소망없이 죽음의 그늘진 땅에 거주하던 자들에게 생명의 등불인 예수 그리스도의 빛이 비치게 된 것이다. 하나님의 아들이신 그리스도께서는 세상의 진정한 빛으로 그 자신이 어두움과는 아무런 상관이 없는 분이었다. 따라서 예수님은 자신을 '세상의 빛' 이라고 선포하셨다.

> **"예수께서 또 일러 가라사대 나는 세상의 빛이니 나를 따르는 자는 어두움에 다니지 아니하고 생명의 빛을 얻으리라"**(요 8:21); **"내가 세상에 있는 동안에는 세상의 빛이로라"**(요 9:5)

예수님께서는 참 빛으로 이땅에 오셨다. 그 빛은 우리가 일반적으로 인식하는 물질적인 빛과는 그 성격이 근본적으로 다르다. 그 빛을 통하지 않고는 인간들이 아무것도 분별할 수 없으며 진리의 실체에 접근하지 못한다. 구약시대의 올바른 신앙을 소유한 믿음의 선배들은 계시된 말씀에 따라 메시아에 연관된 그와 같은 신앙을 소유하고 있었다. 그것은 종교적인 행위로 인한 것이 아니라 하나님의 약속에 따른 것이었다.

그러므로 장차 '큰 빛이 임하리라' 는 이사야 선지자의 예언이 구약시대 언약의 백성들에게는 소망이 되었다. 항상 그 빛이 세상에 강림하는 때를 기다렸던 것이다. 나아가 그들은 갈릴리 지역에서 그와 같은 예언이 성취되기를 믿고 기다렸으며 예수님의 사역이 그 지역에서 진행되었을 때 그를 메시아로 알아볼 수 있는 중요한 근거가 되었다.

2. '여호와의 승리' (사 9:3,4)

하나님께서는 자신이 의도하여 세우신 나라가 창대해 가기를 원하셨다. 비록 실체적인 영원한 나라가 임하기 전의 그림자 역할을 하는 나라이기는 했지만 그 가운데는 분명한 하나님의 뜻이 존재했다. 구약시대 이스라엘 백성이 가질 수 있는 모든 소망은 바로 그것을 통해 드러나게 되었다.

그러나 배도자들로 인해 하나님의 심판 앞에 놓인 언약의 왕국과 그에 속한 백성들은 심란하지 않을 수 없었다. 그런 분위기 가운데서도 하나님께서는 저들 가운데 존재하는 소망의 그루터기를 완전히 없애버리지 않겠다고 말씀하셨다. 도리어 나중 때가 이르면 저들의 나라를 흥왕하게 할 것이며 즐거움을 더하게 하시리라는 약속을 주셨다.

언약의 백성들은 하나님의 도우심에 따라 원수를 억누르고 궁극적인 승리를 쟁취하게 된다. 그것을 통해 추수하는 기쁨과 전쟁의 노획물을 나누며 즐거워하듯이 당시 고통을 당하고 있던 백성들이 하나님 앞에서 즐거움을 누리는 때가 도래한다는 것이었다. 이는 하나님께서 원수들을 억누르고 자기가 친히 조성하신 백성들에게 궁극적인 승리를 안겨주게 되는 사실과 밀접하게 연관되어 있었다.

하나님의 자녀들이 기뻐하고 즐거워할 수 있는 근거는 저들이 맨 무거운 멍에와 저들의 어깨에 놓인 채찍과 압제자들의 막대기가 제거되기 때문이다. 그것이 저들을 억누르고 있는 동안에는 백성들이 진정한 평화를 누릴 수 없다. 따라서 하나님께서는 약속대로 자기 백성들을 괴롭히는 이방인들의 모든 악행을 제거해 버리시게 된다.

선지자 이사야는 그것이 사사시대에 불과 삼백 명밖에 되지 않는 소수의 선택된 기드온의 병사들을 통해 막강한 미디안 군대를 물리치던 때와 같으리라는 사실을 언급하고 있다(삿 7:15-25, 참조). 이는 하나님께서 직접 그 전쟁에 가담하여 승리를 이끄신다는 약속과도 같다. 신실한 언약의 백성들에게는 이 말씀이 유일한 참 소망이 될 수 있었다.

3. '평강의 왕'으로 오시는 '전능하신 하나님'(사 9:5-7)

죄에 빠진 타락한 인간들은 누구나 이기적인 본성을 지니고 있다. 그것은 개인적인 경우에 국한되는 것이 아니라 집단화된 상황에서도 마찬가지다. 그럴 경우 오히려 그 이기적인 욕망이 더욱 구체화되어 강화되거나 증가하는 것이 일반적이다.

특정 국가에 속해 적군에 맞서 전쟁을 치르는 군인들은 승리를 쟁취하기 위해 수단과 방법을 총동원하게 된다. 하지만 저들이 승리를 기대한다고 해서 반드시 그렇게 되는 것이 아니다. 상대국 병사들 역시 그와 동일한 목적을 가지고 전투에 임할 것이기 때문이다. 따라서 전쟁터에서 죽기 아니면 살기 식으로 무자비하게 덤벼드는 자들은 상대방에게 살상을 저지르는 행위에 대한 거리낌은커녕 아무런 죄책감조차 가지지 않는다.

하나님께서는 물불을 가리지 않고 싸우는 군인들의 모든 행동은 궁극적으로 아무런 의미를 가지지 못한다는 사실에 대하여 언급하셨다. 저들이 전투를 위해 갖추어 입은 갑옷과 피 묻은 복장이 전부 바싹 마른 풀 같이 불살라지게 된다. 손에 들고 있던 저들의 병기도 아무런 쓸모가 없어지게 된다. 이 말은 생명을 보존하기 위해 처절한 전투를 벌였던 모든 것들이 허사에 지나지 않는다는 사실을 말해주고 있다.

저들에게 임하는 이와 같은 궁극적인 심판은 인간의 몸을 입고 이땅에 오실 메시아를 통해 전개된다. 따라서 여호와 하나님께서는 그런 정황 중에 이스라엘 민족 가운데서 한 아기가 태어나게 된다는 사실을 예언하셨다. 그 아기는 여호와 하나님을 믿고 따르는 백성들을 위해 이 세상에 오시게 된 것이다. 그는 정사政事를 어깨에 메고 통치자의 자리에 앉게 되며, 그의 이름은 기묘자(Wonderful), 모사(Counsellor)로 칭해지며 전능하신 하나님, 영존하시는 아버지, 평강의 왕으로 오시게 된다.

이는 거룩하신 하나님께서 인간의 몸을 입고 이 세상에 왕권을 가지고 들어오신다는 사실을 말해준다. 그로 말미암아 타락한 세상의 모든 것들은 완전히 평정된다. 따라서 어느 누구도 감히 그에게 저항함으로써 자신의 생명을 보존하거나 유익을 채우지 못한다.

이땅에 오시는 그 아기는 인간의 이성과 경험으로 다가가거나 해석할 수 있는 대상이 아니다. 그 하나님의 아들은 장차 임하게 될 영원하고 새로운 왕국의 통치자로서 자기 백성들을 다스리며 저들에게 영원한 진리를 가르치시게 되는 분이다. 그리하여 그는 잃어버린 다윗의 왕위를 완벽하게 잇는 왕좌에 앉아 공평과 정의로 영원한 나라를 세워 굳게 보존하시게 된다. 이에 대해서는 이사야서 전반에 걸쳐 되풀이하여 예언되고 있다.

4. 배도에 빠진 교만한 자들의 태도 (사 9:8-12)

하나님께서는 야곱과 이스라엘 곧 자신이 특별히 조성하신 언약의 자손들에게 경고하셨다. 그것은 북이스라엘 왕국의 모든 백성들이 교만에 빠져 완악한 마음을 가지고 하나님의 말씀에 불순종하고 있다는 것이었다. 그들은 여호와 하나님의 도우심을 거부한 채 저들 스스로의 능력으로 자기를 지켜내고자 했다.

그 백성들은 벽돌이 무너지기는 했지만 다듬은 돌로 다시 쌓으면 되고 뽕나무들이 찍혔으나 백향목으로 다시 심어 그것을 대신하겠다는 식으로 생각했던 것이다. 이 말은 하나님의 도우심 없이 저들 스스로 일어서며 자신의 능력으로 모든 것을 복구하겠다는 결심을 하는 것과도 같았다. 이는 그들이 심각한 어려움에 처하게 되지만 하나님의 도우심을 배제한 채 자력으로 모든 것을 다시 회복하리는 교만한 태도를 보여주고 있다.

그러나 이스라엘 민족의 잘못된 자신감은 하나님을 믿는 올바른 신앙에 근거한 것이 아니라 인간의 능력에 의존하는 태도에 기초하고 있었다. 즉 그들은 심각한 위기에 빠졌을 때 여호와 하나님을 의지하지 않고 자신의 능력과 재주에 의존하고자 했다. 그것은 여호와 하나님을 무시하는 오만한 태도에 지나지 않는다.

그러므로 여호와 하나님께서는 더욱 엄하게 저들을 심판하시고자 했다. 그는 아람 왕국의 르신(Rezin)의 군대를 일으켜 저들을 치게 하시며 주변의 국가들을 격동시키고자 하셨다. 이는 하나님이 아니라 인간들의 세력을 의지하고자 하는 배도자들이 사면초가四面楚歌에 빠지게 된다는 사실을 말해주고 있다.

그렇게 되면 앞에서는 아람 군대가 습격해 오고 뒤에서는 블레셋 군대가 쳐들어오게 된다. 양쪽에서 막강한 전투력을 보유한 적군들이 이스라엘 진영으로 공격해 들어오면 저들을 물리칠 수 있는 아무런 방법이 없다. 그럼에도 불구하고 어리석은 자들은 여호와 하나님을 의지하기는커녕 또 다른 술책을 강구하기 위해 몰두한다. 그런 상태에서는 하나님의 은혜가 저들에게 임하는 것이 아니라 도리어 하나님의 진노가 저들 위에 머물 수 밖에 없다.

이스라엘 민족 가운데 존재했던 불신앙의 상황은 오늘날 우리에게도 여전히 중요한 교훈을 남겨주고 있다. 우리는 위기나 고통의 상황에 직면하게 될 때 인간적인 능력으로 모든 것을 해결하려는 태도를 지양해야 한다. 그것은 하나님에 대한 믿음이 없기 때문에 발생하는 문제일 수 있다. 따라서 겸손한 자세로 여호와 하나님을 바라보며 오직 그를 의지하는 신앙 자세를 유지하는 것은 매우 중요하다. 하나님의 은혜가 없이 인간들이 할 수 있는 것은 아무것도 없다는 사실을 깨닫는 것이 성도의 참된 지혜이기 때문이다.

5. 하나님의 심판 (사 9:13-17)

배도에 빠진 인간들은 입술을 통해 변질된 종교를 앞세우지만 실상은 여호와 하나님께 돌아가기를 강력하게 거부한다. 북이스라엘 왕국에 속한 백성들도 그와 같았다. 하나님께서 이방 군대들을 채찍으로 삼아 저들을 치셨지만 그들은 여호와 하나님께 돌아가기를 거부했으며 만군의 하나님을 찾지도 않았다. 종교적인 다양한 언술과 행위들에도 불구하고 그들은 하나님을 의지하지 않았던 것이다.

그러므로 하나님께서는 저들에게 더욱 심한 심판을 내리겠다는 예언을 하셨다. 그것은 하루 사이에 이스라엘 중에서 머리와 꼬리와 종려나무 가지와 갈대를 모두 끊어버리시리라는 것이었다. 성경이 증거하는 바대로 그것들이 상징하는 바 머리는 백성들의 장로와 귀족들이며 그 꼬리는 하나님의 말씀이 아니라 거짓 교리를 전파하며 가르치는 악한 선지자들이다.

당시에는 백성들을 지도하며 올바른 길로 인도해야 할 자들이 도리어 저들을 미혹하는 행위를 지속하고 있었다. 그들은 하나님의 진리를 거스를 뿐 아니라 저들의 잘못된 민족적이자 종교적인 논리를 무지한 백성들에게 주입시키기를 좋아했다. 그와 같은 상황은 결국 저들의 인도를 받는 백성들이 멸망을 당하는 지경에 빠지게 할 수밖에 없다. 이는 예수님께서 당시 종교 지도자들을 염두에 두고 '소경이 소경을 인도하는 것과 같다'(마 15:14; 눅 6:39)고 말씀하신 비유와 동일한 의미를 지니고 있다.

이처럼 이스라엘 왕국 가운데 배도의 분위기가 팽배하게 되자 당시 모든 백성들은 경건한 신앙 자세를 버리고 더러운 악을 행하기에 급급했다. 그들은 입술로 망령된 말들을 거리낌 없이 내뱉기를 주저하지 않았다. 따라서 하나님께서는 저들 가운데 있는 젊은 청년들을 기뻐하지 않으셨다. 나아가 저들 가운데 고통스럽게 살아가고 있는 고아와 과부들에게 마저도 긍휼을 베풀지 않으시게 된다.

인간들의 일반적인 사고로는 그것이 쉽게 이해되지 않는다. 그와 같은 일이 발생하는 것은 하나님의 심판의 결과이다. 하지만 그러한 끔찍한 심판이 언약의 백성들에게 임하게 됨에도 불구하고 배도자들은 그에 대하여 두려운 마음을 가지지 않았다. 그들 중에 가난하고 연약한 자들이 심한 고통에 빠진다 해도 악한 지도자들은 그에 개의치 않고 극도로 교만한 자세를 취하고 있었다. 이는 하나님의 긍휼을 전혀 바라지 않는 저들의 오만한 태도를 그대로 보여주고 있다.

따라서 여호와 하나님의 진노가 돌아서지 않고 저들 위에 지속적으로 머물러 있었으므로 백성들은 그 고통의 자리에서 벗어날 수 없었다. 그런 불신앙의 상황은 그때 당시뿐 아니라 오늘날 우리 시대에도 그대로 일어나고 있다. 여호와 하나님을 멸시하는 사악한 지도자들의 잘못된 가르침은 무지한 백성들을 악의 구렁텅이에 몰아넣어 간다. 이는 결코 일반 윤리적인 상태와 연관지어 일컫는 것이 아니다.

그러므로 고아와 과부들과 같이 사회적인 배려의 대상이 되어야 할 처지에 놓인 자들도 배도자들의 교훈에 순응하며 살아가고 있다면 하나님의 긍휼의 대상에서 제외된다. 하나님께서는 인간의 윤리를 추구하면서 진리를 멸시하는 자들과 저들에게 속한 백성들에게 도움의 손길을 베푸시지 않는다. 윤리적으로 아무리 훌륭하게 보인다고 할지라도 저들은 하나님의 심판의 대상이 될 따름이다. 우리는 여기서 하나님의 말씀에서 벗어나 그의 도우심을 거부하는 것이 얼마나 끔찍한 일인가 하는 점을 올바르게 깨닫지 않으면 안 된다.

6. 배도행위에 대한 하나님의 진노 (사 9:18-21)

우리는 이사야서 본문에 언급된 악행을 일반 윤리적인 관점에서 해석하거나 이해하려고 해서는 안 된다. 여기서 말하는 악행에는 여호와 하나님을 멸시하고 그를 의지하지 않는 악한 태도가 그 중심적인 개념에 자리잡고 있다. 물론 그와 같은 행위가 사람들이 일반적으로 생각하는 악행으로 나아가게 하는 역할을 한다.

배도자들의 행위는 마치 타오르는 불과 같아서 주변에 걷잡을 수 없을 만큼 강력한 영향력을 행사하게 된다. 그것은 찔레와 가시를 일순간에 집어 삼킬 뿐 아니라 빽빽한 숲 전체를 불살라 버린다. 그로 말미암아 연기가 하늘 위로 치솟듯이 온 땅이 연기로 자욱하게 된다. 그렇게 되면 세상에 남아나는 것이 아무 것도 없을 정도로 모든 것들이 철저히 파괴되어 버린다는 사실을 선지자가 말해주고 있다.

이처럼 배도에 빠진 이스라엘 백성들의 악행은 여호와 하나님의 무서운 진노를 불러일으키게 되어 저들의 온 땅이 불타도록 만들어 버린다. 그것은 마치 마른 풀섶이 일순간에 타버리듯이 속수무책束手無策으로 삽시간에 모든 것을 잃어버리게 된다. 그와 같은 처절한 상황은 백성들의 일상적인 삶에 직접적인 영향을 끼쳐 견디기 어려운 무서운 고통을 동반할 수밖에 없다.

이런 극한 상황에 이르게 되면 악에 북받쳐 이기심에 가득찬 인간들은 홀로 살아남기 위해 몸부림친다. 극심한 어려움에 처한 사람들은 이웃에 대하여 서로간 반목하게 되는 것이 비일비재非一非再하다. 저들은 더 이상 이웃은 물론 자기 형제라 할지라도 진심으로 사랑하거나 아끼지 않는다. 이에 대해서는 이사야와 같은 시대에 예언했던 미가 선지자가 당시의 안타까운 상황을 적나라하게 기술하고 있다.

> **"이와 같이 선인이 세상에서 끊쳤고 정직자가 인간에 없도다 무리가 다 피를 흘리려고 매복하며 각기 그물로 형제를 잡으려 하고 두 손으로 악을 부지런히 행하도다 그 군장과 재판자는 뇌물을 구하며 대인은 마음의 악한 사욕을 발하며 서로 연락을 취하니 그들의 가장 선한 자라도 가시 같고 가장 정직한 자라도 찔레 울타리보다 더하도다 그들의 파숫군들의 날 곧 그들의 형벌의 날이 임하였으니 이제는 그들이 요란하리로다 너희는 이웃을 믿지 말며 친구를 의지하지 말며 네 품에 누운 여인에게라도 네 입의 문을 지킬찌어다 아들이 아비를 멸시하며 딸이 어미를 대적하며 며느리가 시어미를 대적하리니 사람의 원수가 곧 자기의 집안 사람이리로다"**(미 7:2-6)

이 모든 안타까운 상황은 결국 언약의 왕국에 속한 백성들이 견디기 어려운 삶에 직면하게 된다는 사실을 말해준다. 인간들 사이의 모든 신뢰관계가 깨어지게 되는 것이 백성들에게 내려지는 가장 큰 심판이다. 나라의 질서를 유지하는 일에 앞장서야 할 지도자들이 부패하여 뇌물을 받기에 익숙할 뿐 아니라 이웃과 친형제도 믿을 수 없게 된다. 나아가 한 집에 살고 있는 가족들마저도 서로간 불신하며 대적하게 되는 상황에 이르게 된다.

이는 결국 극심한 굶주림과 더불어 발생하는 사회 혼란의 직접적인 반영이라 할 수 있다. 사람들은 자기 오른편에 있는 식물을 움켜잡아 먹는다해도 굶주림에서 빠져나오지 못하고, 왼편에 있는 것들을 집어 삼킨다고 해도 배고픈 상태를 벗어날 길이 없다. 그들은 극심한 기근에 빠져 심지어 각각 자기 팔에 붙은 살점을 뜯어 먹고자 할 만큼 심각한 고통에 처하게 된다. 모든 백성이 견디기 어려운 굶주림에 허덕이게 되는 것이다.

이와 같은 상황은 또한 동족상잔同族相殘을 불러일으키게 된다. 므낫세와 에브라임이 서로 물어뜯고 먹으려 하는 상황을 몰고 오게 되는 것이다. 또한 그들이 조만간 세력을 결집하여 형제 나라인 유다를 공격하는 일이 발생한다. 그곳에는 하나님의 거룩한 성전이 있으므로 함부로 공격해서는 안 될 지역임에도 불구하고, 저들은 감히 여호와 하나님께 직접 대항하는 배도의 길에 들어서게 된다.

그와 같은 끔찍한 일이 발생하게 된다는 것은 도저히 견딜 수 없는 막바지에 이르렀다는 사실을 말해준다. 그런 극한 상황에 다다르게 되지만 어리석은 배도자들은 여호와 하나님 앞에서 진정으로 회개하기를 거부한다. 그렇게 되면 하나님께서는 저들로부터 자신의 진노를 돌이키시지 않고 더욱 무서운 진노가 저들 위에 머물러 있도록 하신다. 성숙한 지도자들은 그에 대한 분명한 깨달음이 있어야 하며 일반 백성들은 그 말에 귀를 기울여 순종하는 자세를 가져야만 한다. 하지만 이스라엘 백성은 여호와 하나님의 뜻을 받아들이지 않고 배도의 길을 재촉하기를 멈추지 않았다.

제10장

하나님의 징계와 '남은 자'
(사 10:1-34)

1. 배도자들에 대한 경고 (사 10:1-4)

배도에 빠진 자들은 항상 개인적인 취향과 목적에 따라 모든 법령을 변조하기를 좋아한다. 그들은 변형된 잣대를 만들고 그것을 기준으로 삼아 나쁜 정당성을 주장하게 된다. 어리석은 자들은 그것이 마치 중요한 법적 근거가 되는 듯이 받아들인다. 순진한 백성들은 법 자체가 잘못된 것이란 판단을 하지 못하기 때문이다.

악한 지도자들은 백성들의 모든 심성을 꿰뚫고 있다. 그리하여 불의한 법령을 만들고 왜곡된 상황을 끼워 맞춰 기록으로 남김으로써 악한 목적으로 사용한다. 그것을 근거로 하여 저들의 입맛에 맞추어 모든 사건에 대한 재판을 하고 판결을 내리는 것이다.

그들은 기득권층의 편파적인 이익을 도모하기 위해 최대의 노력을 기울일 뿐 가난한 자들을 더욱 힘들게 만든다. 실상은 가난한 자들의 고통이 저들의 먹잇감을 위한 원천이 되고 있다. 악한 자들은 가난한 백성들의 권리를 박탈하고 힘없는 과부들의 재물을 갈취하기를 주저하지 않으며, 심지어는 고아들의 것을 약탈하기도 한다. 그들은 연약한 백성들의 주머니에 직접 손을 집어넣는 것이 아니라 법적인 제도를 악용하여 저들에게 돌아가야 할 것들을 공공연하게 빼앗아 가는 것이다.

이처럼 악한 제도를 만들고 그것을 이용하여 자기 배를 불리기에 급급한 지도자들을 향해 선지자 이사야는 저주를 선포했다. 하나님께서 저들을 반드시 징벌하실 것이며 그와 같은 무서운 환난 날이 조만간 이르게 된다는 것이었다. 그렇게 되면 불의한 방법을 동원하여 끌어모은 모든 재물은 심판의 대상이 될 따름이다. 악한 이기심에 가득찬 배도자들은 눈앞에 보이는 일시적인 것들에만 관심을 집중할 뿐 하나님의 뜻에 대해서는 무관심하다.

선지자 이사야는 그 추한 모습을 띤 배도자들에게 경고의 말씀을 전했다. 장차 무서운 하나님의 심판이 저들 위에 임하게 되면 어떻게 하겠느냐는 것이었다. 그때가 이르면 누구에게 도망칠 것이며 누구를 향해 도움을 구하겠느냐고 다그쳤다. 그들이 부당하게 획득하여 자랑거리로 삼고 있는 부귀영화富貴榮華를 어디에 두겠느냐고 경고했다. 이는 저들의 모든 재물이 일순간에 사라질 것이라는 사실을 말해주고 있다.

선지자는 그들이 시도해 온 이기적인 획책과는 달리 적군의 포로가 되어 병사들의 발밑에 밟혀죽거나 시체더미 아래 깔려 질식하게 될 것이라는 예언을 했다. 그런 상황 가운데서도 그들은 죄를 뉘우치거나 회개하지 않았다. 따라서 여호와 하나님께서는 진노를 풀지 않고 저들 위에 심판의 손을 계속 펴들고 계셨던 것이다.

2. 심판의 도구가 된 앗수르 (사 10:5-9)

하나님께서는 배도에 빠진 이스라엘 민족을 심판하기 위한 도구로 이방 왕국을 사용하셨다. 언약의 백성 주변에 위치해 있던 나라들 가운데는 그럴 경우가 많았다. 이사야 선지자 이전의 애굽이 그러했으며, 나중의 바벨론이 그러했다. 물론 그런 역할을 감당했던 나라들은 수도 없이 많이 있다.

여호와 하나님께서는 이사야 선지자 당시 앗수르 왕국을 배도자들에 대한 채찍으로 사용하시고자 했다. 하지만 징벌을 위한 하나님의 도구로 사용되었다고 해서 선한 나라로 인정받는 것이 아니었다. 또한 그 역할을 완성한 것으로써 모든 것이 끝나지 않았다. 하나님께서는 저들을 분노의 몽둥이로 사용하여 경건한 태도를 버린 언약의 백성들을 정복해 탈취하도록 함으로써 자신의 뜻을 드러내셨다.

하지만 이방의 나라들은 여호와 하나님께서 이루고자 하시는 거룩한 목적에 대하여 아무런 관심을 가지지 않았다. 그 족속들은 오로지 자신을 위한 정복욕에만 사로잡혀 있었다. 주변의 많은 나라들을 파괴하고 멸절시켜 군사적인 패권을 장악하고자 하는 마음만 저들에게 가득했던 것이다.

배도에 빠진 이스라엘에 대한 하나님의 징계 도구가 된 앗수르 왕국은, 오만하게도 저들의 지휘관들은 어디를 가든지 왕이 될 만한 능력과 힘을 갖추고 있다는 생각을 하고 있었다. 이는 그들을 속국의 통치자로 세우겠다는 의미를 지니고 있다. 그리고 갈로는 갈그미스처럼 망할 것이고 하맛도 아르밧처럼 망할 것이며 사마리아도 다메섹같이 패망할 것이라 했다. 이 말은 앗수르의 세력을 벗어날 만한 나라는 세상에 존재하지 않는다는 저들의 오만한 태도를 보여주고 있다.

당시 고대 근동의 세계정세를 살펴 볼 때 그것은 전혀 근거 없는 말이 아니었다. 하지만 앗수르는 그 가운데 하나님의 뜻이 존재하고 있다는 사실을 전혀 인식하지 못했다. 즉 하나님께서 자신의 목적을 이루기 위해 앗수르 왕국을 배도에 빠진 자들에 대한 심판의 도구로 사용하신다는 사실을 받아들이지 않았던 것이다. 그것은 하나님의 분노를 일으키게 되는 또 다른 원인이 되었다.

3. 배도자들에 대한 심판과 앗수르에 대항 경고 (사 10:10-14)

하나님께서는 배도에 빠진 이스라엘 왕국뿐 아니라 우상숭배자들의 이방 왕국도 심판하시겠다는 말씀을 하셨다. 언약의 자손으로서 배도자의 무리를 이룬 백성들뿐 아니라 여호와 하나님을 알지 못하는 행악자인 앗수르 왕국도 하나님의 심판의 대상이 된다.

여호와 하나님께서는 우상 숭배에 빠진 예루살렘과 사마리아라 할지라도 결코 그냥 두시지 않고 이방의 앗수르 왕국을 도구로 삼아 심판하려고 하셨다. 그는 자기가 세우신 언약의 왕국이 저지른 배도 행위마저도 가볍게 여기시지 않는 분이다. 하물며 우상을 가득히 만들어 두고 여호와 하나님을 향해 욕된 행위를 지속하는 이방인들을 그가 반드시 응징하시리라는 것은 지극히 당연한 일이었다.

하나님께서는 이제 앗수르 왕에게 경고하셨다. 배도에 빠진 시온산과 예루살렘에 대한 심판을 행하신 후 뒤이어 완악한 앗수르 왕을 징벌하겠다는 것이었다. 그는 안하무인眼下無人격인 태도를 지닌 자로서 하나님 앞에서도 교만하기 짝이 없는 행동을 보인 인물이었다. 열왕기서에는 그에 대한 분명한 기록이 나타나고 있다.

> **"아모스의 아들 이사야가 히스기야에게 기별하여 가로되 이스라엘 하나님 여호와의 말씀이 네가 앗수르 왕 산헤립 까닭에 내게 기도하는 것을 내가 들었노라 하셨나이다 여호와께서 앗수르 왕에게 대하여 이같이 말씀하시기를 처녀 딸 시온이 너를 멸시하며 너를 비웃었으며 딸 예루살렘이 너를 향하여 머리를 흔들었느니라 네가 누구를 꾸짖었으며 훼방하였느냐 누구를 향하여 소리를 높였으며 눈을 높이 떴느냐 이스라엘의 거룩한 자에게 그리하였도다"(왕하 19:20-22)**

이 말씀 가운데서 앗수르 왕이 저지른 핵심적인 악행은 여호와 하나님께 적극적으로 대항했다는 사실이다. 성경은, 그들이 감히 거룩한 하나님을 꾸짖고 훼방하며 목소리를 높이고 눈을 치떴다는 사실을 언급하고 있다. 그것은 결코 일어나서는 안 될 상황이었지만 그런 일이 발생하게 되었다.

당시 앗수르 왕은 자기의 힘과 지혜로 주변의 모든 나라들을 쳐서 이겼다며 기고만장氣高萬丈해 있었다. 자기는 총명한 자로서 모든 전력과 전략을 갖추어 열국의 국경을 무너뜨리고 하나의 대제국으로 병합했다는 것이다. 그는 여러 나라의 재물을 탈취하고 그 지역의 왕국들 가운데 유력하게 행세하며 통치하던 자들을 완전히 제압하여 자신의 수하에 두게 되었다고 생각했다.

앗수르 왕은 마치 새의 보금자리를 취하듯이 자기 손으로 여러 민족들의 재물을 빼앗았으며, 버려진 알을 줍듯이 스스로 온 세계를 얻었다고 말하기를 주저하지 않았다. 그럼에도 불구하고 주변의 패전국들은 보금자리를 상실당하고 알을 잃어버리고도 힘없는 새처럼 날개치지 못했으며 입을 열거나 놀라지도 못하더란 말을 했다. 그는 여호와 하나님께서 자기를 이스라엘에 대한 심판의 막대기로 사용하심으로써 그와 같은 승리를 거두게 된 사실을 전혀 인정하지 않았던 것이다.

이와 같은 더러운 악행은 오늘날 우리 시대에도 그대로 행하여지고 있다. 우상숭배자들과 배도자들은 감히 여호와 하나님을 꾸짖거나 훼방하는 행위를 예사로 생각한다. 나아가 하나님을 향해 큰소리치며 눈꼬리를 치켜세우는 일을 되풀이한다. 어리석은 자들은 그렇게 하면서도 자기가 마치 하나님을 잘 섬기는 듯이 착각하고 있는 것이 배도에 빠진 우리 시대의 현실이다.

4. '도구는 도구일 뿐' (사 10:15-19)

도구는 어디까지나 도구에 지나지 않는다. 도구가 사용자 행세를 할 수 없으며 그 목적물을 대신하지도 못한다. 그런데 하나님의 도구가 되어 일시적으로 사용된 앗수르 왕국은 사용자를 멸시했으며 목적물을 자기를 위한 것으로 여겼다. 따라서 하나님께서는 도끼가 어떻게 그것을 내려찍는 자에게 스스로 자랑하며 톱이 어떻게 켜는 자에게 스스로 큰 체하느냐며 강한 책망을 하셨다. 그것은 몽둥이가 자기를 손에 드는 자에게 움직이며 덤벼드는 것과 같은 형국이라는 것이었다.

그러므로 하나님께서는 분수를 모르는 앗수르 왕을 심판하시겠노라는 경고의 말씀을 주셨다. 만군의 여호와 하나님께서, 살이 쪄 기름기가 흐르던 자를 파리한 얼굴색이 되도록 만들 것이며 그가 누리는 호화스런 삶에 맹렬한 불을 붙여 완전히 태워버리겠다는 것이었다.

저들이 압제하고 탈취의 대상으로 여겼던 이스라엘의 빛이 맹렬하게 타오르는 불길이 되고 그의 거룩하신 하나님은 그 불꽃이 되시리라는 것이었다. 그렇게 되면 하루 사이에 앗수르의 가시와 찔레는 완전히 소멸당하게 된다. 그가 자랑으로 여기던 울창한 숲과 기름진 밭의 영광이 전부 소멸되는 형국이 마치 병자가 점점 쇠약해져 가는 것처럼 된다는 것이다.[16)]

그렇게 되면 그의 숲에는 타지 않고 남은 나무의 수가 얼마 되지 않는다. 거의 다 타버리고 남은 것은 지극히 적기 때문에 아이들이라 할지라도 그 남은 나무가 몇 그루인지 셀 수 있을 정도가 된다. 이는 교만이 극치에 다다른 앗수르 왕과 그의 나라는 다시 회복되는 것이 불가능할 만큼 처참

---

16) 이사야서 10:18,19에 기록된 예언의 내용은, 나중 니느웨가 멸망했던 BC 612년과 갈그미스 전투가 있었던 BC 605년 사이에 모두 성취되었다. 바벨론의 세력이 점차 커지게 되자 애굽의 바로왕 느고가 앗수르 왕 앗수르발라크 2세와 동맹을 맺고 바벨론에 대해 공동전선을 펴고자 했다. 그리하여 북쪽으로 진군하는 도중 앗수르에 강한 거부감을 가지고 있던 유다 왕 요시아가 애굽 군대의 진로를 가로 막았다. 그로 인해 BC 609년 므깃도 전쟁이 벌어지게 되었다. 그 결과 요시아 왕이 전사하게 되어 유다 왕국이 패배했다. 그리하여 앗수르와 애굽 연합군이 일시적인 승리를 거두었지만, BC 605년 바벨론의 느부갓네살이 갈그미스를 향해 총공격을 감행함으로써 그 전투에서 앗수르는 완전히 패망하게 되었다(왕하 23:31-34; 렘 46:2-12, 참조).

하게 멸망당하게 되리라는 사실을 시사해주고 있다.

5. '남은 자' (사 10:20-23)

하나님은 자신의 약속에 신실한 분이시다. 언약의 백성들이 배도에 빠져 자기를 버린다할지라도 하나님께서는 여전히 창세전에 택하신 자기 자녀들에 대한 사랑을 포기하시지 않는다. 이는 이스라엘 백성들을 위한 것이기에 앞서 하나님 자신의 언약을 지키고자 하는 그의 신실한 성품에 기인한다.

하나님께서는 앗수르 왕국의 군대를 이끌고 와서 이스라엘 백성들을 징벌하시지만 저들의 씨를 완전히 말려버리시지는 않는다. 이스라엘의 남은 자와 야곱의 족속 가운데 피신한 자들은 이제 저들을 공격한 강대국을 의지하는 일이 없게 된다. 그들은 이제 저들을 구원으로 인도하시는 여호와 하나님을 진실로 의지하게 될 것이기 때문이다. 이사야는 그렇게 하여 야곱의 남은 자들이 장차 전능하신 하나님께로 돌아오리라는 예언을 했다.

그렇다고 해서 선지자는 모든 이스라엘 백성이 하나님의 은혜의 대상이 된다고 말하지는 않았다. 그들이 비록 바다의 모래알 같이 많은 숫자라 할지라도 그 남은 자만 돌아오게 된다. 전체적으로는 이미 하나님의 공의에 따라 심판을 받을 것이 작정되어 있었기 때문이다.

심판을 작정하신 하나님의 분노는 온 세상에 미치게 된다. 배도에 빠진 이스라엘 민족뿐 아니라 주변의 이방 나라들도 그 무서운 심판을 피할 길이 없다. 나아가 이 세상에서 살아가는 인간들 가운데 하나님의 심판의 손길이 미치지 않는 자들은 존재하지 않는다. 이 말은 하나님의 궁극적인 심판과 그와 더불어 임하게 되는 영원한 구원의 은혜와 직접 연관되어 있음을 시사해 준다.

6. 앗수르 왕국에 대한 심판 예고 (사 10:24-27)

하나님의 궁극적인 관심은 항상 언약의 백성들에게 있었다. 이사야 선지자는 저들을 향해 하나님께서 주시는 위로의 말씀을 전하며 예언했다. 시온 곧 예루살렘에 거하는 하나님의 백성들에게, 애굽이 과거에 그랬듯이 앗수르가 이스라엘 자손을 때리며 몽둥이로 칠지라도 저를 두려워하지 말라는 것이었다.

이는 하나님께서 지금은 앗수르 왕국의 군대를 불러들여 언약의 자손들의 배도행위를 징계하시겠지만 조만간 그 분노를 그치시고 그대신 이방 왕국을 향해 진노하여 저들을 멸망시키시리라는 뜻이었다. 만군의 여호와 하나님께서 채찍을 들어 이방의 통치자를 치시되 그전에 오렙 바위에서 미디안을 쳐 죽이신 것(삿 7:25) 같이 하실 것이며, 막대기를 들어 바다에서 애굽을 벌하신 것(출 14:16) 처럼 하시리라는 것이었다.

미디안 군대나 애굽은 언약의 백성들을 중심으로 한 주변 역사 가운데서 하나님의 도구 역할을 했었다. 그러나 그들은 하나님께서 의도하시는 바에 대해서는 아무런 관심을 두지 않았다. 저들은 오히려 언약의 자손들을 괴롭히면서 자신의 욕망을 채우기에 급급했다. 따라서 하나님께서 이스라엘 백성들을 심판하셨듯이 앗수르 왕국에게도 그 무서운 심판의 날이 임하게 된다는 것이었다.

그 날이 이르게 되면 이스라엘의 무거운 짐은 저들의 어깨에서 내려져 가볍게 된다. 그리고 그의 목덜미를 죄고 있던 멍에가 목 부위에서부터 벗어져 산산이 부서뜨려지게 된다. 그렇게 하여 배도에 빠졌던 언약의 자손들이 돌이켜 여호와 하나님을 바라보며 그가 베푸신 놀라운 은혜에 감격하게 되는 것이다.

7. 여호와 하나님의 위력 (사 10:28-34)

하나님께서는 또한 언약의 자손들에게 장차 임하게 될 사건들에 대한 말씀을 주셨다. 그 예언은 앗수르 왕이 아얏에 이르러 미그론을 지나 믹마스에 그의 장비 가운데 일부를 두게 되리라는 사실에 연관되어 있었다.[17] 이스라엘 지경 가까이 접근한 그 왕은 게바(Geba)에서 유숙하게 되리라고 했다. 라마 사람들이 그 소문을 듣게 되면 심한 두려움에 떨 것이며 사울의 고향인 기브아(Gibeah) 사람들은 멀리 도망치기에 바쁘게 된다.

그러므로 선지자 이사야가 백성들을 향해 큰 소리로 외쳤다. "갈림의 딸들아 소리 지르라. 라이스 사람들아 귀를 기울이라. 아나돗 사람들아 대답하라. 맛메나는 피난하며 게빔 주민은 도망하도다." 이는 이방 왕국의 군대에 의해 혼비백산魂飛魄散하게 될 이스라엘 민족을 향해 경고와 더불어 책망하듯 외치는 선지자의 애틋한 목소리였다.

그날 이방의 원수들은 놉 지역에서 진을 치고 시온산 곧 예루살렘 성전을 향해 위압적인 태도로 주먹을 흔들게 될 것이다. 그렇게 된다 할지라도 배도에 빠진 이스라엘 백성이 스스로 할 수 있는 일은 아무 것도 없다. 그들 스스로는 이방 왕국의 공격 대상이 되어 모든 것을 상실당할 위기에 처하게 될 따름이었다.

하지만 저들을 위기의 상황으로부터 구원할 자는 오직 여호와 하나님 한 분밖에 계시지 않는다. 그런 가운데 선지자 이사야는 저들에게 소망을 주는 예언을 전했다. 만군의 하나님 여호와께서 무서운 위력으로 이방인들의 무성한 가지를 꺾으시리라는 것이었다.

그렇게 되면 큰 나무들이 찍혀 쓰러지듯이 교만에 찬 이방인들의 모든

---

17) 이 말씀은 장차 앗수르의 산헤립 왕이 지휘하는 군대의 팔레스틴 원정에 연관된 사실의 전모를 언약 백성들에게 예언적으로 제시하고 있다(J. Calvin, 이사야서 주석, 참조).

대군이 맥없이 쓰러지게 될 것이다. 이처럼 삼림의 나무를 쇠도끼로 찍어 내듯이 전능하신 하나님께서 레바논의 울창한 숲과 같은 저들을 완전히 찍어내 버리시게 된다. 이에 연관된 이사야의 예언은 단순히 과거에 있었던 말씀에 그치는 것이 아니라 오늘날 우리에게도 당시와 동일한 하나님으로 인한 커다란 위로가 되고 있다.

제11장

다윗 왕조로부터 나게 되는 '한 싹'

(사 11:1-16)

1. 다윗 왕조의 초기 배경

일반적인 관점에서 본다면 다윗 왕조는 불과 두 세대를 넘기지 못하고 심각한 위기에 빠졌다. 사실 다윗 왕조는 개국 초기부터 그다지 평탄치 못했다. 다윗은 왕위에 올랐음에도 불구하고 예루살렘 성전 건립을 하지 못했기 때문에 신앙적인 입장에서는 다윗 시대의 이스라엘은 불완전한 왕국을 구성하고 있었다.

그리고 정치 종교적인 측면에서는 그렇다치고 다윗 왕의 가정은 혼란스럽기 그지없었다. 우선 다윗 자신이 왕권을 이용해 충신 우리야의 아내를 가로채기 위해 상식적인 인간으로서는 결코 상상조차 할 수 없는 악행을 저질렀다. 전쟁터에서 싸우던 신하를 부당한 권력을 이용해 잔인하게 죽이고 그 아내를 취했던 것이다.

뿐만 아니라 다윗 왕은 신앙의 도리를 벗어나 여러 여성들을 첩으로 두었다. 많은 첩들이 낳은 다른 자식들이 서로간 시기하고 다투는 일은 비일

비재非一非再했다. 결국 배다른 남매 사이에 강간 사건이 발생하고 그로 말미암아 형제들 사이에 살인사건이 일어나기도 했다. 또한 왕위를 탐낸 자식 가운데 하나는 아버지 다윗을 죽이기 위해 끝까지 추적하는 행위도 서슴지 않았다. 이만하면 다윗 왕의 나라는 처음부터 온전한 나라라고 말하기 어렵다.

다윗의 왕위를 계승한 솔로몬 왕의 통치 시대 역시 그에 못지않게 위태로웠다. 그는 여호와 하나님을 멀리하고 주변의 강대국들과 맺는 외교관계를 중시했다. 이는 솔로몬 왕이 여호와 하나님을 전적으로 의지하기를 거부했다는 사실을 말해주고 있다. 나아가 예루살렘 성전 건립 이외에 지나친 건축 사업을 추진하면서 백성들에게 과도한 세금을 부과함으로써 민심이반民心離反 현상이 일어났다.

이와 같은 정치적 위기 상황은 결국 이스라엘 민족을 남북의 두 왕국으로 분열시키는 결과를 가져왔다. 솔로몬 왕 다음 세대에 그 일이 발생했던 것이다. 그렇게 되었음에도 불구하고 대다수 정치 지도자들은 하나님의 뜻에 관심을 두지 않고 배도에 빠져 여호와 하나님을 의지하기를 거부했다. 이로 말미암아 하나님께서는 진리를 버린 악한 이스라엘 왕국을 심판하고자 하셨던 것이다.

2. 패망한 왕조에서 '한 싹' 이 남 (사 11:1)

선지자 이사야가 활동하던 당시에는 남북 이스라엘 왕국이 마치 멸망을 앞둔 듯 암울한 형편에 처하게 되었다. 주변의 강대국을 비롯한 크고 작은 종족들로부터의 공격 위협을 받았으며 국제적으로 불안한 정국이 지속되었기 때문이다. 나아가 하나님께서는 이스라엘 백성이 무서운 심판을 면치 못하리라는 사실을 선지자들을 통해 예언하셨다. 당시 주변의 정국을 보면 저들에게 아무런 소망이 없어보였다.

그런 국제 정치적인 환경 가운데서 하나님께서는 저들 가운데 메시아가 임하시게 되리라는 사실을 예언하셨다. 이새의 줄기에서 한 싹이 나며 그 뿌리에서 한 가지가 나서 결실하게 된다는 것이었다. 이는 이새의 아들인 다윗으로부터 시작된 왕의 혈통은 외형상 잘려진 나무둥치처럼 끊어진 듯이 보이겠지만 그 줄기에서 새 순이 돋고 뿌리에서 새 가지가 나오듯이 다윗의 자손 가운데 한 새로운 왕이 일어나게 되리라는 예언이었다.[18)]

당시 좌절의 위기에 빠진 언약의 자손들에게 이 예언의 말씀은 커다란 위로가 되었을 것이 틀림없다. 특히 기득권층으로부터 정신적인 면에서는 물론 경제적인 착취를 당하고 심한 고난을 받아야 했던 신실한 성도들에게는 그것을 통해 메시아에 대한 소망이 더욱 확실해졌을 것이었기 때문이다. 여호와 하나님께서는 저들에게 소망을 주시기 위해 선지자 이사야를 통해 그 특별한 말씀을 주셨던 것이다.

3. 성령과 공의로운 판단 (사 11:2-5)

이새의 줄기에서 나는 한 싹 즉 다윗의 자손 가운데 태어나시게 되는 그 왕에게 지혜와 총명의 영이자 모략과 재능의 영이 임하시며, 참된 지식과 여호와를 경외하는 영이 강림하시게 된다. 이 예언은 이땅에 오시게 될 메시아의 하나님의 아들로서 존재에 관련된 말씀으로 이해해야 한다. 다시 말하자면 자연인인 한 인간에게 성령께서 임하시는 현상이 발생하는 것이 아니라 인간의 몸을 입은 그 왕이 성령 하나님의 사역을 통해 이 세상에 드러나게 되신다는 것이다.

하나님의 아들로서 메시아가 되시는 그 왕은 오직 여호와 하나님을 경외함으로 즐거움을 삼는 분이시다. 이는 그의 기쁨과 즐거움은 타락한

18) 이 모든 예언은 예수 그리스도의 지상 강림과 구속사역을 통해 완벽하게 성취되었다; 마태복음 1장 참조.

이 세상에 존재하지 않는다는 사실을 말해주고 있다. 또한 완벽한 인간의 몸을 입은 그는 성부 하나님을 떠난 상태에서 별도로 존재하지 않는다는 점을 드러내 보여주고 있다. 창세전에 택하신 자기 자녀들을 구원하시기 위해 이땅에 오신 그는 삼위일체 하나님의 한 위격을 지닌 분이시기 때문이다.

그 메시아는 모든 인간들을 선악간 판단하시는 심판주가 되신다. 하지만 그는 사람들의 일반적인 눈과 귀로 보고 들을 수 있는 외형을 기준으로 삼아 심판하시지 않는다. 사람들이 이 세상에서 얼마나 성공적인 삶을 살았느냐 하는 것은 하나님 앞에서 하등의 의미를 지니지 않는 것이다. 또한 세상에서 어렵고 힘들게 살면서 남의 인정을 받지 못했다고 할지라도 그것은 심판의 기준이 되지 않는다. 이는 하나님의 심판은 이 세상에서 시행되는 심판 기준과는 판이하게 다르기 때문이다.

장차 오시게 될 메시아는 가난한 자들을 위해 정당한 심판을 행하시며 세상에서 억눌려 살아가는 사람들의 억울한 문제를 해결하기 위해 올바른 심판을 하시게 된다. 그가 판결하는 모든 말씀은 몽둥이와 채찍이 되어 무자비한 자들을 징벌하실 것이며 그가 내리는 선고는 사악한 자를 사형에 처하게 된다. 또한 그분은 공의로 띠를 삼아 허리를 동여매실 것이며 성실을 그의 몸을 위한 띠로 삼으신다.

이 모든 예언의 말씀들은 하나님께서는 반드시 이 세상을 심판하신다는 사실과 그것을 위해 인간의 몸을 입은 메시아가 다윗의 자손으로 오신다는 의미를 지니고 있다. 우리가 여기서 기억해야 할 바는 여호와 하나님을 경외하는 것이 모든 즐거움과 공의의 기초가 된다는 사실이다. 그래야만 그로 말미암아 시행되는 심판을 감사하게 받아들일 수 있다. 그 모든 것들은 하나님께서 자기 자녀들을 구원하시는 특별한 과정이 되기 때문이다.

4. 원상의 세계에 대한 회복 (사 11:6-9)

메시아를 통해 세워지는 나라가 완성되면 모든 것이 변하게 된다. 그로 말미암아 인간들이 지금껏 경험하던 것과는 전혀 다른 새로운 상황이 전개될 수밖에 없다. 이 세상에서 살아가는 사나운 짐승들의 성품까지 변하게 되리라는 예언에 대하여는 타락한 인간들 스스로는 도저히 상상할 수 없는 영역이다.

우리가 여기서 기억해야 할 바는 성경 본문에 소개된 여러 동물들이 원래부터 무섭고 두려운 존재였던 것은 아니라는 사실이다. 맨 처음 창조되었을 때 동물들은 지금과 같이 사납지 않았다. 인간들이 범죄하기 전 에덴동산 시기에는 모든 동물들이 온순한 속성과 아름다운 모습을 지니고 있었다. 그 동물들은 인간의 타락과 더불어 지금처럼 전혀 다른 습성을 지닌 모습으로 변해버린 것이다.

다시 말하자면 인간이 범죄한 후 그와 더불어 땅 위에서 움직이며 활동하던 동물들도 근본적으로 변하게 되었다. 우리는 다양한 동물들의 품성이 악하고 사납게 변한 것을 보며 인간들도 그와 유사하게 변했을 것이란 사실을 짐작해 알 수 있다. 이는 세상에 살아가며 경험하는 동물들이나 인간들의 사악한 품성이 원래의 모습이 아니었다는 사실을 알게 해준다.

선지자 이사야는 장차 모든 동물들이 인간이 타락하기 전의 원래 모습으로 회복되리라는 사실을 언급하고 있다. 현재와 같이 동물들이 서로 물어뜯고 죽이는 상황이 영원토록 되풀이 되지는 않는다는 것이었다. 사납고 무서운 습성을 지닌 동물들이 온순하고 아름다운 모습으로 바뀌는 것은 단순한 상태변화가 아니다.

우리는 사나운 동물들의 세계를 지켜보면서 하나님의 창조 질서가 흐트러진 상황을 올바르게 직시할 수 있어야 한다. 사탄의 유혹으로 인해 인간이 타락하게 되고, 그와 더불어 인간뿐 아니라 동물들이 이기적인 사나운 성격으로 변하게 되었기 때문이다. 하나님께서는 선지자를 통해 장차 메시아가 오심으로써 이 모든 것들이 원래의 상태대로 회복된다는 사실을 예언하셨다.

또한 선지자 이사야는 앞으로 임하게 될 메시아 사역과 더불어 도래하게 될 상황을 구체적으로 설명하고 있다. 그때는 사나운 이리가 어린 양과 함께 거하게 되며 무서운 표범이 어린 염소와 함께 누우며 송아지와 어린 사자와 살찐 짐승이 함께 있어서 어린아이가 그 동물들을 돌보게 된다는 것이었다. 또한 암소와 사나운 곰이 함께 먹으며 그것들의 새끼가 함께 엎드리고 무서운 사자가 소처럼 풀을 먹을 것이며 젖 먹는 아기가 독사의 구멍에서 장난하며 젖 뗀 어린아이가 독사의 굴에 손을 넣을 것이라는 언급을 했다.

이는 이리, 표범, 사자, 곰, 독사와 같은 무서운 동물들에게서 그 사나운 성품이 없어지게 된다는 사실을 말해준다. 나아가 그런 동물들을 두려워하던 힘없는 동물들에게서도 그 공포가 완전히 사라진다. 모든 동물들은 더 이상 젖 먹는 아기와 이제 막 젖 뗀 어린아이들에게 위험한 존재가 아니라 함께 뛰노는 존재로 바뀌게 되는 것이다. 이 모든 상황은 첫 번째 아담으로 말미암아 파괴되어 망가뜨려진 세상이 장차 오실 두 번째 아담인 메시아의 사역을 통해 완전히 회복되리라는 사실을 예언하고 있는 것이다.

5. 세상에 충만한 '여호와를 아는 지식' (사 11:9)

배도에 빠진 시대는 인간들이 여호와 하나님에 대한 관심을 가지지 않는 특성을 지닌다. 과거의 인간 역사 가운데 나타났던 현상들은 항상 그와 동일했다. 노아홍수 이전의 사람들이 그러했으며, 바벨탑 사건이 일어날 때도 그러했다. 뿐만 아니라 그후에도 그와 같은 상황은 인간사회 전반에 걸쳐 일어나고 있던 문제였다.

이사야 선지자가 예언할 당시에도 그와 같은 형편이었다. 하나님의 언약의 백성이라 일컬어지는 이스라엘 민족 가운데는 그와 같은 일들이 항상 되풀이 되었다. 그들은 여호와 하나님에 대해서는 아무런 관심을 두지 않았다. 그 사람들은 자신의 욕망을 채우기 위해 하나님을 이용하려는 마음은 가지고 있었지만 하나님의 섭리와 계획에 대해서는 주의를 기울이지 않았던 것이다.

그러므로 배도에 빠진 백성들이 입술로는 하나님의 이름을 불렀지만 그것은 종교적인 형식에 지나지 않았다. 그것은 도리어 하나님을 욕되게 하는 것과 마찬가지였다. 선지자 이사야와 동시대에 하나님의 말씀을 예언했던 호세아는 당시 백성들에게 '하나님을 아는 지식' 이 없다는 사실을 지적하고 있다.

> **" 이스라엘 자손들아 여호와의 말씀을 들으라 여호와께서 이 땅 주민과 논쟁하시나니 이 땅에는 진실도 없고 인애도 없고 하나님을 아는 지식도 없고 오직 저주와 속임과 살인과 도둑질과 간음뿐이요 포악하여 피가 피를 뒤이음이라"**
> (호 4:1,2)

이처럼 당시에는 언약의 백성이라 자부심을 가지고 살아가던 자들이 실제로는 배도에 빠져 있었다. 그들 가운데는 아무런 진실도 없고 인애도 없었으며 단지 이기적인 욕망만 가득했을 따름이다. 저들에게는 종교적인 관념이 가득했을 뿐 여호와 하나님을 아는 참된 지식이 없었다. 그러다보니 저들 가운데는 저주와 속임과 살인과 도둑질과 간음이 성행했으며 인간들은 사악하게 되어 사람의 생명을 해치는 것을 예사로 생각했다. 하나님께서는 그와 같은 악한 삶에 젖어있는 자들에게 책임을 물으며 강하게 질책하셨다.

선지자 이사야는 아무런 소망이 없어 보이는 그 백성들에게 천상으로부터 허락된 소망의 메시지를 전했다. 앞으로 때가 이르면 하나님의 거룩한 산과 언약의 영역 안에서는 어디를 가나 서로간 해치거나 죽이는 일이 없게 되리라는 것이었다. 장차 그런 때가 도래하는 것은 마치 물이 깊은 바다를 뒤덮고 있는 것처럼 여호와 하나님을 아는 지식이 온 세상에 충만하게 될 것었이기 때문이다. 그 지식은 일반적인 것이 아니라 만물을 회복하시고자 하는 하나님의 궁극적인 뜻에 연관되어 있었다.

여호와 하나님과 그의 뜻을 아는 지식이 약화된 것은 오늘날 우리 시대에도 그대로 나타나고 있는 현상이다. 기독교인이라 주장하며 지상 교회에 출입하는 배도자들은 저들의 종교적인 표현과 달리 개인적인 욕망과 목적을 달성하기 위해 여호와 하나님을 이용하려고 할 뿐 그의 거룩한 뜻을 알고자 하는 마음은 전혀 없다. 그러다 보니 자기의 욕망을 추구하는 일에 매진하면서 온갖 악행을 다 저지르게 된다.

이제 말세를 살아가는 성도들에게 남은 유일한 소망은 성경의 약속에 따른 주님의 재림에 있다. 그것을 진정으로 기다리는 자들은 말씀을 통해 계시된 하나님을 아는 지식이 인생을 위한 최선의 방편이 된다는 사실을 잘 알고 있다. 성숙한 성도들은 세상을 향한 말씀의 선포에 따라 인간들이 하나님의 구원과 심판에 대하여 진정한 관심을 가지게 될 때가 속히 이르기를 소망하게 된다.

6. '만민의 기호' 로 서게 되는 이새의 뿌리에서 난 '한 싹' (사 11:10)

여호와 하나님께서는 이새의 아들 다윗 왕의 족보를 통해 이땅에 메시아를 보내시고자 했다. 아브라함에게 주어진 약속에 따라 이땅에 언약의 왕국이 세워지고 그가 언약의 나라의 왕으로 앉으시게 된다. 이는 장차 도래하게 될 메시아와 그의 새로운 왕국에 직접 연관되어 있다.

장차 언약의 백성들 가운데 그 놀라운 사건이 발생할 날은 이미 예언되어 있었다. 그 날이 이르게 되면 이새의 뿌리 곧 그의 아들 다윗의 자손 가운데 한 싹이 나게 된다. 그 싹은 영원히 유지되는 참 생명을 배태하는 근원적인 역할을 한다.

나중 그 싹은 만민의 기호(signal)로서 세상 가운데 우뚝 서게 된다. 그렇게 되면 이 세상의 모든 인간들이 여호와 하나님께서 제공하신 그 기호를 보고 이미 성취된 일과 장차 일어나게 될 사실에 대해서 알 수 있다. 그것은 이 세상에서 이루어지게 될 구속 사건에 대한 중요한 메시지를 주게 되는 것이다.

그런 일이 발생하게 되면 세상에 살아가는 모든 인간들이 그를 바라볼 수밖에 없다. 때가 이르면 모두가 그 앞에 서야 할 때가 온다. 하나님의 남은 백성들은 당연히 그의 앞으로 나아가게 된다. 나아가 언약의 자손들뿐 아니라 세상에 흩어진 이방의 나라들 가운데서 그에게로 돌아오는 자들이 많아진다. 그와 같은 과정을 거치면서 여호와 하나님께서 계시는 영역이 거룩하게 되는 것이다.

하지만 여호와 하나님과 무관한 자들은 이기적인 욕망에 빠져 있어 그에게로 나아오기를 거부한다. 결국 그들 역시 만왕의 왕이신 하나님 앞에 설 수밖에 없겠지만 저들은 무서운 심판을 받고 돌이킬 수 없는 멸망에 빠지게 된다. 우리가 여기서 반드시 기억해야 할 바는 인간의 몸을 입고 이 세상에 오신 그 메시아가 모든 백성들 앞에서 '만민의 기호'로 우뚝 세워지게 된다는 사실이다.

7. 선택하신 자녀들을 모으시는 여호와 하나님 (사 11:11,12)

하나님께서는 경륜 가운데 예비하신 그 날이 가까이 이르게 되면 온 세상에 흩어진 자기 백성들을 기억하시게 된다. 그 날에는 그 남은 백성들을 본토로 돌아오도록 하신다. 그들은 이방 지역인 앗수르와 애굽과 바드로스와 구스와 엘람과 시날과 하맛과 바다 섬들에 흩어져 있는 자들이다.

이 백성들은 언약의 자손들 가운데 있다가 여러 지역으로 흩어져 살아가던 자들을 가리키는 것으로 이해해야 한다. 그들 가운데는 배도자들에 의해 쫓겨난 사람들도 있을 것이며, 배도자들을 심판하시는 여호와 하나님의 채찍에 의해 멀리 이방 지역으로 피신하게 된 자들도 있을 것이다.

남은 자들은 하나님께서 이새의 줄기 곧 다윗의 자손 가운데 메시아를 세우심으로써 허락하신 특별한 '기호' 를 보고 약속의 땅 본토로 돌아오게 된다. 아직 메시아가 인간의 몸을 입고 이 세상에 출현하시기 전에도 하나님께서는 '거룩한 성전' 을 통해 '그 기호' 를 삼으셨다. 그러므로 하나님께서 이스라엘 지경으로부터 멀리 쫓겨나게 된 자들을 땅 사방에서 모으시고 유다의 이산한 자들을 한 곳으로 모으시게 된다.

이 모든 일들은 여호와 하나님께서 친히 행하시는 사역이다. 그리고 구약시대에 전개되는 이와 같은 사건은 장차 오시게 될 메시아를 예비하기 위한 기초적인 역할을 하게 된다. 즉 하나님의 새 언약을 이루기 위해 이 모든 일을 진행시키시는 것이다.

8. 승리의 왕국의 도래 (사 11:13-16)

여호와 하나님께서는 언약의 자손들에게 장차 이땅에 승리의 왕국이 도래하게 되리라는 사실을 예언하셨다. 그때가 이르면 이스라엘 왕국에 속한 에브라임이 유다에 대한 투기를 그만두게 되고 유다 왕국을 괴롭히는 자들도 사라지게 된다. 또한 유다는 더 이상 에브라임을 괴롭히지 않는다.

또한 그 백성들은 이스라엘의 서쪽 지경을 차지하고 있는 블레셋 사람들을 정복하고 동방 지역에 자리잡은 이방 족속들 위에 군림하게 된다. 또한 이스라엘 민족을 괴롭히던 에돔과 모압과 암몬 자손을 자기에게 복종시키게 된다. 이는 여호와 하나님께서 조성하신 언약의 자손들의 역할이 되살아나게 됨을 의미하고 있다.

이 모든 일들은 하나님의 놀라운 계획과 경륜 가운데서 드러나게 된다. 여호와 하나님께서는 장차 애굽의 홍해 만(gulf)에 찬 바닷물을 말려 버리시게 될 것이다. 그리고 그의 놀라운 권능의 손을 펼쳐 유프라테스 강 위에 흔들면 뜨거운 바람이 일어나 그 하수가 일곱 줄기로 나누어지게 된다.

그렇게 되면 하나님의 남은 백성들이 신을 벗지 않은 채 그대로 그 강을 건너게 된다. 이는 이방 지역에 사로잡혀 갔다가 그곳에 남은 백성들을 불러오시기 위한 구원의 방편이 된다. 그리하여 앗수르로부터 돌아오는 대로大路가 생겨남으로써 과거 이스라엘 민족이 바닥이 마른 홍해바다를 건너 애굽 땅에서 나오던 날처럼 되는 것이다.

제12장

하나님의 구원과 감사 찬송

(사 12:1-6)

1. 하나님의 분노와 용서 (사 12:1)

타락한 아담의 후손인 모든 인간은 무서운 죄에 갇히게 되었다. 거룩하신 하나님은 본성적으로 죄에 대하여 분노하시는 분이다. 이는 단순한 분노의 차원이 아니라 하나님 앞에서는 어떤 죄라 할지라도 결코 용납될 수 없다는 사실을 말해준다. 즉 하나님께서는 인간이 소유한 원래의 죄된 상태 그대로는 절대로 용납하시지 않는다.

그러므로 더럽고 악한 죄의 속성과 전혀 무관한 거룩하신 하나님은 반드시 그 죄와 죄인들을 징벌하시고야 만다. 하나님의 자녀들이 죄의 본질로부터 완전히 돌아서야 하는 이유가 바로 거기 있다. 하나님의 은혜로 말미암아 그 죄를 뉘우치고 돌이키지 않는 한 영원한 징벌을 피할 길이 없는 것이다.

죄에 빠진 인간들이 영원한 형벌을 받게 되는 근거는 하나님의 거룩한 속성에 직접 연관되어 있다. 즉 하나님에 대한 인간들의 형식적인 태도 여부에 그것이 달려 있지 않다. 다시 말해 인간들이 자기의 자세를 겸손하게 낮추면 그것 자체로 인해 하나님께서 저들을 용서해 주시는 것이 아니다.

하나님의 거룩한 속성은 아무리 작은 죄에 연관된 흠이라 할지라도 그냥 넘어가시지 않는다. 하나님의 거룩한 성품과 인간의 타락한 성품은 결단코 서로 만날 수 없다. 양자 사이에는 어떤 접촉점도 존재하지 않기 때문이다. 하나님께서 죄인들에 대하여 분노하고 이스라엘 백성에게 진노하신 것 역시 그와 직접 연관되어 있다.

타락한 인간들이 본성상 하나님을 멀리하고 감히 그에게 저항하는 태도를 보이는 것은 저들 가운데 존재하는 죄가 그 원인이 된다. 따라서 우리가 분명히 깨달아야 할 바는 인간들 가운데 존재하는 죄와 '하나님의 진노'에 대한 명확한 인식이다. 그것이 인간들에게 허락된 복의 기초가 된다.

그에 대한 사실을 올바르게 깨닫게 되면 죄에 물든 자신의 악하고 추한 모습을 되돌아볼 수밖에 없다. 그 결과 인간들은 하나님 앞에서 두려운 마음을 가지게 된다. 논리적으로 볼 때 그로 인해 거룩하신 하나님과 메시아를 통한 도움을 갈구하게 된다. 그것이 하나님의 은혜로 인한 회개를 동반하며 주님께로 돌아서게 되고, 그것을 통해 하나님의 무서운 진노가 멈추어 자기 백성들을 용서하시게 되는 것이다.

이사야 선지자는 하나님의 말씀을 예언하던 당시 이스라엘 민족에 대한 대표성을 지니고 있었던 것으로 이해할 수 있다. 하나님의 말씀을 계시 받은 선지자는 전체 백성의 대표자적인 지위에서 반응하게 되었던 것이다. 선지자는 배도에 빠진 이스라엘 백성들의 머리 위에 존재하던 무서운 진노가 하나님의 구속사역과 저들의 뉘우침을 통해 멈추리라는 사실을 알게 되었다. 따라서 그로 인해 자기가 먼저 진정한 위로를 받게 된 사실을 언급하고 있다.

메시아 강림에 연관된 그와 같은 해방의 상황은 자연스럽게 하나님에 대한 감사와 찬송으로 연결된다. 하나님께서 예언을 통해 어려움에 빠진 백성들에게 장차 임하게 될 위로와 감사의 시대를 알려 주셨기 때문이다. 선지자는 그것을 언급하면서 그로 말미암아 하나님의 놀라운 계획과 은혜를 깨달아야 한다는 사실을 내비치고 있다. 이는 비록 선지자뿐 아니라 모든 언약의 자손들이 귀담아 들음으로써 마음속 깊이 새겨두어야 할 예언의 말씀이었다.

2. '구원의 하나님' (사 12:2)

선지자는 '여호와 하나님이 구원' 이라는 신령한 정의定義와 더불어 그로 말미암아 허락된 은총을 고백적으로 노래하며 선언하고 있다. 이는 시편에 나타나는 중요한 주제이기도 하다(시 118:14, 참조). 이사야 선지자의 이 고백 가운데는 그가 현재 매우 어려운 위기에 봉착해 있음이 시사되고 있다. 다시 말해 만일 지금 그에게 아무런 환난과 고통이 없고 모든 것이 안전하고 평화로운 상태라면 그와 같은 노래를 부르지 않았을 것이다.

그러므로 그는 오직 자신의 구원이 되시는 주님 한 분만을 의지한다는 사실에 대하여 강조하며 언급하고 있다. 이는 여호와 하나님이 유일한 구원의 방편이 되심을 의미한다. 그러나 욕망에 눈이 먼 인간들은 그것을 전혀 깨닫지 못했다.

오늘날 우리 시대 역시 그와 다르지 않다. 과거의 백성들 가운데는 여호와 하나님이 아니라 자신을 의지하며 살아가는 경우가 태반이었다. 이는 이방 종족들이 아니라 언약의 민족이라 일컬어지는 자들에게 더욱 가까이 연관되어 있다. 이사야가 예언하던 배도의 시대에는 그런 상황이 더욱 심각했던 것을 보게 된다.

어리석은 인간들은 항상 자기 자신의 능력을 의지하거나 주변의 가시적인 상황에 의존하려는 경향성을 띠고 있다. 그런 자들은 눈에 보이지 않는 여호와 하나님이 아니라 직접 눈과 귀로 보고 들으며 손으로 만질 수 있는 대상들을 더 신뢰한다. 그와 같은 성향을 지닌 자들은 현재적인 상황 가운데서 그런 자세로 살아갈 뿐더러 장래에 대한 준비 역시 그와 동일한 방식으로 대처한다. 내일 만족스런 삶을 누리기 위해서는 오늘 그렇게 하여 자기가 모든 것을 예비해 두어야 한다고 믿는 것이다.

하지만 인간 스스로 현재와 장래를 염려함으로써 영원한 것을 취할 수 있는 방법은 없다. 그럼에도 불구하고 어리석은 인간들은 세상의 것을 목표로 삼아 그것을 추구하기를 게을리 하지 않는다. 하지만 그런 식의 사고와 행동은 단순한 자기 신뢰일 뿐 아니라 하나님에 대한 불신에 직접 연관되어 있다.

하나님의 자녀들은 현재의 삶뿐 아니라 미래를 위해서도 오직 여호와 하나님 한 분만 의지할 수 있어야 한다. 이 세상의 모든 것들은 일시적이며 제한적인 것에 지나지 않는다. 언젠가는 사라지고 없어질 것들이기 때문이다. 선지자 이사야는 언약의 백성들을 향해 자신의 고백과 더불어 그에 대한 메시지를 전하고 있다.

또한 선지자는 자기에게는 여호와께서 함께 계시기 때문에 아무런 두려움이 없다는 사실을 언급했다. 이 말은 실제로는 주변에 두려워할 만한 요소들이 많이 있으며 위태로운 상황이 전개되고 있음을 시사하고 있다. 하나님을 멸시하는 배도자들이나 인간의 능력을 의지하는 자들은 그 상황에 따라 눈치껏 처신하겠지만 하나님께서 자신을 위한 힘과 능력이 되신다는 사실을 깨달아 아는 자들은 결코 그렇지 않다는 것이다.

그러므로 선지자 이사야는 오직 여호와 하나님 한 분만을 찬송과 노래의 대상으로 삼고 있음을 고백하고 있다. 이는 하나님 이외에 그 어떤 것도 신앙과 찬양의 대상이 될 수 없다는 사실을 시사하고 있다. 타락한 세상에 살아가는 성도들이 이에 대한 올바른 깨달음을 가지고 삶의 여정에 적용하는 것은 매우 중요한 일이다.

3. '구원의 우물' (사 12:3)

선지자 이사야는 하나님을 경외하는 언약의 백성들을 향해, 자기에게 연관된 고백적인 진술을 선언한 후 저들의 삶에 관한 언급을 하고 있다. 이 가운데는 하나님을 향한 신앙 자세와 고백에 대한 보증의 성격이 내포되어 있다. 따라서 저들의 삶의 근원적인 배경을 어디에 두어야 할지 교훈하고 있는 것이다.

선지자는 여기서 '구원의 우물들' (the wells of salvation)에 관한 언급을 하고 있다. 그것은 곧 하나님의 백성을 위하여 생명을 공급해 주는 원천과도 같다. 즉 구원의 우물들에서 마르지 않는 영원한 생명수가 넘쳐나는 것이다. 이 말씀은 우선 생명의 근원이 되시는 여호와 하나님을 가리키고 있는 것으로 이해할 수 있다(시 36:9).

여기서 '우물들' (Wells)이라는 복수가 사용된 것은 매우 특별한 의미를 지니는 것으로서 시대적인 개념과 더불어 장소적인 개념을 동시에 담고 있는 것으로 받아들여야 한다. 즉 하나님의 자녀들은 어느 시대 어느 지역에서 살아가든지 항상 그 구원의 우물을 가까이 두고 있다. 이는 나중에 메시아를 통해 최종적인 성취가 이루어지는 것으로서 신약시대의 흩어진 지상 교회들과 연관지어 생각해 볼 수 있다.

다시 말해, 구약시대의 모든 성도들은 어디에 살든지 '하나님의 거룩한 성전' 이 있는 예루살렘 도성을 향하고 있었다. 이에 반해 신약시대의 성도들은 전 지구상에 흩어져 살아가면서 자기가 속한 지교회를 통해 참된 생명을 공급받으며 천상의 나라를 바라보며 살아간다. 물론 그들 모두는 하나님의 몸된 교회 즉 예수 그리스도의 살과 피를 통하여 신비적 연합을 이룸으로써 천상의 나라 시민권을 소유하게 된 자들이다.

선지자 이사야는 당시 여호와 하나님을 경외하는 성도들에게, 장차 '구원의 우물들' 에서 물을 길어 마시게 되리라는 사실을 중요하게 언급했다.

그런데 그렇게 하되 기쁨으로 그에 참여하게 되리라고 말했다. 이는 하나님께 저항하는 세력과 배도자들이 존재하는 타락한 세상에 살아가는 성도들에게 최상의 소망이 된다.

우리가 여기서 반드시 기억해야 할 바는 하나님의 말씀을 통해 언급된 구원의 우물들 이외에 다른 곳에는 결코 참된 생명수가 존재하지 않는다는 사실이다. 만일 다른 어떤 방법을 동원해 생명수를 얻고자 노력한다면 어리석고 미련한 행위가 아닐 수 없다. 따라서 당시의 참된 성도들은 '구원의 우물들' 에서 기쁨으로 물을 긷게 될 날이 속히 오기를 손꼽아 기다렸던 것이다. 그것이 저들에게 주어진 진정한 소망이 되었기 때문이다.

4. 찬양의 조건과 실행 (사 12:4)

타락한 세상에서 살아가는 모든 성도들의 유일한 소망은 항상 '여호와의 날' 에 모든 초점이 맞추어져 있다. 그 날은 역사적 과정에서 자연적으로 발생하는 것이 아니라 하나님의 놀라운 경륜 가운데서 진행되어 간다. 그 특별한 날은 구속사적인 큰 사건으로 드러나기도 하지만, 보다 사소한 일 가운데 간헐적으로 일어나기도 한다.

물론 이사야서 본문 가운데 언급된 '그 날' 이란 궁극적으로는 장차 도래하게 될 메시아의 날에 연관되어 있는 것으로 이해하는 것이 자연스럽다. 그 날은 여호와 하나님을 알지 못하는 보통 사람들에게는 평온하고 즐거운 날이 될 수 없다. 그때가 이르면 도리어 무서운 진노를 동반한 여호와 하나님의 심판이 따르게 된다.

이와는 달리 하나님의 자녀들에게는 '그 날' 이 그동안 기대해 오던 소망이 성취되는 감사의 날로 다가온다. 그때가 이르게 되면 사탄으로 말미암아 들어온 죄악에 대한 그리스도의 궁극적인 승리가 실현되기 때문이다. 그리하여 구원의 은혜를 입은 모든 성도들은 언제 어느 지역 어떤 환경 조건 가운데 살아갈지라도 여호와 하나님의 이름을 부르며 그에게 깊이 감사하게 된다.

역대상 16장에는 다윗이 여호와 하나님의 언약궤 앞에서 장차 임하실 메시아에 관한 노래(대상 16:22이하, 참조)를 부른 내용이 기록되어 있다. 이는 물론 앞으로 성취될 하나님의 언약에 연관된 노래이다. 하지만 구약시대의 성도들에게는 그것이 단순히 미래에 불리게 될 노래가 아니라 저들이 항상 불러야 할 현재적인 찬양이었다. 그 노래 가운데 일부분을 보아도 그에 대한 의미가 선명하게 드러나고 있다.

> **"온 땅이여 여호와께 노래하며 그 구원을 날마다 선포할지어다 그 영광을 열방 중에, 그 기이한 행적을 만민 중에 선포할지어다 여호와는 광대하시니 극진히 찬양할 것이요 모든 신보다 경외할 것임이여 만방의 모든 신은 헛것이요 여호와께서는 하늘을 지으셨음이로다 존귀와 위엄이 그 앞에 있으며 능력과 즐거움이 그 처소에 있도다 만방의 족속들아 영광과 권능을 여호와께 돌릴지어다 여호와께 돌릴지어다"(대상 16:23-28)**

역대기에 기록된 다윗의 이 노래 가운데는 타락한 세계를 회복하시는 하나님의 구원사역이 중심에 자리잡고 있다. 물론 다윗은 이스라엘 민족을 대표하는 성격을 띠고 있었다. 따라서 하나님의 자녀들은 그에 관한 모든 놀라운 내용들을 이스라엘 백성들뿐 아니라 이방 지역에 살아가는 만방의 족속들에게 선포하게 된다. 그것으로 말미암아 모든 영광과 권능이 여호와 하나님께 돌려지게 되는 것이다.

시기적으로 보아 그보다 한참 후에 하나님의 말씀을 예언한 이사야 선지자도 패역한 시대에 살면서 그와 동일한 내용을 예언하고 있다. 따라서 하나님의 자녀들은 때에 따라 행하신 여호와 하나님의 모든 기적과 사역을 이방 지역을 포함한 전 세계만방에 선포하게 된다. 그렇게 함으로써 창세전부터 선언된 약속을 성취하신 하나님의 이름을 온 천하에 드높이며 그에게 찬송과 경배를 돌린다. 이를 통해 오염된 세상과는 달리 새롭게 변화된 아름다운 세계에 모습이 드러나게 되는 것이다.

5. 선포되어야 할 '여호와의 이름' (사 12:5)

여호와 하나님께서는 자기 백성으로부터 찬양을 받기에 합당하신 분이다. 하지만 우리가 기억해야 할 바는 그가 절대로 죄에 물든 불신자들로부터 찬양받으실 분이 아니라는 점과 저들에게 그것을 요구하시지도 않는다는 사실이다. 그는 우주만물을 창조하신 분으로서 언약에 신실하신 거룩한 분이기 때문이다.

우리는 사탄의 유혹에 넘어간 아담으로 말미암아 그의 모든 후손들이 타락의 늪에 빠지게 된 사실을 잘 알고 있다. 그로 말미암아 피조세계 전체가 오염되어 더럽혀지게 되었다. 아담과 우주만물뿐 아니라 창세전 하나님으로부터 선택받은 모든 백성들조차도 그로 말미암아 사망의 구렁텅이에 빠지는 형편에 처했다.

그렇지만 하나님께서는 우주만물이 존재하기 전에 자기의 거룩한 이름을 근거로 확정하신 약속으로 인해 자신의 형상을 닮은 인간들을 포기하시지 않았다. 즉 저들을 악한 사탄의 올무에 그냥 내버려두시지 않고 거기로부터 구원해내시기로 작정하셨던 것이다. 그 일을 이룩하시기 위해 하나님께서는 여러 선지자들을 통해 예언하시고 인간 역사 가운데 살아온 자기 자녀들에게 소망의 말씀을 주셨다.

때가 이르면 성자 하나님으로서 인간의 몸을 입고 이땅에 오신 거룩한 메시아를 통해 그 모든 것들이 성취된다. 그 사건은 지극히 아름다운 일이며 자기 자녀들을 위한 영광의 사역이다. 그것은 나중에 이루어진 십자가 사건에 직접 연관되는 것으로 이해해야 한다. 하나님께서 이룩하신 그 구속사역으로 인해 우주만물은 원래의 상태를 회복하게 되며, 죄에 빠진 인간들 가운데 하나님의 은혜를 입은 자들은 영원한 구원에 동참하게 된다. 그것은 또한 악한 자들 위에 임하는 두려운 심판과 더불어 성도들에게 허락되는 승리의 개가凱歌이다.

장차 그 놀라운 일이 성취되면 지상 교회에 속한 하나님의 백성들은 온 세계에 그 사실을 선포하게 된다. 그 가운데는 하나님께서 예수 그리스도를 통해 세계만방을 심판하셨다는 의미가 담겨 있다. 하나님의 자녀들은 역사 가운데 살아가면서 항상 그 약속을 바라보지 않으면 안 된다. 우리는 선지자를 통해 확인된 그 약속이 악한 자들로부터 고통을 당하는 백성들에게 진정한 소망이 된다는 사실을 기억하지 않을 수 없다.

6. 영광의 노래를 받으실 거룩하신 하나님 (사 12:6)

선지자 이사야는 시온의 거민들에게 여호와를 향해 소리 높여 영광의 노래를 부르도록 요구했다. 이는 장차 일어날 사건들에 대하여 언약의 백성들에게 주어진 예언적 메시지이다. 따라서 하나님의 자녀들이 부여받은 궁극적인 사명 가운데 하나는 거룩하신 하나님을 영화롭게 하는 것이다.

그렇지만 이사야가 예언하던 당시 이스라엘 민족과, 거룩한 성전이 있던 예루살렘이 처한 형편은 그와 정반대의 상황이었다. 그 백성들은 하나님의 말씀을 멀리한 채 배도에 빠져 있었다. 따라서 그들은 주변의 강력한 이방 왕국들로부터 심각한 군사적인 위협을 당하고 있었다. 북쪽 이스라엘 왕국은 물론 남쪽 유다 왕국 역시 풍전등화風前燈火와 같은 그 위태로운 형편에서 벗어날 수 없었다.

그런 안타까운 국제정세 가운데 놓여 있던 언약의 자손들에게 전해진 선지자가 전한 소망의 메시지는 그것 자체로서 커다란 위로가 되었다. 저들 가운데 계신 거룩하신 여호와 하나님은 참으로 위대하신 분이라는 사실이 만방에 선포되고 있었기 때문이다. 그 하나님은 세상에서 어떤 막강한 세력을 지닌 왕이나 장군들과도 비교될 수 없었으며, 그 어디에도 하나님의 능력에 비견될 만한 대상이 존재하지 않았다.

하나님에 대한 찬양을 요구하는 이사야의 예언 가운데는 아무리 고통스런 환경 가운데 놓인다 할지라도 여호와 하나님 한 분만을 바라보아야 한다는 의미가 내포되어 있다. 그가 언약의 백성들을 위해 모든 것들을 성취하시게 될 것이었기 때문이다. 이는 여호와 하나님을 경외하는 모든 성도들이 소유한 소망의 근원이 되었다. 나아가 오늘날 우리 역시 그 동일하신 하나님께서 장차 자기 자녀들을 위해 모든 것을 성취하시리라는 약속을 믿음으로써 소리 높여 그를 찬양할 수 있는 것이다.

제3부

열국에 대한 심판 예언

(이사야 13-20장)

제13장

바벨론에 대한 경고

(사 13:1-22)

1. 이사야 시대의 바벨론 (사 13:1)

이사야서에는 바벨론에 대한 언급이 나온다. 여기서 말하는 바벨론이란 나중에 앗수르 제국을 정복하고 세워지게 되는 신바벨론 즉 '바벨론 제국'과 구별되어야 한다. 고대 바벨론 왕국은 BC 2000년경 메소포타미아 지역에 세워졌으며 함무라비 왕(BC 1792-1750, 재위) 때 그 전성기를 이루었다.[19)]

이 왕국은 BC 1530년경 히타이트 제국에 의해 멸망당했다. 하지만 고대 바벨론 왕국에 속했던 사람들이 완전히 사라진 것은 아니었다. 그들은 종족을 형성한 채 이곳저곳에 흩어져 살았다. 약 700여 년의 세월이 흐르는 동안 저들의 혈통은 혼합이 되어 갔을 것이며, 소규모 왕국들이 여기저기 세워졌다가 패망하기를 되풀이 했을 것으로 보인다.

---

19) 아브라함이 BC 2000년경 사람이라는 점과 야곱이 가족을 이끌고 애굽으로 내려간 해가 BC1876년이라는 점을 감안하면 그 시기를 좀 더 구체적으로 짐작할 수 있을 것이다(출 12:40,41; 왕상 6:1, 참조).

선지자 이사야가 활동하던 당시에도 바벨론이라는 이름을 가진 세력이 잔존하고 있었다. 아직 막강한 세력을 갖춘 큰 나라를 이루지는 못했어도 이스라엘 민족의 동방 지역에 미약하나마 자리잡고 있었던 것이다. 우리가 여기서 유념해야 할 바는, 이사야가 바벨론에 대하여 받은 경고가, 당시 존재하던 고대 바벨론의 잔류로 남아있던 바벨론과 장차 큰 나라를 일으켜 막강한 세력을 구축하게 될 바벨론 제국이 동시에 연관되어 있었다는 사실이다.

이사야가 예언하던 시점에서 볼 때, 북이스라엘 왕국은 멀지 않아 앗수르 제국의 공격으로 인해 완전히 멸망당하게 된다. 그렇지만 예루살렘 성전이 서 있던 남유다 왕국은 앗수르가 패망한 후 상당기간 존속하게 된다. 앗수르 제국 이후에 유다 왕국을 괴롭히는 원수가 되는 나라는 신흥 세력을 구축한 바벨론 제국이다.

하지만 이스라엘 민족을 대적하는 것은 단순한 정치적인 문제가 아니라 하나님께 대적하는 행위와 같다. 따라서 여호와 하나님께서는 저들을 반드시 응징하시게 된다. 선지자 이사야는 이스라엘 민족과 앗수르의 흥망성쇠, 그리고 바벨론의 세력 확장과 멸망 등에 연관하여 장차 일어나게 될 사실들에 대해 미리 예언하고 있다.

2. '존귀한 자의 문' (사 13:2,3)

하나님께서는 이스라엘 백성에게 자산赭山 위에 기호를 세우라고 명하셨다. 이는 벌거숭이 민둥산 위에 공격을 위한 신호 깃발을 세우라는 의미를 지니고 있다. 다시 말해 모든 것이 황폐화 되어 아무것도 없는 상태에서 산꼭대기에 전쟁을 위한 깃발을 세우라는 것이었다. 이는 이스라엘 백성이 저들의 군사력을 가지고 싸우는 것이 아니라 여호와 하나님께서 직접 전쟁을 일으켜 심판을 행하시겠다는 뜻을 보여주고 있다.

그러므로 하나님께서는 우선 이스라엘에게 목소리를 높여 싸움에 나갈 만한 용사들을 소집하도록 요구하셨다. 그리고는 저들로 하여금 바벨론의 존귀한 자들이 사는 문들을 향해 쳐들어가도록 손을 들어 공격신호를 보내라고 말했다. 저들이 행할 수 있는 일은 오직 하나님의 요구에 순종하는 길밖에 달리 아무런 방도가 없었다.

그렇게 하여 용사들을 소집하고 공격신호를 보내는 형식적인 주체는 이스라엘이 되지만 실제로 앞서 싸우는 자들은 하나님께서 특별히 예비하시게 된다. 결국 성경 본문에서는 하나님께서 친히 따로 구별하여 세운 '자신의 거룩한 자들' 에게 명령을 내리시겠다는 말씀을 하셨다. 그가 직접 악한 원수들에게 분노의 심판을 행하기 위해 사기가 충천한 용사들을 불러두고 계신다는 것이었다.

이 예언은 나중 오랜 세월이 흘러 약속의 땅을 정복하고 언약의 자손들을 압제한 바벨론 제국을 멸망시키는 페르시아 군대와 연관되는 것으로 이해해야 한다. 바벨론 제국이 예루살렘과 그 안에 있는 성전을 완전히 파괴했을 때 그 거룩한 산은 완전히 황폐한 벌거숭이가 되어 있었다. 그리고 이스라엘 민족 가운데 유력한 모든 사람들은 바벨론의 포로로 사로잡혀 갔다. 저들에게는 달리 어떻게 피할 방법이 없었던 것이다.

그런 중에 하나님께서는 바벨론을 응징하기 위해 다시금 페르시아를 불러 일으키셨다. 그 페르시아 사람들이 바벨론 제국을 대적하는 막강한 나라를 세워 이스라엘 민족의 원수를 갚아주게 된다. 성경 본문에서 저들을 '자신의 거룩한 자들' 이라고 묘사한 것은 저들이 바벨론 제국을 무너뜨린 후 파괴된 예루살렘 성전을 다시금 세우고 성벽을 보수하도록 이스라엘 백성에게 기회를 줄 것이었기 때문이다. 이는 물론 여호와 하나님께서 저들을 자신의 목적을 이루시기 위해 적절하게 불러 사용하신다는 의미를 지니고 있다.

3. '여호와의 날' (사 13:4-8)

본문에 기록된 '산에서 무리의 소리가 난다' (사 13:4)고 한 말은 예루살렘에서 많은 백성의 소리가 나게 된다는 사실을 의미한다. 이는 페르시아 제국이 바벨론에 사로잡혀 온 이스라엘 백성들에 대한 본토 귀환을 허락한 것과 밀접하게 연관된다. 무너진 성벽과 파괴된 성전에는 사람들이 살고 있지 않았다. 그런 중에 하나님께서 예루살렘에 사람들이 득실거리게 하시게 된다.

하나님의 때가 차게 되면 예루살렘에 열국의 민족들이 몰려들어 왁자지껄한 분위기를 조성한다. 선지자 이사야는 이를 만군의 여호와 하나님께서 전쟁을 위해 군대를 검열하는 것이라 묘사하고 있다. 이 가운데는 이방사람들을 예루살렘으로 불러모아 일시적으로 자신의 군대에 편입시키게 된다는 사실을 의미한다. 그 이방인들 가운데는 언약의 백성에 속하게 된 사람들이 상당수 있을 수도 있다.

성경은 거기 모인 사람들이 먼 나라에서 왔으며 하늘가에서 왔다는 사실을 언급하고 있다. 그들은 하나님의 도성 예루살렘으로 나아와 여호와 하나님의 편에 서서 싸울 것이며, 그들이 하나님을 위한 진노의 병기가 된다. 그렇게 조성된 큰 군대가, 하나님을 배반함으로써 오염된 온 땅을 멸망시키게 된다.

이사야 선지자는 그에 대한 예언을 하면서 이스라엘 백성들에게 애곡하라고 말했다. 여호와의 날이 점차 가까워지게 되므로 그로 인해 저들에게 멸망이 임할 것이었기 때문이다. 이는 언약의 땅에 있으면서 하나님을 멸시하는 배도자들에게 그 무서운 진노가 임하게 될 것을 말해주고 있다.

그러므로 사람들의 모든 손이 피곤하여지며 저들의 마음이 녹아내리게 된다. 모든 것을 한 순간에 상실해 버린 사람들은 놀라움에 빠지지 않을 수 없다. 또한 그들은 심한 괴로움에 빠지고 슬픔에 잠겨 마치 해산하는 여인같이 고통스러워하며 공포에 질려 얼굴빛이 새파랗게 변할 것이다.

언약의 자손들은 장차 일어나게 될 그 모든 사실에 대한 예언을 통해 현실을 직시하고 자신을 돌아볼 수 있어야 한다. 그 예언은 장차 온 세상과 배도에 빠진 언약의 자손에게 연관된 말씀이기도 하지만 동시에 당시 이스라엘 백성들을 위해 주신 말씀이다. 즉 장래에 대한 예언은 앞으로 닥치게 될 미래뿐 아니라 현재적인 의미를 지니고 있었던 것이다. 그에 대한 모든 의미를 현실적으로 받아들이는 지혜를 가진 자들이 진정으로 복된 자들이다.

4. '악한 인간들에 대한 심판' 과 '천체의 기능상실' (사 13:9-12)

하나님을 알지 못하는 자들에게는 '여호와의 날' 이 큰 두려움을 가져오게 된다. 그것은 인간들이 상상하는 것을 초월한다. 이는 하나님의 자녀들에게 그 날이 궁극적인 기쁨과 감사의 날이 되는 사실과 크게 대비된다. 그 날은 사람들이 일반적으로 생각하고 짐작하는 것과는 전혀 다른 차원의 양상으로 나타난다.

위엄에 가득찬 그 날은 사탄으로 말미암아 들어온 죄와 악한 자들과 더럽게 오염된 우주만물에 대한 하나님의 진노의 날이다. 하나님께서는 자신의 의로운 영역을 침범하고자 한 사탄과 그를 추종하는 자들을 결코 용납하지 않으신다. 나아가 그에게 속한 천지와 만물 역시 심판의 대상이 된다.

하나님의 진노와 심판은 인간들의 삶터가 되는 땅을 황무하게 만들게 되었으며 그 가운데 살아가는 악한 자들을 멸망시키신다. 그것을 통해 이 세상에 살아왔던 타락한 인간들의 선악간 존재 의미가 밝히 드러나게 된다. 이로써 욕망의 산물로서 문명을 발전시키고 악한 문화를 자랑하던 인간들의 모든 것들이 허사라는 사실이 만천하에 드러나게 되는 것이다.

나아가 하늘 가득히 채워진 숱한 별들이 그 빛을 완전히 상실하게 되고 태양과 달도 그 기능을 정지당하게 된다. 그동안 인간 세계 가운데 베푸신 하나님의 일반적인 은총이 그 기한을 다하게 될 것이기 때문이다. 그렇게 되면 인간들은 지금껏 역사 가운데 살아왔던 것과는 전혀 다른 국면에 처할 수밖에 없다.

하나님께서는 세상의 모든 타락한 양상과 악인의 죄악을 벌하시게 되며 하나님을 멸시하던 교만한 자들의 오만한 것을 끊어버리시게 된다. 그리고 강포한 자들의 거만한 태도를 완전히 꺾어버리시리라고 말씀하셨다. 그렇게 되면 참된 생명을 유지하게 되는 사람들은 순금보다 희귀하게 될 것이며 '오빌(Ophir)의 금' 보다 드물게 된다는 것이었다. 이는 하나님의 무서운 심판이 이르게 된다는 사실을 예언하고 있다.

이 말씀은 일차적으로 하나님께서 세우신 언약의 왕국과 백성들에 대하여 무자비한 행동을 한 바벨론에게 선포된 예언의 메시지이다. 물론 이 예언의 실체는 오랜 세월이 지난 후에 실현될 것이며 당시의 베도자들과 이방인들은 선지자의 말을 귀담아 듣지 않는다. 하지만 당시 고통중에 신음하던 이스라엘 백성은 그 예언을 통해 위로를 받을 수 있었다. 즉 악한 자들은 그 말씀을 신중하게 받아들이지 않았겠지만 신실한 백성들은 그 소망을 마음에 새기게 되었던 것이다.

5. 파멸에 이르게 되는 바벨론 (사 13:13-16)

인간 역사 가운데 존재했던 모든 나라들은 흥망성쇠를 되풀이해 왔다. 그에 대해서는 어떤 나라도 예외가 될 수 없다. 이스라엘 민족을 괴롭히던 앗수르 제국 역시 그 명맥을 그리 오래 유지하지 못한다. 하지만 세력을 펼치고 있을 동안에는 패망에 대한 상상을 하지 않는 것이 일반적이다. 마치 영원토록 갈 것 같은 착각 가운데 존재하게 되는 것이다.

이사야 선지자가 예언하던 당시 막강한 세력을 지니고 있던 앗수르 왕국은 한참동안 승승장구했다. 그 나라는 나중 BC 722년이 되어 북이스라엘 왕국을 패망시켜 점령하게 된다. 그리하여 그 지역에 거주하던 언약의 자손들은 이방 지역에 흩어지기도 했으며, 그곳에 남아있던 자들은 이방인들과의 혼인을 장려한 앗수르의 특수한 정책으로 인해 이방인들과 혼혈되는 경우가 많아졌다.

그들은 대개 사마리아인으로 불렸으며 예수님 당시에도 사마리아인들은 부정한 자로 인식되어 유대인들과 구별된 채 살아가고 있었다. 북이스라엘 왕국을 멸망시킨 앗수르는 남유다 왕국을 정복하기 위해 호시탐탐 군사적인 침략을 되풀이했다. 그러나 하나님께서는 남쪽에 살던 그 언약의 자손들을 앗수르 제국의 손에 붙이지 않으셨다. 이는 하나님의 때가 아직 이르지 않았기 때문이었다.

그러나 하나님께서는 인간들이 전혀 예기치 못하고 있을 때 변방에서 명맥을 이어가던 바벨론을 불러일으키셨다. 막강했던 고대 바벨론 왕국이 패망한 지 오랜 세월이 흐른 뒤였지만 당시 바벨론의 후예들은 앗수르 왕국으로부터 나름대로 대우를 받기도 했다. 그것은 아마도 민심 차원에서 앗수르가 바벨론의 적절한 지원이 필요했기 때문이었을 것으로 보인다.

그와 같은 상황 가운데서 바벨론은 조금씩 세력을 형성해 가기 시작했다. 앗수르의 세력이 점차 약화되어 가던 중 BC 627년 제국의 마지막 통치자였던 아슈르바니팔(Ashurbanipal)이 죽게 되었다. 그러자 바벨론의 갈대아 출신 나보폴라사르(Nabopolassar)는 앗수르의 정국이 혼란한 틈을 타 이듬해 반란을 일으켰다. 그리하여 독자적인 세력을 구축해 신바벨론 왕국을 세우게 되었다.

결국 바벨론의 나보폴라사르는 BC 612년 메데(Medes)인들과 연합하여 앗수르 제국의 수도 니느웨를 공격하여 대승을 거두었다. 그렇게 되자 앗수르의 잔여 병사들은 수도를 버리고 하란(Haran)으로 퇴각했다. 바벨론은 그 여세를 몰아 610년 하란에 남아 있던 앗수르의 잔병 세력을 공격함으로써 앗수르 제국을 완전히 무너뜨렸다. 이렇게 하여 신바벨론이 막강한 제국으로서 역사의 전면에 등장하게 되었다.

그후 나보폴라사르를 계승한 느부갓네살(Nebuchadnezzar)은 주변의 왕국들을 손아귀에 넣었으며 약속의 땅 예루살렘을 공격하여 BC 605년과 597년 두 차례에 걸쳐 유대인 포로들을 바벨론 지역으로 사로잡아 갔다.[20] 급기야는 BC 586년 예루살렘을 정복하고 하나님의 성전을 파괴하기에 이르렀다. 그때 왕을 비롯한 수많은 왕족들이 잔인하게 살해당했으며 유력한 자들은 포로가 되어 바벨론 지역으로 잡혀 갔다. 바벨론 제국의 군대는 또한 예루살렘 성전에 있던 거룩한 성물들을 약탈해 이방 지역으로 옮겨가게 되었다.

이는 이스라엘 민족에게는 여간 큰 충격이 아니었을 것이 분명하다. 결국 그렇게 하여 역사상의 유다 왕국은 완전히 패망하고 다윗 왕조는 끝내 막을 내릴 수밖에 없었다. 그와 더불어 바벨론 제국은 강권정치를 펼침으로써 아무도 감히 넘볼 수 없는 막강한 나라가 되어갔다. 그와 같은 국제정세 가운데서 이스라엘이 다시금 옛 영화를 되찾게 된다는 것은 전혀 가능성이 없어 보였다. 이스라엘 민족으로서는 절망에 빠지지 않을 수 없었다.

이사야 선지자는 당시 앗수르 제국의 치하에 신음하던 언약의 백성들을 향해 장차 이와 같은 상황이 도래하리라는 역사적 미래에 연관된 예언을 했다. 그러나 앗수르를 패망시킨 바벨론이라 할지라도 영구히 그 세력을 펼칠 수는 없었다. 그럼에도 불구하고 세력이 있을 때는 그들이 하나님께서 정하신 언약의 땅과 언약의 백성들을 괴롭히고 유린했다. 하지만 하나님은 결국 저들에게 분노하여 심판의 채찍을 들게 되신다.

---

20) BC 605년 유대인들이 첫 번째 포로로 잡혀 갈 때는 그 가운데 선지자 다니엘이 있었으며, BC 597년 두 번째 포로들 중에는 선지자 에스겔이 있었다.

이는 신바벨론 제국의 패망에 직접 연결되는 말씀으로 이해된다. 하나님께서는 그것을 위해 메대인들과 페르시아인들 불러들여 바벨론에 대한 심판의 도구로 사용하시게 된다. 그로 말미암아 천지가 진동하며, 사람들은 그것이 두려워 그곳을 떠나 멀리 피신해 가게 된다. 그들은 마치 사냥꾼에게 몰리는 노루나 사나운 짐승에게 쫓기는 양 같이 각기 제 동족에게로 돌아가며 본향으로 도망친다.

그렇지만 바벨론 사람들은 도망가는 중에 복병들을 만나 창에 찔리고 칼에 맞아 엎드러진다. 나아가 저들의 어린 자녀들은 부모가 보는 앞에서 잔인하게 메어침을 당하게 된다. 또한 저들이 누리며 살던 집 안에 있던 귀중품들을 다 빼앗기게 된다. 나아가 저들의 아내조차 적군에 의해 욕을 당하게 되는 끔찍한 일이 발생한다. 이는 과거에 저들이 누리던 모든 영화가 헛것에 지나지 않는다는 사실을 여실히 보여주게 된다.

6. 하나님의 채찍이 된 메대인들 (사 13:17-22)

하나님께서는 메대 사람들을 불러들여 언약의 백성들을 괴롭히는 바벨론 제국을 치게 하시겠다는 예언을 하셨다. 당시에는 아직 메대인들이 세력을 형성하기 전이었다. 하지만 그들은 나중 막강한 군사력을 소유하게 된다. 그 사람들은 은과 금 같은 것에 대해서는 별다른 관심을 가지지 않는 자들이다. 이 말은 저들에게는 오직 승리와 정복에 대한 관심만 있다는 사실을 말해주고 있다.

성경에는 메대의 병사들이 매우 잔인한 성품을 지니고 있는 것으로 묘사되어 있다. 그들은 화살로 무고한 청년들을 쏘아 죽이는 것을 예사로 생각한다. 뿐만 아니라 그들은 태의 열매 즉 태중에 잉태된 아기들조차 긍휼히 여기지 않는다. 나아가 아무것도 모르는 어린아기들이라 해서 불쌍하게 여기지 않는다. 이는 메대 병사들은, 전쟁을 위해서 아무 행위도 할 수 없는 아이 밴 여인과 어린아기들마저도 그냥 두지 않고 눈에 띄는 대로 무참한 살상을 저지른다는 사실을 말해 준다.

그렇게 되면 그동안 천하를 호령하며 성대한 권세를 누려오던 바벨론 제국은 갈대아인들이 세운 나라로서 커다란 자랑거리처럼 되어 있었지만 메데와 페르시아의 등장으로 인해 일순간에 모든 것을 상실당하게 된다. 막강한 군사력을 동원해 일구었던 저들의 모든 것들이 철저히 파괴되는 운명에 처한다. 그것은 외형상 국제 관계 속에서 일어나는 사건이 되지만 실상은 여호와 하나님께서 바벨론을 심판하고 계시는 것이다.

선지자 이사야는 그것이 여호와 하나님께서 소돔과 고모라를 심판하신 것과 동일한 성격을 지닌다는 사실을 언급하고 있다. 바벨론 제국과 그에 속한 자들은 단순히 사람들에 대한 악행에 그치게 된 것이 아니라 여호와 하나님께 범죄하는 악행을 저지르게 되었다. 그로 말미암아 그 왕국과 민족이 가졌던 모든 부귀와 영화는 하나님의 심판을 받아 흔적도 없이 완전히 사라져 버리게 되는 것이다.

그 이방인들이 다스리고 통치하던 곳에는 더 이상 사람들이 거주할 수 없을 만큼 황폐한 땅으로 변하게 된다. 나아가 오랜 세월을 두고 사람들이 살지 않는 곳이 되어 버린다. 그렇게 되면 아무도 황폐한 그 땅에 들어가고자 하지 않는다. 유목민인 아라비아(Arabia) 사람들[21] 조차도 그곳에 장막을 치지 않을 것이며 목자들도 양 떼를 그곳으로 몰지 않는다.

그 땅에는 오로지 사나운 들짐승들이 오가게 되며 사람들 대신에 다양한 야생 동물들과 올빼미나 타조를 비롯한 야생 조류와 들 염소들이 뛰어다니게 될 따름이다. 바벨론 제국이 자랑거리로 여기던 견고한 성곽이 서 있던 자리에는 승냥이들이 부르짖을 것이며 화려하던 궁전 터에는 늑대의

21) 아라비아(Arabia) 사람들은 이전 역사 가운데서 그다지 큰 세력을 형성하지 못했지만, AD 6세기 무함마드에 의하여 이슬람교가 퍼지면서 새로운 세력을 구축하게 되었다. 그 명맥은 오늘날까지 이어져 오는 것으로 볼 수 있다.

울음소리가 퍼지게 될 것이다.

선지자 이사야는 멀지 않아 그와 같은 때가 오게 되리라는 사실을 예언했다. 그러나 이사야가 예언하던 당시의 현실적인 국제정세는 전혀 그렇지 않았다. 여전히 앗수르 제국이 막강한 세력을 떨치며 이스라엘 민족을 괴롭혔을 뿐 아직까지 바벨론은 제대로 된 왕국을 형성하지 못한 때였다. 나아가 메대와 페르시아 역시 역사의 전면에 그 모습을 드러내기 전이었다. 그들은 약소민족으로서 여기저기 흩어져 살아가고 있었을 따름이며 정치적 세력을 결집하고 있지 않았던 것이다.

그런 형편 가운데서 하나님은 이사야를 통해 예언의 말씀을 주셨다. 성숙한 하나님의 자녀들이라면 아직 그와 같은 아무런 조짐조차 보이지 않을 때 하나님의 예언을 믿는 지혜를 가져야만 한다. 어리석은 자들은 현재의 상황에 따라 눈치를 보며 그에 적응하는 가운데 살아가기를 원할 뿐 장차 임하게 될 하나님의 심판에는 별 관심이 없었다. 이와 같은 상황은 오늘날 우리 시대에도 동일하게 작용하고 있으며 교회와 그에 속한 성도들은 그로부터 소중한 교훈을 받을 수 있어야 한다.

제14장

페르시아, 바벨론, 앗수르, 블레셋에 관한 예언

(사 14:1-32)

1. 여러 왕국들에 관한 예언

본문 가운데는 페르시아 제국, 바벨론 제국, 앗수르 제국, 블레셋 왕국에 관한 예언들이 기록되어 있다. 이중에 앗수르 제국과 블레셋 왕국은 당시 현존했던 나라들이었지만 바벨론과 페르시아 제국은 아직 존재하지 않던 나라였다. 그 모든 왕국들은 이스라엘 민족에 직접적인 영향력을 행사한 나라들이었다.

하나님께서는 선지자를 통해 이미 존재하고 있는 나라들뿐 아니라 아직 존재하지도 않는 나라들에 대해 예언적인 말씀을 하셨다. 특히 바벨론과 페르시아 종족은 당시 아주 미미한 존재에 지나지 않았다. 그들이 나중 막강한 세력을 가짐으로써 대제국을 세우리라고 생각하는 사람들은 아무도 없었다.

그렇지만 이사야서에는 저들이 장차 대제국을 이루게 될 것이며 세계적인 나라가 되어 다양한 역할을 하게 될 것을 예언하고 있다. 물론 이 예언은 페르시아, 바벨론, 앗수르, 블레셋 백성들을 위하여 주어진 말씀이 아니다. 저들은 하나님의 말씀에 대해 아무런 관심이 없는 자들이다. 이사야의 예언은 언약의 백성에게 주어진 특별한 소망의 메시지였다.

또한 우리가 여기서 기억해야 할 바는 본문에 나타난 각 나라들에 대한 예언이 역사적인 순서대로 기록되지 않았다는 사실이다. 위에 언급된 나라들 가운데 페르시아는 가장 나중에 세워지게 되지만 맨 앞에 예언되어 있다. 바벨론 역시 아직 존재하지 않는 나라였으나 저들에 대한 심판이 먼저 예언되었다. 한편 앗수르와 블레셋은 당시 현존하는 왕국들이었지만 저들에 관한 예언은 나중에 기록되었다.

2. 페르시아 제국의 역할 (사 14:1,2)

이사야 선지자는 하나님의 징계와 구원에 대한 예언의 메시지를 전했다. 하나님께서는 배도한 언약의 자손들을 엄하게 징계하시는 분이다. 그는 앗수르 제국을 채찍으로 삼아 북이스라엘 왕국을 패망시킴으로써 일차적인 경고를 했다. 남유다 왕국은 그 사건을 통해 하나님을 경외하는 가운데 올바른 신앙을 유지해야만 했다.

그러나 북 왕국이 멸망한 후 세월이 흘러 남쪽 왕국은 또다시 배도에 빠졌다. 하나님은 이번에는 더욱 강력한 징계를 작정하셨다. 당시 유대인들은 어떤 일이 있다고 할지라도 하나님의 거룩한 집인 예루살렘 성전이 파괴되는 사건은 발생하지 않을 것이라 여기고 있었다. 그에 대해서는 종교를 이용하여 개인적인 목적을 달성하기 위해 애쓰던 거짓 선지자들의 선전이 큰 몫을 차지했다.

이스라엘 민족의 역사 가운데 아직 그런 일들이 현실적으로 발생하지 않았지만 하나님께서는 장차 일어나게 될 그에 대한 예언의 말씀을 주셨다. 다윗 왕조의 중심이 되는 유다 왕국은 장차 완전히 멸망하게 될 것이었다. 하나님께서는 그것을 위해 이방의 바벨론 왕국을 일으켜 먼저 앗수르 제국을 패망시키게 된다. 그렇게 함으로써 사악한 이방 왕국인 앗수르를 심판하시는 동시에 배도에 빠진 이스라엘 백성을 징계하기 위한 도구로써 바벨론 군대를 채찍으로 사용하시고자 했다.

바벨론 왕국은 나중 예루살렘과 거룩한 성전을 철저히 파괴하기에 이르게 된다. 나아가 그들은 유다 왕국이 완전히 패망하기 전부터 총 세 차례(BC 605, 597, 587)에 걸쳐 이스라엘 백성들을 포로로 잡아간다. 그리하여 다윗 왕조는 완전히 멸망하게 되며 이스라엘 백성은 이방의 포로 생활을 하는 처지에 놓이게 된다.

본문 말씀 가운데는 포로가 되어 이방 지역으로 잡혀간 언약의 자손들을 하나님께서 다시금 이스라엘 백성의 본토로 이끌어 오시고자 하는 내용이 나온다. 그렇게 함으로써 이방에서 나그네가 되어 살던 자들을 약속의 땅에 남아있던 자들과 연합하도록 만드신다는 것이었다. 이는 하나님께서는 메시아를 보내는 통로로서 이스라엘 민족의 역할을 완전히 중단시키지는 않는다는 사실을 말해준다.

하나님께서는 그때 이방 족속들로 하여금 이스라엘 백성을 데리고 본토로 귀환시키리라는 말씀을 하셨다. 이는 나중에 바벨론 제국을 정복하고 막강한 세력을 취하게 될 페르시아 제국을 염두에 둔 표현이다. 당시의 페르시아인들은 아직 지극히 미미한 존재에 지나지 않았지만 장차 그렇게 되리라는 사실을 이사야가 예언했던 것이다.

나중 막강한 세력을 지니게 되는 페르시아 제국은 군사들을 동원하여 이스라엘 민족을 사로잡아 간 바벨론 제국을 정복하게 된다. 그렇게 되면 바벨론 사람들은 페르시아인들의 노예가 될 수밖에 없다. 이스라엘 민족은 그 과정에서 페르시아의 새로운 정책에 힘입어 바벨론 사람들을 저들의 노비처럼 삼게 될 것이다. 이는 전에 저들을 포로로 잡아 가서 압제하던 막강한 세력을 지닌 자들을 도리어 부리게 될 사실을 말해준다.

이와 같은 모든 일들은 당시 신흥 페르시아 제국의 유화정책宥和政策과 맞물려 있다. 즉 그런 정책을 통해 바벨론을 더욱 약화시키고 지배를 받던 종족으로부터는 신망을 얻고자 했던 것이다. 이는 하나님의 경륜에 따른 것이지만 페르시아 제국은 이스라엘 민족을 위해 그런 정책을 편 것이 아니라 저들 자신을 위한 정략적인 정책이었다.

3. 여호와 하나님께서 주시는 안식과 승리의 노래 (사 14:3,4)

이스라엘 민족은 주변 강대국들의 틈바구니에서 우여곡절迂餘曲折을 겪게 된다. 그렇지만 하나님께서는 결국 저들에게 안식을 주시리라는 약속을 하셨다. 이는 그 모든 과정에서 견디기 어려운 많은 일들이 발생하게 되리라는 사실을 시사하고 있다. 즉 언약의 자손들이라 할지라도 여호와 하나님을 떠나 배반하고 이기적인 목적을 추구한다면 하나님의 무서운 심판이 따르게 된다.

이사야 선지자가 예언할 당시의 초기에는 남북 이스라엘 왕국 내부에 장차 얼마나 큰 어려움이 닥칠게 될지 예견하는 사람들이 많지 않았다. 나아가 하나님께서 보내신 선지자들이 아니었다면 이스라엘 민족이 패망하고 예루살렘 성전이 파괴되리라는 사실을 알 수 없었다. 그들은 살아계신 여호와 하나님이 절대로 언약의 자손들을 이방인들의 손에 완전히 넘겨주지 않을 것이라 믿고 있었기 때문이다.

그러나 선지자들의 예언은 결코 그렇지 않았다. 하나님의 말씀을 들어 순종하지 않고 그에게 저항하는 자들은 엄한 심판을 면할 수 없다는 것이었다. 앞으로 그런 일이 발생하면 이스라엘 자손은 이루 형언할 수 없는 슬픔과 곤고한 상태에 빠지게 된다. 나아가 저들이 부정하게 여기는 이방인들의 압제 아래서 고역을 치르게 된다.

그와 같은 불행한 상황이 닥치게 되면 이스라엘 자손이 스스로 할 수 있는 일은 아무것도 없다. 저들 자신에게서는 원수들에게 저항하거나 저들에 맞서 싸울 수 있을 만한 세력이 생겨나지 않는다. 따라서 그들은 여호와 하나님의 도우심을 바라며 다시금 그에게 부르짖을 수밖에 없을 것이다.

하나님께서는 자신의 때가 이르게 되면 완전히 패망당한 언약의 자손들에게 안식을 주시겠노라는 말씀을 하셨다. 이는 그냥 주어지는 것이 아니라 무서운 징계를 행한 다음에 따라오는 안식이다. 우리는 여기서 이 예언이 메시아 사역과 연관지어 생각해 보아야 할 내용이라는 사실을 기억해야 한다.

즉 하나님께서 인간 역사 가운데서 저들에게 안식을 주시고자 하는 일차적인 목적은 행복하고 안락한 저들의 개인적인 삶을 위해서가 아니었다. 이는 저들이 이제 돌이켜 하나님의 통치 아래 살아가게 된다는 사실을 의미한다. 그 모든 과정을 통해 하나님께서는 이땅에 메시아를 보내 저들에게 참된 안식을 주시고자 했던 것이다.

하나님께서는 선지자 이사야를 통해 장차 도래하게 될 이스라엘 민족의 승리의 노래를 미리 계시해 주셨다. 우리가 여기서 각별히 주의를 기울여 이해해야 할 사실은 아직 그에 대한 구체적인 사건이 일어나기 전에 벌써 그에 대한 '노래'가 먼저 주어졌다는 점이다. 이는 매우 중요한 구속사적인 의미를 지니고 있다.

우리는 하나님께서 선지자 이사야를 통해 계시하신 이 노래를 수백 년이 지난 후 구체적인 사건이 일어날 때까지 이스라엘 민족 가운데 묻어두게 하신 것이 아니었다는 사실을 알아야 한다. 이스라엘 자손은 아직 그 처참한 사건이 발생하기도 전에 항상 이 노래를 염두에 두고 때에 따라 불렀다. 북이스라엘 왕국이 앗수르에 의해 멸망당했을 때와 바벨론에 의해 위협을 당하고 포로로 잡혀갔을 때도 그 노래가 백성들 가운데서 불려졌다.

이 승리의 노래가 이스라엘 백성에게는 생동하는 소망이 되었다. 여호와 하나님을 믿는 성도들은 이를 통해 장차 하나님께서 이룩하실 모든 사역들을 바라보며 그의 때를 기다렸다. 이스라엘의 진정한 소망은 역사적 사건들에 있었던 것이 아니라 하나님께서 계시해 주신 약속의 노래 가운데 존재했던 것이다.

4. 바벨론의 패망과 그로 인한 조롱과 기쁨 (사 14:4-11)

역사상 앗수르보다 나중에 일어나게 되는 바벨론 제국은 이스라엘 민족에 대하여 엄청난 학대를 가하게 된다. 바벨론 군대가 지키는 성읍들은 강포하기 이를 데 없었다. 그것은 이스라엘 민족에 대한 하나님의 채찍의 역할을 했다. 하지만 바벨론 사람들이 맡은 악역은 불행한 것이라 말할 수밖에 없다.

결국 또다시 세월이 지나 바벨론 제국은 페르시아 제국에 의해 멸망당하게 된다. 하나님께서는 바벨론의 악한 몽둥이와 패권자의 홀을 완전히 꺾어버리신다. 그것은 더이상 저들이 소유한 과거의 영화를 자랑할 만한 것이 되지 못하게 만들어 버린다는 사실을 말해준다. 바벨론은 한 때 막강한 제국으로서 군사력을 동원해 주변의 여러 민족을 쳐서 정복하며, 마치 진노하듯 주변의 열방을 억압했지만 그것을 막을 수 있는 세력은 존재하지 않았다.

그런 상황에서는 주변의 모든 왕국과 사람들이 심한 공포에 떨지 않을 수 없었다. 전체적인 분위기는 불안으로 가득 찼으며 사람들의 마음 가운데는 평온함이 없었다. 그것은 전적으로 바벨론의 공포 정치와 거침없는 제국주의 정책 때문이었다. 바로 그 나라가 패망하게 되자 주변 사람들의 환경은 자연스럽게 변하게 되었다.

이제 새로운 나라인 페르시아 왕국이 바벨론을 억누르고 세계를 제패하게 되자 그 땅에는 어느 정도 평화의 기운이 감돌기 시작했다. 그동안 바벨론에 의해 억압받던 백성들은 저들의 패망을 보며 즐거워하지 않을 수 없었다. 그러므로 그들은 목청껏 소리지르며 해방의 기쁨을 노래했다.

억압받던 백성들이 기뻐했던 가장 중요한 원인은 압제자 바벨론이 패망했기 때문이었다. 그들은 언약의 백성으로서 예루살렘 성전이 파괴되는 것을 두 눈으로 똑똑히 보면서도 속수무책束手無策으로 이방 지역에 포로가 되어 끌려오는 수모를 당하였다. 하지만 그들은 그에 저항할 만한 힘이 전혀 없었다. 그들은 바벨론 사람들의 종이 되어 살아갈 수밖에 없었던 것이다. 그런 환경 가운데서는 고통의 연속일 따름이었다.

그런 처참한 형편 가운데서 신흥 페르시아 왕국이 막강한 바벨론 제국을 패망시키게 된다. 그것은 마치 페르시아 사람들이 이스라엘 자손의 원수를 대신 갚아 준 것과 같은 형국이라 할 수 있다. 따라서 그들은 바벨론의 패망을 기뻐하며 저들을 조롱하게 되는 것이다.

이사야는 그 내용 가운데 나무들을 비유로 들어 노래하고 있다. 향나무와 레바논의 백향목도 거대한 악한 나무가 넘어지게 된 것을 기뻐한다는 것이었다. 이제 그 나무가 완전히 쓰러지게 되고 향나무와 레바논 백향목은 이제 자기를 작벌할 자가 없어졌으므로 인해 기뻐한다는 표현을 했다. 이는 바벨론 제국의 멸망에 대한 비유이다.

바벨론이 패망하게 되면 이제 음부로 내려가게 된다. 이사야서 본문은 무서운 압제를 행하던 그 악한 제국이 음부로 가게 되자 음부에서조차 소동이 일어난다는 기록을 하고 있다. 그 음부에 있는 악한 존재들이 바벨론이 그곳으로 온 것을 환영하여 영접한다는 것이었다.

또한 바벨론 제국이 완전히 패망함으로써 세상의 모든 영웅들과 열방의 왕들 가운데 커다란 지각변동이 일어나게 된다. 결코 수명을 다하지 않을 것 같은 위세를 부리던 막강한 바벨론이 멸망하게 되자 저마다 자신의 세력을 확장시키고자 했기 때문이다. 과거에 바벨론 제국 앞에서 꼼짝하지 못하던 자들이 이제 자기의 힘을 자랑하며 도리어 세력을 상실한 바벨론을 비웃게 된다.

약소한 민족들이 바벨론을 향해 그 나라가 자기와 같이 연약하게 된 사실을 두고 조롱한다는 것이었다. 바벨론이 가졌던 모든 영화는 음부에 떨어질 수밖에 없다. 그 음부는 구더기와 지렁이가 득실거리는 곳으로서 그들이 즐기던 비파소리까지 그곳으로 떨어진다. 이는 저들의 모든 권세와 영광이 얼마나 허망한 것인가 하는 점을 여실히 보여주고 있다.

우리는 여기서 매우 중요한 구체적인 교훈을 배우지 않으면 안 된다. 세상에서의 모든 부귀영화는 마치 지나가는 안개와 같은 것으로서 아무런 의미가 없다. 지극히 짧은 기간 동안의 현상인 그와 같은 것은 결코 영원한 삶을 사모하는 성도들에게 추구의 대상이나 부러움의 대상이 될 수 없다. 그 모든 것들은 일순간에 사라지게 되며 그것을 추구하며 인생을 자랑하는 자들에게는 영원한 수치와 멸망이 따르게 될 뿐이다.

5. 바벨론의 배경에 있는 사탄 (사 14:12-17)

이사야를 통해 주어진 말씀 가운데는, 바벨론에 연관하여 '아침의 아들 계명성' (Lucifer, son of the morning; morning star)[22] 곧 루시퍼에 관한 저주의 노래가 나온다. 영원히 밝을 것처럼 보이던 계명성이 하늘에서 떨어지게 된다는 것이었다. 여기서 언급된 루시퍼는 바벨론 제국의 통치자를 일컫는 동시에 사탄에 연관된 것으로 의미하는 것으로 보는 것이 자연스럽다.[23]

---

22) "How art thou fallen from heaven, O Lucifer, son of the morning! how art thou cut down to the ground, which didst weaken the nations"(Isa.14:12, KJV). 칼빈은 본문에 기록된 '새벽별' 의 의미를 지닌 '루시퍼' 를 사탄으로 보지 않는다. 그는 이 말을 바벨론의 왕에 국한시켜 이해해야 한다고 생각했다.

23) 우리는 성경에서 그리스도를 예표하는 인물이 여러 사람 있다는 사실을 알 수 있다. 그 가운데 대표적인 인물은 모세와 다윗이다. 모세는 자기와 같은 선지자가 나중에 올 것을 언급하며 그리스도를 드러내 보이고 있다. 그리고 다윗은 그의 시편 가운데서 자주 자신을 그리스도를 예표하는 자리에서 노래하고 있다. 이처럼 바벨론의 왕을 사탄을 예표하는 존재로 이해하는 것이 자연스럽다.

즉 하나의 표현이지만 복합적인 의미를 동시에 지니고 있는 것이다.

그러므로 먼저 열국을 뒤엎고 세상을 정복한 바벨론이 비참하게 되어 땅에 찍혀버린 것에 대한 언급을 하고 있다. 그리고 나서 하나님께서는 계명성의 오만함을 강하게 질책하고 있다. 하지만 그 계명성은 다짐하기를, '자기 스스로 하늘 위에 올라가 하나님의 뭇별들 위에 자신의 보좌를 높이겠노라' 는 말을 했다. 그는 또한 '북극 집회의 산' 위에 좌정하겠노라는 언급을 했다.[24] 그는 나아가 가장 높은 구름 위에 올라 지극히 높은 자와 비기리라고 말했다.

이는 육체를 지닌 바벨론의 왕으로서는 도저히 실행할 수 없는 것으로서 그 이상의 의미가 담겨 있는 것으로 이해해야 한다. 즉 세상의 왕은 결코 하나님의 뭇별들 위에 자신의 보좌를 높일 수 없다. 물론 그와 같은 표현을 상징적인 의미로 이해하게 되는 경우도 있지만 본문의 문맥은 그렇지 않다.

바벨론 제국의 통치자가 북극 집회의 산위에 좌정함으로써 여호와 하나님과 같아진다는 것은 불가능한 일이다. 따라서 그와 연관된 모든 내용을 단순한 상징적인 의미로 받아들이기 어렵다. 그것은 사탄과 밀접하게 연관된 실제적인 교훈으로 이해하는 것이 가장 적절하다.

그 노래 가운데는 아침의 아들 계명성이 음부 곧 지옥 구덩이의 맨 밑에 빠지게 된다는 사실이 언급되어 있다. 세상 사람들은 그가 그렇게 되는 것을 지켜보며 과거의 화려한 모습을 완전히 상실당한 그를 조롱하게 된다. 이는 일차적으로 바벨론의 왕에 관한 내용으로서 막강한 세력으로 온 땅을 진동시키며 열국들을 긴장시키던 자로 이해하는 것이 자연스럽다. 그는 세계를 정복하여 황무케 하며 여러 성읍들을 파괴하고 많은 종족들을

24) 여기서 언급된 '북극 집회의 산' 이란 예루살렘과 대비되는 말로 이해해야 한다. 이는 계명성 루시퍼가 거룩하신 하나님과 맞서겠다는 태도를 보여준다. 이는 그 계명성이 절대적인 의미를 지닌 예루살렘의 의미를 알고 있었다는 말이 되기도 하다.

포로로 잡아가며 천하무적天下無敵을 자랑하던 바벨론의 왕이었다.

그런 화려한 과거를 지닌 그가 이제 완전히 패망하여 영원한 음부에 내던져지게 되었다. 이는 패망한 바벨론 왕에게 일차적으로 적용되어야 할 말씀이다. 그와 동시에 이 의미는 하나님을 대적하는 사탄에게 적용되어야 한다. 바벨론과 그 나라의 통치자는 사탄의 지시를 받고 있던 왕국과 인물이었던 것이 틀림없기 때문이다.

6. 세상 왕국의 허망한 권세와 바벨론의 심판 예언 (사 14:18-23)

선지자 이사야가 전한 노래 가운데는 열방의 왕들이 모두 제각각 자기 집에서 영광중에 잔다는 표현이 나타나고 있다. 그러나 이 말은 상징적인 의미를 지니고 있다. 즉 세상의 모든 왕들이 성경이 말하고 있는 바 진정한 영광중에 죽는 것이 아니다. 그들 역시 여호와 하나님을 알지 못한다면 겉으로 드러나는 양상과는 달리 비참한 죽음에 직면할 수밖에 없다.

그럼에도 불구하고 본문 가운데서 이와 같은 언급을 한 것은 언약의 왕국을 괴롭힌 바벨론 제국의 왕이 직면하게 되는 처참한 말로末路를 구체적으로 보여주고 있다. 바벨론 왕은 자기 무덤에서조차 내어쫓겨나는 신세가 된다. 그는 가증한 나무처럼 되어 칼에 찔려 돌 구덩이에 빠진 주검에 둘러 싸여 짓밟히는 시체와 같이 된다.

어리석은 바벨론 왕은 자기의 땅이 망하도록 하고 자기 백성을 죽이기를 게을리하지 않는다. 그러므로 그들처럼 일반적인 방법으로 무덤에 묻힐 수 없었다. 악을 행하는 자와 그의 후손은 영원히 멸망당하게 될 따름이다. 이처럼 세상에서의 모든 부귀영화는 아무것도 아니며 세상에서조차 그 모든 것들은 뒤바뀌게 된다. 그러나 눈앞에 놓인 것들에 눈이 먼 어리석은 자들은 현실에만 안주하고자 할 뿐 그에 대한 아무런 인식조차 없다.

하나님께서는 또한 이스라엘 자손에게 정당한 세력을 펼치라는 명령을 하셨다. 저들에게는 아직 아무런 힘이 없을 때였다. 그럼에도 불구하고 바벨론 사람들의 조상이 과거에 행한 죄악을 기억하고 저들을 심판하기를 준비하라는 것이었다. 이는 장차 있게 될 일이었지만 바벨론 제국은 감히 다윗 왕국을 패망시킬 뿐 아니라 하나님의 집인 거룩한 성전을 파괴하는 자들이었다. 그 자손들은 조상들이 저지른 악행의 열매를 먹으며 인생을 누리게 되는 것이었다.

선지자 이사야는 앗수르를 정복한 바벨론 시대의 맨 끝에 일어나게 될 일들에 관한 예언을 했다. 장차 여호와 하나님께서 이스라엘 백성에게 원수를 갚게 될 기회를 주시리라는 것이었다. 때가 이르게 되면 저들의 땅을 취하고 세상의 악한 자들이 성읍을 재건하지 못하도록 하라는 명령을 내리셨던 것이다.

물론 그 모든 일들은 하나님께서 주도하여 행하시게 된다. 즉 만군의 하나님 여호와께서 직접 일어나 그들을 쳐서 그 이름과 남은 자와 저들의 모든 자식과 후손을 바벨론에서 끊어버리신다는 것이었다. 하나님께서는 또한 저들이 살고 있던 곳들을 고슴도치의 굴혈로 만들고 물웅덩이가 되도록 하리라고 말씀하셨다. 나아가 멸망의 빗자루로 모든 것을 말끔하게 쓸어버릴 것이라는 예언을 하셨다. 이는 바벨론이 완전히 패망하리라는 사실을 시사해주고 있다.

7. 앗수르에 대한 심판 예언 (사 14:24-28)

하나님께서는 자기가 하신 모든 예언은 반드시 이루어지게 된다는 사실을 강조하셨다. 이는 실의에 빠진 이스라엘 자손들에게 주어진 가장 강력한 소망의 메시지가 아닐 수 없다. 이제 그들은 오직 하나님의 말씀을 믿고 그대로 순종하며 기다리기만 하면 된다.

앞에서 바벨론의 패망에 대한 예언을 하신 하나님께서 이번에는 앗수르 제국을 심판하여 멸망시키시리라는 말씀을 하셨다. 하나님이 친히 앗수르 사람들을 자기의 땅에서 파하시며 자신의 산에서 발아래 두고 짓밟아 버리시리라는 것이었다. 그렇게 되면 이스라엘 자손의 목을 죄고 있던 멍에가 풀리고 저들에게 지워진 무거운 짐이 저들의 어깨에서 벗겨지게 될 것이라고 하셨던 것이다.

하나님께서는 그 놀라운 일을 통해 작정과 경륜 가운데 펼치시는 자신의 뜻을 온 세상에 보여주시고자 했다. 즉 세계 열방이 그것을 통해 하나님께서 행하시는 모든 일들을 목격하게 될 것이었다. 당시 열국 백성들의 눈에는 막강한 앗수르 제국이 패망한다는 것은 상상조차 할 수 없는 일이었다. 그것은 결국 인간들의 계획아래 이루어지는 사건이 아니라 하나님께서 친히 간섭하심으로써 발생하는 사건이 될 것이었기 때문이다. 우리는 하나님께서 행하시고자 하면 아무도 그것을 거절하거나 막을 자가 없다는 사실을 잘 알고 있다.

8. 블레셋에 대한 예언과 하나님의 뜻 (사 14:29-32)

아하스 왕이 죽던 해에 하나님께서는 이스라엘 자손 주변에 있던 족속들에게 경고하셨다.[25] 그 경고는 먼저 블레셋 사람들에게 주어졌다. 당시 블레셋은 이스라엘 민족을 위협하고 있었으며 앗수르 제국의 위협에도 불구하고 스스로는 상당한 위력을 떨치고 있었다. 아하스 왕과의 전쟁에서 블레셋 족속은 유대 지역의 여러 개의 큰 성읍들을 완전히 점령했다.

---

25) 아하스 왕은 BC 716년경에 죽는다. 당시는 이미 북이스라엘 왕국이 앗수르 제국에 의해 패망당했을 때였다. 그로 인해 북이스라엘 백성은 물론 남쪽 유다 왕국의 백성들도 좌절에 빠지지 않을 수 없었다. 그와 같은 형편에서 선지자 이사야가 언약의 자손들에게 소망의 메시지를 전했던 것이다.

"블레셋 사람들도 유다의 평지와 남방 성읍들을 침노하여 벧세메스와 아얄론과 그데롯과 소고 및 그 주변 마을들과 딤나 및 그 주변 마을들과 김소 및 그 주변 마을들을 점령하고 거기에 살았으니 이는 이스라엘 왕 아하스가 유다에서 망령되이 행하여 여호와께 크게 범죄하였으므로 여호와께서 유다를 낮추심이라 앗수르 왕 디글랏빌레셀이 그에게 이르렀으나 돕지 아니하고 도리어 그를 공격하였더라 아하스가 여호와의 전과 왕궁과 방백들의 집에서 재물을 가져다가 앗수르 왕에게 주었으나 그에게 유익이 없었더라"(대하 28:18-21)

이스라엘 왕국이 완전히 패망하기 전 당시 이스라엘 백성은 블레셋의 습격을 받고 많은 성읍들은 빼앗겼을 때 여호와 하나님을 의지하지 않았다. 그들은 도리어 저들의 원수에 지나지 않는 앗수르 제국에 값비싼 뇌물을 갖다 바치며 그에 의존하려고 했다. 하지만 앗수르는 저들을 돕기는커녕 도리어 공략하여 정복하기에 이르렀다. 하나님께서 배도에 빠진 백성들을 돕지 않으셨던 것이다.

그러나 여호와 하나님께 저항한 앗수르 제국은 세월이 흐른 다음 결국 하나님의 심판으로 말미암아 멸망을 당하게 된다. 그렇게 된다면 작은 왕국에 지나지 않던 블레셋에게는 여간 반가운 일이 아닐 수 없다. 그동안 저들을 위협하며 괴롭혀오던 앗수르가 패망했으니 자유롭게 되었다는 판단을 할 것이었기 때문이다.

그렇지만 선지자 이사야는 블레셋 족속에게 그것을 기뻐하지 말라는 경고를 했다. 저들을 치던 막대기가 부러지겠지만 장차 더욱 강한 막대기가 닥쳐오리라는 것이었다. 선지자는, 뱀의 뿌리에서는 독사가 날 것이며 그 열매는 날아다는 불뱀이 되어 저들을 위협하게 되리라는 사실을 예언했던 것이다. 이는 앗수르 제국보다 훨씬 강압적이고 악독한 바벨론 건국에 대한 예언이었다.

선지자는 또한 가난한 자의 장자는 장차 식량을 구해 먹게 될 것이며 빈핍한 자는 평안하게 눕게 되리라고 했다. 하나님께서 블레셋의 뿌리를 기근을 통해 죽일 것이며 저들의 남은 자들도 살육당하게 되리라는 것이었다. 이는 핍박을 받고 고통당하는 자들에게 최종적인 승리가 임하게 되리라는 말과도 같다. 따라서 블레셋의 성읍들과 성문들 앞에는 슬피 부르짖어야 할 때가 다가온다. 블레셋은 소멸될 것이기 때문이었다.

그리고 선지자 이사야는 타는 연기가 북방으로부터 내려온다는 사실을 언급하고 있다. 그것은 막강한 군대의 진군을 의미한다. 아마도 저들은 신흥 바벨론 왕국의 군대일 것이다. 그들은 대열이 흐트러짐이 없는 막강한 병사들을 소유한 군대였다. 즉 모든 군인들이 일사분란하게 움직이는 모습을 지니고 있었다.

여호와 하나님께서는 이스라엘 자손에게 저들로부터 오는 사신들을 향해 할 말을 준비해두라는 말씀을 하셨다. 그것은 여호와 하나님께서 시온을 세우셨으므로 그의 백성과 곤고한 자들이 그 안에서 피난할 것이라고 말하라는 것이었다. 이는 하나님께서 필경은 자기 자녀들을 보호하시리라는 의미를 지니고 있다. 우리는 이를 통해 이방 왕국끼리는 서로간 영구한 안식을 주고받거나 소유하지 못한다는 사실을 알게 된다.

제15장

모압에 관한 경고

(사 15:1-9; 16:1-14)

1. 모압의 역사

모압 족속은 아브라함의 조카 롯의 후손이다(창 19:37). 소돔 성에 살면서 하나님으로부터 '의인' 으로 인정받던 롯(벧후 2:7)은 천사의 인도로 말미암아 멸망당하는 현장으로부터 피신할 수 있었다. 하지만 그의 아내는 소돔 성에서 도망하는 길에 그곳에 두고 온 것들에 대한 미련을 떨치지 못하고 뒤를 돌아보다가 소금기둥이 되어 버렸다(창 19:26).

그의 상속을 이을 만한 아들이 없이 아내가 죽게 되자 그의 두 딸들을 통해 후손을 잇게 되었다.[26] 그 가운데 큰딸을 통해 낳은 자식이 모압 족

26) 성경에는 오늘날 우리가 이해하기에 쉽지 않은 내용들이 종종 나타난다. 그 가운데 하나가 롯이 자신의 두 딸들을 통해 자식을 낳게 된다는 사실이다. 성경에는 롯이 소돔을 탈출하는 과정에서 그 아내가 죽은 후, 그의 두 딸들이 아버지의 자식을 갖고자 하여 취한 행동에 대한 기록이 상세하게 기록되어 있다(창 19:30-38). 왜 성경이 우리에게는 극히 부도덕한 것으로 여겨질 수 있는 그와 같은 부끄러운 내용을 기록하고 있을까? 우리가 여기서 관심을 가져야 할 점은 부녀지간에 이루어지는 성적인 부도덕이 아니라 상속의 의미에 관한 문제이다. 롯의 두 딸은

속의 조상이다. 그들은 대개 요단강과 사해 동편 지대에 거주했다. 저들의 위쪽에는 형제 왕국이라 할 수 있는 암몬 족속이 차지하고 있었으며[27] 아래쪽에는 에돔 족속이 자리잡고 있었다.

이스라엘과 모압은, 출애굽 후 시내광야 생활 40년을 마무리한 뒤 여호수아를 앞세운 백성들이 가나안 땅으로 들어가면서부터 심한 갈등이 시작되었다. 모압 족속이 살고 있던 땅은 하나님께서 저들에게 기업으로 준 땅이었다(신 2:9). 따라서 이스라엘 민족이 약속의 땅으로 진입하는 길목에 위

성적인 욕망에 의해 불륜을 저지르려 한 것이 아니었다. 저들의 관심은 아버지의 상속자를 통해 대를 잇는 것이었다. 성경에는 이와 다소 다르기는 하지만 이해하기 어려운 성적인 문제들이 가끔 나타나고 있다. 가장 대표적으로, 야곱의 아들 유다가 죽은 아들의 아내인 며느리와의 성적인 관계에 의해 자식을 얻게 되었다는 사실이다. 롯과 유다의 경우, 공통점은 자식을 얻고자 주도한 쪽이 여성들이었다는 점이다. 즉 롯의 딸들이 아버지의 상속을 이을 자를 필요로 했듯이 유다의 며느리 다말도 시아버지와 남편의 상속을 위해 그런 행동을 취했던 것이다. 그런데 성경에는 그것 자체를 두고 그렇게 책망하는 것으로 비쳐지지 않는다. 우리는 특히 롯의 그와 같은 전력에도 불구하고 그가 하나님으로부터 '의인' 으로 인정받고 있다는 사실을 기억할 필요가 있다. 이는 상속의 중요성에 대한 것을 말해주고 있는 것으로 이해해야 한다. 그럼에도 불구하고 이스라엘 백성 가운데는 그것으로 인해 모압과 암몬 자손을 경멸하는 자들이 없잖아 있었을 것이다. 하지만 그것은 성경신학적으로 볼 때 정당한 비판이라 말하기 어렵다. 그것은 성적인 문제가 아니라 상속이 그 중심에 놓여 있었기 때문이다. 우리는 하나님께서 모압 자손에게도 따로 기업을 주신 사실을 기억할 필요가 있다; "우리가 세일산에 거하는 우리 동족 에서의 자손을 떠나서 아라바를 지나며 엘랏과 에시온 게벨 곁으로 지나 행하고 돌이켜 모압 광야 길로 진행할 때에 여호와께서 내게 이르시되 모압을 괴롭게 말라 그와 싸우지도 말라 그 땅을 내가 네게 기업으로 주지 아니하리니 이는 내가 롯 자손에게 아르를 기업으로 주었음이로라"(신 2:8.9). 상속 문제와 연관해서는, 우리 시대에도 구약시대의 형식을 그대로 받아들일 수 없으나 상속 자체에 대한 의미를 중요시해야만 한다. 물론 신약시대에 와서는 개별 가정이 아니라 교회 공동체의 역사적 상속을 매우 중요한 의미로 받아들이고 있다.

27) 암몬족속은 롯의 둘째 딸에 의해 출생한 롯의 아들 벤암미의 후손들이다(창 19:38). 따라서 그들은 이스라엘 백성과 먼 혈통적인 관계를 지니고 있었다. 하지만 그 종족은 이스라엘과 줄곧 적대 관계에 놓여 있었다. 다윗과 솔로몬 시대에 일시적으로 우호관계를 가진 적이 있었지만(대상 19장; 왕상 11장, 참조) 그것은 정략적인 것에 지나지 않았다.

치한 모압인들은 저들이 그 지역을 지나가지 못하도록 했다(삿 11:17). 이로 인해 저들 사이에는 악한 감정이 생겨날 수밖에 없었으며, 사사시대에는 이스라엘이 일시적으로 모압의 지배를 받기도 했다(삿 3:12-14).

물론 나중 다윗 왕의 통치 시기에는 저들을 지배하고 조공을 받을 때도 있었다(대상 18:2). 그 다음 시대에는 모압 여인들이 솔로몬 왕과 정략적인 결혼을 하게 됨으로써 이스라엘과 우호관계를 맺기도 했다. 하지만 저들이 가지고 들어온 모압의 신 그모스(Chemosh)를 섬기는 일이 번져 여호와 하나님을 분노케 하는 죄를 범하기도 했다(왕상 11:1,7,33).

그후에도 이스라엘과 모압 왕국 사이에는 좋든 좋지 않든 항상 정치적인 긴장 관계에 놓여 있었다. 이사야 선지자가 예언할 당시에는 두 민족 사이에 상당한 갈등을 빚고 있을 시기였다. 모압은 군사적으로 견고한 세력을 유지하고 있었으며 기득권자들은 사치와 허영에 빠져 있었다. 그와 같은 형편 가운데서 오만한 모압 사람들은 위기에 처한 이스라엘 백성들을 멸시하며 조롱했던 것이다.

2. 모압의 통곡 (사 15:1-4)

이스라엘 왕국이 앗수르 제국으로 말미암아 극한 위기에 처해 있을 당시 모압 사람들은 나름대로 국력을 신장하며 오만에 가득찬 자신감을 가지고 있었다. 그들은 주변의 강대국들에 대해서는 비굴한 모습을 보였지만 자기보다 약하다고 여겨지는 나라들에 대해서는 오만한 면모를 보였다. 모압 왕국은 당시에도 이스라엘 민족에 대해서는 불편한 적대세력으로 존재했던 것이다.

이사야 선지자는 그와 같은 모압에 대하여 경고의 예언을 전하고 있다. 외형상 강한 세력을 지니고 있는 듯이 보이는 저들이었지만 일순간에 무너지게 될 날이 곧 이르게 된다는 것이었다. 모압은 오랜 세월 동안 애쓴 저들의 노력에도 불구하고 하루 밤 사이에 패망하여 황폐해질 것이다.

그런 날이 이르게 되면 모압 온 백성이 충격을 받을 수밖에 없다. 사람들은 나라가 패망한 것을 목격하면서 저들의 종교적 근간이 되는 바잇과 디본에 있는 산당山堂에 올라가 저들의 신을 향해 울부짖게 된다. 그들은 모압 왕국의 자랑거리로서 과거 화려했던 성읍 느보와 메드바의 황폐한 모습을 보며 통곡하지 않을 수 없다.

나라의 패망으로 인해 깊은 슬픔에 잠긴 모압 백성들은 저들의 풍습에 따라 슬픔을 극대화하듯 머리털을 밀고 수염을 깎게 된다. 그리고 굵은 베옷을 몸에 걸치고 서로간 애통하며 울어대는 모습을 보인다. 이는 왕국이 극한 위기에 처해 있음을 선포하는 의미를 지니고 있다. 또한 그와 같은 행동은 사람들의 눈에 띄지 않는 골방이나 숨겨진 곳에서 실행되는 것이 아니라 오히려 공개적인 장소에서 전체적으로 이루어진다.

모압 사람들은 집집마다 옥상에서 큰 소리로 울부짖으며 사람들이 오가는 넓은 곳에서 애통한다. 저들의 큰 성읍인 헤스본과 엘르알레에서도 백성들이 크게 부르짖으므로 그 소리는 야하스까지 들려 모압 땅 전체가 진동한다. 또한 용맹스러워야 할 모압의 병사들마저도 왕국의 패망으로 인해 속마음까지 두려워 떨며 불안에 빠져 넋을 잃고 울부짖는다. 이는 모압의 모든 사람들이 애끓는 통곡소리와 더불어 부르짖게 된다는 사실을 말해준다.

선지자는 이 예언을 통해 패망하게 될 모압과 달리 이스라엘 민족에게 소망의 여지를 남겨주고자 했다. 지금 상당한 세력을 지닌 것으로 보이는 나라와 왕이라 할지라도 결국 하나님의 심판의 대상이 된다는 것이다. 이는 언약의 자손들은 당시 극심한 위기에 빠져 있을지라도 하나님의 은혜가 임할 여지가 남아 있다는 사실을 말해주고 있다. 이 예언은 위기에 처한 이스라엘 백성이 붙잡을 수 있는 유일한 소망이 된다.

3. 모압에 임한 재앙 (사 15:5-9)

모압 왕국이 패망하게 되는 근본적인 원인은 단순한 국제정세의 균형 파괴로 말미암은 것이 아니다. 그것은 하나님의 심판과 저주에 직접 연관되어 있었으므로 피할 길이 없다. 모압 사람들은 건재해 보이던 왕국의 패망을 지켜보며 자신이 처한 형편으로 인해 괴로운 마음을 안고 피난길에 올라야만 한다.

그동안 권력을 장악하고 부귀영화를 누리던 기득권자들은 본처소를 버리고 모든 사정이 열악한 소알과 에글랏 슬리시야 등지로 떠나 피난하게 되며 눈물을 흘리며 루힛 비탈길로 올라가야 한다. 모압인들은 호로나임 길을 지나면서 영원히 멸망하는 일이 없을 것처럼 믿고 의지하던 저들의 왕국에 임한 무서운 재앙으로 인해 울부짖지 않을 수 없게 된다. 또한 저들에게 풍부한 수자원水資源 역할을 하던 니므림의 물이 메마르고 산과 들에 가득하던 목초는 가뭄으로 인해 타들어가서 푸르름을 상실하게 된다.

그러므로 모압의 귀족들과 부유한 자들은 과거에 긁어모았던 많은 재물과 귀중품들을 가지고 '버드나무 시내'를 건너 피난하지 않을 수 없다. 이제 그런 것들은 아무런 쓸모가 없어지게 되지만 기득권을 누리던 자들은 그것들을 가지고 정든 곳을 떠나지 않으면 안 될 형편에 처하게 되는 것이다. 그것은 평온한 형편에서 진행되는 것이 아니라 저마다 살아남기 위한 아비규환阿鼻叫喚을 동반하게 된다.

따라서 백성들의 아우성이 모압 온 땅에 사무쳐 저들의 곡성이 에글라임에까지 이르러 엘림 샘터까지 퍼져나가게 된다. 이는 모압 땅 구석구석에까지 사람들이 슬픔과 애통에 잠기게 된다는 사실을 말해준다. 그것은 또한 저들에게 극한 위기가 닥쳐 걷잡을 수 없는 혼란에 휩싸이게 되었음을 보여준다. 뿐만 아니라 디몬의 물에는 죽은 사람들의 피로 붉게 물들게 된다. 그 주변에는 죽은 시체들이 뒹굴게 될 것이다.

하나님께서는 그 정도의 징벌로 끝내시지 않고 거기다가 또 하나의 무서운 재앙을 저들에게 더 내리게 되는데 그것은 무서운 맹수인 사자와 같은 세력을 보내 모압의 피난민들과 그 땅의 남은 자들을 갈가리 찢어버리도록 하신다는 사실이다. 따라서 그들은 피난을 간다고 해도 진정한 피난처를 만날 수 없다. 이는 모압 왕국이 그 전에 없던 최악의 형편에 처하게 된다는 사실을 시사해 주고 있다.

4. 언약의 자손들에 대한 당부와 거절 (사 16:1-5)

선지자 이사야는 모압 백성들에게 그 땅 곧 예루살렘의 통치자에게 '어린 양들' 을 선물로 보내라는 요구를 했다. 셀라에서부터 광야를 거쳐 이스라엘 민족의 수도인 시온산으로 어린 양들을 예물로 보내라고 말했던 것이다. 저들이 선지자의 말을 들어 그대로 순종하느냐 않느냐 하는 것은 별개의 문제이다. 이는 장차 모압 자손이 언약의 백성에게 무릎을 꿇고 항복하게 되리라는 사실을 시사해 주고 있다.

모압 왕국이 패망하게 되면 그 나라의 여자들은 허둥대며 떠돌아다니는 새들처럼 아르논의 나루터에서 배회하게 된다. 그 여인들은 마치 보금자리를 잃고 그곳에서 흩어진 새끼 새들과 같다. 이는 저들의 처참한 상황을 말해 주며 왕국의 근간이 되는 백성들의 가정이 근본적으로 무너지게 된다는 의미를 내포하고 있다.

하나님께서는 그 예언과 더불어 유다 백성에게 생각을 모아 결단하라는 요구를 했다. 또한 모압 왕국으로 인해 그동안 압제를 당하고 피해를 입은 자들을 위해 적절한 방도를 베풀며 공의로 저들을 판결하도록 촉구했다. 즉 태양빛이 뜨거운 대낮에 시원한 그늘을 드리우는 나무처럼 쫓기는 피난민들을 안전하게 숨겨주라는 것이었다. 이는 이스라엘이 힘을 가지게 되면 모압으로부터 압제를 당하던 자들을 보호해 주라는 명령이다.

그렇게 함으로써 모압으로부터 압제당하던 자들을 저희와 함께 살게 해주고 저들의 피난처가 되어 침략자들의 위협을 피할 수 있도록 해주라고 했다. 그들은 모압 땅에 살아가면서 저들로부터 심한 고통을 당하던 자들이었다. 이제 저들에게 하나님의 놀라운 은총이 베풀어지게 되었다는 것이다. 이는 저들의 것을 빼앗던 자들이 패망하고 침략자들이 없어지며 정치적으로 압제하던 자들이 사라지게 되므로 이제는 선의를 추구하는 통치자가 '다윗의 장막' 에 굳게 서게 되리라는 것에 대한 예언이었다.

이 말씀은 메시아 예언에 연관된 것으로 받아들여야 한다. 즉 '다윗의 장막' 에 군림하여 왕위에 앉아 공평과 의를 행하는 자는 장차 이땅에 오실 메시아를 가리키고 있다. 따라서 고통에 빠져 신음하며 소망을 상실한 이스라엘 자손들은 하나님께서 약속하신 메시아를 간절히 기다려야만 했던 것이다.

5. 모압의 교만 (사 16:6-11)

당시 모압 왕국에 속한 자들은 교만한 마음으로 가득 차 있었다. 그 백성들은 오만방자하여 과장과 허풍에 꽉 차 있어서 눈앞에 거치는 것이 없는 듯이 사고하며 행동했다. 그런 악한 자들이 다스리던 나라가 하루 밤 사이에 완전히 패망하게 되었으니 기득권을 가진 백성들은 그것을 목격하고 땅을 치며 애곡하지 않을 수 없었다.

모압 땅이 황폐해진 가운데서도 그 백성들은 과거에 기름진 땅 길하레셋에서 건포도로 만든 떡을 배불리 먹던 시절을 머리에 떠올리게 될 것이다. 하지만 품질 좋은 포도나무가 재배되던 헤스본의 밭은 완전히 폐허되고 십마 지역의 포도나무는 모두 말라버리게 된다. 전에는 그 가지들이 무성하여 야셀 땅을 지나 광야로 뻗어나갔으며 그 순은 자라나서 사해바다까지 뻗어 나갔었다.

그러나 열방의 주권자들은 냉정하게 그 좋은 가지를 꺾어 버렸다. 과거에는 주변 왕국의 통치자들이 모압의 그 싱싱한 포도송이를 부러워하며 그에 취하기를 원했다. 하지만 이제 모압은 과거의 영광을 완전히 상실해 버린 전혀 다른 형편에 처하게 되었다. 그리하여 모압 사람들은 지난 날 품질 좋은 포도를 먹던 시절을 떠올려 기억하며 가슴이 메어지도록 탄식하게 될 수밖에 없다.

이제 모압의 주민들은 과거에 누렸던 풍요로움과 흥겨운 노래를 완전히 상실하고 눈물로 자신의 몸을 적시게 된다. 여름에 익은 과실을 따고 농작물을 거두며 분주해야 할 시기에 그것 대신에 전쟁의 함성이 높아지게 된다. 그전에 저들이 누리며 즐기던 모든 기쁨의 근원이 되던 것들이 기름진 밭에서 없어졌다. 따라서 포도원에서는 더 이상 노래와 즐거운 소리가 들리지 않게 되어 버렸다.

또한 설령 포도열매를 수확할 수 있다고 하더라도 이제 포도주틀을 밟을 사람이 없게 된다. 이는 모압의 남자들이 전쟁에서 죽게 됨으로써 최악의 상황에 이르게 된다는 사실을 말해준다. 그 모든 것들은 여호와 하나님께서 교만에 빠진 저들에게 내리는 재앙과 심판으로 말미암는 것이다.

하지만 이스라엘 자손들은 모압 왕국의 패망을 보며 도리어 기쁨과 즐거움을 누리게 된다. 저들의 마음은 모압으로 인해 수금 같은 노래 소리를 발하게 될 것이며 저들의 속은 황폐해진 길하레셋 때문에 그와 같은 분위기를 맞게 된다. 이는 하나님께서 저들의 원수인 악한 모압 족속들을 멸하심으로써 언약의 백성들에게는 하나님으로 말미암은 승리와 소망을 가져다주게 된다는 사실을 시사해 주고 있기 때문이다.

6. 이방종교행위와 하나님의 심판 (사 16:12-14)

여호와 하나님을 진정으로 알지 못하는 잘못된 종교인들이 지니는 특성들 가운데 하나는 저들의 종교적 열성을 드러내 보이고자 하는 태도이다. 이방종교일수록 그와 같은 현상이 더욱 분명히 나타난다. 또한 기독교 내부에서도 신앙이 어린 사람들일수록 자신의 종교적인 열성에 모든 힘을 기울인다. 즉 계시된 말씀을 통한 하나님과의 인격적인 관계보다 자신의 인본적인 열성을 전면에 내세우려 하는 것이다.

이방종교를 믿고 있던 모압 사람들 가운데서도 그와 같은 현상이 뚜렷하게 드러났다. 그들은 저들의 신을 모신 산당에서 몸이 피곤해질 만큼 안간힘을 쓰며 모든 노력을 다했다. 그리고 이방 신을 모셔둔 산당의 성소에 나아가 온 정성을 기울여 기도했다. 하지만 저들의 종교적인 노력과는 상관없이 그 모든 것들은 아무런 의미가 없다. 뿐만 아니라 그것은 여호와 하나님을 진노케 하는 역할을 했을 따름이다.

그러므로 하나님께서는 그전에 이미 모압 왕국에 대한 심판을 예언하신 바 있다. 능력을 가진 유능한 모압 사람들이 아무리 많다고 할지라도, 삼 년 간 고용 계약을 맺은 품꾼이 기한이 차면 끝나듯 모압 왕국은 그 기간 안에 과거의 모든 영화를 짓밟히게 된다는 것이었다. 그와 같은 형편 가운데서 살아남은 자들조차도 그 수가 얼마 되지 않아 아무런 힘을 발휘할 수 없게 된다. 이는 장차 모압이 완전히 패망하게 되리라는 사실에 연관된 선지자의 예언이다.

제16장

다메섹과 에브라임에 관한 경고
(사 17:1-14)

1. 다메섹의 패망과 에브라임의 패망 (사 17:1-3)

다메섹(Damascus)은 구약시대 이스라엘 민족과 인접한 나라였던 수리아의 수도였다.[28] 창세기를 보면 그곳이 아브라함 시대부터 있었던 매우 오랜 도시였음을 알 수 있다(창 15:2, 참조). 다윗 왕이 통치하던 시기에는 그 지역을 정복해 조공을 받기도 했으나 이스라엘과 다메섹은 상당한 갈등을 겪었다(삼하 8:5,6; 왕상 11:23-25). 다메섹은 결국 BC 732년 앗수르 제국에 의해 함락 당하게 되었다.

이사야 선지자는 본문 가운데서 그에 연관된 경고를 하고 있었던 것으로 보인다. 다메섹이 완전히 파괴되어 성읍을 재건하지 못할 만큼 처참하게 무너진 무더기와 같이 되리라는 것이었다. 이는 다메섹을 비롯한 주변

---

28) 시리아 사막 중앙부 오아시스에 위치한 다메섹은 안티레바논(Anti-Lebanon; al-Jabal ash-Sharqi) 산맥 동쪽 기슭과 시리아 고원을 흐르는 바라다(Barada)강을 배경으로 한 해발 700m 정도 되는 위치에 자리잡은 도시로서 현재도 시리아의 수도이다.

의 모든 성읍들이 사람들이 살지 않는 곳으로 변하게 된다는 사실을 말해준다. 그렇게 되면 아로엘(Aroer)[29]의 성읍들도 버림을 받아 양 무리를 치는 목동들이 찾아와 양들이 그곳에 뒹굴게 되며 동물들은 사람들의 분주한 소리로 인해 놀라는 일이 없게 된다. 이와 같은 예언은 그전에 이미 선포된 적이 있었다(사 8:4).

그렇게 되면 다메섹과 우호관계에 있던 에브라임[30]의 요새들도 저들과 같이 파괴되며 다메섹과 아람의 남은 자들도 전쟁으로 인해 멸절하게 된다(호 9:11; 사 7:8). 그들은 여호와 하나님을 배반함으로써 멸망당하는 패역한 이스라엘 자손들처럼 된다는 것이었다. 즉 그들이 누리던 과거의 찬란한 영화가 부끄러움으로 변했듯이 다메섹도 그와 같은 상황에 처하게 된다. 이사야가 전하는 이 예언은 하나님께서 주신 말씀이기 때문에 저들은 결코 그런 참담한 재앙을 피할 수 없다.

2. 언약의 백성들에 대한 심판 (사 17:4-6)

하나님께서는 때에 따라 언약의 자손들에게 크게 진노하시기도 한다. 경우에 따라서는 이방인들에 대한 진노보다 훨씬 더 무섭게 나타난다. 그렇지만 구약시대의 언약적 관점에서 영원히 저들을 버리시지는 않는다.

---

29) 아로엘(Aroer)이라는 지명은 사해 동쪽 약 22km 지점 아르논 강변에 있는 동네와, 브엘세바 동남쪽 약 19km 지점의 네겝 지방의 성읍 등이 있다. 그러나 칼빈(J. Calvin)은 그의 주석에서 본문에 기록된 '아로엘'은 성경 다른 곳에서 언급되는 어떤 성읍(민 32:34; 신 2:36; 3:12; 4:48 등)을 뜻하는 것이 아니라 한 나라의 명칭으로 보고 있다(칼빈주석, 이사야 17:2, 참조).

30) 에브라임은 북 이스라엘 왕국을 대표하는 족속이다. 즉 이스라엘 민족의 장자 르우벤 대신 요셉이 장자권을 이어받고 그의 아들 에브라임이 그 지위를 상속했기 때문이다. 그리하여 에브라임 지파가 북 왕국을 대표하는 지파가 되었던 것이다. 따라서 분열왕국 시대에 에브라임을 언급할 때는 북쪽 이스라엘 왕국을 지칭하는 경우가 많았다.

즉 메시아를 보내시고자 하는 하나님의 뜻이 성취되기 전에는 자기 백성을 완전히 패망하도록 내버려 두시지 않는 것이다. 이는 창세전 선택받은 성도들의 구원에 연관된 하나님의 궁극적인 뜻에 관련되어 있다. 즉 이스라엘 자손들을 남겨두시고자 하는 까닭은 배도에 빠진 자들 자체에 대한 긍휼이라기보다 선택받은 자기 자녀들에 대한 언약적인 관심 때문이었던 것으로 이해해야 한다.

이스라엘 민족이 하나님으로부터 무서운 징계를 받게 될 때 언약의 백성으로서 야곱의 자손이 가졌던 모든 영광은 쇠하게 된다. 비유적으로 말하자면 저의 살진 몸이 핏기를 상실한 모습처럼 파리하게 되어 볼품사납게 된다. 참된 믿음을 소유한 자들이었다면 하나님의 일시적인 심판으로 말미암은 그 상황을 정확하게 파악할 수 있어야만 한다. 하지만 배도에 빠진 어리석은 자들은 그에 대한 인식을 전혀 할 수 없다.

하나님의 징계를 받게 되는 자들은 마치 곡식을 거두고 난후 텅 빈 들판처럼 핍절한 형편에 빠지게 된다. 즉 곡식을 추수하는 자가 곡식을 다 거두어들인 후 남겨진 들판을 서성이는 굶주린 자들같이 처량하게 될 수밖에 없다. 그 백성들은, 마치 사람들이 익은 곡식을 완전히 추수한 다음 그 이삭마저 다 주워가고 내버려진 예루살렘 인근의 '힌놈의 아들 골짜기'(the Valley of Ben Hinnom) 남쪽 황량한 르바임(Rephaim) 들판처럼 메마른 환경에 처하게 되는 것이다.

그럼에도 불구하고 여호와 하나님께서는 저들의 생명을 근근이 유지할 수 있는 방편을 남겨 두신다. 곡식이 전혀 남아 있지 않은 상황이었지만 그 안에서 먹을 만한 것이 어느 정도 남아있도록 해 주신다. 감람 열매를 따기 위해 나무를 흔들 때 가장 높은 가지 꼭대기에 과일 몇 개가 남아 있는 것처럼 하실 것이며, 무성한 나무의 끝가지에 열매 몇 개가 붙어 있는 것 같이 해주시리라는 것이었다. 그것은 하나님의 놀라운 은혜와 구속사적인 경륜에 따른 것으로 이해해야 한다. 하나님께서는 그 말씀을 하심으로써 이스라엘 민족의 생명줄을 완전히 끊어버리지는 않으리라고 예언하셨던 것이다.

3. 유일한 소망이 되시는 여호와 하나님 (사 17:7,8)

사람들은 어려운 일로 말미암아 극단적으로 어려운 환경에 처하여 자기 스스로 할 수 있는 것이 아무것도 없다는 사실을 깨달으면 대개 좌절에 빠지게 된다. 하지만 언약의 자녀들은 그와 같은 열악한 환경이 닥치게 될 때 여호와 하나님의 도움을 간절히 구해야만 한다. 선지자 이사야는 이스라엘 민족 가운데 때가 이르면 백성들 가운데 그와 같은 일이 발생하게 되리라는 사실을 예언했다.

그런 환경이 닥치면 언약의 백성들은 우주만물과 자기를 지으신 하나님을 간절히 우러러보게 되고 이스라엘의 거룩하신 이를 바라보게 된다는 것이었다. 이는 여호와 하나님만이 저들에게 유일한 소망이 된다는 사실을 인식하게 됨을 말해주고 있다. 그들은 고통 가운데서, 하나님의 도움이 아니면 살아날 방법이 없다는 사실을 깨닫게 되는 것이다.

이스라엘 자손이 그와 같은 신앙을 가진다면 하나님의 놀라운 은혜가 아닐 수 없다. 인간들이 일시적으로 고통스런 상황을 직면하게 되지만 그로 말미암아 하나님을 진정으로 찾을 수 있다면 그것을 하나님의 은혜로 이해하는 것이 바람직하다. 즉 배부르고 평온한 삶을 누리면서 하나님을 잊어버리거나 멸시하는 것보다, 고통스런 형편 가운데서 여호와 하나님을 찾아 그를 바라보는 것이 진정한 축복이 되는 것이다.

그러므로 그 사람들은 저들이 여호와 하나님의 말씀을 버리고 행한 우상 숭배에 대하여 뉘우치게 된다. 따라서 언약의 백성들은 이제 저들의 손으로 제작한 제단을 바라보거나 그것을 의지하는 일을 하지 않게 된다. 그리고 저들의 손으로 만든 아세라신상이나 태양신상을 섬기는 것을 중단한다. 당시 아세라 신은 바알 신과 더불어 가나안 지역의 대표적인 신으로 간주되었다. 그것들을 섬기는 자들은 아세라가 마치 저들에게 풍요를 가져다 줄 것처럼 믿고 있었던 것이다.

한편 태양신 숭배사상은 여러 지역에서 나타나지만 특히 애굽의 신으로 널리 알려져 있다. 당시 배도에 빠진 이스라엘 자손들 가운데는 입술로는 여호와 하나님을 섬긴다고 말하면서 동시에 태양신을 섬기는 자들이 많이 있었다. 그들은 여러 신들을 섬기면 더 많은 복을 누릴 수 있을 것으로 여겼던 것이다. 그러나 그와 같은 종교행위를 하는 것은 여호와 하나님을 진노케 하는 행위에 지나지 않았다. 이제 그들이 모든 것을 상실한 형편에 처하게 되자 그 우상신들을 버리고 하나님께로 돌아서게 되었던 것이다.

4. '혼합주의' 금지 (사 17:9-11)

여호와 하나님께서 크게 진노하시는 날이 이르면 모든 견고한 성읍들이 힘없이 허물어지게 된다. 그것은 이스라엘 백성들이 이미 오래 전부터 이미 경험한 바였다. 그전에도 여호와 하나님을 떠나 배도에 빠진 백성들은 저들의 삶의 터가 완전히 파괴되어 숲 속이나 산 위에 있는 땅처럼 황폐한 상태가 되었다.

이제 그와 같은 처참한 상황이 언약의 백성들에게 또다시 도래하게 된다. 이번에는 지난번보다 훨씬 더 강력한 재앙이 될 것이다. 이스라엘 자손이 그렇게 된 것은 저들의 구원의 기초가 되시는 여호와 하나님을 잊어버렸기 때문이다. 그렇게 되면 저들의 마음 가운데 이방 종교로 인한 우상숭배적인 개념이 스며들어올 수밖에 없게 된다.

우리가 여기서 기억해야 할 바는 언약의 자손들의 삶에는 항상 능력의 반석이 되시는 하나님께서 역사해야만 한다는 사실이다. 참된 신앙을 가진 성도들은 그런 삶을 위해 여호와 하나님 앞에 자기를 낮추고 그의 음성을 들어 순종하지 않으면 안 된다. 그렇게 하지 않고 세상의 것들을 살피며 그에 주된 관심을 두게 되면 하나님을 멀리할 수밖에 없게 되는 것이다.

하나님의 말씀을 잊어버린 이스라엘 자손은 저들의 욕망을 추구하며 살아가기를 좋아한다. 그들은 거룩한 땅에 살아가면서도 하나님의 뜻에는 진정한 관심을 두지 않았다. 그렇게 되면 하나님께서 정하신 특별한 땅에 배도에 빠진 자들이 자신의 취향에 따른 나무들을 심어 가꾼다. 또한 이방의 그럴듯하게 보이는 나무 가지들을 자기 주변에 옮겨심기를 즐겨한다. 어리석은 자들은 그렇게 함으로써 외형상의 만족을 꾀하기 위해 애쓰지만 실상은 하나님의 거룩한 영역을 더럽히는 것에 지나지 않는다.

성경은 우리에게 여호와 하나님은 '질투의 하나님' 이라는 사실을 분명히 기록하고 있다. 하나님의 자녀들은 어떤 경우라도 세상의 것들을 하나님이 통치하시는 거룩한 영역 안으로 끌어오려고 해서는 안 된다. 하나님께서는 시내광야 생활을 마치고 약속의 땅으로 들어가게 될 이스라엘 백성들에게 그점을 분명히 말씀하셨다. 가나안 지역에 살고 있는 이방인들과는 절대로 타협하지 말라고 명령하셨던 것이다.

> **"너는 내가 오늘 네게 명령하는 것을 삼가 지키라 보라 내가 네 앞에서 아모리 사람과 가나안 사람과 헷 사람과 브리스 사람과 히위 사람과 여부스 사람을 쫓아내리니 너는 스스로 삼가 네가 들어가는 땅의 주민과 언약을 세우지 말라 그것이 너희에게 올무가 될까 하노라 너희는 도리어 그들의 제단들을 헐고 그들의 주상을 깨뜨리고 그들의 아세라 상을 찍을지어다 너는 다른 신에게 절하지 말라 여호와는 질투라 이름하는 질투의 하나님임이니라"**(출 34:11-14)

가나안 땅에 들어가는 언약의 자손들은 약속의 땅에서 이방인들과 신앙적인 삶을 섞거나 타협하지 말아야 한다. 그대신 저들을 그 땅에서 쫓아내야만 했다. 즉 그들은 어떤 형태라 할지라도 저들과 한 자리에서 동일한 가치를 담보한 언약을 세워서는 안 된다. 여호와 하나님 한 분만을 의지해야 할 자들이 이방인들의 능력과 화려함을 보고 그에 의존한다면 그것은 저들에게 올무가 되어 결국은 그로 말미암아 스스로 넘어지게 된다.

그러므로 여호와 하나님께서는 저들에게 약속의 땅 가나안에 들어가면 이방인들의 모든 제단을 완전히 헐라고 명령하셨다. 그리고 저들의 신상들을 깨뜨리고 아세라 상을 찍어내도록 요구하셨다. 또한 절대로 이방 신상들에게 경배하는 일이 있어서는 안 된다는 사실을 강조하셨다. 이는 이스라엘 백성들의 눈에 그 이방 신상들이 그럴듯하게 보일 수 있음을 시사해주고 있다.

율법에서 멀어지게 되면 여호와 하나님과 이방 신들을 동시에 적절히 섬기는 것이 지혜인양 생각하는 어리석은 자들이 생겨나게 된다. 그러나 하나님께서는 그것들을 철저히 경멸하신다. 하나님은 자기 이외에 어떤 것도 섬김의 대상이 되는 것을 용납하시지 않는다. 따라서 그는 자신을 '질투의 하나님' 이라고 밝히셨던 것이다.

그렇지만 배도에 빠진 자들은 하나님과 자기가 원하는 세상의 것들을 동시에 섬기고자 하는 욕망을 가지게 된다. 즉 그들은 하나님과 세상에 존재하는 물질과 정신적인 요소들을 함께 섬기고자 하는 마음을 가진다. 그것은 불가능한 일임에도 불구하고 마치 그럴 수 있는 것처럼 여기게 되는 것이다. 미련한 자들은 그것이 도리어 지혜인양 생각하기도 한다. 따라서 예수님께서는 산상수훈에서 사람이 하나님과 재물을 겸하여 섬길 수 없음을 제자들에게 분명히 말씀하셨다(마 6:24).

우리가 확실하게 깨달아야 할 바는 그와 같은 모든 행위는 금지된 것이라는 사실이다. 하나님께서는 언약의 자녀들이 인간적인 욕망에 따라 세상의 것들을 가져와 혼합시키는 것을 철저히 금하셨다. 이는 여호와 하나님을 믿는 신앙만을 삶의 중심에 두어야 하며 이방 종교의 사상들을 이스라엘 민족 가운데 가져들여오는 것을 허용하지 않는다는 사실을 말해준다. 모세 율법에는 이에 연관된 교훈들이 나타나고 있다.

> **"너희는 내 규례를 지킬찌어다 네 육축을 다른 종류와 교합시키지 말며 네 밭에 두 종자를 섞어 뿌리지 말며 두 재료로 직조한 옷을 입지 말찌며"**(레 19:19); **"네 포도원에 두 종자를 섞어 뿌리지 말라 그리하면 네가 뿌린 씨의 열매와 포도원의 소산이 다 빼앗김이 될까 하노라 너는 소와 나귀를 겨리하여 갈지 말며 양털과 베실로 섞어 짠 것을 입지 말지니라"**(신 22:9-11)

모세가 기록한 이 말씀들은 세상의 것들을 성경이 제시한 거룩한 진리와 혼합시키는 것을 금지하는 하나님의 뜻을 보여주고 있다. 이 내용은 성도들의 일상적인 삶에 관련된 모든 영역에 연관되어 있다. 물론 그 본질적인 의미 가운데는 언약의 자손들은 여호와 하나님 앞에서 그 순수성을 유지해야 한다는 분명한 사실을 말해주고 있다.

이는 결코 구약시대 성도들에게만 국한되는 교훈이 아니다. 신약성경에서도 그와 동일한 의미의 교훈을 기록하고 있다. 교회에 속한 성도들은 하나님을 알지 못하는 자들과 분명히 구별되어야 한다. 이는 하나님의 자녀들과 불신자들 사이에는 본질적으로 영원히 공유할 만한 사고나 가치가 존재하지 않는다는 사실에 관련되어 있다. 사도 바울은 고린도 교회에 보내는 두 번째 편지에서 그점을 분명히 기록하고 있다.

> **"너희는 믿지 않는 자와 멍에를 같이 하지 말라 의와 불법이 어찌 함께하며 빛과 어두움이 어찌 사귀며 그리스도와 벨리알이 어찌 조화되며 믿는 자와 믿지 않는 자가 어찌 상관하며 하나님의 성전과 우상이 어찌 일치가 되리요 우리는 살아 계신 하나님의 성전이라 이와 같이 하나님께서 가라사대 내가 저희 가운데 거하며 두루 행하여 나는 저희 하나님이 되고 저희는 나의 백성이 되리라 하셨느니라"**(고후 6:14-16)

사도 바울은 성도들에게 믿지 않는 자와 멍에를 같이 하지 말라는 요구를 했다. 이는 서로간 생활에 있어서 일반적인 대화를 금지하는 것이 아니라 근본적인 가치 판단의 기준에 연관되어 있다. 빛과 어두움이 서로 사귈 수 없는 것처럼 거룩한 그리스도와 악을 조장하는 천사인 벨리알(Belial)은 결코 조화될 수 없다. 이처럼 하나님의 자녀와 그렇지 않은 자는 서로간 진정한 가치를 나눌 수 없으며 하나님의 성전과 우상은 전혀 상관이 없다. 즉 거룩한 교회에 속한 성도들은 오직 여호와 하나님께 속해 있을 따름이며 그로부터 모든 진리를 발견하여 누리게 될 따름이다.

또한 이기주의에 빠진 배도자들은 항상 개인적인 취향에 따라 혼합된 개량종 씨앗을 파종하여 자신이 원하는 열매를 생산하고자 한다. 그들은 그것을 위해 스스로 울타리를 치고 자신의 욕망을 채우기 위한 근거를 조성해 나가게 된다. 하지만 저들에게는 궁극적으로 거두어들일 만한 좋은 곡물이 허락되지 않으며 도리어 극심한 염려와 슬픔에 잠길 수밖에 없게 된다.

이에 대해서는 오늘날 우리 역시 정신을 바짝 차려 주의하지 않으면 안 된다. 특히 세속적인 관용과 관대함을 미덕으로 여기고 이기적인 욕망이 가득한 현대 사회에 살아가는 우리에게는 더욱 그렇다. 그와 같은 불신앙적인 삶의 태도는 언약의 자녀들로 하여금 진리를 양보하도록 유도하며 이기적인 삶을 추구하게 하는 불편한 기능을 하게 된다. 따라서 세상에 대해 죽은 우리는 오직 여호와 하나님 한 분만을 바라보며 그를 온전히 의지하는 삶을 살아가지 않으면 안 된다.

5. 열방의 소동: 세상의 속성 (사 17:12-13)

선지자 이사야는 본문 가운데서 다양한 민족들로부터 울려나는 요란한 소리가 마치 바다에서 파도치는 소리와도 같고, 그 민족들이 서로 부딪치며 몰려오는 소리가 거대한 물결이 밀려오는 것 같다고 말했다. 그것은 외부 세력이 언약의 자손들을 공습하는 것에 연관된 묘사이다. 하지만 여러 민족이 용맹한 모습으로 쳐들어온다고 해도 여호와 하나님께서 저들을 그냥 두지 않고 엄히 꾸짖으실 것이다.

그 민족들이 여호와 하나님의 책망 소리를 듣게 되면 멀리 도망치지 않을 수 없게 된다. 그들은 산 위에서 바람에 흩어지는 겨와 같아질 것이며 폭풍 앞에 날리는 티끌과 같이 흩어진다. 이 말씀은 이스라엘 백성의 배도 행위로 인해 이스라엘뿐 아니라 주변의 여러 나라들도 함께 적극적으로 움직이게 된다는 사실을 말해주고 있다. 이는 곧 앗수르 군대의 침략과 그 동맹국들이 몰려오며 분주한 사건이 일어나게 될 것을 의미한다.

그러므로 이스라엘 민족과 경계를 두고 있거나 그와 밀접한 관계가 있는 나라와 백성들은 직간접적으로 저들과 연관된 군사, 정치적인 문제들을 겪게 된다. 주변의 많은 족속들이 보기에도 이스라엘 민족이 항상 그 문제의 중심에 있는 것처럼 비쳐질 수 있다. 물론 그 의미를 구체적으로 이해하지 못한다할지라도 그와 같은 정세가 진행되는 것이다.

우리가 여기서 주의 깊게 생각해 보아야 할 점은 타락한 세상은 총체적인 힘을 결집해 하나님의 사역을 방해한다는 사실이다. 세상이 이스라엘을 끊임없이 흔들어대기 때문에 그 언약의 민족은 세상의 열방으로부터 다양한 영향을 받을 수밖에 없다. 구약시대 이스라엘 민족 주변에 존재하던 모든 나라들은 그와 같은 형편에 놓여 있었다. 이는 저들이 그 실상을 얼마나 분명하게 인식하고 있는가 하는 점과는 직접적인 관련이 없다.

이는 오늘날 우리 시대의 형편에 있어서도 그와 조화되는 성격을 지니고 있다. 하나님의 교회를 가까이 두고 있는 모든 인간들과 나라들은 스스로 인식하지 못하는 사이에 교회의 사역에 대하여 직간접적인 영향을 주고받는다. 그들은 지상 교회의 사역을 방해함으로써 하나님께 저항하기도 하고 그로 인해 하나님의 다양한 징계의 대상이 되기도 한다.

6. 하나님의 심판 (사 17:14)

하나님의 특별한 선택을 받은 언약의 백성은 세상에 존재하는 여타의 모든 민족과는 그 성격이 근본적으로 다르다. 하나님께서는 자신의 거룩한 뜻을 성취하시기 전까지는 결코 그 백성을 그냥 흩어 없애버리시지 않는다. 세상의 여러 왕국들이 아무리 그 민족을 없애려 애쓴다고 할지라도 하나님께서 저들을 지키시기 때문에 결단코 완전히 사라질 수 없다.

이와는 반대로 이스라엘을 괴롭혀 저들을 없이하고자 하는 모든 나라와 통치자들은 반드시 하나님의 심판을 받게 된다. 그것은 하나님께 저항하는 행위일 뿐 아니라 하나님의 구원사역을 방해하는 행위이기 때문이다. 그럼에도 불구하고 어리석은 이방인들은 자신의 욕망에만 충실할 뿐 하나님의 뜻에 대해서는 아무런 관심이 없다.

선지자 이사야는 본문 가운데서 그에 연관된 중요한 예언을 하고 있다. 그것은 하나님과 그의 백성들을 멸시하며 괴롭히는 자들은 무서운 심판을 받을 수밖에 없다는 사실을 말해준다. 그들은 결코 하나님의 진노와 그로부터 오는 재앙을 피할 수 없는 것이다.

그 이방인들은 현실적인 상황에 따라 기고만장한 태도를 보일 수 있으나 일순간에 패망하게 된다. 저들이 소유한 모든 것들은 아무런 보장성을 가지지 못하기 때문이다. 따라서 선지자가 언급하고 있는 것처럼 저녁에 두려운 일을 당하고 아침이 오기 전에 모든 것이 사라지는 상황에 처하게 된다. 하룻밤 사이에 모든 것을 완전히 상실하고 멸절당하는 것이다.

그들이 그렇게 되는 원인은 하나님의 언약의 자손인 이스라엘 백성을 괴롭히고 노략했기 때문이었다. 그리고 저들이 소유한 하나님의 거룩한 성물을 비롯한 다양한 물건들을 강탈했기 때문이다. 그와 같은 행위를 한 자들이 이스라엘의 하나님이신 여호와로부터 보응을 받는 것은 지극히 당연한 일이 아닐 수 없다.

선지자를 통해 하나님의 예언을 들은 이스라엘 민족은 그것을 통해 진정한 위안을 받게 된다. 그 말은 저들이 겪고 있는 힘든 현실을 바라보며 그에 적절히 적응하며 기쁘게 여기라는 의미가 아니다. 하나님의 자녀들은 세상에서 발생하는 모든 현실에 대해 무조건 만족하도록 요구받고 있지 않다. 그들이 참된 위안을 받을 수 있는 까닭은 하나님의 예언의 말씀과 장차 임하게 될 궁극적인 승리 때문이다.

이 말은 당시 이스라엘 백성에 있어서 장차 임하게 될 역사적인 사건과 더불어 나중에 완성될 메시아 언약에 밀접하게 연관되어 있다. 즉 그것은 일시적인 상황에 국한되는 것이 아니라 영원한 언약을 시사해주고 있다. 이와 같은 사실은 이스라엘 민족 역사 가운데 되풀이하여 일어나게 되었으며, 그때마다 이스라엘 자손은 메시아의 때를 바라보며 진정한 소망을 가질 수 있었던 것이다.

제17장

구스(에디오피아)와 애굽에 관한 경고

(사 18:1-7; 19:1-25)

1. 구스 강(the rivers of Cush) 건너편에 대한 하나님의 심판 선언 (사 18:1-3)

선지자 이사야는 본문 가운데서 '구스의 강 건너편 날개치는 소리 나는 땅' 에 관한 언급을 하고 있다. 과연 그 강은 무슨 강이며 어느 지역을 가리키는가? 물론 구스 강은 '에디오피아 강' 이란 말과 동일한 의미이다. 아마도 이 강은 오늘날 에디오피아 중심부를 거쳐 지나고 있는 청나일강을 말하는 것으로 보인다.

이 강줄기는 에디오피아 고원의 타나(Tana) 호수에서부터 흘러 지금의 카르툼(Khartoum)에서 백나일과 합쳐져 나일강 본류로 이어진다. 지리상으로 볼 때 청나일강의 남쪽 에디오피아는 오늘날의 애굽과 거리가 상당히 멀리 떨어져 있다. 하지만 여전히 두 왕국은 국경을 사이에 두고 접경한 위치에 놓여 있었다.

이사야 선지자 당시에도 청나일강의 동남부에 위치한 에디오피아는 상당히 발전된 지역이었다. 다수의 학자들은 솔로몬 왕 당시 예루살렘을 방문했던 시바여왕의 통치 지역이 구스 강 즉 오늘날의 청나일의 동남쪽 지역이었던 것으로 이해한다. 따라서 그보다 수백 년이 지난 후인 이사야 선지자 시대의 에디오피아도 여전히 상당한 국력을 가졌을 것으로 여겨진다.

하나님께서는 선지자를 통해 청나일강의 서북부에 위치한 애굽에서 날개치는 소리가 난다는 표현을 하며 예언의 말씀을 전했다. 이는 소란스런 상황이 벌어지게 되는 것과 연관되어 있다. 선지자는 그것을 위해 저들에게 '갈대배' 를 물에 띄우고 민첩한 사자使者들을 강 건너 있는 나라 곧 다른 언어를 사용하며 체격이 장대하고 강인하여 공격적인 성향을 가져 두려움의 대상이 되는 사람들이 사는 지역 곧 애굽으로 보내라고 말했다. 이는 곧 애굽에 대한 공략을 시사하는 것으로서 전쟁을 예고하고 있는 것과 마찬가지였다.[31] 물론 그 가운데는 하나님의 심판의 의도가 담겨 있다.

이와 같은 예언은, 당시 세계 정세를 감안해 볼 때 그리 만만한 일이 아니었으며 에디오피아가 쉽게 그것을 실행에 옮길 만한 형편도 되지 못했다. 세계 최강국에 대한 공격을 감행한다는 것은 무모한 행동이 될 수 있었기 때문이다. 하지만 선지자는 그렇게 할 때가 조만간 도래하게 되리라는 사실을 예언했다.

하나님께서는 선지자를 통해 그것을 위한 시기를 알리는 기호旗號를 세우리라는 말씀을 하셨다. 그것은 주변의 모든 나라의 백성들이 그 사실을 보고 들을 수 있도록 제시된다. 따라서 선지자는 세상의 모든 거민, 곧 지상에 거하는 백성들이 산 위에 기호를 세운 것과 그곳으로부터 울려 퍼지는 웅장한 나팔소리를 듣게 된다. 그때 에디오피아 군대는 강을 건너 공격

---

31) 나중 에디오피아가 세력을 확장하여 애굽을 점령한 후 애굽 제25왕조를 창건한 것으로 알려져 있다. (아가페성경, 서울: 아가페 출판사, 1997, 이사야서 18:1-7 각주, 참조.)

을 개시하게 되는 것이다. 우리는 여기서 하나님께서 언약의 백성인 이스라엘 민족과 거룩한 성 예루살렘을 만방에 드러내 보이시라는 의미가 들어 있음을 기억해야 한다.

2. 예루살렘으로부터 발하는 심판과 승리 (사 18:4-7)

하나님께서는 항상 세계 만방과 그 가운데 살아가는 인간들을 주시하고 계신다. 특히 하나님의 언약의 백성들은 하나님의 주된 관심의 대상이 된다. 그 하나님의 눈길을 애써 무시하는 인간들의 악한 사고와 행위는 예나 지금이나 달라진 것이 없다. 하지만 하나님의 자녀들은 항상 하나님의 은혜와 공의의 눈길을 의식하는 가운데 세상을 살아가게 된다.

선지자는 본문 가운데서 그에 관한 내용을 기록하고 있다. 여호와 하나님께서 자신의 처소인 예루살렘에서 모든 것을 지켜보신다는 것이었다. 그것은 마치 추수할 시기의 밤중에 이슬이 말없이 맺히고 한낮의 햇볕이 아무런 소리 없이 내리쬐듯이 하나님께서는 자기의 처소에서 조용히 그렇게 하신다고 언급한 것이다.

이와 같이 하나님의 관심은 사람들의 눈으로 보기에 분주하게 드러나는 것이 아니라 소리 없이 고요하게 진행된다. 따라서 어리석은 인간들은 하나님께서 행하시는 그 일에 무지하여 하나님의 모든 사역을 무시한다. 하지만 지혜로운 성도들은 항상 그 사실을 염두에 두고 기억하는 가운데 하나님의 뜻을 헤아리는 삶을 살아가게 된다.

선지자는 이에 연관된 사실을 비유로 말하면서, 추수하기 전에 꽃이 떨어지게 되며 포도가 익어갈 때 농부들이 이미 그 시기를 알고 있다는 사실에 연관지어 언급했다. 농사를 짓는 사람들은 추수를 하기 전에 미리 모든 준비를 갖추게 된다. 이는 하나님의 심판이 임함에 있어서도 그렇다는 사실을 말해주고 있다.

이처럼 하나님께서는 심판의 때가 이르기 전에 낫을 가지고 불필요한 가지들을 찍어내신다. 또한 그것들을 산 속에 살고 있는 독수리들과 땅의 숲 속을 배회하는 들짐승들에게 던져 주리라는 말씀을 하셨다. 독수리와 들짐승들은 그것을 통해 무더운 여름을 나고 추운 겨울을 지나게 된다는 것이었다.

선지자 이사야는 심판에 연관된 그와 같은 모든 일들과 더불어 놀라운 사건이 발생한다는 사실을 예언했다. 그것은 나일강을 낀 체격 좋고 준수하며 강성하여 공격적인 성품을 지닌 백성들 가운데 만군의 하나님 여호와를 찾는 자들이 생겨난다는 것이었다. 그들은 하나님께 드릴 예물을 가지고 거룩한 산 시온에 이르게 된다.

이 놀라운 사건은 헬라제국을 형성한 알렉산더(Alexander) 대왕이 갑작스레 죽고 제국이 분할된 후 톨레미(Ptolemy) 왕조 시대에 그와 같은 실제적인 일이 발생했다. 알렉산더가 후계자 없이 죽게 되자 남쪽의 애굽 지역과 예루살렘이 있는 팔레스틴 지역은 톨레미 왕조의 왕들이 대대로 다스렸다. 톨레미2세인 필라델푸스(BC 285-246) 왕 때 애굽 지역의 중심도시였던 알렉산드리아에서 구약 히브리어 성경을 헬라어로 번역하게 되었다. 우리는 이 성경(Septuagint)을 칠십인역(LXX)이라 부른다.[32)]

이와 같은 일은, 애굽 지역이 하나님의 말씀을 연구하고 선포하기 위하여 매우 중요한 역할을 감당하게 되는 사실을 말해준다. 이는 애굽 사람들 가운데 하나님을 알게 된 자들이 많아졌으며 저들이 거룩한 성 예루살렘을 방문하게 된 사실에 연관되어 있다. 이사야서 본문 가운데 나타나는 애굽 사람들이 만군의 하나님 여호와의 이름이 있는 시온산에 예물을 가지

---

32) 톨레미2세인 필라델푸스(Philadelphus, BC 285-246)는 예루살렘의 제사장들에게 이스라엘 각 지파 가운데서 헬라어에 능통한 학자들 각 6명씩을 알렉산드리아로 보내줄 것을 요청했다. 그리하여 열두 지파의 72명의 학자들이 구약성경을 헬라어로 번역하게 되었다. 이 성경을 70인역이라 하는 것은 이와 연관된 의미를 지니고 있다.

고 올라오게 되리라고 한 말씀은 이와 밀접하게 연관된 예언으로 이해하는 것이 가장 자연스럽다. 이사야 당시에는 장차 이와 같은 일이 발생하게 되리라는 것은 상상조차 할 수 없었다.

3. 애굽에 대한 심판 (사 19:1-4)

하나님께서는 선지자 이사야를 통해 애굽에 대한 강력한 경고의 메시지를 주셨다. 여호와 하나님께서 빠른 구름을 타고 애굽에 임하시리라는 것이었다. 그것은 아마도 앞에서 언급한 대로 에디오피아 군대를 보내 저들을 심판하실 것이라는 하나님의 뜻과 연관되는 것으로 이해할 수 있다. 그로 말미암아 애굽의 우상들은 여호와 하나님의 권능 앞에서 떨게 될 것이며 애굽인들의 마음은 두려움으로 인해 오그라지게 된다.

하나님께서 애굽을 치심으로써 그 백성들을 격동시키시면 자중지란自中之亂과 더불어 내란이 일어나게 된다. 사람들은 자기 형제를 칠 것이며 이웃을 공격 대상으로 삼는 일이 발생한다. 또한 나라 안에서 한 성읍이 다른 성읍을 공격하게 될 것이며 결국 나라와 나라 사이에 전쟁이 발발할 수 밖에 없게 된다.

앞에서 언급된 대로 애굽에 대한 공격 개시를 위한 기호는 먼저 하나님의 거룩한 도성인 예루살렘에 세워진다. 세계에서 모든 것이 최고인 양 교만하고 기고만장하던 '애굽인의 정신' 은 그 가운데서 쇠하게 된다. 하나님께서 저들의 모든 계획을 그냥 두지 않고 파괴하시기 때문이다. 이렇게 되면 실용주의, 과학주의, 제국주의 사상에 깊이 물들어 있던 저들의 모든 것은 그대로 꺾여버리게 되는 것이다.

일순간에 모든 것을 상실해 버리게 된 어리석은 백성들은 우상과 마술사와 신접한 자와 신비를 내세우는 술객들을 찾아가 묻게 된다. 하지만 그들은 저들에게 어떤 답변도 제시하지 못한다. 이는 다급해진 애굽인들에게 임하는 무서운 저주에 지나지 않는다. 성경은 그 나라가 어지러워지면 포악한 왕이 등장해 백성들을 강압적으로 다스리게 된다는 점을 예언했다. 그것은 하나님의 심판으로 인한 심한 혼란과 고통이 임하게 되리라는 사실을 말해준다.

이 말은 장차 애굽인들이 외세의 강압적인 통치를 받게 된다는 사실과 밀접하게 연관되어 있다. 그들은 상당 기간의 세월이 흐른 후 헬라인들의 강력한 통치를 받게 되었다. 애굽을 수백 년 동안 지배한 톨레미 왕조는 헬라인들이 세운 정권이었다.[33] 애굽인들은 원치 않겠지만 하나님께서 말씀하신 그와 같은 일은 장차 반드시 일어나게 되어 있었다.

4. 황폐해진 애굽과 어리석은 지도자들 (사 19:5-15)

하나님의 심판을 받게 된 애굽의 모든 것들은 황폐한 상태가 된다. 바닷물이 없어지게 되고 강은 말라 바닥이 드러나 갈라지게 된다. 그로 말미암아 강들에서는 악취가 나며 애굽의 강물은 현저히 줄어들게 된다. 그렇게 되면 강가에서 자라나는 갈대와 부들이 시들어 갈 수밖에 없다.

뿐만 아니라 나일강 부근 언덕위에 있는 초장과 곡식밭은 다 말라버려 추수할 것이 없게 된다. 또한 나일강에서 일하던 어부들은 물고기가 사라지게 되어 탄식 소리를 멈추지 못한다. 그들은 물고기를 잡기 위해 강 속으로 그물을 던져 보지만 아무런 수확 없이 피곤에 지치게 될 따름이다.

나아가 세마포를 짜서 옷을 만드는 자들은 베 짜는 일을 그만 두게 되며, 흰 천을 짜는 사람들도 실망하여 그 일을 지속할 수 없게 된다. 그렇게 되면 베 공장을 닫을 수밖에 없으며 거기서 일하던 모든 관련자들과 고용인들은 심한 근심에 빠진다. 이는 가장 기본적인 생계수단에 문제가 발생

---

33) 애굽에 대한 헬라인들의 통치는 알렉산더 대왕이 정복 활동을 하던 BC 330년 경부터 클레오파트라가 악티움 해전에서 패배한 BC 31년까지 이어졌다.

하여 고통스런 상황에 처하게 된다는 점을 시사하고 있다.

그럼에도 불구하고 미련한 인간들은 상황판단을 제대로 하지 못한다. 사악한 지도자들은 위기를 호도하려 애쓰며, 한걸음 더 나아가 마치 백성을 위해 자신의 모든 것을 희생하는 양 선전하기를 지속한다. 문제는 무지하고 어리석은 자들은 저들의 위장된 말에 쉽게 속아 넘어가게 된다는 사실이다.

이사야 선지자가 예언하던 당시 애굽 사람들은 이기적인 욕망에 눈이 멀어 있었다. 소안(Zoan)의 관리들은 어리석기 그지없었다. 또한 바로 왕을 보필하는 지혜자로서 직무를 감당하는 관료들의 책략은 우둔하여 오히려 국력을 훼손하고 있었다. 그러면서도 저들의 미련함에 대한 변명을 늘어놓기를 중단하지 않았다.

하나님께서는 선지자 이사야를 통해 저들의 근본적인 문제를 지적하며 책망하셨다. 그런 형편에서 어떻게 지혜로운 자들의 자손이라 주장할 수 있으며 옛날 왕들의 후예라 말할 수 있느냐는 것이었다. 이는 저들이 그럴 만한 아무런 능력이나 자격을 갖추지 못하고 있다는 사실에 대한 질책이었다. 물론 그것은 단순히 정치적인 내용에 국한하여 문제를 삼는 것이 아니었다.

하나님께서는 애굽의 지도자들에게 선지자를 통해 자신의 거룩한 의도를 드러내고자 하셨다. 이 예언의 말씀은 애굽 사람들만을 위한 것이라 말할 수 없다. 애굽 사람들이 이스라엘 민족에 속한 선지자 이사야의 말을 귀담아 듣지 않을 것이었기 때문이다. 따라서 그보다는 오히려 언약의 자손들에게 그 메시지를 주고자 하는 성격이 훨씬 강하다.

그럼에도 불구하고 하나님께서는 소안의 정치 지도자들의 미련함과 놉(Noph: Memphis)의 고위 관료들의 어리석음을 강력하게 질타하셨다. 그들은 정치적으로도 정도正道를 걷지 않고 사사로운 욕망에 이끌려 미혹된 상태에 놓여 있었다. 그들은 애굽의 백성들 가운데서 지도적인 위치에 있는 자들이어서 저들의 판단과 행동은 전 애굽인들에게 영향을 끼칠 수밖에 없었다. 그러므로 선지자는 그들을 애굽의 '모퉁이 돌'로 묘사하면서 저들의 잘못된 행동이 전체 애굽을 그릇된 길로 인도한다는 점을 언급했다.

그런데 그것은 애굽에 대한 하나님의 심판에 연관되어 있었다. 이스라엘 민족의 여호와 하나님께서 저들 가운데 어지러운 마음을 섞어서 정치 지도자들로 하여금 매사에 잘못 가도록 하셨다. 저들의 무분별한 행위는 마치 술에 만취한 자가 먹은 것들을 토해내면서 비틀거리는 모습과 같았던 것이다.

그 결과 애굽에서는 최고위층에 있는 우두머리나 가장 말단에 있는 사람이나 하나같이 되는 일이 없게 된다. 그리고 종려나무같이 귀족층에 속한 자들이나 갈대처럼 천박한 지위에 있는 자들이나 가릴 것 없이 모두가 쓸모없어진다. 이는 애굽의 모든 체제와 사람들이 근본적으로 흔들리게 되리라는 사실을 말해준다.

5. 애굽의 패망 (사 19:16-18)

하나님의 심판날이 이르게 되면 애굽은 마치 아무런 힘이 없는 연약한 부녀자와 같아지게 된다. 그들은 하나님께서 행하시는 모든 일들에 대해 어떤 저항도 하지 못한다. 사람들은 두려워 떨며 어찌할 바를 모르게 된다. 이는 과거의 용맹스럽던 저들의 모습이 완전히 사라진 상태를 보여주게 될 따름이다.

과거에 막강한 세력을 가졌던 애굽은 도리어 언약의 자손들이 살고 있는 유다 지역의 땅을 두려워하게 된다. 이는 유다 사람들을 두려워한다는 말이라기보다 그 땅을 지배하고 있는 세력을 두려워한다는 의미를 지니고 있다. 이 말 가운데는 장차 때가 이르면 팔레스틴 지역에는 유다 족속도 세력을 상실하고, 애굽에 막강한 영향력을 행사하는 다른 세력이 등장하게 되리라는 사실이 내포되어 있다.

그와 같은 놀라운 일이 발생하고 소문이 퍼져나가게 되면 그것을 알게 되는 모든 사람들은 두려움에 떨지 않을 수 없다. 이 모든 것들은 인간 역사 가운데서 친히 섭리하시는 하나님의 경륜에 따라 일어나게 된다. 이는 인간들이 행하는 모든 일들 가운데는 하나님의 계획이 작용하고 있다는 사실을 말해주고 있다.

그때가 이르면 인간들의 상상을 초월하는 사건들이 애굽에서 일어난다. 그것은 당시로서는 도저히 짐작할 수 없는 일이었다. 애굽 땅에서 저들이 사용하는 고유 언어가 아닌 가나안 방언이 사용되는 일이 발생한다. 여기서 언급된 가나안 방언이란 헬라 말을 의미할 것이다.

또한 그 가운데 만군의 여호와를 가리켜 맹세하는 애굽의 성읍들이 무려 다섯이나 된다. 그 중 하나는 장망성將亡城 곧 '멸망의 성읍' 이라 칭해지는데, 그 도시는 '태양의 도시' 를 의미하는 헬리오폴리스(Heliopolis)와 연관되는 것으로 보인다. 이는 당시 애굽에서 가장 영향력이 큰 성읍이 여호와 하나님께 맹세함으로써 옛날의 모든 영화를 완전히 상실당하게 된다는 사실을 말해주고 있다.

6. 애굽에 선포되는 복음 (사 19:19-22)

때가 이르러 '여호와의 날' 이 임하면 애굽 땅 중앙에 여호와 하나님을 위한 제단(altar)이 설치되게 된다. 그리고 그 주변에는 여호와를 위한 기둥들이 세워진다. 그 장소는 당시 최고의 도시로 조성된 알렉산드리아(Alexandria)일 것으로 보는 것이 가장 자연스럽다.

물론 우리는 예루살렘이 아닌 이방 지역에 그와 같은 제단이 세워지는 것에 대한 신학적인 정당성을 주장하기 어렵다. 적어도 구약시대에는 예루살렘 성전 이외에 다른 곳에 하나님의 거룩한 전이 세워져서는 안 되었다. 그것은 하나님의 이름을 핑계댄 종교적인 우상 숭배행위와 연결될 수 밖에 없기 때문이다.

그럼에도 불구하고 애굽의 중앙에 여호와 하나님을 위한 제단이 세워지게 된다는 것은 애굽 사람들에게 있어서는 가히 혁명적인 사건이 아닐 수 없다. 그곳의 사람들 가운데 다수는 전통적인 애굽의 태양신을 버리고 언약의 민족이 섬기는 여호와 하나님의 이름을 입술에 떠올리게 된다. 그것이 곧 저들에게 여호와를 위한 징조와 증거가 된다. 즉 살아계신 하나님의 구체적인 사역을 저들이 접할 수 있게 되는 것이다.

그렇게 되면 애굽 백성들이 저들을 압박하는 외세로부터 당하는 고통으로 말미암아 여호와 하나님께 부르짖는 일이 발생한다. 하나님께서 저들의 부르짖음을 듣게 되면 저들에게 구원자이자 보호자 역할을 하는 한 분을 보내주신다. 이는 그가 애굽에 있는 백성들을 고통으로부터 구출하게 되리라는 사실을 시사해주고 있다.

그 모든 과정에서 하나님께서는 애굽인들에게 자기를 알려 주신다. 따라서 하나님을 알게 된 백성들은 제물과 예물을 가져와 그에게 바친다. 그렇게 함으로써 그들이 여호와 하나님께 경배하게 되며 그에게 서원한 것을 그대로 순종하여 행하게 된다. 이는 당시 이스라엘 자손들로서는 상상조차 할 수 없는 일이었다.

여호와 하나님께서는 애굽을 엄히 심판하여 징계하시겠지만 다시금 저들을 치유해 주신다. 그렇게 되면 애굽 사람들이 여호와 하나님 앞으로 돌아오게 된다. 선지자 이사야는 여호와 하나님께서 저들의 간절한 기도를 들으시고 응답하여 저들을 고쳐주시리라는 사실을 강조해 말하고 있다.

이스라엘 자손은 애굽에 연관된 이 모든 예언을 듣고 많은 생각에 잠겼을 것이 분명하다. 이방인에 대한 구원과 치유는 단독적인 선민사상選民思想을 가진 이스라엘 백성들에게는 용납되기 어려운 문제였다. 이는 하나님의 사랑의 대상이 저들뿐 아니라 이방인들을 포함한다는 의미를 지니고 있으며, 그 가운데는 이스라엘 자손에 대한 하나님의 계획이 한시적이라는 사실을 보여주고 있기 때문이다.

7. 만방에 선포되는 하나님의 복음 (사 19:23-25)

이스라엘 민족의 패망은 그에 멈추지 않고 또 다른 새로운 길을 열어가게 된다. 그것은 전쟁을 위한 길이 아니라 은혜와 복음을 위한 길이 된다. 그 날에는 애굽에서 앗수르로 통하는 대로大路가 생겨나서 애굽 사람들이 앗수르를 향해 나아가며 앗수르 사람들과 함께 여호와 하나님을 경배하는 사건이 일어나게 된다. 그동안 이스라엘 민족을 억압하며 괴롭히던 지역 가운데 여호와 하나님을 믿고 섬기는 자들이 많아지게 되는 것이다.

그 날이 이르면 이스라엘이 애굽 및 앗수르와 더불어 셋이 세계 중에서 복이 된다. 그것은 전적으로 하나님의 놀라운 섭리와 은혜로 말미암는다. 즉 인간들의 노력에 의하여 그렇게 되는 것이 아니라 만군의 하나님 여호와께서 친히 저들에게 복을 내려주신다. 하나님께서는 애굽과 앗수르와 이스라엘을 '자기 백성', '자기가 지으신 자', '자신의 기업' 으로 칭하시며 축복하시는 것이다. 이와 같은 일은 장차 역사 가운데 발생하게 될 일이었으며, 오늘날 우리가 과거 역사를 되돌아볼 때는 이미 일어난 사건이다.

하나님께서는 구약의 역사 가운데서 애굽 땅을 특별한 목적을 두고 사용하셨다. 선지자 이사야 때로부터 앗수르, 바벨론, 페르시아, 헬라 제국 시대에 이르러 알렉산더 대왕이 죽은 후에는 헬라인들이 팔레스틴과 애굽 땅을 정복하게 되었다. 당시 흩어진 언약의 자손들 가운데는 원래 저들의 언어였던 히브리말보다 헬라어를 더 잘 이해하는 사람들이 많았다.

그런 역사적인 상황 가운데 하나님께서는 애굽 땅을 다스리던 헬라 통치자 톨레미2세 왕을 통해 히브리어 구약성경을 헬라어로 번역하도록 하셨던 것이다. 물론 그 일에 직접 참여한 자들은 성경을 잘 이해하고 있던 이스라엘 민족의 학자들이었다. 그때 성경번역에 참여했던 학자들이 70여 명이었으므로 우리는 그 성경을 70인역(Septuagint)이라 부르고 있다. 이는 나중 신약성경이 히브리어가 아닌 헬라어로 기록되는 구속사적인 사역과 밀접하게 연관되어 있으므로 매우 중요한 의미를 지닌다.[34]

또한 앗수르 지역에도 나중 하나님의 복음을 알고 있는 중요한 무리가 형성된다. 앗수르 이후 바벨론 시대에 포로로 잡혀간 이스라엘 민족 가운데 일부가 페르시아 시대 고레스왕의 칙령에 의해 본토 귀환이 허용되었음에도 불구하고 약속의 땅으로 돌아오지 않고 그 이방 지역에 남게 되는 자들이 많이 있었다.

하나님께서는 유다인이자 페르시아의 왕후인 에스더와 그에 연관된 사건을 통해 저들을 특별히 보존하셨다. 그 백성들 가운데 여호와 하나님을 경배하며 섬기는 자들이 많이 생겨나게 되었던 것이다. 그들은 나중 하나님의 아들이신 예수 그리스도께서 인간의 몸을 입고 이땅에 오셨을 때 예루살렘과 베들레헴을 방문한 동방박사들의 조상이었다.

선지자 이사야의 예언을 통해 우리가 분명히 알 수 있는 사실은 장차 앗수르인들의 지역과 애굽 지역 즉 북방과 남방이 하나님의 복음을 받아들인다는 의미를 지니고 있다. 그것은 당시 일반 백성들의 두뇌로서는 상상 불가능한 일이었다. 하지만 하나님께서는 모든 언약의 자손들을 위해 장차 그 놀라운 일이 발생하게 되리라는 사실을 예언해 주셨던 것이다. 이에 대한 올바른 이해를 하는 것은 매우 중요하다.

---

34) 이광호, 『신약신학의 구속사적 이해』, 서울: 도서출판 깔뱅, 2006. pp.26-29, 참조.

제18장

선지자의 행동을 통한 예표와 여러 나라들에 관한 경고

(사 20:1-6; 21:1-17)

1. 이사야 선지자의 행위 예언 (사 20:1-3)

구약시대의 선지자들은 언어를 통한 예언뿐 아니라 행위를 통한 예언을 하기도 했다. 그것은 매우 가끔 일어나는 일로서 전적으로 하나님께서 허락하신 것이다. 글과 말을 통한 예언이 어느 정도 한정적인 성격을 지닌다면 행위를 통한 예언은 일정기간 동안 상시적이며 가시적인 성격을 지니고 있다. 물론 글로 기록된 예언은 그 자체로서 영구한 기능을 하지만 행위는 짧은 기간 안에 끝이 나게 된다.

성경 본문에 기록된 앗수르의 사르곤 왕(BC 722-705)은 매우 강력한 세력을 지닌 왕이었다. 그는 BC 711년 자기의 부하 다르단(Tartan) 장군을 아스돗(Ashdod) 땅으로 보내 그곳을 점령하게 되었다.[35] 그해 하나님께서는 선

35) 사르곤은 살만에셀의 왕위를 찬탈하고 북이스라엘 왕국을 점령함으로써 앗수르를 대제국으로 성장시켰다. 그는 BC 711년에 군대를 보내 아스돗을 점령했지만 BC 705년 피살됨으로써 그의 아들 산헤립이 왕위를 계승하게 되었다.

지자 이사야를 불러 자기가 계시하실 내용에 대한 행위 예언을 하도록 명령하셨다. 당시 국제 관계의 세력 판도에 상당한 변화가 일어나게 될 사실을 예고하셨던 것이다.

하나님께서는 그것을 위해 선지자 이사야로 하여금 입은 옷의 허리를 묶고 있던 베를 끌르고 발에서 신을 벗게 하여 벗은 몸과 맨발로 다니게 하셨다. 그리하여 그는 하나님의 요구에 따라 삼 년 동안이나 벗은 몸과 벗은 발로 다녔다.[36] 이사야에게 있어서 그와 같은 생활은 매우 불편하고 어려웠을 것이 틀림없다. 하지만 그의 유별난 행동은 당시 세력을 자랑하던 애굽과 구스에 대한 징조와 예표가 되었다. 아마도 그 일이 발생할 당시에는 애굽과 구스가 상호 동맹을 맺고 군사적인 행동을 취했을 것으로 보인다.[37]

그런데 우리가 여기서 주의 깊게 생각해 보아야 할 점은 선지자 이사야의 그와 같은 행동을 당시 백성들이 어떻게 받아들였을까 하는 점이다. 이사야는 하나님의 명에 따라 그런 식으로 순종했지만 일반 사람들은 그것이 과연 하나님으로부터 온 것인지에 대하여 직접 확인할 수 있는 방법이 전혀 없었을 것이 분명하다. 그러므로 다수의 백성들은 그의 행동을 보며 하나님의 메시지를 온전히 전달받은 것이 아니라 도리어 그의 행동을 어처구니없이 바라보았을 것이다. 따라서 성숙한 성도들은 먼저 선지자를 통해 드러나는 하나님의 섭리와 경륜에 대한 깨달음을 가져야만 했다.

2. 예언의 의미와 성취 (사 20:4-6)

여호와 하나님에 대한 신앙과 선지자의 사역이 지니는 의미를 잘 알고

36) 이와 유사한 일은 미가서에도 나타난다. 즉 이사야와 동 시대에 예언을 하던 미가 선지자도 그와 같은 행위 예언을 했던 것으로 보인다(미 1:8, 참조).

37) 존 칼빈, 이사야서 20:1, 주석, 참조.

있던 성도들은 그의 행동을 통한 예언에 깊은 관심을 가졌을 것이 분명하다. 그 예언은 장차 일어나게 될 일에 대한 특별한 사건을 보여주고 있다. 이는 나중 애굽의 포로와 구스의 사로잡힌 자들이 앗수르 왕에게 끌려갈 때 젊은 자나 늙은 자가 다 벗은 몸과 맨발로 볼기까지 드러내어 애굽의 수치를 보이게 될 것에 대한 예언이다.

당시 앗수르에 의해 패망한 북이스라엘 왕국은 물론 풍전등화風前燈火와 같은 형편에 놓인 남유다 왕국 사람들은 애굽과 구스가 앗수르를 물리치고 저들을 구해 주기를 바랐다. 하지만 저들의 기대와는 달리 애굽과 구스는 도리어 앗수르에 의해 패망당하게 된다. 그렇게 되면 구스를 의지하던 자들과 애굽을 가까이 하는 것을 자랑으로 여기던 자들이 그 되어가는 형편을 보고 놀라 절망하지 않을 수 없다.

장차 그 비운의 날이 이르게 되면 '바다를 끼고 살던 사람들' 은 저들이 믿고 쳐다보며 도움을 청하던 세력을 갖춘 나라가 패망하는 것을 보며 이제 누구를 믿고 의지해야 할지 답답한 마음이 되어 부르짖게 된다. 여기서 말하는 바다 가까이서 살아가는 사람들이란 지중해를 끼고 있는 팔레스틴 지역에 거주하고 있는 백성을 지칭하고 있는 것으로 이해하는 것이 가장 자연스럽다. 유대인들은 재난을 당해 곤경에 빠졌을 때 숱하게 많은 경우 외세外勢를 의지하고 그에 희망을 걸어 왔었기 때문이다.

그럼에도 불구하고 애굽과 구스 사람들조차도 앗수르 왕에 의해 사로잡혀가는 신세가 되었다. 이는 저들의 모든 세력이 완전히 무력화된 사실을 말해주고 있다. 이로 말미암아 저들의 세력에 의존하고자 하던 자들은 더 이상 의지할 만한 대상이 없어져 버리게 되었다. 그리하여 언약의 백성들은 낙담하게 되지만 그것이 도리어 저들에게는 하나님을 찾을 수 있는 소중한 기회와 은혜의 방편이 될 수 있었다.

3. 바벨론에 대한 경고 (사 21:1-5)

선지자 이사야는 또한 '해변 광야'(the desert of the sea)에 관한 경고를 하고 있다. 이는 앞에 언급된 앗수르 제국이 패권을 장악하고 있던 시기보다는 거의 이백 년 가까운 시간이 지난 후에 일어나게 될 일들에 대한 예언이다. 성경 본문에서 언급된 해변 광야란 지중해쪽이 아니라 대륙의 동쪽 바다 즉 오늘날 페르시아만과 가까운 지역에 주된 근거지를 둔 바벨론을 지칭하고 있다.

바벨론 왕국의 주변과 바다쪽에 있는 지방에는 널따란 늪지의 평원을 이루고 있다. 그 지역은 유프라테스 강과 티그리스 강의 많은 수량으로 인해 종종 범람하기도 했다. 하나님께서는 바로 그 지역을 장악하고 있던 세력에 대하여 경고를 하셨던 것이다.

나중 세계 최강의 세력을 갖추게 되는 바벨론 제국에게도 그에 맞서는 강력한 세력이 등장하게 된다. 때가 이르면 바벨론의 적군은 마치 남쪽 광야에서 불어오는 회오리바람처럼 저들이 두려워하는 땅으로부터 침략자가 되어 쳐들어오게 된다. 그와 같은 일은 선지자에게 매우 참혹한 광경의 환상으로 나타나 보였다. 배신하던 자들이 도리어 배신을 당하게 되고 파괴를 일삼던 자들이 무참히 파괴당하는 일이 발생하게 된다.

하나님께서는 선지자의 입술을 통해 "엘람아 공격하라. 메대야 에워싸라. 내가 바벨론의 횡포를 그치게 하고 억압받는 사람들의 탄식소리를 그치게 하리라"는 예언의 말씀을 전했다. 그것은 악한 바벨론의 패망을 예고하고 있다. 물론 우리는 아직 존재하지도 않는 신바벨론 제국에 대한 예언이, 앗수르 제국이 패권을 장악하고 있던 시기에 주어졌다는 사실을 기억해야 한다.

장차 바벨론 제국을 함락하는 전쟁을 주도하는 자들은 페르시아인들과 메대인들이다. 본문에 언급된 엘람(Elam)은 페르시아 지역의 일부이지만 페르시아 전체를 대표하고 있는 것으로 볼 수 있다. 따라서 페르시아와 메대 군대의 승리로 말미암아 바벨론에 의해 억압당하던 이스라엘 민족의 탄식은 그치게 된다.

그에 대한 환상을 본 선지자 이사야는 해산이 임박한 여인의 고통처럼 허리가 끊어지는 듯한 아픔이 자신을 엄습했다고 말했다. 그 예언의 말씀을 듣고 귀가 멀어버릴 정도였으며 그 광경을 보고 눈이 멀 정도에 이르렀다. 이는 그가 보고 들은 모든 것은 아무도 상상할 수 없는 충격을 주는 무서운 광경이었음을 말해주고 있다.

물론 우리는 이사야가 본 환상 전체의 내용을 소상하게 알지 못한다. 하지만 분명한 사실은 그의 마음이 그로 말미암아 심히 어지럽게 되었으며 그에게 엄습한 두려움이 그를 놀라게 했다는 점이다. 그렇게 되자 그동안 평온히 보이던 '기쁨의 밤' (the night of my pleasure)[38]은 변하여 도리어 선지자에게 두려움이 되었다.

그럼에도 불구하고 바벨론의 어리석은 기득권층의 사람들은 닥쳐올 위기를 전혀 의식하지 못하고 연회를 베풀며 먹고 마시기를 좋아하게 된다. 적군이 쳐들어오리라는 사실을 전혀 예상하지 못하기 때문이었다. 그들은 주변의 여러 지역을 장악하고 있었기 때문에 스스로 모든 것이 평탄하다는 판단을 하고 있었던 것이다. 그러나 저들이 누리는 즐거움은 결코 오래 지속되지 못한다.

4. 바벨론의 패망 (사 21:5-10)

선지자 이사야는 높은 지위에 있는 고관들을 향해 일어나 방패에 기름을 바르라고 말했다. 여기에는 전쟁이 임박했다는 의미가 담겨 있다. 그런

---

38) 한글 개역성경에는 KJV에서 '기쁨의 밤' (the night of my pleasure)이라고 언급된 이 부분이 '희망의 서광' 으로 번역되어 있다.

데 우리의 관심을 끄는 특별한 부분은 창에 기름을 바르라는 말을 하지 않고 방패에 기름을 바르라고 요구했다는 사실이다. 이는 조만간 적군이 공격해 올 것이라는 의미와 더불어 그 전쟁에서 승리할 수 없을 것이란 점을 시사하고 있다. 즉 창을 가지고 공격할 수 없으며 단지 방패를 들고 방어를 하다가 실패하여 패배하게 되는 것이다.

하나님께서는 선지자에게 말하기를, 저들 가운데 파수꾼을 세우고 그가 보는 모든 것들을 보고하라는 말을 했다. 그리고 마병대가 쌍쌍이 접근해 오는 것과 나귀 떼와 낙타 떼의 움직임을 보거든 귀를 기울여 자세히 들어보라고 했다. 이는 장차 있게 될 적군의 공격이 총력전이 되리라는 사실을 시사해 준다.

선지자가 예언한 것처럼 때가 이르자 파수꾼이 마치 사자獅子 같이 부르짖었다. 낮에는 항상 망대에 서 있었으며 밤이 새도록 파수하는 자리에 있었는데 마병대가 쌍쌍이 오고 있다는 것이었다. 그러자 하늘로부터 커다란 소리가 들려왔다. "함락되었도다. 함락되었도다. 바벨론이 함락되었도다. 그들이 섬기던 모든 우상들이 다 부서져 땅에 떨어졌도다." 이는 기존의 국제 질서가 무너지고 새로운 세계가 열리게 된다는 사실을 말해주고 있다.

선지자 이사야는 그에 이어 "타작마당의 곡식처럼 짓밟힌 나의 백성들아, 이스라엘의 하나님 전능하신 여호와로부터 내가 지금까지 들은 것을 너희에게 다 전하였노라"고 말했다. 이는 절망에 빠진 이스라엘 민족을 위한 소망의 메시지였다. 즉 이 말은 당시의 현실을 넘어선 하나님의 놀라운 계획과 뜻이 장차 반드시 이루어지게 되리라는 사실에 연관되어 있다.

5. 두마에 관한 경고 (사 21:11,12)

본문에 언급된 두마는 전체적으로 문맥으로 볼 때 에서(Esau)의 자손들이 세운 에돔을 가리키는 것으로 보인다.[39] 이사야가 예언하던 당시에는 언약의 자손들 가운데 저들로부터 억압당하고 있는 자들이 상당수 있었다. 그들이 선지자 이사야를 불러 도움을 요청했다.

저들이 궁금하게 여겼던 것 가운데 하나는 밤에 일어난 상황에 관한 것이었다. 즉 밤에 초소를 지키던 파수꾼에게 적군으로부터 아무런 이상 징후를 보거나 듣지 못했느냐는 것이었다. 이 말은 밤사이에 아무런 일이 발생하지 않았느냐는 질문을 통해 두마 곧 에돔의 위기가 멀지 않다는 사실을 말해주고 있다.

당시 선지자 이사야는 여호와 하나님으로부터 파수꾼 역할을 하는 기능을 부여받았다. 그런 상황 가운데서 백성들이 그에게 질문하게 되었다. 그러자 파수꾼 사역을 감당하던 선지자 이사야는 그 질문을 듣고 나서, 아침이 오니 시간이 지나면 밤도 곧 오게 되리라는 사실을 말했다. 이는 두마가 흥왕할 때가 있었으면 반드시 패망할 때가 임하게 된다는 가장 일반적인 점을 말해주고 있다. 그러면서 저들에게 물어볼 말이 있으면 언제든지 와서 물어보라는 말을 남겼다.

그리고 저들에게 때가 이르면 돌아오라는 언급을 하고 있다. 이는 두마가 멸망하게 되면 저들의 압제를 벗어나 본토로 돌아가게 되리라는 것이었다. 이 말은 장차 도래하게 될 바벨론 제국에 연관되는 것으로 이해된다. 즉 이는 나중에 발생할 일로서, 그 지역은 이사야가 예언할 당시 두마가 다스리고 있던 영역이었지만 장차 그 땅 마저도 바벨론의 지배아래 들어가게 된다. 따라서 이스라엘 민족이 두마에서 돌아오게 된다는 의미는 바벨론 제국의 압제에서 벗어나게 된다는 의미와 연관된 의미를 지니고

39) '두마' 에 대해서는 일반적으로 두 가지 해석이 있다. 그중 하나는 이스마엘의 한 아들의 후손으로 보는 견해이다(창 25:14; 대상 1:30). 따라서 그들이 속하는 지역을 '두마' 로 이해한다. 또 다른 하나의 해석은 본문에 언급된 '세일' 자체가 '에서' 자손들의 거주지였으므로 '두마' 라는 용어를 '에돔' 의 변형된 형태로 본다. 필자는 두마를 에돔으로 이해하는 것이 가장 자연스러운 것으로 받아들인다.

있는 것이다.

6. 아라비아에 관한 경고 (사 21:13-17)

선지자는 또한 아라비아에 관한 엄중한 경고를 하고 있다. 저들은 겉보기에 안정된 듯이 보이지만 장차 그렇지 않은 날이 이르게 된다. 본문에서 언급한 대로 아라비아의 수풀 곧 저들의 영역 안에 드단(Dedan) 대상隊商들이 거하게 될 것이었기 때문이다. 이는 장차 저들의 세력이 약화되리라는 사실을 암시해 주고 있다.

이사야 선지자는 여기서 데마(Tema) 땅의 주민들에게 물을 가져다가 목마른 자에게 주고 떡을 가지고 도망하는 자들을 영접하라고 했다. 이는 그들이 적군의 칼날을 피하며 뺀 칼과 당긴 활과 전쟁의 어려움에서 도망하게 된다는 의미를 지니고 있다. 이 말은 곧 저들이 그동안 억눌려 박해를 당하며 약자의 편에 서 있었지만 때가 이르면 승리자의 편에 서게 된다는 사실에 밀접하게 연관되어 있다.

그와 동시에 하나님께서는 선지자를 통해 앞으로 품꾼이 정한 계약처럼 일 년 안에 '게달[40]의 영광' 이 쇠멸하리라는 말씀을 하셨다. 이 말은 앞서 기록된 이사야의 행위 예언과 앗수르, 바벨론, 페르시아, 메대에 관한 모든 예언이 이루어질 것에 대한 표징이 된다. 저들이 누리던 모든 영광은 외부로 드러난 형식과는 달리 헛것에 지나지 않았던 것이다. 그렇게 되면 싸움에 능한 게달의 자손들 가운데 활 가진 용사의 남은 수가 얼마 되지 않게 된다. 그것은 하나님의 예언이기 때문에 장차 반드시 일어나게 될 일이었다.

---

40) 게달(Kedar)은 하갈의 아들 이스마엘의 둘째 아들(창 25:13; 대상 1:29)이다. 그는 어느 정도 유목민의 조상으로 간주되고 있다. 그들이 거주하던 땅은 아라비아 사막의 북쪽에 위치해 있었다.

제19장

환상의 골짜기에 관한 경고

(사 22:1-25)

1. 이방 왕국[41]을 통한 하나님의 심판 (사 22:1-4)

선지자 이사야는 '환상의 골짜기'(the valley of vision)에 관한 경고를 하고 있다. 여기서 언급된 환상의 골짜기란 예루살렘과 그 주변 지역을 중심으로 한 유다 땅 전역을 가리킨다. 따라서 이는 장차 이스라엘 민족 전체에 이르게 될 상황에 대한 강력한 경고의 말씀이다. 본문 가운데서 '약속의 땅' 이란 용어 대신 굳이 '환상의 골짜기' 란 용어를 쓴 것은 그 땅이 계시적인 의미를 지니고 있다는 사실을 말해준다.

하나님께서는 환상의 골짜기에서 살아가고 있는 백성들에게, 도대체 무슨 일이 발생하였기에 지붕 위 즉 집 옥상으로 올라갔느냐고 질책하고 있다. 사람들이 급히 지붕 위로 올라간 것은 아마도 주변의 위급한 상황을 파악하기 위한 목적 때문이었던 것으로 보인다. 눈앞에 심각한 위기가 닥치게 되자 백성들은 주변 상황과 더불어 다른 사람들이 어떻게 대응하고

---

41) 이 본문에서 유다 왕국의 적대 세력은 당시의 앗수르 세력과 더불어 장차 강대국이 될 바벨론에 대한 예언적인 의미를 동시에 가지는 것으로 보는 것이 자연스럽다.

있는지 살피지 않을 수 없었을 것이다.

그러나 하나님께서는 그와 같은 행동을 하는 자들을 엄하게 책망하셨다. 왁자지껄하게 붐비며 떠들던 성읍과, 고을마다 흩어져 잘못된 즐거움을 추구하며 살아가던 사람들에게 이제라도 올바른 상황 판단을 내리도록 요구하신 것이다. 배도에 빠진 자들은 예루살렘 성 안에서 부당한 종교적인 목적을 추구하기에 바빴으며, 각 지역에 흩어진 어리석은 백성들은 하나님을 멀리한 채 세상의 즐거움에 취해 있었다.

그와 같이 세상의 욕망에 빠져 있던 지도자들과 백성들은 적군의 침공이 있게 되자 많은 사람들을 죽음에 내어주지 않을 수 없게 되었다. 그것은 여호와 하나님으로부터 가해진 채찍이자 무서운 진노의 심판이었다. 그럼에도 불구하고 백성들은 하나님에 대한 두려움보다 저들을 위협하는 적군과 강대국에만 신경을 썼을 뿐 아직도 하나님을 두려워할 줄 몰랐다.

그러므로 여호와 하나님께서는 앞으로 저들 가운데서 많은 사람들이 죽게 되는 것은 적군의 칼이나 전쟁 자체가 그 직접적인 원인이 있는 것이 아니라는 사실을 언급하셨다. 그런 위기 상황이 닥치게 되면 이기심에 가득 찬 관원들은 자기의 생명을 보존하기 위해 도망치기에 급급하게 된다. 그동안 그들은 백성을 위한 자세로 직무를 행했던 것이 아니라 자신의 지위를 이용해 개인적인 욕망을 추구하기에 바빴을 따름이다.

하지만 당시의 위급한 상황은 저들이 원하는 대로 전개되어가지 않았다. 그들은 결국 손에 들고 있던 활을 버리고 적군에 의해 체포당하는 신세가 될 수밖에 없다. 나아가 더 멀리 도망가면 안전하리라 생각하던 자들도 결국 적군에게 발각되어 결박당한 채 포로로 잡혀가게 된다. 이는 저들에게 그 상황을 타개할 만한 아무런 능력이 존재하지 않는다는 사실을 말해준다. 우리는 여기서 백성들이 '결박당한 사실' 에 주의를 기울일 필요가 있다. 이로 인해 본문에 언급된 유다 왕국의 적대 세력을 장차 일어날 바벨론과 연관지어 이해할 수 있는 것이다.

물론 우리는 이사야서 본문에 기록된 이 말씀은 일차적으로 히스기야 왕[42] 때 일어난 앗수르 군대의 침공에 연관되어 있음을 기억한다. 특히 히스기야 왕 즉위 십사(14) 년 곧 BC 714년을 전후하여 앗수르 왕 산헤립이 예루살렘을 침공했을 때 유다 왕국의 상황은 풍전등화風前燈火와 같은 형국이 되었다. 당시 이스라엘 민족은 모든 것을 상실할 위기에 처했다. 열왕기하에는 그에 관한 내용이 좀 더 구체적으로 기록되어 있다.

> **"히스기야왕 십 사년에 앗수르 왕 산헤립이 올라와서 유다 모든 견고한 성읍들을 쳐서 취하매 유다 왕 히스기야가 라기스로 보내어 앗수르 왕에게 이르되 내가 범죄하였나이다 나를 떠나 돌아가소서 왕이 내게 지우시는 것을 내가 당하리이다 하였더니 앗수르 왕이 곧 은 삼백 달란트와 금 삼십 달란트를 정하여 유다 왕 히스기야로 내게 한지라 히스기야가 이에 여호와의 전과 왕궁 곳간에 있는 은을 다 주었고 또 그때에 유다 왕 히스기야가 여호와의 전 문의 금과 자기가 모든 기둥에 입힌 금을 벗겨 모두 앗수르 왕에게 주었더라"(왕하 18:13-16)**

선지자 이사야가 하나님의 말씀을 예언하던 시기에 앗수르 군대의 침공을 받은 히스기야 왕은 모든 것을 저들에게 내어주어야 할 위기에 놓이게 되었다. 당시 가나안 지경에 속해 있던 유다 왕국 내의 거의 모든 성읍들이 앗수르 군대에 의해 함락되었다. 예루살렘이 정복되고 성전이 파괴되는 것은 시간문제인 것처럼 보였다. 그런 상황 가운데 앗수르 왕 산헤립은 유다 왕국에 은 삼백 달란트와 금 삼십 달란트를 요구했다.

히스기야 왕은 결국 예루살렘 성전 창고와 왕궁 창고에 보관되어 있던

---

42) 유다 왕국의 히스기야 왕(BC 728-698)은 아하스 왕의 아들로서 25세 때 왕위에 올라 29년간 통치했다(왕하 18:2). 그는 하나님을 경외하는 선한 왕으로 개혁을 단행하여 유월절 절기를 회복했다. 그리고 성전을 정화했으며 이스라엘 가운데 존재하는 우상들을 제거하는 일에 힘을 기울였다(대하 29-31장). 그는 앗수르 제국의 산헤립의 침략을 받았지만 위기를 넘겼으며, 말년에는 죽을 병이 걸려 고생했으나 하나님의 은혜를 입어 15년간 생명을 연장받기도 했다.

은을 다 내어주었다. 그리고 성전 문과 기둥에 입힌 금을 벗겨 앗수르 왕 산헤립에게 갖다 바쳤다. 그가 그렇게 했던 것은 저들과 맞서 싸울 힘이 전혀 없었기 때문이었으며, 동시에 예루살렘 도성과 성전 파괴를 막고자 하는 판단 때문이었다. 그로 말미암아 성전은 보존되었지만 유다 왕국의 세력은 완전히 상실된 모습을 보여주었다.

우리가 여기서 주의 깊게 생각해 보아야 할 점은 배도자들로 말미암아 일어난 이와 같은 상황이 어느 정도 예언적인 성격을 지니고 있다는 사실이다. 이 사건 가운데는 오랜 세월이 흐르고 난 뒤 있게 될 바벨론에 의한 예루살렘 성전 파괴와 이스라엘 민족의 바벨론 이거移居를 떠올리게 하는 내용들이 포함되어 있다. 예루살렘 성전은 이미 훼손되기 시작했으며 백성들은 예루살렘을 영원한 근거지로 삼을 수 없게 되었다.

때가 이르면 남쪽 유다 왕국은 바벨론 제국에 의해 완전히 패망하게 된다. 그리하여 언약의 백성들은 포로가 되어 이방의 낯선 땅으로 끌려가는 처참한 신세에 놓인다. 또한 예루살렘 성전 건물은 완전히 파괴되고 그 안에 보관되어 있던 모든 성물聖物들도 빼앗겨 이방 지역으로 옮겨가게 된다. 이는 하나님의 거룩한 성전 기물들이 더러운 이방 신전에 내던져지는 치욕을 겪게 된다는 사실을 시사해 주고 있다.

언약의 백성들이 그런 비참한 상황을 맞게 된 것은 여호와 하나님을 버리고 배도에 빠졌기 때문이다. 여호와 하나님을 배신하고 모독하는 오만한 태도를 취한 것에 대한 결과는 저들의 멸망을 가져왔을 따름이다. 따라서 하나님과 언약의 백성 사이에는 상호 관계가 끊어지는 단절 현상이 일어나게 되었다.

그러므로 선지자 이사야는 저들에게 자기를 위로하려는 마음을 가지지 말라는 언급을 하고 있다. 예루살렘 성과 성전이 크게 훼손되고 많은 사람들이 죽게 된 상황에서 더 이상 아무 위로도 받을 수 없다는 것이었다. 나아가 그는 이제 언약의 백성들이 장차 겪게 될 처참한 일들을 떠올리면 슬피 울며 통곡할 수밖에 없는 형편에 놓이게 되었던 것이다.

2. 하나님의 심판과 오만에 빠진 유다 백성 (사 22:5-11)

하나님께서는 자신의 거룩한 목적을 이루시기까지는 이스라엘 민족을 완전히 멸절당하도록 내버려 두시지 않는다. 이땅에 메시야가 오시고 언약의 백성들을 통해 하실 일이 남아 있기 때문이다. 하나님의 궁극적인 목적은 메시아를 통해 죄에 빠진 자기 자녀들을 구원하는 것이었다. 따라서 이번에는 만군의 하나님 여호와로부터 임하는 심판의 소리가 환상의 골짜기 즉 약속의 땅에 울려퍼지게 된다.

환상의 골짜기가 펼쳐진 예루살렘과 팔레스틴 지역에는 배도자들을 향한 하나님의 심판으로 말미암은 공포와 박해와 더불어 혼돈의 상태가 전개된다. 이는 그 날이 이르게 되면 견고한 성벽들이 무너지는 굉음과 산악지대 여기저기서 울부짖는 소리와 더불어 새로운 변화가 임하게 되리라는 사실을 시사해주고 있다. 그때 동부의 먼 지역에 기거하던 엘람(Ealm) 사람들은 화살통을 어깨에 둘러메고, 전차를 탄 병사들과 마병이 함께 움직이며, 기르(Kir) 사람들은 방패를 앞세워 나아오게 된다.

그리하여 약속의 땅인 아름다운 골짜기들에는 전쟁을 치루기 위한 전차들이 가득하게 되며 말을 탄 병사들이 성문 전면에 정렬하여 서 있으므로 인해 심각한 분위기를 드러내 보인다. 그 강력한 세력은 결국 유다의 방어선을 뚫게 된다. 그와 같은 상황이 이르게 되면 백성들은 그동안 등한시되던 무기고에서 병기들을 꺼내 그에 의지하여 싸우고자 한다.

배도에 빠진 이스라엘 자손은 그와 같이 위급한 상황에서 여호와 하나님께 전적으로 의지하기를 좋아하지 않는다. 그들은 다윗 성의 허물어진 여러 곳들을 목격하며 아랫 못의 물을 모으는 일에 열중한다. 또한 백성들은 예루살렘의 모든 가옥을 조사하여 그 일부는 헐어서 거기서 얻은 돌들을 가지고 성벽을 수리하는 데 사용하고자 한다.

결국 당시 기술자들은 두 성벽 사이에 저수지를 만들어 옛 못에서 물을 끌어들이는 토목공사를 하게 되었다(대하 32:30, 참조). 히스기야 왕은 이를 통해 기혼 샘물에서 실로암 연못까지 흐르는 노천 수로를 돌려 533미터의 지하터널을 뚫어 물길을 만들었다. 이는 수로를 통한 방어책을 마련하는 동시에, 성이 완전히 포위될 경우 성 안에 필요한 물이 공급되어야 했기 때문이다. 이 말 가운데는 예루살렘 성이 적군에 의해 완전히 포위되어 공격받을 수 있다는 사실이 드러나고 있다.

3. 배도에 빠진 이스라엘 백성들 (사 22:12-14)

언약의 백성들이 여호와 하나님을 의지하지 않고 자신을 위해 스스로 다양한 방책을 세우는 것은 하나님에 대한 불신에 기인한다. 지혜로운 자들이라면 심각한 어려움을 당할 때 하나님을 더욱 의지하게 되는 것이 마땅하다. 하지만 배도에 빠진 어리석은 자들은 자신의 판단과 능력을 의존하며 그에 따른 온갖 방책을 세우기를 좋아한다. 그것은 어리석은 자들의 지략일 뿐 결코 온당한 신앙인들의 태도라 말할 수 없다.

하나님을 믿고 의지하는 성도들이라면 당연히 모든 것을 예정하고 섭리 가운데 거룩한 뜻을 이루어 가시는 여호와 하나님을 바라보아야만 한다. 그 섭리는 임기응변적으로 행해지는 것이 아니라 하나님의 놀라운 계획 가운데 진행된다. 이 모든 것들은 창세전에 이루어진 하나님의 예정과 작정에 근거한 것이며 하나님의 경륜적인 사역에 의해 그 뜻이 이루어져 간다.

이스라엘 자손이 배도에 빠짐으로써 도래하는 심판의 날은 하나님의 무서운 진노와 더불어 임하게 된다. 하나님께서는 저들에게 그때가 이르면 통곡하며 애곡하는 가운데 머리털을 밀고 굵은 띠를 띠라는 명령을 하셨다. 이는 자신의 모든 것을 내려놓고 오직 여호와 하나님 앞에 회개하며 그에게로 돌아서라는 요구와도 같다. 하지만 오만한 백성들은 그 말씀을 듣지 않고 자기 판단에 좋은 대로 행함으로써 하나님의 명령을 거부했다.

그들은 장차 눈앞에 닥치게 될 하나님의 무서운 심판을 알지 못하고 일시적으로 펼쳐지는 현실을 기쁨과 즐거움의 대상으로 삼고자 했다. 이는 인간적인 욕망을 위해 모든 힘을 기울인 결과로 인해 나타나는 현상이다. 따라서 그들은 소와 양을 잡아 고기를 나누어 먹으며 즐거움에 들떠 만족스러워했다. 뿐만 아니라 포도주를 마시면서 취하기를 좋아했다. 그들은, 내일 죽으면 모든 것이 끝날 것이므로 오늘 배불리 먹고 취하도록 마시며 즐기는 것이 최고의 인생인 양 생각했던 것이다.

이와 같은 세속적인 삶의 양상은 노아홍수 이전 사람들에게서 나타났으며(마 24:38; 눅 17:27), 롯의 시대 소돔과 고모라 성에서도 그러했다(눅 17:28). 하나님을 알지 못하는 배도자들과 이방인들은 이땅의 것들을 추구하는 삶을 살아가게 된다. 예수님께서는 제자들에게 이에 연관된 비유를 말씀하셨다.

> "또 비유로 저희에게 일러 가라사대 한 부자가 그 밭에 소출이 풍성하매 심중에 생각하여 가로되 내가 곡식 쌓아 둘 곳이 없으니 어찌할고 하고 또 가로되 내가 이렇게 하리라 내 곡간을 헐고 더 크게 짓고 내 모든 곡식과 물건을 거기 쌓아 두리라 또 내가 내 영혼에게 이르되 영혼아 여러 해 쓸 물건을 많이 쌓아 두었으니 평안히 쉬고 먹고 마시고 즐거워하자 하리라 하되 하나님은 이르시되 어리석은 자여 오늘 밤에 네 영혼을 도로 찾으리니 그러면 네 예비한 것이 뉘 것이 되겠느냐 하셨으니 자기를 위하여 재물을 쌓아 두고 하나님께 대하여 부요치 못한 자가 이와 같으니라"(눅 12:16-21)

이처럼 어리석은 자들은 현실적인 환경과 논리에 집착한다. 여기에는 비록 물질적인 것들뿐 아니라 눈에 보이지 않는 정신적인 영역도 포함된다. 그러면서도 배도에 빠진 자들은 그것이 마치 하나님으로부터 주어진 축복인 양 주장하며 자만한 태도를 가지기도 한다.

하지만 그와 같은 판단과 행동은 배도에 빠진 자들의 지극히 어리석은 행동일 뿐 아니라 하나님에 대한 신뢰를 근본적으로 저버리는 것과 같다. 따라서 하나님께서는 선지자에게 배도에 빠진 이스라엘 자손의 악한 죄를 결코 용서하지 않으리라고 말씀하셨다. 하나님께서 메시아 강림을 위해 이스라엘 민족을 보존하시겠지만 그의 뜻을 멸시하는 배도자들에 대해서는 무서운 심판을 내리시게 되는 것이다.

4. 히스기야 왕 시대 서기관 셉나에 대한 경고 (사 22:15-19)

유다 왕국이 극한 위기에 처하게 되었음에도 불구하고 그 지도자들은 하나님 앞에서 온전히 행하지 않았다는 사실은 심각한 문제가 아닐 수 없었다. 그와 같은 배도행위는 특히 백성들을 통치하는 정치 지도자들에게 두드러지게 나타났다. 그 가운데 국고國庫를 맡아 왕궁을 관리하던 서기관 셉나(Shebna)의 행동은 그 도가 지나쳤다. 그것은 여호와 하나님께 직접적으로 저항하는 악행이었다.

그러므로 하나님께서는 당시 나라 살림을 맡은 자로서 왕궁 관리를 책임지고 있던 셉나에게 선지자 이사야를 보내 자신의 뜻을 전달하도록 명하셨다. 그가 정당한 권한 없이 자기 마음대로 개인의 묘실을 마련하고 자기의 처소를 화려하게 지은 것에 대한 질책이었다. 당시 일반 백성들은 서슬 퍼런 그의 권세에 눌려 아무런 말도 하지 못하고 있었다.

그런 판국에 하나님께서 선지자 이사야를 그에게 보내 경고하셨다. 도대체 무슨 권한으로 개인의 묘실을 파고 반석 위에 자기를 위한 집을 지었느냐는 것이었다. 그는 하나님의 거룩한 도성에서 이기적인 야망을 채우고 사사로운 목적을 달성하기 위해 권세를 이용해 그와 같은 악행을 저질렀던 것이다. 그것은 하나님의 분노를 일으키며 무서운 심판을 자초하는 것과 마찬가지였다.

그러므로 하나님께서는 조만간 저를 단단히 결박하여 심판하시리라는 사실을 예언하셨다. 그리고 장사와 같은 강력한 힘으로 셉나를 내동댕이치시되 그를 공처럼 둥글게 말아서 드넓은 들판으로 굴러버리시겠다는 경고의 말씀을 주셨다. 그렇게 되면 그가 타고 다니던 화려한 마차도 거기서 그와 함께 뒹굴어 부서지게 된다. 이는 그가 언약의 왕국의 통치자인 주인의 집에 수치를 끼치고 있었기 때문에 임하게 될 심판에 연관되어 있다.

따라서 하나님께서 그를 관직에서 내쫓아 높은 지위를 완전히 박탈하실 날이 조만간 이르게 된다. 그 결과 셉나는 그동안 개인적인 부귀영화를 위해 온갖 노력을 기울여 왔지만 도리어 그곳에서 처참한 죽임을 당하여 인생을 마치게 된다. 그리하여 그동안 추구해 온 그의 영광도 덧없이 끝나게 될 것이다.

셉나에게 그와 같은 상황이 발생하기 전 유다 왕국에는 그 전조 현상이 일어났다. 결국 이스라엘 민족이 배도에 빠져 여호와 하나님을 버리게 됨으로써 히스기야 왕이 통치하던 시기에 앗수르 제국은 랍사게(Rabshakeh)를 보내 저들을 위협하며 공격해 왔다(왕하 18장, 참조). 하지만 남쪽 유다 왕국으로서는 그 강력한 세력에 대응할 만한 아무런 힘이 없었다. 따라서 왕과 지도자들은 어려운 궁지에 빠지게 되었다.

그리하여 히스기야 왕은 자기의 권위를 상징하는 왕복을 벗어 찢고 굵은 베옷을 걸친 채 여호와 하나님의 성전으로 들어갔다. 그리고는 궁내대신 엘리야김과 서기관 셉나와 제사장 중 장로들에게는 굵은 베옷을 입혀 선지자 이사야에게 보냈다(왕하 19:1-4, 참조). 나라가 그와 같은 극한 위기 상황에 처하게 되자 정신이 바짝 차려지기 시작했던 것이다.

왕의 사신으로 간 그들은 선지자 이사야에게 간청했다. 유다 왕국이 앗수르의 위협으로 인해 궁지에 몰려있지만 히스기야 왕이 그에 대응할 만한 힘이 전혀 없으니 여호와 하나님의 뜻을 알아봐 달라는 요청이었다. 그 형국은 마치 아기 밴 여인이 해산할 때가 이르러도 해산할 힘이 없는 것과 도 같다는 것이었다. 이는 산모와 아기 모두에게 위기가 닥치듯이 이스라엘 민족에게 현실적인 소망이 없다는 사실을 의미하고 있다.

저들로부터 모든 말을 듣게 된 이사야는 그나마 저들에게 약간의 소망이 담긴 메시지를 전달했다. 하나님께서 저들을 뿌리 채 완전히 소멸시키지는 않으시리라는 것이었다. 그러므로 하나님께서 꾸짖으실지라도 이스라엘 백성 가운데 남은 자들을 위하여 간절히 간구하라는 말을 히스기야 왕에게 전하라고 했다(왕하 19:4). 그것이 저들에게 남겨진 유일한 소망이자 민족을 지탱하며 살아남을 수 있는 방법이었기 때문이다. 하나님의 그 요구에 순종함으로써 남쪽 유다 왕국은 앗수르 제국에 의해 패망당하는 위기를 가까스로 넘길 수 있게 되었다.

5. 히스기야 왕 시대 궁내대신 엘리야김 (사 22:20-25)

하나님께서는 안하무인眼下無人격으로 행동하던 불경한 셉나를 그가 누리던 권력의 자리에서 물러나게 하시리라는 사실을 구체적으로 말씀하셨다. 그대신 힐기야의 아들 엘리야김을 불러 그 지위에 앉히시리라고 언급하셨던 것이다. 즉 셉나가 입고 있던 관복과 그 위에 매는 띠를 엘리야김에게 내어주어 착용케 함으로써 세력을 가지도록 할 것이며 그가 행하던 모든 권세를 그에게 주어 맡기시리라는 것이었다. 이는 아직 셉나가 권력을 상실하지 않고 그 힘을 유지하고 있을 때 주어진 예언이었다.

그렇게 되면 엘리야김이 셉나 대신에 권좌에 앉아 예루살렘과 유다 왕국의 집에서 왕을 돕는 역할을 하게 된다. 따라서 하나님께서는 그의 어깨에 '다윗의 집' 열쇠를 두어 언약의 백성을 위한 권세를 행하도록 하신다. 그것은 그에게 이스라엘 민족 가운데 주어지는 절대적인 권세가 맡겨지게 된다는 사실을 말해주고 있다. 이는 언약의 자손에 대한 하나님의 보존 의지를 보여주고 있다.

따라서 그가 문을 열면 닫을 자가 없을 것이며 또한 그가 문을 닫으면 열 수 있는 사람이 아무도 없다. 그것은 여호와 하나님께서 특별히 그에게 허락하신 권한이다. 또한 못이 단단한 벽에 박히는 것과 같이 우선 그를 견고하게 해주신다. 이로써 그는 그의 조상들이 속했던 집에서 영광의 보좌에 앉는 영예를 얻게 된다.

그렇지만 시간이 흘러가면서 그의 후손과 그에 관련된 친척들을 비롯한 집안사람들이 저에게 무거운 짐이 된다. 그들은 마치 크고 작은 그릇과 종지와 많은 항아리들이 작은 못 하나에 걸려 있듯이 그에게 잔뜩 메어 달리게 된다. 그것은 그에게 견뎌내기 어려운 엄청난 짐이 되지 않을 수 없다. 그렇게 되면 단단하게 박힌 못이 결국 힘을 잃어 부러지게 될 것이며 거기에 달린 모든 것들은 그것과 함께 떨어져 부서지고 말 것이다.

이스라엘 민족의 심판에 연관된 하나님의 이 말씀은 장차 반드시 이루어지게 된다. 하나님께서는 엘리야김을 세워 이스라엘 민족을 견고케 하시고자 하지만, 배도에 빠진 백성들은 도리어 그에게 커다란 짐이 됨으로써 그것을 지탱해내지 못하는 형국에 이른다. 이는 결국 이스라엘 민족의 패망을 가져오는 역할을 할 수밖에 없다. 여기서 우리는 하나님의 놀라운 사랑과 배려에도 불구하고 그의 말씀을 듣지 않아 멸망을 향해 달음질하는 백성들의 어리석은 행태를 보게 되는 것이다.

이를 통해 오늘날 우리도 구약시대에 전개된 구속사적인 의미와 더불어 현실적인 중요한 교훈을 얻을 수 있어야 한다. 하나님의 말씀을 버리고 인간적인 다양한 방편들을 앞세우는 것은 여간 위험한 행동이 아니다. 그것을 하나님에 대한 충성과 봉사와 연관짓고자 하는 어리석은 인간들의 생각과는 달리 실상은 하나님의 능력을 멸시하는 것과 다르지 않을 수 있기 때문이다. 성숙한 교회와 그에 속한 성도들은 항상 이에 대하여 민감한 자세를 유지하지 않으면 안 된다.

제20장

두로와 시돈 심판과 예루살렘 성전파괴 예언

(사 23:1-18)

1. 두로와 시돈

(1) '악' 惡의 대명사

예수님께서는 두로와 시돈을 언급하며 죄악에 가득한 곳으로 빗대어 말씀하셨다. 사도교회 시대에도 두로와 시돈은 사람들 가운데 '악' 의 대명사처럼 인식되어 있었다. 이는 소돔과 고모라가 그러했던 것과 마찬가지였다. 따라서 예수님께서는 제자들에게 말씀하시면서 그것을 드러내며 중요한 교훈을 주셨다. 배도에 빠진 자들에 대한 경고를 하시면서 두로와 시돈에 연관지어 역설적으로 언급하셨던 것이다.

"예수께서 권능을 가장 많이 베푸신 고을들이 회개치 아니하므로 그때에 책망하시되 화가 있을찐저 고라신아 화가 있을찐저 벳새다야 너희에게서 행한 모든 권능을 두로와 시돈에서 행하였더면 저희가 벌써 베옷을 입고 재에 앉아 회개하였으리라 내가 너희에게 이르노니 심판날에 두로와 시돈이 너희보다 견디

기 쉬우리라 가버나움아 네가 하늘에까지 높아지겠느냐 음부에까지 낮아지리라 네게서 행한 모든 권능을 소돔에서 행하였더면 그 성이 오늘날까지 있었으리라"(마 11:20-23)

예수님께서 두로와 시돈에 대하여 비유로 빗대어 이와 같이 말씀하신 것은 구약시대부터 있어왔던 여러 일들로부터 줄곧 연결된 것이었다. 그것은 요엘 선지자의 글(욜 3:4)에도 나타나며 예레미야서(렘 25:22-27)에도 잘 나타나고 있다. 이처럼 두로와 시돈은 과거에 저주의 대상으로 낙인 찍힌 경우가 많았다.

따라서 구약시대 그 부근에 살고 있던 자들은 대개 하나님의 심판과 저주의 대상으로 인식되었다. 그 왕국에 속한 백성들은 아브라함과 롯 시대의 소돔과 고모라와 같이 하나님을 떠나 사악한 모습을 띠고 있었다. 이는 이사야서에서 언급된 내용과도 밀접하게 연관되어 있다.

(2) 두로 (사 23:1-3)

두로는 이스라엘 왕국을 극도로 부패하도록 만든 원흉 역할을 했다. 여호와 하나님에 대한 신앙에 이방으로부터 들어온 혼합주의 종교사상을 정착시킨 데는 두로의 악영향이 컸다. 음녀로 알려진 이세벨(Jezebel)은 두로 왕의 딸로서 북이스라엘 왕국 아합왕(BC 869-850)의 왕비가 된 여인이었다. 그녀는 이스라엘 민족 가운데 바알신과 아세라신 사상을 적극적으로 장려한 인물이다.

당시 두로는 매우 부강한 나라였으며 주변 나라들에도 상당한 영향력을 행사했다. 아합왕 이후에 백 수십여 년이 지나면서 북이스라엘 왕국은 이방 신 사상에 뒤엉켜 더욱 부패해져간 결과 완전히 멸망하게 되었다. 이스라엘 민족을 더럽혔던 이세벨의 고국인 두로 역시 패망의 길을 향해 나아가고 있었다.

하나님께서는 선지자 이사야를 통해 두로에 대한 경고의 메시지를 주셨다. 그 내용은 장차 두로가 패망하게 될 날이 이른다는 것이다. 넘치는 부를 자랑하던 두로가 황무하게 되었을 때는 주변 여러 지역에 엄청난 영향을 끼쳤다. 두로가 번창하던 시기에는 두로 상인들의 왕성한 해상무역으로 인해 주변 나라들을 부유하게 만들었다. 그러나 두로의 세력이 기울게 됨으로써 저를 의존하고 있던 해변의 주민들도 함께 넘어질 수밖에 없게 되었다.

두로가 힘을 잃어 황무하게 되어 가옥들이 폐허되자 그곳에는 닻을 내릴 만한 항구도 사라지게 되었다. 다시스에서 출발하여 두로를 향해 배로 항해하던 선원들은 깃딤(Kittim)[43]에서 그에 관한 청천벽력青天霹靂 같은 소문을 전해 듣게 되었다. 이는 배에 잔뜩 실은 저들의 화물이 갈 곳을 잃어버린 것과 마찬가지였다.

당시 두로 지역은 서쪽의 다시스뿐 아니라 남방 시홀(Sihor)[44]의 곡식 곧 나일의 수확물들을 선박 수송을 통해 수입함으로써 열국의 시장이 되어 있었다. 오늘날 우리의 표현으로 한다면 그와 같은 위치에 놓인 국제시장인 두로가 패망하게 되었으니 세계 경제가 휘청거릴 만큼 심각한 영향을 끼쳤던 것이다.

(3) 시돈 (사 23:4-7)

두로와 가까이 위치한 시돈 역시 막강한 세력을 유지하고 있었지만 주변의 정치 경제적인 정세와 더불어 그와 함께 패망의 쓴 맛을 보게 된다. 시돈은 오래 동안 바다에 접한 천혜의 요새를 소유한 지역이었을 뿐 아니라 상업과 무역이 번창하던 곳이었다. 그 지역이 완전히 허물어져버리게

---

43) 깃딤은 구브로 섬의 옛 이름이다.

44) 시홀은 나일강의 북동 지류 혹은 운하를 가리킨다.

된다는 것은 주변 모든 국가들에게 불안 요소가 되기에 충분했다.

그 바다의 요새인 시돈이, 산고産苦를 겪지 못해 자녀를 출산하지 못하였으며 남녀 젊은이들을 양육하지 못했다는 소리를 부르짖었다. 이 말은 시돈이 아무것도 남기지 못한 채 완전히 패망했다는 사실을 말해 준다. 이는 곧 저들이 그동안 누려왔던 모든 부귀영화가 무상하다는 사실을 말해주고 있는 것과 같다.

그와 같은 시돈의 파멸 소식은 주변 나라들을 비롯해 온 세상에 퍼져나갈 수밖에 없었다. 애굽이 그 놀라운 소문을 듣게 되면 그로 말미암아 충격을 받아 낙담하게 된다. 애굽의 입장에서는 수확한 곡물 수출에 엄청난 타격을 입을 것이었기 때문이다. 이는 시장 경제에 근본적인 타격을 입게 된다는 사실을 말해주고 있다.

선지자 이사야는 하나님의 계시에 따라 해변의 주민들과 섬에 살고 있는 백성들에게 다시스 즉 스페인 쪽으로 도망하라는 말을 했다. 두로와 시돈 지방은 물론이고 그 주변의 모든 지역이 생존하기 매우 어려워지리라는 것이었다. 그것은 거민들이 슬프게 부르짖을 수밖에 없는 형편이 몰려오게 됨을 의미하고 있다.

또한 선지자 이사야는 그 지역에 살고 있던 자들에게 책망하듯 강한 어조로 말하고 있다. 옛날에 저들의 즐거움을 위해 건설한 그 큰 성읍이 어찌하여 그렇게 철저하게 멸망했느냐는 것이었다. 과거에는 그 성읍이 살기 좋고 부유한 곳으로 소문이 나서 멀리서부터 많은 사람들이 몰려들었다. 그러나 이제는 그곳에 살던 사람들조차 모두 떠남으로써 그 상황이 완전히 달라지게 되었다.

2. 하나님의 심판 (사 23:8-12)

두로와 시돈이 그동안 여러 지역에 많은 식민지를 두고 세계 시장의 중심지 역할을 해왔었다.[45] 그곳 상인들은 귀족 생활을 누리게 되었으며 멀리서 몰려온 무역상들은 그들을 부러워했다. 그런데 누가 과연 두로와 시돈에게 이런 엄청난 재앙을 내리셨는가? 선지자 이사야는 만군의 여호와 하나님께서 그렇게 하셨다는 사실을 분명히 밝혔다. 하나님께서는 그것을 통해 저들이 누리던 모든 부귀영화를 욕되게 하셨으며 악을 도모하는 모든 교만한 자가 멸시를 받도록 심판하셨던 것이다.

이에 반해 저들로부터 멀리 떨어진 이방 지역에 오히려 자유가 허락되었음이 언급되고 있다. 특히 서방의 다시스에 대해서는 남방의 나일(Nile) 지역처럼 땅에 풍요로움이 넘치리라는 사실이 예언되었다. 또한 다시는 저를 주변 환경으로 인해 속박 당하도록 하지 않겠다는 내용도 전해졌다. 이는 물론 당시에 처한 특수한 상황에 제한적으로 연관된 말이었다.

여호와 하나님께서는 언약의 자손으로서 약속의 땅에 기거하는 배도자들에 대한 심판을 작정하고 계셨다. 하나님께서는 그것을 위해 '바다 위에 손을 펴서 열방을 크게 흔들겠다' 고 말씀하셨다. 이는 해상 무역에 치명적인 문제가 발생한다는 것으로서 당시 국제 경제와 직접 연관된 의미를 지니고 있다. 이는 하나님께서 가나안 땅에 대하여 엄한 명령을 내림으로써 그 견고한 성읍들이 완전히 무너지게 되리라는 사실에 대한 예언이기도 하다.

또한 하나님께서는 학대받은 딸 시돈에게 기쁨과 즐거움이 다시는 찾아오지 못하도록 심판하시리라고 말씀하셨다. 따라서 그곳에 머물지 말고 일어나 깃딤으로 건너가라고 하셨다. 차라리 그 섬나라가 살기 더 나으리

---

45) 당시 두로는 여러 민족을 대상으로 한 광범위한 교역과 활약으로 인해 막강한 세력을 유지하고 있었다. 오늘날 북부 아프리카의 해변 가까운 지역인 카르타고(Cartago)와 우티카(Utica)와 렙티스(Leptis), 그리고 스페인 지역에 위치한 것으로 보이는 카디즈(Cadiz)를 비롯한 여러 도시들은 해마다 두로에 공물을 보냈다. 이는 저들이 두로를 맹주(盟主)로 인정하고 있었음을 말해준다; J. Calvin, 이사야서 23:1, 주석, 참조.

라는 것이었다. 하지만 그리로 도망간다고 해도 그 사람들은 거기서도 평안을 얻지 못하리라고 단언하셨다.

3. 갈대아 사람들과 '칠십 년' (사 23:13-18)

이사야서 본문에 언급된 '칠십 년'은 나중에 일어나게 될 이스라엘 민족의 바벨론 포로와 밀접하게 연관되어 있다. 갈대아와 바벨론은 서로 연관된 개념으로 사용되는 경우가 많다. 본문 가운데는 갈대아 사람들의 땅에 백성이 없어졌다는 사실이 기록되어 있다. 앗수르 사람들이 그 지역을 들짐승이 사는 곳으로 만들었으며 그들이 적군의 습격을 경계하는 망대를 세우고 궁전을 헐어 황무하게 했다는 것이다.

선지자는 여기서 그와 더불어 다시스의 선박들에게 슬프게 부르짖으라는 말을 했다. 저들이 세운 견고한 성읍이 완전히 파괴되었기 때문이다. 여기서 우리의 관심을 끄는 대목은 약속의 땅으로부터 멀리 떨어진 동방과 먼 서방 지역도 깊은 슬픔에 빠지게 되리라는 사실에 대한 언급이다. 이 말은 앞부분에서 언급된 내용과는 달리 장차 바벨론 제국의 등장과 연관되어 있는 것으로 이해해야 한다.[46]

그 날이 되면 왕들의 일반적인 수명壽命과도 같은 칠십 년 동안 두로가 잊혀진 상태가 되겠지만 칠십 년이 지난 뒤에는 두로가 다시금 '음녀의 노래'에 나오는 주인공처럼 등장하게 될 것이다. 그동안 사람들의 뇌리에서 거의 잊어버린 바 되었던 음녀가 감미롭게 수금을 타고 온 성읍을 두루 다니며 기묘한 곡조로 많은 노래를 부르게 된다. 그렇게 되면 그 여인으로 인해 욕망에 가득찬 사람들이 다시금 그곳으로 몰려들게 되리라는 것이었다.

---

46) 이사야 23:8-12, 참조.

칠십 년의 기한이 찬 후에 여호와 하나님께서는 또다시 두로를 일으켜 이전처럼 무역과 상업을 통해 번창하도록 하신다. 그때 두로는 물질적인 풍요로움을 매개로 하여 온 세상의 다양한 나라들과 하나님의 뜻에 역행하는 음란을 저지르게 된다. 그러나 두로는 무역을 통해 얻게 되는 수익을 자신의 창고에 쌓아두지 못한다.

그대신 저들의 의도와는 달리 여호와 하나님께 바쳐질 것이며 여호와를 섬기는 자들이 그 돈으로 식량과 의복을 사는 데 사용할 날이 이르게 된다. 이는 저들이 의도하지 않는 가운데 그와 같은 일이 발생하게 되리라는 사실을 의미한다. 이 예언은 바벨론 제국이 패망한 후 페르시아 시대에 성취된다. 하나님께서 이처럼 이방 세력을 동원하여 자기 백성을 보존해 가시는 것이다.

4. '칠십 년' 의 의미

두로가 칠십 년 간 파산破産하게 된 것은, BC 605년 바벨론 제국의 느부갓네살 왕이 유다 왕국을 공격함으로써 본격화된 서방 진출과 BC 538년 페르시아가 바벨론을 멸망시킨 사건 사이에 일어난 것으로 보인다. 예레미야서에는 이스라엘 민족이 칠십 년 동안 바벨론을 섬기리라는 예언이 기록되어 있다. 선지자 예레미야는 요시아 왕 13년인 BC 626년경부터 예루살렘 성전이 파괴된 BC 587년 유다 왕국이 멸망한 직후까지 약 40여 년간 예언했다.

그는 아직 유다 왕국이 이방인의 강력한 압제를 당하기 전에 모든 것을 예언했다. 즉 바벨론 왕 느부갓네살이 약속의 땅을 공격해 황폐하게 만들기 전에 이미 칠십 년 동안 바벨론 왕을 섬기게 되리라는 사실이 예언되었다(렘 25:9-14; 29:10-13). 또한 다니엘서도 칠십 년에 관한 구체적인 기록이 나타난다. 이스라엘 자손이 칠십 년 간의 이방의 압제로부터 벗어나게 되리라는 것이었다.

> "보라 내가 보내어 북방 모든 족속과 내 종 바벨론 왕 느부갓네살을 불러다가 이 땅과 그 거민과 사방 모든 나라를 쳐서 진멸하여 그들로 놀램과 치소거리가 되게 하며 땅으로 영영한 황무지가 되게 할 것이라...... 이 온 땅이 황폐하여 놀램이 될 것이며 이 나라들은 칠십년 동안 바벨론 왕을 섬기리라"(렘 25:9-11); "나 여호와가 이같이 말하노라 바벨론에서 칠십년이 차면 내가 너희를 권고하고 나의 선한 말을 너희에게 실행하여 너희를 이곳으로 돌아오게 하리라"(렘 29:10); "메대 족속 아하수에로의 아들 다리오가 갈대아 나라 왕으로 세움을 받던 첫 해 곧 그 통치 원년에 나 다니엘이 책을 통해 여호와께서 말씀으로 선지자 예레미야에게 알려 주신 그 연수를 깨달았나니 곧 예루살렘의 황폐함이 칠십 년 만에 그치리라 하신 것이니라"(단 9:1, 2)

우선 예레미야서와 다니엘서에 기록된 칠십 년은 그보다 훨씬 전 이사야서에 미리 예언된 칠십 년과 동일한 기간으로 보아야 한다. 선지자 예레미야와 다니엘이 예언하던 시기는 바벨론의 느부갓네살이 이스라엘 민족을 압제하고 저들을 이방 지역에 포로로 잡아감으로써 그 통치를 받던 시기에 연관되어 있다. 느부갓네살은 BC 605년에 예루살렘을 공격하여 첫 번째로 이스라엘 민족을 포로로 잡아갔는데 거기에는 나이 어린 다니엘도 끼어있었다. 즉 그는 직접 그 처참한 상황을 경험했던 것이다.

물론 그후에도 BC 597년과 BC 587년에 이스라엘 백성 가운데 많은 사람들이 바벨론 지역으로 포로로 잡혀 갔다. 마지막 포로가 사로잡혀간 BC 587년에는 예루살렘 성전이 완전히 파괴되어 성전에 진열되어 있던 모든 성물들을 바벨론에 빼앗겼다. 그렇게 됨으로써 마지막 왕이었던 시드기야(Zedekiah, BC 598-587)는 비참한 고역을 치른 뒤 강제 폐위당하고 유다 왕국은 멸망하게 되었다.

한편 이사야 선지자가 예언한 시기는 아직 그와 같은 사건이 발생하기 오래 전이었다. 그 사건들이 일어나기 약 백여 년 전에 벌써 장차 일어나게 될 사실들을 예언함으로써 이스라엘 백성에게 메시지를 주었던 것이다. 하지만 어리석은 자들은 선지자의 예언을 귀담아 듣지 않고 배도의 길에서 돌아서기를 완강히 거부했다.

이스라엘 민족이 패망의 길로 들어설 당시 바벨론의 세력은 유다 왕국뿐 아니라 주변의 두로와 시돈에도 직접적인 영향을 미쳤다. 그 본질적인 성격은 달랐지만 어느 정도 공동 운명을 가진 것처럼 상황이 진행되어 갔다.[47] 따라서 이스라엘이 이방 세력으로부터 해방되어 귀환할 때 두로 역시 옛 시대를 회복할 수 있었다. 즉 두로는 바벨론에 의해서는 심한 압제를 당했지만 페르시아 시대에는 다시금 상당한 호황을 누리게 되었던 것이다.

이사야서 본문 가운데는 두로가 다시금 국제 사회에서 무역을 통해 상당한 부를 축적하게 되리라는 사실이 언급되어 있다. 두로는 그것을 통해 또다시 여호와 하나님께 저항하는 음란한 행위를 저지르며 많은 수익을 얻게 된다. 성경은 저들이 언약의 자손들의 생활에 도움을 주게 된다는 사실을 언급하고 있는데[48] 이는 바벨론 패망과 페르시아의 관용정책이 실행된 이후의 일로 볼 수 있다.

---

47) 언약의 왕국과 그에 속한 자손들이 겪는 일과 이방 왕국들과 그에 속한 백성들이 겪는 일이 외관상 어느 정도 유사하게 보인다고 할지라도 그 본질적인 의미는 전혀 다르다. 이방 왕국들은 일시적인 현상에 따라 그 역사적 과정에 참여하게 된다. 이에 반해 언약의 백성들의 경우 메시아 강림과 직접적인 연관이 있으며 그것을 위해 하나님께서 친히 역사적인 경륜 가운데 저들을 이끌어 가신다.

48) 그전에도 그와 같은 일들이 있었다. "두로의 딸이 예물을 드리고 백성 중 부한 자도 네 은혜를 구하리로다"(시 45:12); "다시스와 섬의 왕들이 공세를 바치며 스바와 시바 왕들이 예물을 드리리로다(시 72:10). 우리는 이를 통해 하나님의 섭리와 특별한 경륜에 따라 언약의 자손들이 저들의 삶을 이어가게 되는 모습을 보게 된다.

5. 하나님의 섭리와 경륜

우리는 선지자 이사야가 예언한 장차 일어날 일들에 대한 말씀을 보면서 하나님의 놀라운 섭리와 경륜을 떠올리게 된다. 또한 장차 일어나게 될 이스라엘 민족에 관한 예언도 그렇지만 주변 나라에 속한 두로와 시돈의 운명에 관한 내용도 관심 있게 살펴보아야 한다. 나아가 '칠십 년' 에 연관된 특별한 예언은 우리 시대에도 여전히 역사적인 상징과 더불어 매우 중요한 의미를 시사해 주고 있다.

성경 본문에서 이방 지역에 속한 두로와 시돈의 장래에 관해 언급된 것은 저들을 위해서가 아니라 이스라엘 민족 때문이었다. 저들이 언약의 자손들을 위한 도구 역할을 하게 된 것이다. 하지만 당시에는 저들이 그와 같은 사실을 인정했을리 만무하다. 이스라엘 백성들 가운데서도 선지자의 말을 온전히 받아들이는 참된 신앙인들은 그것을 믿었지만 배도자들은 전혀 그렇지 않았다.

이와 같은 일은, 오늘날 우리 시대에도 그 의미를 현실적으로 받아들여야 할 매우 중요한 교훈을 주고 있다. 현재도 세계 국제정세는 다양한 형태로의 변천을 되풀이하고 있다. 그 가운데 하나님께서 세우신 지상 교회들이 존재한다. 거룩한 하나님께서는 자신의 몸된 교회를 지켜 보존하시면서 때로는 따뜻한 위로를 하시고 때로는 엄한 채찍을 들어 징계하신다. 그런데 그 채찍은 많은 경우에 세상의 나라들과 다양한 상황들을 비롯해 불의한 이방인들을 통해 시행되기도 한다.

그럼에도 불구하고 오늘날 대다수 사람들은 그에 대한 하나님의 경륜을 전혀 생각지 않는다. 불신자들은 두말할 나위 없으며 교회에 속한 교인들 역시 그런 경우가 많다. 그러나 신앙이 성숙한 성도들은 세상에서 일어나는 다양한 일들을 하나님의 말씀을 통해 올바르게 파악하고 해석해야만 한다. 세상의 정치, 사회, 경제, 과학, 예술, 문화 등의 다각적인 동향을 보며 인간들의 속성과 더불어 성경을 배경으로 한 하나님의 뜻과 계획을 마음에 새길 수 있어야만 하는 것이다.

오늘날 우리는 교회에 악영향을 끼치는 모든 것들에 대하여 적대적인 자세를 취하지 않으면 안 된다. 세상은 물질과 정신적인 측면에서 교회를 어지럽히기 위해 안간 힘을 쓰고 있다. 이러한 형편 가운데 놓인 지상 교회와 성도들은 항상 계시된 하나님의 말씀을 통해 민감한 자세를 유지하고 있어야만 한다.

제4부

하나님의 경고와 이스라엘을 향한 약속

(이사야 24-39장)

제21장

하나님의 심판과 징벌

(사 24:1-23)

1. 뒤바뀌는 세상 (사 24:1-3)

어리석은 인간들은 항상 영원한 삶에 대한 관심을 버리고 현실주의자가 된다. 현재의 만족스러운 삶이 마치 영원히 지속될 것처럼 착각하며 교만해지는가 하면, 현재의 고통이 영원히 갈 듯이 여기며 절망에 빠져 허덕이기도 한다. 하지만 이 세상에 살아가는 인간들의 삶은 반드시 끝이 있으며 긍정적이든 부정적이든 항상 변천해 간다.

하나님의 자녀들은 타락한 세상에서 살아가지만 세상의 것들에 지나친 기대를 두지 않는다. 나아가 하나님을 알지 못하는 자들의 성공에 대하여 부러운 마음을 가지지 않는다. 그럼에도 불구하고 언약의 자녀라 하면서 세상을 탐하며 저들과 동일한 가치를 가지고 살아가는 어리석은 자들이 많이 있다.

선지자 이사야가 살던 시대 역시 마찬가지였다. 따라서 그는 백성들에게, 조만간 하나님께서 자신을 떠난 배도자들을 심판하시기 위해 땅을 공허하게 만들 것이며 그로 인해 모든 것이 황폐하게 되리라는 사실을 언급했다. 이는 사람들이 의지하고 살아가는 지면地面을 하나님께서 뒤엎으시고 그곳에 살던 주민들을 흩어버리실 것이라는 예언이었다. 그와 더불어 세상의 모든 상황들이 일시에 뒤바뀌게 되는 일들이 발생한다.

그렇게 되면 일반 이스라엘 백성과 거룩한 성전에서 수종드는 제사장들 사이에 존재하던 극명한 차이가 없어질 것이며, 노예나 종이 그 상전과 같아지게 된다. 또한 여종과 그 여주인이 동일하게 될 뿐 아니라 물건을 사는 자와 파는 자가 같아지며 소유물이나 돈을 남에게 빌려주고 이자를 받는 부자와 가진 재물이 없어 돈을 빌리고 이자를 갚아야 하는 가난한 자 사이에 차별이 없어진다.

이는 기득권에게는 장차 모든 것을 상실하게 될 날이 오게 되지만, 가난하고 힘없는 자들에게는 소망의 날이 오게 되리라는 사실을 시사해주고 있다. 그때가 이르면 땅이 메마르고 척박하게 되어 이전과는 전혀 다른 딴 세상처럼 된다. 이는 세상으로 말미암는 모든 풍요로움이 사라져 사람들이 살아가기에 각박한 시대가 이른다는 의미를 동반하고 있다.

우리가 여기서 기억해야 할 바는 이와 같은 일이 '그리스도의 때' 에 온전히 이루어지게 된다는 사실이다. 따라서 하나님의 자녀들은 타락한 세상에 소망을 두고 살아갈 필요가 없다. 이땅에는 궁극적인 소망이 존재하지 않기 때문이다. 나아가 이땅에 오신 하나님의 아들로 말미암아 사람들 사이에는 모든 차별이 철폐되는 실제적인 변화가 일어나게 된다. 사도 바울은 골로새 교회에 편지하면서 그에 대한 교훈을 남기고 있다.

> **"거기에는 헬라인이나 유대인이나 할례파나 무할례파나 야만인이나 스구디아인이나 종이나 자유인이 차별이 있을 수 없나니 오직 그리스도는 만유시요 만유 안에 계시니라"**(골 3:11)

하나님의 아들이신 예수 그리스도께서 이땅에 오신 후에는 세상에 존재하는 모든 신분과 계층이 교회 안에서 완전히 사라지게 된다. 사도 바울은 골로새 교회뿐 아니라 로마와 고린도 지역에 있는 성도들을 비롯하여 여러 교회들을 향해 그와 동일한 교훈을 주었다(갈 3:28; 롬 10:12, 고전 1:24 등). 이는 모든 성도들은 차별 없이 평등한 하나님의 자녀가 된다는 사실을 말해주고 있다.

물론 선지자 이사야가 예언하고 있는 주된 내용들은 일차적으로 당시대의 심판을 예언하고 있는 것으로서 하나님의 작정과 경륜에 연관되어 있다. 우리는 인간들이 세상에서 세운 모든 가시적인 계층 질서들은 영원하지 않다는 사실을 기억해야 한다. 어리석은 인간들은 세상에 존재하는 일시적인 신분 질서에 충실하고자 하지만 하나님의 뜻은 그것을 넘어서고 있기 때문이다.

2. 황무해진 성읍 (사 24:4-13)

인간들의 눈에 보기에 외형상 화려한 모습을 띠고 있다고 할지라도 그와 같은 형편은 결코 오래 지속될 수 없다. 설령 땅이 비옥하여 많은 곡물을 내고 사람들이 안전한 정치적 환경 아래 살아가는 것처럼 보이지만 지나가는 안개와 같은 것에 지나지 않는다. 하지만 어리석은 자들은 그 형편에 따라 자신의 인생을 논하기를 좋아한다.

선지자 이사야는 땅이 슬픔에 빠져 생기가 없고 주변 환경이 시들어가게 되며 세상에서 기득권을 가지고 높은 자리에 있던 자들이 쇠약해진다는 사실에 대한 예언을 하고 있다. 이는 사회 전반적인 기반이 흔들리게 되어 심각한 혼란을 동반하게 될 수밖에 없음을 시사한다. 이로 인해 어지러운 세계 가운데 생존하는 사람들은 땅과 자연에 대한 원래의 개념을 상실한 채 살아가게 된다.

배도에 빠진 인간들은 율법과 규례를 어김으로써 하나님의 영원한 언약을 깨뜨려 파기하는 것을 아무렇지 않게 생각한다. 이런 정황이 이르게 되면 그 아래 살아가는 백성들의 삶은 극도로 고단해진다. 특히 가난한 자들은 그 열악한 환경에서 벗어나기 어렵다. 땅은 저주를 받아 농작물을 생산하기 어렵게 되고 그 가운데 살아가는 백성들은 하나님으로부터 정죄를 당하게 된다. 이 세상의 것들을 소망으로 여기며 살아가던 자들은 무서운 불에 의해 소멸되기 때문에 '남은 자'가 얼마 되지 않는다.

그러므로 땅이 지력을 잃어 과수원의 포도나무가 열매를 맺지 못하게 되며 포도주가 원래의 기능을 할 수 없으므로 사람들은 깊은 슬픔에 잠긴다. 그것들로 말미암아 즐거움을 누리던 자들은 모두 탄식하지 않을 수 없게 된다. 성읍을 가득 메우던 다양한 악기 소리와 수금을 타는 자들의 기쁨이 모두 사라지고 즐거움에 들뜬 사람들의 환호 소리가 완전히 끊어진다. 그전에 노래하면서 포도주를 마시고 독주에 취해 오만하게 굴던 사람들은 초라한 모습으로 변하게 된다.

부족한 것이 없이 부유하게 보이던 성읍 안에는 약탈과 폭력이 성행하고 파괴를 일삼는 자들이 아무것도 남겨두지 않는다. 따라서 백성들은 집 안에서 문을 걸어 잠그고 불안에 떨며 노심초사勞心焦思하게 된다. 포도주를 즐기던 사람들의 근원은 끊어지고 그 땅에서 기쁘게 부르짖던 소리들은 완전히 소멸당하게 된다. 결국 성 안의 거민들뿐 아니라 성읍 자체가 황무하게 되고 성문은 파괴되는 처지에 놓이는 것이다.

이 말씀은 거룩한 도성 예루살렘에 관한 선지자의 예언이다(렘 14:1-4, 참조). 장차 예루살렘이 이와 같이 완전히 무너지게 될 날이 이르게 되리라는 것이었다. 그 큰 도성이 그런 식으로 철저히 파괴되는 것은 과거에 없던 일이다. 하지만 그와 같은 비참한 사건이 예루살렘에 임하게 된다. 그 성은 감람나무가 흔들리는 것처럼 크게 흔들릴 것이며 포도송이를 거둔 후에 마지막 알맹이까지 다 주워감으로써 아무것도 남지 않은 것 같이 된다.

이는 거룩한 성 예루살렘이 처참하게 멸망하게 되리라는 사실에 직접 연관되어 있다.

3. 땅 끝에서부터 들려오는 영광의 노래 (사 24:14-16)

선지자의 예언이 일차적으로 이루어질 당시에는 약속의 땅이 이방 세력에 의해 짓밟히고 예루살렘이 처참하게 파괴되어 슬픔에 휩싸일 것이었지만 나중에는 엄청난 반전이 일어나게 된다. 큰 무리가 소리를 높여 하나님을 찬양하게 될 것이며 여호와 하나님의 위엄으로 인해 바다 곧 온 세상으로부터 사람들이 크게 외치게 된다. 그것은 인간들의 노력의 결과가 아니라 하나님의 전적인 은혜와 경륜으로 말미암는 일이다.

이처럼 때가 이르면, 여호와 하나님을 섬기며 경배하는 행위가 약속의 땅 가나안과 이스라엘 민족에 국한 되는 것이 아니라 전 세계적인 사건이 된다. 멀리 동방에서 여호와 하나님을 영화롭게 하는 자들이 생겨나며 바다의 모든 섬에서 언약의 하나님이신 여호와의 거룩한 이름에 영광을 돌리게 된다. 그것은 인간 역사 가운데 진행되는 이스라엘 민족을 통한 하나님의 구원사역의 일환이라 할 수 있다.

그리하여 땅 끝에서부터 여호와 하나님을 노래하는 소리가 예루살렘을 중심으로 살아가는 언약의 자손들의 귀에까지 들린다. 세상의 만백성들이 의로우신 하나님께 찬송과 영광을 돌리기 때문이다. 이는 당시 심각한 위기에 처한 백성들에게 주어진 소망의 메시지로서 종말론적인 의미를 지닌다.

따라서 예수님의 십자가 사역과 더불어 신약시대가 열리게 되면 그 상황이 구체적으로 진행된다. 무덤에서 부활하여 천상의 나라로 올라가시기 직전 예수님께서는 제자들에게 땅 끝까지 전해질 복음 선포에 관한 내용을 말씀하셨으며, 사도 바울은 이사야서의 예언을 기초로 하여 그에 연관된 교훈을 남기고 있다(롬 10:16, 참조).

> **"오직 성령이 너희에게 임하시면 너희가 권능을 받고 예루살렘과 온 유대와 사마리아와 땅 끝까지 이르러 내 증인이 되리라 하시니라"**(행 1:8); **"내가 말하노니 저희가 듣지 아니하였느뇨 그렇지 아니하다 그 소리가 온 땅에 퍼졌고 그 말씀이 땅끝까지 이르렀도다 하였느니라"**(롬 10:18)

예수님께서는 위의 본문 가운데서 이스라엘 민족에게 허락된 언약의 복음이 전 세계에 흩어져 살아가고 있는 이방인들에게 개방된다는 사실을 시사하셨다. 이는 물론 하나님의 창세전 예정과 작정에 밀접하게 연관되어 있다. 이처럼 부활 승천하신 주님의 제자들과 그에게 속한 모든 성도들은 오순절 성령께서 강림하심으로써 온 세상 사람들을 위한 증인이 된다.

사도 바울이 로마서에서 기록하고 있는 것처럼 그로 인해 예수 그리스도의 복된 소리가 땅 끝까지 퍼지게 되었다. 그것은 하나님을 거부하는 자들에 대해서는 심판의 기능을 하게 되며, 하나님의 자녀들에게는 생명의 복음이 된다. 복음을 받아들여 구원의 길에 동참하게 된 성도들은 전 세계 어느 지역에 살고 있든지 항상 여호와 하나님을 찬양하며 경배하는 자리에 앉게 되는 것이다.

4. 배도자들의 패망 (사 24:16-20)

이방인 출신의 성도들이 세계 만방에서 의로우신 하나님께 영광을 돌리는 날이 이르게 되지만, 선지자 이사야는 당시 심한 고통에 빠지게 되었다. 그는 배도자들에 의해 견디기 어려운 힘든 일을 당하게 된다. 따라서 이사야는 자기에게 화가 미친 것으로 말미암아 깊은 절망에 사로잡힌 사실을 고백적으로 말하고 있다.

선지자는 그와 같은 심한 고통이 단지 자기에게만 미치는 것이 아니라 그 땅에 살고 있는 모든 거민들에게도 미치게 되리라는 사실을 선포했다. 저들 앞에 공포와 함정과 올무가 놓여 있게 된다는 것이었다. 그러므로 그들은 공포의 소리를 듣고 멀리 도망치고자 하지만 결국 깊은 함정에 빠지게 된다.

또한 그 함정으로부터 탈출하기 위해 안간 힘을 쓴 결과 거기서 해쳐 나오는 자들이 더러 있지만 그들은 또다시 올무에 걸리게 된다. 천상에 계시는 하나님으로부터 심판의 문이 열리고 땅의 기초가 흔들려 진동하면 아무도 그것을 막거나 피할 수 없다. 그 상황은 마치 술에 취한 자의 모습같이 땅이 크게 비틀거리며 폭풍우 속의 오두막집처럼 흔들리게 된다.

그와 같은 두려운 형편에서 인간들이 안전하게 빠져나갈 구멍은 없다. 그들은 여호와 하나님을 떠나 스스로 지은 죄악으로 인해 쓰러진다. 또한 짓눌리는 죄의 무게로 인해 다시는 일어나지 못하게 된다. 이는 공의로운 하나님께서 배도자들의 악행으로 말미암아 그 땅을 반드시 심판하시리라는 의도를 보여주고 있다.

5. 하나님의 심판과 승리 (사 24:21-23)

최후 심판의 날이 이르면 여호와 하나님께서 위로는 타락한 천사들로 구성된 하늘의 군대를 징벌하신다. 그리고 땅에서는 세상을 어지럽히던 왕들을 벌하신다. 그들은 하나님의 심판을 받아 마치 죄수가 감옥에 갇히듯이 깊은 옥에 갇히게 된다. 하지만 그들은 상당한 세월이 지난 후 옥에서 잠시 풀려났다가 다시금 하나님의 무서운 형벌을 받는다.

이는 예수 그리스도의 지상 사역과 밀접하게 연관되어 있다. 인간의 몸으로 이땅에 오신 하나님의 아들이 십자가 사역을 통해 저들을 일차적으로 심판하여 자의自意로 행치 못하도록 옥에 가두게 된다. 사도 베드로는 그의 첫 번째 서신에서 옥에 갇혀 있는 영들에 관한 언급을 하며 저들에게 하나님의 심판이 선언된 사실을 언급하고 있다. 또한 요한계시록에도 그와 연관된 내용이 기록되어 있다.

> **"그리스도께서도 한번 죄를 위하여 죽으사 의인으로서 불의한 자를 대신하셨으니 이는 우리를 하나님 앞으로 인도하려 하심이라 육체로는 죽임을 당하시고 영으로는 살리심을 받으셨으니 저가 또한 영으로 옥에 있는 영들에게 전파하시니라"**(벧전 3:18,19); **"천년이 차매 사단이 그 옥에서 놓여...... 또 저희를 미혹하는 마귀가 불과 유황 못에 던지우니 거기는 그 짐승과 거짓 선지자도 있어 세세토록 밤낮 괴로움을 받으리라 또 내가 크고 흰 보좌와 그 위에 앉으신 자를 보니 땅과 하늘이 그 앞에서 피하여 간 데 없더라"**(계 20:7-11)

베드로전서에서 말하는 바 옥에 있는 영들에게 선포되는 것은 구원을 위한 하나님의 복음이 아니라 저들에게 내려지는 저주의 심판이다.[49] 그들이 나중 최종 심판을 받게 된다. 예수님께서는 마지막 날에 있게 될 최종 심판의 때가 되면 산 자와 죽은 자를 심판하시기 위해 이 세상에 다시 강림하시는 것이다(행 10:42; 딤후 4:1; 벧전 4:5).

또한 위에 언급된 요한계시록의 말씀에서도, 마지막 심판날이 되면 사탄이 옥에 갇혔다가 일시적으로 풀려나 '백 보좌 심판대' 앞에 서게 되리라는 사실이 기록되어 있다. 그때 산 자와 죽은 자를 막론하고 세상에 존재했던 모든 인간들이 부활하여 하나님의 심판대 앞에 서게 되는 것이다. 예수님께서는 제자들에게 그에 대한 분명한 교훈을 주셨다.

> **"이를 기이히 여기지 말라 무덤 속에 있는 자가 다 그의 음성을 들을 때가 오나니 선한 일을 행한 자는 생명의 부활로, 악한 일을 행한 자는 심판의 부활로**

---

49) 어떤 학자들은 이를 두고, 예수님께서 마치 옥에 있는 영들에게 복음을 전파하신 것처럼 주장하는 자들이 있으나 그것은 잘못되었다. 예수님께서는 저들에게 심판을 선포하셨기 때문이다.

나오리라"(요 5:28,29)

그 심판의 날은 여호와 하나님께 '영광의 날' 이 되며 그의 자녀들에게는 '승리의 날' 이 된다. 때가 이르게 되면 여호와 하나님께서 보내신 왕을 거룩한 산 시온에 세우시게 될 사실이 구약시대부터 백성들의 입술에 노래로 존재해 왔다(시 2:6). 언약의 자손들은 그 날을 소망으로 삼고 살아가게 되었던 것이다.

성경에서 약속한 때가 되면 하나님의 어린 양이 시온산에 서게 된다. 언약의 자손들은 어린 양이신 성자와 성부 하나님의 이름을 저들의 이마에 인친 상태로 모습을 드러낸다. 그들은 영원히 공개된 신분으로 여호와 하나님을 경외하며 그에게 영광을 돌린다. 즉 저들은 절대 불변의 신분을 소유한 상태에서 여호와 하나님을 경배하게 되는 것이다. 요한계시록에는 그에 관한 구체적인 내용이 기록되어 있다.

> "**또 내가 보니 보라 어린 양이 시온산에 섰고 그와 함께 십 사만 사천이 섰는데 그 이마에 어린 양의 이름과 그 아버지의 이름을 쓴 것이 있도다**"(계 14:1); "**그가 큰 음성으로 가로되 하나님을 두려워하며 그에게 영광을 돌리라 이는 그의 심판하실 시간이 이르렀음이니 하늘과 땅과 바다와 물들의 근원을 만드신 이를 경배하라 하더라 또 다른 천사 곧 둘째가 그 뒤를 따라 말하되 무너졌도다 무너졌도다 큰 성 바벨론이여 모든 나라를 그 음행으로 인하여 진노의 포도주로 먹이던 자로다 하더라**"(계 14:7,8)

인간의 몸을 입고 이땅에 초림하신 예수님은 배도자들과 죄에 빠진 인간들에 의해 상상을 초월하는 모진 고난을 당하셨다. 그는 죄에 빠진 인간들로부터 조롱을 받으며 형언할 수 없는 고통 가운데 십자가 처형을 당했다. 그러나 부활 승천하신 그의 재림 때는 첫 번째와는 전혀 다른 상황이 벌어지게 된다. 그는 시온산과 예루살렘에서 영원한 왕이 되어 심판장의 권좌에 앉으실 것이기 때문이다.

그때는 해와 달을 비롯한 모든 천체가 그 기능을 완전히 상실당하게 된다. 예수님께서는 제자들에게 '때가 이르면 해와 달이 어두워지고 빛을 내지 아니하며 별들이 하늘에서 떨어짐으로써 하늘의 권능이 흔들리게 될 사실과 인자가 구름을 타고 큰 권능과 영광으로 오시리라는 점' (막 13:24-26, 참조)을 말씀하셨다. 마지막 날이 되면 여호와 하나님께서 우주만물을 궁극적으로 심판하시리라는 것이었다.

이를 통해 하나님께서는 악한 권세에 대한 심판을 행하시며 궁극적인 승리를 선포하시게 된다. 하나님의 자녀들은 언약에 기초하여 드러나는 왕의 절대적인 권위로 말미암아 진정한 생명을 공급받는다. 이와 동시에 그들은 영원한 구원에 참여하여 새로운 우주 질서 가운데서 여호와 하나님을 찬양하며 경배한다. 하나님은 그와 더불어 성경에 언급된 장로들과 영원한 구원에 참여하게 된 자기 자녀들에게 무한한 영광을 드러내시게 되는 것이다.

제22장

하나님의 승리와 구원의 소망

(사 25:1-12; 26:1-21)

1. 하나님의 심판과 언약의 백성에 대한 긍휼 (사 25:1-5)

인간들 중에는 하나님께 저항하는 자들과 하나님의 말씀에 순종하는 성도들 두 부류가 있다. 이는 일반 윤리적인 관점이 아니라 진리에 연관된 의미를 배경으로 한다. 따라서 하나님을 떠나 있는 자들은 하나님 앞에서 불순종하는 자신의 현실을 전혀 인식하지 못하는 경우가 많다. 이와 같은 현상은 아담의 범죄로 말미암아 발생하게 된 문제이다.

성경 본문 가운데는 선지자 이사야가 여호와 하나님을 찬송하고 있는 내용이 기록되어 있다. 그는 자신의 하나님이신 여호와를 기리며 그의 이름을 드높였다. 선지자가 그렇게 할 수 있었던 것은 과거의 인간 역사 가운데 하나님께서 친히 작정하신 뜻에 따라 다양한 기사들을 행하신 사실을 잘 알고 있었기 때문이다. 이는 하나님의 언약과 계시된 말씀에 근거한 것으로서 하나님께서 자기 자녀들을 구원하시기 위해 신실하게 그 모든 일들을 행하셨음을 말해주고 있다.

하나님께서는 자신을 거역하는 교만한 자들을 반드시 심판하신다. 그는 인간들이 자기 스스로를 위해 건축한 성읍을 폐허가 되도록 하고 굳건해 보이는 요새를 파괴하시며 대적자들이 지은 아름다운 궁성을 심판하여 영원토록 건설되지 못하게 하신다. 그로 말미암아 타락한 세상에서 권세를 떨치던 강대국들과 저들의 도성은 패망당하게 되어 근원적인 변화가 일어나게 된다.

즉 때가 이르면 강력한 세력을 자랑하던 민족이 낮아져 하나님을 영화롭게 하며, 포학한 왕국이 세운 성읍들이 변화되어 여호와 하나님을 경외하게 된다. 이는 저들이 과거에 가졌던 모든 부귀영화富貴榮華를 잃어버리고 패배자가 되어 여호와 하나님을 찾게 되었음을 말해준다. 하나님은 세상에서 약자가 되어 의지할 만한 것이 전혀 없으므로 인해 자신을 진정으로 찾는 자들을 도와주신다.

이처럼 하나님을 두려워하지 않고 포악한 행위를 일삼는 자들이 기세를 펼치며 연약한 자들의 요새를 공격하면 약자들은 속수무책으로 당할 수밖에 없다. 그때 심한 환난과 고통을 피할 수 없는 자들이 하나님 앞으로 나아오면 그가 저들을 물리치지 않고 은혜를 베풀어 주신다. 여호와 하나님께서 친히 저들을 위한 요새가 되어 주시는 것이다.

이처럼 하나님은 나약한 자들을 위해 폭풍우로부터 몸을 숨길 수 있는 안전한 피난처와 폭양曝陽을 피할 수 있는 그늘이 되어 주신다. 그리하여 하나님께서는 메마른 땅에서 뜨거운 햇볕을 제하듯이 모든 고통을 제거하신 후 저들의 삶에 소망을 제공하신다. 나아가 뜨거운 폭염을 구름으로 가리는 것처럼 포학한 자들의 노래가 울려 퍼지지 못하도록 하신다. 이는 저들을 공격하는 악한 자들의 세력으로 말미암은 떠들썩한 소란을 멈추게 하신다는 사실을 말해주고 있다.

2. 만민을 위한 연회 : 그리스도 예표 (사 25:6-8)

선지자 이사야는 만군의 여호와께서 '이 산' (this mountain)에서 만민을 위하여 기름진 고기와 오래 저장하였던 포도주로 연회를 베풀 것이란 사실을 예언했다. 그 고기는 골수가 가득찬 기름진 동물의 것으로서 최상품이며 맑은 포도주는 가장 좋은 품질을 소유하고 있다. 물론 본문에서 언급한 '이 산' 이란 예루살렘을 일컫고 있으며 '만민' 萬民이란 이방인을 향한 복음의 개방성을 시사하고 있다.

우리는 이 말씀이 장차 있게 될 예수 그리스도의 십자가 사역과, 나중에 허락될 교회의 성찬에 밀접하게 연관되어 있는 것으로 이해한다. 하나님께서 예루살렘에서 만민을 위한 연회를 베푸시리라는 것은 예수 그리스도께서 창세전에 택하신 백성들을 위하여 자신의 몸을 화목제물로 내놓게 되시는 것과 연관된다. 즉 그가 십자가에 달려 돌아가심으로써 하나님의 자녀들은 인간들에게 허락되는 최상의 음식물인 그의 살과 피를 제공받게 되는 것이다.

그러므로 예수 그리스도로 말미암아 세워지게 된 지상 교회 가운데는 항상 그의 피와 살을 상징하는 떡과 포도주가 존재한다. 그것은 성도들을 위한 영적인 참된 음식물이며 천상의 연회와 밀접하게 연결되어 있다. 매 주일 공 예배를 통해 성도들이 먹는 그 신령한 양식은 모든 참여자들에게 참된 기쁨을 끼치게 되는 것이다.

선지자 이사야는 또한 만군의 여호와께서 그 산에서 모든 민족의 얼굴을 가린 가리개와 열방 위에 덮인 덮개를 제거하시리라는 예언을 했다. 이는 유대인들을 넘어 온 세상에 흩어져 살아가는 이방인들에게 하나님의 복음이 전파되어 그들이 진리를 보게 되리라는 사실을 말해주고 있다. 이로써 유대인과 이방인들 사이에 막힌 담이 허물어져 양자간에 아무런 차별이 없어지게 된다.

하나님께서는 자신의 구속사역을 통해 세상에 죄를 끌어들인 사망을 영원히 멸하신다. 이는 예수 그리스도와 연관된 궁극적인 승리가 임하게 될 사실을 말해준다. 그리하여 하나님께서 자기 자녀들의 얼굴에서 슬픔과 고통의 눈물을 씻기시며 백성들이 당하는 모든 수치를 온 천하에서 완전히 제거하시는 것이다. 이는 여호와 하나님의 예언으로서 장차 반드시 일어나게 될 우주적인 사건이 된다.

3. 하나님의 구원과 징벌 (사 25:9-12)

여호와 하나님께서 섭리와 경륜 가운데 특별히 예비하신 '구원의 날' 이 이르게 되면 지상 교회에 속한 모든 성도들은 그에게 온전히 의지하게 된다. 그때 언약의 백성들은 옛날부터 하나님을 기다려 왔다는 사실을 고백한다. 이는 인간의 몸을 입고 오실 하나님의 아들이신 메시아에 관한 기대가 오래전부터 지속되어 왔음을 말해주고 있다. 구약시대의 참된 성도들은 하나님으로부터 임하는 구원을 기다리다가 그 날이 도래하면 그의 구원을 기뻐하고 즐거워하게 되는 것이다.

때가 이르면 여호와 하나님으로부터 행해지는 구원의 손길이 예루살렘에 나타나게 되며 아브라함의 조카 롯에게서 출생한 모압으로 인해 형성된 종족은 거름 무더기에서 지푸라기가 밟히듯이 자기 처소에서 짓밟히게 된다. 이는 아브라함을 통해 약속된 메시아 언약이 시온을 괴롭히는 배도자들을 심판하심으로써 하나님께서 약속하신 모든 것들이 성취된다는 사실을 말해준다. 이 말은 또한 하나님의 선택을 받은 성도들 이외에는 모두가 심판의 대상이 된다는 의미를 내포하고 있다.

그러나 배도에 빠진 악한 자들은 교만한 마음을 떨치지 않는다. 저들 가운데 존재하는 죄성은 여호와 하나님께 저항하는 행위를 지속하게 된다. 그들은 성벽을 높이 쌓아 올리고 요새를 강화하며 자기의 성을 지키기에 급급하다. 하지만 저들의 노력에도 불구하고 그와 같은 것은 결코 오래가지 못한다. 장차 하나님께서는 메시아를 보내 저들을 심판하시게 될 것이기 때문이다.

여호와 하나님은 세상에서 자신의 목적을 달성하기 위해 발버둥치는 배도자들을 그냥 두시지 않는다. 그들이 아무리 능숙한 방법을 동원할지라도 하나님의 무서운 심판을 피하지 못한다. 하나님께서는 저들이 쌓은 높은 성벽을 헐어버릴 것이며 견고한 요새를 무너뜨려 흙무더기가 되도록 하신다. 그렇게 되면 사악한 자들은 하나님의 심판으로 인해 영원히 멸망당하게 되는 것이다.

4. 영원한 반석과 응징에 관한 노래 (사 26:1-7)

언약 가운데 예비된 '구원의 날' 이 이르면 하나님의 자녀들이 유다 땅에서 하나님과 그의 나라에 관한 노래를 큰 소리로 외쳐 부르게 된다. 그때는 이전과 전혀 다른 완벽하게 건설된 성읍이 저들 가운데 존재하며 하나님께서 자신의 구원을 이룩하시기 위해 성벽과 외벽을 방편으로 삼게 된다. 이는 어떤 악한 세력도 하나님이 세우신 그 구원의 벽을 뚫거나 허물지 못한다는 사실을 말해준다.

언약의 자손들은 신의를 지키는 여호와 하나님의 '의로운 나라' 가 들어오도록 문들을 열어 개방하게 된다. 이는 하나님의 복음이 언약의 영역 안에서 허락되지만 다시금 유대민족을 넘어 이방인들에게 개방되는 것에 밀접하게 연관되어 있다. 그렇게 되면 하나님은 오직 자신만 바라보며 의지하고자 하는 심지가 견고한 자들을 지켜 진정한 평강을 소유하도록 하신다. 그것은 여호와 하나님을 진정으로 믿고 신뢰하기 때문에 성도들에게 주어지는 특별한 은총이다.

선지자 이사야는 계시받은 노래 가운데서 '영원한 반석' 이 되시는 여호와 하나님을 신뢰하라는 언급을 하고 있다. 이 말은 인간의 몸을 입고 이 세상에 오시게 되는 하나님의 아들 메시아와 직접 연관된 의미를 지닌다. 그가 왕으로서 이땅에 오시게 되면 인간들 사이에 존재하는 모든 계층의 상하관계를 허물어 버리시고 뒤엉킨 것들을 새롭게 정리하시게 된다. 즉 높은 지위에 앉은 자들을 낮추시며 높게 솟아 있는 성을 헐어 땅에 뒤엎으심으로써 흙무더기로 만들어 버리시는 것이다.

그 예언의 말씀이 성취되는 날이 이르면 메시아가 오셔서 사탄과 그의 세력을 두고 짓밟아 버리신다(The foot shall tread it down, Isa.26:6, KJV, 참조). 전에 억압받던 사람들의 발이 폐허된 땅을 짓밟게 되며, 빈궁한 자의 발과 곤핍한 자들이 그 위를 당당하게 걸어다니게 된다. 이는 하나님의 승리와 연관된 메시아 예언과 밀접하게 연관된 말씀이다. 시편 기자는 그에 관한 노래를 부르고 있으며, 신약시대의 사도 베드로는 예수님을 증거하면서 열한 제자들과 함께 백성들에게 선언적으로 말하고 있다.

> **"여호와께서 내 주에게 말씀하시기를 내가 네 원수로 네 발등상 되게 하기까지 너는 내 우편에 앉으라 하셨도다"**(시 110:1); **"내가 네 원수로 네 발등상 되게 하기까지 너는 내 우편에 앉았으라 하셨도다 하였으니 그런즉 이스라엘 온 집이 정녕 알찌니 너희가 십자가에 못 박은 이 예수를 하나님이 주와 그리스도가 되게 하셨느니라"**(행 2:35,36)

구약시대에 선포된 이 말씀은 메시아에 관한 예언이다. 하나님의 아들이 이땅에 오시게 되면 원수를 발아래 두고 짓밟게 된다는 것이다. 이 가운데는 예언이 성취되는 날이 이르면 하나님께 속한 가난하고 연약한 자들에 의해 권세와 기득권을 누리던 자들이 부끄러움을 당하게 되리라는 의미가 내포되어 있다. 선지자가 예언하던 당시에는 아직 그 일이 발생하지 않았지만 미래적인 실제로 존재하고 있었다.

선지자 이사야는 당시 어려움을 겪던 자들이 소유한 의로움에 관한 언급을 했다. 의인은 악한 자들로부터 고통을 당하지만 궁극적인 승리는 저들의 것이었다. 따라서 의인의 길은 정직하므로 신실하신 하나님께서 의인의 첩경을 평탄케 해주시리라고 노래했다. 선지자가 여기서 말하고자 한 의미 가운데는 여호와 하나님께서 메시아의 모든 사역을 역사 가운데서 원활하게 진행시키시리라는 뜻이 내포되어 있다.

5. 이스라엘 자손들의 고백과 다짐 (사 26:8-15)

여호와 하나님은 타락한 인간과 오염된 세상을 반드시 심판하신다. 그것은 하나님의 공의와 의로우심에 근거한다. 이는 곧 악하고 더러운 것과 의롭고 정결한 것 사이에는 실제적인 접촉점이 존재하지 않는 것에 연관되어 있다. 따라서 인간의 구원을 위해서는 반드시 중재자를 필요로 한다.

하나님께서는 사탄의 유혹에 빠져 자신을 배반한 인간들을 결코 적법한 절차 없이 용서하시지 않는다. 구약시대 언약의 자손들은 그것을 위해 이땅에서 메시아가 오시는 길목에 살아가던 자들이었다. 즉 이스라엘 백성은 주님께서 심판하시는 역사적 과정에서 주님을 소망하며 기다렸던 것이다.

참된 성도들은 그 메시아를 기억하며 기다리는 가운데 저들의 영혼이 주님을 사모한다는 사실을 고백했다. 선지자는 그 말씀 가운데서 특히 밤에 자신의 영혼이 주님을 사모한다는 사실을 언급했다. 나아가 자기의 중심이 오직 주님 한 분만을 간절히 구할 것이라고 말했다. 이와 더불어 하나님께서 타락한 세상을 심판하시는 때에는 세상의 모든 거민들이 하나님의 의를 배우게 되리라는 사실을 언급했던 것이다.

여호와 하나님을 알지 못하는 자들은 일반적인 은총을 입는다고 할지라도 하나님의 의를 배울 수 없다. 그들은 도리어 정직한 자의 땅 곧 언약의 땅에서 불의를 행하며 거룩한 하나님의 위엄에 관심을 기울이지 않는다.

그런 자들은 여호와 하나님의 심판의 손이 높이 들린다고 할지라도 그것을 외면한다. 이는 예수 그리스도의 십자가 사역과 밀접하게 연관되는 예언으로 이해해야 한다.

하나님과 그의 뜻을 기억하지 않고 멸시하는 행위는 어리석은 인간들이 저지를 수 있는 가장 악한 죄라고 말할 수 있다. 하나님께서 자기 백성들을 사랑하시는 열성으로 인해 무서운 심판을 행하시게 되면 배도에 빠진 악한 자들은 부끄러움 즉 수치를 당하게 된다. 하나님께서는 그때 자기에게 저항하며 대적하는 모든 세력을 불살라 태워버리신다.

그렇지만 하나님께서는 자기 자녀들을 위하여 영원한 평강을 베푸신다. 그가 언약의 민족 가운데 행하시는 모든 일은 저들을 위해 행하시는 긍휼의 사역이다. 이는 언약의 자녀들이 하나님의 놀라운 은혜를 입은 사실을 말해주고 있다. 그럼에도 불구하고 그들은 과거에 자신도 인식하지 못한 채 사탄의 관할 아래 살아가며 즐거움을 추구했었다.

즉 그 사람들은 이전에 여호와 하나님이 아니라 사탄의 통치 아래 존재하는 세상의 악한 영들이 활동하는 영역 가운데서 인생을 누리며 살아 왔었다. 이제 하나님의 은혜를 깨달은 저들은 오직 주님만 의지하고 그의 이름을 부르겠다는 고백을 했다. 이는 그들이 사망의 영역에 살아가지만 진정한 생명을 알게 되었다는 사실을 말해주고 있다.

참된 진리와 상관이 없는 악한 자들이 무서운 심판을 받게 되면 다시금 헤어나오지 못한다. 하나님께서는 저들을 심판하여 징벌함으로써 완전히 멸망시키신다. 그렇게 되면 하나님의 자녀들은 저들에 연관된 모든 것들을 기억조차 하지 못하게 된다. 이는 물론 당시의 상황에 연관된 것이지만 좀 더 넓은 관점에서 생각해 볼 때 우리에게 매우 중요한 사실을 시사해주고 있다.

십자가 사역을 통해 승리를 쟁취하신 예수님의 재림과 더불어 영원한 나라가 완성되면, 구원받은 성도들의 머릿속에 존재하는 모든 나쁜 기억들이 소멸된다. 이 말은 하나님을 알지 못하는 자들에 대한 모든 기억(memory)이 저들에게서 완전히 지워진다는 사실을 말해주고 있다. 다시 말해 영원한 안식에 들어간 성도들에게는 이 세상에서 있었던 나쁜 일들과 함께 살았던 악한 자들에 대한 기억조차도 사라지게 된다는 것이다.

하나님께서는 또한 타락한 세상을 심판하신 후 자기의 나라를 왕성케 하신다. 그리하여 이땅의 모든 경계를 확장하시며 그로 말미암아 스스로 영광을 얻으시게 된다. 하나님께서는 인간들에 의해 영광을 받는 것을 본질로 삼지 않으시며 하나님 자신이 모든 영광을 위한 근원이 되신다. 이는 메시아가 오시게 되면 오직 그의 나라가 원수들을 물리치게 되리라는 사실과 지상 교회의 설립에 대한 예언에 밀접하게 연관되어 있다.

6. 이스라엘 자손들의 소망과 피신 (사 26:16-19)

구약시대의 성도들은 장차 이르게 될 메시아와 그의 나라에 대한 소망을 가지고 있었을지라도 여전히 세상에서 심한 고통을 당하게 된다. 하지만 환난중에서도 여호와 하나님과 '메시아의 때'를 사모하며 살아간다. 따라서 하나님의 징벌이 저들에게 미칠 때도 그들은 주님께 간절히 기도하며 그에게 의지하기를 게을리하지 않아야 한다. 언약의 자손들은 그때, 잉태한 여인이 해산할 시간이 임박하여 산고를 겪으며 부르짖는 것과 같이 여호와 하나님 앞에서 그와 같다는 사실을 고백했다.

죄에 빠진 악한 인간들이 이땅에서 자녀를 잉태하고 산고를 겪는 것과 같은 고난을 당한다고 할지라도 그것 자체로서는 아무런 의미를 가지지 못한다. 그것은 마치 바람을 낳듯이 아무것도 낳은 것이 없으므로 땅에 구원을 베풀 수 없다. 이는 언약의 민족인 이스라엘에 연관된 비유적인 표현이다. 즉 이스라엘 민족이 세상의 구원을 위해 스스로 할 수 있는 일은 아무것도 없다는 것이었다.

그러나 하나님의 아들 메시아가 이땅에 오시게 되면 그 모든 권능을 행하시게 된다. 그때가 이르면 세상이 완전히 뒤바뀐다. 죽은 자들 가운데 주님께 속한 자들은 새로운 생명을 얻어 살아가게 된다. 그들은 마치 죽은 시체가 생기를 얻어 일어나게 되는 것과 같은 기적을 경험하게 되는 것이다.

따라서 선지자 이사야는 죽어서 티끌이 되어 누워 있는 것과 같은 백성을 향해 깨어 일어나 노래하라고 독촉했다. 마치 아침 생물들에게 생기를 주는 이슬처럼 주님으로부터 제공된 이슬은 생명을 공급하는 빛난 이슬과 같다는 것이었다. 그러므로 그는 땅 속에 시체를 가두어 두고 있는 무덤이 죽은 자들을 내어놓게 되리라는 사실을 예언하고 있다.

7. 심판과 회복 (사 26:20,21)

여호와 하나님께서는 언약의 백성들에게 아무도 알지 못하는 밀실密室로 들어가 문을 닫고 조용히 기다리라는 말씀을 하셨다. 하나님의 무서운 분노가 지나가기까지 잠시 동안 숨어 있으라는 것이었다. 이는 온 세상을 향한 하나님의 진노로 인한 일반적인 심판이 임박했음을 말해주고 있다. 하나님께서는 그와 같은 형편 가운데서도 자기 자녀들을 안전하게 보호하시리라는 뜻을 보여주고 계신다.

또한 성경 본문 가운데는 하나님께서 장차 자기 처소로부터 나와서 땅의 모든 거민들의 죄악을 엄히 벌하시게 되리라는 사실이 예언되어 있다. 이 말씀은 성자 하나님이 인간의 몸을 입은 메시아로서 천상의 나라로부터 이 세상에 강림하시게 될 것에 대한 예언이다. 그렇게 되면 땅이 그 위에 뿌려져 스며들어 있던 피를 드러내고 살해를 당한 선한 자들의 원성을 더 이상 숨기지 못하리라고 했다. 물론 여기서 살해를 당한 자들이란 하나님께 속함으로써 세상으로부터 핍박을 받아야 했던 성도들을 가리키고 있다.

하나님께서는 선지자 이사야를 통해 장차 이와 같은 일이 반드시 일어나게 되리라는 사실을 미리 알려 주셨다. 오늘날 우리는 지나간 역사를 되돌아보면서 그리스도를 통해 이 모든 예언들이 성취되었다는 사실을 알 수 있다. 하지만 십자가 위에서 모든 사역을 마치고 부활 승천하신 예수 그리스도께서 다시금 이땅에 재림하실 때까지 타락한 세상에서는 더욱 심한 환난이 닥치게 된다. 사탄과 그의 세력이 마지막 발악을 하고 있기 때문이다. 따라서 지금도 하나님의 자녀들은 타락한 세상에서 유일한 피난처가 되는 그의 몸된 교회로 피신하지 않으면 안 된다.

제23장

심판의 나팔과 하나님의 지혜

(사 27:1-13)

1. 심판날에 있을 죄의 근원에 대한 심판 (사 27:1)

하나님께서는 '심판의 날' 을 통해 모든 근원적인 문제를 해결하시게 된다. 그때가 되면 겉으로 드러나는 죄의 현상뿐 아니라 하나님의 피조세계에 죄를 끌어들인 사탄과 그에 연관된 대상들을 심판하신다. 이는 역사적인 과정을 거쳐 최종 심판을 향해 나아가는 종말론적인 의미를 지니고 있다.

그 심판날이 이르면 아담과 하와를 유혹하여 세상에 더러운 죄를 끌어들인 약삭빠른 뱀 '리워야단' 50) 곧 바다에 있는 용이 벌을 받아 죽임을 당하게 된다. 이는 물론 우리가 일반적으로 생각하는 죽음이 아니라 영원한 형벌을 의미하고 있다. 선지자 이사야가 예언할 당시에는 리워야단 곧 용이 여전히 활개치고 있었다. 장차 그 악한 괴물이 여호와 하나님의 심판을 받아 영원한 죽임을 당하게 되는 것이다.

이사야서 본문에서 '리워야단' 과 '용' 으로 표현된 두 개의 상이한 용어

---

50) '리워야단' (Leviathan)이라는 단어는 어원상 '구부러진' 또는 '감긴' 을 의미하지만 때로 특이한 종류의 악어와 큰 뱀을 가리키는 데 사용된다(Calvin, Isaiah 27:1, 각주 참조).

는 하나의 실체를 지칭하는 것으로 이해하는 것이 자연스럽다.[51] 다시 말해 뱀 리워야단은 하나님을 대적하는 악한 세력을 대표하는 의미를 지니고 있지만 태초부터 하나님께 저항한 사탄으로서 용과 동일한 의미를 지니고 있다. 우리는 그에 연관하여 성경에 기록된 내용을 전체적인 관점에서 살펴보아야 한다.

뱀은 창세기 맨 앞부분에서부터 그 실체가 드러나고 있으며 용은 요한계시록 맨 끝부분에 나타나고 있다. 창세기 3장에는 간교한 뱀이 하나님의 형상대로 지음을 받은 인간을 유혹하는 내용이 기록되어 있다. 우리는 그 뱀이 사악한 존재로서 하나님의 사역을 방해하는 존재라는 사실을 잘 알고 있다. 맨 처음 인간인 아담과 하와는 결국 사탄의 유혹에 빠짐으로 말미암아 여호와 하나님을 배반하게 되었다.

> **"여호와 하나님의 지으신 들짐승 중에 뱀이 가장 간교하더라 뱀이 여자에게 물어 가로되 하나님이 참으로 너희더러 동산 모든 나무의 실과를 먹지 말라 하시더냐...... 뱀이 여자에게 이르되 너희가 결코 죽지 아니하리라...... 여자가 그 나무를 본즉 먹음직도 하고 보암직도 하고 지혜롭게 할 만큼 탐스럽기도 한 나무인지라 여자가 그 실과를 따먹고 자기와 함께한 남편에게도 주매 그도 먹은지라"(창** 3:1-6)

간교한 뱀에 의해 속임을 당한 인간들은 여호와 하나님을 배반하여 그를 떠나게 되었다. 하나님의 뜻에 순종하지 않고 사탄의 편에 속함으로써

51) 학자들 가운데는 양자를 다른 존재로 보는 자들이 없지 않다. 하지만 그 둘은 동일한 존재인 것으로 이해하는 것이 자연스럽다. 한글 '새번역' 성경에서는, "그 날이 오면, 주님께서 좁고 예리한 큰 칼로 벌하실 것이다. 매끄러운 뱀 리워야단, 꼬불꼬불한 뱀 리워야단을 처치하실 것이다. 곧 바다의 괴물을 죽이실 것이다"(사 27:1)고 번역하여 같은 존재로 해석하고 있다; '공동번역' 성경에서도 "그 날 야훼께서는 날서고 모진 큰 칼을 빼어 들어 도망가는 레비아단, 꿈틀거리는 레비아단을 쫓아가 그 바다 괴물을 찔러 죽이시리라"(사 27:1)고 번역함으로써 동일한 관점을 보이고 있다.

에덴동산에서 쫓겨난 인간들은 참된 생명을 상실당하여 죽음의 자리에 놓이게 된 것이다. 그로 말미암아 타락한 인간들은 거룩한 하나님과 완전히 단절된 상태에 빠졌다.

즉 하나님께서 자신을 특별히 계시해 주시지 않는 한, 진리에 대하여 눈이 먼 인간들은 결코 여호와 하나님과 그의 뜻을 알 수 없게 되어 버렸다. 하나님의 은혜와 성령의 구체적인 사역이 있어야만 비로소 그에게 나아갈 수 있는 길이 열리게 된다. 그것은 특별히 조성된 언약의 백성들에게 주어진 선물로서, 모든 성도들은 그것을 통해 거룩한 하나님의 뜻을 깨달아 그에 순종해야만 한다.

그러므로 구약성경은 언약의 자손들에게 지속적으로 하나님의 섭리를 보여주는 가운데 장차 오시게 될 메시아에 대한 예언을 하고 있다. 하나님의 선택을 받은 모든 백성은 그에 대한 올바른 깨달음을 가지고 이 세상을 살아가야만 했다. 즉 장차 하나님께서 이땅에 보내실 그리스도의 사역이 저들에게 진정한 소망이 되었던 것이다.

하나님의 아들로서 이땅에 오신 예수 그리스도를 통한 심판의 날 하나님께서는 악한 존재인 뱀 곧 용을 심판하시게 된다. 그것을 통해 자기 백성을 죄에서 구원하여 내심과 동시에 사탄과 그의 모든 세력을 응징하시게 된다. 그것은 예수님의 초림과 재림에 밀접하게 연관되어 있다.

마지막 심판날이 이르면 하나님께서 죄의 근원이 되는 사악한 뱀 곧 용을 궁극적으로 징벌하신다. 즉 인간을 유혹해 파멸로 몰아감으로써 하나님을 배반한 사탄과 그에게 속한 모든 세력을 심판하게 되는 것이다. 요한계시록에는 이스라엘 민족 가운데 태어나신 예수 그리스도의 사역과 마지막 심판 때 하나님께서 악한 마귀를 심판하는 내용이 기록되어 있다.

> "큰 용이 내어 쫓기니 옛 뱀 곧 마귀라고도 하고 사단이라고도 하는 온 천하를 꾀는 자라 땅으로 내어 쫓기니 그의 사자들도 저와 함께 내어 쫓기니라……

용이 자기가 땅으로 내어쫓긴 것을 보고 남자를 낳은 여자를 핍박하는지라...... 용이 여자에게 분노하여 돌아가서 그 여자의 남은 자손 곧 하나님의 계명을 지키며 예수의 증거를 가진 자들로 더불어 싸우려고 바다 모래 위에 섰더라"(계 12:9-17); "또 내가 보매 천사가 무저갱 열쇠와 큰 쇠사슬을 그 손에 가지고 하늘로서 내려와서 용을 잡으니 곧 옛 뱀이요 마귀요 사단이라 잡아 일천년 동안 결박하여 무저갱에 던져 잠그고 그 위에 인봉하여 천년이 차도록 다시는 만국을 미혹하지 못하게 하였다가 그 후에는 반드시 잠간 놓이리라...... 또 저희를 미혹하는 마귀가 불과 유황 못에 던지우니 거기는 그 짐승과 거짓 선지자도 있어 세세토록 밤낮 괴로움을 받으리라"(계 20:1-10)

요한계시록에 기록된 마귀 곧 큰 용은 여호와 하나님을 대적하는 존재로서 무서운 심판을 면할 수 없다. 하나님께서 자신의 형상을 닮은 인간을 유혹하여 더러운 죄에 빠뜨린 뱀 곧 천하를 미혹하는 마귀를 심판하시지만 그 마귀는 끝까지 힘을 다해 발악을 하게 된다. 그는 하나님의 자녀들과 맞서 싸우며 저들에게 해악을 가하고자 하는 것이다.

성경은 하나님께서 예수 그리스도를 통해 마귀를 결박하여 천 년 동안 무저갱에 던져 넣으신다는 사실을 언급하고 있다. 하나님은 그 문을 굳게 잠근 후 인봉함으로써 아무도 함부로 열지 못하도록 천 년이 차기까지 만국을 미혹하지 못하게 하신다. 이는 초림하신 예수님께서 십자가 사역을 통해 자기 백성들을 구원하신 후 악한 마귀로 하여금 저들을 건드려 해하지 못하도록 하신다는 사실에 연관되어 있다.

그 일이 있은 다음 하나님께서는 예수 그리스도의 재림을 앞두고 잠간 동안 무저갱에 갇힌 마귀를 풀어놓으신다. 그로 말미암아 세상에 살고 있는 인간들을 마치 양과 염소를 구분하듯(마 25:32) 그리고 알곡과 쭉정이를 가리듯(눅 3:17; 마 3:12) 선악에 따라 분리하신다. 즉 마귀에게 속한 인간들과 하나님께 속한 성도들이 양분된다. 마귀의 세력과 하나님의 자녀들이 맞서 싸울 때 양쪽 편은 뚜렷이 갈라질 수밖에 없는 것이다.

선지자 이사야는 본문 가운데서 그에 대한 사실을 예언하고 있다. 심판의 날이 이르게 되면 하나님께서 무서운 병기로써 약삭빠른 뱀 리워야단 곧 용을 죽이시게 된다. 그리하여 그 악한 마귀가 지옥불에 던져져 영원한 심판을 당하게 되면 하나님께 속한 성도들은 영원토록 참된 복락을 누릴 수 있게 되는 것이다.

2. 구원받은 자들의 노래 (사 27:2-6)

여호와 하나님의 심판날이 이르면 악한 자들이 두려움에 떨게 되는 반면 구원받은 성도들은 즐거운 노래를 부르게 된다. 그들은 이 세상에 죄를 끌어들여 하나님을 욕되게 한 뱀 곧 용이라 칭해지는 사탄이 징벌을 받게 됨으로써 그로부터 완전히 해방되기 때문이다. 따라서 선지자는 하나님의 자녀들로 하여금 그 날이 이르게 되면 아름다운 포도원을 두고 노래를 부르라고 말했다.

심판의 때가 도래하게 되면 전능하신 여호와 하나님께서 친히 그 포도원을 지키는 자가 되어 때에 맞추어 물을 주시게 된다. 그는 아무도 자신의 포도원을 해치지 못하도록 지키신다. 그럼에도 불구하고 하나님의 나라가 완성되기 전에는 악한 세력이 도전을 멈추지 않는다.

그렇게 되면 인간들의 사악한 판단과 행동이 겉으로 드러나게 될 뿐 아니라, 땅이 찔레와 가시를 내어 포도원을 해칠 수도 있다. 즉 최종 심판을 앞두고 타락한 인간들과 더불어 오염된 자연도 하나님의 뜻을 적극적으로 멸시하는 일들이 발생하게 된다. 이는 모든 피조세계가 여호와 하나님 앞에서 발악하며 저항하는 모습을 보이게 되리라는 사실을 말해준다.

하지만 포도원의 주인이신 여호와 하나님께서는 악한 인간들이 자기의 영역을 침범하는 것을 더 이상 용납하시지 않는다. 그는 자신의 포도원 안으로 들어와 해악을 끼치는 타락한 인간들뿐 아니라 땅과 자연이 자기의 포도원에서 해를 끼치는 것에 대하여 반드시 심판을 행하신다. 그는 악한 인간들을 궁극적으로 심판하시며, 찔레와 가시들을 한 곳에 모아 모조리 불살라 버리시게 되는 것이다.

사악한 원수의 편에 서 있는 자들이 그와 같은 무서운 심판을 당하지 않기 위한 유일한 방편은 여호와 하나님께 돌아오는 길 외에 없다. 따라서 하나님께서는 자기 자녀를 해롭게 하는 자들을 향하여, 생명을 구하려면 오직 자신에게 나아와 화해하지 않으면 안 된다는 사실을 선포하셨다. 즉 하나님을 떠나 죄 가운데 존재하는 모든 인간들과 피조세계는 영원한 멸망을 당할 수밖에 없다는 것이었다.

그렇지만 심판의 때가 이르게 되면 절망에 빠진 이스라엘 자손이 온전히 회복되어 건실한 나무처럼 뿌리를 박아 굳건히 자라게 된다. 그 나무는 생명을 얻어 움이 돋고 아름다운 꽃을 피우며 많은 결실을 맺는다. 장차 그 열매들이 온 세상을 가득 채우게 되는 것이다. 그것은 역사 가운데 언약의 백성들에게 맡겨진 신령한 임무가 온 세상에 드러나게 된다는 사실을 시사해 주고 있다.

이 말은 곧 아브라함의 자손들로 인해 뿌리를 내린 언약으로 말미암아, 전 세계에 흩어진 이방인들이 여호와 하나님의 백성이 되리라는 점에 연관되어 있다. 진리를 모르는 자들이 기고만장氣高萬丈하여 이스라엘 민족을 박해하여 괴롭히게 되지만 그것은 지극히 짧은 일시 동안의 오만한 행동에 지나지 않는 것이었다. 이는 하나님께서 저들을 심판하시고 언약의 자손을 통해 허락되는 열매로서 자기 자녀들을 하나씩 불러 모으시게 된다는 사실을 말해주고 있다.

3. 언약의 자손들에 대한 특별한 자비와 용서 (사 27:7-9)

하나님께서는 어떠한 악도 용납하지 않는 공의로우신 분이다. 그는 모든 불의를 궁극적으로 심판하시며 의를 멀리하는 자들을 결코 사악하고 오염된 상태를 그대로 둔 채 용서하시지는 않는다. 하나님의 거룩한 뜻을 벗어난다면 언약의 백성이든 이방인이든 여호와 하나님의 심판의 대상이 될 수밖에 없다.

그렇지만 하나님의 징계 이유와 그 정도는 각 사람들에 따라 전혀 다르다. 즉 언약의 자손에게 징계를 가하는 것과 이방인에게 징계를 내리는 것은 전혀 다른 의미를 지니고 있다. 이를테면 자기 자녀들에게는 사랑의 매로써 교육적으로 징계하시지만 이방인들과 배도자들에게는 그야말로 영원한 징벌을 가하시게 된다.

그러므로 선지자 이사야는 이스라엘 민족에 대한 여호와 하나님의 징계가 동일한 성격을 지니고 있는 것이 아니라는 사실을 말했다. 즉 하나님의 자녀들은 저들의 원수들만큼 최악의 징벌을 받지 않는다는 것이었다. 겉으로 보기에는 동일하게 무서운 징계일 수 있지만 하나님의 대적자들이 받는 벌은 훨씬 더 크고 심각했으며 그로 말미암아 많은 사람들이 죽임을 당하게 된다.

이와는 달리 하나님의 선택받은 이스라엘 자손들 가운데 베풀어지는 징계는 그만큼 크지 않았으며 그처럼 많은 사람들이 죽임을 당하지 않았다. 하나님께서는 자기 백성에게 진리를 깨닫고 돌아올 수 있을 만큼 적당하게 견책하셨다. 즉 성경에서 말하고 있는 것처럼 성도들에게는 견디지 못할 시험거리를 주시지 않는 것이다. 이는 오늘날 우리에게도 그대로 적용되는 말씀이다. 신약시대의 사도 바울은 고린도 교회에 보내는 편지에서 그에 연관된 점을 언급하고 있다.

> **“사람이 감당할 시험 밖에는 너희에게 당한 것이 없나니 오직 하나님은 미쁘사 너희가 감당치 못할 시험 당함을 허락지 아니하시고 시험 당할 즈음에 또한 피할 길을 내사 너희로 능히 감당하게 하시느니라”**(고전 10:13)

이 말씀은 개별 성도들에게 적용될 만한 교훈이지만 동시에 교회 공동체와 연관된 의미를 지니고 있다. 하나님께서는 자기 자녀들을 견책하실 때 항상 교육적인 목적을 가지고 계신다. 이와 같이 이스라엘 민족에게도 견딜 만한 고통과 어려움을 주시면서 깨달음을 얻게 되기를 바라셨다. 이는 모든 성도들은 하나님의 징계를 통해 진정한 유익을 얻을 수 있어야만 한다는 사실을 말해주고 있다.

그러므로 구약시대 언약의 백성들이 겪은 시련은 매우 힘든 역사적인 사건이었지만 그 모든 과정을 통해 새롭게 태어나야만 했다. 하나님께서는 장차 그것을 위해 마치 동풍이 부는 날 세찬 폭풍을 더하여 역사하듯 그들을 먼 땅으로 옮기시게 된다. 이는 자기 백성으로 하여금 포로가 되어 이방 지역으로 잡혀가도록 하시리라는 사실을 의미하고 있다.

이는 여호와 하나님의 구원사역에 연관된 원대하고 심오한 뜻을 보여주고 있다. 거기에는 자기 자녀들을 위한 하나님의 진정한 사랑이 나타난다. 하나님께서는 그러한 역사적인 과정에서 구원과 회복을 위한 자신의 거룩한 뜻을 점진적으로 진척시켜 나가셨던 것이다. 이는 이땅에 메시아를 보내 자기 자녀들을 구원하고자 하는 하나님의 영원한 사랑에 기초하고 있다.

결국 하나님의 자녀들은 은혜로써 야곱의 모든 불의를 용서받게 된다. 하나님께서는 이방 신들의 제단에 세운 모든 돌들을 헐어 횟가루처럼 만들어 버리실 것이며, 아세라 여신상과 태양 신상을 부수고 다시금 그것이 세워지지 못하도록 하신다. 이렇게 함으로써 이방 신들을 미워하게 된 백성들이 여호와 하나님으로부터 모든 죄를 용서받게 되는 것이다.

4. 하나님의 징계 (사 27:10,11)

공의로운 하나님은 모든 것들을 하나하나씩 철저하게 심판하신다. 그는 악하고 더러운 것들이라면 아무리 작다고 할지라도 결단코 용납지 않으시는 분이다. 나아가 하나님께서는 악한 인간들이 자기를 위한 터전으로 변질시킨 성읍에 대해서는 반드시 파멸시키신다.

그러므로 견고하게 건축되어 사람들이 붐비던 성읍이 무서운 심판을 받아 적막한 분위기가 된다. 이는 예루살렘 성읍에 대한 심판에 연관된 의미를 지니고 있다. 가옥들은 황무하게 변하게 되며 땅은 버림을 받아 버려진 광야와 같이 된다. 그렇게 되면 송아지들이 폐허가 된 시가지 사이를 어슬렁거리며 아무렇게나 자라난 풀들을 뜯어 먹고 앙상한 나무 가지들에 붙어 있는 잎을 먹어 치운다. 이는 그 지역이 더 이상 쓸모가 없어져 더욱 황량하게 되어 버린다는 사실을 말해준다.

성읍의 시가지에 무성한 잎을 가지고 심겨져 있던 나무들은 그 가지가 바싹 마르게 되어 주변의 여인들이 와서 그것을 꺾어간다. 그들은 그것을 모아 불살라 태우게 된다. 이는 모든 것이 풍부하고 견고하게 지어진 성읍이 형편없는 지경이 되어 버린다는 사실을 말해주고 있다. 이와 같은 상황은 결코 저들이 원하던 바가 아니었을 뿐더러 그렇게 되리라고는 상상도 하지 못했을 것이다.

하지만 배도자들이 그와 같은 최악의 상황을 맞게 된 것은 우주만물의 창조주이신 하나님께서 저들을 긍휼히 여기지 않으신 사실과 직접 연관되어 있다. 또한 인간을 창조하신 하나님께서 저들에게 은혜를 베풀지 않으시기 때문에 그와 같은 처참한 일이 발생하게 된다. 하나님께서는 역사 가운데 저들의 악행을 심판하심으로써 장차 이땅에 메시아가 오시는 길을 평탄케 하며 예비하셨던 것이다.

5. 하나님의 성회聖會로 모임 (사 27:12,13)

하나님께서는 배도에 빠진 언약의 자손들을 약속의 땅으로부터 동서사방으로 흩어버리시게 된다. 그 백성들이 포로가 되어 앗수르에 의해 이방 지역으로 사로잡혀간 것은 국제질서 가운데 발생한 전쟁으로 인한 사건에 관련되어 있었다. 나중에 유다 왕국이 바벨론 제국에 의해 유린당함으로써 수많은 백성들이 포로로 잡혀가게 되는 것도 그와 동일한 맥락에서 이해되어야 한다.

이와는 달리 이스라엘 백성들 가운데는 그 위급한 상황을 피해 애굽으로 도망가는 자들도 많이 있었다. 그들은 앗수르나 바벨론 제국의 칼날을 피할 수는 있었지만 애굽의 또 다른 포악한 자들을 만나게 될 따름이었다. 즉 애굽이 결코 저들을 위한 안전한 피신처가 될 수는 없었던 것이다.

이와 같은 비참한 상황이 이르게 되면 이스라엘 백성은 오갈 데 없는 처지에 놓이게 된다. 따라서 그들은 여호와 하나님을 찾아 부르짖을 수밖에 없다. 그렇게 되면 하나님께서 저들을 기억하시고 긍휼히 여겨 자기에게로 불러모으고자 하신다. 그 날이 이르면 여호와 하나님께서 유프라테스강으로부터 애굽의 나일강에 이르기까지 마치 알곡들을 거두듯이 자기 자녀들을 하나하나씩 불러 모으시게 된다.

그 두려운 심판날이 이르면 여호와 하나님에 의해 장엄한 나팔소리가 울려 퍼진다. 그것은 물론 실제적인 의미라기보다는 영적인 의미를 지니고 있다. 그로 인해 앗수르 땅에 포로로 잡혀가 신음하며 멸망의 길로 나아가던 자들과 애굽 땅으로 피신해 간 자들이 이스라엘 본토로 돌아오게 된다. 그들은 예루살렘의 거룩한 산에서 다시금 여호와 하나님을 예배하게 되는 것이다.

이 모든 사건은 장차 하나님의 형상을 닮은 인간을 유혹하여 죄에 빠뜨리고 온 피조세계를 오염시킨 흉악한 뱀 리워야단 즉 바다에 있는 사악한 용을 징벌하시며 심판하시는 것과 밀접하게 연관되어 있다. 하나님의 사역은 비단 인간들의 눈에 보이는 가시적인 영역뿐 아니라 불가시적인 영적인 분야를 포함하고 있다. 따라서 눈으로 볼 수 없는 사탄을 비롯한 악한 영물靈物들이 여호와 하나님의 궁극적인 심판의 대상이 된다.

제24장

하나님의 진노와 성도들에게 허락된 은혜

(사 28:1-29)

1. 술취한 자들의 '교만한 면류관' (사 28:1-4)

하나님을 멀리하는 악한 자들은 스스로 자기를 인정하고자 하는 경향성을 띠고 있다. 참된 지혜를 상실하게 되면 하나님도 원하지 않고 신앙 공동체도 자기를 인정하지 않을 수 있다는 사실을 간과하게 되는 것이다. 그런 자들은 종교적인 자기기만에 빠져 어리석은 행동을 드러내게 된다.

성경 본문에서 언급하고 있는 '에브라임의 술취한 자들' 이란 자기만족에 빠져 참된 분별력을 상실한 북이스라엘 지역의 배도자들을 지칭하고 있다. 극도로 교만해진 상류계층에 속한 사람들은 자기의 권위와 영광을 상징하는 면류관을 스스로 만들어 쓰고 사람들 앞에 나타난다. 술에 취해 이성을 상실한 그들은 비틀거리며 홍청대기를 좋아한다.

이처럼 하나님의 율법을 벗어난 상태에서 기름진 골짜기에 세워진 저들의 도성 사마리아는 곧 패망할 것이었지만 저들은 그런 일이 절대로 발생하지 않을 것처럼 생각하고 있었다. 하지만 배도자들의 성읍인 그곳은 시들어가는 꽃과 같이 저주를 받게 된다. 악한 자들은 결코 그 재앙을 피할 수 없다.

하나님께서는 타락한 그 도성을 심판하시기 위해 '강하고 힘 있는 한 사람' (a mighty and strong one)를 보내시게 된다. 그는 삼위일체 하나님으로부터 보냄을 받은 성자 하나님과 연관되어 있다. 따라서 여기서 언급되고 있는 '사람' 은 출애굽하여 가나안 땅으로 들어가는 이스라엘 민족을 인도하기 위해 나타났던 '여호와의 군대장관' 으로 이해하는 것이 자연스럽다. 여호수아서에는 그에 관한 내용이 상세하게 기록되어 있다.

> "여호수아가 여리고에 가까이 왔을 때에 눈을 들어본즉 한 사람이 칼을 빼어 손에 들고 마주 섰는지라 여호수아가 나아가서 그에게 묻되 너는 우리를 위하느냐 우리의 대적을 위하느냐 그가 가로되 아니라 나는 여호와의 군대장관으로 이제 왔느니라 여호수아가 땅에 엎드려 절하고 가로되 나의 주여 종에게 무슨 말씀을 하려 하시나이까 여호와의 군대장관이 여호수아에게 이르되 네 발에서 신을 벗으라 네가 선 곳은 거룩하니라 여호수아가 그대로 행하니라"(수 5:13-15)

하나님께서는 이스라엘 민족을 약속의 땅 가나안으로 인도하기 위해 앞장선 여호수아 앞에 군대장관을 보내셨다. 그분은 곧 성자 하나님이었다. 그는 이스라엘 민족이 가나안 땅으로 진입하는 길목에 위치한 여리고 성 가까이에서 나타나 여호수아에게 보이셨다가 잠시 후 시야에서 사라졌다.

그러나 '여호와의 군대장관' 은 그후에도 항상 이스라엘 민족 가운데 계셨던 것이 틀림없다. 그는 이스라엘 민족을 올바른 길로 인도하셨지만 배도자들은 그 길에서 벗어나기를 끊임없이 되풀이했다. 배도에 빠진 북이스라엘 왕국을 심판하는 주체가 외형적으로는 앗수르 왕국이었던데 반해 실제로는 여호와 하나님께서 저들을 징계하셨던 것이다. 성숙한 신앙인들이라면, 눈에 보이지 않으나 구체적으로 역사하시는 하나님의 사역에 대한 올바른 깨달음을 가지는 것이 매우 중요하다.

하나님으로부터 오는 '그 강하고 힘 있는 자' 가 임할 때, 쏟아지는 우박이나 모든 것을 파괴하는 광풍, 혹은 큰물이 넘치는 것처럼 강력한 세력을 동반하게 된다. 그는 교만한 백성들에게 무서운 심판의 손을 펼치신다. 그것은 인간들이 도저히 막아낼 수 없는 파괴력을 지니고 있다. 그로 말미암아 술취한 자들처럼 오만한 에브라임의 배도자들이 쓴 면류관은 그의 발 아래 짓밟히게 된다.

이는 저들이 자랑하던 모든 권위와 영광이 하루아침에 패망의 길에 들어설 수밖에 없다는 사실을 말해 준다. 그렇게 되면 기름진 골짜기 위에 세워진 도성의 모든 영화는 시들어가는 꽃과 같이 된다. 그리고 그 꽃으로 인해 여름을 앞두고 익게 되는 무화과처럼 맺힌 열매들을 누구든지 먼저 보는 자들이 얼른 따먹게 된다. 이는 배도에 빠진 자들이 일구었던 사마리아 성의 모든 영화로운 것들이 자신이 아니라 타인들을 위한 먹이가 되어 버린다는 사실을 비유적으로 말해주고 있다.

2. '남은 백성' 에게 허락된 여호와의 면류관 (사 28:5,6)

여호와 하나님께서는 배도자들을 확실히 심판하신다. 하지만 구원에 참여하게 될 남은 자들 곧 남쪽 유다 백성들에 대해서는 큰 긍휼을 베푸시게 된다. 그럼에도 불구하고 남은 백성들은 악한 배도자들에 의해 모진 고통과 환난을 당한다. 그런 자들이 의지할 수 있는 유일한 대상은 여호와 하나님 한 분밖에 없다.

이와 같은 상황은 하나님의 궁극적인 심판에 연관되어 있다. 따라서 악한 자들이 심판을 당하게 되는 그 날이 하나님의 자녀들에게는 도리어 기쁨과 영광의 날이 된다. 그들은 배도 행위를 하지 않고 견뎌 남은 백성으로서 하나님의 보호 대상이 되기 때문이다. 장차 하나님께서 저들을 기억하시고 친히 저들의 영화로운 면류관이 되시며 아름다운 화관花冠이 되어 주실 것이다.

이는 저들이 소유하게 되는 영광과 권위가 스스로 만들어 창출한 것이 아니라 하나님께서 저들을 위해 거저 주시는 선물이라는 사실을 말해주고 있다. 결국 악하고 힘이 있는 자들은 패망을 당해 비참한 상황에 빠지게 된다. 그러나 하나님께서 남겨두신 백성은 하나님을 위한 영원한 승리자의 자리에 앉게 되는 것이다.

그러므로 그 백성들 가운데 재판석에 앉은 자에게는 판결하는 영을 허락하심으로써 준엄하고 올바른 재판을 하도록 하시며, 성문에서 적군을 물리치는 병사들에게는 친히 힘이 되어 주신다. 그리하여 이스라엘 민족의 '내부 질서' 와 '외부로부터의 위협' 을 하나님께서 친히 담당해 주시는 것이다. 이로 인해 이스라엘은 메시아를 기다리는 왕국 백성으로서 하나님의 품 안에서 안전하게 거할 수 있게 된다.

3. 배도에 빠진 유다 지도자들 (사 28:7,8)

하나님의 자녀들은 개인의 사사로운 목적을 추구하는 일에 힘을 쏟는 것이 아니라 하나님의 요구에 순종하고자 하는 마음을 가진다. 이에 반해 배도자들은 하나님의 이름을 핑계대어 개인의 욕망에 따른 목적을 추구하기에 급급하다. 그들은 단지 이 세상의 문제에 모든 관심을 치중하고 있을 따름이다.

욕망을 추구하는 그런 태도는 결코 하나님께서 원하시는 바가 아니다. 그에 따른 여호와 하나님의 강한 질책에도 불구하고 악한 자들은 귀를 막고 그 소리를 들으려 하지 않는다. 남쪽 유다 백성들도 욕망을 떨치지 못한 채 포도주의 일시적인 달콤한 맛에 빠져 옆걸음을 치며 독한 술을 마시고 취하여 비틀거린다. 그와 같은 삶이 마치 만족스런 인생인양 착각하게 되는 것이다.

나아가 성전에서 여호와 하나님을 온전히 섬겨야 할 제사장들과 선지자들도 율법에 따라 독주에 취하고 포도주에 빠져 살아간다. 그들의 행동은 판단력을 잃은 채 비틀거리기를 되풀이한다. 뿐만 아니라 정신마저도 혼미하게 되어 분별력을 상실하게 된다. 그렇게 되면 옳고 그름에 대한 명확한 판단을 내리지 못하게 된다.

따라서 거짓 선지자들은 하나님께서 보여주시는 환상에 대한 올바른 해석을 내리지 못한다. 그들은 백성들 앞에서 하나님의 뜻을 엉터리로 풀이하면서 제멋대로 말하기를 되풀이한다. 그러면서도 그것이 마치 하나님으로부터 온 것인 양 선전하며 잘못된 권위를 내세운다. 나아가 제사장 가운데 재판관의 직책을 맡은 자들은 재판하면서 그릇된 판결을 하는 것을 아무렇지 않게 여긴다. 그들은 구약성경에 기록된 율법을 근거로 삼아 판단하는 것이 아니라 기분에 내키는 대로 판결하기를 좋아하기 때문이다.

이렇게 되면 이스라엘 민족 내부는 엄청난 혼선을 겪게 되고 모든 것들이 혼란스럽게 될 수밖에 없다. 따라서 백성의 지도자로 세움받은 자들의 음식상에는 온통 토해낸 더러운 것들로 범벅이 되어 역겨움이 가득하게 된다. 이는 이스라엘 민족이 살아가는 영역 가운데 아무데도 깨끗한 곳이 없다는 의미를 지니고 있다. 이와 같은 더러운 악행은 여호와 하나님의 진노를 불러일으키지 않을 수 없다.

4. 배도자들의 사악한 지략과 하나님의 진노 (사 28:9-13)

당시 하나님을 떠나 종교적인 경험과 이성에 익숙해진 배도자들은 마치 모든 것을 다 알고 있는 양 행세했다. 그들은 선지자 이사야의 가르침에 대해 매우 못마땅하게 생각하고 있었다. 그가 저들에게 지식과 도를 가르쳐 깨닫게 하려는 것을 보며 불편하게 여겼던 것이다. 따라서 감히 누구에게 지식을 가르치며 도를 전하여 깨닫게 하려는가 여기며 선지자에 대해 심한 불쾌감을 나타냈다.

선지자 이사야가 저들에게 마치 이제 갓 젖을 떼고 어미의 품을 떠난 어린아이에게 가르치듯이 한다는 것이었다. 그들은 선지자가 아주 간단하고 단순한 진리의 내용을 가르치고 또 가르쳐 계속 같은 말을 하나하나 되풀이 하는 것을 보고 참을 수 없었던 것이다. 자기들은 이미 종교에 대하여 노련한 경험을 한 자들이기 때문에 그런 초보적인 말을 듣고 있을 단계가 아니라는 태도였다.

이스라엘의 배도에 빠진 지도자들은 하나님께서 보내신 그 선지자의 말을 귀담아 들을 생각이 전혀 없었다. 그러므로 하나님께서는 도리어 생소한 입술과 다른 방언으로 그 백성들에게 말씀하고자 하셨다. 이는 저들로 하여금 하나님의 말씀을 전혀 알아듣지 못하게 하려는 의도를 보여주는 것으로서 무서운 심판이 임박했다는 사실을 의미하고 있다.

하나님께서는 그전부터 고달픈 삶에 찌들어 살아가고 있는 저들에게 진정한 안식과 위안을 베풀고자 하셨다. 하지만 그들은 이제 여호와 하나님의 말씀을 귀담아 듣고자 하지 않았다. 이는 배도에 빠진 자들의 극도로 교만한 태도를 여실히 드러내 보여주고 있다.

따라서 하나님께서는 저들에게 종교적인 욕망에 따른 자기중심적인 종교 자세를 버리라는 경고를 하셨다. 선지자는 또다시 간단하고 쉬운 말로 하나하나씩 되풀이하여 가르치고자 했지만 배도에 빠진 인간들은 하나님의 뜻에 순종하지 않는다. 그리하여 단순한 말씀에도 걸려 넘어져 뼈가 부러지고 덫에 걸려 사로잡힐 수밖에 없게 된다. 이는 계시된 말씀으로써 저들을 심판하시리라는 의미를 내포하고 있다.

5. '시온의 모퉁이 돌' 을 통한 하나님의 심판 (사 28:14-22)

선지자 이사야가 이 말씀을 예언할 당시 예루살렘의 지도자들은 배도에 빠져 오만한 태도로 더러운 악행을 저지르는 것이 보통이었다. 그들은 하나님의 자녀들을 멸시하면서 자신의 욕망을 위해 저들을 이용하고자 했을 따름이다. 배도자들은 이제 노골적으로 하나님께 저항하기를 주저하지 않았다.

하나님을 떠난 자들은 스스로 욕망을 채움으로써 자기의 삶에 만족감을 느끼고 있었다. 따라서 안하무인眼下無人격이 된 저들은 아무 것도 눈에 보이지 않을 만큼 오만해졌다. 따라서 그 사람들은 사는 길과 죽는 길에 대한 아무런 분별력이 없이 마치 하나님께 덤벼들 듯이 사고하며 행동했던 것이다.

그러므로 배도자들은 영원하고 참된 생명에는 아무런 관심이 없다는 듯이 죽음과 언약을 맺었노라고 큰소리쳤으며 스올(Sheol) 곧 음부와 맹약했다고 자랑하기를 주저하지 않았다. 아무리 크고 무서운 재앙이 닥친다고 할지라도 그것을 피할 수 있다는 무모한 자신감을 표출하기까지 했다. 그들은 거짓을 피난처로 삼고 허위를 은신처로 삼는다고 자랑삼아 떠벌렸다. 이 모든 것은 여호와 하나님을 모독하는 행동이었다.

따라서 하나님께서는 저들을 심판하시고자 했으며 그것을 위해 '한 돌'을 시온에 두어 기초석으로 삼고자 하셨다. 그것은 견고한 돌이며 고귀하고 튼튼한 기초를 위한 모퉁이 돌이 되었다. 하나님의 자녀들은 그 돌로 말미암아 초초한 마음을 가지지 않고 여유를 가질 수 있었다. 신약시대 사도 베드로는 자신의 서신에서 구약의 말씀을 배경으로 하여 예수 그리스도에 관한 이 예언을 확인했다.

> "성경에 기록하였으되 보라 내가 택한 보배롭고 요긴한 모퉁이 돌을 시온에 두노니 저를 믿는 자는 부끄러움을 당치 아니하리라 하였으니 그러므로 믿는 너희에게는 보배이나 믿지 아니하는 자에게는 건축자들의 버린 그 돌이 모퉁이의 머릿돌이 되고 또한 부딪히는 돌과 거치는 반석이 되었다 하니라 저희가 말씀을 순종치 아니하므로 넘어지나니 이는 저희를 이렇게 정하신 것이라"(벧전 2:6-8)

선지자 이사야가 예언한 바 시온(Zion)에 두게 될 '한 돌'에 관한 말씀은 구속사적인 과정을 거쳐 예수 그리스도를 통해 이루어지게 되었다. 예루살렘에서 모든 사역을 완성하신 예수님께서는 믿지 않는 불신자들에게는 부딪치는 돌과 거치는 반석이 되어 심판의 기능을 했다. 그러나 그 돌을 믿는 하나님의 자녀들에게는 그것이 영원한 생명을 공급하는 근간이 되었다(사 28:16, 참조).

거룩한 하나님께서는 이 세상의 어떠한 악과 불의도 용납하시지 않는 분이다. 그는 정의를 측량줄로 삼고 공의를 저울추로 삼아 일하시는 분이다. 즉 하나님은 추호도 치우침이 없이 판결하고 심판하신다. 따라서 거짓을 피난처로 삼아 피신하여 숨은 자들은 그곳이 안전하다고 여길지 모르지만 실상은 전혀 그렇지 않다. 하나님께서 우박과 많은 비를 내려 저들을 소탕하며 저들이 숨어 든 곳에 물이 넘쳐나게 하실 것이기 때문이다.

그렇게 되면 죽음과 언약을 맺고 음부 곧 스올과 맹약을 맺은 자들의 모든 것이 허사가 되어 심판의 근거를 제공하게 된다. 그로 인한 무서운 재앙이 밀어닥치게 되면 배도자들은 그에 짓눌리지 않을 수 없다. 그 재앙은 시도 때도 없이 항시 저들에게 몰려올 것이며 밤낮으로 가까이 다가오게 된다. 배도자들이 그와 같은 끔찍한 소식을 듣게 되면 두려움이 더욱 크게 임하게 될 따름이다.

배도에 빠진 자들은 그로 말미암아 밤낮 불안하고 불편한 상황에 직면하게 된다. 이는 마치 침상이 짧아 몸을 편안히 누울 수 없고 이불이 좁아서 몸을 제대로 덮지 못하는 것처럼 되어 불안한 상태를 가져온다. 이는 여호와 하나님의 진노와 심판으로 인해 발생한다. 결국 하나님께서는 친히 일어나 브라심 산[52]과 기브온 골짜기에서와 같이 원수들과 싸우시게

52) '브라심 산'은 바알브라심(Baal-perazim)으로 불리기도 하는데, 그곳은 예루살렘과 베들레헴 사이에 위치하고 있으며 다윗이 블레셋 군대를 격파한 곳이기도 하다.

된다. 그는 사람들이 경험하지 못한 비상한 일들을 수행하실 것이며 특별한 방법으로 배도에 빠진 자들을 심판하시는 것이다.

그러므로 선지자 이사야는 백성들에게 오만한 인간이 되지 말도록 당부했다. 그와 같은 사악한 태도를 버리지 않는다면 저들을 동여매고 있던 결박이 더욱 단단해지리라는 것이었다. 하나님께서는 악행을 지속하는 배도자들이 살던 온 땅에 대하여 자비를 베풀지 않고 멸망시키기로 작정하고 계셨던 것이다.

6. 하나님의 지혜와 경영 (사 28:23-29)

여호와 하나님의 섭리는 심히 크고 오묘하여 초월적인 개념을 지닌다. 이는 인간들의 이성과 경험으로써 파악할 수 있는 영역이 아니라는 사실을 말해주고 있다. 따라서 죄에 빠진 인간들은 하나님의 계시를 통하지 않고 스스로 하나님의 계획과 경륜을 알아내는 것이 불가능하다.

따라서 선지자 이사야는 이스라엘 백성을 향해 하나님의 말씀을 들으라며 촉구하고 있다. 이는 단순히 형식적으로 듣는 것을 의미하지 않는다. 그것은 하나님의 말씀을 경청하여 그에 순종해야 한다는 사실을 말해준다. 선지자는 한 비유를 제시하며 예를 들어 그에 관한 보충적인 설명을 하고 있다.

밭에서 씨앗을 뿌리고 농사를 짓는 농부의 경우를 생각해 보면 그 의미를 쉽게 이해할 수 있다. 씨앗을 뿌리는 시기가 이르렀음에도 불구하고 쉬지 않고 열심히 땅을 갈고 개간하는 일에만 몰두한다면 아무런 의미가 없다. 농작물을 거두기 위해서는 그때그때 필요한 일들을 하지 않으면 안 된다.

땅을 개간하여 평평하게 갈았다면 거기에 농작물의 씨앗을 뿌려야 한다. 농부는 소회향小茴香과 대회향大茴香을 뿌리고 소맥小麥과 대맥大麥을 정한 곳에 심어야 하며 거기에다 귀리와 같은 농작물의 씨앗을 심기도 한다.[53] 농부가 그렇게 하는 것은 스스로 자신의 방법에 따라 그렇게 하는 것이 아니라 하나님께서 저들에게 적절한 지혜를 보이시고 가르치셨기 때문이다.

때가 이르게 되면 농부는 그동안 수고한 결과에 따라 농작물들을 추수하게 된다. 그러나 그 방법은 작물에 따라 다르다. 소회향은 도리깨로 떨지 않고 작대기로 떨어야 하며, 대회향은 수레바퀴를 굴려 떨어서는 안 되며 막대기로 떨어야 한다. 그렇게 함으로써 곡식을 부서지게 하지 않도록 하여 수확할 수 있는 것이다. 따라서 농부가 곡식을 얻기 위해 질서에 따른 일들을 수행하며 수레바퀴를 굴리고 말굽으로 곡식을 밟게 할지라도 열매를 부수지 않고 거두게 된다.

우리가 잘 알고 있는 사실은 곡식이라고 해서 똑같은 방법으로 타작하지 않는다는 점이다. 열매가 큰 것들은 탈곡기나 도리깨로 타작을 하지만 깨와 같이 작은 씨는 작대기로 떨어 수확하게 된다. 이 모든 것들을 위해서는 지혜가 필요하며 그 지혜는 여호와 하나님으로 말미암는다. 이는 인간들이 만들어낸 방법에 근거하지 않는다. 그것은 자연의 섭리와 연관된 하나님의 놀라운 지혜와 경영에 기초하고 있다.

선지자는 이 비유의 말씀을 통해 하나님의 놀라운 섭리와 경륜에 관해 말하고 있다. 특히 이스라엘 민족을 역사 가운데 인도하시는 과정에서 여호와 하나님의 전체적인 뜻이 나타나게 된다. 창세전부터 작정하고 계획하신 하나님의 뜻이 인간 역사를 통해 점진적으로 드러나게 되는 것이다. 따라서 하나님을 아는 언약의 자손들은 이에 대한 분명한 깨달음을 소유하지 않으면 안 된다.

---

53) 소회향은 1년생 식물로서 50cm 정도 자라며 씨는 약용으로 사용한다. 또한 대회향은 당근과에 속한 향료식품으로서 그 씨는 향료나 양념으로 사용되기도 한다. 또한 소맥은 참밀을 의미하며 대맥은 보리를 의미하고 있다.

제25장

여호와 하나님의 징벌과 교훈

(사 29:1-24)

1. 예루살렘에 대한 하나님의 진노 (사 29:1-4)

이사야서 본문에 언급된 '아리엘'(Ariel)[54]은 예루살렘을 가리키고 있다. 하나님께서는 배도에 빠진 예루살렘을 심판하고자 작정하셨다. 해마다 다양한 절기들이 돌아오면 백성들이 그곳으로 몰려와 형식적으로 그 절기를 지키고 있지만 그것은 율법에 순종하는 올바른 신앙 행위가 아니었다.

그러므로 선지자는 하나님의 무서운 심판을 받게 될 예루살렘을 보며 탄식하고 있다. 다윗 왕이 정복하여 진을 친 성읍인 예루살렘이 진노의 대상이 될 것이었기 때문이다. 절기들이 닥칠 때마다 거룩한 성전을 찾는 백성들이 많이 있겠으나 배도에 빠진 그 성읍은 하나님으로부터 버림을 받게 되는 것이다.

---

54) 아리엘(Ariel)은 보냄을 받은 '하나님의 사자'란 의미를 지니고 있다. 따라서 본문 가운데서 예루살렘이 아리엘로 지칭된 것은, 그 거룩한 도성이 세상에 보냄을 받듯이 하나님에 의해 특별히 조성된 도시임을 말해주고 있다.

하나님께서는 율법을 멸시하는 사악한 자들을 응징하실 것이며 그 성읍은 '피로 얼룩진 제단처럼'(like an altar hearth, NIV) 슬픔에 빠져 애곡하는 소리로 넘쳐나게 된다. 하나님께서 이방의 군대를 불러 예루살렘을 사면으로 포위해 진을 치도록 하며 토성을 쌓아올려 저들을 공격하게 할 것이기 때문이었다.

그렇게 되면 예루살렘에 살고 있는 거민들은 참담한 형편에 처해 땅 바닥에 주저앉아 소리를 내어 부르짖게 된다. 그 말소리는 저들이 쓰러진 먼지바닥에서 나는 개미 소리처럼 힘없이 들릴 것이며, 그 목소리는 마치 신들린 자의 중얼거리는 소리처럼 들린다. 그리고 그 말은 마치 티끌 속에서 나는 신음소리와 같이 들릴 것이다. 이 모든 것은 배도에 빠진 '아리엘을 괴롭게 하리라' 라는 하나님의 심판 선언에 연관되어 있다.

2. 이방 세력에 대한 응징 (사 29:5-8)

하나님께서는 이방인들의 군대를 예루살렘을 공격하는 도구로 삼으셨다. 그것은 하나님의 경륜에 따라 진행되어 갔다. 예루살렘과 언약의 백성들에 연관된 모든 전쟁은 일반적인 국가간의 충돌이 아니라 하나님의 뜻에 연관되어 있다.

이번에도 하나님께서는 저들의 죄악을 용납하지 않고 강하게 응징하시고자 하는 뜻을 내비치셨다. 하지만 예루살렘을 공격한 이방 군대는 외견상 일시적인 승리를 거두는 듯 했지만 패망의 길로 달음질 칠 따름이었다. 그에 따른 재앙은 저들 가운데 순식간에 일어나게 된다.

하나님께서는 예루살렘을 공격한 적군의 무리가 마치 흩날리는 티끌 같이 될 것이며 강포한 자들의 무리는 날려 가는 겨와 같이 되리라고 말씀하셨다. 이는 저들의 승리가 아무런 보장성이 없는 일시적인 현상에 지나지 않기 때문에 진정한 의미가 없다는 사실을 말해 주고 있다. 이방 군대는 스스로 승리를 자축하며 떠들썩하게 굴겠지만 그것은 영원한 파멸을 앞둔 미련한 자아도취에 지나지 않는다.

하나님의 관심은 저들의 승리에 있지 않았다. 만왕의 왕이신 여호와 하나님께서는 저들에게 우레와 지진과 거대한 소리와 회오리바람과 폭풍과 맹렬한 불꽃을 보내 징벌하시게 된다. 예루살렘을 공격하는 열방의 무리는 잠시 승리의 감정에 들떠있게 될지라도 그것은 꿈속에서 일어나는 허상虛像과 같다.

거룩한 도성을 쳐서 곤궁한 지경에 빠뜨린 이방인의 즐거움은 영원성이 없으므로 밤에 보는 꿈속의 환상과 전혀 다르지 않다. 배가 고파 굶주린 사람이 꿈속에서 아무리 배불리 먹고 마신다고 할지라도 꿈에서 깨어나게 되면 여전히 배가 고프고 목마를 따름이다. 그들은 뱃속이 비어 그전보다 훨씬 더 심한 배고픔의 고통과 갈증을 느끼게 된다. 이처럼 시온산을 공격하는 열방의 무리가 그와 같은 비참한 형편에 처하게 된다.

우리는 이에 연관된 의미에 대해 주의를 기울여 생각해 볼 수 있어야 한다. 이방의 적군들이 무서운 공격을 해올지라도 실체로 존재하는 그보다 심층적인 하나님의 경륜을 이해해야 하는 것이다. 즉 성숙한 성도들이라면 두려움에 빠진 상태에서라도 진정으로 관심을 기울여야 할 대상은 각종 병기를 지참하고 있는 이방 군대가 아니라 공의의 심판주 여호와 하나님이라는 사실을 잊어서는 안 된다.

3. 하나님으로부터 단절된 언약의 민족 (사 29:9-12)

선지자는 언약의 자손들에게 장차 놀라운 일이 닥치게 되리라는 사실을 예언했다. 이는 백성들이 심히 놀라서 서로 쳐다보며 낙심하게 될 것이라는 의미를 지니고 있다. 그리고 그 백성들이 앞을 볼 수 없는 맹인이 될 수밖에 없음을 언급했다. 장차 그들은 눈 먼 맹인이 되어 앞을 보지 못하고 취한 듯이 비틀거리게 된다.

하지만 그들이 취하고 비틀거리게 되는 원인이 달콤한 포도주나 독주 때문이 아니다. 그것은 여호와 하나님의 징계와 심판으로 말미암은 것이다. 이는 백성들이 온전한 정신을 잃어 혼미하게 되고 혼잡스러운 환경에 처하게 되리라는 사실을 말해 주고 있다.

여호와 하나님께서는 아무것도 자각할 수 없게 하는 영을 저들에게 부어 주셔서 눈을 감기게 하시리라고 했다. 그리하여 하나님은 저들의 지도자인 선견자들의 얼굴을 덮어 앞을 보지 못하게 하시게 된다. 그렇게 되면 계시된 하나님의 모든 말씀이 저들에게는 봉한 책이 되어 버린다. 이는 배도에 빠진 민족에 대한 하나님의 진노로 말미암아 나타난다. 다니엘서에는 봉함한 글에 관한 이와 유사한 내용이 기록되어 있다.

> **"다니엘아 마지막 때까지 이 말을 간수하고 이 글을 봉함하라 많은 사람이 빨리 왕래하며 지식이 더하리라"(단 12:4)**

하나님께서 자신이 계시하신 말씀을 봉하게 되면 허락되지 않은 자들은 그것을 읽을 수 없다. 하지만 어리석은 종교지도자들은 이와 같은 하나님의 뜻에도 불구하고 글을 읽을 수 있는 사람을 찾아 그 책을 주며 읽으라는 요구를 하게 된다(사 29:11). 하지만 그는 책이 봉해졌기 때문에 열 수 없으므로 그 내용을 읽을 수 없다고 답변할 수밖에 없다.

또한 그들은 글을 알지 못하는 사람에게도 그 책을 억지로 갖다 주며 읽으라는 요구를 하게 된다. 물론 그는 글을 모르기 때문에 책속에 담긴 내용에 대하여 알 수 없노라고 답변하게 된다. 이는 배도에 빠진 사람들 가운데 계시된 하나님의 말씀을 읽을 수 있는 자가 아무도 없다는 사실을 말해주고 있다.

장차 때가 이르게 되면 저들에게는 봉해진 책의 말처럼 이 모든 계시가 그대로 이루어진다. 이와 연관된 모든 사실은 예수님의 지상 사역을 통해 더욱 구체적으로 나타난다. 예수님께서는 비유로 말씀하시는 이유에 대한 설명을 하시면서 그점을 언급하셨던 것이다. 즉 그는 제자들에게 이사야 선지자의 예언을 들어 그에 관한 교훈을 주셨다.

> **"그러므로 내가 그들에게 비유로 말하는 것은 그들이 보아도 보지 못하며 들어도 듣지 못하며 깨닫지 못함이니라 이사야의 예언이 그들에게 이루어졌으니 일렀으되 너희가 듣기는 들어도 깨닫지 못할 것이요 보기는 보아도 알지 못하리라 이 백성들의 마음이 완악하여져서 그 귀는 듣기에 둔하고 눈은 감았으니 이는 눈으로 보고 귀로 듣고 마음으로 깨달아 돌이켜 내게 고침을 받을까 두려워 함이라 하였느니라 그러나 너희 눈은 봄으로, 너희 귀는 들음으로 복이 있도다" (마 13:13-16; 막 4:11,12)**

하나님은 자기 자녀들과, 자기와 아무런 상관이 없는 자들 사이를 뚜렷이 구별하신다. 하나님께서는 원래부터 자기에게 속한 백성들에게는 계시하신 말씀을 깨닫도록 도와주신다. 그리하여 그들은 눈으로 보고 귀로 들어 하나님의 뜻을 깨달을 수 있게 되는 것이다.

하지만 창세전 선택과 전혀 상관이 없는 자들에게는 그것을 알지 못하도록 막으셨다. 그들은 눈과 귀가 있어서 형식상 모든 것들을 보고 듣기는 하지만 그 실상을 알지 못하여 아무런 깨달음을 가질 수 없다. 하나님께서는 그런 자들이 영혼의 진정한 치유를 받지 못하도록 섭리하신 것이다.

이와는 달리 하나님의 은혜를 입은 참된 성도들은 그의 모든 사역과 인간의 몸을 입으신 예수님을 두 눈으로 목격하고 그 말씀을 귀로 들음으로써 그리스도의 존재를 알도록 해주셨다. 그들은 이전에 이미 하나님으로부터 계시된 말씀을 듣고 그가 하시는 '큰 일'을 기대해 오고 있었다. 따라서 하나님의 모든 사역을 보고 듣고 깨닫는 자들이 진정으로 복이 있는 자들인 것이다.

4. 하나님에 대한 허망한 종교적인 숭상 (사 29:13,14)

창세전 선택을 받아 구원에 참여한 성도들은 마땅히 하나님을 경배하며 그의 뜻에 순종해야만 한다. 그러나 넓은 범주에서 언약에 속해 있으나 진리를 알지 못하는 자들은 입술로만 하나님을 되풀이해 언급할 따름이다. 그런 자들은 입으로는 하나님을 공경하면서 속마음은 그로부터 멀리 떠나 있다.

그럼에도 불구하고 어리석은 자들은 그렇게 하는 것이 하나님을 섬기는 것인 양 착각하게 된다. 그들은 계시된 성경 말씀을 통해 하나님을 섬기는 것이 아니라 인간들의 취향에 따른 종교적인 관습으로써 하나님을 섬기려고 한다. 그것은 여호와 하나님을 영화롭게 하거나 기쁘게 하는 것이 아니라 도리어 하나님을 욕되게 하는 것이다. 예수님께서는 선지자 이사야의 예언을 인용하시면서 그에 대한 말씀을 하셨다.

> **"외식하는 자들아 이사야가 너희에게 대하여 잘 예언하였도다 일렀으되 이 백성이 입술로는 나를 공경하되 마음은 내게서 멀도다 사람의 계명으로 교훈을 삼아 가르치니 나를 헛되이 경배하는도다 하였느니라"**(마 15:7-9; 막 7:6,7)

어리석은 종교인들은 자신의 삶 자체가 하나님의 말씀에 온전히 순종해야 한다는 사실을 모르고 있다. 그들은 입술에서부터 나오는 그럴듯한 말과 자신의 열성적인 종교 활동이 하나님께 영광이 되는 양 착각한다. 그러나 그와 같은 행위는 하나님을 헛되게 경배하는 것일 뿐 참된 경배가 될 수 없다.

선지자 이사야는 장차 하나님께서 저들 가운데서 일반적인 논리로서 이해할 수 없는 놀라운 일을 행하게 되리라는 사실을 언급했다. 이는 그 백성들 가운데서 스스로 지혜자라 주장하는 자들의 모든 지혜가 사라져 없어질 것이며 명철한 자라 내세우는 자들의 총명이 가리워진다는 것이다. 이는 인간들이 자의로 조작해낸 모든 것들은 하나님의 심판의 대상이 되리라는 사실을 말해주고 있다.

5. 인간들의 모든 것을 아시는 하나님 (사 29:15,16)

하나님은 무소부재無所不在하신 분으로 모든 것을 완벽하게 알고 계신다. 이 말은 하나님 자신이 모든 곳에 흩어져 존재한다는 말이 아니라 하나님의 손길과 눈길을 피할 영역이 존재하지 않는다는 사실을 의미하고 있다. 피조세계 가운데는 그의 시야視野 밖에 존재하는 것이 있을 수 없기 때문이다. 성경에는 그에 관한 기록이 수도 없이 많이 있지만 욥기에도 그에 관한 기록이 나타난다.

> **"하나님은 사람의 길을 주목하시며 사람의 모든 걸음을 감찰하시나니 악을 행한 자는 숨을만한 흑암이나 어두운 그늘이 없느니라"**(욥 34:21, 22)

인간들은 결코 하나님의 눈길을 피하거나 그를 속일 수 없다. 그럼에도 불구하고 어리석은 인간들은 자신의 생각과 계획하는 바를 하나님 모르게 깊이 숨길 수 있는 것처럼 여긴다. 하지만 그것은 불가능한 일이다. 우주 만물을 창조하신 전지전능하신 하나님은 모든 것을 통달하고 계시기 때문이다.

그와 같은 사실을 완전히 무시하고 하나님의 눈을 속이려고 하는 자들은 저주를 받을 수밖에 없다. 그들은 깜깜하게 어두운 곳에서 행하면 아무도 자기를 보지 못할 것처럼 오만한 사고를 한다. 자신의 악한 생각과 행실을 아무도 모를 것으로 여기며 하나님과 사람들 앞에서 오만한 태도를 보이게 된다. 하나님께서는 선지자 이사야의 예언을 통해 그런 자들을 강하게 책망하셨다. 그런 태도는 패역한 배도자들의 행동으로서 하나님을 멸시하는 것과 전혀 다르지 않다.

이와 더불어 하나님께서는 토기장이에 관한 비유를 주시면서 창조주와 피조물의 관계를 통해 중요한 교훈을 주셨다. 다양한 형태의 모든 그릇들은 토기장이의 고유한 판단과 손길에 달려 있다. 즉 그것은 개개 그릇들의 요구에 의해 작업이 진행되는 것이 아니라 전적인 토기장이의 의사에 따른 것이다.

따라서 그릇들은 어떤 경우라 할지라도 토기장이에게 항의할 수 없다. 또한 그릇 자신은 토기장이와 아무런 상관이 없다고 말하지 못한다. 나아가 그릇들이 토기장이의 능력을 평가하면서 자신의 비판적인 의사를 표명하는 것은 불가능한 일이다. 이에 대해서는 사도 바울도 로마에 있는 교회에 편지하면서 그에 대한 강조를 하고 있다.

> **"이 사람아 네가 뉘기에 감히 하나님을 힐문하느뇨 지음을 받은 물건이 지은 자에게 어찌 나를 이같이 만들었느냐 말하겠느뇨 토기장이가 진흙 한 덩이로 하나는 귀히 쓸 그릇을, 하나는 천히 쓸 그릇을 만드는 권이 없느냐"**(롬 9:20,21)

선지자 이사야와 마찬가지로 바울은 피조물인 인간이 감히 하나님을 비판할 수 없다는 사실을 말하고 있다. 이는 어떤 물건이 자기를 제작한 자에게 저항할 수 없는 것과 마찬가지라는 의미이다. 토기장이는 진흙을 가지고 귀하게 사용할 그릇을 만들기도 하고 천하게 쓸 그릇을 만들기도 한다.

그와 같은 모든 일들은 전적으로 토기장이의 고유한 판단과 계획에 따른 것일 뿐 그릇들의 요청에 의해 그렇게 된 것이 아니다. 창조주 하나님과 피조물인 인간 사이에 발생한 일도 그와 유사하다. 따라서 어떤 경우라 할지라도 피조물인 인간이 감히 여호와 하나님께 저항하거나 불만을 표출할 수 없다.

6. 하나님의 은혜와 기쁨의 찬양 (사 29:17-24)

선지자는 전능하신 하나님께서 조만간 폐허가 되어 있는 레바논 땅을 기름진 밭으로 변하게 하실 것이며, 기름진 밭으로 하여금 수풀이 우거진 쓸모없는 땅이 되도록 하시리라는 예언을 하고 있다. 이는 하나님께서 이스라엘 민족을 위해 역사하시는 날이 오리라는 사실을 말해주고 있다. 성숙한 성도들은 모든 피조물이 하나님의 뜻에 온전히 순종함으로써 각기 부여된 사명을 감당해야 한다는 사실을 기억하지 않으면 안 된다.

장차 악한 자들에게는 하나님의 무서운 심판이 행해지지만 그와 달리 성도들에게는 커다란 기쁨이 제공된다. 또한 그 날이 이르게 되면 상상을 초월한 놀라운 사건들이 발생한다. 이전과는 다른 엄청난 반전이 일어나게 될 것이기 때문이다. 귀가 멀어 아무것도 듣지 못하던 자들이 기록된 책의 말씀을 듣게 될 것이며 앞을 보지 못하는 맹인이 그 예언이 성취되는 상황을 두 눈으로 직접 목격할 수 있게 된다.

그동안 배도자들에 의해 심한 박해를 받아오던 연약한 자들이 하나님으로 말미암아 큰 기쁨을 얻게 된다. 그리고 극도로 궁핍한 사람들이 이스라엘의 거룩하신 하나님으로 인해 풍족하게 되어 즐거움을 누린다. 이는 전적으로 여호와 하나님의 뜻에 따라 베풀어진 선물이다.

하나님의 자녀들에게 기쁨과 즐거움이 허락된 것은 강포하게 굴던 자들이 소멸되고 오만한 자들의 행위가 멈추게 된 사실과 연관된다. 또한 죄악의 기회를 엿보던 자들도 심판을 받아 모든 것이 끝나게 된다. 그들은 사람들에게 죄를 뒤집어 씌워 제멋대로 소송을 걸어 괴롭혔으며, 성문에서 재판하는 자를 올가미로 걸어 넘어뜨리고 정직한 사람의 송사를 아무 근거가 없다는 듯이 물리치던 자들이었다.

그러므로 아브라함을 불러 구속하신 여호와 하나님께서 야곱 족속에 대하여, 이제는 부끄러워하지 않게 될 것이며 그의 얼굴이 창백해지지 않으리라는 말씀을 하셨다. 이와 더불어 하나님이 행하시는 모든 일들을 목격하게 되는 언약의 자손들은 야곱의 하나님이신 여호와의 이름을 거룩하다고 외칠 것이며 이스라엘의 하나님을 진정으로 경외하게 된다. 그때가 이르면 정신이 혼미하던 자들이 총명하게 되며 고통으로 인해 원망하던 자들도 하나님의 교훈을 받을 수 있게 된다. 이는 하나님의 전적인 섭리와 은혜 가운데 진행되는 일이다.

따라서 하나님의 자녀들에게 허락된 가장 소중한 것은 여호와 하나님의 거룩함을 실제로 깨닫는 것이다. 타락한 인간들은 스스로 하나님의 거룩성에 대하여 알 수 없다. 이는 타락한 자신의 연장선상에서 하나님을 이해하려 하기 때문이다. 그러나 하나님의 은혜를 입은 성도들은 약속된 예수 그리스도에 의해 거룩한 하나님을 알고 그를 경배할 수 있게 된다. 이에 참여하게 된 성도들은 그와 더불어 영원한 영광을 누리게 되는 것이다.

제26장

여호와를 의지해야 할 백성

(사 30:1-33; 31:1-9)

1. 애굽을 의지하는 자들의 헛걸음 (사 30:1-7)

'하나님을 떠난다' 는 것은 '저주의 길에 들어선다' 는 말과 동일한 의미를 지니고 있다. 그것은 멸망에 빠지게 되는 사실을 말해준다. 그처럼 배도에 빠진 자들은 하나님께서 원하지 않는 인간적인 계교를 베풀며 하나님의 의도를 경시한 채 이방인들의 세력과 맹약을 맺기를 좋아한다. 그것은 하나님을 불신하는 행위로서 더러운 죄가 될 따름이다. 따라서 하나님께서는 저들에게 무서운 저주를 선언하셨다.

배도자들은 여호와 하나님의 뜻을 멸시하면서도 여전히 형식적인 신앙인의 모습을 보이려는 듯 위선에 가득 차 있다. 그들은 하나님의 능력을 의지하려 하지 않으며, 애굽의 세력을 품어 그 안에서 자신의 몸을 숨기고 허세를 떤다. 그것으로써 자신의 강한 힘을 과시하고자 했던 것이다.

그러므로 이스라엘 민족 가운데 중대한 일이 발생하면 하나님을 의지하기를 거부했다. 그들은 앗수르 군대가 가나안 땅과 예루살렘을 위협할 때 하나님께 나아가 도움을 간청하지 않았다. 그대신 애굽으로 내려가 저들의 지원으로 국난國難을 해결하고자 했다. 즉 배도에 빠진 자들은 여호와 하나님의 뜻을 물어 그에 의지하려는 자세를 버리고 애굽인들의 군사력에 도움을 요청하게 되었던 것이다.

하지만 그것은 지극히 어리석은 행위에 지나지 않았다. 그와 같은 판단과 행동은 저들의 문제를 근원적으로 해결하는 것이 아니라 도리어 끔찍한 수치를 당하게 한다. 애굽의 바로 왕이 지닌 군사적인 힘을 믿고 저의 그늘 아래 피신하려고 했지만 결국 패망을 자초하게 될 따름이었기 때문이다.

이스라엘의 높은 지위에 있던 자들과 사신들이 애굽의 소안(Zoan)과 하네스(Hanes)[55]에 도착하게 되었지만 저들의 기대와는 달리 환영을 받지 못했다. 애굽인들은 저들에게 도움을 주기는커녕 오히려 치욕이 되었을 따름이다. 애굽은 이스라엘의 힘이 되지 못했으며, 저들에게 도움을 주지 않아 아무런 유익이 되지 못했다.

그러므로 하나님께서는 '네겝 짐승들'(the beasts of the Negev)에게 특별히 경고한다는 말씀을 하셨다. 본문에 언급된 '네겝 짐승'이란 남방에 위치한 애굽과 애굽을 의지하는 이스라엘 민족 지도자들을 일컫는 것으로 보인다. 즉 그들은 여호와 하나님을 멸시하고 애굽으로 내려가 저들이 직면한 문제를 해결하려 하거나 그곳으로 피신하려는 배도자들에 연관되어 있었다.

그 사람들은 애굽의 권력층에 바치기 위한 뇌물로서 많은 재물과 보물들을 어린 나귀와 낙타 등에 가득 싣고 애굽으로 내려갔다. 하지만 이방

55) 소안(Zoan)은 일반적으로 힉소스 제2왕조의 수도로 알려져 있으며, 애굽의 동북부 지역에 위치한 멘잘레(Menzaleh)호 남쪽 산엘하갈(San-el-Hagar)에 폐허로 남아있다. 민수기 13:22는 이 도시가 헤브론(Hebron)보다 7년 후에 건설된 사실이 기록되어 있다. 하네스(Hanes)는 멤피스 남쪽 90km 지점에 위치한 파이윰(Fayyum)으로 알려져 있다.

지역으로 내려가는 저들의 길은 결코 평탄하지 않았다. 그 길목에는 사자들을 비롯한 사나운 짐승들이 웅크리고 있으며 맹독을 가진 독사들이 도사리고 있었다. 뿐만 아니라 날아다니는 불뱀들이 득실거렸다. 이는 저들이 가는 길을 방해하며 저들의 것들을 노리는 도적떼들이 도중에 많이 잠복해 있었다는 사실을 말해주고 있다.

이스라엘의 높은 지위를 차지하고 있던 배도자들은 그와 같은 모든 위험과 힘든 과정을 무릅쓰면서까지 애굽 땅으로 내려가고자 했다. 그들은 애굽 바로 왕의 지원을 바랐으며 배도자들 가운데는 그곳에 가서 눌러 앉아 살고자 하는 자들도 상당수 있었다. 하지만 그들이 그토록 기대하던 애굽인들은 실상 아무런 도움이 될 수 없는 민족이었다. 그 사람들은 마음속으로 기대하던 것과는 달리 헛되고 무익한 반응을 보였던 것이다.

여호와 하나님께서는 이스라엘 백성이 의지하고자 하는 애굽을 가만히 앉아 있는 '라합'(Rahab)이라고 칭하셨다. 이는 애굽이 몸을 파는 창녀와 같다는 사실을 의미한다. 그들은 더러운 이득이나 재물을 끌어 모을 수 있다면 무슨 짓이라도 마다하지 않는 자들이었던 것이다.

그런데 창녀와 같은 애굽보다 더 악하고 한심한 자들은 이스라엘 자손들이었다. 그들은 언약의 백성이었음에도 불구하고 전능하신 하나님을 의지하지 않고 자신의 욕망을 위해 움직이는 창녀인 애굽을 찾아갔기 때문이다. 하나님의 뜻을 따르며 그에게 모든 것을 맡기고 의지해야 할 백성이 배도에 빠져 그를 버리고 창녀인 이방 왕국으로 내려가 저들로부터 위안을 받고자 했던 것은 치욕이 아닐 수 없다.

2. 패역한 백성 (사 30:8-11)

여호와 하나님께서는 선지자 이사야로 하여금 이스라엘 백성 앞으로 나아가도록 명령하셨다. 그들 앞에서 서판書板과 책에 글을 기록하여 그 사실을 영원토록 후대에 알리라는 것이었다. 이는 공개적으로 취해야 할 행위로서 당시 모든 사람들이 알아야 했으며, 나중에 태어날 언약의 자손들에게도 그에 대한 사실이 반드시 전달되어야 한다는 의미를 지니고 있다. 아마도 그 내용은 이스라엘 자손이 하나님을 버리고 배도에 빠진 사실을 분명히 알리라는 것에 연관된 것으로 보인다.

당시 이스라엘 자손은 하나님의 언약 가운데 머물러 있어야 했지만 패역하여 거짓말하는 자의 자식이 되어 버렸다. 그들은 여호와 하나님의 율법을 듣기를 싫어하고 그에 순종하기를 거부했다. 즉 배도에 빠진 자들은 하나님께서 보내시는 선견자들과 선지자들의 말을 받아들이기를 원하지 않았다.

사악한 배도자들은 오히려 선견자들에게 하나님께서 저들에게 보여주시는 것들에 대하여 말하지 못하도록 했으며 선지자들을 통해 전해지는 바른 교훈을 듣기 싫어했다. 그들은 하나님께서 주시는 예언의 말씀을 듣고자 하지 않았던 것이다. 그대신 그들은 선견자와 선지자들로부터 자기가 원하는 것을 듣기를 원했다. 따라서 저들에게 하나님의 공의로운 말씀 대신에 부드럽고 감미로운 말을 하도록 당부했으며 거짓말을 하더라도 귀에 듣기 좋은 내용을 말해줄 것을 요구했다.

이렇게 하여 배도에 빠진 이스라엘 자손은 선지자들에게조차 바른 길을 버리라는 압박을 가했다. 하나님의 길에서 돌이켜 자기들이 원하는 길로 들어서라는 것이었다. 이와 같은 요구는 끔찍한 배도 행위로서 이스라엘의 거룩하신 분을 저들 앞에서 떠나도록 요구하는 것과 동일한 의미를 지니고 있다. 이는 저들이 하나님을 떠나 자기의 욕망에 따라 제멋대로 살겠다는 오만한 결의를 보여주고 있다.

하나님께서는 선지자 이사야에게 이스라엘 민족의 그와 같은 배도 행위를 서판에 기록하고 책에 써서 후대에 영원히 전수하도록 명령하셨다. 우리는 여기서 이와 같은 요구가 자기 자녀들을 위한 하나님의 놀라운 사랑의 표현이라는 사실을 알 수 있다. 나중에 태어날 언약의 자손들이 배도에 빠진 저들의 조상의 사악한 행실을 보고 그것을 교훈으로 삼아 그런 어리석은 길로 가지 말도록 하고자 했던 것이다.

이에 대해서는 오늘날 우리도 귀담아 듣지 않으면 안 된다. 이 말은 과거의 교훈에 지나는 것이 아니라 우리를 위한 직접적인 교훈으로 받아들여야 하기 때문이다. 수천 년 전에 이미 하나님께서 언약에 속한 후대의 성도들을 위해 친히 이와 같은 말씀을 하셨다는 것은 실로 감격스런 일이 아닐 수 없다. 이는 지상 교회에 속한 모든 성도들이 하나님의 놀라운 은혜에 감사하지 않을 수 없는 소중한 근거가 된다.

3. 하나님의 진노 (사 30:12-17)

하나님께서는 배도에 빠진 이스라엘 백성을 향해 심히 진노하여 말씀하셨다. 그들은 저들을 위한 하나님의 의도를 업신여기고 억압하는 세력과 사악한 자들의 힘을 마치 최상인 양 간주하며 그에 의지하기를 좋아했다. 그것은 결국 여호와 하나님의 뜻에 저항하는 행위이기 때문에 저들을 징계하시고자 했던 것이다.

그러므로 이스라엘 민족은 더러운 죄악으로 인해 멸망당할 수밖에 없었다. 그 죄악으로 말미암아 언약의 민족은 마치 붕괴되기 직전의 성벽과 같은 위기에 직면하게 된다. 그들은, 금이 간 높은 성벽의 중간 부분이 불룩 튀어나와 순식간에 무너져 내리게 될 것 같은 형편에 처하게 된다는 것이었다. 이는 저들이 조만간 멸망의 위기에 놓이게 된다는 사실을 시사해주고 있다.

공의의 하나님께서는 결국 죄악 세계와 타협한 저들의 왕국을 무너뜨리신다. 이는 마치 토기장이가 쓸데없고 무익한 그릇을 깨뜨려 버리듯이 저들을 아낌없이 부숴버리게 된다는 사실을 말해준다. 그렇게 되면 깨어진 토기조각이 아무런 쓸모가 없게 되는 것처럼 저들도 그와 같이 된다. 즉 부서진 조각을 가지고는 아궁이로부터 불을 담아낼 수도 없고 물웅덩이에서 물을 떠 올릴 수도 없는 것처럼 되는 것이다.

하나님께서는 그동안 이스라엘 자손에게 숱하게 많은 기회를 주셨다. 그들이 죄에서 돌이켜 율법에 순종함으로써 구원을 얻도록 요구하셨다. 백성들은 잠잠히 여호와 하나님을 바라고 신뢰함으로써 힘을 얻어야 했지만 그들은 그렇게 하기를 거부했다. 그것은 하나님의 진노를 사는 행위에 지나지 않았다.

하나님을 떠난 배도자들은 적군이 들이닥치게 되었을 때 하나님을 의지하는 대신 말馬을 타고 도망하고자 했다. 어리석은 자들은 그동안 하나님을 의지하고 섬기는 대신 자신의 말을 준비하기에 바빴다. 그들은 빨리 달리는 말을 타고 도망치면 위기를 피해 목숨을 구할 수 있을 것으로 여겼던 것이다.

그러나 그 모든 노력은 허사에 지나지 않았다. 저들을 추격하는 군대의 세력이 더욱 빨리 달려 저들을 뒤따르게 될 것이었기 때문이다. 성경은 이에 대한 비유를 들어, 적군 한 사람이 큰 함성을 지르며 위협할지라도 저들 가운데 천 명이 도망치게 되고 적군 다섯 명이 나타나게 되면 그들 모두가 달아나게 된다고 말했다. 그렇게 되면 다 도망치고 저들 가운데 남은 자는 불과 몇 명밖에 되지 않아 산꼭대기에서 외롭게 펄럭이는 깃대와 깃발처럼 된다는 것이었다. 이는 하나님께서 이방 군대를 불러 불순종하는 배도자들을 전멸시키시리라는 사실에 대한 예언이다.

4. 자비와 정의의 하나님 (사 30:18-26)

이스라엘 자손의 배도에도 불구하고 하나님께서는 저들에게 은혜를 베풀고자 하셨다. 하나님께서는 자기 백성을 완전히 버리지 않으셨던 것이다. 그럼에도 불구하고 어리석은 백성은 하나님의 그 사랑에 대한 아무런 깨달음을 가지고 있지 못할 경우가 태반이었다. 분명한 것은 저들이 배도의 길에서 돌이킨다면 하나님께서 그 언약의 백성을 도우기 위해 분연히 일어나시게 된다는 엄연한 사실이다.

여호와 하나님은 죄악을 미워하시고 그것을 반드시 심판하시는 공의로운 분이다. 그 공의의 하나님을 기다리는 자들은 참된 복을 소유하고 있다. 이는 하나님께서 공의를 베푸실 때 그것을 통해 그의 놀라운 은혜가 임하도록 기다리는 자들이 복된 자리에 있다는 사실을 의미하고 있다. 이 말은 배도행위로 말미암아 심한 고통에 빠져 신음하는 백성에게 소망의 메시지가 아닐 수 없었다.

하나님께서는 시온과 예루살렘에 거주하는 백성들이 하나님의 말씀에 순종하는 때가 이르면 다시는 통곡하는 일이 없을 것이라고 말씀하셨다. 저들이 하나님께 부르짖으면 그 소리로 인해 놀라운 은혜가 베풀어진다. 이는 하나님이 그 부르짖음을 들으실 때 저들에게 응답하시게 된다는 사실을 말해준다. 이는 여전히 배도의 길에 머물고 있는 자들에게 진정한 회개를 촉구하는 의미를 지니고 있다.

선지자 이사야는 하나님께서 그동안 저들에게 '환난의 떡'과 '고생의 물'을 주셨음을 상기시켰다. 이는 저들이 겨우 생명을 부지할 정도의 양식만 허락하셨으며 극한 기갈을 면할 수 있을 만큼의 물만 주셨다는 사실을 의미한다. 그것마저도 하나님의 은혜로 인한 것이었다는 점을 기억하는 것은 매주 중요하다.

그렇지만 언약의 백성들이 그 죄악으로부터 돌이키게 되는 날에는 하나님께서 저들의 영원한 스승이 되심으로써 다시는 그들을 외면하지 않으시리라고 말씀하셨다. 그들은 항상 하나님 가까이 머물면서 그를 진정한 스승으로 모시고 진리에 대한 가르침을 받을 수 있게 된다. 그때가 되면 세상에서 익힌 개인적인 판단에 의존하지 않고 모든 것을 오직 참 스승이신 하나님의 가르침을 받아야 한다.

언약의 자손이라 할지라도 타락한 세상에 존재하는 인간들은 항상 정확한 중심을 잡고 살아가기가 쉽지 않다. 따라서 사람들은 좌로나 우로 치우치기를 되풀이 하게 된다. 성숙한 인간들은 그에 대한 자신의 나약한 속성을 인식하고 있어야만 한다. 따라서 하나님을 경외하는 지혜로운 성도들은 하나님의 음성에 귀를 기울이며 인생길을 걸어가게 된다.

그러므로 모든 참된 선지자들은 계시된 말씀을 통해 하나님의 길을 제시하고 있으며, 백성들은 그들이 제시하는 요구에 따라 올바른 길로 걸어가야 한다. 즉 인간들은 세상에서 익힌 자신의 이성과 경험에 모든 것을 의지해서는 안 된다. 그대신 항상 선지자들을 통해 말씀하시는 하나님의 음성을 들을 수 있는 귀를 열어두어야만 한다. 오직 하나님만이 인간들에게 정확한 길을 가르쳐 주실 수 있기 때문이다.

하나님의 은혜를 입어 배도의 길에서 돌이킨 백성들은 그전에 자신을 위해 은과 금으로 조각하거나 부어 만든 모든 우상들을 파괴하게 된다. 그들은 그것들을 파괴하여 더러운 물건을 다루듯이 바깥에 내던져 버린다. 그렇게 함으로써 참람한 우상과 영구히 단절을 꾀하게 된다. 이는 저들이 여호와 하나님 한 분만을 섬기는 신앙의 자리를 회복하게 된다는 사실을 말해주고 있다.

그렇게 되면 하나님께서 저들에게 천상의 참된 복을 내려주시며 세상에서도 거뜬히 살아갈 수 있는 은총을 베풀어 주신다. 저들의 땅이 회복되어 기름지게 되고 농부들이 뿌린 종자에 비가 흡족하게 내려 풍성한 곡식을 얻게 된다. 또한 저들의 가축들이 광활한 목장에서 한가로이 풀을 뜯어먹는다. 나아가 밭을 가는 소와 나귀들도 키와 부삽으로 까불어 맛있게 만든 사료를 먹음으로써 건강하게 된다.

그리고 적군들이 세운 요새의 망대들이 무너지고 섬멸되는 날에는 높은 산과 언덕마다 개울과 시냇물이 흘러넘친다. 그때가 이르면 여호와 하나님께서 자기 백성의 상처를 싸매시며 그들의 매 맞은 부위를 치료해 주신다. 그날이 되면 세상이 변하여, 희미하던 달빛이 햇빛처럼 밝아지고 햇빛은 일곱 날을 합한 것처럼 일곱 배나 밝아지게 된다. 이는 세상의 종말에 있을 최종적인 승리에 연관된 예언이다.

5. 앗수르에 대한 심판 계획과 이스라엘의 소망 (사 30:27-33)

하나님은 자신을 거스르는 세력에 대해서는 엄중한 심판을 행하신다. 진노하신 하나님께서 저들을 응징하시기 위하여 먼 지방으로부터 빽빽한 연기 가운데 무서운 불길처럼 오시게 되는 것이다. 성경은 '여호와의 이름' 이 멀리서부터 온다는 사실을 언급함으로써 그것이 하나님의 언약에 연결되어 있음을 말해준다. 그때 임하는 하나님의 입술에는 분노가 가득 차 있으며 그의 혀는 마치 맹렬한 불과도 같다.

뿐만 아니라 하나님께서는, 목에까지 차오르는 범람한 강물이 밀려오듯 거친 숨을 내뿜으시며 다가오신다. 그는 파멸시키는 키로 열방을 까부르시게 된다. 그가 당도하시면 이방의 여러 민족의 입에 재갈을 물려 꼼짝하지 못하도록 묶어 버리신다.

원수들이 심판을 당하는 그날은 이스라엘 민족에게는 해방과 기쁨의 기회가 된다. 그렇게 되면 언약의 자손이 거룩한 절기를 지키는 밤에 그리하듯이 피리를 동원해 즐겁게 노래부른다. 또한 그들은 '여호와 하나님의 거룩한 산' 곧 '이스라엘의 반석' 으로 올라가 기쁨으로 하나님을 노래하게 된다. 이는 물론 메시아 언약에 밀접하게 연관된 예언의 말씀이다.

그때 언약의 백성들은 또한 여호와 하나님의 장엄한 음성을 듣게 되며 맹렬한 진노로 내려치는 힘있는 팔을 보게 된다. 그리고 무서운 화염과 더불어 쏟아붓는 폭우와 폭풍과 우박으로 인해 드러나는 그의 분노를 느끼게 된다. 이는 하나님의 위엄이 이스라엘 민족에게 전해지므로 그에 대한 경외감을 가지도록 한다.

이리하여 앗수르인들은 여호와 하나님의 음성과 더불어 임하는 무서운 심판을 목격하게 된다. 나아가 주님께서 저들을 내려치는 무서운 매로 말미암아 심한 두려움에 빠지게 된다. 그렇게 되면 앗수르인들이 절망에 빠져 낙담하지 않을 수 없다.

그렇지만 여호와 하나님께서 작정하신 몽둥이를 앗수르 위에 내려치실 때마다 언약의 자손들은 소고와 수금에 장단을 맞추어 즐거워하게 된다. 하나님께서 친히 원수들에 대한 심판을 행함으로써 이스라엘을 괴롭힌 앗수르 군대를 심판하시기 때문이다. 그렇게 하여 그동안 기고만장하여 세상을 호령하던 악한 자들의 모든 세력이 한갓 허사에 지나지 않았다는 사실이 입증된다.

약속의 땅에는 그것을 위해 이미 오래 전 '도벳'(Tophet)[56]이 세워졌다. 이 말은 '불사르는 화장터'라는 의미를 지니고 있으며 앗수르의 왕을 심판할 장소가 하나님에 의해 예비되었음을 말해준다. 그곳은 터가 깊고 넓기 때문에 많은 나무 장작들이 잔뜩 쌓여 있다. 여호와 하나님께서 유황불과 같은 뜨거운 불길을 그 위에 토함으로써 거기서 앗수르 왕을 불사르시게 된다. 이렇게 하여 앗수르를 심판하시게 되는 것이다.

6. 애굽을 의지하는 자들에 대한 재앙 (사 31:1-3)

어리석은 배도자들은 나라가 극한 어려움에 처할 때조차도 여호와 하나님을 의지하지 않았다. 그들은 눈에 보이지 않는 하나님을 의지하기 싫어하며 단지 자기를 위한 욕망의 도구로 삼고자 할 따름이었다. 당시 이스라

56) 도벳(Tophet)은 '불사르는 곳'이란 의미를 지니고 있다. 이는 힌놈의 아들 골짜기와 기드론 골짜기가 합하는 곳의 명칭이기도 하다. 그곳은 무당들이 득실거릴 뿐 아니라 가증한 이방신들에게 분향하며 바알에게 제사함으로써 더러운 곳이 되어버렸다(대하 28:3; 33:6; 렘 32:35).

엘 백성은 앗수르의 위협을 보며 여호와 하나님이 아니라 애굽의 말馬과 전차와 저들의 강력한 마병을 의지하기를 원했다. 저들의 삶과 승리가 마치 애굽에 달려 있는 듯이 생각했던 것이다.

그렇게 되면 그들은 이스라엘의 거룩하신 하나님을 바라보지 않고 그에게 생명을 맡기지 않게 된다. 따라서 그들이 앗수르의 침공으로 인해 위기에 처하게 될 때 애굽으로 내려가 도와달라는 요청을 한다. 그와 같이 행동하는 것이 마치 어려움에 빠진 이스라엘을 구출하기 위한 지혜인양 착각한다. 그러나 하나님께서는 자기를 의지하지 않는 자들에게 재앙을 내리신다. 자신이 한 예언을 반드시 이루어 가시는 하나님께서는 그런 악행에 빠진 자들의 거처를 내려치시게 된다.

나아가 설령 그 악행에 직접 가담하지 않는다 할지라도 악한 자들 가까이 있으면서 저들을 돕는 자들 역시 하나님의 심판대상이 된다. 지혜가 충만하신 하나님은 아무리 교묘한 인간들의 계교나 위선이라 할지라도 그에 속아 넘어가지 않으신다. 그럼에도 불구하고 어리석은 자들은 하나님이 그 사실을 알지 못하실 것처럼 생각하고 있다.

인내의 하나님께서는 그런 중에서도 이스라엘 백성을 향해 아무런 힘이 없는 애굽을 의지하지 말고 자기를 의지하라며 끊임없이 촉구하셨다. 애굽은 보이지 않게 능력을 행하는 신이나 영물이 아니다. 애굽인들이 겉보기에 아무리 강력해 보일지라도 저들은 언제든지 망가질 수 있는 육체를 가진 나약한 존재에 지나지 않는다.

감히 하나님의 권능을 취할 수 있는 자는 이 세상에 아무도 없다. 여호와 하나님께서 심판의 손길을 펼치시면 모두가 쓰러지게 된다. 하나님께 직접 저항하며 악행을 저지르는 자들도 넘어질 것이며 직간접적으로 저들이 행하는 일에 참여하며 돕는 자들도 저들과 함께 엎드러져 패망할 수밖에 없게 된다.

이는 구약시대뿐 아니라 오늘날 우리 시대 역시 마찬가지다. 하나님을 향해 저항하며 직접 행악을 저지르는 자들은 이 세상에 수없이 많이 있다. 나아가 죄에 빠져 하나님의 언약과 상관이 없는 나머지 모든 인간들은 행악하는 자들을 돕는 역할을 한다. 그들은 간접적으로 악을 도모하는 일에 참여하게 된다. 따라서 하나님을 알지 못하는 세상의 모든 인간들은 궁극적인 심판의 대상이 될 수밖에 없는 것이다.

7. 앗수르의 퇴각과 예루살렘의 승리 (사 31:4-9)

여호와 하나님께서는 선지자 이사야를 통해 자기가 이스라엘과 함께 있을 것이므로 그 백성들이 놀라지 않을 것이란 사실을 말씀하셨다. 크고 힘센 사자와 젊고 혈기 왕성한 사자가 어떤 사람의 먹이를 움키고 으르렁거릴 때, 그가 그 사자들을 물리치려고 여러 사람들을 불러온다고 할지라도 사자는 저들의 목소리 때문에 놀라지 않는다. 그들이 아무리 요란스럽게 떠든다고 할지라도 그에 굴복하지 않을 것이다.

이와 같이 아무리 강력한 원수들이 이스라엘을 공격한다고 할지라도 만군의 하나님 여호와께서 강림하여 친히 언약의 백성들을 위해 시온산과 그 언덕에서 맹렬한 기세로 싸우시게 된다. 마치 새가 날개치며 그 새끼를 보호하는 것과 같이 만군의 하나님께서 예루살렘을 보호하고 그 도성을 호위하며 자기 자녀들을 건져 구원하시게 된다는 것이었다.

그러므로 선지자는 이스라엘 자손들에게 여호와 하나님께 돌아오라며 강력하게 촉구하고 있다. 저들이 돌이켜 그동안 심하게 거역하던 분에게 돌아오면 모든 것이 해결된다는 의미였다. 하나님께서 은혜 베푸시는 날이 이르면 그 백성들이 자기 손으로 만들어 섬기며 범죄를 저질렀던 금과 은으로 된 우상들을 쓰레기장으로 내버리게 된다.

그때가 되면 막강한 군사력을 자랑하던 앗수르 군대가 사람의 칼이 아니라 여호와 하나님의 칼에 의해 엎드러진다. 그와 같은 상황이 이르면 아무리 강인한 자들이라 할지라도 그 칼 앞에서 도망치지 않을 수 없다. 하지만 그 병사들은 끝까지 도망치지 못하고 사로잡혀 노예가 되어 강제노역을 하는 신세에 처하게 된다.

패망을 감지한 앗수르 왕은 두려움으로 인해 달아날 것이며 겁에 질린 그의 지휘관들은 저들의 상징인 군기軍旗를 버리고 도망치기에 바쁘다. 이는 이스라엘의 최종 승리를 예언하고 있다. 하나님께서는 이 말씀을 통해 고통중에 신음하는 백성에게 소망을 주시는 동시에 저들로 하여금 배도의 길에서 돌이키기를 원하셨던 것이다.

여호와 하나님께서는 장차 그때가 되면 심판의 불이 시온에 존재하게 된다는 사실을 언급하셨다. 그리고 여호와의 풀무가 예루살렘에 있게 된다는 사실을 말씀하셨다. 이는 거룩한 성 예루살렘이 온 세상을 심판하는 본거지 역할을 하게 된다는 사실을 시사해주고 있다. 이 예언은 나중 인간의 몸을 입은 메시아가 예루살렘에 강림하여 모든 사역을 감당하심으로써 죄악 세상에 대한 심판의 주체가 된다는 사실에 연관된 말씀이다.

제27장

공의로 통치할 왕의 심판과 회복

(사 32:1-20)

1. 메시아 예언 (사 32:1,2)

선지자 이사야는 본문 가운데서 장차 '한 왕' (a King)이 타락한 이 세상에 오시게 된다는 사실을 예언하고 있다.[57] 그는 당장 몇 년 후가 아니라 먼 미래에 오시는 분이다. 그는 공의로 언약의 백성을 통치하고, 그에게 속한 방백들은 치우침이 없는 정의로 다스리게 된다. 그는 사람이지만 죄악 가운데 출생한 보통 사람과는 달리 완벽하신 분이다.

그가 오시게 되면 많은 사람들이 그에게로 피하게 된다. 절망과 죽음 앞에 선 인간들에게는 아무런 소망이 없다. 타락한 죄인 스스로 자신의 삶을 보장하는 것은 불가능한 일이다. 이스라엘 백성이 그와 같은 형편에 처해 있을 때 메시아이신 그 왕이 자신에게 나아오는 자들의 생명을 보호해주시게 되는 것이다.

57) 구약시대 이스라엘 자손은 선지자가 예언한 '그 왕' 을 기다렸다. 나중 예수님께서 베들레헴에서 탄생했을 때 동방의 박사들이 헤롯왕을 찾아가 '유대인의 왕으로 오신 이' 의 출생지를 물었다. 그리고 동방박사들은 베들레헴을 방문하여 그에게 예물을 바치며 그가 구약성경에 예언된 바로 '그 왕' 이란 사실을 확인했다.

그러므로 무서운 광풍이 휘몰아치고 폭우가 쏟아진다고 할지라도 공의로운 그 왕에게 피하는 자들은 생명을 보존할 수 있다. 그는 또한 마른 땅에 흐르는 냇물 같아서 친히 사람들에게 생명수를 공급하며 황량한 땅에 큰 반석이 되어 그곳으로 피신한 자들을 위해 시원한 그늘을 제공하신다. 여호와 하나님 곧 그로부터 보내심을 받은 메시아가 궁극적인 피난처가 되신다는 사실은 성경 전반에 걸쳐 언급되고 있다.

> "주는 나의 피난처시요 원수를 피하는 견고한 망대심이니이다 내가 영원히 주의 장막에 거하며 내가 주의 날개 밑에 피하리이다"(시 51:31,32); "여호와를 경외하는 자에게는 견고한 의뢰가 있나니 그 자녀들에게 피난처가 있으리라 여호와를 경외하는 것은 생명의 샘이라 사망의 그물에서 벗어나게 하느니라"(잠 14:26,27); "나 여호와가 시온에서 부르짖고 예루살렘에서 목소리를 발하리니 하늘과 땅이 진동되리로다 그러나 나 여호와는 내 백성의 피난처, 이스라엘 자손의 산성이 되리로다"(욜 3:16)

인간들에게 있어서 유일한 피난처는 여호와 하나님과 그로부터 이땅에 오신 예수 그리스도 한 분밖에 없다. 참 지혜로운 자들은 위기에 봉착하게 될 때 그 실상을 파악하고 참된 피난처를 찾아 그곳으로 피하게 된다. 이와 달리 어리석은 자들은 피난처가 될 수 없는 엉뚱한 곳을 찾아 몸을 숨기려 하거나 아예 피할 생각조차 하지 않는 무모한 행동을 한다.

구약시대 여호와 하나님을 경외하던 자들은 세상의 악한 양상들을 지켜보며 저들의 피난처가 되실 영원한 왕 곧 메시아를 간절히 기다렸다. 그 왕이 강림하실 때가 이르면 하나님의 백성들은 역사적 정황을 분별하며 그의 존재를 알아보게 된다. 그것은 물론 계시된 하나님의 말씀과 하나님의 전적인 은혜로 말미암는다. 그들은 세상의 각박한 상황 가운데서 모든 것을 상실하게 될지 모르지만 그 왕으로 인해 안전한 삶을 보장받게 되는 것이다.

2. 새로운 삶과 신분 변동 예고 (사 32:3,4)

타락한 이 세상에 메시아로 오시는 왕의 사역을 목격하는 자들은 하나님을 보는 눈이 감기지 않을 것이며, 그의 말을 듣는 백성들은 그에게 귀를 기울이게 된다. 그가 행하는 모든 사역과 전하는 교훈은 이 세상의 것이 아니라 천상의 나라에 속한 것들이다. 세상에 살아가는 인간들의 참된 삶을 위한 모든 기준은 오직 그에게 달려 있다.

이에 관한 의미를 온전히 깨닫는 자들은 하나님의 은혜에 참여한 자들이다. 하나님께 속한 자들은 타락한 세상에 살아가면서 환난과 핍박을 당하게 된다. 세상적인 측면에서 본다면 그들은 조급하고 힘겨운 마음을 가질 수 있다. 하지만 그런 자들이 하나님의 은혜를 입어 경솔하지 않고 사려 깊게 행동하며 메시아와 연관된 참된 지식을 깨달을 수 있게 된다. 따라서 세상의 논리를 드러내는 것에 둔한 자들이 천상의 진리에 대하여는 혀가 민첩해져 분명한 표현을 하게 된다.

이와 같은 모든 상황은 장차 왕이신 메시아가 이땅에 오심으로써 구체적으로 실현된다. 선지자가 전하는 예언의 말씀을 믿고 받아들인 구약시대의 성도들은 그 왕이 강림하실 날을 간절히 사모했다. 선지자가 예언한 대로, 배도자들에 의해 박해를 당하던 백성들은 장차 신분변동을 경험하게 된다. 따라서 하나님께 저항하는 자들이 지배하는 이 세상에서 어떤 어려움을 겪는다고 할지라도 그 예언의 말씀이 저들에게 소망이 되었다.

하지만 신약시대의 성도들은 구약의 예언이 일차적으로 성취되어 메시아가 이땅에 강림하신 현실 가운데 살아가고 있다. 따라서 지상 교회에 속한 우리도 성령의 도우심과 예수 그리스도를 통해 천상의 지식을 깨달을 수 있게 되었다. 이로 인해 성도들은 참된 진리를 세상 가운데 선포할 수 있게 된 것이다.

이처럼 메시아가 오시게 되면 사람들의 환경이 급격하게 뒤바뀐다. 그것은 일반적인 상식으로는 도저히 납득할 수 없는 결과를 가져오게 된다. 사람들이 보기에 존귀한 자들은 낮은 자리에 처하게 되고, 비천하게 보이는 자들이 높은 지위를 차지하게 될 것이기 때문이다. 그러나 하나님의 자녀들에게는 복음에 의해 일어나는 그와 같은 현상이 지극히 자연스럽다. 이에 대해서는 구약성경의 전도서에 잘 묘사되어 있다.

> **"우매자가 크게 높은 지위를 얻고 부자가 낮은 지위에 앉는도다 또 보았노니 종들은 말을 타고 방백들은 종처럼 땅에 걸어 다니는도다"**(전 10:6,7)

구약성경에 예언된 이 말씀은 하나님께서 작정하신 때가 이르러 성취되었다. 그 예언은 하나님의 심판과 밀접하게 연관되어 있다. 하나님께서는 이기적인 욕망을 위해 권세를 누리던 오만한 자들을 그 자리에서 내치셨으며, 남 보기에 비천하여 세상에 의지할 만한 것이 없는 자들을 들어 지극히 높이셨다. 그리하여 먹을 양식이 없어 굶주리던 자들이 배불리 먹게 되며, 부유한 자들이 먹을 것이 없어 고통당하게 된다.

또한 그때가 되면 소경이 보고 벙어리가 말하며 귀머거리가 듣게 되는 놀라운 역사가 일어나게 된다. 그들이 눈을 뜨고 귀로 들을 수 있게 된 것은 하나님의 사역과 그의 교훈을 보고 듣기 위해서였으며, 말을 하게 된 것은 그 사실들을 세상에 선포하기 위한 목적에 연관되어 있었다. 복음서에는 예수 그리스도로 말미암아 그 모든 것이 성취된 사실에 관한 내용이 기록되어 있다.

> **"권세 있는 자를 그 위에서 내리치셨으며 비천한 자를 높이셨고 주리는 자를 좋은 것으로 배불리셨으며 부자를 공수로 보내셨도다"**(눅 1:52,53); **"큰 무리가 절뚝발이와 불구자와 소경과 벙어리와 기타 여럿을 데리고 와서 예수의 발 앞에 두매 고쳐 주시니 벙어리가 말하고 불구자가 건전하고 절뚝발이가 걸으며 소경이 보는 것을 무리가 보고 기이히 여겨 이스라엘의 하나님께 영광을 돌리니라"**

(마 15:30, 31)

이처럼 메시아가 오시게 되면, 그 동안 세상에서 있었던 기존의 상태뿐 아니라 저들의 신분과 지위까지 변하게 된다. 엄밀한 의미에서 볼 때 이는 저들의 신분적인 형편이 변하는 것이라기보다 숨겨져 있던 원래의 신분에 연관된 의미들이 드러나게 되는 것을 말해준다. 하나님의 자녀들은 겉보기에 초라하고 정상적인 권한을 누리지 못하는 것처럼 보이지만 저들의 진짜 신분은 왕의 자녀들인 것이다.

하나님의 자녀들은 이에 대한 올바른 이해를 하는 것이 매우 중요하다. 세상에서 일반적으로 정립되어 비쳐지는 지위와 신분은 과정적인 것에 지나지 않는다. 진정한 신분은 눈에 보이지 않게 그 내면 속에 감추어진 채 존재하기 때문이다.

이처럼 인간들은 근본적으로 스스로 자신을 평가하거나 자신의 신분과 지위를 확정지을 수 있는 존재가 되지 못한다. 외형상 성공적인 삶을 누리는 것처럼 비쳐진다고 할지라도 그것은 일시적인 현상에 지나지 않으며 세상에서의 신분과 지위는 과정에 지나지 않는다. 이와는 반대로 세상에서 아무리 초라하고 궁핍한 삶을 살아가는 것처럼 보일지라도 하나님의 자녀들은 천상의 나라에 속한 왕자王子로 살아간다. 선지자 이사야는 장차 메시아가 오시게 되면 그의 앞에서 숨겨진 모든 것들이 확연히 드러나게 되리라는 사실을 예언했던 것이다.

3. 깨달음이 없는 미련한 백성들 (사 32:5-8)

어리석은 인간들은 하나님의 놀라운 사역에도 불구하고 그 실상을 전혀 깨닫지 못한다. 그것은 하나님의 심판을 재촉하는 역할을 하게 된다. 하나님께서는 어리석고 미련한 자들을 더 이상 존귀한 자로 세워지는 것을 허용하시지 않는다. 그리고 종교적으로 기만하는 악한 지도자들을 영웅시하는 일이 중단된다. 즉 스스로 자신을 높이려고 애쓸지라도 하나님이 높이시지 않으면 아무런 의미가 없게 된다.

세상의 논리에 노련한 자들은 자기의 지혜에 기초하여 모든 것을 내세우지만 실제로는 어리석은 것들을 주장할 따름이다. 저들이 생각하는 지혜라는 것은 세상의 이성과 경험에 따른 것으로서 미련한 판단에 지나지 않다. 따라서 타락한 품성을 버리지 않는 자들은 마음속에 불의를 품게 될 따름이다. 이는 의로운 하나님과 그의 뜻으로부터 벗어난 상태에서 조성된 마음가짐에 직접 연관되어 있다.

그런 자들로부터 나오는 모든 사고와 행동은 간사하기 그지없다. 따라서 그들은 패역한 태도로 여호와 하나님의 뜻을 거스르기를 일삼는다. 그와 같은 삶에 익숙한 자들은 욕망으로부터 우러나오는 자신의 주장을 전면에 두며 여호와 하나님의 교훈을 멸시하게 된다. 이는 하나님에 대한 적극적인 저항 행위가 되지만, 어리석은 자들에게는 그에 대한 인식이나 깨달음이 전혀 없다.

이기심에 가득찬 인간들은 가난하여 굶주림에 빠진 이웃과 목마른 자들에게 아무런 도움을 주려고 하지 않는다. 그 악한 자들은 도리어 가난한 사람들이 소유한 작은 분량의 재물조차도 약탈해가고자 한다. 자신의 욕망을 채우기 위해서는 다른 사람들을 위한 어떤 긍휼도 베풀지 않는 것이다.

그와 같은 자들은 자신의 목적을 위해서라면 사악한 계략을 만들어 거짓말을 동원하는 것을 아무렇지 않게 생각한다. 그들은 가난하고 힘없는 자들을 도와주며 돌보기는커녕 도리어 어려운 자들을 고통과 죽음에 빠뜨리고자 한다. 나약한 자들이 바른 말과 올바른 행동을 한다고 할지라도 그것을 받아들이지 않고 거부한다. 저들에게는 오로지 자기를 위한 이기적인 욕심만 가득차 있을 따름이다.

그러나 여호와 하나님 앞에서 진실로 존귀한 자들은 자기를 위한 삶에 얽매이지 않는다. 그들은 세상에서의 이기심을 버리고 존귀한 일을 계획하기에 열성을 다한다. 그것은 인간들의 개인적인 욕망을 추구하는 것이 아니라 하나님의 거룩한 사역에 참여하게 되는 것을 의미하고 있다. 그와 같은 신앙인의 삶을 살아가고자 하는 성도들은 항상 하나님께서 원하시는 존귀한 일에 참여하고자 최선의 노력을 기울이게 된다.

4. 안일한 자들에 대한 하나님의 심판과 회복 예언 (사 32:9-14)

하나님을 멸시하는 미련한 인간들은 세상에 살아가면서 영적인 긴장감을 소중하게 여기지 않는다. 그들은 세상의 것들에 만족하기를 원하며, 이 땅에서 아무런 걱정 없이 살아가기를 추구하고 있다. 사람들 중에는 외관상 보기에 어느 정도 그와 같은 삶을 누리며 생활하는 자들이 없지 않다. 하지만 우리는 결코 그런 자들의 삶 자체를 두고 좋은 인생이라 단언하지 않는다. 그것은 도리어 악한 세상에 탐닉하게 만들며 결국은 영원한 천국에 대한 소망을 버리도록 한다. 즉 그와 같은 삶에 익숙한 자들은 이땅에서의 부귀영화富貴榮華를 누리고자 하면서 하나님께서 다스리시는 영원한 천국을 바라보지 않는다. 저들에게는 무서운 저주가 임하게 될 따름이다. 이사야가 예언할 당시보다 앞선 시대에 살았던 선지자 아모스도 그와 같은 예언을 했다.

> **"화 있을찐저 시온에서 안일한 자와 사마리아 산에서 마음이 든든한 자 곧 열국 중 우승하여 유명하므로 이스라엘 족속이 따르는 자들이여"(암 6:1)**

선지자 이사야가 하나님의 말씀을 예언할 시기에도 이스라엘 백성들 가운데는 안일한 태도로 살아가는 자들이 많이 있었다. 선지자는 그들에 대하여 강한 경고의 메시지를 전했다. 그러므로 저들로 하여금 안주하고 있는 미련한 자리에서 일어나 자기를 통해 계시하시는 하나님의 음성을 경청하라고 요구했던 것이다.

이사야는 특별히 아무런 염려가 없는 듯이 살아가는 '여인들'[58]을 부르며 자기의 말을 들으라는 말을 했다. 당시 여유를 부리며 안일한 태도를 보이던 자들은 눈앞에 닥쳐오는 위기에 대한 인식이 전혀 없었다. 그들은 앞으로 영원토록 그런 식으로 안일하게 살아갈 수 있을 것처럼 생각하고 있었기 때문이다.

그러나 선지자는 앞으로 일 년 남짓 세월이 지나면 저희가 크게 당황하게 되리라는 사실을 전했다. 저들이 세상에서의 풍요로움을 확보하기 위해 모든 힘을 다해 농장 일을 하겠지만 원하는 포도를 수확하지 못할 것이며 아무런 열매를 거두지 못하리라는 것이었다. 세상에서 만족스러운 인생을 살아가며 풍족한 삶을 누리고 있던 자들은 그때를 만나게 되면 당혹감을 느끼지 않을 수 없게 된다.

그러므로 선지자 이사야는 당시 세상의 것들에 취하여 아무런 걱정 없이 살아가던 자들을 향해 장차 그와 같은 재앙이 닥치면 절망에 빠져 떨지 않을 수 없을 것이란 사실을 말했다. 즉 그 사람들은 전혀 예기치 못한 상황을 만나게 될 때 당혹감을 느끼지 않을 수 없다. 따라서 그들은 입고 있던 옷을 벗어 맨살을 드러내고 베 조각으로 허리를 동인 채 탄식하며 헤어날 수 없는 깊은 시름에 빠지게 된다.

그 사람들은 스스로 자랑하던 비옥한 밭에서 포도나무가 열매를 맺지 못하는 것을 보며 가슴을 치며 마음 졸이게 된다. 젖과 꿀이 흐르는 약속의 땅에는 가시와 찔레가 나며 기쁨의 성읍이어야 할 예루살렘에도 전혀 유익을 끼치지 않는 잡초들이 무성하게 된다. 이는 가나안 땅 전체가 황폐

---

58) 이 말은 이스라엘 민족의 여러 지파들과 약속의 땅에 흩어져 살아가는 백성들에 대한 통칭으로 보인다. 즉 이를 굳이 여성들에게 국한된 메시지로 해석할 필요가 없다. 이스라엘 민족과 지상 교회가 여성으로 묘사되는 것은 일반적이라고 할 수 있기 때문이다.

하게 되리라는 사실을 말해 주고 있다.

그렇게 되면 왕이 거처하던 예루살렘의 화려한 궁전이 파괴되고 온 성읍에는 적막감이 흐르게 된다. 그리고 도시의 요새[59]와 그 주변에 서 있던 망대가 영원한 굴혈이 되고 들나귀와 양 떼들이 거니는 초장이 되어 버린다. 이는 하나님의 거룩한 도성이 이방인들에 의해 황폐하게 된다는 심판 예언에 연관되어 있다.

5. 하나님의 의와 진정한 화평 (사 32:15-20)

하나님께서는 그와 같은 배도의 시대 가운데서도 이스라엘 민족에게 약속하신 은혜를 베풀고자 하신다. 이스라엘 민족은 때에 따라 무서운 징계를 받게 되지만 하나님의 계획에 따라 다시금 회복된다. 그것은 창세전에 확증된 메시아 언약을 성취하기 위한 하나님의 작정에 연관되어 있다.

그러므로 하나님의 은혜를 입은 언약의 백성은 이땅에서의 모든 이기적인 노력들이 허사가 된다는 사실을 기억해야만 한다. 그 모든 것들은 하나님의 경륜에 따라 조정될 수밖에 없는 성격을 지니고 있다. 따라서 위로부터 허락되는 하나님의 뜻에 의해 이 세상에는 다양한 변화가 일어나게 되는 것이다.

선지자 이사야는 때가 이르게 되면, 하나님께서 천상의 나라로부터 언약의 자녀들에게 성령을 부어 주시리라는 예언의 말씀을 전달했다.[60] 그

---

59) 한글 '개역개정성경' 에는 이를 오벨(Ophel)로 직역하고 있다. 오벨은 지명으로서 솟아오른 지역을 말하고 있지만 그 정확한 위치는 알 수 없다. 하지만 예루살렘의 동남부에 위치한 구릉지 가까운 곳에 있었던 것으로 보인다. 성경에는 요담 왕이 오벨 성벽을 증축한 사실이 기록되어 있으며(대하 27:3), 느헤미야 시대에는 느디님 사람(Nethinim)들이 그곳에 살고 있었던 사실이 알려져 있다(느 3:26).

60) 이는 예수 그리스도의 십자가 사역 및 부활 승천과 더불어 임하는 오순절 성령 강림에 대한 예언으로 이해하는 것이 바람직하다.

와 같은 일이 발생하게 되면 인간 세상에 근본적인 변화가 일어나게 된다. 그로 말미암아 쓸모없는 황량한 광야가 아름다운 밭이 되는가 하면, 비옥하고 아름다운 밭이 숲이 무성한 삼림으로 변하게 된다.

장차 이와 같은 일이 발생하게 된다는 사실은 하나님의 백성들에게 커다란 소망이 된다. 따라서 하나님을 경외하는 성도들은 항상 하나님의 성령께서 강림하시는 날을 간절히 기다리지 않으면 안 된다. 그때가 이르면 하나님의 정의가 광야에서 펼쳐지게 되며 그의 절대적인 공의가 기름지고 풍요로운 밭들 가운데 존재하게 된다. 그 공의의 열매는 진정한 화평이 되고 공의의 결과는 영원한 평안과 안전으로 나타나는 것이다.

이리하여 하나님의 백성은 '화평의 집' 과 '안전한 거처' 에서 영원토록 안식하며 살아갈 수 있게 된다. 이는 저들에게 세상에서는 전혀 경험할 수 없는 최상의 삶이 제공된다는 사실을 말해주고 있다. 이에 반해 배도자들과 이방인들은 그와는 전혀 다른 정반대의 고통스런 국면에 처하게 된다. 저들의 숲은 무서운 우박으로 인해 크게 상하게 되며 저들의 성읍은 완전히 파괴된다.

이와 같은 무서운 재앙과 심판이 임할 때도 그와 상관없이 물가에 있는 기름진 밭에 씨앗을 뿌리며 거기서 소와 나귀로 하여금 밭을 갈게 하고 곡식을 추수하는 하나님의 자녀들은 진정으로 복된 자들이다. 이는 예수 그리스도와 성령의 강림과 더불어 전개되는 역사적인 상황 가운데서 가시적으로 드러난다. 하지만 그 궁극적인 실체는 종말이 되어 완성되는 성격을 지니고 있다.

제28장

언약의 자손과 공의의 하나님

(사 33:1-24)

1. 악한 자들에 대한 심판선언 (사 33:1)

이기적인 인간들은 자신의 욕망에 충실할 뿐 주변의 이웃을 생각지 않는다. 악한 자들은 자기가 추구하는 목표에 도달하기 위해 남을 이용하기에 급급하다. 저들의 외형적인 행동이 설령 그럴듯해 보일지라도 속내는 전혀 그렇지 않을 수 있다.

선지자 이사야는 그런 자들에 대하여 강력한 경고의 메시지를 보냈다. 자기는 학대를 당하지 않으면서 다른 사람을 학대하는 자들과 자기는 속지 않으려고 하면서 이웃을 속이는 자들이 그 대상이었다. 어리석은 자들은 그렇게 하는 것이 마치 자기에게 영원한 유익이 될 것처럼 착각하며 살아가고 있다.

그러나 그와 같은 악행을 저지르는 자들은 끝내 저주의 자리에 놓일 수밖에 없다. 다른 사람들이 저들에게 보응하기 전에 하나님께서 먼저 저들에게 저주를 선포하셨다. 모든 인간들이 속는다고 할지라도 그들이 전능하신 하나님을 속일 수는 없다. 그럼에도 불구하고 저들이 저지르고 있는 가장 무서운 죄는 하나님을 속이려 한다는 사실이다. 그들은 하나님의 자녀들을 기만함으로써 감히 하나님을 속이려 하게 되는 것이다.

그러므로 선지자는 장차 오랜 세월이 흐르지 않아 저들의 사악한 권세가 끝이 난다는 사실을 언급했다. 그렇게 되면 저들이 그전에 주변의 이웃을 학대하던 것보다 훨씬 심한 학대를 당하게 된다. 또한 저들이 다른 사람을 속였던 것처럼, 이제 그들이 힘을 상실한 저들을 괄시하며 속이게 된다.

선지자는 하나님을 경외하지 않는 이기주의자들에게 심판의 경종을 울리고 있다. 하나님을 경외하는 자들은 그 말을 듣고 자신의 잘못된 자리에서 돌이켜야 한다. 이기적인 욕망으로 인해 사람들을 학대하고 이웃을 속이던 행동을 버리지 않으면 안 된다. 하나님으로부터 계시된 말씀을 받아들이지 않고 그 전의 행동을 지속하는 자들은 하나님의 심판을 재촉하는 것과도 같기 때문이다.

2. 하나님의 자녀들에게 나타나는 변화된 삶 (사 33:2-6)

선지자는 이스라엘 민족을 대표하는 성도의 마음으로 하나님의 은혜를 간구했다. 저들이 이제 주님을 간절히 기다리고 있으니 아침마다 저들의 팔이 되어 환난 때에 구원이 되어 달라는 것이었다. 이는 여호와 하나님 한 분만이 저들을 구원하실 수 있다는 사실에 대한 고백적인 의미를 담고 있다.

하나님께서 진노하시면 그의 호령하는 심판 선언으로 인해 이방민족들이 도망하게 된다. 또한 이스라엘을 침략하던 여러 나라들이 제각각 흩어지게 된다. 메뚜기 떼처럼 몰려들던 원수들이 가나안 땅에서 노략질한 물건들을 챙기며 마치 메뚜기가 뛰어 오르듯이 그것을 향해 몰려든다. 그러나 하나님께서는 결코 저들의 행악을 그냥 두시지 않는다.

여호와 하나님께서는 지극히 존귀하신 분이므로 높은 곳에 거하신다. 이는 신비로운 실제적인 개념으로 받아들여야 한다. 그는 영원한 천상의 나라에 계시면서 동시에 시온 곧 예루살렘에 발을 두고 계신다. 다윗은 예루살렘 성전을 짓기 전 그에 관한 설명을 하면서 언약궤를 '하나님의 발등상'으로 묘사하고 있다(대상 28:2, 참조). 그 발등상은 언약궤 덮개 곧 속죄소(the mercy seat)를 가리킨다.

여호와 하나님은 예루살렘 성전에 계시면서 약속의 땅에 정의와 공의가 충만하도록 하셨다. 언약의 백성들은 그로 말미암아 진정한 평강을 얻게 된다. 저들의 삶은 세상에서 생성된 인간들의 지혜나 행동에 근거하지 않으며, 여호와를 경외하는 신앙 자세에 연관되어 있어야 했다. 그러므로 선지자는 구약의 잠언에서 교훈하고 있는 내용과 동일한 의미로서 그것이 저들에게 허락된 참된 보배라는 사실을 언급하고 있다.

> **"여호와를 경외하는 것이 지혜의 근본이요 거룩하신 자를 아는 것이 명철이니라"**(잠 9:10); **"네 시대에 평안함이 있으며 구원과 지혜와 지식이 풍성할 것이니 여호와를 경외함이 네 보배니라"**(사 33:6)

성경에 기록된 이 말씀은 하나님께서 지상에 있는 자기 자녀들을 지켜 보호하시는 분이라는 사실을 보여주고 있다. 선지자 이사야를 통해 주어진 이 말씀은 구약의 당대에만 효력을 발생시키는 교훈이 아니었다. 물론 당시 배도에 빠진 자들은 과거를 뉘우치고 하나님께 돌아옴으로써 진정한 평강을 얻을 수 있게 되었다. 저들 가운데 중요한 것은 세상에서의 이성과 경험이 아니라 하나님으로부터 오는 구원과 지혜와 지식이었다. 그것이 저들로 하여금 참된 하나님을 알아가도록 했다.

그러므로 하나님께서 허락하시는 모든 은혜를 풍성하게 소유한 성도들이 진정으로 복된 자들이었다. 이는 여호와 하나님을 경외하는 삶의 의지를 가진 성도들과 직접적인 연관성을 지니고 있다. 이와 같은 삶을 살아가는 신령한 성도들은 여호와를 진정으로 경외하는 것이 참된 보배라는 사실을 깨닫게 된다.

3. 백성들이 겪게 될 고통 (사 33:7-9)

선지자 이사야는 언약의 백성들에게 귀를 기울여 '용사들' 이 밖에서 부르짖는 소리를 들으라고 했다. 또한 '평화의 사신들' 이 슬프게 곡하는 소리를 듣도록 요구했다. 백성의 지도자들은 이방인들과 화친함으로써 평화를 꾀하고자 했으나 저들의 계획은 수포로 돌아갔다. 저들이 그동안 계획하고 추구해오던 모든 정책이 도리어 패망을 재촉하게 되었던 것이다.

부강한 왕국 건설을 꿈꾸며 만들었던 큰 대로들은 쓸모없이 황폐하게 되었다. 원수들로 말미암아 발발한 전쟁이 그것들을 완전히 파괴시켜 버린 탓이다. 그렇게 되자 그 땅에는 인적이 끊어지고 적막한 분위기에 휩싸였다.

이스라엘과 조약을 맺었던 이방 왕국들은 그 조약을 파기해 버렸다. 그들은 약속을 지킨 것이 아니라 도리어 성읍들과 그 안에 살아가는 사람들을 멸시했다. 원수들은 그곳에 살아가는 주민들에 대한 아무런 배려를 하지 않았던 것이다. 하나님을 경외하지 않을 뿐더러 알지도 못하는 자들에게는 그것이 전혀 이상한 행동이 아니었다.

그렇게 되자 온 나라가 슬픔에 빠져 쇠잔하게 되었다. 주변의 모든 환경이 그와 같은 상황에 처했다. 화려함을 자랑하던 레바논은 메마르게 되어 부끄러움에 빠졌으며 비옥한 땅 샤론은 사막과 같이 되어버렸다. 또한 바산과 갈멜은 나뭇잎이 다 떨어지고 가지만 앙상하게 남은 나무들로 가득 차서 푸르른 모습을 잃게 되었다. 이는 언약의 왕국과 그 주변이 철저하게 황폐한 상태가 되어버린 사실을 말해준다.

4. 지극히 높으신 하나님의 권능 (사 33:10-14)

지극히 높으신 하나님께서 심판을 시작하시게 되면 모든 것이 그 앞에 무릎을 꿇을 수밖에 없다. 하나님께서는 이스라엘을 향해 그에 대한 언급을 하셨다. 우리가 본문 가운데서 주의 깊게 보아야 할 점은, 하나님께서 스스로 자신을 높임으로써 지극히 높은 자리에 앉게 된다고 말씀하신 사실이다(사 33:10).

성경은 인간들이 높여주기 때문에 하나님께서 높아지시는 분이 아니라는 사실을 선포하고 있다. 즉 하나님의 존귀함을 위해서는 인간들의 행위가 아무런 조건을 형성하지 못한다. 인간들은 그에 대한 깨달음으로 인해 오로지 그분에게 복종할 수 있을 따름이다.

인간들은 마치 겨를 잉태하고 짚을 해산하는 것과 같이 그 자체로는 허무할 따름이다. 도리어 저들의 호흡은 심판의 불이 되어 스스로 저들 자신을 삼키게 된다. 그리하여 모든 민족들은 불에 굽는 횟돌 같이 되고, 잘라서 타는 불에 던져 넣어 사르는 가시나무 가지들 같이 되어 버린다.

이 말은 여호와 하나님께서는 스스로 자기를 높이시는 분인데 반해 인간들은 스스로 자기를 심판의 자리에 두게 되어 멸망의 길로 몰아가는 존재라는 사실을 보여주고 있다. 따라서 인간들이 사고하며 행하는 모든 것들은 심판의 불쏘시개와 같은 역할을 하게 된다. 이는 인간들이 만들어낸 모든 문명과 문화 및 예술조차도 스스로를 심판하는 데 필요한 불쏘시개와 같은 것에 지나지 않는다.

그러므로 선지자는 모든 사람들을 향해 그 경고의 메시지를 선포했다. 특히 하나님의 백성들은 그 말씀을 듣지 않으면 안 된다. 따라서 그는 먼데 있는 자들, 곧 멀리 이방 지역으로 포로가 되어 사로잡혀 간 이스라엘 자손들과, 가까이 살고 있는 자들 곧 예루살렘과 약속의 땅에서 살아가는 자들이 여호와 하나님의 경륜적인 사역과 권능을 깨달아 알아야만 한다는 사실을 외쳤다. 물론 그 가운데는 하나님을 알지 못하는 모든 이방인들이 포함되어 있다.

그렇게 되면 시온에 살고 있는 배도자들이 두려워하게 되며 경건치 못한 인간들이 공포에 떨게 된다. 그들은 삼키는 불과 같은 맹렬한 심판을 견딜 자가 없다는 사실과 영영히 불타오르는 심판을 이겨낼 자가 없다는 점을 알게 될 수밖에 없다. 결국 하나님을 떠난 배도자들은 궁극적인 심판을 받게 되며 경건한 백성들은 영원한 구원을 받게 되는 것이다.

5. 하나님을 경외하는 자들에게 공급되는 진정한 생명의 근원 (사 33:15,16)

여호와 하나님을 경외하는 성도들이 하나님의 뜻에 따르고자 하는 것은 지극히 자연스럽다. 하지만 그와 같은 행위가 인간의 이성과 경험에 따라 제정된 기준에 의해 드러나는 자발적인 것이 되어서는 안 된다. 하나님의 계시된 말씀에 의해 제시된 계명과 규준에 따라 순종하는 행위가 자연스럽게 뒤따라 와야 한다.

하나님께서는 율법과 복음에 근거한 자신의 뜻에 따라 공의롭게 행하는 자와 정직하게 말하는 자를 존귀하게 여기신다. 공의를 행한다는 것은 율법에 순종한다는 의미를 지니고 있으며, 정직하게 말한다는 것은 율법에 따라 말하는 것을 의미하고 있다. 그런 자들은 여호와 하나님의 편에 서 있는 자들이다. 그것은 물론 예수 그리스도의 십자가 사역을 근본적인 배경으로 하여 이루어지게 된다.

그리고 여호와 하나님을 진정으로 경외하는 자들은 남으로부터 토색한 재물을 가증하게 여기며 이기적인 욕망에 가득찬 인간들로부터 더러운 뇌물을 받지 않는다. 그들은 가난하고 어려운 자들로부터 뇌물을 받고 굽은 판결을 내리지 않을 뿐더러 자신의 유익에 맞추어 거짓되고 왜곡된 말들을 쏟아내지 않는다.

또한 하나님의 자녀들은 무고한 사람의 피를 흘릴 목적으로 교묘한 꾀를 짜내는 자들의 악한 주장을 듣기를 거부한다. 나아가 참된 성도로서 배도자들을 향해 부당한 호의를 보이는 것조차 온전한 신앙인의 자세가 아닌 줄 알고 있다. 즉 그들은 항상 참된 자들의 편에 서 있기를 좋아하며 선을 행하기를 좋아한다.

그러나 이와 같은 모든 행위를 완전하게 행할 수 있는 인간은 아무도 없다. 그렇게 할 수 있는 완벽한 사람은 오직 하나님으로부터 오시게 될 메시아밖에 존재하지 않는다. 그는 당시에도 그러했거니와 장차 높은 곳에 거하게 되며 견고한 반석이 그의 요새가 된다. 그가 허락하시게 될 참된 양식과 음료는 그 반석으로부터 지속적으로 흘러나오게 된다. 이는 이스라엘 민족에게 허락되는 메시아 언약과 직접 연관되는 예언이다.

6. 견고한 성 예루살렘 (사 33:17-21)

하나님께서는 자신의 구속사역을 이루시기 위해 원래부터 약속된 그 왕을 이땅에 보내신다. 언약의 백성들은 그의 아름다움을 보게 되며 그가 예비하신 광활한 땅을 볼 수 있게 된다. 그런 상황이 도래하면 백성들의 마음이 과거에 악한 자들로 인해 두려워했던 시절을 떠올리게 된다. 옛날 고통스런 상황을 기억하며 즐거워하게 되는 것이다.

또한 그때가 이르면 이기적인 목적을 달성하기 위해 모든 것들을 계산하던 자들과 가혹하게 세금을 산정하던 자들, 그리고 사람들을 감시하기 위해 망대를 계수하던 자들이 사라지고 없어진다. 언약의 백성들은 더 이상 강포한 자들의 오만한 모습을 보지 않아도 되는 것이다. 언약의 자손들은 굳이 저들의 이상하고 어려운 방언을 듣고 이해할 필요가 없게 된다. 이는 이스라엘이 저들과 완전히 단절된다는 의미를 지니고 있다.

하나님의 백성들은 거룩한 절기를 지키던 시온성을 바라보며 안정된 처소인 예루살렘을 보게 된다. 그 성읍은 이제 영원토록 옮겨지지 않을 굳건한 장막이 되며 그 기둥은 영영히 흔들리거나 뽑히지 않는다. 뿐만 아니라 거기에 사용된 줄들은 하나도 끊어지지 않고 견고한 상태를 유지한다.

여호와 하나님께서는 그 가운데 엄위한 모습으로 자기 백성과 함께 영원토록 거하신다. 그곳에는 여러 강과 큰 호수가 있어 물이 풍부하여 아름다움을 더한다. 하지만 거기에는 일반 사람들의 노 젓는 배나 큰 배가 드나들지 못한다.

우리가 여기서 알 수 있는 점은 그 성읍은 지상의 예루살렘과 다른 새 하늘과 새 땅에 연관된 영원한 예루살렘이라는 사실이다. 지상에 존재하는 예루살렘은 높은 산악지대로서 크고 작은 배들이 출입할 수 있는 곳이 아니다. 하지만 그 영원한 성읍은 하나님의 자녀들에게 주어진 아름답고 풍부한 물이 있는 곳이다.

7. 재판장이자 왕이신 여호와 하나님 (사 33:22-24)

여호와 하나님은 우리의 재판장이 되신다. 나아가 그는 세상의 모든 인간들을 심판하시는 분이다. 그는 냉철한 재판을 통해 영원한 형벌을 내릴 자와 용서할 자를 명백히 구분하시게 된다. 그가 인간들을 재판하실 때 임의로 판단하시는 것이 아니라 이 세상에 계시된 자신의 율법을 기초로 하여 재판하신다. 하나님께서는 우리의 왕이시므로 심판을 행하시면서 자기 백성을 멸망에 빠뜨리지 않고 구원해 주신다.

그러므로 언약의 자손들이 최종적인 승리를 얻게 된다. 원수들이 타고 있는 배들은 돛대 줄이 풀린 상태가 되어 그 기능을 상실한다. 돛대를 고

정시키는 아랫부분이 튼튼하지 못하여 크게 흔들릴 것이기 때문이다. 따라서 그 흔들리는 돛대 위에 돛을 달 수 없어 그 악한 자들은 도망을 치지도 못한다.

그와 같이 변혁된 형편에서 언약의 자손들은 저들의 재물을 소유하게 된다. 원수들로부터 취한 재물을 백성들이 서로 나누게 될 것이며 다리를 저는 연약한 자들조차 많은 재물을 얻을 수 있게 된다. 이는 여호와 하나님의 도우심으로 인해 원수들이 소유한 모든 재물을 저들이 취하게 되리라는 사실을 말해주고 있다.

그리하여 왕이신 하나님께서 저들을 영원토록 보호해주신다. 하나님의 크고 놀라운 도우심이 임하면 시온에 살고 있던 언약의 백성들은 건강한 상태를 회복하게 될 것이며 저들의 모든 죄를 완전히 용서받게 된다. 악한 자들에 의해 고통을 당하던 백성들이 하나님의 은혜를 받아 영원한 새로운 삶을 제공받게 되는 것이다.

제29장

하나님의 진노와 거룩한 희생제물을 통한 회복

(사 34:1-17; 35:1-10)

1. 하나님의 진노와 심판 (사 34:1-4)

선지자 이사야는 본문 가운데서 메시아 강림에 관한 예언을 하고 있다. 이는 곧 예수 그리스도의 초림과 재림을 동시에 포함하고 있는 내용이다. 선지자는 백성들로 하여금 하나님께서 장차 이땅에 보내실 메시아를 맞이할 준비를 하라고 촉구했다.

우선 이사야서 34장 본문의 맨 앞부분에서는 세상에 존재하는 모든 국가들을 향해 예언의 말씀을 선포하고 있다. 이는 오염된 세계를 향한 심판 선언이다. 타락한 인간들이 세운 나라들은 근본적으로 하나님을 대적하는 성격을 지니고 있다. 비록 인간들 자신은 그에 대한 사실을 느끼지 못하고 있을지라도 그 본질적인 실상은 그렇다.

그러므로 선지자는 저들에게 귀를 기울여 위로부터 나는 소리를 들으라는 요구를 하고 있다. 열방을 향한 하나님의 진노의 목소리를 듣지 않으면 안 된다는 것이었다. 이는 비단 세상에 살아가는 인간들뿐 아니라 세계와 그에 속한 모든 피조물들이 들어야만 할 내용이다. 장차 하나님께서 메시아를 이땅에 보내 모든 것들을 심판하실 것이기 때문이다. 이는 예수님의 초림에 밀접하게 연관된 예언이다.

여호와 하나님께서 열방을 향하여 진노하시며 세상의 모든 왕들을 향해 분노하시게 되면, 악한 자들을 진멸하시고 저들로 하여금 살육을 당하도록 하신다. 그렇게 되면 죽임을 당한 자들은 바깥으로 내던져지게 된다. 그로 말미암아 썩은 시체들로부터 나는 악취가 진동하고 저들의 피가 산천을 물들이게 된다.

선지자는 여기서 마지막 종말, 즉 예수 그리스도의 재림에 연관된 내용을 예언하고 있다. 하나님의 심판의 때가 이르면 하늘과 땅에 있는 삼라만상森羅萬象이 다 사라져 버린다. 즉 하늘들이 두루마리처럼 말려 온데간데 없이 사라지게 된다. 그 모든 피조물들의 쇠잔함이 포도나무 잎이 마르는 것 같고 무화과나무 잎이 마르는 것같이 사라져 버리게 되는 것이다. 이는 새 하늘과 새 땅의 재창조에 연관되어 있으며 신약성경 요한계시록에는 그에 관한 기록이 나타나 있다.

> **"또 내가 새 하늘과 새 땅을 보니 처음 하늘과 처음 땅이 없어졌고 바다도 다시 있지 않더라"**(계 21:1)

종말의 때가 이르게 되면 거룩하신 하나님께서 인간들의 모든 죄악을 심판하신다. 나아가 저들의 범죄로 말미암아 오염된 피조세계도 함께 멸망당한다. 그 심판이 임한 후에는 하나님께서 더러워진 옛 피조물들을 지워버리시고 새 하늘과 새 땅을 예비하시게 되는 것이다. 이를 통해 원래의 하나님의 창조 의도가 완성된다. 사탄과 인간의 악행에도 불구하고 하나님께서는 자신의 거룩한 뜻에 따라 모든 것을 회복시키시게 되는 것이다.

구약성경에 메시아의 초림과 재림에 연관된 예언들이 기록되어 있지만 구약시대의 성도들은 그에 대한 명확한 깨달음을 가지기 어려웠다. 그들은 장차 임하게 될 예수 그리스도의 초림과 재림에 연관된 구원사역과 심판을 희미하게 바라볼 수 있었을 따름이다. 구약시대에 선지자들을 통해 주어진 메시아 강림에 연관된 희미한 그림자 같은 예언은 구약시대의 성도들뿐 아니라 신약시대 교회에 커다란 유익이 되고 있다. 그 모든 과정을 통해 하나님의 놀라운 섭리와 경륜이 생생하게 드러나고 있기 때문이다.

2. '여호와의 칼' 과 '거룩한 희생제물' (사 34:5-7)

성경 본문은 '여호와의 칼' 이 하늘에서 희생제물의 피를 족하게 마셨다는 표현을 하고 있다. 이 말은 신실하지 못한 자들의 율법을 벗어난 과도한 피의 제사행위로 인해, 하나님께서 그에 질려 진노하셨다는 의미를 지니고 있다. 따라서 하나님께서 장차 에돔을 심판하시고 진노아래 놓인 백성을 진멸하시리라는 것이었다. 이는 이스라엘과 인척 관계에 있는 에돔 족속이 언약의 백성을 더럽힌 것에 연관되어 있다.

배도에 빠진 자들이 바치는 동물의 피는 결코 여호와 하나님을 기쁘시게 하지 못한다. 그들이 아무리 정결하고 기름진 제물을 골라 바친다고 할지라도 그것은 도리어 하나님의 진노를 사게 될 따름이다. 타락한 종교성에 가득찬 자들은 예루살렘 성전이 아닌 에돔 지역에 위치한 보스라(Bozrah)에서 희생제물을 바치며 여호와 하나님을 위해 그렇게 한다는 어리석은 착각을 했다(공동번역성경, 참조).

또한 그들 가운데는 이기심이 가득찬 인간들로 인해 큰 살륙이 일어나게 되었다. 하지만 잘못된 제사행위로 인해 바쳐진 어린 양과 염소의 피와 기름 곧 동물의 콩팥 기름은 여호와 하나님의 칼에 피를 묻힐 뿐 아니라 칼날을 번득이게 하는 것으로서 하나님의 진노를 부추길 뿐이었다. 나아가 이기심에 가득찬 저들의 오만한 행위는 하나님의 무서운 분노를 불러일으키게 된다.

그러므로 하나님께서는 악을 도모하는 에돔 족속의 땅을 심판하시고자 했다. 그때는 들소와 송아지와 황소가 함께 도살장으로 내려가게 된다. 하나님께 제물로 바쳐져서는 안 될 정하지 않은 동물들까지 가져와 제사를 드리던 저들의 오만한 태도를 보고 하나님께서 심판하시게 되는 것이다.

이렇게 되면 그들의 땅이 비린내나는 피에 취하며 흙이 동물의 기름으로 뒤덮여 번들거리게 된다. 그리하여 동물들의 피와 기름이 배도자들의 피와 기름과 서로 뒤엉켜 처참한 상황을 연출하지 않을 수 없다. 이는 장차 저들에게 여호와 하나님의 무서운 심판이 임하리라는 사실을 말해주고 있다.

3. 시온을 위한 '신원의 때' (사 34:8-15)

작정된 때가 이르게 되면 여호와 하나님의 심판과 응징이 행해진다. 그리고 시온의 송사를 결정짓기 위한 성도들의 신원伸冤이 이루어지게 된다. 참된 신앙을 소유했다는 이유로 말미암아 억울한 일을 당한 성도들이 여호와 하나님께 송사하여 악한 자들을 심판해 주시도록 간구하는 것이다.

이 말은 종말에 완성될 예언에 직접 연관되어 있다. 이는 곧 하나님께 원통함을 호소하는 종말론적 의미에 연관되어 있다는 사실을 말해준다. 선지자의 글 가운데는 저들의 애타는 심경이 그대로 드러나고 있다. 하나님의 성도들이 신원하는 일에 대해서는 신약성경 요한계시록의 인봉한 책을 떼는 과정에서 선명하게 기록되어 있다.

"다섯째 인을 떼실 때에 내가 보니 하나님의 말씀과 저희의 가진 증거를 인하여 죽임을 당한 영혼들이 제단 아래 있어 큰 소리로 불러 가로되 거룩하고 참되신 대주재여 땅에 거하는 자들을 심판하여 우리 피를 신원하여 주지 아니하시기

를 어느 때까지 하시려나이까 하니 각각 저희에게 흰 두루마기를 주시며 가라사대 아직 잠시 동안 쉬되 저희 동무 종들과 형제들도 자기처럼 죽임을 받아 그 수가 차기까지 하라 하시더라"(계 6:9-11)

이 말씀은 타락한 세상에서 환난과 고통을 당하며 살아가는 성도들에게 커다란 위안을 안겨준다. 이에 대해서는 구약시대와 예루살렘 성전이 파괴되기 전 사도교회 시대의 성도들뿐 아니라 오늘날 우리 시대에도 동일하게 적용된다. 하나님께서는 먼 장래에 궁극적으로 성취될 이 사실을 선지자 이사야를 통해 미리 알려주셨다.

이사야서에 기록된 하나님의 심판 때가 이르면 불로 말미암은 무서운 심판이 이루어진다. 에돔의 강들은 바짝 마르고 그들의 땅은 불붙는 역청이 되며 그 티끌은 유황이 된다. 그곳은 밤낮 꺼지지 않는 불로 인해 타는 연기가 끊임없이 솟구칠 것이며 영원토록 황무케 되어 그리로 지나다닐 사람이 없게 된다. 그 황무한 땅에는 당아새와 고슴도치가 둥지를 틀 것이며 부엉이와 까마귀들이 살아가게 된다.

하나님의 심판으로 인해 멸망에 빠진 인간들은 다시금 저들이 원하는 세상 왕국을 건설하기 위해 유능한 자들을 찾아내어 지도자로 세우고자 하나 그럴 만한 인물이 존재하지 않는다. 여호와 하나님께서 오만한 자들 가운데 혼란의 줄과 공허의 추를 펼치실 것이기 때문이다. 이는 저들 중에 그나마 존재하는 모든 원칙과 질서들이 완전히 허물어지게 된다는 사실을 시사해주고 있다.

그렇게 되면 왕이 거쳐하며 수많은 신하들이 드나들던 화려한 궁궐터에는 가시나무가 무성하게 나며 견고했던 저들의 성에는 엉겅퀴와 가시덤불이 자라나게 된다. 그때가 이르면 그곳이 이리 떼와 타조가 머무는 굴혈이 되어버린다. 과거 사치스러웠던 그 장소는 이리와 들염소와 올빼미와 부엉이와 솔개와 같은 야생 짐승들의 처소가 되어 새끼를 치거나 알을 낳아 저들의 거처로 삼는다. 이렇게 하여 화려했던 저들의 모든 것들이 하나님의 심판으로 인해 삽시간에 사라져 버리게 된다.

4. '하나님의 예언의 책' (사 34:16,17)

선지자 이사야는 언약의 자손들에게 여호와 하나님의 책을 찾아 읽어보라는 말을 했다. 거기에 앞서 언급된 모든 내용들이 다 들어있다는 것이다. 이는 하나님께서 예언하신 말씀이 기록으로 남겨져 있다는 사실을 말해준다.

하나님으로부터 계시로 주어진 것들이 성경으로 기록되었다는 사실은 매우 중요한 의미를 지니고 있다. 인간의 말을 통해 선포되는 하나님의 예언은 그 입술을 떠나는 순간 사라지게 된다. 그 말씀은 듣는 사람들에게 분명한 교훈을 남기게 되지만 다시 완벽하게 복원하는 것은 불가능한 일이다.

다시 말해 입술을 통해 주어진 예언의 내용과 의미를 대략적으로 전달하는 것은 가능한 일이지만 일점일획도 틀리지 않게 원안 그대로 재현할 수는 없다. 이에 반해 기록된 성경은 그대로 전달할 수 있으며 되풀이해서 그 내용을 확인할 수 있다. 따라서 그것은 선지자들을 통해 단회적으로 주어진 말씀이지만 영구적인 성격을 지니고 있다.

선지자는 여호와의 책 곧 성경을 통해 예언된 사실을 확인하라고 요구했다. 거기에는 빠진 것이 하나도 없고 제 짝이 없는 것이 하나도 없다는 것이다. 이 말은 앞서 언급된 동물들에 관한 내용을 비유적으로 말하고 있지만 중요한 상징적인 의미를 내포하고 있다. 우리는 이를 통해 성경에 기록된 말씀 가운데 아무렇게나 기록된 것이 없이 모두가 정확한 것이란 사실을 알 수 있다. 이는 성경의 완전성에 대한 교훈을 주고 있는 것과 같다.

하나님께서는 여러 종들을 택하여 예언의 말씀들을 기록하도록 하셨다. 그리고 선지자는 성령께서 친히 그것들을 모으신 사실에 대한 언급을 하고 있다. 이는 성경이 하나님으로부터 직접 계시된 말씀이라는 사실을 성령 하나님께서 친히 증거하시는 것과 연관된다. 그리고 그의 능력을 통해 계시된 모든 말씀들이 모아지게 된 사실을 말해준다.

우리는 실체적인 비유와 더불어 설명되고 있는 이 말씀에 대하여 매우 깊은 주의를 기울여 생각해볼 필요가 있다. 모세 이후의 구약시대에는 원칙적인 의미상 여호와 하나님께서 거룩한 성소에 거하셨다. 천상에 연결된 지상의 성전은 하나님의 거룩한 집이요 거처였다. 이는 성경을 확증하고 취합하는 모든 사역은 하나님의 집인 성전에서 수종드는 제사장들을 통해 실행되었음을 시사해주고 있다.

그러므로 하나님께서 특별히 택하여 지목하신 선지자들을 통해 계시하신 말씀의 진위眞僞를 분별하기 위해서는 제사장들의 사역이 필수적이었다. 우리가 이미 알고 있는 것처럼 제사장들에게 맡겨진 중요한 직무 가운데는 제사를 지내는 사역 이외에 사실과 거짓행태 여부를 정확하게 판단하는 일이었다. 따라서 구약시대의 제사장들은, 백성들 가운데서 문둥병자를 진단하고 치료하는 모든 일을 감당했던 것이다.

이처럼 믿음의 자손들을 택하여 계시하신 말씀에 대한 분별은 제사장들에게 특별히 맡겨진 직무였다. 만일 거짓 선지자들이 자기가 쓴 글을 하나님으로부터 계시된 말씀이라면서 거짓 주장을 펼친다면 제사장들이 정확하게 그것을 가려낼 수 있었다. 선지자는 이에 대하여 하나님께서 친히 그것들을 위해 제비를 뽑았으며 그의 손으로 직접 줄을 띠어 그것들에게 나누어 주셨다는 표현을 했다. 이는 비유적인 의미로 주어졌으나 그것으로 말미암아 백성들이 그 땅을 차지하여 대대로 거기에 살게 되리라는 의미를 지니고 있다.

이 말은 여호와 하나님께서 계시하신 말씀은 인간들의 종교적인 지식과 지혜에 맡겨진 것이 아니라는 사실에 연관되어 있다. 이는 또한 하나님으로부터 계시된 말씀의 터 위에 살아가게 될 언약의 백성들에 관한 언급으로 보인다. 계시된 하나님의 말씀과 그의 백성들 사이에는 불가분의 관계가 형성되어 있는 것이다.

신약시대에는 성경의 정경성 확증에 연관된 특별한 사역이 사도들의 모임인 예루살렘 공의회에 맡겨졌다. 그들이 사도들이 쓴 글의 정경성 여부를 완벽하게 가려 확증했다. 이처럼 확증된 하나님의 말씀은 일점일획도 틀리지 않고 정확하다. 요한계시록에는 그에 관한 언급을 나타나고 있다.

> **"내가 이 책의 예언의 말씀을 듣는 각인에게 증거하노니 만일 누구든지 이것들 외에 더하면 하나님이 이 책에 기록된 재앙들을 그에게 더하실 터이요 만일 누구든지 이 책의 예언의 말씀에서 제하여 버리면 하나님이 이 책에 기록된 생명나무와 및 거룩한 성에 참예함을 제하여 버리시리라"**(계 22:18,19)

성경의 정경성 확인에 관한 이해와 깨달음을 가지는 것은 매우 중요한 일이다. 이사야서에 기록된 그에 연관된 교훈은 우리에게 계시된 말씀에 대한 완전성을 확인해주고 있다. 이와 동시에 요한계시록의 말씀도 우리에게 성경에 대해 가져야 할 성도의 중요한 자세를 말해주고 있다. 이와 더불어 우리가 기억해야 할 바는 이사야서와 요한계시록에 기록된 말씀이 각 서책뿐 아니라 모든 성경에 효력 있는 의미를 지니고 있다는 사실이다.

5. 영광의 세계에 대한 예언 (사 35:1,2)

타락한 세상에서는 항상 악한 자들과 배도자들이 득세한다. 하지만 그와 같은 상황은 결코 오래 지속되지 않는다. 이는 하나님의 백성들이 세력을 확보해 저들을 제압하기 때문에 그렇게 되는 것이 아니다. 하나님께서 메시아를 통해 자기를 멸시하고 자기 자녀들을 괴롭히는 자들에 대한 심판을 감행하시기 때문에 저들의 종말은 급히 다가오게 된다.

때가 이르게 되면 하나님께서 이스라엘의 메마른 땅들을 회복시키신다. 배도자들이 '젖과 꿀이 흐르는 땅'을 황폐하게 만들었으나 이제 그 본 모습을 되찾게 된다. 즉 저들의 불순종으로 말미암아 황폐한 땅이 되어버린 레바논과 갈멜과 사론이 비옥하게 되어 아름다운 환경으로 바뀌게 되는 것이다(사 33:9, 참조).

그리하여 삭막한 광야와 메말랐던 땅이 기쁨에 넘치게 된다. 또한 황량하던 사막이 마치 백합화처럼 아름답게 되어 즐거움을 취한다. 그것은 메시아의 강림으로 인한 것이며 언약에 신실하신 하나님께서 자기 자녀들에게 허락하신 놀라운 은총의 선물이다. 불순종으로 인해 고통을 당한 언약의 자손들은 그 놀라운 은혜를 깨달아 여호와 하나님을 찬양하게 된다.

이와 더불어 하나님의 영광이 드러나고 우주만물을 통해 선포된다. 하나님의 은혜로 말미암아 구원받게 된 성도들은 그 가운데서 하나님의 완전한 아름다움을 볼 수 있게 된다. 이는 예수 그리스도의 초림과 직접 연관된 말씀이다. 그러나 여호와 하나님을 알지 못하는 자들은 더욱 악해져 도리어 그에게 저항하며 언약의 백성들에 맞서 싸우고자 한다.

6. 하나님의 심판과 보복에 대한 소망 (사 35:3-7)

악한 사탄에게 속한 타락한 인간들은 하나님과 하나님의 자녀들을 멸시하며 참된 선을 거부한다. 저들은 본성상 여호와 하나님께 속한 모든 것들을 싫어하고 그가 행하시는 구속사역을 방해하고자 한다. 죄에 빠진 자들은 눈과 귀가 완전히 가려져 하나님의 속성과 세상의 본질을 깨닫지 못한다.

하나님의 자녀들은 그 가운데서 심한 고통과 환난을 당하게 된다. 악한 자들은 무력과 완력을 비롯한 모든 힘을 동원하여 성도들을 괴롭히지만 하나님께 속한 백성들은 세상의 것들에 의존하려 하지 않는다. 이는 저들이 세상에 살아가면서 상당한 괴로움을 당하게 된다는 사실을 말해주고 있다.

하지만 선지자 이사야는 세상에 속한 자들의 그와 같은 행동이 아무것도 아니란 사실을 언급하고 있다. 그것으로 인해 낙심하거나 지나치게 예민한 자세를 취하지 말라는 당부를 했던 것이다. 거룩하신 하나님께서 사악한 자들의 죄를 결코 용납하시지 않을 것이기 때문이다. 하나님은 심판과 보복의 하나님이시다. 우리는 그가 무조건 모든 것을 용서하시는 사랑의 하나님이라 말해서는 안 된다. 그는 자기 자녀들에 대해서는 무한한 용서를 베푸시지만 자기와 무관한 자들에 대해서는 철저히 응징하시는 분이다.

그러므로 하나님의 자녀들은 이 세상에서 심한 환난과 고통을 당한다고 할지라도 그로 인해 좌절하지 말아야 하며 저의 약한 손을 강하게 하고 떨리는 무릎을 굳게 세워야 한다. 성도들은 한시적인 영역인 이 세상에서 발생하는 일에 대하여 겁낼 필요가 없으며 담대하고 굳센 마음을 가지고 대응해야 한다. 곧 하나님께서 오셔서 저들에게 응징하심으로써 모든 것을 갚아 주실 것이기 때문이다. 이는 메시아 언약과 밀접하게 연관되는 것으로서 장차 하나님께서 저들을 영원히 구원하시리라는 사실을 말해주고 있다.

그때가 이르게 되면 세상에 존재하는 모든 것들의 상황은 완전히 뒤바뀌게 된다. 앞을 보지 못하는 소경의 눈이 밝아지게 될 것이며 듣지 못하는 귀머거리의 귀가 열리게 될 것이다. 또한 다리가 불편해 저는 사람은 마치 사슴같이 뛰어다닐 것이며 말을 하지 못하는 벙어리가 큰 소리로 노래 부르게 될 것이다. 예수 그리스도께서 인간의 몸을 입고 이 세상에 오셨을 때 그 예언이 이루어졌다.

> **"큰 무리가 절뚝발이와 불구자와 소경과 벙어리와 기타 여럿을 데리고 와서 예수의 발앞에 두매 고쳐 주시니 벙어리가 말하고 불구자가 건전하고 절뚝발이**

가 걸으며 소경이 보는 것을 무리가 보고 기이히 여겨 이스라엘의 하나님께 영광을 돌리니라"(마 15:30, 31)

위의 본문에 기록된 예수님의 특별한 치유 사역은 구약성경에 예언된 내용의 성취였다. 하나님의 자녀들은 그 놀라운 사역을 보며 그가 곧 메시아라는 사실을 깨달아 알게 되었다. 저는 자와 소경과 벙어리가 걷고 보고 말하는 것보다 훨씬 더 큰 기적은 작정된 자들이 그를 메시아로 알아본 사실이었다.

뿐만 아니라 메마른 광야에서 물이 솟아나게 되며 사막에서는 시냇물이 흘러내리게 된다. 나아가 뜨거운 사막이 변하여 아름다운 호수가 되며 메마른 땅이 변하여 물의 원천이 된다. 사나운 이리 떼가 드나들고 눕던 자리에는 푸른 갈대와 부들같은 식물들이 자라나게 된다. 하나님의 아들 메시아가 이땅에 오셔서 피조세계를 심판하시는 때가 도래하면 이처럼 모든 것이 변하게 되는 것이다.

7. '시온의 대로' (사 35:8-10)

선지자 이사야는 분몬 중에서 '시온의 대로' 에 관한 언급을 하고 있다. 언약의 자손들은 그 길을 '거룩한 길' 이라 일컫게 된다. 여기서 '거룩하다' 는 것은 단순한 관념적인 표현이 아니라 실제적인 의미를 지니고 있다. 따라서 완벽하게 정결한 자가 아니라면 결코 그 길을 지나가지 못한다.

따라서 그 거룩한 길을 통과하기 위해서는 반드시 여호와 하나님께서 보내시는 메시아로부터 구속함을 받아야만 한다. 세상 사람들의 눈에 지극히 어리석게 보이는 자들이라 할지라도 하나님의 은혜를 입은 자들은 그 길로 나아가게 된다. 이는 그 길을 통과할 수 있는 조건은 인간들의 능력이나 외부적인 형편 여부가 아니라 오직 하나님께 달려 있다는 사실을 말해주고 있다.

이는 곧 여호와 하나님께 나아가기 위한 유일한 길은 예수 그리스도 한 분밖에 없다는 사실을 말해 준다. 거룩한 하나님의 아들이 인간의 몸을 입고 이 세상에 오신 이유는 그가 친히 선택하신 자기 백성들을 위한 길이 되시기 위해서였다. 따라서 예수님께서는 제자들에게 자기가 곧 그 참된 생명으로 나아가는 길이란 사실을 분명히 말씀하셨다.

> **"나는 길이요 진리요 생명이니 나로 말미암지 않고는 아버지께로 올자가 없느니라"**(요 14:6)

십자가에 달려 돌아가신 예수 그리스도의 거룩한 몸을 통해 영원한 천상의 나라에 도달하게 되는 성도들에게는 더 이상 슬픔과 걱정이 존재하지 않는다. 하나님께서 모든 죄의 문제를 완벽하게 해결하셨기 때문이다. 선지자 이사야는 본문 가운데서 그에 연관된 예언의 말씀을 전했다.

하나님께서 예비하신 새로운 영역에는 사자와 같은 위험한 맹수나 사나운 짐승들이 없다. 오직 하나님의 영원한 작정과 섭리 가운데 살아가는 성도들만 그 생명의 길로 나아갈 수 있게 된다. 즉 창세전부터 하나님의 은혜를 받아 구속받은 성도들은 그와 같은 사나운 짐승들을 만나지 않게 되는 것이다.

이처럼 세상의 악한 자들에 의해 심한 고난을 받던 성도들은 예수 그리스도를 통해 영원한 속량을 받게 된다. 그들이 회복된 시온으로 돌아와 여호와 하나님을 경배하며 노래하게 되는 것이다. 그 백성들의 머리 위에는 영원한 기쁨의 띠가 두르고 있다. 따라서 그들에게서 슬픔과 탄식이 완전히 사라지게 되는 것이다. 그대신 여호와 하나님으로부터 허락된 참된 기쁨과 즐거움이 저들 가운데 넘쳐난다.

제30장

앗수르 왕 산헤립과 유다 왕 히스기야

(사 36:1-22)

1. 풍전등화風前燈火의 위기에 놓인 유다 왕국

유다 왕국은 히스기야 왕(BC 715-687)의 통치 때 심각한 위기에 처하게 된다. 앗수르 제국의 산헤립 왕이 유다 지역의 견고한 모든 성읍들을 향한 공격을 준비하고 있었기 때문이다. 이는 충분히 예견된 일이었지만 그것이 현실화되었을 때는 여간 충격적이지 않을 수 없었다.

북이스라엘 왕국이 BC 722년 앗수르 제국에 의해 완전히 패망당한 것을 남쪽 유다 왕국 백성들이 똑똑히 목격한 상태였다. 결국 유다 왕국의 성읍들이 정복당하게 되자 이제 예루살렘을 비롯한 소수의 성 밖에 남지 않았다. 그야말로 나라 전체가 풍전등화風前燈火와 같은 형국이 되었다. 앗수르의 산헤립 왕은 급기야 마지막 남은 예루살렘 성을 정복하고자 했다.

다급해진 히스기야 왕은 관료들과 장군들을 불러 그에 대한 대책을 강구했다. 앗수르 군대가 침입해 들어올 때 물을 구하지 못하도록 성 밖에 있는 모든 물 근원을 막아버리고자 했다. 그리고 성곽의 퇴락한 부분을 보수하고 망대를 높이 쌓고 성곽 외부를 견고케 하도록 지시했다. 나아가 전투를 위한 병기와 방패들을 더 많이 제작하기로 작정하고 그 일을 추진했다. 그에 관한 기록이 역대하에 기록되어 있다.

> **"히스기야가 산헤립이 예루살렘을 치러 온 것을 보고 그 방백들과 용사들로 더불어 의논하고 성 밖에 모든 물 근원을 막고자하매 저희가 돕더라...... 히스기야가 세력을 내어 퇴락한 성을 중수하되 망대까지 높이 쌓고 또 외성을 쌓고 다윗성의 밀로를 견고케 하고 병기와 방패를 많이 만들고"**(대하 32:2-5)

히스기야 왕은 앗수르 제국의 군대를 방어하기 위해 나름대로 만반의 준비를 갖추었다. 하지만 그들은 앗수르 군대가 얼마나 막강한 전력을 소유하고 있는지 잘 알고 있었다. 즉 유다 왕국이 아무리 철저히 전쟁을 준비한다고 할지라도 안심할 수 없다는 것은 누구나 인식하고 있는 사실이었다.

따라서 유다 왕국의 민족 지도자들은 심한 불안감에 빠졌으며 일반 백성들도 불안하기는 마찬가지였다. 그래서 히스기야 왕은 모든 백성에게 오직 여호와 하나님을 의지하도록 촉구했다. 하나님만을 의지하고 담대한 마음을 가진다면 하나님께서 저들 대신 싸우심으로써 예루살렘을 버리지 않고 구원해 주시리라는 것이었다. 그리하여 백성들이 어느 정도 안심할 수 있게 되었다. 이에 대한 내용은 역대서에 잘 기록되어 있다.

> **"너희는 마음을 강하게 하며 담대히 하고 앗수르 왕과 그 좇는 온 무리로 인하여 두려워 말며 놀라지 말라 우리와 함께하는 자가 저와 함께하는 자보다 크니 저와 함께하는 자는 육신의 팔이요 우리와 함께하는 자는 우리의 하나님 여호와시라 반드시 우리를 도우시고 우리를 대신하여 싸우시리라 하매 백성이 유다 왕 히스기야의 말로 인하여 안심하니라"**(대하 32:7,8)

히스기야 왕과 민족 지도자들의 모든 노력에도 불구하고 앗수르의 세력이 몰려들어왔다. 하지만 저들이 준비한 방어책으로는 산헤립 왕과 앗수르 군대의 공격을 멈추게 할 수 없었다. 사태가 긴박하게 되자 결국 유다의 히스기야 왕은 앗수르 왕에게 굴복하고 말았다. 그가 부과하는 모든 요구를 순순히 들어줄 터이니 공격을 멈추어 달라는 것이었다.

그러자 산헤립 왕은 겉보기에 히스기야 왕의 제안을 기꺼이 받아들이는 듯 했다. 그는 유다 왕국에 은 삼백 달란트와 금 삼십 달란트를 앗수르 제국에 바치라는 요구를 했던 것이다. 히스기야 왕은 그 요구를 거절할 수 없었다. 만일 그것을 거부한다면 앗수르 군대가 예루살렘을 파괴할 것이었기 때문이다.

그러므로 히스기야 왕은 무슨 방법을 동원해서든지 금과 은을 준비해야만 했다. 급기야는 손을 대지 말아야 할 성전 안에 보관하던 은과 금은 물론이며 성전 건축물에 장식한 은과 금마저도 벗겨내야 할 형편이었다. 즉 히스기야는 여호와의 성전과 왕궁 금고에 있던 금은을 다 내어주었으며 그것도 모자라 성전 문에 장식한 금과 자기가 성전 기둥에 입힌 모든 금을 벗겨 앗수르 왕에게 갖다 바쳤다.

> **"...... 앗수르 왕이 곧 은 삼백 달란트와 금 삼십 달란트를 정하여 유다 왕 히스기야로 내게 한지라 히스기야가 이에 여호와의 전과 왕궁 곳간에 있는 은을 다 주었고 또 그때에 유다 왕 히스기야가 여호와의 전 문의 금과 자기가 모든 기둥에 입힌 금을 벗겨 모두 앗수르 왕에게 주었더라"**(왕하 18:14-16)

유다 왕국의 입장에서 볼 때 이는 치명적이지 않을 수 없었다. 결코 상상할 수 없던 일이 발생한 것이다. 거룩한 성전 문과 기둥에 입힌 금을 벗겨 이방의 군주에게 바친다는 것은 유대인들로서는 도저히 용납하기 어려운 일이었다. 그렇지만 당시 처한 형편에서는 달리 모색할 만한 별다른 대안이 없었다.

히스기야 왕이 그와 같은 결단과 행동을 취했던 까닭은 여호와 하나님을 가볍게 여긴 것이 아니라 도리어 예루살렘 성전을 지키기 위한 궁여지책窮餘之策으로 이해해야 한다. 히스기야의 신앙 정신을 볼 때 그점을 쉽게 짐작할 수 있다. 그렇게라도 하지 않으면 거룩한 성전이 완전히 파괴되는 최악의 불상사가 일어날 가능성이 있었기 때문이다. 이처럼 앗수르 제국의 요구에 대한 히스기야의 판단과 행동은 단순한 굴복이 아니라 예루살렘 성전을 지키기 위한 진정한 충정으로 이해하는 것이 자연스럽다.

2. 앗수르 군대의 예루살렘 회유 (사 36:1-3)

히스기야 왕 즉위 14년 곧 BC 701년 산헤립은 유다 왕국을 공격하여 모든 성읍들을 정복했다. 이제 예루살렘 성만 남아 있게 되었다. 산헤립은 여세를 몰아 예루살렘을 공격하려고 시도했다. 그리하여 산헤립은 라기스(Lachish)에서 자신의 신하이자 군사령관인 랍사게를 예루살렘에 있는 히스기야 왕에게 특사로 보냈다. 유다 왕에게 항복하도록 요구하기 위해서였다.

앗수르 장군 랍사게는 소수의 대표들이 아니라 대군을 이끌고 예루살렘으로 갔다. 그것은 매우 위압적인 분위기를 연출했을 것이 틀림없다. 그렇잖아도 예루살렘은 전의戰意를 완전히 상실한 상태였다. 하지만 유다 왕국의 입장에서는 아무런 대책 없이 나라를 그냥 내어줄 수는 없는 노릇이었다. 더구나 그곳에는 하나님의 거룩한 성전이 세워져 있었다.

따라서 당시 이스라엘 민족 지도자들에게는 고민이 많을 수밖에 없었다. 그들 가운데는 앗수르와 비등한 세력을 가진 애굽을 의지하는 것이 살아남는 길이라고 여기는 자들이 많이 있었다. 그런가 하면 이왕 패망하게 될 것이라면 미리 앗수르에 항복하고 그쪽편에 서는 것이 지혜로운 처사인 것으로 생각하는 자들도 없지 않았다.

그와 같은 혼란스런 국내 형편이 전개될 때 앗수르 왕의 사신 랍사게가 대군을 이끌고 예루살렘으로 들어오게 되었다. 그들은 산헤립 왕의 명에 따라 예루살렘 가까이 와서 윗 못 수로水路 입구에 있는 세탁업자의 밭으로 일컬어지는 곳의 큰 길에 진을 쳤다. 거기서 협상을 하고 담판을 짓자는 것이었다. 그리하여 히스기야 왕의 신하들 가운데 궁내대신 엘리야김과 서기관 셉나, 그리고 사관 요아가 선발되어 앗수르 왕국의 대표인 랍사게와 마주하게 되었다. 이제 양국간의 절대절명絶對絶命의 담판이 진행되어 갔던 것이다.

3. 앗수르 왕의 신하 랍사게의 망언 (사 36:4-10)

앗수르 왕 산헤립의 명을 받고 온 사신 랍사게는 히스기야가 보낸 유다 왕국의 사신들에게 매우 고압적인 태도를 취했다. 유다 왕국이 도대체 무엇을 믿고 있기에 즉시 항복하지 않느냐는 것이었다. 유다의 군인들이 앗수르에 맞서 싸울 계략과 용맹이 있는 것처럼 백성들에게 선전하고 있지만 그것은 입술에 발린 말에 지니지 않으며 실제로는 아무런 힘이 없다는 사실을 잘 알고 있다는 투였다.

또한 유다 왕국이 앗수르 제국에 저항하고자 하는 태도를 보이는 것은 남방의 애굽을 의지하고 있기 때문이 아니냐고 다그쳤다. 그것은 앗수르 왕을 불쾌하게 만드는 요인이 될 수 있다는 것이었다. 따라서 랍사게는 저들이 만일 애굽을 의지한다면 결코 무사하지 못하리라는 경고를 했다. 애굽은 마치 썩은 갈대 지팡이와 같아서 그것을 의지하게 되면 오히려 손이 찔리듯이 애굽의 바로 왕을 의지하면 반드시 그렇게 되리라는 의미였다.

그리고 유다 왕국 사람들이 민족의 신인 여호와 하나님을 신뢰한다고 주장하겠지만 그것 또한 아무런 도움이 되지 못할 것이라는 언급을 했다.

히스기야가 왕이 되어 산당과 제단을 허물어 버리고 오직 예루살렘 성전에서만 하나님을 경배하라고 한 그 신에게 과연 무슨 힘이 있겠느냐며 엄포를 놓았다.

랍사게가 한 이 말 가운데는 히스기야 왕과 이스라엘 백성 사이를 이간질 시키려는 전략적인 의도가 담겨 있는 것으로 보인다. 히스기야는 당시 우상에 빠져 있던 유다 왕국 가운데서 대대적인 개혁을 단행했었다. 저들의 잘못된 신앙과 행위를 척결하고자 했으며 여러 산당들과 주상과 목상들을 모두 제거해 버렸다. 그리고 모세가 만들었던 놋뱀을 단순한 놋 조각에 지나지 않는다며 부숴버렸다. 성경에는 그에 관한 내용이 소상히 기록되어 있다.

> **"히스기야가 그의 조상 다윗의 모든 행위와 같이 여호와께서 보시기에 정직하게 행하여 그가 여러 산당들을 제거하며 주상을 깨뜨리며 아세라 목상을 찍으며 모세가 만들었던 놋뱀을 이스라엘 자손이 이때까지 향하여 분향하므로 그것을 부수고 느후스단이라 일컬었더라"(왕하 18:3, 4)**

당시 이와 같은 히스기야의 개혁에는 상당한 저항이 따랐을 것이 틀림없다. 어리석은 백성들은 자신의 악한 종교적 관행을 버리기를 꺼렸을 것이기 때문이다. 그러나 히스기야 왕은 백성들의 저항에도 아랑곳하지 않고 구약성경의 율법을 좇아 그와 같은 단호한 개혁을 단행했다. 유다 왕국 가운데 일어난 그와 같은 정황을 포착하고 있던 앗수르인들은 그점을 건드리며 히스기야 왕과 백성들 사이를 갈라놓고자 하면서 이스라엘의 여호와 하나님은 아무런 힘이 없다고 말했던 것이다.

그와 더불어 랍사게는 이제 앗수르 왕과 이스라엘 민족 간에 내기를 해보자고 제안했다. 그것은 앗수르 왕국이 저들에게 말 이 천(2,000) 필을 줄 터이니 그 말에 타고 싸울 만한 용사를 찾아보라는 것이었다. 이는 실제로 전투를 벌여 싸워보자는 의미가 아니라 저들에게 아예 전투능력 자체가 없다는 말을 하는 것과 같았다.

즉 그 언급은 유다 왕국에는 앗수르에 맞서 싸울 만한 군인이 절대 부족하다는 조롱섞인 말이었다. 랍사게는 앗수르 군대의 지극히 작은 장수 한 사람조차 물리칠 수 없는 나약한 유다 왕국이 감히 막강한 앗수르 군대를 맞아 무엇을 하겠느냐며 비아냥거렸다. 그런 판국에 남방의 애굽을 의지하고 저들로부터 전차와 말과 기병을 지원받는다고 할지라도 저들을 위한 아무런 실효가 없다는 것이었다.

거기다가 앗수르인들은 감히 여호와 하나님의 이름을 핑계대며 하나님을 모독하기를 계속했다. 저들이 예루살렘을 향해 올라온 것은 여호와의 뜻에 의한 행동이라는 억지를 부렸다. 즉 여호와 하나님이 저들에게 유다 왕국으로 올라가 그 땅을 멸망시키고 쟁취하라고 요구했다는 것이다. 이와 같은 말을 듣게 되는 이스라엘 백성들이 엄청난 혼란에 빠지게 될 것은 지극히 당연한 일이었다.

4. 위축된 유다 왕국 지도자들과 랍사게의 오만한 태도 (사 36:11-20)

히스기야 왕의 사신들은 앗수르의 랍사게에게 유다 말 즉 히브리어로 하지 말고 아람 방언으로 말해줄 것을 당부했다. 이는 저들이 얼마나 위축되어 있었던가 하는 점을 여실히 보여주고 있다. 당시에도 외국어를 익히는 것은 매우 중요한 일이었으므로 저들은 여러 언어들을 말할 수 있었다.

랍사게를 비롯한 앗수르인들이 히브리어로 말하게 되면 유다 왕국의 일반 백성들이 알아듣게 된다. 예루살렘의 지도자들은 성 안에 살고 있는 백성들이 저들의 말을 듣게 될까 염려하지 않을 수 없었다. 앗수르인들이 전하는 말로 인해 백성들이 혼란스럽게 될 우려가 있었기 때문이다.

이는 유다 왕국의 지도자들이 아직도 정황 판단을 제대로 하지 못하고 있었다는 사실을 말해준다. 그들은 여호와 하나님을 두려워하는 대신 앗수르 왕과 저의 군대를 무서워했다. 또한 어리석은 지도자들은 하나님과 그의 말씀에 순종하기보다 일반 백성들의 상태와 여론을 지나치게 의식하고 있었다.

그러나 앗수르 제국의 랍사게가 저들의 제안을 쉽게 들어줄리 만무했다. 랍사게는 유다 왕국의 사신들에게 앗수르 왕이 보내는 메시지가 유다 왕과 예루살렘 지도자들뿐만 아니라 모든 백성들에게 전달되어야 할 내용임을 밝혔다. 오만방자한 그는 이스라엘 자손들에게 도저히 들을 수 없는 극히 모욕적인 말을 서슴지 않고 쏟아냈다. 이스라엘 백성들을 향해 저들은 장차 자기의 대변을 먹고 자기의 소변을 마실 자들로 묘사하고 있었기 때문이다.

랍사게는 예루살렘 성 안에 살고 있는 백성들에게 앗수르의 왕 산헤립이 전한 말을 들으라고 히브리어로 크게 외쳤다. 사람들은 그의 말을 듣기 위해 몰려들었을 것이 틀림없다. 나아가 이스라엘 민족에 속한 사람이 아닌 앗수르인이 유창한 히브리어로 말하는 것은 저들로 하여금 더욱 귀를 기울이게 했을지 모른다.

앗수르 왕의 신하인 랍사게는 모여든 이스라엘 백성에게 유다 왕 히스기야의 말에 미혹되지 말라고 소리쳤다. 그가 아무리 그럴듯한 말을 할지라도 패망을 눈앞에 둔 유다 왕국을 그 위기로부터 구출해내지 못하리라는 것이었다. 이는 백성을 미혹하는 자가 도리어 미혹당하지 말라고 주장하는 꼴이다.

> **"히스기야가 너희에게 여호와를 신뢰하게 하려는 것을 따르지 말라 그가 말하기를 여호와께서 반드시 우리를 건지시리니 이 성이 앗수르 왕의 손에 넘어가지 아니하리라 할지라도 히스기야의 말을 듣지 말라"**(사 35:15,16)

앗수르 왕의 사신인 랍사게는 이렇게 하여 백성들을 미혹하여 혼란에 빠뜨리고자 했다. 히스기야 왕은 위기에 처한 저들을 구출하실 수 있는 분은 오직 여호와 하나님 한 분밖에 없다는 사실을 이미 백성들에게 선포한 상태였다. 물론 랍사게는 히스기야가 백성들에게 여호와 하나님을 붙들고 그만 의지하라고 한 사실을 잘 알고 있었다.

그러므로 랍사게는 백성들을 회유하기 위해 온갖 노력을 다 기울였다. 앗수르 왕에게 순순히 항복하는 자들은 각기 자신의 포도와 무화과를 배불리 먹고 우물물을 실컷 마시게 되리라는 것이었다. 이는 당시 유다 왕국의 백성들이 먹고 마시는 식량 문제로 인해 극심한 고통을 당하고 있었다는 사실을 반증해 주고 있다.

나아가 유다 왕국의 백성들이 앗수르 왕에게 항복하면 그가 와서 저들을 곡식과 떡과 포도를 재배하는 밭이 있는 비옥한 땅으로 옮겨주기까지 하리라고 말했다. 이는 앗수르가 유다 왕국의 백성을 포로로 잡아가겠다는 말임에도 불구하고 마치 저들을 위해 그렇게 하는 양 교활한 미사여구 美辭麗句를 섞어 말하고 있다. 먹을 양식이 풍족하지 않은 상태에 빠진 어리석은 자들에게는 그 말이 매우 솔깃하게 들렸을 것이며, 바로 그것이 히스기야 왕을 비롯한 유다 지도자들이 우려하던 바였다.

랍사게는 급기야 유다 백성들에게 여호와 하나님을 믿지 말하는 요구를 하기에 이르렀다. 혹시 히스기야 왕이 저들에게 여호와가 저들을 구출해 주리라고 선전한다 할지라도 그에 속지 말라는 것이었다. 주변의 숱하게 많은 왕국들 가운데 앗수르 왕의 손에서 백성들을 건진 신들이 아무도 없었다는 것이다. 하맛과 아르밧과 스발와임을 비롯한 각 지역의 신들이 앗수르 왕의 공격을 능히 막아내지 못했으며 북이스라엘 왕국의 사마리아 역시 앗수르 왕에게 항복했다는 것이었다.

랍사게는 그것이 마치 역사적인 증거라도 되는 듯이 의기양양한 태도로 백성들에게 외쳐 말했다. 과거 여러 왕국의 신들 가운데 아무도 앗수르의 공격을 막아내지 못한 터에 유다 왕국이라 해서 예외가 될 수 없을 것이라는 주장을 펼쳤다. 즉 이스라엘 민족의 신 여호와가 예루살렘을 앗수르 왕의 군대에서 건져내는 것은 결코 가능하지 않다는 사실을 선포했던 것이다. 그 오만한 앗수르인들은 여호와 하나님을 비방하기를 마치 우상과 세상의 신들을 비방하듯이 했다(대하 32:19).

5. 슬픈 침묵과 민족의 위기 (사 36:21,22)

예루살렘의 지도자들은 여호와 하나님을 모독하는 적장敵將 랍사게의 말을 듣고 아무런 대꾸를 하지 않았다. 히스기야 왕이 그들에게 어떤 말에도 답변하지 말하는 명령을 내려두고 있었기 때문이다. 그렇지만 우리가 쉽게 짐작할 수 있는 것은 저들의 마음이 심히 불편했으리란 점과 매우 당황스러웠을 것이란 사실이다.

랍사게가 외치는 오만한 말을 듣고 가만히 지켜보고 있어야만 했던 히스기야의 신하들은 속수무책이었다. 아무런 대처를 하지 못하는 저들의 형편이 심히 안타깝고 한심스러웠을 따름이다. 유다 왕의 명에 따라 앗수르의 랍사게를 만났던 엘리아김과 셉나와 요아는 저들이 입고 있던 옷을 찢었다. 여호와 하나님을 모독하는 자 앞에서 한마디도 못하는 저들의 입장과 이스라엘 민족의 패망이 눈앞에 이르렀다는 사실을 직감했기 때문이다.

저들이 그런 심각한 위기에 놓이게 된 까닭은 순전히 저들의 배도행위와 불순종 때문이었다. 타락한 언약의 백성들은 여호와 하나님을 의지하기를 거부하고 다른 것들을 찾아 의지하기를 좋아했다. 앗수르 군대의 공격이 임박했을 당시에도 상당수 지도자들은 창조주 하나님이 아니라 남방의 애굽을 의지하고자 했다.

그러나 아직 유다 왕국이 패망할 시기가 눈앞에 이른 것은 아니었다. 여호와 하나님께서는 자신의 거룩한 이름을 모독하는 앗수르를 먼저 심판하고자 하셨다. 이스라엘 자손은 그와 같은 극한 위기에 직면했을 때 모든 것이 하나님의 손에 달린 것을 깨닫고 그에 온전히 순종해야 했지만 실상은 그렇지 못했다.

이는 물론 모든 과정이 이땅에 메시아를 보내시고자 하는 하나님의 놀라운 경륜에 연관되어 있음을 보여준다. 이에 대해서는 오늘날 우리 역시 중요한 교훈으로 삼아 배워 익혀야 할 내용이다. 세상의 악한 자들이 교회에 속한 성도들을 미혹하고 저들의 더러운 입술로 여호와 하나님을 모독한다고 할지라도, 우리는 오직 여호와 하나님 한 분만을 바라보며 그에게 온전히 의지해야만 한다.

제31장

유다 왕 히스기야와 앗수르 왕 산헤립의 패배

(사 37:1-38)

1. 앗수르 왕의 메시지로 인해 시름에 빠진 히스기야 왕 (사 37:1-4; 왕하 19:1-5)

앗수르의 군대장관 랍사게를 만나고 왕궁으로 돌아온 사신들로부터 모든 보고를 들은 히스기야 왕은 옷을 찢고 굵은 베옷을 입은 채 여호와 하나님의 성전으로 나아갔다. 그때 궁내대신 엘리야김과 서기관 셉나와 제사장들 가운데 여러 장로들도 굵은 베옷을 입었다. 이는 당시 유다 왕국이 어떠한 형편에 놓여 있었는지 잘 말해주고 있다.

히스기야 왕은 자기의 신하들을 선지자 이사야에게 보냈다. 그 모든 상황을 선지자에게 정확하게 알리기 위해서였다. 우리가 여기서 쉽게 알 수 있는 사실은 당시 이스라엘 민족 가운데 정신과 신앙적인 측면에서 가장 중심적인 인물은 선지자였다는 사실이다. 즉 왕을 비롯한 정치인들과 제사장들보다 선지자가 훨씬 더 중요한 자리에 있었던 것이다. 왕이 신하들을 이사야에게 보낸 것은 그에게 모든 것을 보고하고 하나님의 예언을 통한 그의 지시에 따르기 위해서였다.

히스기야의 신하들은 이사야에게 왕이 전하도록 요구한 모든 사실을 그대로 보고했다. 이사야는 이미 그 모든 상황을 파악하고 있었다. 당시 그들은 환란과 징벌과 능욕의 날을 맞고 있었다. 그것은 마치 아기를 낳으려 하는 산모가 해산할 힘을 상실한 것과 같은 형국이었다. 이는 이제 어떻게 손을 쓸 만한 여력이 남아있지 않다는 사실을 말해 준다.

히스기야 왕의 신하들은 먼저 여호와 하나님께서 이미 앗수르의 랍사게가 모독하는 모든 말을 다 들으셨을 것이라고 언급했다. 그가 앗수르 제국의 산헤립 왕의 보냄을 받아 예루살렘으로 올라와서 살아계시는 하나님을 훼방하였으므로 하나님께서 그 말로 인해 저들을 견책하실지도 모른다는 것이었다(왕하 19:4, 참조). 그러면서 왕은 신하들을 통해 이사야에게 이스라엘의 남은 자들을 위한 기도를 당부하고 있다.

우리는 여기서 매우 중요한 의미를 엿보게 된다. 왕이나 신하들도 여호와를 향해 기도할 수 있었으며 제사장들과 레위인들도 기도할 수 있었다. 나아가 모든 이스라엘 백성이 하나님께 기도할 수 있었다. 그럼에도 불구하고 히스기야 왕은 선지자에게 특별히 저들을 위하여 기도해 주도록 부탁하고 있다.

히스기야 왕이 왜 굳이 그렇게 해야만 했을까? 우리가 여기서 짐작할 수 있는 사실은 선지자의 기도가 가장 올바르고 정확했다는 점이다. 이는 단순히 특정인의 기도가 가진 효능 자체를 두고 말하는 것이 아니다. 즉 당시 이스라엘 백성들은 저마다 자기중심적인 기도를 할 우려가 있었지만 선지자는 그렇지 않았다. 선지자는 하나님의 뜻에 따라 정확하게 기도할 수 있는 인물이었다. 우리는 여기서 하나님께서 보내신 선지자를 전적으로 의존하는 히스기야 왕의 성숙한 믿음과 지혜를 보게 된다.

2. 선지자 이사야의 예언 (사 37:5-7; 왕하 19:6,7)

히스기야 왕이 신하들을 명하여 선지자 이사야에게로 보낸 것은, 하나님께서 직접 불러 예언자로 세우신 선지자 이외에는 달리 해결방안이 없음을 왕이 깨닫고 있었다는 사실을 반증한다. 이는 물론 선지자에게 실제적인 탁월한 능력이 존재함을 의미하는 것과 다르다. 그것은 오히려 여호와 하나님께 흥망성쇠興亡盛衰의 모든 것이 달려있다는 사실을 히스기야 왕이 깨닫고 있었음을 말해준다.

하나님께서는 당연히 히스기야의 신하들이 와서 입술로 고하기 전에 이미 모든 상황을 다 알고 계셨다. 그리고 신하들이 이사야에게 오기 전에 벌써 저들의 마음 자세를 충분히 읽고 계셨다. 따라서 이사야는 하나님의 계시를 통해 저들에게 마땅히 전해야 할 바를 준비하고 있었다.

선지자 이사야를 통해 모든 예언을 듣게 되면 신하들은 그 내용을 왕에게 돌아가서 전달해야만 했다. 우선 선지자는 저들에게 앗수르 왕의 사신들이 여호와 하나님을 능욕한 것으로 말미암아 두려워하지 말라고 했다. 산헤립의 신하 랍사게가 여호와 하나님에 대해 오만방자한 태도를 보였음에도 불구하고 하나님께서는 그 사악한 이방인들을 즉시 쳐 죽이지 않으셨다. 그것을 본 어린 백성들 가운데는 살아계시는 하나님의 존재를 의심하는 자들이 있었을지도 모른다.

본문 가운데서 유대 왕국의 지도자들에게 앗수르인들을 두려워하지 말도록 당부한 것은 두 가지 의미를 함축하고 있는 것으로 보인다. 첫째는 안하무인격인 태도로 모든 것을 집어 삼킬듯이 큰소리치는 산헤립과 랍사게를 두려워하지 말라는 것이었다. 그것은 인간적인 교만한 만용에 지나지 않는다. 그리고 둘째는 하나님께서 잠잠히 계시는 것처럼 보일지라도 결코 그 악한 자들의 태도를 좌시하지 않을 터이니 안심하라는 것이었다. 이 둘은 물론 하나로 연결되는 의미를 지니고 있다.

하나님께서는 이스라엘 백성에게 이제 저들을 어떻게 징벌하실지 두 눈으로 똑똑히 보게 되리라고 말씀하셨다. 하나님께서 조만간 앗수르의 왕 산헤립의 마음에 불안한 생각을 가지도록 하고 그로 하여금 뜬소문(rumor)을 듣게 하시리라는 것이었다. 그와 더불어 앗수르 군대에 중대한 문제가 발생하면 앗수르 왕은 패배를 안고 자신의 본국으로 퇴각하지 않을 수 없게 된다. 하나님은 결국 그로 하여금 자기의 땅으로 돌아가 그곳에서 살해당하게 되리라고 말씀하셨다. 그것은 하나님께서 친히 역사하신 결과로 인해 나타나게 된다.

타락한 인간들 가운데서는 그와 같은 사실을 제대로 감지하는 자들이 없을 것이다. 특히 앗수르인들 가운데는 하나님께서 직접 저들의 왕을 심판하고 계신다는 사실을 까마득히 모른 채 앗수르의 내부적 상황에 따라 그렇게 된 것이라 여길 것이다. 그러나 설령 아무도 그 사실을 인식하지 않는다고 할지라도 그 모든 것들이 여호와 하나님으로 말미암은 징벌이란 사실을 깨닫는 것이 중요하다.

3. 앗수르 왕의 친서親書 협박 (사 37:8-13; 왕하 19:8-13)

산헤립의 신하 랍사게가 예루살렘을 방문하여 오만방자한 막말들을 쏟아내 놓고는 저의 주군 산헤립 왕이 머물고 있던 라기스로 돌아갔다. 그런데 왕은 그곳에 있지 않았으며 립나(Libnah) 지역을 공격하여 전투를 벌이는 중이었다. 앗수르는 주변의 여러 지역을 빼앗기 위해 정복 전쟁을 멈추지 않고 있었다.

그러던 중 예기치 못한 심각한 돌발 상황이 발생했다. 그것은 남쪽의 강대국인 구스, 즉 에디오피아의 왕 디르하(Tirhakah)가 앗수르와 대적해 싸우기 위해서 대군을 이끌고 올라오고 있다는 정보 때문이었다. 물론 그것은 하나님께서 이미 말씀하신 대로 잘못된 정보로서 뜬소문에 지나지 않았다.

하지만 앗수르의 산헤립 왕은 그로 인해 바짝 긴장하지 않을 수 없게 되었다. 그것은 예삿일이 아니었다. 그는 아마도 유다 왕국이 구스 왕에게 지원을 요청했기 때문에 저들의 군대가 올라오고 있는 것으로 판단하고 있었던 것 같다.

그러므로 산헤립 왕은 이제 막 랍사게 일행이 예루살렘에서 돌아왔는데 다시금 급히 유다 왕국의 히스기야 왕에게 사신을 보냈다. 산헤립은 자신의 친서를 써서 사신들의 손에 들려 급히 가나안 땅으로 보냈던 것이다. 그는 또한 이스라엘 백성을 향해 저들이 믿는 하나님이 예루살렘을 구출해 주리라는 말에 속아 넘어가지 말라는 자기의 말을 전하도록 했다. 그동안 앗수르가 주변의 모든 민족을 점령한 것을 보면 잘 알 수 있지 않느냐는 것이었다.

또한 그는 앗수르 제국이 고산과 하란과 레셉과 들라살에 있는 에덴 족속까지 물리치고 점령했음을 언급했다. 따라서 하맛과 아르밧과 스발와임과 헤나와 아와의 모든 통치자들이 이제 그 자취를 감추고 사라졌다는 것이다. 그와 같은 협박을 통해 유다 왕국이 구스와 동맹을 맺고 저들의 편에서 자기와 맞서 싸우려는 생각을 사전에 차단하고자 했다.

우리는 여기서 산헤립의 말을 통해 이스라엘 민족의 종교심을 어느 정도 읽어낼 수 있다. 산헤립 왕은 유다인들의 전쟁무기와 전투력에 대해서는 그다지 두려워하지 않았다. 그는 이스라엘 민족이 종교적으로 뭉치는 것을 가장 경계했던 것이다. 이에 대해서는 앞서 랍사게를 통해서도 강력하게 언급된 바였다(사 36:15, 참조).

우리는 여기서 비록 건전하지 못한 신앙이라 할지라도 종교적으로 뭉치는 것은 상당한 효력을 발생시킬 수 있다는 사실을 엿보게 된다. 하지만 그 결과와 상관없이 그것은 하나님의 의도와는 아무런 상관이 없는 일이다. 하나님의 뜻을 무시한 인간들의 종교적인 집단화 현상은 도리어 하나님을 욕되게 할 따름이다.

4. 히스기야의 간구 (사 37:14-20; 왕하 19:14-19)

히스기야 왕은 앗수르의 산헤립 왕이 보낸 친서를 받아들고 당황하지 않을 수 없었다. 유다 왕국은 남방 지역의 구스 즉 에디오피아 왕국에 군사적 지원을 요청하지 않았다. 그럼에도 불구하고 산헤립이 그에 관한 오해를 하고 있다면 유다 왕국의 입장에서는 매우 심각한 문제가 될 것이 분명했다.

만일 풍문에 의한 잘못된 정보로 말미암아 앗수르 군대의 주력부대가 예루살렘으로 진격해 들어온다면 피비린내나는 전쟁터가 될 수밖에 없다. 나아가 유다 왕국과 그에 속한 어리석은 백성들은 앗수르 군대로부터 흘러들어온 헛소문을 사실로 믿게 될 가능성이 크다. 그렇게 하여 전투가 시작되면 예루살렘 성과 그 안에 세워진 거룩한 성전이 파괴되는 최악의 국면으로 치닫게 될지도 모른다.

이와 같이 절박한 상황에 처한 히스기야 왕은 앗수르의 산헤립이 보낸 친서를 읽고 나서 스스로는 아무런 방책을 세울 수 없었다. 그리하여 히스기야는 산헤립이 보낸 문서를 손에 들고 성전으로 나아가 그것을 여호와 하나님 앞에 펼쳐 놓았다. 이는 하나님 한 분만이 그 위기를 극복하실 수 있다는 사실을 고백하는 것과 같았다.

히스기야는 그 자리에서 여호와 하나님을 향해 간절히 기도했다. 그것은 개인적인 문제가 아니라 유다 왕국과 이스라엘 민족의 사활이 걸린 문제였다. 따라서 그의 기도는 간절하지 않을 수 없었다. 그는 기도하면서 먼저 하나님의 존재에 대한 고백을 했다. 그룹(cherubim) 사이에 계신 이스라엘의 하나님이자 만군의 여호와이신 주님께서는 우주만물을 창조하신 분으로써 천하만국에 유일하신 하나님이심을 고백했던 것이다.

히스기야 왕은 여호와 하나님께서 귀를 기울여 자신의 기도를 들어주시기를 간구했다. 그리고 이스라엘 민족이 처한 국난의 형편을 돌아봐 주시도록 기도하며, 감히 여호와 하나님을 모독하는 앗수르의 산헤립의 오만한 태도와 저의 말을 들어보시라는 것이었다. 그동안 앗수르 왕들은 주변의 많은 왕국들을 점령하여 저들의 땅에 있는 신당들을 파괴했지만 그 신들은 참신이 아니라 우상에 지나지 않았기 때문이라는 사실을 언급했다.

그 열방의 백성들은 스스로 이방 신을 만들어 섬겼지만, 저들의 손으로 만든 모든 나무와 돌로 된 우상들은 앗수르 왕들에 의해 파괴당하게 되었다. 그러나 이스라엘 민족이 믿는 여호와 하나님은 그런 존재와 비교될 수 없는 우주만물을 창조하신 분이다. 따라서 참 하나님이신 여호와께서 유다 왕국과 이스라엘 백성을 악한 앗수르인들의 손으로부터 구출하여 그가 천하만국의 여호와 하나님이신 줄 알게 해 달라는 간구를 했다.

5. 선지자를 통한 하나님의 응답 (사 37:21-29; 왕하 19:20-28)

선지자 이사야는 히스기야 왕에게 사람을 보냈다. 하나님께서 산헤립의 오만한 태도로 말미암아 히스기야가 기도한 모든 것을 받으셨다는 사실을 그에게 전했다. 산헤립이 모독한 처녀 땅 시온과 예루살렘이 지금은 나약하기 짝이 없는 상황에 처해 있지만 조만간 앗수르와 산헤립을 멸시하며 비웃을 것이며 그가 퇴각할 때 저를 향해 머리를 흔들며 끄떡이게 되리라는 것이었다.

하나님께서는 여기서 산헤립 왕을 비롯한 앗수르인들이 훼방하고 능욕한 대상은 단순히 예루살렘과 그 안에 거하는 백성뿐만이 아니라 여호와 하나님 자신을 향한 것이라고 말씀하셨다. 그는 이스라엘 자손을 향해 소리를 높이고 눈을 치떴지만 그것은 거룩하신 하나님을 향해 그렇게 한 행동이었다. 그것은 곧 여호와 하나님에 대한 모독행위였던 것이다.

우리는 여기서 이와 더불어 매우 중요한 교훈을 얻을 수 있어야 한다. 악한 인간들 가운데 하나님의 몸된 교회와 직분의 소중함을 무시하고 경솔하게 대하는 자가 있다면 그것은 곧 하나님을 향해 그렇게 하는 것과 마찬가지다. 그런 오만한 태도를 가진 자는 결코 하나님을 향해 그렇게 한 적이 없다고 주장하겠지만 실상은 그렇다. 따라서 주님의 교회에 속한 모든 성도들은 교회의 소중함에 대하여 매우 민감한 자세를 유지해야만 한다.

앗수르 왕 산헤립은 자기의 신하 랍사게를 통해 여호와 하나님을 훼방하기를 주저하지 않았다. 그는 자기의 많은 병거를 거느리고 산들의 꼭대기에 올라가며 레바논의 골짜기로 내려가 큰 백향목과 아름다운 향나무를 베어버릴 것이라 말했다. 그리고 가장 안전하다는 곳으로 들어가 비옥한 땅의 숲속을 정복하리라고 했다.

그는 또한 다른 여러 나라를 정복하여 그곳에서 우물을 파서 물을 마셨으며, 자기의 발바닥으로 애굽의 모든 하수를 말려버리겠노라는 말을 서슴지 않았다. 즉 자기는 원하면 어디든 정복하여 마실 물을 얻을 수 있으며 아무리 큰 강이라 할지라도 말라버리게 할 수 있다는 것이었다. 그와 같은 태도는 자기가 세상의 모든 것들을 마음대로 다스릴 수 있다는 사실을 선포하는 것과도 같다.

이는 하나님의 뜻과 능력을 조롱하는 것과 동일한 의미를 지니고 있다. 이스라엘 백성이 앗수르의 랍사게로부터 들은 그 모든 것들은 오직 하나님께 속한 일이며 하나님께서 태초부터 행하신 일이었다. 나아가 그 모든 상황들은 여호와 하나님의 섭리와 경륜에 속한 것이었다. 하나님께서는 선지자를 통해 그에 관한 말씀을 하셨다.

> "네가 듣지 못하였느냐 이 일은 내가 태초부터 행하였고 옛날부터 정한 바라 이제 내가 이루어 너로 견고한 성들을 멸하여 무너진 돌무더기가 되게 함이니

라"(왕하 19:25; 사 37:26)

우리는 이 말씀을 매우 주의 깊게 이해해야 한다. 산과 골짜기와 아름다운 나무와 비옥한 땅과 우물과 강물은 모두 하나님께서 오래전인 태초부터 직접 조성하신 것들이었다. 뿐만 아니라 언약의 백성들 가운데 발생하는 모든 사건들도 하나님의 뜻 가운데서 일어나는 일들이었다. 하나님께서는 이스라엘의 견고한 성읍들을 파멸하여 무너진 돌무더기가 되도록 하신 것도 마찬가지였다. 따라서 선지자는 그 모든 것들이 하나님의 심판에 따른 결과라는 사실을 언급하고 있다.

이는 여호와 하나님께서 자신의 거룩한 목적을 이루기 위해 앗수르의 이방 세력을 이용하셨을 뿐 그 가운데는 하나님의 놀라운 경륜이 작용하고 있었음을 말해 준다. 이와 같은 내용은 과거에만 발생했던 일이 아니다. 오늘날 우리 시대 역시 그와 동일한 관점에서 모든 것을 이해해야 할 필요가 있다.

당시 이스라엘 백성들은 힘이 극도로 쇠약하여져 매우 놀랐으며 심한 수치를 당하게 되었다. 그리고 예루살렘 거민들은 들판의 풀과 나물이나 지붕의 풀과 자라나지 못한 곡초 같이 되어버렸다. 그것은 언약의 자손들이 모든 능력을 상실한 채 이방인들의 세력에 짓눌려 고초를 당하게 된 사실을 말해준다.

하나님께서는 앗수르인들의 앉고 서는 것과 들어오고 나가는 모든 행동뿐 아니라 여호와 하나님을 거슬러 모독하는 언행들을 이미 잘 알고 계셨다. 악한 자들의 그와 같은 오만방자한 태도를 보신 하나님께서는 저들을 반드시 심판하시게 된다. 따라서 장차 하나님의 예리한 갈고리로 저들의 코를 꿰고 저들의 입에 재갈을 물려 오던 길로 되돌아가게 하시리라는 말씀을 하셨다. 이는 앗수르 군대의 비참한 퇴각에 연관된 하나님의 예언이다.

6. 예루살렘 보존과 하나님의 징조 (사 37:30-35; 왕하 19:29-34)

하나님께서는 선지자 이사야를 통해 예언된 말씀이 반드시 이루어지리라는 것에 대한 증거로서 특별한 징조를 베풀어 주시겠다고 약속하셨다. 그것은 금년에는 농사하지 않은 채 저절로 자라난 식물들을 먹게 되고 그 이듬해에는 그것에서 난 것을 먹되 제 삼년에는 심고 거두며 포도원을 갈아 거둔 그 열매를 먹게 되리라는 것이었다.

이는 이스라엘 민족이 점차 안정을 되찾아 가리라는 사실을 말해주고 있다. 선지자가 히스기야 왕을 향해 하나님의 말씀을 전할 당시 예루살렘과 가나안 땅은 극도로 피폐해 있었다. 따라서 그들은 씨앗을 뿌리고 농사를 지을 만한 경황이 없었다. 누가 봐도 아무런 소망이 없어 보이는 형편이었다.

그런데 하나님께서 여전히 어려움 가운데 살아갈 언약의 자손들에게 다가오는 두 해 동안은 저절로 자라난 식물들을 통해 저들의 생명을 보존해 주시리라고 하셨다. 그리고 제 삼년에는 백성들이 스스로 씨를 뿌리며 농사를 지어 그 결실을 먹도록 해 주신다는 것이었다. 이는 히스기야 왕을 비롯한 극한 위기에 처한 모든 이스라엘 백성에게 커다란 위로가 되지 않을 수 없었다.

하나님께서 그렇게 하시고자 하는 이유는 이스라엘의 남은 자들을 위해서였다. 그들은 예루살렘에서 나오게 된다. 그리고 극한 위기를 피한 백성들이 시온산으로부터 나오게 된다. 이는 인간들의 지혜나 능력 혹은 세력결집으로 말미암아 그렇게 되는 것이 아니라 만군의 하나님의 적극적인 사역으로써 그것이 반드시 이루어지게 된다. 그것은 장차 예루살렘을 통해 메시아를 보내시고자 하는 여호와 하나님의 특별한 뜻에 의해 그 모든 것들이 성취되리라는 사실을 말해주고 있다.

그러므로 하나님께서는 앗수르의 산헤립 왕을 향해 그가 결코 예루살렘을 정복하지 못하리라고 단언하셨다. 그는 절대로 예루살렘 성에 접근할 수 없으며 화살 하나도 그쪽으로 쏘지 못한다. 방패를 가진 그의 군사들이 진격하지 못하는 것은 물론이며 토성을 쌓고 그것을 기반으로 하여 공격하지도 못한다. 이는 저들의 어떤 전략도 효과적으로 실행될 수 없다는 사실을 예언하고 있다.

따라서 앗수르 왕과 그의 군대는 오던 길로 되돌아 본국으로 퇴각하게 된다. 당시의 전력戰力을 볼 때 예루살렘은 거의 패망직전에 있었으나 하나님께서 그 모든 여건을 뒤바꿔 놓으시게 될 것이었다. 이는 막강한 세력을 갖춘 앗수르가 패배하고 궁지에 몰려 있던 예루살렘이 도리어 승리를 거두게 됨을 의미한다.

그런데 우리는 이 가운데 매우 중요한 의미가 내포되어 있음을 기억하지 않으면 안 된다. 그것은 하나님께서 과연 무엇 때문에 예루살렘 성과 남은 백성을 구원하시고자 하셨는지에 대한 본질적인 이유에 관련되어 있다. 성경 본문에는 그에 연관된 분명한 이유를 밝히고 있다.

> **"내가 나를 위하며 내 종 다윗을 위하여 이 성을 보호하며 구원하리라"**(사 37:35); "For I will defend this city to save it for My own sake and for My servant David's sake"(Isaiah.37:35, NASB)

이 말씀은 하나님께서 자신의 언약을 이루기 위하여 친히 역사하고 계신다는 사실을 말해주고 있다. 하나님께서는 예루살렘에서 좌절하여 실의에 빠져 살아가는 백성들이 불쌍하여 저들에게 윤택한 삶을 되찾아 주고자 하는 것이 목적이 아니었다. 하나님의 모든 사역은 하나님 자신의 신실한 언약에 직접 연관되어 있다.

그러므로 우리가 이해해야 할 바는 하나님의 일차적인 관심은 자기 자신을 위한 것이라는 사실이다. 즉 하나님의 주된 관심과 목적은 창세전부터 약속하신 자신의 거룩한 언약과 다윗 왕을 통해 세우신 특별한 왕국을 통해 사탄에게 속한 세상의 모든 세력들을 심판하시는 것이었다. 이는 당시 실제적인 상황으로 나타나기도 했지만 본질적으로는 영적인 의미를 지니고 있었던 것이다.

7. 하나님의 심판 (사 37:36-38; 왕하 19:35-37)

하나님께서는 선지자 이사야를 통해 예언하신 내용을 곧 실행에 옮기셨다. 여호와의 사자가 나가서 앗수르 군대의 진중에 머물고 있던 십팔만 오천(185,000) 명의 병사들을 치셨다. 하룻 밤 사이에 엄청난 병사들이 죽었지만 어리석은 자들은 그것이 하나님께서 행하신 일이란 사실을 깨닫지 못했다.

그렇지만 지혜로운 자들은 그 놀라운 일이 여호와 하나님으로 말미암아 일어나게 되었다는 사실을 알고 있었다. 이는 선지자를 통해 분명히 예언된 바였기 때문이다. 앗수르 병사들에게는 칼에 의해 죽임을 당한 어떤 외상의 흔적이나 갑작스런 질병으로 인해 죽은 증거가 없었으므로 앗수르인들은 그 원인을 알 수 없었다. 이는 눈에 보이지 않는 여호와의 사자로 말미암은 사건이었으므로 그러했다.

우리는 여기서 여호와의 사자가 구체적으로 누구인가 하는 점을 생각해 볼 필요가 있다. 그는 구약시대 이스라엘 민족 가운데 존재한 그리스도였던 것이 분명하다. 이스라엘 백성이 출애굽하여 시내광야에서 사십년을 보낸 후 요단강을 건너 가나안 땅에 들어갔을 때 그 여호와의 사자는 군대 장관으로서 여호수아 앞에 나타나신 바 있다.

"여호수아가 여리고에 가까왔을 때에 눈을 들어본즉 한 사람이 칼을 빼어 손에 들고 마주섰는지라 여호수아가 나아가서 그에게 묻되 너는 우리를 위하느냐

우리의 대적을 위하느냐 그가 가로되 아니라 나는 여호와의 군대장관으로 이제 왔느니라 여호수아가 땅에 엎드려 절하고 가로되 나의 주여 종에게 무슨 말씀을 하려 하시나이까 여호와의 군대장관이 여호수아에게 이르되 네 발에서 신을 벗으라 네가 선 곳은 거룩하니라 여호수아가 그대로 행하니라"(수 5:13-15)

이때 나타난 여호와의 군대장관은 그후에도 항상 이스라엘 민족을 가까이서 돕고 계셨다. 그는 하나님과 동등한 분으로서 성자 하나님이셨다. 성경에는 그가 언약의 백성을 도우신 사건에 대한 증거들이 여러 곳에 나타나고 있다(사 6:21,22; 13:21; 슥 3:1, 참조). 이처럼 이사야 시대 앗수르의 산헤립 왕의 군대를 심판하신 분도 성자 하나님이신 그리스도였다.

여호와의 사자로 인해 수많은 병력을 잃게 된 산헤립 왕은 본국으로 도망쳐 니느웨에 거주하면서 나라를 다스리게 되었다. 그는 흐트러진 세력을 구축하기 위한 욕망으로 가득 차 있었다. 그것을 위해 그가 이방 신 니스록(Nisroch)의 신전에서 경배할 때 그의 아들 아드람멜렉과 사레셀이 그를 칼로 죽이고 아라랏 땅으로 도망쳤다.

아마도 그들 형제는 권력을 쟁취하기 위해 아버지를 죽이고 '왕자의 난' 을 일으켰던 것으로 보인다. 하지만 그들은 반란에 성공하지 못하고 실패했던 것이 분명하다. 따라서 산헤립의 사후 그의 다른 아들 에살핫돈(Esarhaddon)이 뒤를 이어 왕위에 오르게 되었다.

우리가 여기서 반드시 기억해야 할 바는 하나님께서는 지금도 모든 생활 현장 가운데서 자기 백성을 위해 친히 사역하고 계신다는 사실이다. 어리석은 자들은 눈에 보이지 않는 하나님을 거부하겠지만 하나님의 신실한 자녀들은 그에 대한 사실을 분명히 알고 있다. 우리는 이사야 시대에 있었던 모든 사건들을 통해 오늘날 우리를 위한 하나님의 섭리와 경륜을 올바르게 깨닫지 않으면 안 된다.

제32장

히스기야 왕의 죽을 병과 회복

(사 38:1-22)

1. 히스기야의 죽음에 이르는 병과 통곡 (사 38:1-3)

유다 왕국이 극한 위기에 봉착해 있을 당시 히스기야 왕은 무서운 질병에 걸려 죽음에 이르게 되었다. 그러자 하나님께서는 선지자 이사야를 그에게 보내 말씀하셨다. 이는 히스기야 왕과 이스라엘 민족에 대한 하나님의 특별한 사랑을 보여주고 있다.

선지자는 히스기야 왕에게 하나님의 말씀을 전했다. 그것은 비극적인 내용이었다. 그가 살아나지 못하고 조만간 죽게 될 터이니 왕궁의 모든 것들을 정리하고 유언을 해두라는 것이었다(왕하 20:1, 참조). 이 말 가운데는 단순히 집을 깨끗이 정리하고 죽을 준비를 하라는 요구 이상의 의미를 지니는 것으로 보인다.

이사야가 예언했던 왕궁을 정리하라는 말이 함유하고 있는 바는 유다 왕국이 곧 끝을 보게 될 때가 이르라는 말씀과 연관되어 있었다. 그것은 유다 왕국의 멸망을 시사하고 있다. 따라서 그 말을 들은 히스기야는 낙담하지 않을 수 없었다. 그가 죽음의 소리를 듣고 낙담했던 까닭은 개인적인 목숨을 더 부지하기 위한 욕망 때문이 아니라 유다 왕국에 대한 염려로 인한 것이었을 것이 분명하다.

선지자의 예언을 들은 히스기야 왕은 얼굴을 벽으로 향하고 여호와 하나님께 간구했다. 그가 벽을 마주보고 기도한 사실은 인간들을 논의의 대상으로 삼지 않고 오직 여호와 하나님 한 분만을 바라보겠다는 그의 심경에 기인한 것으로 볼 수 있다. 히스기야는 자기가 그동안 하나님 앞에서 진실한 마음으로 살아가며 주님의 목전에서 선하게 행한 것을 기억해 달라고 간절히 기도했다.

히스기야는 여기서 자기에게 아무런 죄가 없다는 사실을 드러내 보이고자했던 것이 아니다. 도리어 자기는 그동안 범죄의 유혹 가운데서도 전적으로 하나님을 의지하는 신앙을 소유하고 있었음에 대한 고백을 하고 있다. 그러면서 그는 하나님 앞에서 눈물을 흘리며 통곡하며 간절히 기도했다. 이는 그가 진정으로 하나님을 의지하는 믿음의 사람이었다는 사실에 대한 증거가 된다.

2. 하나님의 응답과 기적을 통한 메시지 (사 38:4-8)

하나님께서는 죽음에 이를 무서운 질병에 걸린 히스기야 왕의 간절한 기도를 듣고 그에 대하여 응답하신 사실을 선지자 이사야를 통해 전하도록 하셨다. 그 내용의 본질은 그의 조상 다윗의 하나님 여호와께서 히스기야의 질병을 낫게 해주시리라는 것이었다. 이는 히스기야 개인을 위한 것이 아니라 유다 왕국과 이스라엘 민족에 연관된 하나님의 언약을 배경으로 하는 의미를 지니고 있다. 따라서 선지자로 하여금 히스기야 왕을 찾아가 그에 관한 사실을 전달하도록 하셨다.

하나님께서는 애통하며 간절히 간구하는 히스기야의 기도를 외면하지 않으셨다. 눈물을 흘리며 통곡하는 그의 순전한 신앙 자세를 보았기 때문이다. 히스기야는 이기적인 욕망을 위해 기도한 것이 아니라 구속사 가운데 존재하는 하나님의 일이 성취되기를 원했던 것이 틀림없다. 그리하여 그의 죽음은 십오 년 간이나 연기되었다.

히스기야 왕의 생명 연장은 하나님께서 베푸신 놀라운 은혜로서 유다 왕국이 처한 당시의 심각한 국제정세 가운데서는 엄청난 의미를 지니는 것이었다. 나아가 십오 년의 기간은 궁지에 몰린 유다 왕국의 입장에서는 결코 짧은 세월이 아니었다. 이로써 새로운 생명을 덤으로 얻게 된 히스기야 왕은 나머지 인생을 이스라엘 민족을 위해 최선의 봉사를 할 수 있게 되었던 것이다.

그러므로 하나님께서는 저에게 예루살렘 성을 앗수르 왕의 손으로부터 구출하겠노라는 말씀을 하셨다. 그리고 친히 그 거룩한 성을 보호해 주시리라고 약속하셨다. 이는 이스라엘 민족에게 임하는 소망의 서광과 같은 것이었다. 당시의 국제정세를 볼 때 그것은 쉽게 받아들이기 어려운 상황이었다. 유다 왕국의 국운은 다시 일으켜 세우기 어려울 만큼 거의 기울어진 상태였기 때문이다.

그렇지만 하나님께서는 그에 대한 분명한 증거로서 자연적이지 않은 특별한 한 징조를 베풀어 주시리라고 말씀하셨다. 그것은 아하스왕 때 제작된 일영표 곧 해시계에 앞으로 나아갔던 그림자를 거꾸로 돌려 십도를 물러가게 하리라는 것이었다. 그와 같은 일은 자연 상태 가운데서는 도저히 있을 수 없는 일이었다. 하지만 그 놀라운 사건은 이사야와 히스기야 왕을 비롯한 모든 사람들이 보는 앞에서 즉시 베풀어졌다. 궁전 한쪽에 그려진 면에 표시된 해시계에 그와 같은 놀라운 일이 발생하게 된 것이었다.

그것은 일상적인 시간에 연관된 것으로서 중근동 지역뿐 아니라 지금의 유럽과 아시아, 아프리카와 남북 아메리카 대륙 등 전체에 일어나게 된 사건이었다. 당연히 한반도에도 그 영향이 미쳤다. 여기서 일영표의 그림자가 뒤로 10도 물러갔다는 사실은 하늘의 태양이 반대로 움직였다는 의미가 된다. 이는 물론 태양이 움직인 것이 아니라 우리가 살고 있는 지구가 돌아가는 방향에서 반대로 돌았다는 의미와도 같다. 이를 오늘날 우리의 시간으로 계산하면 40분이 된다.

자유주의 신학자들과 인간의 이성과 경험을 성경 위에 두고 말씀을 해석하는 어리석은 자들은 그것을 실제 역사적인 사건으로 받아들이지 않으려 한다. 그들은 그것을 인간들이 근거없이 지어낸 신화 정도로 이해한다. 그러나 그것은 하나님의 섭리를 알지 못하는 어리석은 자들의 주장에 지나지 않는다. 그와 같은 초월적인 특이한 사건은 과거 여호수아 시대에도 일어난 적이 있었다.

> **"여호와께서 아모리 사람을 이스라엘 자손에게 붙이시던 날에 여호수아가 여호와께 고하되 이스라엘 목전에서 가로되 태양아 너는 기브온 위에 머무르라 달아 너도 아얄론 골짜기에 그리할찌어다 하매 태양이 머물고 달이 그치기를 백성이 그 대적에게 원수를 갚도록 하였느니라 야살의 책에 기록되기를 태양이 중천에 머물러서 거의 종일토록 속히 내려가지 아니하였다 하지 아니하였느냐"**(수 10:12-14)

여호와 하나님께서는 히스기야 왕이 통치하던 시대보다 약 700여 년 전인 여호수아 시대에도 지구를 장시간 멈추게 하신 적이 있다. 아모리 족속과 전투를 벌이던 이스라엘 민족의 승리를 위해 하나님께서 지구의 운행을 정지시키셨던 것이다. 그 시간은 거의 하루(about a whole day)가 될 만큼 긴 시간이었다.[61] 그에 대한 역사적인 사실은 '야살의 책'에도 기록되어

---

61) 학자들 가운데는 여호수아 시대에 지구가 정지했던 거의 하루를 23시간 20분으로 보기도 한다. 이는 히스기야 왕 때의 40분을 합하면 총24시간이 된다. 이렇게 되면 구약시대에 하나님의 직접적인 간섭으로 인해 만 하루 동안 지구가 정지한 것이 된다. 물론 우리는 그 정확한 시간은 알 수 없으되 그 가운데 존재하는 하나님의 섭리와 경륜을 생각해 볼 수 있다.

있음을 성경이 증거하고 있다. 그것 역시 일부 지역에서 발생한 지엽적인 일이 아니라 전 세계적으로 일어났던 놀라운 사건이었다.

불신 과학자들은 이에 대한 역사적인 사실을 받아들이지 않는다. 그리고 기독교인이라 주장하지만 사실상 불신자와 마찬가지인 자유주의 신학자들도 그 사실을 믿지 않는다. 심지어는 복음주의 진영에 있다는 자들조차도 그에 대하여 의심하는 경우가 많다. 이 모든 것들은 합리적 과학주의의 영향을 받은 결과로서 하나님에 대한 불신앙에 근거한다.

우리는 하나님으로부터 계시되어 기록된 성경의 모든 내용을 타락한 인간의 상식으로 접근하려 해서는 안 된다. 하나님께서는 무無에서 우주만물을 창조하신 전능하신 하나님이다. 창세기 1장에 기록된 창조사역의 모든 내용을 받아들인다면 우주의 한 부분에 지나지 않는 하늘의 태양을 멈추게 하는 일 곧 지구를 정지하게 만드시는 것은 불가능한 일이 아니다.

우리는 특별계시가 이루어지던 구약시대에 여호와 하나님께서 초월적인 방법으로 지구를 멈추게 한 사실을 받아들이지 못할 하등의 이유가 없다. 하나님께서는 지구를 멈추는 특별한 사건들을 통해 자신이 우주만물을 창조하신 분이란 사실을 선포하고 있다. 이는 단순히 과거에 살았던 언약의 자손들과 세상 사람들만 위해 주신 메시지가 아니라 오늘날 우리 시대에도 계시된 말씀을 통해 원래 의미 그대로 선포되고 있다.

3. 히스기야의 질병회복 후에 기록한 고백과 기도 (사 38:9-20)

(1) 히스기야의 생명 연장

히스기야의 생명이 15년 간 연장된 것은 단순히 그의 훌륭한 믿음 때문이라고 말해서는 안 된다. 물론 그에게 참된 믿음이 있었지만 그것이 그의 생명을 연장하게 된 근본 원인이라 할 수 없다. 만일 그런 논리라면 믿음

있는 많은 성도들에게도 그와 비슷한 일들이 발생해야만 했다. 그러나 그와 같은 사건은 믿음을 소유한 선진들에게 일반적으로 발생하는 일이 아니었다.

더욱이 오늘날 우리 시대에 히스기야의 생명 연장을 예로 제시하면서 열심히 기도하면 하나님께서 생명을 연장시켜 주실 수 있는 것처럼 주장하는 것은 잘못이다. 그와 같은 사고는 결코 올바른 신앙에 근거한 것이라 말할 수 없다. 그것은 성경의 교훈에 대한 기본적인 이해마저도 없는 자들의 헛된 신앙에 지나지 않는다.

하나님께서 히스기야의 생명을 십오 년 간 연장시키신 것은 개인을 위해서라기보다 패망 직전에 놓인 이스라엘 민족을 위한 특별한 은혜로 받아들여야 한다. 이에 대해서는 히스기야 왕 자신도 동일한 생각을 하고 있었을 것이 분명하다. 나아가 유다 왕국의 지도자들과 이스라엘 백성들도 그에 대한 올바른 이해를 하지 않으면 안 되었다.

(2) 히스기야의 고백(사 38:9-13)

히스기야 왕은 하나님의 특별한 은혜로 말미암아 질병을 치유받을 수 있게 되었다. 아직 건강이 완전히 회복되지는 않아 고통에 빠져 있을 때 하나님께서는 그의 질병을 치유하여 죽음으로부터 구원해 주고자 하셨다. 거기에는 하나님의 놀라운 섭리가 담겨 있는 것으로 이해해야 한다.

히스기야는 그것을 통해 구원에 연관된 하나님의 경륜을 깨달아야만 했다. 따라서 하나님의 뜻과 의도에 따라 자신의 남은 생명을 사용해야 하는 것이 마땅하다. 히스기야 왕은 죽을 수밖에 없는 질병에 걸렸다가 치유받은 후에 그 모든 형편을 인식하고 자기의 심경을 글로 기록하여 남겼다.

히스기야는 한창 열정적으로 활동해야 할 중년의 나이에 죽음의 문턱을 넘어서게 되어 제 수명대로 살지 못할 것이라 판단했음을 언급했다. 그래서 이땅에서는 더 이상 여호와 하나님을 뵙지 못할 것이라 여겼다는 사실을 고백했다. 나아가 이 세상에 살아가는 사람들을 더 이상 보지 못하게 되리라고 생각했다는 것이다.

이는 마치 들에서 양치는 목자들이 천막을 걷는 것처럼 자신의 육체가 소유한 생명이 거두어지고 직공이 베를 걷어서 마는 것과 같이 자기의 생명도 말려 조만간 끝날 것이라 생각했었기 때문이다. 또한 마치 사나운 사자가 날카로운 이빨로 자기의 모든 뼈를 꺾아내는 것과 같은 상황에서 밤새도록 신음하며 고통하는 가운데 견뎌내기는 했지만 조만간 자기의 생명이 끝날 것으로 여겼다는 것이다.

(3) 히스기야의 기도와 찬양(사 38:14-20)

하스기야 왕은 국내외 정세뿐 아니라 자신의 심각한 건강상의 문제로 인해 깊은 시름에 잠겼다. 그리하여 그는 마치 하늘을 날아다니는 제비나 학처럼 지절대며 비둘기같이 슬피 울면서 하늘을 바라보다가 지쳤다. 그러면서 하나님께 간구하기를 자기가 압제를 받고 있으니 그 고통으로부터 건져내어 자기를 위한 안전한 보호자가 되어달라고 매달렸다. 그는 왕인 자기와 백성의 잘못이 무엇인지 잘 알고 있었다.

그러므로 자기의 몸에 생겨난 질병조차도 하나님의 징벌로 알고 있었기에 아무런 할 말이 없었다. 이는 그것이 배도에 빠진 이스라엘 백성의 왕인 자기에게 임한 하나님의 징계라는 사실을 깨닫고 있었음을 말해준다. 그래서 그는 자신이 겪는 영혼의 고통으로 말미암아 종신토록 방황하리라고 고백했다. 이 말은 자기 자신의 모습만 들여다본다면 하나님의 은혜를 입을 만한 존재가 되지 못한다는 사실을 자각하고 있었음을 말해준다.

성도가 살아가는 것은 하나님의 교훈과 훈계에 달려 있으므로 히스기야는 자기의 생명도 거기 있다는 사실을 인식하고 있었다. 따라서 자기의 질병을 치료하여 살려달라는 간절한 기도를 했다. 그는 하나님께서 자기에게 큰 고통을 더하신 것은 자기에게 진정한 평안을 허락하시기 위해서였다는 사실을 하나님께 아뢰었다. 그리고 주님께서 자신의 영혼을 사랑하셔서 멸망의 구렁텅이로부터 건져내셨으며 자신의 모든 죄를 완전히 도말해 주신 사실에 대하여 감사하는 기도를 드렸다.

음부 곧 지옥에 연관된 것들은 결코 여호와 하나님께 감사하지 못하며 사망이 주를 찬양하지 못한다. 이는 하나님과 상관이 없는 불신자들과 배도자들의 종교행위는 아무런 의미가 없음을 말해 준다. 그리고 죽어서 무덤에 들어간 자들은 주의 신실하심을 바라보는 것이 불가능하다.

히스기야는 오직 참된 생명을 소유한 살아있는 자들이 그렇게 하듯이 하나님께 감사한다는 사실과, 주의 신실함을 깨달아 알고 있는 부모가 자기 자녀들에게 그와 같은 사실을 알게 해 주듯이 자기도 그렇게 하리라고 고백적으로 기도했다. 이는 세대간에 이어지는 신앙의 상속과 밀접하게 연관된 말이다.

히스기야는 또한 여호와 하나님께서 자기를 구원하실 것이니 그의 백성이 종신토록 여호와의 성전에서 수금으로 자신의 노래를 노래하리라는 고백을 하고 있다. 이는 성소에서 제사장들이 드리는 제사행위와는 구별되는 것으로서 평생 자신의 즐거운 마음을 하나님께 노래하겠다는 의미를 지니고 있다. 이는 단순히 히스기야만의 고백이었던 것이 아니다. 시편 기자들 역시 그와 같이 노래했다.

> **"나의 평생에 여호와께 노래하며 나의 생존한 동안 내 하나님을 찬양하리로다 나의 묵상을 가상히 여기시기를 바라나니 나는 여호와로 인하여 즐거워하리로다"**(시 104:33,34)

우리는 시편 기자의 고백을 보면서 이 노래는 모든 성도들이 평생 불러야 할 노래라는 사실을 알 수 있다. 이에 대해서는 21세기의 초첨단 과학 시대를 살아가는 오늘날 우리 역시 마찬가지다. 모든 성도들이 주의를 기울여야 할 점은 평생 하나님께 노래해야 하는 것은 이 세상에서의 어떤 조건에 연관되는 것이 아니라는 사실이다. 구원의 은혜를 받은 성도들은 그것 자체로서 평생 하나님을 찬양하며 그로 말미암아 즐거워할 수 있어야만 한다.

4. 선지자를 통한 질병 치유 (사 38:21,22)

선지자 이사야는 히스기야 왕에게 무화과 한 뭉치를 가지고 오라는 요구를 했다. 그리고 그것을 질병의 원인이 되는 환부에 붙이도록 했다. 그렇게 하면 그동안 고통받던 질병이 완전히 낫게 될 것이었기 때문이다. 물론 무화과 뭉치에 어떤 약효나 효능이 있었던 것이 아니라 여호와 하나님께 모든 권능이 있었다.

그런데 히스기야는 선지자에게 자기가 질병이 낫고 나서 여호와 하나님의 성전에 올라갈 수 있는 징조가 무엇인지 물었다. 우리는 여기서 그의 주된 관심이 자신의 개인적인 삶이 아니라 예루살렘 성전에 있었다는 사실을 분명히 알 수 있다. 그는 성전에서 수종들며 사역하는 제사장이 아니었지만 그곳에서 여호와 하나님께 경배하는 것을 가장 소중한 것으로 여기고 있었던 것이다.

우리는 여기서 히스기야의 근원적인 관심이 이 세상에 좀 더 살고자 하는 자기의 생명에 대한 집착 때문이 아니었다는 사실을 엿볼 수 있다. 그는 여호와 하나님을 의지함으로써 유다 왕국을 이방인들의 위협으로부터 구해내고자 하는 열망을 가지고 있었다. 이는 자기의 왕위를 계승할 자식이 마땅치 않았던 사실과 연관이 있다. 또한 그가 보기에 언약의 민족을 이끌어 가야 할 예루살렘의 지도자들 가운데 순전한 신앙을 가진 자들이

별로 많지 않았다는 사실을 시사해주고 있다.[62]

이에 대해서는 오늘날 우리도 그와 동일한 신앙 자세를 유지해야만 한다. 하나님의 자녀들은 타락한 이 세상에 좀 더 오래 사는 것을 목적으로 삼지 않는다. 그보다는 하루라도 빨리 생명을 마감하고 영원한 천국에 들어가는 것이 훨씬 낫다. 그러나 인간의 욕망에 따라 그렇게 할 수는 없다. 사도 바울은 빌립보 교회에 보내는 편지에서 그에 관한 소중한 교훈을 남기고 있다.

> **"우리 중에 누구든지 자기를 위하여 사는 자가 없고 자기를 위하여 죽는 자도 없도다 우리가 살아도 주를 위하여 살고 죽어도 주를 위하여 죽나니 그러므로 사나 죽으나 우리가 주의 것이로라"**(롬 14:7,8); **"이는 내게 사는 것이 그리스도니 죽는 것도 유익함이니라...... 그러나 내가 육신에 거하는 것이 너희를 위하여 더 유익하리라"**(빌 1:21-24)

사도 바울은 여기서 하나님께 속한 참된 백성들은 자기 자신을 위하여 살고 죽는 존재가 아니라는 사실을 말해주고 있다. 이는 지상 교회에 속한 하나님의 자녀들은 오직 주님을 위해 살아야 한다는 사실을 의미하고 있

---

62) 히스기야 왕을 이어 유다 왕국의 왕이 된 인물은 므낫세였다. 그는 히스기야가 십오 년 간의 생명연장 기간 중에 출생한 왕자였다. 이는 히스기야가 죽음의 질병에 걸렸을 당시에는 왕위를 잇기에 적합한 자식이 없었다는 사실을 말해준다. 므낫세가 열두 살의 어린 나이에 왕위에 올라 오십오 년이라는 장기간의 통치를 하지만 선왕인 자기 아버지와 달리 하나님 앞에서 올바르게 행하지 않았다. 그는 자기 아버지가 없앤 신당들을 다시 짓는 행위를 했으며 점쟁이와 무당들을 두었다. 뿐만 아니라 그는 친 앗수르 정책을 펼쳤으며 저들의 문화와 종교적인 제의들을 받아들였다. 그 결과 예루살렘 성전 앞뜰에는 이방 여신상과 일월성신을 위한 제단이 세워지기도 했다(왕하 21:1-9, 참조). 이렇게 하여 유다 왕국 가운데는 여호와 하나님을 믿는 신앙이 약화되고 가나안의 바알신 사상과 앗수르의 종교가 혼합된 형태의 배도행위가 극심하게 퍼져나갔다. 이와 같은 여러 상황들을 고려해볼 때 히스기야 왕이 자신의 죽음에 대하여 안타까운 마음을 가졌던 까닭은 생명에 대한 집착이 아니라 예루살렘 성전과 유다 왕국에 대한 염려 때문이었다는 사실을 쉽게 알 수 있다.

다. 성도들에게는 이땅에 생명을 부지하고 살아있는 것뿐 아니라 죽는 것도 유익이 된다. 따라서 바울은 이 세상에 더 살아야 할 이유가 자기 자신이 아니라 지상 교회와 그에 속한 성도들을 위해서라는 사실을 언급했던 것이다.

이처럼 히스기야 왕 역시 그와 같은 신앙 자세를 가지고 있었을 것이 분명하다. 즉 그가 이 세상에서 좀 더 오래 살고자 하는 욕망 때문에 자신의 생명을 구해달라고 하나님께 간구하지는 않았다. 그는 오직 예루살렘에 있는 하나님의 성전과 극한 위기에 처한 이스라엘 민족이 염려되었으므로 유다 왕국의 왕인 자신의 생명을 연장해주시도록 하나님께 기도했던 것이다.

제33장

바벨론의 사신들과 유다의 히스기야 왕
(사 39:1-8)

1. 히스기야의 왜곡된 감격 (사 39:1)

앗수르의 산헤립 왕이 본국으로 퇴각하고 유다의 히스기야가 건강을 완전히 회복하게 되자 주변 국가들의 정세에 상당한 변화가 일어났다. 천하무적天下無敵으로 보이던 앗수르 제국의 군대를 유다 왕국이 토벌한 것으로 보였으므로 주변의 여러 왕들이 히스기야에게 굽신거리기 시작했기 때문이다(대하 32:23, 참조). 그 가운데 가장 두드러진 관심을 끄는 나라는 바벨론 왕국이었다.

당시 바벨론 왕 발라단의 아들 므로닥발라단 역시 히스기야 왕이 앗수르 군대를 물려쳤으며 질병에 걸렸다가 나았다는 소문을 들었다. 그때는 바벨론이 아직 약소국가로 있으면서 앗수르 제국의 눈치를 보던 시기였다. 그리하여 그는 유다 왕국과 우호관계를 가지고자 하여 히스기야에게 사신들을 통해 친서와 더불어 예물을 보냈다.

그 일이 있기 전 유다 왕국은 앗수르 제국으로 인해 모든 자존심을 짓밟힌 상태에 놓여 있었다. 뿐만 아니라 가나안 땅 전체에 엄청난 훼손을 가져왔다. 그런 중에 앗수르 군대가 치명적인 타격을 입고 물러간 후 바벨론 왕이 유다 왕국의 히스기야 왕에게 친서와 함께 예물을 가져왔다는 것은 자존심 회복과 더불어 힘을 얻기에 충분했다.

당시에는 바벨론이 유다 왕국에 비해 상대적 약소국이었던 것으로 보인다. 적어도 바벨론 왕의 사신들이 예물을 가지고 예루살렘을 방문했다는 것은 그와 같은 사실을 시사해 준다. 유다 왕국이 약화된 상태에 놓여 있었음에도 불구하고 그런 상황이 전개되어 간다는 것은 국제정세에 상당한 변화가 일어나고 있었다는 말과도 같다.

하지만 바벨론은 장차 앗수르 제국을 멸망시키고 역사적 전면에 등장할 왕국이다. 실상은 그와 같은 전략적 외교 관계를 통해 바벨론 왕국이 점차 세력을 넓혀 가게 되었다. 또한 당시에는 바벨론이 유다 왕국과 우호관계에 놓여 있는 것 같았지만 앞으로 철천지원수가 될 사이였다.

그러나 그때는 유다 왕국은 물론 바벨론 왕국도 미래에 발생하게 될 그에 대한 사실을 피부로 느끼지 못했다. 인간들의 눈으로는 그 사실을 예측할 수 있는 자가 아무도 없었다. 하지만 분명한 사실은 그런 역사적 과정을 통해 신바벨론이 고대 바벨론의 영화를 회복하기 위한 발판을 마련하게 되었다는 사실이다.

2. 히스기야의 경솔한 태도 (사 39:2)

히스기야 왕은 이방 왕국들이 몰려와 값진 예물을 바치고 자기를 치켜세우자 스스로 기분이 들떠 기쁨으로 가득 차 만족스러워했다. 막강한 앗수르 군대를 물리치고 유다 왕국을 구출한 분은 여호와 하나님이었지만 히스기야는 자기가 모든 공로와 영화를 가로채는 격이 되어버렸다.

그것은 히스기야 왕에게 돌이킬 수 없는 큰 실책이 될 수밖에 없었다.

물론 그는 그 모든 일들이 여호와 하나님으로 말미암은 것이란 사실을 잘 알고 있었다. 하지만 히스기야는 그와 같은 상황에서 유혹을 떨쳐버리지 못했다.

바벨론 왕 므로닥발라단이 보낸 사신들이 예루살렘을 방문했을 때 히스기야 왕의 기분은 최고조에 달했다. 그리하여 그는 결코 하지 말아야 할 경솔한 행동을 취하게 되었다. 그는 자신의 왕궁에 있는 보물 창고와 나라 안의 모든 것들을 바벨론 사신들에게 그대로 다 보여주었다. 이에 대해서는 열왕기하에도 동일하게 기록되어 있다.

> **"히스기야가 사자의 말을 듣고 자기 보물고의 금은과 향품과 보배로운 기름과 그 군기고와 내탕고의 모든 것을 다 사자에게 보였는데 무릇 왕궁과 그 나라 안에 있는 것을 저에게 보이지 아니한 것이 없으니라"(왕하 20:13)**

히스기야는 왕궁 안팎의 모든 중요한 것들과 내탕고에 보관된 보물들과 향품을 이방 왕국의 사신들에게 보여주면서 커다란 자랑으로 여겼다. 나아가 특급 기밀에 해당되는 병기고까지 저들에게 다 보여주었다. 이는 여호와 하나님을 뒤로 하고 이방인들과 타협하며 저들과 화친하려는 유다 왕 히스기야의 잘못된 판단을 여실히 드러내주고 있다.

언약의 자손으로서 그렇게 하는 것은 여호와 하나님을 욕되게 하는 것과 전혀 다르지 않았다. 인간들이 하나님께 속한 것들을 자기의 욕망에 따라 취급하는 것은 하나님의 진노를 불러일으키게 된다. 따라서 히스기야 왕의 잘못된 판단과 행동은 결국 또 다른 비참한 패망을 예고하고 있었다.

이에 대해서는 오늘날 우리도 주의를 기울여 귀담아 들어야 한다. 지상 교회는 타락한 세상에 모든 것을 개방해야 할 성격을 지니고 있지 않다. 신약시대 교회 안에도 세상에 대해서 숨겨진 소중한 비밀들이 존재한다.

물론 그것은 물질적인 것이라기보다 신비적인 영역에 해당되는 것들이다. 하나님의 복음은 오직 그의 자녀들에게만 허락된 것이며 외인들에게는 감추어져 있다. 예수님께서는 하나님의 비밀에 관한 교훈을 주시면서 그것은 오직 성도들에게 허락되었으며 다른 사람들에게는 허락되지 않았음을 말씀하셨다.

> **"가라사대 하나님 나라의 비밀을 아는 것이 너희에게는 허락되었으나 다른 사람에게는 비유로 하나니 이는 저희로 보아도 보지 못하고 들어도 깨닫지 못하게 하려 함이니라"**(눅 8:10)

하나님께서는 창세전에 예정된 자기 자녀들을 찾아내어 천국 복음의 놀라운 비밀을 저들에게 전하고자 하셨다. 따라서 예수님께서 이땅에 계시는 동안 많은 경우 비유로 말씀하신 것은 지상 교회를 통해 보존되고 계승되어야 할 복음의 비밀성에 연관되어 있었다. 거기에는 또한 신약시대의 교회 안에 존재하는 말씀과 성찬을 통해 나누어지는 그리스도의 피와 살이 포함되어 있다. 우리는 비밀 그 자체로서 소중한 의미를 지닌다는 사실을 알고 있다. 누구든지 진정으로 값지고 중요한 것이라면 아무렇게나 외부로 돌리지 않는다. 하나님의 자녀들이 소중한 비밀의 의미를 간과한 채 벽을 허물고 세속적인 것들을 교회 내부의 것과 뒤섞어 버리게 되면 복음을 담고 있는 그릇인 교회가 혼탁하게 된다. 그것은 교회의 장로들이 경계해야 할 대상이며 기필코 막아내야 할 일이다.

만일 비밀이어야 할 소중한 내용이 다른 사람들에게 함부로 공개된다면 그것은 이미 값진 것이 아니게 되어버린다. 어리석은 자들은 자기가 소유한 하나님의 진리에 대한 소중함을 모른 채 가볍게 여겨 값싼 복음을 만들기도 한다. 우리는 그것이 결국 지상 교회를 세속화 되도록 하는 지름길이 된다는 사실을 기억해야만 한다.

3. 선지자 이사야의 문책 (사 39:3,4)

선지자 이사야는 히스기야 왕이 궁전의 내탕고를 비롯한 모든 보물들과 병기고까지 바벨론 왕국이 보낸 사신들에게 개방한 사실을 알고 왕에게 나아갔다. 물론 그는 내탕고와 병기고를 개방한 일에 대한 문제뿐 아니라 저들이 가져온 바벨론 왕의 친서에 기록된 내용과 히스기야 왕이 저들에게 전한 말을 알고 싶었다. 그것은 유다 왕국 및 그 백성들에게 매우 중요한 문제였기 때문이다.

이사야가 히스기야 왕에게 이번에 예루살렘을 방문한 자들이 어디서 온 사신들인지 물었다. 그는 모든 상황을 파악하고 있었지만 그렇게 질문하며 실상을 확인하고자 했던 것이다. 이는 왕이 선지자에게 보고하지 않은 이상 그렇게 질문하는 것은 자연스러운 일이었다. 그런 과정을 통해 좀 더 구체적인 내용들에 대해 확인할 수 있었기 때문이다.

히스기야 왕은 근래 자기에게 온 사신들은 멀리 떨어진 바벨론 왕국으로부터 온 자들이란 사실을 말했다. 그는 그렇게 답변하면서 아마도 나름대로 뿌듯한 자부심을 가지고 있었을지도 모른다. 어떤 관점에서 본다면 패망 직전에 놓여있던 유다 왕국이 점점 위용을 갖추게 되어 먼 지역에서 사신들이 온다는 것은 그렇게 생각할 만한 일이기도 했다.

히스기야 왕으로부터 자초지종自初至終 말을 들은 이사야는 왕이 저들에게 무엇을 보여주었으며 그들이 궁전 안팎에서 무엇을 보게 되었는지 물었다. 히스기야는 바벨론 사신들이 자신의 왕궁 안과 밖에 있는 모든 것들을 다 보았다는 사실을 말했다. 즉 창고에 있는 보물들과 병기들을 포함하여 나라 안의 모든 것들을 남기지 않고 다 보여주었다는 것이다. 히스기야 왕은 저들에게 자신이 통치하는 유다 왕국이 국력을 완전히 회복한 사실을 자랑하고 싶었을 것이 분명하다.

선지자는 히스기야 왕이 바벨론 사신들에게 내탕고와 병기고를 개방하여 보여준 사실을 알고 염려되지 않을 수 없었다. 유다 왕국의 모든 것들을 바벨론 왕국의 사신들에게 보여준 것 자체뿐 아니라 여호와 하나님만을 의지해야 할 히스기야 왕의 자세가 흐트러지고 있었기 때문이다. 또한 유다 왕국의 궁전 내탕고와 병기고를 목격한 사신들은 그 모든 형편들을 바벨론 왕에게 낱낱이 보고할 것이 틀림없다.

이는 바벨론이 유다 왕국의 군사력을 포함한 모든 내용을 남김없이 세세히 알게 되었다는 사실을 의미하고 있다. 한 나라가 자신의 모든 비밀 정보를 경쟁 관계에 있는 다른 나라에 개방한다는 것은 매우 심각한 문제를 야기할 수 있는 우려가 따른다. 그것은 결코 지혜로운 처사가 아니다. 더군다나 하나님께 속한 언약의 왕국이 이방 왕국을 우방으로 삼으려고 한다는 것은 결코 용납될 수 없는 일이었다.

4. 바벨론에 의한 유다 왕국의 패망 예언 (사 39:5-7)

선지자 이사야는 히스기야 왕에게 하나님의 말씀을 전달했다. 그것은 장차 이르게 될 비극적인 일에 관한 내용이었다. 그 원인은 히스기야가 질병에 걸렸다가 하나님으로부터 치유를 받고도 그 은혜를 멀리하고 인간 본위의 자의적인 판단과 행동을 했기 때문이었다. 이에 대해서는 역대하의 기록에도 잘 나타나 있다.

> **"그때에 히스기야가 병들어 죽게 된고로 여호와께 기도하매 여호와께서 그에게 대답하시고 또 이적으로 보이셨으나 히스기야가 마음이 교만하여 그 받은 은혜를 보답지 아니하므로 진노가 저와 유다와 예루살렘에 임하게 되었더니"**(대하 32:24, 25)

여호와 하나님을 전적으로 의지하지 않는 히스기야 왕의 판단과 행동은 하나님의 진노를 불러일으키기에 충분했다. 그것은 히스기야 개인에게만 국한 되는 일이 아니었다. 하나님의 뜻을 기억하지 않은 왕의 교만한 태도는 예루살렘과 유다 왕국 전체에 무서운 심판이 임하도록 했기 때문이다.

선지자 이사야를 통해 이번에 예언된 하나님의 심판은 즉시 시행될 것이 아니라 장차 발생하게 될 일이었다. 때가 이르면 유다 왕궁에 있는 모든 소유와 이스라엘 민족의 조상들이 예비하여 쌓아둔 모든 것들이 바벨론 왕국에 빼앗기게 된다. 그렇게 되면 예루살렘에 모아두었던 귀중한 보물들이 바벨론 땅으로 옮겨진다.

뿐만 아니라 많은 이스라엘 자손들이 이방의 포로로 잡혀갈 것이며 그 가운데는 왕족에 속한 자들도 상당수 포함된다. 그들은 이방 지역으로 사로잡혀 가 바벨론 왕궁의 환관(eunuch)이 되는 수모를 겪게 된다는 것이었다. 이는 끔찍한 예언이 아닐 수 없다. 이 예언은 후일 바벨론 왕 느부갓네살(Nebuchadnezzar) 왕이 통치하던 시기인 BC 605년 이후에 실현되어, 다니엘서의 맨 앞부분에는 그에 연관된 내용이 소상하게 기록되어 있다.

> **"유다 왕 여호야김이 위에 있은 지 삼년에 바벨론 왕 느부갓네살이 예루살렘에 이르러 그것을 에워쌌더니 주께서 유다 왕 여호야김과 하나님의 전 기구 얼마를 그의 손에 붙이시매 그가 그것을 가지고 시날 땅 자기 신의 묘에 이르러 그 신의 보고에 두었더라 왕이 환관장 아스부나스에게 명하여 이스라엘 자손 중에서 왕족과 귀족의 몇 사람 곧 흠이 없고 아름다우며 모든 재주를 통달하며 지식이 구비하며 학문에 익숙하여 왕궁에 모실만한 소년을 데려오게 하였고 그들에게 갈대아 사람의 학문과 방언을 가르치게 하였고 또 왕이 지정하여 자기의 진미와 자기의 마시는 포도주에서 그들의 날마다 쓸 것을 주어 삼년을 기르게 하였으니 이는 그 후에 그들로 왕의 앞에 모셔 서게 하려 함이었더라"(단 1:1-5)**

위의 다니엘서에서는 바벨론의 느부갓네살과 그의 군대가 예루살렘을 공격하여 많은 기물들을 빼앗아간 내용이 기록되어 있다. 그리고 이스라엘의 왕족과 귀족 몇 사람을 포로로 잡아가 특별 관리를 하게 된 사실이 나타난다. 특히 그들은 환관장 아스부나스(Ashpenaz)의 관할 아래 놓이게 되었다. 이는 그들이 환관이 되는 교육을 받게 된다는 사실에 어느 정도 연관되어 있다. 우리는 이점을 매우 주의 깊게 생각해 볼 필요가 있다. 이는 이사야서 39장 7절에 언급된 환관과 직접적인 관련성이 있기 때문이다.

왕족과 귀족에 속한 자들 가운데서 특별히 선발된 젊고 건강하며 용모가 단정한 소년들은 바벨론 왕을 위해 특별한 교육과 훈련을 받았다. 그들은 학문을 익히고 다양한 기교들을 배워 바벨론을 위한 인물들로 길들여졌다. 그들은 또한 갈대아인들의 언어와 학문을 익혀 습득하게 되었다. 그리하여 바벨론 왕을 가까이 모시고 수종들 수 있도록 왕궁의 맛있는 음식과 포도주를 먹으며 궁중교육을 받았던 것이다.

선지자 이사야는 하나님께서 자신의 뜻에 둔감해진 히스기야의 행동으로 말미암아 장차 저들을 심판하시고자 한다는 사실을 미리 예언했다. 그가 왕궁의 내탕고와 병기고를 바벨론 왕국의 사신들에게 다 보여준 것은 여호와 하나님을 의지하지 않고 그의 뜻을 멀리하는 것과 동일한 악한 행동이었다. 따라서 이사야는 그로 인해 장차 저들에게 무서운 심판이 임하게 될 사실을 히스기야 왕에게 선언했던 것이다.

5. 히스기야 왕의 긍정적인 신앙 (사 39:8)

장차 임하게 될 심판에 관한 선지자 이사야의 예언을 들은 히스기야는 자신의 치명적인 실수에도 불구하고 여전히 하나님을 진정으로 경외하는 인물이었다. 하지만 이미 엎질러진 물에 대해서는 어떻게 할 도리가 없었다. 그가 비록 잘못을 저지르기는 했지만 여전히 하나님에 대한 근본적인 신앙이 남아 있었던 것이다.

그러므로 히스기야는 자신의 교만한 마음을 하나님 앞에서 진정으로 회개했다. 왕이 자신이 행한 모든 행동을 깊이 뉘우치자 예루살렘에 살고 있던 모든 백성들도 그에 참여했다. 이는 한 사람 왕이 여호와 하나님 앞에 범죄하는 것이 온 민족을 범죄케하는 대표성을 지닌다는 사실을 말해주고 있다.

> **"히스기야가 마음의 교만함을 뉘우치고 예루살렘 거민들도 그와 같이 하였으므로 여호와의 노가 히스기야의 생전에는 저희에게 임하지 아니하니라"**(대하 32:26)

히스기야 왕은 선지자 이사야를 통해 선포된 하나님의 말씀을 겸손한 자세로 받아들였다. 즉 장차 유다 왕국이 바벨론에 의해 처참하게 패망한다는 예언을 듣고 그것을 하나님의 뜻으로 이해했던 것이다. 그러므로 왕과 백성이 한 마음이 되어 하나님 앞에 회개하고 뉘우칠 수 있었다.

이에 대해서는 오늘날 우리도 이사야의 교훈을 귀담아 듣지 않으면 안된다. 교회의 지도자들은 자신이 소유한 대표성의 원리에 대해 깊이 자각해야만 한다. 그리고 즉 현대 교회에 속한 모든 성도들은 선지자들과 사도들의 교훈과 질책을 소중하게 받아들여야 한다. 하나님의 자녀들은 그 질책의 소리로 인해 진정한 회개의 자리로 나아가게 된다.

이는 사실 매우 중요한 의미를 담고 있다. 계시된 성경말씀을 통하여 자신의 악함을 보지 못하고 감성적인 자세로 인해 자의에 따라 스스로 뉘우친다면 그것은 참된 회개라기보다 윤리적인 반성에 지나지 않는다. 즉 죄악의 여부는 각자가 스스로 판단하는 것이 아니라 반드시 성경의 교훈을 바탕으로 해야 하기 때문이다.

그런데 히스기야는 성경 본문 가운데서 자기 생전에는 평안과 견고함이 있으리라는 말을 남기고 있다. 어떤 측면에서 본다면 그것은 매우 이기적인 태도로 비쳐질 수 있다. 자신의 후손들이 장차 끔찍한 고통을 당할지라도 자기 시대만 평안하고 예루살렘 성이 견고하게 지켜진다면 그것으로 족하다는 뜻으로 보이기 때문이다.

그러나 히스기야 왕의 그 고백은 이기적인 생각으로 인한 것이 아니었던 것으로 보인다. 그가 하나님의 모든 뜻을 그대로 받아들인 것은 그 의도를 이미 알고 있었던 사실과 연관된다. 즉 인간들이 할 수 있는 일은 지극히 미미할 따름이며, 하나님의 섭리와 경륜이 정확하고 완벽하다. 히스기야 왕은 하나님의 심판에 대한 선지자의 끔찍한 예언을 듣고도 그 모든 사실을 믿음으로 받아들이고 있었던 것이다.

제5부

하나님의 구원 계획과 '고난 받는 종'

(이사야 40-55장)

제34장

하나님의 위로와 궁극적인 소망
(사 40:1-31)

1. 위로의 하나님 (사 40:1,2)

하나님께서는 선지자에게 언약의 백성을 위로하라는 말씀을 하셨다. 이사야 선지자가 활동할 당시 이스라엘 백성은 국내외의 복잡한 상황으로 인해 잠시도 마음 편할 날이 없었다. 외세의 공격과 국내에 들끓는 배도자들로 말미암아 심각한 문제들이 가득했다. 그런 불안한 상황은 백성들의 일상적인 생활마저 위태롭게 만들었다.

나아가 히스기야 왕이 바벨론에서 온 사신들에게 내탕고와 병기고를 다 보여준 다음 이사야 선지자는 저들에게 부정적인 예언을 했다. 장차 유다 왕국이 바벨론에 의해 함락될 것이라는 경고와 더불어 이스라엘 백성이 포로로 잡혀가게 되고 왕족의 자손들 가운데는 바벨론 왕의 환관이 될 자들마저 생겨나게 되리라는 것이었다. 그 말은 들은 유다 왕국 백성들은 낙담하지 않을 수 없었다.

그런 와중에 하나님께서는 선지자로 하여금 고통당하는 이스라엘 백성에게 위로의 말씀을 전하도록 지시하셨다. 그 기쁜 소식을 예루살렘의 중심부를 향하여 크게 외치며 선포하도록 하셨던 것이다. 당시 저들이 이방 지역에서 고통을 당하던 투쟁의 때 곧 복역 기간이 멀지 않아 끝이 나게 된다는 것이었다. 또한 언약의 자녀들은 저들이 저지른 죄악으로 인해 그동안 갑절의 벌을 받았다는 사실을 말씀하셨다.

이는 바벨론 왕국에 포로로 잡혀간 유다 왕국의 백성이 본토로 귀환하게 되리라는 사실에 연관되어 있다. 이는 그나마 저들에게 위로와 희망의 말씀이 될 수 있었다. 성경 본문에서 저들이 '갑절의 벌' 을 받았다고 언급된 것은 하나님께서 그들에게 더 무거운 책임을 물었음을 의미한다. 즉 일반적인 경우에 있어서 사람들이 어떤 범죄를 저질렀다면 지은 죄만큼의 벌을 받게 된다.

하지만 언약의 자손들은 하나님의 징계를 받아 갑절의 책임을 져야만 했다. 이스라엘 민족이 바벨론의 포로로 잡혀간 것은 저들이 범한 죄에 비해 갑절의 벌을 받은 것이었다. 하나님께서 저들에게 그와 같은 심한 고통의 때를 주신 것은 저들로 하여금 하나님을 간절히 바라보도록 하는 은혜의 방편이 되었다.[63]

이에 대해서는 오늘날 우리도 주의 깊게 생각해 보아야만 한다. 불신자들은 정직하지 않게 행한다고 해도 하나님으로부터 받는 징계가 약하거나 가벼울지도 모른다. 이에 반해 하나님의 자녀라 칭하면서 더러운 배도에 빠지게 되면 훨씬 무거운 징계를 받을 수 있다.[64] 문제는 어리석은 자들은

63) 하나님의 자녀가 하나님으로부터 죄에 따라 무거운 징계를 받는 것은 그의 사랑에 연관되어 있다. 하나님의 백성이라 할지라도, 타락한 인간들은 모든 것이 만족스러우면 하나님을 간절히 찾지 않는다. 도리어 배도의 길에 빠져들게 될 우려마저 있다. 이에 반해 하나님의 징계로 말미암아 고통에 빠지게 되면 하나님을 향해 간절히 부르짖으며 그를 찾게 된다. 그것은 고통받는 성도들에게 허락된 큰 은혜의 방편이 될 수 있는 것이다.

64) 이는 일반적인 경우에도 그렇다. 우리는 남의 자식이 잘못하는 것을 보면서 필요 이상의 징계를 하지 않는다. 하지만 자기 자식에 대해서는 악에 빠지지 않도

자기가 징계를 받고 있으면서도 그것이 하나님으로부터 온 벌이라는 사실을 전혀 인식하지 못하고 있다는 사실이다.

선지자 이사야가 전한 이 말씀은 메시아 예언에 밀접하게 연관된 의미를 지니고 있다. 고통스러운 복역의 때가 지나가게 되면 뒤이어 하나님으로부터 임하는 평화의 때가 이르게 된다. 이는 여호와 하나님께 속한 백성들의 모든 죄가 메시아를 통해 일시에 용서받을 수 있게 된다는 사실을 시사해주고 있다.

2. '메시아의 길'을 예비할 사자에 관한 예언 (사 40:3-5)

선지자 이사야는 장차 이땅에 메시아가 도래하리라는 사실을 염두에 두고, 앞서 그의 길을 예비하게 될 특별한 사자에 관한 예언을 했다. 즉 하나님께서는 메시아를 등장시키기에 앞서 '외치는 자의 소리'가 있으리라는 사실을 언급하며 그 사자로 하여금 광야에서 여호와의 길을 예비하도록 하시리라는 것이었다. 하나님은 그것을 위해 인적이 드문 사막 곧 광야에서 하나님의 대로를 평탄케 하리라고 말씀하셨다.

그런데 왜 하나님께서는 이스라엘 민족의 언약적인 중심부이자 심장이라 할 수 있는 예루살렘에서 그 일을 하도록 요구하지 않으셨을까? 또한 사람들이 많이 붐비는 대도시가 아니라 구태여 한산한 광야에서 그 중요한 사실을 선포하도록 하셨을까? 그것은 아마도 배도에 빠진 자들이 그 놀라운 소식을 먼저 듣지 못하게 하려는 하나님의 의도 때문이었을 것이다. 그리고 메시아 강림은 인간들이 보기에 화려하고 떠들썩한 분위기를 연출

록 하기 위해 엄격한 징계를 가한다. 부모의 징계는 자식에 대한 사랑에 기인하기 때문이다. 이에 대해서는 신약성경 히브리서에 잘 기록되어 있다: "너희가 참음은 징계를 받기 위함이라 하나님이 아들과 같이 너희를 대우하시나니 어찌 아비가 징계하지 않는 아들이 있으리요 징계는 다 받는 것이거늘 너희에게 없으면 사생자요 참 아들이 아니니라"(히 127:8), 참조.

하지 않는다는 사실을 말해주고 있는 것으로 보인다.

본문 가운데서 우리의 특별한 관심을 끄는 대목은 장차 이땅에 오시게 될 메시아가 '여호와 하나님' 이라는 점이다. 이는 메시아가 인간의 몸을 입고 이 세상에 임하시는 성자 하나님이라는 사실을 말해주고 있다. 여호와 하나님의 영광이 인간의 몸을 입으신 예수 그리스도를 통해 드러나게 되면 모든 사람들이 볼 수 있게 된다. 복음서에는, 언약의 성취자로서 예수 그리스도가 자신의 모습을 드러내기 전 세례 요한이 행했던 사역이 선지자 이사야가 선포한 예언의 성취임을 증거하고 있다.

> **"요한이 요단 강 부근 각처에 와서 죄 사함을 받게 하는 회개의 세례를 전파하니 선지자 이사야의 책에 쓴 바 광야에서 외치는 자의 소리가 있어 이르되 너희는 주의 길을 준비하라 그의 오실 길을 곧게 하라 모든 골짜기가 메워지고 모든 산과 작은 산이 낮아지고 굽은 것이 곧아지고 험한 길이 평탄하여질 것이요 모든 육체가 하나님의 구원하심을 보리라 함과 같으니라"**(눅 3:3-6)

왕이신 주님의 도래를 위해서는 먼저 왕을 위한 대로大路가 예비 되어야 한다. 메시아가 오시게 될 대로는 산과 골을 메꾸어 평탄케 하는 작업을 동반한다. 높은 산과 언덕이 낮아지고 깊은 골짜기가 돋우어져서 큰 길을 만들게 된다. 울퉁불퉁하고 굽은 길들이 곧게 되고 험한 길이 평탄하게 된다. 이는 메시아가 오시게 될 때 이스라엘 민족 가운데 특별한 변화가 동반되리라는 사실을 상징적으로 말해주고 있다.

언약의 백성들은 장차 그것으로 말미암아 하나님께서 행하시는 모든 구속사적인 과정을 두 눈으로 생생하게 목격하게 된다. 나아가 인간의 몸을 입은 메시아를 통해 저들 앞에 여호와 하나님의 영광이 드러나게 된다. 선지자 이사야는 고통에 빠져 신음하는 백성들에게 앞으로 그와 같은 일이 반드시 성취될 것을 예언했으며, 복음서에는 그것이 성취된 사실에 대한 기록을 남기고 있다.

인간의 몸을 입으신 예수 그리스도의 몸은 하나님의 자녀들뿐 아니라 배도자들과 불신자들에게도 그대로 보여진다. 하지만 죄로 인해 영적인 눈이 어두워진 인간들은 하나님의 아들을 두 눈으로 목격하면서도 제대로 알아보지 못한다. 따라서 그들은 감히 하나님을 조롱하고 핍박하며 모독하는 자리에 이르게 된다.

3. 영원한 하나님의 말씀 (사 40:6-8)

선지자는 그때 천상으로부터 나는 소리를 들었다. 그로부터 난 음성은 '외치라' 는 요구를 하고 있었다. 그 요구를 듣게 된 선지자 이사야는 무엇이라 외쳐야할지 몰라 천상을 향해 다시금 물었다. 그러자 그 말하는 자가 선포해야 할 구체적인 내용을 알려 주었다.

그것은 곧 인생의 덧없음과 영원한 하나님의 말씀에 관한 것이었다. 신약시대 야고보는 이사야 선지자의 글을 인용해 흩어진 이스라엘 열두 지파를 향해 그와 동일한 선포를 했다. 이 말은 지상에 살아가는 모든 성도들이 받아들여야 할 소중한 교훈이다.

> **"낮은 형제는 자기의 높음을 자랑하고 부한 형제는 자기의 낮아짐을 자랑할지니 이는 풀의 꽃과 같이 지나감이라 해가 돋고 뜨거운 바람이 불어 풀을 말리우면 꽃이 떨어져 그 모양의 아름다움이 없어지나니 부한 자도 그 행하는 일에 이와 같이 쇠잔하리라 시험을 참는 자는 복이 있도다 이것에 옳다 인정하심을 받은 후에 주께서 자기를 사랑하는 자들에게 약속하신 생명의 면류관을 얻을 것임이니라"**(약 1:9-12)

야고보가 인용한 이 말씀은 선지자 이사야가 하나님으로부터 계시받아 기록한 교훈이다. 그가 이스라엘 백성에게 선포해야 할 내용은 인생의 허무함과 그와 대비되는 영원한 하나님의 말씀이었다. 하나님으로부터 계시된 이 말씀은 시대와 장소에 얽매이지 않는다. 교회에 속한 모든 성도들은 야고보가 언급한 대로 선지자가 전한 이 교훈을 마음속 깊이 새겨 어려움을 참고 견뎌야만 한다. 그것을 통해 영원한 생명의 면류관이 허락될 것이기 때문이다.

따라서 하나님의 자녀들은 항상 천상으로부터 계시된 진리의 말씀에 귀를 기울여야 한다. 타락한 인간들이 자신의 삶을 의지하거나 이 세상에 집착하는 것은 지극히 어리석은 행위에 지나지 않는다. 죄에 빠진 인간은 전적으로 부패하고 무능한 존재이기 때문에 영원한 삶을 위해 스스로 할 수 있는 일은 아무것도 없다.

그들이 참된 생명을 소유함으로써 살아남을 수 있는 유일한 방편은 영원한 하나님의 말씀에 온전히 의지하는 길밖에 없다. 하나님께 의존하여 모든 것을 맡길 때 비로소 참된 삶을 보장받을 수 있게 된다. 하나님께서는 선지자와 사도들로 하여금 한시적인 육체를 지닌 인간이 아니라 여호와 하나님께 의지하는 것이 참된 지혜라는 사실을 선포하게 하심으로써 자기 백성들에 대한 진정한 사랑을 보여주셨다.

4. '아름다운 소식' 을 전할 자로서 선한 목자 (사 40:9-11)

하나님께서는 선지자를 통해 장차 임하게 될 메시아 예언을 하셨다. 그것은 아름다운 소식을 전하라는 것이었는데 시온에서부터 출발한다. 그 소식을 전하는 자는 높은 산에 올라가 예루살렘을 향해 그 놀라운 사실을 선포하게 된다. 하나님께서는 그에게 두려워하지 말고 목소리를 크게 높이라는 말씀을 하셨다. 이는 그의 외침이 악한 지도자들로부터 크게 환영받지 못할 뿐 아니라 위협을 당하게 되리라는 사실을 말해준다.

그리고 그는 유다의 성읍들을 향해 '너희 하나님을 보라' 고 외치도록 요구하셨다. 하나님을 경외하는 자들은 나중 그 놀라운 일이 발생하게 되면 선포되는 그 말씀을 반드시 들어야만 한다. 그러나 어리석은 인간들은 귀를 막고 그 선포를 듣지 않으려 한다. 땅에 모든 관심을 두고 살아가는 자들은 천상의 소리를 듣기 싫어하기 때문이다.

하나님의 자녀들은 그 말씀을 귀로 듣고 그에 순종함으로써 온전한 믿음을 소유할 수 있게 된다. 즉 천상으로부터 계시된 예수 그리스도의 말씀을 통해 저들에게 참된 믿음이 주어진다. 사도 바울은 로마에 있는 교회에 편지하면서 이사야서에 기록된 내용을 인용하며 그에 관한 기록을 하고 있다.

> **"보내심을 받지 아니하였으면 어찌 전파하리요 기록된바 아름답도다 좋은 소식을 전하는 자들의 발이여 함과 같으니라 그러나 저희가 다 복음을 순종치 아니하였도다 이사야가 가로되 주여 우리의 전하는 바를 누가 믿었나이까 하였으니 그러므로 믿음은 들음에서 나며 들음은 그리스도의 말씀으로 말미암았느니라"**(롬 10:15-17)

사도 바울은 위의 본문 말씀 가운데서 이사야의 예언을 인용하며 장차 일어나게 될 하나님의 구원사역에 대한 기록을 남기고 있다. 우리는 이사야서 본문을 통해 장차 이땅에 메시아가 오시게 되면 그에 대한 증인으로서 진리를 선포하는 자들이 상당한 두려움에 빠지게 되리라는 사실을 알게 된다. 이는 이스라엘 백성이 그동안 직면했던 전쟁과는 성격이 다른 차원의 새로운 영적인 전투가 벌어지게 될 것을 시사하고 있다.

또한 이사야서 본문 가운데 기록된 '너희 하나님을 보라' 는 말씀 가운데서 우리는 하나님께서 인간의 몸을 입고 이 세상에 오시리라는 사실을 알 수 있다. 어리석은 자들은 눈이 멀어 그 하나님을 알아보지 못한다. 하지만 언약의 자손들은 인간이 되신 하나님을 보고 삼위일체 하나님을 깨닫게 된다. 또한 그가 오시면 친히 신령한 통치력을 행사하게 된다. 그는 친히 자신의 편 팔로 인간 세계와 우주만물을 다스리게 되는 것이다.

그리고 여호와 하나님으로부터 모든 상급이 나오고 동시에 그로부터 모든 보응이 나온다. 그는 마치 선한 목자처럼 자기의 양 떼를 풍성한 양식으로 먹이시며 어린 양을 자신의 팔로 모아 품에 안으신다. 그리고 젖먹이는 암컷들을 인도하듯이 자신의 보호를 받아야 할 자들을 선하게 인도하시게 된다. 시편 기자와 사도 요한은 그와 연관하여 여호와 하나님 곧 예수 그리스도가 선한 목자라는 사실을 기록하고 있다.

> **"여호와는 나의 목자시니 내가 부족함이 없으리로다 그가 나를 푸른 초장에 누이시며 쉴만한 물 가으로 인도하시는도다 내 영혼을 소생시키시고 자기 이름을 위하여 의의 길로 인도하시는도다"**(시 23:1-3); **"나는 선한 목자라 선한 목자는 양들을 위하여 목숨을 버리거니와…… 나는 선한 목자라 내가 내 양을 알고 양도 나를 아는 것이 아버지께서 나를 아시고 내가 아버지를 아는 것 같으니 나는 양을 위하여 목숨을 버리노라 또 이 우리에 들지 아니한 다른 양들이 내게 있어 내가 인도하여야 할터이니 저희도 내 음성을 듣고 한 무리가 되어 한 목자에게 있으리라"**(요 10:11-16)

여호와 하나님은 시편 기자가 노래하듯이 창세전에 택하신 자기 자녀들을 위한 목자가 되신다. 그가 참된 생명을 공급하시며 저들을 선한 길로 인도하신다. 예수님께서는 자기가 곧 그 선한 목자라는 사실을 말씀하셨다. 이 가운데는 자기가 구약에 기록된 여호와 하나님이라는 사실이 시사되어 있다. 사도 요한은 그에 대한 사실을 계시받아 기록함으로써 자기 양 떼를 위해 목숨까지 내어주는 목자로서 그의 존재를 보여주고 있다.

우리는 선지자 이사야를 통해 계시된 그 말씀이 인간의 몸을 입고 이땅에 오실 하나님의 아들 메시아에 대한 예언이란 사실을 알게 된다. 하나님의 자녀라 할지라도 인간들은 순진한 양 같아서 항상 사나운 이리 떼에 노출되어 있다. 그리고 스스로 목초를 찾아 풍부한 양식을 얻지도 못한다. 선한 목자이신 하나님께서 저들을 불러 인도하실 때 그를 따름으로써 비로소 안전한 삶을 살아갈 수 있게 되는 것이다.

5. 우주만물의 주인이신 하나님의 권능 (사 40:12-17)

삼위일체 하나님은 자신의 고유한 작정과 계획에 따라 말씀으로써 우주만물을 창조하신 분이다. 피조물인 인간들의 두뇌로는 측량 자체가 불가능한 방법으로 그 모든 것들을 지으셨다. 하나님께서는 거룩한 섭리에 따라 추호의 오차도 없이 완벽하게 온 세상을 창조하셨던 것이다.

이는 하나님께서 우주를 창조하신 분명한 목적이 존재한다는 사실을 말해주고 있다. 따라서 하나님의 창조가 진행될 때 하늘의 별들이 합창하며 노래했다. 그리고 하나님의 아들들이 즐겁게 외쳤다. 이는 우주만물이 여호와 하나님의 기쁨의 대상이 되고 있다는 사실에 연관되어 있다. 이에 대해서는 욥기에 분명하게 기록되어 나타난다.

> **"내가 땅의 기초를 놓을 때에 네가 어디 있었느냐 네가 깨달아 알았거든 말할찌니라 누가 그 도량을 정하였었는지, 누가 그 준승(準繩)을 그 위에 띄웠었는지 네가 아느냐 그 주초는 무엇 위에 세웠으며 그 모퉁이 돌은 누가 놓았었느냐 그때에 새벽 별들이 함께 노래하며 하나님의 아들들이 다 기쁘게 소리하였었느니라"**(욥 38:4-7)

위에 언급된 욥기 본문에는 하나님께서 작정에 따라 우주만물을 창조하실 때, '하나님의 아들들' 이 다 기쁘게 소리친 사실이 기록되어 있다. 여기서 언급된 '하나님의 아들들' 이란 '하늘의 천사들' 을 지칭하고 있다. 그들이 여호와 하나님의 거룩한 창조사역을 보며 하나님을 찬양하며 노래 불렀던 것이다.

하나님께서는 우주만물을 창조하시면서 어느 누구와도 의논하지 않고 그의 고유한 뜻에 따라 모든 일을 행하셨다. 어떤 존재도 감히 하나님을 가르치거나 명하지 못한다(고전 1:19,20; 2:16). 즉 어느 누구도 그에게 지식을 더하게 한다거나 참된 지혜를 제공할 수 없다. 피조물이 감히 조물주에게 그렇게 한다는 것은 어불성설語不成說이며 불가능한 일이다.

전능하신 하나님 앞에서는 그 어떤 것이라 할지라도 티끌과 먼지에 지나지 않는다. 인간들의 눈에 아무리 대단해 보이는 것들이라 할지라도 하나님께는 아무것도 아니다. 여호와 하나님께서는 그런 것들에 의해 어떤 도움을 받지 않으시며 그것들을 통해 자신의 창조 사역을 이루어가지 않으셨다. 피조물들 가운데는 하나님 보시기에 대단하다고 할 만한 것들이 아예 존재하지 않는 것이다.

그러므로 선지자는 열방의 세력을 다 끌어모은다고 해도 하나님 앞에서는 통 안의 한 방울 물이나 물건을 달기 위한 저울에 묻은 작은 티끌과도 같다는 사실을 언급했다. 또한 바다에 떠 있는 섬들은 마치 떠오르는 먼지와 같은 것에 지나지 않는다는 점을 말했다. 따라서 아름다움을 자랑하는 레바논의 많은 나무들은 땔감으로도 부족하며 숱한 짐승들은 번제에 쓸 만큼도 되지 않는다는 것이었다. 즉 인간들의 눈에 아름답고 성스러운 것처럼 보일지라도 인간들에게나 의미 있을 뿐 하나님께는 아무것도 아니라는 것이다.

이처럼 하나님 앞에서는 세계 열방과 그 안에 있는 모든 것들이 있으나 마나한 보잘것없는 존재에 지나지 않는다. 이는 태초에 우주만물을 창조하신 분이 인간의 사고로 접근할 수 없는 얼마나 크고 위대하신 분인가 하는 점을 말해주고 있다. 이를 통해 우리는 전지전능하신 하나님과 그의 뜻이 무엇인지 깨달아 갈 수 있어야만 한다.

6. 창조주 하나님의 심판 예언 (사 40:18-26)

우주만물을 창조하신 여호와 하나님의 존재를 알고 있다면 자연스럽게 그의 절대성에 대한 깨달음을 가지게 된다. 그는 어떤 피조물과도 비교될 수 없는 크고 위대한 분이다. 따라서 어느 누구든 감히 조물주 하나님을 피조물과 대비시켜 의미화 하고자 시도한다면 그것은 우상을 만들어 섬기는 것에 지나지 않는다.

즉 인간과 천사들을 비롯한 그 어떤 피조물이라 할지라도 결단코 하나님과 비교될 수 없으며, 어떤 형상이라 할지라도 그것을 제작하여 그에게 비추어 생각해서는 안 된다. 천지를 창조하신 여호와 하나님을 피조물과 비교한다는 사실 자체가 하나님 앞에서 범죄하는 행위가 되기 때문이다. 나아가 그것을 종교화한 물건들로 변형시켜 섬김의 대상으로 여긴다면 살아계신 하나님을 모독하는 것과 같다.

우상은 대장장이들이 쇠붙이로 부어만든 것이며 부자들은 금과 은을 재료로 삼아 각양 형상들을 만들어내기도 한다. 그러나 그런 값비싼 우상을 만들 수 없는 가난한 사람들은 나무조각을 구해 조각하는 자들을 불러 그것으로써 신상을 제작하게 된다. 그렇게 함으로써 자기 욕망을 채우기 위한 우상을 만들어 세우기를 좋아하는 것이다.

죄에 물든 인간들은 부패한 속성으로 인해 항상 그와 같은 유혹에 빠지게 된다. 이에 대해서는 복음을 알고 있는 성도들에게도 형식은 다를지라도 예외가 되지 않는다. 사도 바울은 로마에 있는 교회에 편지하면서 그에 대한 언급을 하고 있다.

> **"하나님을 알되 하나님으로 영화롭게도 아니하며 감사치도 아니하고 오히려 그 생각이 허망하여지며 미련한 마음이 어두워졌나니 스스로 지혜 있다 하나 우준하게 되어 썩어지지 아니하는 하나님의 영광을 썩어질 사람과 금수와 버러지 형상의 우상으로 바꾸었느니라"**(롬 1:21-23)

성령 하나님의 특별한 도우심과 그에 대한 순종이 없는 인간의 삶은 항상 우상의 위험에 노출되어 있다. 이에 대해서는 구약시대이든 신약시대이든 마찬가지다. 따라서 하나님께서는 선지자 이사야를 통해 그에 대한 깨달음이 없는 백성들을 향해 책망하듯 다그치며 진실을 말씀하셨다.

땅의 기초가 놓이고 천지가 창조될 때 그 가운데 하나님의 거룩한 뜻이 드러났으며 그것들은 모든 인간들에게 이미 전해진 바 되었다는 것이다. 즉 태초에 행하신 하나님의 창조사역의 의미가 후대의 인간들에게까지 전해졌다는 사실은, 지구 위에 살아가는 모든 인간들이 하늘과 땅과 그 안에 있는 모든 피조물을 통해 전달되는 하나님의 뜻을 인식하여 알게 된다는 의미를 지니고 있다.

지혜로운 인간들은 자연의 섭리를 통해 하나님의 사역에 관한 근본적인 의미를 깨달아야만 한다. 하나님으로부터 선택받은 성도들은 계시된 말씀과 더불어 그에 대한 분명한 의미를 알 수밖에 없다. 그것을 깨닫게 되면 우주만물을 창조하신 크고 위대하신 하나님을 알게 되며 땅위에 살고 있는 인간들의 실상을 알 수 있다. 아무리 대단한 존재인 것처럼 보일지라도 모든 인간은 마치 메뚜기 같은 미물에 지나지 않는다는 것이었다.

하나님께서는 천지를 창조하실 때 하늘을 엷은 휘장같이 펼치셨으며 사람들이 거주할 천막처럼 둘러 치셨다. 그는 세상의 타락한 인간들 가운데 대단한 세력을 행사하는 자들이라 할지라도 폐하시며 자기 지혜로 가르치는 세상의 모든 선생들을 헛되게 하신다. 그들은 인간들이 가지는 가장 기본적인 인격으로 인해 땅위에 뿌려졌을 따름이며 그 줄기가 겨우 땅에 뿌리박을 수 있을 정도일 뿐이다. 그러나 하나님께서 입김을 부시게 되면 그 모든 것들이 일순간에 말라버리고 회리바람에 불려가는 지푸라기 같이 되어버린다.

그러므로 거룩하신 하나님께서 자기를 피조물인 인간들과 비교하여 그와 동등하게 간주하려는 자들을 엄히 책망하셨다. 눈을 들어 세상과 우주만물을 지으신 분이 누구인지 제대로 알아보라는 것이다. 하나님께서는 삼라만상을 그 수효대로 창조하셨으며 그 모든 것들에 제각각 이름을 붙여 주셨다. 우주만물의 주인이신 창조주 하나님은 그 권세와 능력이 무한히 크기 때문에 조금의 오차도 없이 모든 것을 완벽하게 창조하셨던 것이다.

7. 언약의 하나님의 구원사역 예언 (사 40:27-31)

하나님께서는 배도에 빠져 제자리를 이탈한 언약의 자손들을 강하게 질책하며 말씀하셨다. 언약의 자손인 야곱의 후손들 곧 이스라엘 백성이 감히 여호와 하나님의 눈을 속이려고 했다. 그들은 이방인들과 달리 여호와 하나님에 대한 상당한 지식을 갖춘 자들이었다. 그런 자들임에도 불구하고 자신의 삶을 여호와 하나님 앞에서 숨기려 했으며 마치 하나님으로부터 벗어날 수 있을 것처럼 여기고 있었다.

그들은 영원하신 여호와 하나님께서 우주만물을 창조하신 사실을 이미 말씀을 통해 들은 바 있었다. 또한 그는 어떤 경우라 할지라도 피곤해하거나 힘을 상실하시는 분이 아니며 한없는 명철을 소유한 분이라는 사실을 잘 알고 있었다. 그는 타락한 인간들과는 근본적으로 다른 창조주 하나님이었기 때문이다.

그러므로 하나님께서는 자기에게 속해 있으나 피곤을 느끼는 자들에게 힘을 주시며 무능한 자들에게는 능력을 더해 주신다. 비록 혈기 왕성한 젊은이들이라 할지라도 피곤에 빠지게 되고 장정들마저도 넘어지고 쓰러지게 되는 것이 인간들의 한계이다. 따라서 인간들의 힘과 능력에는 항상 심각한 결함이 있을 수밖에 없다.

그렇지만 오직 여호와 하나님을 앙망하는 자는 새 힘을 얻게 된다. 그들은 마치 독수리가 날개치며 하늘 위로 올라가는 것과 같다. 그리하여 앞을 향해 힘껏 달려간다고 할지라도 곤비하게 되지 않으며 먼 거리를 걸어간다고 할지라도 피곤을 느끼지 않는다. 즉 인간들 자신에게서 나오는 모든 힘과 능력에는 한계가 있지만 하나님께서 제공하시는 힘은 결코 쇠하여지지 않는 것이다. 우리가 반드시 기억해야 할 바는 모든 참된 능력은 인간들이 아니라 오직 하나님으로부터 허락된다는 놀라운 사실이다.

제35장

메시아를 통한 하나님의 공의 실현
(사 41:1-29)

1. 언약의 자손들의 배도행위와 하나님의 재판정 (사 41:1-7)

창조주이신 하나님은 인간들을 포함한 우주만물의 유일한 주인이시다. 하나님 이외에는 어느 누구도 피조세계에서 주인노릇을 할 수 없다. 만일 피조물로서 다른 피조물에 대한 소유권을 주장하거나 그것을 인정함으로서 하나님 앞에 머리를 쳐드는 자들이 있다면 무서운 심판의 대상이 될 따름이다. 그러나 죄에 빠진 인간들과 오염된 세상은 하나님으로부터 멀어져 그에 대한 아무런 인식이 없다.

하나님께서는 본문의 맨 앞부분에서 자신의 절대주권과 공의에 관한 말씀을 하셨다. 그는 이방인들에 대해서 뿐 아니라 언약의 백성이 배도에 빠지게 될 때도 결코 그냥 관망하지 않으신다. 반드시 저들을 심판하심으로써 자신의 뜻을 이루어 가시기 때문이다. 따라서 저들을 징계하시기 위한 도구로서 동방의 한 정복자를 가나안 땅으로 불러들이시게 된다.

하지만 먼 이방 지역으로부터 온 정복자와 병사들이 선한 마음으로 여호와 하나님의 말씀에 순종하지는 않는다. 그들은 부지중에 심판을 행하시는 하나님의 도구가 되어 그 경륜에 참여하게 될 따름이다. 즉 이방 왕국에 속한 자들은 하나님을 영화롭게 하고 찬송하도록 부름을 받는 것이 아니었다. 그들은 하나님의 목적을 위해 특별한 쓰임을 받지만 여전히 하나님의 대적자에 지나지 않는다.

그 과정에서 하나님의 거룩한 영역이 되어야 할 가나안 땅은 이방인들의 영향을 받아 우상이 넘치는 배도의 땅으로 바뀌게 된다. 따라서 하나님은 자신의 통치 가운데 있어야 할 대상을 향해 공의를 드러내고자 하셨다. 특히 자기의 의로 세운 언약의 백성들에게 그렇게 하기 위해 단호한 자세를 취하셨다. 그리하여 그는 바다에 떠있는 모든 섬들을 향해 자기 앞에서 잠잠하라고 명령하셨다. 이는 인간들의 바다를 통한 무역활동과 연관되어 있는 것으로 보인다.

하나님께서는 진행되는 모든 과정을 통해 자기가 피조세계를 다스리며 명령할 수 있는 유일한 분임을 드러내셨다. 우주와 그 안에 존재하는 모든 것들은 하나님의 관할 아래 있어야만 한다. 따라서 하나님 앞에서 반항하며 고개를 쳐드는 인간들은 누구든지 무서운 심판의 대상이 될 수 밖에 없다.

나아가 하나님께서는 심판을 행하시기 위해 이방 지역에 흩어져 존재하는 여러 민족들을 향해 힘을 강하게 정비하여 자기 앞으로 나아오도록 명령하셨다. 그리고 자기 앞에서 스스로 변론하여 떳떳함을 밝히 드러내 보라는 요구를 하셨다. 그리하여 재판정에 서서 옳고 그름을 가려보아야 한다는 것이었다.

하나님께서는 이와 더불어 동방 지역에 살고 있는 특정된 백성들을 지목하여 자신이 조성하신 언약의 왕국으로 부르시리라는 사실을 언급하셨다. 즉 이방 왕국의 군대를 불러 이스라엘을 심판하시고자 하는 뜻을 밝히셨다. 그가 당시 막강한 세력으로 부상하여 군림하는 그 나라에 주변의 세계와 모든 왕들을 넘겨줄 것이며, 하나님께서 세우신 유다 왕국마저도 그로부터 심각한 영향을 받게 된다는 것이다. 이는 장차 강대국이 될 바벨론 왕국의 통치와 정복에 관한 예언으로 보는 것이 가장 자연스럽다.

중근동지역의 모든 나라들은 막강한 세력을 지닌 그 왕국의 칼과 화살 앞에서 마치 티끌과 지푸라기처럼 되어 힘없이 무너져 내리게 된다. 정복욕에 가득찬 그 나라의 왕은 도망가는 여러 나라의 군대를 추격함으로써 모든 영역을 잔인하게 짓밟아 버린다. 그렇게 되면 주변의 모든 나라들이 그 앞에서 떨지 않을 수 없게 된다.

하나님께서는 또한 그 왕국으로 하여금 막강한 세력을 가지게 하시는 분이 자기라는 점을 일깨워 주시겠다는 사실을 밝혔다. 그가 자기 자녀들을 구원하시기 위해 타락한 세상을 심판함으로써 그 모든 일들에 간섭하신다는 것이었다. 그와 같은 모든 일들은 이제 와서 갑작스럽게 시작된 것이 아니라 인간이 타락한 이래 처음부터 끊임없이 진행되어 온 하나님의 경륜 가운데 발생하게 되는 일이다.

그렇지만 죄에 빠진 인간들은 항상 하나님의 뜻을 버리고 그에 저항하기를 게을리하지 않는다. 그러나 바다를 통해 교역을 하던 자들이나 섬들을 비롯한 자연과 세상에 흩어져 살아가는 모든 인간들은 여호와 하나님의 능력을 보고 두려워 떨게 된다. 그럼에도 불구하고 그 사람들은 악에 빠져 하나님 앞에 복종할 마음을 먹지 않는다. 그들은 도리어 힘을 결집해 더욱 강력하게 저항하고자 한다.

죄에 빠진 인간들은 악행을 저지르면서 서로 상대방과 그 주변 사람들을 자신의 세계로 끌어들이려는 속성을 지니고 있다. 혼자 망하지 않고 같이 멸망하고자 하는 죄에 물든 인간들의 사악한 속성 때문이다. 따라서 그들은 과감하게 악한 행동을 도모하는 주변인들을 도우며 서로 힘을 내라고 격려한다.

그렇게 되면 배도에 빠진 인간들은 더러운 우상을 제작하여 섬기는 일에 더욱 열중하게 된다. 그들은 우상을 만드는 대장장이와 목공들에게 찬사를 보내며 저들이 하는 행위를 격려한다. 그것을 통해 다양한 우상들을 그 땅에 견고히 세우기 위해 힘을 다하는 것이다. 문제는 그런 자들은 하나님을 버리고 더러운 우상을 만들어 섬기면서도 더 그럴듯하고 세련된 모습을 보이며 어리석은 자들을 미혹한다는 사실이다.

2. 하나님의 사랑과 회복에 대한 약속 (사 41:8-13)

하나님의 참 자녀들은 계시된 말씀에 온전히 순종하고자 한다. 그러므로 악한 인간들에게 심판을 선언하신 하나님께서는 이제 선택한 자기 자녀들에 대하여 어떤 자세를 취해왔는지 말씀하셨다. 오래전 친히 부르셔서 자기와 긴밀한 교제관계를 유지했던 아브라함과 그후 특별히 선택하여 자기에게 속하게 한 야곱의 자손들을 향해 말씀하신 것이다. 이는 형식적으로 저들의 혈통을 가진 자들이 아니라 참 언약에 속한 자들을 그 대상으로 삼았음을 의미한다.

하나님께서는 그들에게 아브라함에 연관된 언급을 하며 자기가 땅 끝에서부터 저를 붙들고 땅 모퉁이에서부터 저를 불렀으며 저를 자기의 뜻에 온전히 순종하는 종으로 삼았다는 사실을 말씀하셨다. 따라서 하나님은 자기가 선택한 자를 싫어하거나 버리지 않는다는 것이었다. 이 가운데는 아직 이스라엘 민족이 형성되기 전에 아브라함과 야곱을 특별히 불러 자신의 사역을 이루어가기로 작정하신 사실이 내포되어 있다. 따라서 그는 이스라엘 백성에게 어떤 두려운 상황이 불어닥친다 할지라도 자신의 사랑을 기억하고 두려워하지 말라고 하셨다.

"두려워하지 말라 내가 너와 함께 함이라 놀라지 말라 나는 네 하나님이 됨이라 내가 너를 굳세게 하리라 참으로 너를 도와 주리라 참으로 나의 의로운 오른

손으로 너를 붙들리라"(사 41:10)

이 말씀은 배도자들과 이방인들에게 둘러싸여 고통스런 상황에 처한 언약의 백성에게 진정한 힘이 되었을 것이 틀림없다. 외견상 비쳐지기에는 저들이 당하는 현실적인 고통이 쉽게 끝날 것 같아 보이지 않았다. 원수들의 강력한 세력과 배도자들의 박해 앞에서는 아무것도 할 수 없던 시기였다.

그런데 하나님께서 보이지 않는 의로운 손으로 언약에 따라 친히 저들에게 도움을 주기 위해 지키고 계신다는 사실을 말씀하셨다. 이제 멀지 않아 언약의 백성들을 괴롭히는 모든 세력이 수치와 능욕을 당할 날이 이른다는 것이었다. 이스라엘 민족 앞에서 분노에 가득한 태도로 저들을 괴롭히며 세력을 행사하던 자들이 아무런 맥없이 패망하는 일이 발생하게 된다.

그때가 되면 언약의 자손들 앞에서 악하게 굴던 그 모든 사람들은 어디로 사라졌는지도 모를 만큼 자취를 감추어버린다. 잔인하게 괴롭히던 자들이 아무것도 아닌 것처럼 되어 허무한 상황이 전개된다. 그와 같은 일이 발생하는 것은 이스라엘 자손들이 능력을 갖추었기 때문이 아니라 전적으로 하나님의 은혜로 인한 것이다.

이처럼 하나님께서는 자기가 언약의 백성을 항상 지켜 보호하고 계신다는 사실을 구체적으로 언급하셨다. 이는 그들의 순종하는 온전한 태도와 공로 때문이 아니라 하나님의 언약에 기초하고 있었다. 따라서 여호와 하나님께서 자신의 오른손으로 저들을 붙잡고 가까이서 도울 것이니 두려워하지 말라는 말씀을 하셨다. 이스라엘 백성들은 스스로 갖춘 능력이나 주변 상황 때문이 아니라 오로지 하나님의 약속으로 말미암아 그의 능력을 믿고 감사하는 마음을 가져야만 한다.

3. '이스라엘의 거룩한 이' 와 메시아 언약 (사 41:14-20)

하나님께서는 다양한 역사적 정황 가운데서 언약의 자손들을 살피며 끝까지 도우시는 분이다. 때로는 무서운 징계를 가하기도 하며 때로는 저들을 심한 고통에 빠뜨리시지만 그것은 자기 백성에 대한 교육적 의미를 지니는 것으로서 하나님의 사랑의 표시이다. 따라서 그들은 이방인들의 세력으로 인해 일시적인 두려움에 빠지게 되지만 하나님께서는 저들을 두려워하지 말라고 하셨다.

이사야서 본문 중에는 "너 버러지 같은 야곱아"라는 표현이 나타난다. 이 말은 마치 벌레같이 더럽고 보잘것없으며 아무런 힘이 없는 야곱의 자손에 대한 언급이다. 즉 배도에 빠져 하나님을 멀리하는 언약의 자손들은 막강한 세력을 지닌 원수들에 맞서 싸울 만한 기본적인 능력조차 갖추지 못한 무력한 자들에 지나지 않는다.

하나님은 그와 같이 어려운 형편에 처한 백성에게 두려움을 떨치고 담대한 자세를 가지도록 요구하셨다. 이는 여호와 하나님이 저들을 직접 구속하는 거룩한 하나님이시기 때문이다. 인간들이 자기의 지혜와 강한 훈련을 통해 다듬어낸 세력이라면 일시적인 것에 지나지 않겠지만 여호와 하나님께서 저들의 편이 되어 구원의 손길을 펼치신다면 절대적인 성격을 지니게 될 것이 틀림없다.

하나님께서는 장차 이스라엘 자손으로 하여금 가장 강력한 왕국을 만들어, 이가 날카로운 새 타작기로 삼아 세상을 심판하시리라는 사실을 말씀하셨다. 이는 장차 인간의 몸을 입고 이땅에 오실 메시아와 연관되는 것으로서 세상의 일반 왕국들과는 다른 메시아 왕국을 의미하고 있다. 그에게 속한 백성들이 높은 산들을 쳐서 부스러기를 만들어버릴 것이며 작은 산들을 티끌 같이 만들게 될 것이다. 그들은 바람으로 까불어 날리듯 원수들을 멀리 날려버릴 것이며 회리바람이 그들을 흩어버리듯 하게 된다.

그렇게 되면 그동안 심한 고통의 그늘 아래서 신음하던 언약의 자손들은 여호와 하나님으로 말미암아 기쁨과 즐거움을 회복한다. 나아가 이스라엘 자손은 그 거룩하신 하나님을 세계만방에 자랑하게 된다. 장차 발생하게 될 그 예언은 이스라엘 백성에게 참 소망이 되며 엄청난 위로가 되지 않을 수 없었다.

또한 하나님께서는 이에 연관하여 저들에게 좀 더 구체적이고 실질적인 삶의 회복에 관한 약속을 하셨다. 불쌍하고 가련한 자가 물을 구하지 못해 갈증으로 시달릴 때 하나님께서 저들에게 넘치는 생수를 공급해 주신다는 것이었다. 그는 헐벗은 민둥산에 강을 내고 마른 땅이 물의 원천이 되게 해주신다. 그리고 골짜기 가운데서 샘물이 솟아나게 하시며 광야에 못이 생겨나도록 하신다.

그리고 황량한 광야에는 백향목과 싯딤나무 곧 아카시아와 화석류花石榴와 들 감람나무가 심겨지고, 사막에는 잣나무와 소나무와 회양목이 자라나게 된다. 그것은 자연의 이치에 따라 그렇게 되어가는 것이 아니라 하나님의 도우심에 의해 이루어진다. 이는 하나님께서 저들을 절대로 버리지 않고 원수들의 세력으로부터 구출하여 직접 생명을 공급해 주신다는 의미를 지니고 있다.

그 상황을 목격하는 사람들은 그 모든 것들이 여호와 하나님에 의해 이루어졌다는 사실을 알게 된다. 하지만 어리석은 자들은 그것을 전혀 깨닫지 못해 인식조차 할 수 없다. 그렇지만 하나님께서는 인간들의 두뇌로 상상할 수 없는 엄청난 변화를 가져오게 된 모든 것들이 거룩한 하나님께서 친히 관여하신 결과라는 사실을 모든 백성이 알게 되리라고 말씀하셨다.

4. 이방 신들에 대한 경고 (사 41:21-24)

여호와 하나님을 전혀 알지 못하는 이방인들이 우상을 숭배하는 것은 지극히 자연스럽다. 그러나 하나님께서 선택하신 언약의 백성은 그와 다르다. 그럼에도 불구하고 언약의 언저리에 살아가면서 배도에 빠진 자들은 우상을 가까이 하기를 좋아한다.

이방인들이 막강한 세력과 더불어 이방 종교 사상과 다양한 신상들을 가지고 들어오면 이스라엘 백성 가운데 살아가는 어리석은 자들은 그것을 따르게 된다. 즉 이방인들의 힘이 강하면 그 배후에 그렇게 도와주는 어떤 신적인 존재들이 있는 것인 양 착각하게 된다. 하지만 그것은 사람들을 심각한 혼란에 빠뜨릴 따름이다.

그러므로 하나님께서는 더러운 우상을 만들어 두고 그 앞에서 섬기는 자들에 대한 경고를 하셨다. 우상이 헛것에 지나지 않는다는 사실을 강조하며 백성들을 일깨우고자 하셨던 것이다. 동시에 하나님께서는 귀머거리 우상들을 향해 소송을 하라고 요구하셨다. 그것은 법적인 문제와 밀접하게 연관되어 있다. 이는 만일 모든 것이 허망한 거짓이라면 법적인 책임을 지고 징벌을 받아야 한다는 사실을 말해준다.

어리석은 인간들이 우상을 섬기는 것을 보며 하나님께서는 그것이 과연 저들의 소원을 들어주는지 확실한 증거를 보이라고 말씀하셨다. 그리고 장차 일어나게 될 일들과 그전의 일들에 대해서도 말해보라고 했다. 그 모든 것을 말하면 결말을 확인해보겠노라고 하셨다. 그리고 복을 내리든지 재난을 내리든지 해보라고 했다. 그러면 그것을 보고 놀라워하겠노라고 하셨다. 즉 그리하면 우상이 신인 줄 인정하겠다는 것이었다.

물론 우상은 아무런 대화의 상대가 될 수 없다. 따라서 이는 듣지 못하는 우상을 향해 하나님께서 말씀하시는 것이 아니라 그것을 만들어 섬기는 어리석은 자들과 하나님의 자녀들에게 그 말씀을 통하여 교훈을 주시고자 하신 것이다. 하나님께서는 그 우상들이 아무것도 아니며 그것이 하는 역할은 허망한 거짓에 지나지 않는다는 사실을 말씀하고자 하셨다. 그럼에도 불구하고 사람들은 그것들이 실제적인 도움을 줄 것으로 믿는다.

하지만 그와 같은 더러운 우상에 엮인 인간들은 하나님 보시기에 가증한 자들이다.

이에 대해서는 오늘날 우리도 그에 관해 주의를 기울여 접근해야 한다. 만일 이방인들이 번성하여 부유하게 살면 그것이 마치 저들의 신이 그렇게 해준 것처럼 생각하게 된다. 이는 곧 기독교인들 가운데 부자가 있다면 그것이 기독교의 신으로 말미암아 그렇게 된 것인 양 착각하게 된다는 사실을 말해준다. 그러나 우리는 하나님이 자기 백성들로 하여금 타락한 세상에서 번영하여 부자가 되도록 해주시는 분으로 생각해서는 안 된다.

5. '메시아 약속' 과 헛된 신앙의 실상 (사 41:25-29)

하나님께서는 또한 '한 사람' 을 일으켜 북방에서 오게 하며 해 뜨는 동방에서 자기의 이름을 부르는 그 사람을 불러오시겠다는 말씀을 하셨다.[65] 그 사람은 이스라엘 민족이 살고 있는 곳으로 와서 마치 옹기장이가 진흙을 밟아 이기듯이 그 땅을 장악하고 있던 자들을 짓밟아 뭉개버리도록 한다는 것이었다. 그것이 이스라엘 민족을 위하여 원수 갚는 일에 연관되어 있다면 그 고통을 당하는 백성들에게는 커다란 희망이 된다.

이사야서 본문에 언급된 자기의 이름을 부르는 한 사람은 나중에 바벨론 제국을 패망시키는 페르시아 왕국의 권력자를 일컫는 것으로 보인다. 하나님께서는 이방 지역의 왕국에 속한 그를 특별히 불러 자신을 위한 심판의 도구로 삼고자 하셨다. 아직 나중에 일어나게 될 사건이지만 그가 하나님과 그의 백성의 원수가 되어 가나안 땅을 짓밟은 바벨론 제국을 심판하게 되는 것이다.

또한 하나님께서는 누가 과연 처음부터 그와 같은 사건이 일어나게 될

65) 이사야서 41:25에 언급된 막강한 세력을 지닌 '한 사람' 은, 41:2에 기록된 열국을 굴복시키는 '정복자' 와는 다른 인물이다.

것을 알고 있었느냐고 말씀하셨다. 그리고 누가 그전부터 그 사실을 알게 하여 주어서 옳다고 말하도록 했느냐는 언급을 하셨다. 그 놀라운 일들은 장차 분명히 발생하게 될 일이지만 인간들 가운데 그 사실을 미리 알려주는 사람이 없었으며 그 말을 듣는 자도 없었다는 것이다.

그러나 하나님께서 비로소 시온을 향해, 모든 백성들이 그와 같은 놀라운 사실을 두 눈으로 목격하게 되리라는 사실을 언급하셨다. 또한 그가 '기쁜 소식을 전할 자' (a messenger of good news)를 예루살렘에 보내시리라고 말씀하셨다. 이는 복음의 전파와 증거에 연관되는 것으로서 장차 이땅에 인간의 몸을 입고 오실 하나님의 아들 메시아를 가리키고 있는 것이 분명하다.

선지자들이 볼 때 당시 이스라엘 민족 가운데는 하나님과 그의 사역에 연관된 참된 지식을 소유한 사람이 아무도 없었다. 그리고 저들에게 무엇을 물어본다고 할지라도 그에 대한 올바른 조언을 할 만한 자들이 남아 있지 않았다. 당시 배도에 빠진 인간들은 참된 진리를 외면하고 이기적인 욕망을 추구하며 헛된 것에 모든 관심을 기울이고 있었던 것이다.

그들은 자신의 세속적인 욕망을 충족하고 세상에서의 복을 받기 위해서 여러 우상들을 만들어 섬겼다. 그러나 그것들은 한결같이 헛된 존재이며 그들의 모든 행사는 허무한 것들에 지나지 않았다. 그 백성은 손으로 부어 만든 더러운 우상들을 바라보며 섬기는 배도자들이다. 그와 같은 종교행위는 저들이 아무리 순수한 마음으로 모든 정성을 기울인다고 할지라도 공허한 것에 지나지 않는다.

제36장

'이방의 빛' 이신 하나님의 종
(사 42:1-25)

1. 의를 세우시는 하나님의 종 (사 42:1-4)

하나님께서는 선지자 이사야를 통해 장차 이 세상에 메시아를 보내실 것에 대한 예언을 하셨다. 그는 자기가 붙드는 종이자 자기 마음에 기뻐하는 자 곧 자기가 택한 사람을 보라고 말씀하셨다. 여기서 언급된 분은 하나님의 아들 메시아임이 틀림없다.

본문에 언급된 하나님이 '붙드신 종',[66] '마음에 기뻐하는 자', '택한 사람' 이란 일반적인 의미라기보다 완벽한 인간이 되실 하나님의 아들에게만 해당될 수 있는 고유한 용어이다. 하나님은 그에게 자신의 영을 주었으므로 이방에 공의를 베풀게 되리라는 사실을 말씀하셨다. 이는 악한 세상에 대한 하나님의 심판과 그의 구원에 밀접하게 연관되어 있다.

장차 오시게 될 메시아는 이 세상의 논리와는 전혀 다른 모습으로 강림하시게 된다. 그는 왕의 지위에 있는 절대적인 권능을 소유하신 분이지만

---

66) 본문에 언급된 '종' 은 '노예' 나 '하인' 을 일컫는 것이 아니라 하나님의 뜻에 완벽하게 순종하는 존재인 메시아를 의미하고 있다.

이 세상 가운데서 목소리를 높여 큰소리로 외치시지 않는 분이다. 그의 소리는 작게 들리기 때문에 떠들썩한 거리에서는 들을 수 없을 정도이다. 이는 그가 세상의 논리에 따라 강압적으로 행동하실 분이 아니란 점을 시사해주고 있다. 따라서 그 메시아는 강자의 편에 서는 것이 아니라 스스로 약자가 되어 약자들의 편에서 저들을 도우신다.

선지자 이사야는 그가 상한 갈대를 꺾지 않으며 꺼져가는 등불을 끄지 않는 분이란 사실을 언급했다. 오히려 그런 연약한 자들을 돕고 진정한 공의를 시행하게 된다. 복음서에는 인간의 몸을 입고 이 세상에 오셔서 사역하신 예수 그리스도가 곧 이사야서에 기록된 그분이라는 사실을 증거하고 있다. 그는 병들고 나약한 자들을 고쳐주심으로써 만왕의 왕이신 자신의 모습을 세상에 드러내셨던 것이다.

> "예수께서 아시고 거기를 떠나가시니 사람이 많이 좇는지라 예수께서 저희 병을 다 고치시고 자기를 나타내지 말라 경계하셨으니 이는 선지자 이사야로 말씀하신바 보라 나의 택한 종 곧 내 마음에 기뻐하는바 나의 사랑하는 자로다 내가 내 성령을 줄터이니 그가 심판을 이방에 알게 하리라 그가 다투지도 아니하며 들레지도 아니하리니 아무도 길에서 그 소리를 듣지 못하리라 상한 갈대를 꺾지 아니하며 꺼져가는 심지를 끄지 아니하기를 심판하여 이길 때까지 하리니 또한 이방들이 그 이름을 바라리라 함을 이루려 하심이니라"(마 12:15-21)

이사야서에 기록된 예언은 예수 그리스도와 그의 사역으로 인해 성취되었다. 구약성경에 기록된 내용을 알고 믿던 자들은 그의 모든 사역을 보며 그 실상을 알아볼 수 있었다. 물론 그것은 전적인 하나님의 은혜로 말미암아 되는 일이었다. 하지만 하나님과 본질적인 상관이 없는 자들은 외관상 강력하거나 부유해 보이지 않는 그를 하나님께서 보내신 메시아로 알아보지 못했다.

그럼에도 불구하고 예수님께서는 제자들에게 자신에 관한 사실을 다른 사람들에게 말하지 말도록 경계하셨다. 이는 어리석은 자들이 하나님의 작정과 계획을 보지 않고 개인적인 욕망을 충족하기 위한 목적으로 자신을 따르거나 이용하려는 자들이 있을 것이기 때문이었다. 그가 조용한 모습으로 이땅에 오신 것도 그에 연관된 것으로 이해해야 한다.

이사야서에는 이미 장차 오실 메시아에 대한 모습이 충분히 예언되어 있었다. 그는 겉보기에 나약해 보일지라도 절대 쇠하지 않으며 어렵고 심한 고통이 닥친다고 해도 결코 낙담하시지 않는다. 또한 상한 갈대나 꺼져가는 등불 같이 쇠하여져가는 자기 백성을 버리시지 않고 끝내 구출하신다.

나아가 그는 타락한 세상 가운데서 하나님의 정의를 실현하기 위해 모든 사역을 감당하신다. 그가 하나님께서 보내신 메시아라는 사실을 깨닫고 알아보는 자들은 그의 교훈을 듣고 오직 그를 바라보며 영원한 천국을 앙망하게 된다. 하나님께서는 장차 인간의 몸을 입고 오시게 될 하나님의 아들 메시아가 사람들이 일반적으로 기대하는 그런 분으로 오시는 것이 아니라는 사실을 예언하셨던 것이다.

2. '이방의 빛' 이 될 메시아 (사 42:5-9)

우주만물을 창조하신 여호와 하나님은 그 모든 것들을 단순히 창조하셨을 뿐 아니라 인격적으로 관여하셨다. 인간들에게 영혼을 주시고 땅에서 살아가며 행동하는 생물들에게 호흡을 주셨다. 그리고 인간들이 먹고 살아가며 생활할 수 있도록 각종 소산물所產物들을 내도록 해주셨다. 그것은 지구와 땅만의 역할이 아니라 빛을 제공하는 태양과 바닷물을 움직이는 달, 그리고 하늘의 별들까지도 제각각 그 역할을 감당하게 된다.

하나님께서는 사탄의 유혹으로 말미암아 죄에 빠진 자기 자녀들을 위해서 처음부터 특별한 사역을 행하기로 작정하고 계셨다. 창세전에 이루어진 언약에 따라 하나님께서는 타락한 이 세상에 메시아를 보내시게 된다. 본문 가운데는 하나님께서 의로움으로 메시아를 불러 직접 저의 손을 잡아주고 저를 보호하며 저를 세워 자기 백성들과 맺은 언약의 완성과 더불어 이방의 빛이 되게 하시겠다는 말씀을 하셨다.

그가 이땅에 오시게 되면 친히 눈먼 자들의 눈을 밝히시게 되며 갇힌 자들을 감옥에서 이끌어내실 것이며 흑암에서 헤매는 자들을 그곳에서 나오도록 하여 자유를 제공하시게 된다. 예수님께서 이땅에 오셨을 때 성경에 예언된 대로 그 모든 일들을 행하셨다. 마태복음과 누가복음에는 그에 대한 기록이 잘 나타나고 있다.

> **"이는 선지자 이사야로 하신 말씀을 이루려 하심이라 일렀으되...... 흑암에 앉은 백성이 큰 빛을 보았고 사망의 땅과 그늘에 앉은 자들에게 빛이 비취었도다 하였느니라"**(마 4:14,16); **"선지자 이사야의 글을 드리거늘 책을 펴서 이렇게 기록한 데를 찾으시니 곧 주의 성령이 내게 임하셨으니 이는 가난한 자에게 복음을 전하게 하시려고 내게 기름을 부으시고 나를 보내사 포로 된 자에게 자유를, 눈먼 자에게 다시 보게 함을 전파하며 눌린 자를 자유케 하고 주의 은혜의 해를 전파하게 하려 하심이라 하였더라"**(눅 4:17-19)

구약성경에 기록된 예언의 말씀을 믿고 마음에 새기며 살아가던 언약의 자손들은 예수님과 그의 사역을 보고 그가 하나님의 아들 메시아라는 사실을 깨달을 수 있었다. 하지만 눈앞에 보이는 유익과 자기 욕망을 채우기에 급급한 자들은 성경 말씀을 기억하지 않았다. 그들은 성경을 종교적인 목적을 추구하기 위한 도구로 사용하면서도 그 내용이 담고 있는 하나님의 뜻에 관심을 가지기를 거부했다.

하나님께서는 또한 이스라엘 자손들에게 자신의 이름이 '여호와'라는 사실을 언급하셨다(사 42:8). 이는 그전에 이미 모세 율법에 기록된 대로 그 이름이 타락한 이 세상과 맞서 싸우시는 분이라는 사실을 다시금 드러내는 의미를 지니고 있다. 그는 자신을 배반한 원수들을 징벌하며 그에 억눌리고 있던 자기 백성을 구원하시는 분이다.

그런 형편에서 여호와 하나님께 돌려져야 할 영광이 원수들에게 돌아가는 것은 결단코 허용될 수 없다. 만일 다른 신적인 존재나 우상을 향해 경배하는 자가 있다면 그것은 하나님의 무서운 심판을 부르게 될 따름이다. 성경은 하나님을 '질투의 하나님'(출 34:14)으로 묘사함으로써 그 속성을 잘 보여주고 있다.

하나님께서는 또한 자신이 예언한 모든 내용이 장차 이루어질 뿐 아니라 벌써 이루어진 바 되었다는 사실을 말씀하셨다(사 42:9). 이는 장차 성취될 일이었지만 완벽한 하나님의 약속이기 때문에 예언 자체가 실현된 것과 동일한 의미를 지니고 있는 것과 마찬가지였다. 나아가 하나님은 이제 '새 일' 을 시행하시리라는 사실을 언약의 백성들에게 선포하셨다. 그것은 메시아 강림과 연관된 것으로서 그 일이 아직 장래 일에 속한 것이라 할지라도 이미 이루어진 것과 전혀 다르지 않은 의미를 지니고 있다는 사실을 말해준다.

3. '새 노래' 를 부르게 될 이방인들 (사 42:10-13)

선지자 이사야는 만방에 흩어진 이방 세계가 하나님의 '새 노래' 를 부르게 될 것에 대한 예언을 했다. 바다를 항해하며 무역하는 상인들과 외딴 섬에서 살아가는 사람들 그리고 만물들이 땅 끝에서부터 하나님을 노래하게 된다는 것이었다. 바다에서 항해하는 선원들은 자기의 이익을 추구하며 목적하는 바를 달성하기 위해 몰두하는 자들이다. 그와 같은 자들이 변화를 받아 자신의 욕망보다 훨씬 더 중요한 사실들을 발견하게 된다는 것이었다.

또한 광야에 세워진 성읍들과 시골에 있는 촌락들, 그리고 산꼭대기에서 살아가는 모든 사람들이 즐거운 마음으로 여호와 하나님을 향해 노래 부르게 된다. 여기에는 이 세상에서의 신분이나 빈부귀천貧富貴賤과는 아무런 상관없이 새 노래로 하나님을 찬양하는 무리들이 생겨난다는 의미를 지니고 있다. 이는 혈통적인 이스라엘 민족을 넘어 세계 만방에 선포되는 하나님의 능력을 말해준다.

여기서 말하는 새 노래란 단순히 처음 불려지는 노래란 뜻이 아니라 장차 오실 메시아로 인해 불려지게 될 새 노래를 의미하고 있다. 본문에서 언급된 그 중대한 증거는 이방인들 가운데서 뿐 아니라 우주만물이 변화를 받아 하나님을 찬양하리라는 사실에서 잘 나타난다. 그것을 통해 신약시대의 그리스도의 몸된 교회로서 그 모습이 드러나고 있다.

이는 또한 메시아로 말미암아 실행되어 성취될 하나님의 심판을 동반하게 된다. 그동안 악한 자들에 의해 억눌리던 하나님의 자녀들이 용맹한 군사가 되어 적진 앞으로 나아갈 것이다. 또한 그들은 원수를 무찌르는 병사처럼 분발하여 큰 소리로 호령하며 대적들을 무찌르게 된다. 이를 통해 여호와 하나님의 승리가 만방에 선포되며 새 노래로 하나님을 찬양하는 백성들이 많아지게 되는 일이 발생한다.

4. 의인과 악인의 분리에 대한 예언 (사 42:14-17)

하나님께서는 이스라엘 백성의 끊임없는 배도 행위에도 불구하고 오랫동안 말없이 잠잠히 참으셨다는 사실을 언급하셨다. 하지만 이제는 더 이상 가만히 있을 수 없다는 점을 말씀하셨다. 이는 마치 아기를 밴 여인이 해산할 때가 되어 도저히 견디지 못하고 심하게 부르짖는 것처럼 자기도 그와 같이 참을 수 없는 때가 이르게 된다는 것이었다. 이는 하나님의 심판이 임박했다는 사실을 말해주고 있다.

여호와 하나님의 심판이 임하게 되면 그전의 모든 것들은 완전히 변화하게 된다. 무성한 숲을 이루고 있던 산들과 언덕들이 황폐한 모습으로 변한다. 모든 초목들은 물이 부족해 바싹 마르게 되고 강들은 그 바닥을 드러내게 된다. 그렇게 되면 사람들이 살아가기에 극히 고통스럽지 않을 수 없다. 그 동안 배도에 빠져 있으면서 풍요로움을 누리던 자들은 당황스러운 지경에 빠져 심하게 허덕인다.

그렇지만 배도에 빠진 기득권자들에 의해 고통을 당하던 자들은 새로운 환경을 맞게 된다. 하나님께서는 앞을 전혀 보지 못하는 소경들로 하여금 저들이 알지 못하는 아름다운 곳으로 인도하신다. 그들은 어느 누구도 예측하지 못하던 새로 난 지름길을 통해 나아가게 되는 것이다.

그러므로 빛이 전혀 없는 깜깜한 흑암조차도 저들이 가는 길을 방해하거나 가로막지 못한다. 하나님께서 저들 앞에 놓인 흑암을 오히려 광명이 되도록 해 주실 것이기 때문이다. 나아가 굽은 길이 곧게 펼쳐져 소경이었던 사람들이 자유롭고 편안하게 그 길을 걸어갈 수 있게 된다. 하나님께서는 이로 말미암아 기득권층에 있던 배도자들에 의해 억눌려 멸시를 당하며 고통스럽게 살아가던 자들을 결코 버리지 않으시리라고 하셨다.

하지만 그동안 배도에 빠져 세상의 것들을 풍요롭게 누리던 어리석은 자들은 깜깜한 흑암 가운데서 길을 잃고 헤매지 않을 수 없다. 그 사람들은 두 눈을 뜨고 앞을 바라보지만 제멋대로 자신의 길을 가다가 흑암 천지를 만나 엄청난 혼란에 빠지게 된다. 그들은 스스로 조각하여 만든 우상 앞에서 빌고 그에 의지하면서 인간들이 만든 형상을 저들의 신이라 주장하며 숭배하기를 게을리하지 않는다. 그런 자들은 장차 하나님의 심판을 받아 수치를 당하고 영원한 멸망에 처하게 될 수밖에 없다.

오늘날 우리는 이를 통해 중요한 교훈을 배워야 한다. 어리석은 인간들은 자기의 이성과 경험에 따라 모든 것을 바르게 알고 있는 듯이 착각한다. 저들은 그것이 마치 세상을 살아가는 지혜라도 되는 양 여기고 있다. 하지만 그런 생각을 하는 자들은 실상 아무것도 알지 못하는 미련한 자들에 지나지 않는다. 하나님의 도우심이 없는 상태에서 발생하는 인간의 이성과 모든 경험은 다양한 우상들을 만들어내게 될 따름이다.

이와는 달리 진정으로 지혜로운 성도들은 여호와 하나님의 도우심이 없이는 아무것도 알 수 없다는 사실을 깨달아 알고 있다. 자신은 아무것도 볼 수 없는 소경에 지나지 않는다는 사실을 알고 하나님께서 계시를 통해 보여주시는 것들을 온전히 따라가고자 한다. 따라서 하나님의 자녀들은 스스로 지혜로운 자라 생각하는 것이 아니라 하나님 앞에서 무지하고 비천하다는 사실을 깨달아 인정하게 된다.

5. 은혜 받을 자와 멸망당할 자 (사 42:18-22)

선지자 이사야는 언약의 백성들에게 일반 상식에 전혀 맞지 않는 듯한 예언을 하고 있다. 귀가 멀어 듣지 못하는 자들에게 들으라고 요구하며, 앞을 보지 못하는 소경들에게 밝히 보라는 명을 내리고 있는 것이다. 선지자는 여기서 귀머거리가 아니고 소경이 아니면 절대로 참된 진리를 들을 수도 볼 수도 없다는 사실을 언급하고 있다.

이 말은 타락한 인간들이 귀로 듣고 눈으로 보는 모든 것들은 하나님의 진리와 아무런 상관없는 왜곡된 것이라는 의미를 지니고 있다. 인간들은 항상 자기가 듣고 싶은 것과 보고 싶은 것들을 골라서 듣고 보기를 원한다. 그리하여 죄에 빠진 인간들은 자신의 눈으로 보고 듣는 것들을 통해 인간의 이성과 경험 세계를 형성해 간다.

그러므로 어리석은 자들은 그것이 곧 진리인 양 착각하게 된다. 하지만 누구든지 자신의 이성과 경험을 근거로 하여 모든 것을 판단할 수 있는 것처럼 여긴다면 미련한 인식행위를 앞세우는 것에 지나지 않는다. 그런 자들은 참된 진리와 거리가 먼 상태에 놓여있다는 사실을 스스로 입증하게 될 따름이다.

선지자는 또한 그와 더불어 매우 놀라운 사실을 기록하고 있다. 하나님께서, 자기를 섬기는 종을 두고 소경이라고 칭하셨으며 자기가 언약의 백성들에게 보내는 사자는 귀머거리라고 말씀하셨기 때문이다. 이는 누가 완벽한 소경이며 누가 하나님의 종으로서 소경이냐는 것에 대한 언급이었다. 즉 이 세상의 것들에 대하여 진정한 소경과 진정한 귀머거리가 되지 않고서는 결코 하나님의 진리를 보고 들을 수 없다는 사실을 말해 주고 있다.

따라서 타락한 인간들이 오염된 세상의 것들을 아무리 많이 본다고 할지라도 아무런 유익이 되지 않는다. 또한 귀를 열어 수많은 것들을 듣는다고 해도 그것이 저들에게 진정한 도움을 주지 못한다. 그런 것들에 익숙하게 되면 도리어 하나님의 말씀을 듣고 보는 데 둔감해지게 될 것이기 때문이다. 따라서 예수님께서는 제자들에게 이사야 선지자의 글을 인용하며 그에 관한 말씀을 하셨다.

> **"이사야의 예언이 저희에게 이루었으니 일렀으되 너희가 듣기는 들어도 깨닫지 못할 것이요 보기는 보아도 알지 못하리라 이 백성들의 마음이 완악하여져서 그 귀는 듣기에 둔하고 눈은 감았으니 이는 눈으로 보고 귀로 듣고 마음으로 깨달아 돌이켜 내게 고침을 받을까 두려워함이라 하였느니라 그러나 너희 눈은 봄으로, 너희 귀는 들음으로 복이 있도다"**(마 13:14-16)

진정으로 복된 자들은 타락한 이 세상의 것들을 많이 보고 풍성하게 듣는 자들이 아니다. 그런 자들은 자신의 이성과 경험을 통해 참된 진리를 파악해 보려고 하지 않는다. 하나님의 은혜를 입은 성도들은 어지러운 세상에서 누적된 경험이 아니라 하나님의 말씀을 통해 모든 것을 보고 듣고자 한다. 이에 반해 하나님을 알지 못하는 인간들은 마음이 완악해져서 하나님께서 말씀하시는 것보다 자기의 이성과 경험을 더욱 중요시한다. 예수님께서는 그런 자들에 대해서는 결코 은혜를 베풀지 않으신다.

우리가 여기서 기억해야 할 바는 죄에 빠진 어리석은 인간들은 이 세상에서 자기가 보고 듣는 것이 전부인 것인 양 착각하게 된다는 사실이다. 따라서 자연 상태의 눈으로 보고 귀로 들을 수 있다고 믿는 자들은 자기가 보고 듣는 것을 기준으로 하여 모든 것들을 해석하려고 한다. 그러나 거듭난 성도들은 자기가 보고 듣고 싶은 것들에 관심을 집중할 것이 아니라 계시된 하나님의 말씀에 온전히 귀를 기울여야 한다. 인간의 이성적인 눈과 귀로는 결단코 참된 것을 보고 들을 수 없다는 사실을 알고 있는 자들은 하나님께서 말씀하시고 보여주시는 것에 관심을 기울이게 된다.

하나님께서는 자신의 의로우심으로 말미암아 언약의 자손들 가운데서 기쁜 마음으로 위에 언급된 교훈들을 크게 하며 존귀케 하시려고 했다. 그럼에도 불구하고 언약의 백성들이 배도에 빠진 기득권자들에 의해 탈취를 당하고 도둑을 맞으며 옥에 갇히게 된다. 하지만 그 고통당하는 백성들을 구하거나 저들에게 탈취당한 것들을 돌려주고자 하는 자들은 아무도 없다. 이는 인간들이 참된 진리에 대하여 아무런 관심이 없으므로 자기의 욕망을 추구하기에만 급급할 뿐 이웃을 진정으로 생각지 않는다는 사실을 말해주고 있다.

6. 배도자들에 대한 심판 예언 (사 42:23-25)

하나님께서는 선지자의 교훈을 받아들여 성숙하게 자란 성도들이 이방인들의 세력으로 인해 어려움을 겪고 있는 상황을 올바르게 인식하고 파악해야 한다는 사실을 언급하셨다. 언약의 자손들은 주변에 전개되는 여건이 아니라 선지자들을 통해 예언하시는 하나님의 말씀으로 모든 것을 판단해야만 한다.

당시 이스라엘 민족이 이방인들의 세력에 의해 무참하게 짓밟히게 된 것은 하나님의 경륜에 따른 것이었다. 그러므로 저들의 원래 상태를 회복하기 위해서는 힘을 길러 이방 군대와 맞서 싸우려 할 것이 아니라 하나님의 뜻을 알고 그에 온전히 순종하려는 자세를 유지해야만 했다. 하나님 앞에서 범죄한 것을 뉘우쳐 진정으로 회개하고 하나님의 도道를 따르고 그의 교훈에 순종하는 것이 유일한 회복의 길이었다.

이에 대해서는 오늘날 우리도 그 교훈에 귀를 기울이지 않으면 안 된다. 성숙한 성도들은 항상 계시된 말씀을 통해 하나님께서 예비하신 순결한 길로 다녀야 하며 그의 뜻에 온전히 순종해야 한다. 이에서 벗어나면 하나님의 무서운 진노를 피할 수 없다. 하나님의 길을 벗어나는 것은 곧 배도 행위가 되기 때문이다.

이스라엘 자손이 여호와 하나님을 배반하고 그의 길을 떠났을 때 저들 위에 맹렬한 진노가 퍼부어지게 되었다. 즉 이방인들의 군대를 동원한 하나님의 징벌이 저들에게 가해졌다. 하지만 어리석은 자들은 사방에서 불타오르는 상황을 두 눈으로 똑똑히 목격하고 경험하면서도 하나님의 진노에 대한 실상을 전혀 깨닫지 못했다. 그들은 양심이 굳어져 여전히 하나님의 뜻을 마음에 두지 않았다. 그리하여 이방인들 중에서 하나님의 구원에 참여하는 자들의 수가 점차 늘어나게 되고 유대인들 가운데 버림받는 자들이 많아지게 되는 것이다.

제37장

하나님의 구원 약속과 징계 예언
(사 43:1-28)

1. 언약과 구원 (사 43:1-7)

하나님께서는 야곱 자손으로서 이스라엘 백성으로 일컬어지는 언약의 자손들에게 특별한 말씀을 전하셨다. 당시 그 백성들은 주변 왕국들의 국제정세로 인해 두렵고 불안한 마음에 사로잡혀 있었다. 그와 같은 상황에서 저들에게 소망의 메시지가 전달된 것은 위기를 피하는 길을 예비하는 성격을 지니고 있었다.

언약의 자손들은 하나님께서 구속하신 자들로서 창세전의 예정과 작정에 따라 직접 지명되어 부르심을 받았다. 따라서 그들은 처음부터 하나님께 속해 있는 자들이었다. 그것은 곧 여호와 하나님과 저들 사이에 언약적인 관계가 형성되어 있음으로 말미암아 그 백성이 하나님의 보호를 받게 되리라는 사실에 연관되어 있었다. 이사야서에는 그에 관한 내용이 명백하게 기록되어 있다.

"...... 너는 두려워하지 말라 내가 너를 구속하였고 내가 너를 지명하여 불렀

나니 너는 내 것이라"(사 43:1)

위의 본문에 언급된 '너'는 단수의 형태로 기록되어 있지만 이스라엘 민족에 연관된 복수적 성격을 지니고 있다. 우리는 여기서 자기 백성에 대한 하나님의 깊은 사랑을 엿볼 수 있다. 하나님께서는 직접 지명하여 부르신 그 백성에 대한 소유권이 자신에게 있다는 사실('you are mine')을 말씀하셨다.

이는 신약시대의 교회가 하나님께 속한 공동체라는 사실과 연관된다. 이 말은 교회뿐 아니라 각 성도들 개개인이 하나님의 소유라는 사실을 말해준다. 따라서 성도들의 몸과 영혼뿐 아니라 지식과 능력과 물질 등 가지고 있는 모든 것들의 소유권은 하나님께 있다. 하나님의 소유인 자신과 자신이 관리하는 모든 것들을 하나님의 뜻을 벗어나 제멋대로 사용한다면 그것은 하나님의 것을 도용하거나 횡령하는 것과 마찬가지이다.

또한 하나님께서는 본문 가운데서 자기에게 속한 백성들이 범람하는 물 가운데로 지날 때 저들을 지켜 보호해주실 것이며 위험한 강을 건너게 될 때 물이 저들을 덮치지 못하도록 하시리라고 말씀하셨다. 또한 저들이 뜨거운 불 가운데 지날 때도 타지 않을 것이며 매서운 불꽃이 저들을 사르지 못하리라는 점을 언급하셨다.

당시 이스라엘 백성들은 물에 연관된 하나님의 말씀을 들으면서 노아홍수 사건을 머리에 떠올렸을 것이며 저들의 조상이 홍해 바다를 건너던 때를 기억했을 것이다. 그리고 불에 관한 말씀을 들으면서 소돔과 고모라에 대한 하나님의 심판을 떠올렸을 것이다. 즉 하나님께서 물과 불로써 악한 자들을 심판하실 때 그 가운데서 자기 자녀들을 구원해낸 사실을 저들로 하여금 기억하도록 하며 안심시키셨다.

그러므로 여호와 하나님께서는 자신이 이스라엘 민족의 거룩한 지존자로서 저들을 멸망으로부터 구원하는 자라는 사실을 밝히셨다. 세상에서 아무리 강력한 세력을 보유한 영웅이라 할지라도 하나님의 자녀들을 궁극적으로 멸망시킬 수는 없다. 동방에 있는 막강한 왕국들과 세력들이 몰려오지만 하나님께서는 오히려 저들을 돌이켜 이스라엘 민족을 억압하던 애굽과 구스 즉 에디오피아나 스바를 침략하게 함으로써 자기 백성들을 보호하시겠다는 말씀을 하셨던 것이다.

그럼에도 불구하고 언약의 자손들은 하나님의 뜻에 둔감한 태도를 취하는 가운데 고통중에 신음하고 있었다. 그러나 하나님께서 보시기에 그들은 여전히 보배롭고 존귀한 자들로서 사랑의 대상이 되어 있었다. 따라서 저들에게 일시적인 징계를 시행할지언정 영원히 멸망시키려 하지 않으셨다.

그대신 하나님의 심판의 칼을 다른 이방인들과 배도자들을 향하게 함으로써 저들이 이스라엘 민족의 생명을 대신하게 되리라는 사실을 예언하셨다. 언약의 자손들은 그것을 통해 하나님의 사랑과 섭리를 깨달을 수 있어야만 했다. 하나님께 속한 백성들은 더 이상 두려운 마음을 가질 필요가 없게 되었던 것이다.

그러므로 여호와 하나님께서는 아무도 그에 대한 인식을 하지 못할 때조차도 항상 자기 자녀들과 함께 계셨다. 그는 이방인들의 포로가 되어 있거나 여러 지역에 흩어져 방랑하는 저들의 자손을 동서남북으로부터 불러모으신다. 즉 그가 멀리 땅 끝에서 저들을 거룩한 땅으로 불러들이게 되는 것이다. 하나님이 저들을 속박하고 있는 이방 왕국의 세력을 향해 석방하도록 명령하실 것이기 때문이다. 그들은 세상의 다른 민족과는 달리 하나님의 영광을 위해 특별히 조성된 자들이었다.

"내 이름으로 불려지는 모든 자 곧 내가 내 영광을 위하여 창조한 자를 오게 하라 그를 내가 지었고 그를 내가 만들었느니라"(사 43:7)

창세전의 약속에 따라 하나님의 부르심을 입어 그에게로 모여드는 자들은 역사적 상황으로 말미암아 그런 일이 발생하게 되는 것이 아니었다. 그들은 처음부터 하나님의 영광을 위해 창조된 자들이었다. 이는 아담을 유혹한 악한 사탄에게 속한 자들과 뚜렷이 구별되는 의미를 지니고 있다.

따라서 경륜의 때가 이르게 되면 하나님께서 자기의 영광을 위해 약속하신 모든 백성을 한자리로 불러 모으시게 된다. 이 말은 구원의 반열에 서게 되는 모든 백성들은 하나님께서 특별히 창조하신 자들로서 처음부터 하나님의 영광을 위하여 존재해 왔다는 사실을 말해주고 있다. 그와 더불어 하나님께서 저들을 위해 특별히 예비하신 영역이 존재한다는 점을 시사하고 있다.

이에 대해서는 오늘날 우리 시대에도 주의 깊게 생각해 보아야 한다. 현대 기독교 안에서 어느 누구도 감히 하나님의 자녀들을 지배하거나 자신의 수하에 묶어 두려고 해서는 안 된다. 종교적으로 형성된 타락한 교권을 통해 하나님께 속한 성도들을 억압하려는 태도는 결코 용납될 수 없다. 교회의 모든 직분자들은 하나님의 뜻에 온전히 순종하는 가운데 구원받은 성도들을 말씀으로 지도할 수 있을 따름이다.

2. 여호와의 증인 (사 43:8-13)

여호와 하나님께서는 눈이 있어도 보지 못하고 귀가 있어도 듣지 못하는 악한 백성을 자기 앞으로 이끌어내라고 요구하셨다. 이방 지역의 어리석은 인간들은 하나님의 거룩한 뜻에 대해서는 아무런 관심이 없었다. 그런 자들을 끌어내 하나님의 존재와 권능을 보여주시리라는 것이었다. 이는 하나님의 심판과 밀접하게 연관되어 있으며, 저들의 세력으로부터 성도들을 구원하시려는 하나님의 의도를 담고 있다.

그리하여 세상에 흩어진 열방의 모든 국가들이 모였으며 다양한 민족들이 회집하게 되었다. 눈으로 보지 못하고 귀로 듣지 못하는 저들에게 하나님의 큰일에 관한 사실이 전해져야만 했다. 그러나 저들 가운데는 그렇게 할 만한 사람이 아무도 없었다. 하나님께서는 저들에게, 만약 할 수 있다면 그들 스스로 증인을 세워 저들이 옳다는 사실을 증거하고 그 주장을 듣는 자들로 하여금 옳다는 말을 해보라는 요구를 하셨다. 하지만 저들에게는 그럴 수 있는 아무런 능력이나 근거가 존재하지 않았다.

따라서 하나님께서는 이스라엘 자손을 향해 언약의 자손들을 자신의 증인과 종으로 특별히 택하신 사실을 말씀하셨다. 택하신 백성들로 하여금 여호와 하나님을 알고 믿으며 그가 영원한 구원자가 되신다는 사실을 깨닫도록 하기 원하신다는 것이었다. 그는 여호와 하나님 이외에 다른 신은 존재하지 않는다는 사실을 명백히 말씀하셨던 것이다.

여호와 하나님께서는 그 모든 과정을 통해 자기가 유일한 구원자라는 사실을 이스라엘 백성을 향해 선포하셨다. 그럼에도 불구하고 어리석은 인간들은 배도에 빠져 자신의 취향에 맞는 신들을 만들어내고자 애썼다. 존재하지도 않는 신들을 증거라도 하듯이, 종교적인 감성 논리를 앞세워 손으로 만든 우상들을 향해 숭배 행위를 하는 것은 하나님을 정면으로 공격하며 모독하는 혐오스런 성질을 지니고 있었다.

그러므로 하나님은 언약의 자손들에게 여호와이신 자신의 존재를 알 수 있도록 다양한 방법으로 계시해 주셨다. 나아가 자기가 인간의 모든 죄악과 배도자들의 무자비한 횡포로부터 저들을 구원하신 사실과 더불어 자신의 모든 구원사역을 드러내 보여주시고자 했다. 따라서 그들은 여호와 하나님 이외에 다른 신들이 존재하지 않는다는 사실을 분명히 깨닫지 않으면 안 되었다.

선택받은 백성들은 하나님의 증인이 되어야 했으며, 여호와 하나님은 저들의 하나님이 되셨다. 그 하나님은 우주만물을 창조하신 분으로 태초부터 계셨던 분이다. 그가 창세전에 언약하신 대로 자기 백성들을 끝까지 지켜 보호하신다. 그것을 위해 하나님께서는 사탄의 유혹을 받아 범죄함으로써 타락의 늪에 빠진 아담에게 속한 약속의 자녀들을 구출하시며 악한 세력을 심판하시게 된다. 하나님께서 사탄을 심판하며 구원을 위한 사역을 실행하실 때 어느 누구도 그 놀라운 일을 막지 못한다.

3. 바벨론 탈출 예언 (사 43:14-21)

이 일은 선지자 이사야의 시대를 기준으로 삼을 때 장차 발생하게 될 사건에 연관된 기록이다. 당시 바벨론은 아직 힘이 약한 소왕국에 지나지 않을 때였다. 하지만 그 나라는 앞으로 막강한 앗수르 제국을 패망시킬 대제국으로 성장해갈 나라였다. 그와 같은 상황에서 하나님께서는 장차 일어날 사건과 연관지어 예언의 말씀을 주셨다.

하나님께서는 본문 가운데서 이스라엘 백성의 구속자로서 저들을 보호하시는 분임을 강조하셨다. 그가 자기 자녀들을 위하여 바벨론에 사람을 보내, 갈대아의 존귀한 자들이 스스로 호화롭게 타고 즐기던 그 배에 올라 도망치게 되리라는 사실을 말씀하셨다. 당시 이스라엘이 처한 상황에 비추어볼 때는 하나님의 특별한 간섭이 없이는 그와 같은 사건이 발생하리라는 것 자체가 불가능했다.

그러나 전지전능하신 하나님께서 장차 세상이 변할 것이며 바벨론을 향해 그와 같은 심판을 내리고자 하신다는 사실을 예언하셨다. 그는 영원히 거룩하신 분일 뿐 아니라 우주만물의 창조주로서 친히 이스라엘 민족을 조성하신 분이며 저들의 왕이시기 때문에 그것이 가능했다. 즉 언약의 자손들은 창세전부터 작정된 하나님의 언약 가운데 존재하는 민족이었던 것이다. 그렇지만 아직 그와 같은 상황이 전개되기 전에 하나님의 예언이 미리 주어졌다는 사실은 놀랍지 않을 수 없었다.

하나님께서는 그전에 이미 바닷물을 통해 언약의 백성들을 구원한 적이 있었다. 그는 저들을 구원하시기 위해 홍해 바다를 가르고 물 가운데로 지름길을 내셨다. 대신 애굽 군대의 군사와 병거와 말들을 그 동일한 물로써 멸절시키셨다. 그들은 하나님의 심판을 받아 물 가운데 빠져 죽게 되었던 것이다.

하나님은 저들에게 지나간 고통의 때를 더 이상 기억하지 말도록 요구하셨다. 이는 장차 발생하게 될 일에 연관된 메시지로서 이스라엘 민족이 가슴속 깊이 새겨두어야 할 교훈이었다. 하나님께서는 장차 그 백성을 위하여 친히 '새 일' 을 행하실 것이었기 때문이다. 이 말은 과거에 애굽 땅에서 고통당하던 이스라엘 민족을 특별한 섭리를 통해 인도하여 내셨듯이 미래에도 저들을 안전하게 구원하시리라는 약속이었다. 그것은 장차 저들의 자손들을 통해 반드시 성취될 일이었다.

하나님의 약속을 믿는 모든 백성들은 그에 대한 사실을 마땅히 알고 있어야만 했다. 성경 본문이 언급하고 있는 '새 일' 이란 메시아에 연관된 모든 사역을 포함하고 있는 것이 분명하다. 따라서 그가 이땅에 오시게 되면 모든 것에 엄청난 변화가 일어나게 된다.

하나님께서는 삭막한 광야에 사람들이 다니는 길을 내실 것이며 사막에 강물이 넘쳐흐르게 하신다. 그렇게 되면 광야와 사막이 물이 풍성한 지역으로 바뀌게 된다. 이는 초목이 무성하게 자라나리라는 사실을 시사하고 있다. 그리하여 하나님으로부터 선택받은 언약의 백성들뿐 아니라 저들이 기르는 동물들과 승냥이나 타조 등 들짐승들도 푸른 숲속에서 뛰놀며 그 물을 마실 수 있게 된다.

물론 하나님께서 그와 같은 놀라운 일을 행하시고자 한 것은 근본적으로 언약의 자손들을 위해서였다. 또한 하나님께서는 자기가 그 백성을 특별히 조성하시게 된 궁극적인 목적이 자기 자신을 위한 것이란 사실을 밝히셨다. 이는 언약의 자손들이 하나님의 영광을 노래하며 살아가는 백성이 되도록 하는 것이 소중한 목적이 된다는 사실을 말해주고 있다. 이사야서 본문에는 그에 관한 사실이 명확하게 기록되어 있다.

"이 백성은 내가 나를 위하여 지었나니 나의 찬송을 부르게 하려 함이니라" (사 43:21)

우리는 이 말씀이 지니고 있는 본질적인 의미에 대하여 매우 깊은 주의를 기울여 생각해 보아야 한다. 하나님께서 자기 백성을 부르신 일차적인 목적은 인간들이 아니라 하나님 자신을 위한 것이라는 사실이 밝혀지고 있기 때문이다. 즉 성도들이 하나님으로부터 특별한 부르심을 입은 것은 저들이 이 세상에서 잘 살아가도록 하기 위해서가 아니라 하나님께서 저들을 통해 영광을 받으시고자 하는 거룩한 목적에 연관되어 있다.

또한 우리가 위의 본문에서 눈여겨보아야 할 점은 하나님께서 '자신의 찬송' (my praise)을 부르도록 하기 위해 그 백성을 창조하셨다고 말씀하신 사실이다. 이 내용은 하나님께서 허락하신 시편 찬송과 밀접하게 연관된 것으로 이해하는 것이 가장 바람직하다. 즉 인간들이 불러야 할 찬송은 타락한 인간들의 심성에서 자체적으로 발생하지 않는다는 것이다. 모든 성도들은 이에 대한 본질적인 의미를 올바르게 깨닫고 있지 않으면 안 된다.

4. 이스라엘의 범죄와 하나님의 진노 (사 43:22-28)

하나님의 궁극적인 목적이 분명하게 드러났음에도 불구하고 배도에 빠진 이스라엘 민족은 하나님의 뜻에 올바르게 반응하지 않았다. 즉 하나님의 영광을 위해 살아가야 할 자들이 개인적인 욕망에 충실하고자 했을 따름이다. 그것은 결국 하나님을 버리고 배도의 길을 택하는 것과 전혀 다르지 않은 성격을 띠고 있다.

자기의 욕망에 기초한 삶에만 집중하고 있던 그 백성들은 여호와 하나님을 찾아 부르려고 하지 않았다. 또한 그들은 도리어 하나님을 괴로운 대상으로 여기며 피하고자 했을 따름이다(사 43:22). 이는 자기 취향에 따라 마음대로 살고자 하는데 하나님이 도리어 방해가 되는 양 생각했기 때문에 나타나는 양상이었다.

급기야 배도에 빠진 자들은 하나님과 저들 사이에 있어야 할 중재적 역할을 하는 제물을 중요하게 여기지 않는 지경에 이르렀다. 그들은 번제의 양을 하나님 앞으로 가져가지 않았으며 제물을 통해 하나님을 경배하는 일을 등한시했다. 그럼에도 불구하고 하나님께서는 제물로 인해 저들을 수고롭게 하지 않았으며 유향으로 인해 저들을 괴롭게 하지 않으셨다. 즉 하나님은 저들로부터 값비싼 제물을 요구하시지 않았던 것이다.

그렇지만 어리석은 자들은 그에 대한 저들의 불순종 행위를 전혀 깨닫지 못하고 있었다. 그들은 하나님을 위한 향품을 준비하지 않았으며 희생제물의 기름으로 하나님을 흡족하게 할 마음도 가지고 있지 않았다. 도리어 저들이 자신의 죄악으로 인해 하나님을 힘들게 하였으며 그 죄 짐으로 말미암아 하나님을 괴롭게 했을 따름이다.

우리가 여기서 반드시 기억해야 할 바는, 하나님은 결코 인간들이 바치는 제물 자체를 원하시는 분이 아니라는 사실이다. 하나님께서 원하시는 것은 자기 백성들과 자기 사이에 가로막힌 담을 헐기 위한 중재 기능을 하게 될 제물과 화해를 이루기 위한 제물이었다. 그것을 통해 죄로 인해 단절된 모든 관계가 회복될 수 있었기 때문이다. 이를 위해서는 영원한 하나님의 어린 양이신 예수 그리스도의 사역이 이루어져야만 한다.

또한 하나님께서는 자신을 위하여 자기 백성들의 죄를 도말하시는 분이라는 사실을 성경이 증거하고 있다. 하나님께서 인간들의 죄를 용서하시는 것은 일차적으로 자기를 위한 거룩한 목적을 지니고 있었다. 그렇게 함으로써 언약에 신실하신 하나님께서 자기 자녀들과 화목하게 되는 것이다. 이는 앞에 기록된 21절 말씀과 연관된 의미를 지니고 있다.

"나 곧 나는 나를 위하여 네 허물을 도말하는 자니 네 죄를 기억하지 아니하리라"(사 43:25)

하나님께서는 이처럼 자기 자녀들의 모든 허물을 용서하신 후 그 죄를 기억조차 하지 않으신다. 이와 더불어 그 백성을 통해 자신의 언약을 기억코자 원하신다는 사실을 말씀하셨다. 하지만 어리석은 이스라엘 자손들은 그 말씀을 선포된 내용 그대로 받아들이지 않았다. 그러므로 하나님은 저들을 향해 함께 변론함으로써 시시비비를 가려보자는 언급을 하셨다. 과연 저들에게 어떤 의로움이 남아 있었기 때문에 하나님의 관심을 받는 대상이 될 수 있었느냐는 것이었다.

모든 인간들의 맨 처음 조상이 되는 아담은 하나님을 배신하고 미혹하는 악한 사탄을 따라가 버리게 되었다. 그로 말미암아 아담에게 속한 자들은 죄에 빠져 그와 동일한 비참한 처지에 놓였다. 즉 아담의 자손으로 태어난 인간들은 예외 없이 사탄의 추종자로서 출생하게 되는 것이다. 따라서 저들에게는 어떤 의로운 요소도 남아 있지 않았다.

나아가 언약의 백성으로 특별히 조성된 이스라엘 민족 가운데 세워진 지도자들조차도 여호와 하나님을 배반했다. 거짓 선지자들은 하나님의 뜻을 저버리고 인간들의 관행에 따라 종교행위를 하며 부당한 교훈을 베풀기를 좋아했다. 그것은 참된 진리가 아니라 악한 인간들의 관습을 고착화시키는 일에 치중하는 것과 마찬가지였다.

하나님께서 이스라엘 민족을 엄중히 심판하셨던 것은 그에 밀접하게 연관되어 있었다. 그리하여 하나님은 거룩한 성전에서 자신을 섬긴다며 활동하던 배도자들을 이방인들에게 내어줌으로써 욕을 당하도록 하셨다. 그렇게 되자 이스라엘 왕국이 멸망의 자리에 놓이게 되었으며 그들이 온 세상의 비방거리와 조롱거리가 될 수밖에 없었다.

하나님께서는 본문 가운데서 그것마저도 저들이 자기에게 돌아오게 할 선한 의도에 기인한다는 사실을 시사하고 계신다. 이는 물론 메시아 언약과 밀접하게 관련되어 있으며 그후에 출생하게 될 모든 약속의 자녀들에게 연관되어 있었다. 그 모든 역사적인 과정을 통해 하나님께서는 메시아 사역을 점진적으로 진행시켜 가셨던 것이다.

제38장

하나님의 약속과 심판 후에 따를 영광
(사 44:1-23)

1. 언약의 자손에게 주어진 약속 (사 44:1-5)

하나님께서는 이스라엘 자손들을 불러 자신의 말씀에 귀를 기울이도록 요구하셨다. 저들은 이 세상에서 우연히 생겨난 존재들이 아니라 여호와 하나님이 직접 지으셨으며, 친히 관여하심으로 말미암아 모태에서 잉태되었다는 것이다. 언약의 자녀들은 이에 관한 사실을 마땅히 깨달아 알고 있어야만 한다.

하나님은 자기가 언약의 자손들을 도와주게 될 존재라는 사실을 언급하셨다. 이는 곧 저들에게는 '도와줄 자' 가 반드시 필요하다는 사실을 말해주고 있다. 인간으로서 이에 대한 올바른 깨달음을 가지는 것은 매우 중요하다. 어리석은 자들은 외부의 도움이 없이 스스로 사고하며 살아갈 수 있을 것으로 여기고 있다. 그런 자들은 인간이 아담의 범죄로 말미암아 처참한 자리에 놓여있다는 사실을 알지 못한다.

한편 어리석은 사람들 가운데는 자신의 연약함으로 인해 누군가의 도움이 필요하다는 사실을 인식하면서도 도움을 줄 수 있는 대상을 잘못 인식하는 경우가 많이 있다. 그런 자들은 영원히 죽을 수밖에 없는 인간의 처참한 상태로 인해 도움을 구하는 것이 아니라, 단순히 자신의 부족한 부분을 채우기 위한 욕망을 표출하게 된다.

중요한 점은, 죽음에 이르는 절박한 상황으로 인해 전능하신 하나님의 도움을 간청하고자 하는 신앙 자세이다. 따라서 언약의 자손들은 여호와 하나님을 향해 간절한 도움을 요청하게 된다. 그가 아니면 아무도 저들에게 영원하고 참된 도움을 줄 수 없다는 사실을 깨닫고 있기 때문이다. 하나님께서는 저들에게 자기가 곧 멸망에 빠진 인간들을 구출해낼 수 있는 유일한 분이라는 사실을 밝히셨다.

그러므로 하나님께 속한 자들은 세상에서 아무것도 두려워할 필요가 없다. 이 말은 하나님이 계시지 않는다면 자기가 처한 형편으로 인해 두려워 떨 수밖에 없는 상황이라는 사실을 말해주고 있다. 우리가 여기서 기억해야 할 바는, 인간들은 우선 자신의 죄로 인해 두려워하는 자세를 지녀야 한다는 사실이다. 그것은 물론 하나님의 은혜로 말미암아 깨달아 알 수 있게 된다. 그렇게 되어야만 언약의 자녀들은 죄에 대한 두려움과 더불어 오직 여호와 하나님만을 의지하며 그에게 도움을 간구할 수 있다.

그와 더불어 하나님께서는 자기가 곧 목마른 자에게 마실 물을 주며 메마른 땅에 시내가 흐르도록 하는 분이라는 사실을 언급하셨다. 이는 타락한 세상 가운데서 자연적으로 전개되는 모든 양상들은 영원한 것이 아니며, 하나님이 그 모든 환경을 근본적으로 바꾸시게 된다는 사실을 시사해주고 있다. 따라서 지혜로운 자들은 겉으로 드러나는 세상의 것들로써 인간들을 평가하는 어리석음에 빠지지 말아야 한다.

하나님께서는 또한 저들에게, 장차 자신의 성령과 참된 복을 그 자손들에게 베풀어 주시리라는 사실을 약속하셨다. 이는 인간의 몸을 입고 이땅에 오실 메시아 사역에 직접 연관된 말씀으로 이해해야 한다. 그는 죄로 말미암아 생성된 모든 것들에 대하여 근원적인 변화를 꾀할 뿐 아니라, 하나님의 성령으로 말미암은 신령한 복이 그 백성에게 허락된다는 사실을 말해주고 있기 때문이다. 그렇게 되면 시냇가의 버들가지처럼 푸른 수풀 가운데서 그 백성이 무성한 모습으로 솟아나게 된다.

그런데 그 백성들은 앞으로 획일적이지 않고 다양한 인격적인 모습으로 그 의미를 드러낸다. 어떤 사람은 자기가 여호와 하나님께서 속한 자라는 사실을 입술로 고백할 것이며 또 어떤 사람은 언약의 백성으로서 야곱의 이름으로 여호와 하나님을 부르게 된다. 그리고 또 다른 어떤 사람은 자기가 여호와 하나님께 속해 있다는 사실을 손으로 기록하여 새기기도 한다. 그 모든 백성은 이스라엘의 이름으로 하나님으로부터 존귀한 자로 인정받게 된다. 그들은 세상에서 환난과 고통을 당할지라도 하나님의 영광 가운데 거하게 되는 것이다.

2. 유일한 구원의 하나님 (사 44:6-8)

하나님께서는 자신이 언약의 백성인 이스라엘의 왕이자 구원자라는 사실을 언급하셨다. 그는 또한 처음이자 마지막이므로 다른 신은 존재하지 않는다고 하셨다. 그가 모든 피조세계의 선한 근원자가 되신다는 것이었다. 따라서 우주만물과 인간들이 존재하기 전부터 하나님은 영광중에 계셨다. 요한계시록에는 우주만물의 창조주이신 여호와 하나님에 관한 기록을 남기고 있다.

> **"주 하나님이 가라사대 나는 알파와 오메가라 이제도 있고 전에도 있었고 장차 올 자요 전능한 자라 하시더라"**(계 1:8); **"나는 알파와 오메가요 처음과 나중이요 시작과 끝이라"**(계 22:13)

여호와 하나님은 알파와 오메가이자 시작과 끝이신 존재이다. 이사야서 본문에는 바로 그 하나님께서 친히 언약의 백성을 조성하여 세우셨음을 기록하고 있다. 이는 그가 특별한 한 민족을 세우신 분명한 목적과 의도가 있다는 사실을 의미한다. 따라서 장차 이루어지게 될 모든 일들에 관하여 그가 홀로 정확하게 알고 계신다. 이는 장차 이땅에 오실 메시아와 관련되어 있으며 그의 최종 심판과도 연관되어 있다.

이 말은 또한 여호와 하나님 이외에는 앞으로 발생하게 될 일들에 대해 알고 있는 자나 그것을 설명할 수 있는 자가 존재하지 않음을 의미하고 있다. 아무리 유명한 철학자나 용한 점쟁이라 할지라도 인간의 능력과 판단으로 그것을 알 수 없다. 나아가 인간들의 손에 의해 제작된 우상이 그에 대한 지식을 가지는 것은 불가능한 일이다.

그러므로 언약의 백성들은 세상에서 일어나는 그 어떤 것에 대해서도 두려워하거나 겁낼 필요가 없다. 이는 하나님을 모르는 자들이 장래 발생하게 될 일이나 현재 일어나고 있는 사건들로 인해 염려하게 되는 것과 대비된다. 하나님께서는 벌써 옛날부터 자기 백성들에게 그에 대한 말씀을 해 오셨음을 강조하셨다. 즉 그들은 조상적부터 하나님의 말씀을 듣고 그것을 마음속에 간직해 오고 있었다는 것이다.

따라서 하나님께서 세우신 언약의 자손들은 하나님에 대한 증인 역할을 해야만 한다. 이는 단순한 지식의 문제가 아니라 증거 역할에 연관된 법적인 의미를 지니고 있다. 즉 이스라엘 민족은 다른 이방 종족들과 달리 역사적 과정에서 보여주신 하나님의 존재와 사역에 연관된 모든 것들에 대한 증거를 소유하고 있다는 것이다.

그리고 본문 가운데서 여호와 하나님께서는 홀로 '반석' 이 되신다는 사실을 강조하셨다(사 44:8). 이 말은 그가 택하신 백성들을 위한 모든 것들의 기초가 된다는 점을 의미하고 있다. 만일 굳건한 반석이 존재하지 않는다면 아무것도 제대로 세워질 수 없다. 아무리 그럴듯한 모형을 만들어 세운다고 할지라도 그것은 사상누각沙上樓閣에 지나지 않기 때문이다. 이는 구약성경 특히 시편에서 끊임없이 되풀이하여 사용된 용어로서 영원한 반석이신 예수 그리스도를 예표하고 있다.

3. 불신자와 배도자들이 당할 수치와 어리석음 (사 44:9-17)

(1) 악한 자들이 당할 수치

어리석은 인간들은 이 세상에서 부와 권세와 명예를 가지고 풍요롭게 살아가는 것을 최고의 덕목으로 생각한다. 그들은 하나님의 말씀에 순종하는 삶에 대해서는 아무런 관심이 없다. 따라서 개인적인 취향에 따른 판단을 하며 자기만족을 추구한다. 그것은 대개 내재된 종교적인 심성을 극대화하는 것과 함께 나타난다.

하나님을 알지 못하는 자들과 배도에 빠진 인간들은 자기를 위한 우상을 만들어 삶의 중심에 두기를 좋아한다. 그들은 겉으로 드러나는 형상을 제작하기 전에 마음속으로 그것을 상상하며 미리 준비하게 된다. 그와 같은 심성이 결국 허망한 우상을 만들어 거기에 종교성을 주입하여 숭배 행위를 하기에 이른다. 그와 같은 것은 점차 개인을 넘어 집단화하는 성격을 지니게 된다.

어리석은 인간들은 자신의 종교적인 취향에 맞는 우상을 만들어 두고 섬기기를 좋아하지만 그것은 지극히 미련한 행위에 지나지 않는다. 그들이 소중히 모시는 우상과 신령들은 도리어 자신을 고통에 빠뜨리는 역할을 하게 될 따름이다. 그것을 제작한 기술자들이 곧 그에 대한 증인 역할을 하게 된다. 따라서 우상을 만들어 섬기는 자들은 눈이 멀고 진리를 볼 수 없으며 그에 빠진 자들은 수치를 당할 수밖에 없다. 그들은 결국 두려움에 떨며 하나님의 심판대 앞에 서게 될 것이다.

(2) 어리석은 자들의 헛된 종교성

어리석은 인간들은 하나님과 그의 뜻을 알지 못한 채 스스로 의지할 만한 대상에 대한 필요성을 느낀다. 그들은 죄악으로 인해 발생하는 욕구를 기초로 하여 자신을 위한 우상을 만들고자 한다. 그에 대한 결단이 서게 되면 많은 돈과 정성을 기울여 대장장이나 목공을 불러 자기가 원하는 우상을 제작하도록 요구하게 된다.

그 일을 맡은 자들은 뜨거운 불에 철을 녹여 망치와 연장으로써 우상을 만든다. 그러나 그들은 죄악 투성이로서 지극히 연약한 존재에 지나지 않는다. 우상을 제작하다가 배가 고프고 기운이 없으면 음식을 먹고 물을 마셔야만 한다. 그렇게 하지 않으면 더 이상 일을 지속하지 못한다. 그처럼 무능하고 어리석은 인간에 지나지 않는 기술자들이 만든 우상에게 특별한 능력이 존재할 리 만무하다.

또한 나무조각으로 다듬어 우상을 제작하는 자들은 줄을 늘어뜨려 나무의 크기를 잰다. 그리고는 그 위에 석필石筆로 금을 그은 후 대패로 밀고 곡선자를 사용하여 인간의 얼굴 형상을 본뜬다. 그렇게 하여 우상을 만들게 되면 그것을 저들의 집 안이나 신당에 모셔두고 열정을 다해 섬긴다.

그들이 사용한 목재는 햇빛과 비를 통해 필요한 영양과 수분을 섭취하여 자라는 백향목이나 상수리나무 같은 것들이다. 그 나무들은 사람들이 잘라 와서 땔감으로 사용하여 집 안을 따뜻하게 하기도 하며, 불을 피워 각종 음식을 요리하기도 한다. 어리석은 자들은 그 나무들 가운데 한 부분을 잘라내어 신상이나 우상을 만들게 된다. 그들은 그것을 신령처럼 숭배하며 그 앞에서 제물을 바치기도 한다.

하나님을 모르는 자들은 그와 같은 방식으로 만든 우상을 두려워하여 그것에 도움을 요청하고자 한다. 그들은 그 가증스런 물건을 향해 기도하기도 하며 신령으로 모시고 자기의 힘든 상황에서 벗어나기 위해 구원을 요청하기도 한다. 그 형상을 저들의 삶의 중심에 모셔두고 그 앞에서 종교적인 온갖 행위를 다하게 된다. 따라서 스스로는 그렇게 하는 것이 최상의 값어치가 되는 양 착각한다. 하지만 그것은 아무런 효력이 없을 뿐더러 여호와 하나님께 저항하는 악행이 될 따름이다.

그럼에도 불구하고 여호와 하나님을 알지 못하고 그에 대한 올바른 깨달음이 없는 자들은 그 가증한 것들을 통해 허망한 위안을 받기도 한다. 그들은 종교적인 심리로 인한 나름대로의 자부심을 가지게 된다. 타락한 인간의 본성은 하나님으로부터 주어진 참된 진리를 거부하고 인간적인 신념을 받아들이도록 하기 때문이다. 가증스런 악행을 통해 주관적인 위안을 받는 것이 죄에 빠진 인간들의 타락한 속성이다.

하지만 철이나 나무조각으로 우상을 제작하여 그 앞에 엎드려 경배하는 행위는 헛된 짓거리이며 여호와 하나님을 모독하는 행위가 된다. 그것은 형식적인 우상 숭배 행위일 뿐 아니라 여호와 하나님을 적극적으로 모독하는 행동이다. 성숙한 성도로서 그에 대한 사실을 올바르게 깨닫는 것은 매우 중요하다.

4. 눈뜬 소경들의 망령된 행동 (사 44:18-20)

하나님의 섭리적 도움을 거부하는 자들은 하나님과 우주에 대한 실상을 알지 못하며 그 본질을 깨달을 수도 없다. 그들은 나무조각을 불사르고 음식을 요리하기 위해 불을 피우기도 하면서 그 일부분을 가지고 가증한 우상을 만든다. 그러면서 죄로 말미암아 눈이 어두워진 상태에서 스스로 혼란에 빠지게 된다.

어리석은 자들은 그런 가운데서 자기의 욕망을 추구할 목적으로 신령에 연관된 실상을 알기 위해 나름대로 애쓴다. 타락한 인간들은 그것을 위해 이성과 경험을 배경으로 한 모든 지식을 동원해 연구에 매진하기도 한다. 그렇게 한다고 할지라도 그들은 진리에 접근하는 것이 아니라 잘못된 답변을 찾아낼 따름이다.

하지만 그런 인간들은 진리에 대한 관심이 없는 자들이며 올바른 지식을 소유하고 있는 것도 아니다. 또한 그들에게는 참된 지혜가 없으며, 미련한 저들에게서 총명함을 찾아볼 수 없다. 따라서 배도에 빠진 자들은 인간들에게서 발생한 우상에 호의를 가지고 그것을 가까이 하게 된다. 즉 그들은 인간들이 제작한 가증스런 우상을 숭배하는 것을 적극적으로 반대해야 하지만 그렇게 하지 않는다.

그 사람들은 도리어 그것이 마치 연약한 인간들이 취할 수 있는 그럴듯한 행동인 양 착각한다. 그것은 사탄에게 속한 행위로서 하나님을 욕되게 하는 것임에도 불구하고 다른 사람들에게 선전할 때는 마치 대단한 진리를 발견한 것처럼 자랑하기도 한다. 나아가 그들 가운데는 그것을 자신의 종교적인 업적으로 내세우는 자들도 있다. 그런 자들은 허탄한 욕망에 미혹되어 자신의 영혼을 구원할 수 없으며 인간들이 만들어 섬기는 것들이 거짓이란 사실조차 인식하지 못한다.

오늘날은 그것이 일반적인 종교뿐만 아니라 과학으로 위장된 채 사람들을 미혹하는 경우도 많이 생겨나고 있다. 인간의 이성과 경험을 배경으로 한 과학주의는 하나님의 고유한 영역을 결코 알아낼 수 없지만 마치 그럴 수 있을 것처럼 주장하기도 한다. 하지만 피조물인 인간은 하나님께서 창조하신 우주만물의 지극히 작은 한 부분에 대해서도 명확하게 알아내지 못한다.

그렇지만 과학주의를 신봉하는 소경들은 타락한 인간의 이성과 누적된 경험을 통해 그것을 밝히는 것이 가능한 듯이 착각하고 있다. 그것은 곧 변형된 형태의 새로운 종교성을 띠게 되기 때문이다. 현대를 살아가는 성도들은 민감한 자세로 그에 대한 경계심을 유지하지 않으면 안 된다.

5. 언약의 자손들 가운데 나타날 영광 (사 44:21-23)

하나님께서는 언약을 소유한 이스라엘 자손을 향해 저들이 '자신의 종'이라는 사실을 말씀하셨다. 그리고 저들에게 자기가 행한 모든 사역을 기억하라는 요구를 하셨다. 이를 통해 그가 저들을 창조하신 분명한 의도와 목적이 있다는 사실을 시사해주고 있다. 따라서 창조주요 구속자이신 여호와 하나님께서 자기가 곧 그 백성들의 주인이 되신다는 사실을 분명히 언급하셨던 것이다.

또한 언약에 신실하신 하나님은 결코 창세전에 선택한 자기 자녀들을 잊어버리시지 않는다. 즉 하나님께서 저들을 잊어버리는 일은 결코 발생하지 않는다. 인간들은 더러운 욕망에 빠져 하나님을 잊어버릴 수 있지만 하나님은 절대로 그렇지 않다는 것이다. 이는 하나님의 신실하심과 자기 자녀들을 위한 그의 전적인 사랑에 기인한다.

하나님께서는 사탄으로 말미암아 더럽혀지게 된 자기 백성의 모든 죄를 용서해 주신다. 다시 말해 하나님은 선택받은 자녀들의 허물과 죄를 완전히 없애버리고 그것을 기억조차 하시지 않는다. 그는 마치 짙은 먹구름을 흩어버리고 안개를 없애 버리듯이 자기 백성들의 죄를 없애게 되는 것이다. 이는 저들 가운데 존재하는 죄를 완전히 용서하신다는 의미를 지니고 있다.

하나님께서는 언약의 자손들에게 그점을 강조하시면서 이제 모든 것을 버리고 자기에게 돌아오라는 요구를 하셨다. 그가 모든 허물을 덮고 죽음의 위기로부터 구원해 주시리라는 것이었다. 이는 저들을 구속하신 여호와 하나님의 사랑에 밀접하게 연관되어 있다. 즉 언약의 백성들의 삶은 오직 여호와 하나님의 사랑과 은혜에 달려 있다.

그 결과 죄로 말미암아 오염된 우주만물이 완벽하게 회복되어 살아계신 하나님을 경배하게 된다. 하늘과 땅과 땅의 깊은 곳들이 여호와 하나님을 높여 찬양할 것이며 산들과 숲과 그 가운데 있는 모든 나무들도 하나님을 향해 소리내어 노래부르게 된다. 그것은 언약의 자손들을 구원하신 하나님의 사랑의 결과로서 이루어진다. 그 가운데 여호와 하나님의 놀라운 영광이 선포되는 것이다.

제39장

바벨론과 페르시아 제국에 연관된 예언

(사 44:24-27; 45:1-25)

1. 하나님의 징계와 바벨론으로부터 구하실 것에 대한 약속 (사 44:24-27)

하나님께서는 자기가 이스라엘 민족을 위한 구속자라는 점과 모태로부터 저들을 지으셨다는 사실을 말씀하셨다. 그는 우주만물을 창조하신 분으로서 홀로 하늘과 땅을 펼치신 분이다. 창조주이신 그분은 거짓 예언자들과 점쟁이들의 말을 헛되게 하며 스스로 지혜롭다고 하는 인간들이 소유한 지식의 어리석음을 드러내신다.

한편 하나님께서는 자신의 종을 통해 선포된 예언의 말씀을 성취되도록 하시며 계획한 모든 것들이 이루어지게 하신다. 그는 사람들이 살지 않는 폐허된 예루살렘에 다시금 사람들이 살게 되리라고 예언하셨으며 무너진 유다의 성읍들이 중건될 것을 말씀하셨다. 그리고 황폐한 지역들을 다시금 복구시키리라고 하셨다.

이 말씀은 먼 미래에 일어나게 될 사실에 대한 예언이다. 선지자 이사야가 예언할 당시 세계의 최강국이던 앗수르 제국은 나중 신바벨론 왕국에 의해 멸망당하게 된다. 또한 앗수르를 제압한 바벨론은 예루살렘과 유다 왕국을 정복하게 된다. 이스라엘 민족은 그로 말미암아 저들이 거하던 약속의 땅을 바벨론 제국에 빼앗기게 되며 하나님의 성전도 완전히 파괴된다.

결국 이방인들의 손에 의해 거룩한 성전이 파괴되어 귀중한 성물聖物들을 빼앗기게 되며 약속의 땅에 있던 모든 성읍들은 훼파된다. 그 결과 언약의 민족은 이방 지역으로 사로잡혀 가는 신세가 된다. 선지자 이사야 당시 바벨론은 아직 강력한 세력을 구축하지 못했지만 앞으로 그와 같은 일들이 발생한다. 그리하여 이스라엘은 바벨론에 의해 완전히 패망한 듯이 보이게 된다.

그렇지만 여호와 하나님께서는 거룩한 성전을 파괴하고 언약의 자손들을 포로로 잡아간 바벨론 제국을 결코 그냥 두지 않을 것이라 말씀하셨다. 그래서 그는 파괴된 예루살렘 성전을 다시 세우시고 성읍들을 중건하고 황폐한 것들을 복구시키게 된다. 이를 위해 새로운 세력을 키워 바벨론 제국을 심판하시고자 했다. 그것은 하나님께서 바닷물과 강물을 마르게 하는 것과도 같은 놀라운 변화를 동반하게 된다.

이를 위해 하나님께서는 장차 '고레스'를 세우시리라는 사실을 예언하셨다. 그가 자기를 위한 목자牧者가 되어 포로가 된 이스라엘 민족을 가나안 땅 본토로 인도함으로써 하나님께서 기뻐하시는 일을 성취하리라는 것이었다. 그가 무너진 예루살렘 성벽을 중건하며 파괴된 예루살렘 성전의 기초를 놓게 된다.

우리가 여기서 주의 깊게 생각해 보아야 할 사실은 이사야서 본문에 언급된 '고레스'[67]라는 인물이다. 본문에 언급된 '고레스'는 사람의 이름을

67) 우리가 알고 있는 바벨론을 멸망시킨 페르시아의 대왕은 고레스 2세(BC 559-530, 재위)이다. 고레스(Cyrus)는 태양이라는 뜻을 지니고 있다. 그 고레스 왕이 등

일컫는 고유명사라기보다 왕의 권위를 가진 통치자의 칭호를 의미하는 것으로 이해하는 것이 자연스럽다.[68] 바벨론을 패망시킨 페르시아 제국의 초대 왕인 고레스 2세가 등장하기 오래 전에 이미 최고 권력자로서 '고레스' 가 있었기 때문이다.

따라서 '고레스' 라는 말의 뜻을 우리가 일반적으로 이해하기 쉬운 측면에서 표현한다면 한 나라의 통치자인 '왕' 에 해당된다. 즉 장차 한 '고레스' 즉 한 왕이 등장하여 하나님의 뜻을 성취하는데 동원되리라는 것이었다. 이와 같이 하나님께서 특별한 '고레스' 를 세워 자신이 뜻하시는 대로 이방의 포로가 된 이스라엘 민족을 본토로 인도하는 역사적인 사건을 이루어 가시게 되는 것이다.

이처럼 하나님께서는 아직 그가 태어나기도 전에 그를 세워 바벨론으로 사로잡혀 간 이스라엘 민족을 본토로 돌아오게 하며 파괴된 예루살렘 성전을 재건하고자 하셨다. 거기에는 하나님의 놀라운 섭리와 경륜이 들어 있었다. 구약성경 역대기에는 나중 페르시아 제국이 패권을 장악한 후 예루살렘 성전을 재건하고자 하는 고레스 대왕의 의지에 연관된 내용이 기록되어 있다.

장하기 오래 전에도 '고레스' 라 일컬어지는 왕이 있었는데(고레스1세, BC 7세기 말경) 그 용어는 최고 통치자라는 의미를 지닌 것으로 이해할 수 있다. 그러므로 고레스 대왕 다음 시대에도 흔히 일컫는 젊은 고레스(BC 431-401)가 있었다. 선지자 이사야는 그런 배경 가운데서 하나님에 의해 고레스 1세의 다음에 장차 한 '고레스'가 일어나게 되리라는 사실을 예언했던 것이다. 이와 같이 고대의 왕이나 황제를 일컫는 칭호 가운데 그와 유사한 경우가 상당수 있다. 로마 황제 Kaisar(Caesar)를 이은 여러 Kaisar(카이사르)들과, 태양의 의미를 지닌 이집트의 Pharaoh(파라오)도 그와 유사한 경우라 할 수 있다.

68) '고레스' 를 페르시아 제국의 초대 왕의 이름인 고유명사로 이해하는 자들은 이사야서가 선지자 이사야의 기록이 아니라 나중에 다른 인물이 기록한 것으로 주장하고 있다. 그러나 분명한 사실은 이사야서를 기록한 사람은 우리가 알고 있는 바로 그 선지자라는 점이다. 예수님께서는 이사야서를 인용하시면서 이사야의 글이라는 사실을 되풀이하여 밝히고 계신다.

"바사 왕 고레스는 말하노니 하늘의 신 여호와께서 세상 만국으로 내게 주셨고 나를 명하여 유다 예루살렘에 전을 건축하라 하셨나니 너희 중에 무릇 그 백성 된 자는 다 올라갈찌어다 너희 하나님 여호와께서 함께하시기를 원하노라 하였더라"(대하 36:23)

선지자 이사야를 통해 주어진 '고레스' 에 연관된 예언은 나중에 이루어지게 되었다. 이 사건이 구체적으로 발생하기 오래 전에 살았던 성도들과 이 일이 발생할 당시에 살던 성도들도 공히 그에 대한 깨달음을 가지고 있어야만 했다. 이땅에 메시아를 보내 구원사역을 감당하시고자 하는 하나님의 놀라운 뜻이 인간의 역사 가운데 드러나 선포되었으며, 그것은 영원한 교훈을 남기고 있기 때문이다.

2. '고레스' 왕을 도구로 삼아 바벨론을 심판하시려는 여호와 하나님 (사 45:1-4)

하나님께서는 이사야서 45장 1절의 본문 가운데서 '특별히 기름 부음을 받은 고레스' 에 관한 언급을 하셨다. 여기서 기름 부음을 받았다는 말은 그가 하나님의 목적을 이루기 위한 특별한 도구로 세워졌다는 의미를 지닌다. 하나님은 그의 오른손을 붙들고 열국을 그 앞에 항복시키리라고 말씀하셨다.

여호와 하나님이 장차 고레스의 오른손을 붙들고 열국으로 하여금 그에게 무릎을 꿇게 하며 여러 왕들의 화려한 관복 위에 매고 있던 허리띠를 풀고 그 앞에서 굳게 잠겨 있던 성문들을 열도록 하신다. 하나님께서 행하시는 심판을 막을 수 있는 자는 아무도 없다. 이는 앞으로 고레스가 통치하게 될 왕국이 당시의 세계를 정복하게 되리라는 사실을 말해주고 있다(렘 50:2,3, 참조).

이사야 선지자가 하나님의 말씀을 예언할 당시에는 아직 바벨론이 앗수르 제국을 물리칠 만한 세력을 갖추고 있지 못했다. 따라서 유다 땅과 예루살렘이 바벨론 제국에 의해 패망당하게 되리라는 사실은 전혀 감지되지 않았다. 이스라엘 민족이 바벨론의 포로가 되어 이방 지역으로 사로잡혀 가게 될 것에 대하여 아는 사람이 아무도 없었던 것은 지극히 당연한 일이었다.

따라서 바벨론 제국이 앗수르 제국을 물리치고 세력을 잡은 후 70여 년이 지난 다음 등장하게 될 페르시아 제국에 대한 짐작을 한다는 것은 불가능한 일이었다. 당시 페르시아인들은 변방의 약소민족에 지나지 않았다. 그런 중에 하나님께서는 장차 페르시아의 고레스를 특별히 지명하여 불러 그에게 기름을 부어 왕으로 세우리라는 예언을 하셨다.

앞에서 언급한 것처럼 성경 본문에서 말하는 '고레스'는 이사야 선지자 당시와 마찬가지로 장차 등장하게 될 왕의 칭호를 나타내는 것이며 고유명사로 보기는 어렵다.[69] 즉 하나님께서 '고레스'라는 이름을 언급하실 때 그것은 칭호를 언급하신 것으로 보아야 한다. 우리가 기억하고 있는 페르시아 제국의 초대 왕인 고레스 대왕은 고레스 2세이다. 그가 태어나기 훨씬 전, 페르시아 제국을 건국한 고레스 대왕의 조부였던 고레스는 메디아 제국의 제후국인 안샨(Anshan)의 왕이었다. 그는 BC 7세기 후반 즉 선지자 이사야가 예언하던 시기에 활동하던 정치가요 군인이었다.

이 말은 그전에도 '고레스'로 불리는 통치자가 존재했다는 사실을 추론하게 해 준다. 그보다 오랜 세월이 흐른 후 등장한 고레스 대왕은 왕위에 올라 BC 549년 메디아를 정복하고 페르시아 제국을 건립했다. 그후 승승장구乘勝長驅하여 BC 546년에는 리디아를 정복했으며 BC 539년에는 바벨론 제국을 점령함으로써 제국의 통일을 이루었다. 그가 그렇게 많은 전쟁

---

69) 하나님께서는 자신의 거룩한 목적을 달성하시기 위해 지명하여 부르실 그 사람에게 '고레스'라는 칭호(title)를 부여하시게 되는 것이다(사 45:4, 참조).

을 치루며 승리를 거둘 수 있었던 배경에는 인간들의 눈에 보이지 않는 여호와 하나님의 경륜이 작용하고 있었다.

이처럼 페르시아 제국의 건국과 고레스 왕의 역할은 하나님의 뜻에 밀접하게 연관되어 있었던 것으로 이해해야 한다. 그러므로 하나님께서 장차 등장하게 될 고레스보다 앞서 모든 일을 행하시리라는 말씀을 하셨다. 즉 그가 먼저 나아가서 친히 험한 곳들을 평탄케 하며 여러 왕국의 성들을 둘러싸고 있는 견고한 성벽과 놋으로 된 문과 쇠 빗장을 꺾고 그 문들을 열게 하시리라는 것이었다.

그렇게 하여 그가 지휘하는 군대가 성 안으로 들어가 왕궁 금고에 은밀히 보관하고 있던 모든 재물들을 탈취하게 된다. 그들은 외부와의 전쟁 중에 발생하는 모든 과정들을 통해 그 특별한 일을 맡긴 분이 이스라엘 민족의 여호와 하나님이라는 사실을 알게 되리라는 것이었다. 나중 고레스 왕이 이스라엘 민족의 본토귀환을 위한 칙령을 내린 것은 이사야서에 기록된 예언으로 말미암은 것이었다(대하 36:23).

그리하여 여호와 하나님께서는 고레스의 세력을 동원하여 바벨론에 의해 포로로 잡혀간 이스라엘 민족을 약속의 땅 가나안으로 데려오게 된다. 하지만 그것이 고레스가 여호와 하나님을 인격적으로 깨달아 신앙하였다는 의미와는 다소간 차이가 난다. 따라서 그가 비록 하나님을 인격적으로 알지 못할지라도 하나님께서 그를 불러 '고레스' 의 칭호를 주신다고 말씀하셨던 것이다(사 45:4). 즉 '태양' 이라는 의미를 지닌 고레스라는 용어는 고유명사이기 전에 왕이나 통치자를 일컫는 단어로 이해하는 것이 자연스럽다.

3. 우주만물의 창조주 여호와 하나님 (사 45:5-8)

하나님께서는 또다시 언약의 자손들을 향해 자기가 유일하신 하나님 여호와라는 사실을 선언하셨다. 자기 이외에 다른 신들은 아예 존재하지 않는다는 것이었다. 비록 죄에 빠진 인간들은 자신을 올바르게 깨닫지 못하고 있을지라도 하나님께서는 친히 저들의 모든 일에 관여하고 계신다.

하나님께서는 먼 미래에 일어나게 될 그 모든 과정들을 통해 해 돋는 곳에서부터 해 지는 데까지 온 세상에 자기가 유일한 하나님이라는 사실을 선포하시리라는 말씀을 하셨다. 이는 앞으로 인간의 몸을 입고 이 세상에 오시게 될 메시아와 그의 사역에 연관된 의미이다. 하나님께서 그리스도가 되어 이땅에 강림하시게 되면 천하만국이 그를 바라보며 그 앞에서 떨수밖에 없게 된다.

여호와 하나님은 빛과 어두움을 창조하신 분이다. 그리고 인간들이 일상적인 삶 가운데 느끼고 경험하는 모든 것들도 하나님으로부터 말미암은 것들이다. 하나님께서는 인간들의 생사화복生死禍福을 관장하시는 가운데 창세전에 작정하신 자신의 거룩한 뜻을 이루어 가신다. 그와 동시에 하나님은 천지와 그 안에 존재하는 모든 것들을 향해 명령하시는 분이다.

그 하나님께서 자신의 형상을 닮게 창조된 인간들을 타락의 늪에 빠뜨리고 모든 피조세계를 오염시킨 사탄을 심판하시게 된다. 그것을 위해 천상의 나라로부터 공의를 베풀어 악한 것들을 심판하도록 하신다. 그렇게 되면 하나님의 심판을 피해 땅에 남아 있을 만한 존재들은 아무것도 없게 된다.

이와 동시에 하나님께서는 하늘의 구름으로부터 의를 내려붓도록 하신다. 그것은 물론 상징적인 의미를 지니는 것으로 하늘에서 쏟아지는 비처럼 하나님의 의가 땅위에 충만히 내리게 되리라는 사실을 말해주고 있다. 땅위의 모든 것들은 하나님의 무서운 공의와 거룩한 의로 말미암아 새로운 국면을 맞게 되는 것이다.

피조세계의 한 부분인 땅은 그때 당연히 하나님으로 말미암은 모든 공의와 심판을 수납해야 한다. 그것을 통해 땅이 의를 받아들여 하나님의 구원을 싹틔우게 되어 아름다운 열매를 맺게 되며 공의도 움을 돋아 결실하게 된다. 즉 여호와 하나님의 공의와 의가 땅 위에서 행해짐으로써 근본적인 변화가 일어나게 되는데 하나님께서 친히 그 모든 일들이 발생하도록 하시는 것이다.

4. 창조주에 대한 깨달음을 가져야 할 백성들 (사 45:9-13)

타락한 인간은 금방 깨어질 수 있는 힘없는 질그릇 한 조각에 지나지 않는다. 질그릇의 용도는 스스로 정하는 것이 아니라 그것을 만드는 토기장이의 의도에 달려 있다. 따라서 질그릇의 일부분인 조각이 감히 토기장이에게 이러쿵저러쿵 말할 수 없다.

우리가 여기서 기억해야 할 바는 모든 질그릇은 토기장이의 의도와 판단에 따라 빚어지게 될 따름이라는 사실이다. 따라서 진흙이 토기장이에게 무엇을 만드는지 따져 물을 수 없다. 나아가 질그릇이 자기에게 부여된 용도가 마음에 들지 않는다고 해서 토기장이에게 저항하는 말을 해서도 안 된다.

이처럼 모태로부터 태어난 아기가 아버지에게 무엇을 낳았는지 따져 물을 수 없으며 어머니에게 무엇을 낳기 위해 그토록 해산의 수고를 하게 되는지 말하지 못한다. 만일 그렇게 하는 자가 있다면 주제넘은 인간으로서 저주 아래 놓이는 존재가 될 따름이다. 이와 같이 피조물인 인간은 조물주인 여호와 하나님 앞에서 아무것도 아니다.

그럼에도 불구하고 오만한 삶에 빠진 이스라엘 백성은 그와 같은 태도를 버리지 못했다. 그러므로 하나님께서는 저들에게 돌이켜 장차 발생하게 될 일을 자기에게 물어보라고 말씀하셨다. 또한 하나님께서 자신의 사자들과 함께 행한 모든 일들에 관하여 만물의 주인이신 자기에게 맡기라는 권고를 하셨다.

하나님은 하늘과 땅을 비롯하여 그 안에 있는 모든 만물들을 지으시고 자신의 형상을 닮은 인간을 창조하신 분이다. 그가 또한 친히 하늘을 펼치시고 하늘의 모든 천군천사들에게 명령하셨다. 그리고 자기가 장차 약속에 따라 그리스도를 일으켜 세우실 것이며 그의 모든 길을 곧게 하시리라고 하셨다.

하나님께서는 자신의 의로 말미암아 특별히 세워진 그 사람이 나중 바벨론에 의해 파괴된 거룩한 성 예루살렘을 완벽하게 복원하게 되리라는 사실을 예언하셨다. 그리고 그가 죄악에 사로잡힌 언약의 백성에게 아무런 책벌을 요구하지 않고 값없이 해방시켜 영원한 자유를 주시리라고 약속하셨다. 이는 바벨론에 의해 무너진 모든 것들을 다시금 회복하시리라는 뜻을 포함하고 있다. 만군의 하나님께서 그 말씀을 하셨기 때문에 장차 그 예언은 반드시 이루어지게 된다.

5. 구원자이신 여호와 하나님 (사 45:14-19)

하나님께서는 언약의 백성들이 최종적으로 승리하게 되리라는 사실을 말씀하셨다. 애굽의 모든 소득과 국제 무역을 통해 얻은 구스 곧 에디오피아의 넘치는 재물, 그리고 스바의 건장한 남자들이 모두 저들에게 속하게 되리라는 것이었다. 그들은 모든 방법을 동원하여 많은 재물을 쌓았으나 그것들은 저들의 소유가 될 수 없었다.

여호와 하나님을 알지 못하는 이방 왕국의 백성들이 하나님께서 특별히 세우신 자를 따르게 될 것이며, 쇠사슬에 묶인 채 포로가 되어 저의 군대에 굴복하게 되리라는 사실을 예언했다. 그들은 모든 일들이 여호와 하나님으로 말미암은 것이란 사실을 깨닫고 그 외에는 다른 신이 없다는 사실을 말하게 된다. 이는 만물의 주인이신 하나님의 절대적인 권능이 선포됨을 말해주고 있다.

이스라엘 민족의 구원자가 되시는 여호와 하나님은 사람들의 이성과 경험에 맞춰진 신이 아니라 도리어 그런 자들에게는 숨겨진 상태로 존재하고 계신다. 따라서 하나님을 멀리하는 악한 자들은 그에게 순종하기를 거부한다. 그들은 더러운 우상을 만들어 섬기며 여호와 하나님을 욕되게 하는 인간들이다. 그런 자들의 결국은 심판과 더불어 부끄러운 치욕을 당할 수밖에 없게 된다.

그렇지만 여호와 하나님을 경외하는 자들은 영원한 구원에 참여하게 된다. 그것은 하나님으로부터 주어지는 특별한 은혜의 선물이다. 그 구원의 영역에 들어가게 되는 백성들은 결코 부끄러움을 당하거나 치욕을 당하지 않는다.

하나님께서는 이스라엘 민족에게 자기가 전지전능하신 존재라는 사실을 선포하셨다. 그는 하늘과 땅을 비롯한 우주만물을 창조하신 분으로서 모든 피조물들이 혼돈 속에 뒤섞이지 않도록 하셨다. 인간들이 살아가는 지구도 그의 능력에 의해 질서대로 견고하게 창조되었다. 그것은 이미 모든 인간들에게 선포되어 온 바다.

하나님께서는 그에 관한 모든 사실을 인간들이 알지 못하도록 어두운 영역에서 비밀스럽게 말씀하신 것이 아니라 사람들이 보고 알 수 있도록 해주셨다. 따라서 언약의 자손들을 향해 자기를 혼돈 가운데서 찾으라고 말씀하지 않으셨다. 여호와 하나님은 의를 선포하고 정직한 것을 선포하여 전하시는 분이기 때문이다.

6. 공의와 더불어 구원을 베푸시는 하나님 (사 45:20-25)

하나님께서는 이방의 포로가 되어 여러 지역에 흩어져 살던 언약의 자손들이 함께 모여 자기 앞으로 나아오도록 부르시게 된다. 저들은 이제 여호와 하나님을 믿고 오직 그에게 의지해야만 한다. 나무나 철로 만든 우상을 몸에 지니고 다니면서 인간을 구원할 수 없는 거짓 신에게 기도하는 자들은 하나님께 저항하는 무지한 자들이 아닐 수 없다.

하나님께서는 저들에게 그에 대한 사실을 확인해 보라고 요구하셨다. 이미 오래전부터 하나님의 말씀은 저들에게 선포되어 그 모든 것들을 알도록 해주셨다. 또한 여호와 하나님 이외에 공의를 베풀며 영원한 구원을 이루시는 자가 존재하지 않는다는 사실을 밝히셨다.

장차 그의 영원한 구원은 구약시대 이스라엘 민족을 넘어 땅 끝에서 살아가는 이방 족속들에게까지 미치게 된다. 이는 창세전부터 있었던 하나님의 예정에 직접 연관되어 있으며 메시아 사역에 관련되어 있다. 여호와 하나님은 우주만물을 창조하신 분으로서 전지전능하시기 때문에 그 모든 예언을 성취하시게 된다.

언약에 신실하신 하나님이 공의로운 존재라는 사실은 계시된 말씀을 통해 이미 널리 선포된 바였다. 그 내용은 영원한 효력을 지니며 결코 사라지지 않는 속성을 지니고 있다. 하나님께서는 자신의 이름을 걸고 그에 대한 맹세를 하셨으며 그의 자녀들은 그 맹세에 참여하게 된다. 결국 죄에 물든 모든 인간들은 여호와 하나님 앞에 무릎을 꿇게 될 것이며 저들의 혀가 그 앞에서 자신의 불의를 드러내는 역할을 한다. 이는 죄악을 심판하시는 하나님의 공의와 더불어 절대적인 권위를 보여주고 있다.

모든 참된 공의와 권능은 오직 여호와 하나님께만 속하여 존재한다. 따라서 사람들은 당연히 그의 앞으로 나아가야만 생명을 구할 수 있다. 하지만 그에게 분노하는 인간들은 무서운 심판과 더불어 수치를 당할 수밖에 없게 된다. 이에 반해 하나님을 진정으로 경외하는 언약의 백성은 여호와 하나님으로 말미암아 의로운 자로 인정받는다. 그것은 피조물인 인간들에게 허락된 최상의 선물이요 자랑이 된다.

제40장

바벨론과 우상에 대한 심판

(사 46:1-13)

1. 하나님의 심판 (사 46:1,2)

하나님께서는 선지자 이사야를 통해 예언의 말씀을 주시면서 장차 발생하게 될 일을 과거형으로 기술하도록 하셨다. 그 내용은 당시의 시대적 상황과 더불어 장차 성취될 일들과 연관되어 있었다. 그것은 이방 족속의 다양한 우상들과 배도행위에 관련된 내용이었다. 본문에는 먼저 바벨론의 신령과 우상들에 관한 말씀으로 시작되었다.[70]

선지자 이사야는 우상물인 벨(Bel)이 엎드러진 사실과 느보(Nebo)가 굴러 넘어진 사실을 언급하고 있다. 바벨론에는 다양한 신령과 우상들이 존재했다. 아누, 헤아, 벨티스, 이쉬타르, 네르길, 신, 샤마스, 굴라, 벨, 느보 등이 대표적이었다. 그것들 가운데 주신主神격으로 간주된 것은 이사야서 본문에 기록된 벨과 느보였다. 여기서 벨은 바벨론 사람들의 최고신인 마르둑(Marduk)의 다른 이름이었으며, 느보는 바벨론의 학문에 연관된 신으로

---

70) '현대인의 성경' 이사야 46:1, 참조.

서 벨의 아들로 인식되어 있었다.

당시 바벨론에서는 해마다 4월이 되면 최고신에 해당되는 두 신들인 벨과 느보의 거대한 형상을 만들어 소나 말 등 짐승이 끄는 수레에 싣고 성안을 행진하는 풍습을 가지고 있었다. 그것은 바벨론의 민족적 대축제였다. 아무것도 모르는 채 무거운 우상을 짐짝처럼 실어 끌고 다녀야하는 짐승들은 그로 인해 피곤에 지쳤을 따름이다.

하지만 어리석은 백성들은 그것을 통해 종교적인 축제 분위기를 만들어 우상 숭배에 몰입했다. 그들은 인간들이 제작한 우상을 숭배하면서 저들의 세력과 학문적 지식을 자랑했다. 그것을 통해 민족적 자긍심을 일깨우고 장래에 대한 기대감을 가졌다.

그렇지만 인간들이 고안하여 만든 신들과 우상들은 아무런 힘이나 능력이 없었다. 그것들은 결국 외부의 다른 강력한 세력이 밀어닥치게 되면 저들 앞에서 허무하게 무너질 수밖에 없다. 나중 바벨론의 세력을 무너뜨리는 더욱 강력한 세력 즉 페르시아의 고레스 왕의 군대가 등장하면 저들이 의지하던 모든 우상들은 한꺼번에 넘어지고 고꾸라지게 되는 것이다.[71)]

그렇게 되면 그것들을 의지하고 섬기며 살아가는 자들은 두려움에 빠져 떨며 대성통곡大聲痛哭하게 된다. 저들의 신령들이 그렇게 나약하리라 생각지 않았기 때문이다. 저들은 넘어져 내팽개쳐진 우상들을 다시금 일으

71) 일반적인 관점에서 볼 때, 우상 종교와 신령들은 인간들의 정치적인 세력의 판도와 그 운명을 같이 한다. 옛날 한때 특정 백성들 가운데 종교적인 영향력을 행사하다가 사라진 신령들은 무수히 많다. 고대 앗수르, 바벨론, 페르시아 등의 국가와 민족 및 시대 별로 차례로 존재하던 신들은 그 나라들이 망하면서 모두 사라졌다. 바알과 아세라신은 없어졌으며 마르둑과 느보도 없어졌다. 또한 고대 그리스의 제우스, 박카스, 포세이돈, 에로스 등과 같은 신들은 나라의 패망과 함께 사라졌으며, 로마의 쥬피터, 미네르바, 큐피드 등도 우리시대에는 없다. 이처럼 우상 종교와 신령들이 인간들의 흥망성쇠와 같이 한다는 것은 주목할 만한 사실이다.

켜 세우기 위해 안간힘을 쓰겠지만 모든 것은 허사가 될 따름이다.

우상숭배자들은 저들의 파괴된 우상을 결코 원래의 상태로 복구하지 못한다. 그들은 도리어 전에 알지 못하던 낯선 군대의 포로가 되어 저들에게 사로잡혀 가는 신세가 될 수밖에 없다. 이방 지역에서 신음하는 이스라엘 백성이 장차 그와 같은 놀라운 상황을 직접 목격하게 될 날이 반드시 이르게 된다.

2. 언약의 자손들에게 주어진 약속(사 46:3,4)

하나님께서는 나중 또 다른 이방 세력 즉 페르시아 군대를 동원하여 바벨론의 신들을 형상화한 우상들을 파괴함으로써 저들을 심판하시고자 했다. 그것은 저들 가운데 살아가는 이스라엘 민족과 밀접하게 연관되어 있었다. 즉 하나님께서 그렇게 하시려는 근본적인 목적은 이스라엘 민족을 이방인들의 압제로부터 해방시켜 자유를 주시기 위한 것이었다.

그러므로 하나님은 야곱 곧 이스라엘 자손의 모든 남은 자들(all the remnant)을 향해 소중한 메시지를 전달하셨다. 여기서 언급된 '남은 자들' 이란 이방에 사로잡혀가 있으면서도 여호와 하나님을 기억하는 언약의 자손들을 일컫는다. 비록 그들은 이방왕국의 포로가 된 상태에 놓여 있었지만 원래는 언약의 땅에서 거룩한 성전을 중심에 두고 살아가야 할 하나님께 속한 백성들이었다. 그 언약의 자손은 어머니의 태중에서 출생하면서부터 여호와 하나님의 품에 안긴 바 된 사람들이었다.

하나님께서는 저들을 바벨론 왕국의 포로에서 구출해 내시기 위한 방편으로 이방 신들 위에 벌을 내리고자 하셨다. 그것은 나중에 반드시 실현되어야 할 역사적 사건에 연관된 예언이었다. 선지자 이사야가 예언하던 시기보다 오랜 세월이 지난 후에 하나님의 말씀을 전한 예레미야 선지자도 바벨론의 우상들을 파괴한 페르시아를 힘입어 이스라엘 백성이 구출되리라는 사실을 예언했다.

> **"내가 벨을 바벨론에서 벌하고 그가 삼킨 것을 그의 입에서 끌어내리니 민족들이 다시는 그에게로 몰려가지 아니하겠고 바벨론 성벽은 무너졌도다 나의 백성아 너희는 그 중에서 나와 각기 여호와의 진노를 피하라"(렘** 51:44, 45)

바벨론을 심판하시고자 한 하나님의 목적은 포로가 된 자기 백성을 이방 왕국으로부터 구출해내는 것이었다. 그와는 달리 바벨론은 절대로 언약의 자손들을 해방시키려 하지 않을 것이 분명하다. 하지만 하나님께서는 그 백성이 태중에서 출생할 때부터 저들을 자기 자녀로 삼아 안아주고 업어주셨다. 하나님은 결코 그들을 버리지 않고 구원하여 돌보아주신다. 즉 그 백성이 나이 많아 늙어 노년이 되고 백발이 무성하기까지 끝까지 품어주시는 것이다.

하나님께서는 바벨론을 심판하시기 위해 페르시아의 고레스를 특별히 지명하여 불러 자신의 중요한 일을 맡기시리라는 사실을 분명히 말씀하셨다. 하나님의 의도에 따라 그가 바벨론 군대를 공격하게 되면 그동안 막강한 세력을 자랑하던 힘의 배경인 바벨론 성벽은 맥없이 무너져 내리게 된다. 이렇게 하여 페르시아 군대는 바벨론을 정복함으로써 부지중에 하나님의 경륜에 참여하게 되는 것이다.

그런 가운데 언약의 자손들은 이방인들의 잔혹한 압제로부터 해방될 수 있는 기회를 얻게 된다. 하지만 이방 지역에서 바벨론 사람들을 섬기며 힘겹게 살아가는 언약의 백성들도 저들과 한 곳에 있으면서 그 고통에 어느 정도 참여하지 않을 수 없다. 그러나 하나님의 인도하심에 따라 거기에서 나와 여호와 하나님의 진노를 피하게 된다. 그것은 여호와 하나님께서 이방의 포로가 된 이스라엘 자손들에게 베푸는 놀라운 은혜였다.

3. '절대 지존자' 이신 여호와 하나님과 귀머거리 우상들 (사 46:5-7)

피조물인 인간들은 조물주이신 여호와 하나님을 다른 어떤 것과도 비교해서는 안 된다. 당연히 하나님을 피조물과 동등 선상에 두어서도 안 된다. 그것은 하나님을 모욕하는 행위일 따름이다. 인간들의 눈에 아무리 대단하고 그럴듯하게 보이는 것이라 할지라도 죄로 인해 오염된 피조물은 더러운 것들에 지나지 않는다. 거룩하신 하나님을 더러운 피조물과 비교한다는 것은 하나님에 대한 모독행위가 된다.

그럼에도 불구하고 죄에 빠진 인간들은 그와 같은 사고를 버리지 못하고 있다. 그런 현상은 이방인들뿐 아니라 언약의 자손들인 이스라엘 백성들 가운데도 그대로 나타났다. 따라서 하나님께서는 우주만물의 창조자이신 자기를 피조물과 비교하며 동등한 위치에 두고자 하는 자들을 강하게 책망하신다.

그러나 하나님을 알지 못하는 인간들은 자기가 소유한 금과 은붙이를 가져와 도금장이에게 넘겨주고 그것으로써 신상을 만들도록 당부했다. 그것은 우상인 것이 분명하지만 어리석은 자들은 그것이 마치 저들을 위한 신이라도 되는 양 여겼던 것이다. 그러므로 우상을 숭배하는 인간들은 그 앞에 엎드려 경배하기를 좋아했다. 그런 자들은 눈과 손으로 보고 만질 수 있는 종교적인 경험을 원했기 때문이다.

하지만 그 우상들은 인간들이 자신의 종교적 욕망을 추구하기 위한 방편으로 만든 가증한 물건에 지나지 않았다. 미련한 자들은 그 우상을 손에 들고 이동하거나 몸에 지니기도 하며 자기가 거하는 처소에 신당을 차리고 그 안에 두기도 한다. 그렇다고 할지라도 그것은 아무런 능력을 발휘하지 못한다. 그 우상덩어리는 움직이지 못하며 사람들이 그 앞에서 아무리 부르짖어도 그 소리에 반응하지 않는다. 나아가 그 우상이 어려움에 빠진 인간들을 구출하는 것은 불가능한 일이다.

4. 역사적인 교훈을 받아들여야 할 백성들 (사 46:8,9)

언약의 굴레 안에 있으면서 배도에 빠져 패역한 상태에 놓인 인간들은 하나님과 그의 사역에 별다른 관심을 기울이지 않는다. 그들은 이땅에만 관심을 집중하며 종교를 핑계대어 자기의 욕망을 추구하기에만 열중할 따름이다. 저들의 조상들도 과거 여호와 하나님을 버리고 우상을 만들어 섬김으로 인해 그의 심판과 더불어 심한 고난을 당했었다.

그럼에도 불구하고 이기적인 욕망으로 가득찬 저들의 후손들의 삶은 변하지 않았다. 선지자 이사야가 예언할 당시에도 사람들 가운데는 여전히 우상을 가까이 하는 상황이 일반적으로 일어났다. 오래 전에도 그와 같은 일들이 발생했던 것처럼 당시의 백성들 역시 하나님의 말씀을 귀담아 듣고자 하지 않았다. 하지만 배도에 빠진 삶을 청산하고 돌이키지 않고는 아무런 소망이 없었다.

그러므로 하나님께서는 언약의 자손들을 향해 과거의 일을 잊어버리지 말고 기억하라는 말씀을 하셨다. 그것은 하나님의 심판과 구원사역에 연관된 것으로 이해해야 한다. 하나님을 믿고 의지하는 성도들은 그의 공의를 기억하고 지나간 과거에 있었던 모든 악행을 과감히 떨쳐버려야 한다는 것이었다.

조상들이 과거에 저질렀던 배도의 발자취를 더듬어 기억하지 않고, 그것을 신앙을 위한 중요한 교훈으로 삼지 않는 백성은 어리석은 자들이 아닐 수 없다. 여호와 하나님을 진정으로 경외하는 자들이라면 이전에 있었던 하나님의 심판과 징계를 기억하며 과거에 저질렀던 악한 행태와 단절해야만 했다. 그렇게 하는 것이 참 생명 가운데 살아갈 수 있는 유일한 방편이 되었기 때문이다.

그럼에도 불구하고 죄로 인해 연약하게 된 인간들은 세상의 욕망을 떨쳐버리지 못했다. 하나님께서는 그와 같은 자들에게 자신의 존재를 드러내 보여주셨다. 자기가 우주만물을 창조하신 유일한 하나님이기 때문에 다른 신들은 존재하지 않는다는 것이었다. 이는 고통에 빠져 신음하는 자기 백성들을 구원하시고자 하는 하나님의 신실한 사랑에 기인한다.

오늘날 우리도 성경에 기록된 모든 내용과 더불어 지나간 역사를 통한 교훈을 배워야 한다. 하나님 앞에서 살아간 신실한 선배들을 본받고 경계해야 할 바를 찾아 경계할 수 있어야 한다. 그리하여 과거에 가졌던 악한 사고와 행동을 과감하게 버리지 않으면 안 된다. 그렇게 함으로써 하나님의 뜻에 온전히 순종할 수 있을 것이기 때문이다.

5. 태초부터 계시된 종말과 하나님의 예언 (사 46:10,11)

하나님께서는 처음부터 세상의 종말을 예고하셨다. 아담이 범죄한 후부터 인간을 비롯한 온 세계는 종말에 직면하지 않을 수 없다는 사실이 선포되었다. 그것은 심판과 구원에 관한 의미를 동시에 내포하고 있었다. 따라서 하나님께서는 인간을 범죄의 자리로 끌어들이고 하나님께 저항한 사탄을 향해 심판을 선언하셨던 것이다.

그것은 물론 창세전의 언약에 따라 자기 자녀들을 구원하시고자 하는 하나님의 궁극적인 사랑에 기초하고 있다. 그것을 위해 사탄에 대한 심판이 동반되어야 했던 것이다. 창세기 3장에는 그에 대하여 구체적으로 선포된 내용이 기록되어 있다.

> **"내가 너로 여자와 원수가 되게하고 너의 후손도 여자의 후손과 원수가 되게 하리니 여자의 후손은 네 머리를 상하게 할 것이요 너는 그의 발꿈치를 상하게 할 것이니라"(창** 3:15)

창세기에 기록된 위의 본문을 우리는 흔히 원시복음이라 일컫는다. 장차 하나님으로부터 오시게 될 '여자의 후손'을 통해 인간을 유혹한 사탄을 심판하시게 되는 사실은 메시아 사역에 밀접하게 연결되어 있기 때문이다. 이는 인간의 죄악과 오염된 피조물에 대한 하나님의 심판과 더불어 창조질서에 연관된 완전한 회복 계획을 말해주고 있다.

이처럼 사탄의 유혹으로 인한 인간의 타락이 있었음에도 불구하고 승리를 위한 하나님의 계획은 처음부터 확증된 상태였다. 하나님께서는 결국 모든 것을 다스려 자신의 의도하신 바를 성취하시리라는 말씀을 하셨다. 그리고 자기의 기뻐하는 모든 것을 반드시 성취하시리라고 하셨다. 그것을 위해 하나님께서는 장차 심판과 구원을 이루시게 된다.

하나님의 구원 계획이 진행되는 과정에는 다양한 역사적 사건들이 발생한다. 즉 하나님은 아무런 과정 없이 그의 사역을 단행하시는 것이 아니라 역사적인 여러 사건들을 통해 자신의 모든 사역을 보여주신다. 하나님께서는 그것을 위해 동쪽으로부터 먹잇감을 찾는 독수리와 같은 사나운 날짐승을 부르고 먼 나라에서 자기의 뜻을 이룰 수 있는 사람을 부를 것이라고 말씀하셨다(사 46:11).

이는 선지자 이사야 당시에 연관된 것으로서 이스라엘 민족을 괴롭히며 오만한 태도를 지닌 앗수르 제국을 바벨론의 세력을 동원해 심판하시리라는 의미를 지니고 있다. 즉 아직 세력이 구축되지 않아 나약해 보이는 종족을 불러 하나님의 뜻을 행하도록 하신다는 것이다. 나아가 나중에는 그보다 더욱 먼 곳에 위치한 페르시아의 세력을 불러 바벨론에 의해 환난을 당하는 언약의 자손들을 구출하시리라고 말씀하셨다. 하나님께서 예언하신 그 일은 장차 반드시 이루어지게 된다.

우리가 여기서 특별히 관심을 기울여 생각해 보아야 할 점은 이사야서 본문에 기록된 '종말에 관한 내용'이 다중적인 의미를 지니고 있다는 사실이다. 우선 선지자가 언급한 종말에 관한 선포는 아담의 범죄 이후에 선포된 종말의 의미와 더불어 선지자 이사야가 예언하던 당시와 뒤이어 따라오게 될 시대에 연관되어 있다. 이는 창세전에 선택받은 자기 자녀들에 대한 구원 계획과 함께 그것을 위해 발생하게 될 구약시대의 역사적 여러 사건들에 대한 예언을 포함하고 있다.

이는 먼 미래에 도래하게 될 메시아를 통한 완벽한 구원을 향하고 있다. 그것은 하나님의 최종 심판과 영원한 구원사역에 연관된 내용이다. 그리고 그 사실은 하나님의 창조 의도와 더불어 타락한 세상에 대한 근원적인 회복을 보여준다. 이는 곧 구원받은 백성들을 위하여 궁극적으로 허락될 새 하늘과 새 땅에 관련된 의미를 지닌다.

6. 하나님의 심판과 구원 (사 46:12,13)

배도에 빠져 하나님의 뜻을 멸시하는 백성들은 마음이 완악한 자들이다. 그런 자들은 하나님의 공의를 버리고 자신의 욕망과 목적을 앞세우기를 좋아한다. 물론 영원한 진리에 대하여 감각이 마비된 어리석은 인간들은 자신이 그와 같은 오만한 자리에 서 있다는 사실조차 모르고 있다.

그러므로 하나님께서는 저들에게 지금이라도 자신의 음성에 귀를 기울이라고 말씀하셨다. 이제 곧 저들 가운데 자신의 공의를 베풀게 되리라는 것이었다. 그것은 장차 있게 될 하나님의 심판 과정에 관련된 것으로서 앗수르와 바벨론 제국을 동시에 연관지어 지칭하고 있는 것으로 보인다.

하나님께서는 이사야서 본문 가운데서 이스라엘이 자신의 영광이라는 사실을 언급하셨다(사 46:13). 이는 하나님의 주된 관심과 대상이 창세전에 선택하신 자기 백성이라는 사실을 말해주고 있다. 그 언약의 자손을 위하여 하나님께서 타락한 세상을 심판하시며 시온(Zion)에 구원을 베푸신다는 것이었다.

우리는 이 말씀을 매우 주의 깊게 이해해야 한다. 먼저 이스라엘이 하나님의 영광을 위한 대상이 된다는 사실은 신약시대 교회의 존재와도 밀접하게 연관되어 있기 때문이다. 성경은 지상 교회가 하나님께서 기뻐하시는 영광의 대상이 된다는 사실을 말해 준다. 이것이 성도들이 소유한 신앙의 본질에 해당된다는 사실을 기억하는 것은 매우 중요하다.

그러므로 성경은 지상에 존재하는 거룩한 교회가 예수 그리스도의 신부라는 사실을 말해주고 있다. 이는 예수 그리스도와 교회는 상호불가분의 관계에 놓여 있으며 서로간 기쁨과 사랑의 대상이 된다는 뜻을 지니고 있다. 이 말은 또한 지상 교회에 속한 모든 성도들이 정결한 신부로서 신랑인 그리스도의 영광을 위한 집합적 대상이 된다는 사실을 의미한다. 요한계시록에는 종말에 임하게 될 그에 연관된 내용이 기술되어 있다.

> **"또 내가 보매 거룩한 성 새 예루살렘이 하나님께로부터 하늘에서 내려오니 그 예비한 것이 신부가 남편을 위하여 단장한 것 같더라"**(계 21:2)

이처럼 새 예루살렘으로 묘사된 교회는 예수 그리스도의 거룩한 신부가 된다. 하나님께서 사탄의 유혹에 빠져 고통당하는 자기 백성을 위해 시온에 구원을 베푸신다고 말씀하신 것은 언약적 개념에 연관되어 있다. 이는 아브라함과 다윗 언약을 배경으로 한 의미를 지니고 있다. 즉 아브라함이 독자 이삭을 바친 모리아 산이자 다윗 왕이 정복한 예루살렘 성 그곳에 솔로몬이 하나님의 성전을 세운 것은 그에 연관된다.

앗수르를 정복한 바벨론 제국이 통치하던 시기에는 배도자들로 인해 거룩한 성 예루살렘이 이방인의 세력에 의해 훼파당하고 하나님의 성전이 완전히 파괴되어 버린다. 그와 같은 미래를 예측하신 여호와 하나님께서 이제 그 성읍을 다시금 보수하고 성전을 재건함으로써 자신의 뜻을 이루고자 하신다는 것이었다. 이는 앗수르와 바벨론을 심판하고 페르시아의 세력을 동원해 그 일이 성취되도록 하시겠다는 하나님의 의도를 보여주고 있다.

또한 이 말씀 가운데는 먼 훗날 이루어지게 될 그리스도의 사역을 통한 메시아 언약이 내포되어 있다. 선지자 이사야가 예언하던 당시에는 사람들이 그와 같은 상황을 예측한다는 것은 불가능했다. 그러나 하나님께서는 자신의 뜻을 이루어 가실 과정을 이스라엘 자손에게 미리 알려 주시고 저들과 연관된 모든 역사에 직접 관여하시게 된다. 그것을 통해 영원한 구원을 성취하시는 메시아가 이땅에 강림하시게 되는 것이다.

제41장

바벨론 심판을 예고하신 하나님

(사 47:1-15)

1. 바벨론의 패망 예언 (사 47:1-4)

선지자 이사야는 바벨론 곧 갈대아를 여성인 처녀 딸로 묘사하고 있다. 이는 그들이 허영심으로 가득차 화려함을 추구하고 사치를 부리는 것에 연관지어 표현된 말이라 할 수 있다. 바벨론 왕국에 속한 백성들은 패망을 앞둔 자신의 실상을 전혀 알지 못한 채 외모를 자랑하며 오만한 태도에 빠져 있었다.

그러나 이스라엘 민족을 포로로 잡아가서 잔혹하게 박해한 바벨론 왕국은 하나님의 심판의 대상이었다. 그들이 오만한 논리에 빠져 허세에 찬 자랑을 늘어놓을지라도 그것은 일시적인 것에 지나지 않았다. 때가 이르면 하나님께서 저들이 그동안 누려오던 화려한 보좌를 없애버림으로써 모든 영화가 사라지게 된다.

선지자는 허세에 가득찬 바벨론의 지도자들이 장차 왕궁에서 쫓겨나 땅의 티끌 위에 앉게 되리라는 사실을 예언했다. 그것이 앞으로 저들이 겪게 되는 처참한 실상이다. 그전에는 바벨론이 주변 사람들의 눈에 화려한 자태를 지닌 것으로 비쳐져 찬사를 받았지만 이제 그들은 더 이상 그와 같은 소리를 들을 수 없게 된다.

바벨론 왕국이 새로운 신흥세력 페르시아에 의해 패망당하게 되면 나라의 지도자들과 백성들은 이전의 고귀한 자리를 완전히 상실할 수밖에 없다. 그들은 마치 지배받는 하인들처럼 맷돌로 곡식을 갈아 가루를 만들어 초라한 음식을 만들어 먹어야 한다. 저들이 먹을 양식은 과거의 맛난 고급 음식이 아닐 뿐더러 더 이상 풍족하지도 않게 된다.

그리고 귀족의 신분을 박탈당한 처량한 여인처럼, 고상한 자태로 얼굴을 가리던 너울은 이제 아무런 의미가 없어져 버리고 치마를 걷어올린 채 강을 건너가야 한다. 그로 말미암아 저의 속살이 외부로 노출되고 부끄러운 치부가 드러나 보인다. 이는 여성으로 묘사된 바벨론이 장차 처하게 될 초라한 상황에 대한 비유로 주어진 말씀이다.

결국 주변 세계를 호령하며 부귀영화富貴榮華를 자랑하던 바벨론은 하나님의 심판을 받아 심히 창피한 일을 겪게 된다. 여호와 하나님께서 공의를 베풀어 악을 행하는 자들을 엄하게 문책하시게 될 것이었기 때문이다. 이처럼 하나님께서는 자기가 특별히 선택하여 세우신 언약의 자손들을 모욕하고 저들을 박해하며 해악을 끼친 바벨론을 그냥 좌시하지 않고 반드시 심판하시게 된다.

그렇지만 여호와 하나님은 고통중에 신음하는 언약의 자손들을 위한 구출자가 되신다. 그의 사역으로 인해 하나님의 백성들은 해방의 은총을 입게 되는 것이다. 그 하나님은 우주만물을 창조하신 거룩한 분으로서 만군의 왕이시다. 공의로운 하나님은 악한 자들을 향해 심판을 내리시며 자기 자녀들에게 은혜를 베풀어 구원하시게 된다.

이와 같은 하나님의 사역은 비록 바벨론뿐 아니라 세상의 모든 인간들에게 공히 발생한다. 세상의 부귀와 권력과 명예로 인해 허세를 부리며 살아가는 자들은 여호와 하나님의 뜻을 멸시할 뿐 아니라 장차 임하게 될 상황을 내다보지 못하는 영적인 소경들이다. 그런 자들은 일시적으로 소유한 자기의 재물들을 통해 세상의 욕망을 추구하며 즐기려고 애쓰지만 그것은 결단코 영원히 지속되지 않는다.

하나님을 진심으로 경외하는 모든 성도들은 이에 대한 분명한 깨달음을 가져야만 한다. 그것은 각 개인에게 연관된 현실적인 상황이든 국가와 민족과 사회에 관한 문제이든 마찬가지다. 나아가 지상 교회에 연관된 종교적인 문제라 할지라도 하나님을 진정으로 기억하지 않는다면 그 모든 결과들은 헛된 것일 뿐 아무런 의미가 없다.

2. 오만한 바벨론의 심판원인 (사 47:5-7)

하나님께서는 갈대아 곧 바벨론 왕국을 향해 자신의 형벌을 잠잠히 받아들이라고 요구하셨다(슥 2:13, 참조). 피조물로서 전능하신 하나님 앞에 잠잠한 자세를 취하는 것은 지극히 당연한 일이다. 그에 저항하면 할수록 더욱 큰 고통이 임하게 될 따름이며 심판에 대한 하나님의 결심은 이미 결정된 상태였기 때문이다.

바벨론 왕국은 하나님의 심판으로 인해 지금까지 누려오던 화려한 모든 것들을 포기하지 않으면 안 된다. 그 백성들은 이제 과거의 모든 영화를 상실한 채 깜깜한 흑암 속으로 들어가야만 한다. 바벨론은 더 이상 주변 세계의 여러 나라들에 의해 섬김을 받는 열국의 주모主母 곧 어머니라는 존귀한 지위를 보존할 수 없게 될 것이었기 때문이다.

페르시아 제국의 고레스와 연관된 바벨론 정복 사건이 발생하게 될 시기를 기준으로 볼 때, 그보다 훨씬 오래전 언약의 백성들이 배도에 빠져 참된 신앙을 버리게 되자 하나님께서는 진노하여 저들을 바벨론 왕국에 넘겨주셨다. 하나님은 자신에게 속한 소중한 유업을 이방인의 세력에 넘겨주심으로써 명예롭지 못한 형편에 놓이도록 하셨던 것이다. 그렇지만 그것은 하나님의 궁극적인 뜻을 이루어가기 위한 경륜적인 과정으로서 일종의 고육지책苦肉之策이라 말할 수 있다.

하나님께서 자기 백성을 이방의 바벨론 왕국에 내어주셨다고 할지라도 저들을 완전히 버린 것을 의미하지 않는다. 그것은 도리어 강한 훈련의 시기였던 것으로 이해할 수 있다. 따라서 바벨론 왕국의 이방인들은 하나님의 이름을 소유한 언약의 자손들을 멸시하거나 함부로 대하지 말아야 했다. 그럼에도 불구하고 바벨론 사람들은 저들에게 긍휼을 베풀기를 거부하고 잔인한 태도를 보였다.

안하무인眼下無人격이 된 바벨론 왕국은 힘없는 노인들에게 마저도 무거운 멍에를 메워 힘든 노역을 시켰다. 무자비한 바벨론 사람들은 그런 정책을 펼치면서 저들 위에 군림하여 영원한 주모가 되어 제왕적 지위를 누릴 것으로 생각했다. 그들은 여호와 하나님의 뜻에 대해서는 아무런 관심을 두지 않았다. 나아가 장차 그로 말미암아 임하게 될 무서운 심판과 종말에 대해서는 아무것도 알지 못했다.

이와 같은 현상은 오늘날 우리 시대에도 그대로 발생하고 있다. 어리석은 인간들은 장차 임하게 될 하나님의 무서운 형벌에 대한 아무런 개념이 없다. 그들은 하나님의 자녀들을 박해하며 그 위에 군림하기를 좋아한다. 그러나 장차 하나님의 심판이 임하는 것을 보면서 그 사람들은 매우 당황하게 될 것이 분명하다.

또한 예수 그리스도의 재림과 더불어 하나님의 심판의 손길이 펼쳐지면 이 세상의 모든 것들은 허무하게 무너져 내리게 된다. 인간들이 자신의 욕망을 추구하며 온 힘을 다해 쌓아올린 것들은 아무런 의미가 없다. 지혜로운 성도들은 세상의 고통 가운데서 살아가며 항상 그에 관한 하나님의 궁극적인 뜻을 마음에 두고 있어야 한다.

3. 바벨론의 어리석은 지식과 지혜 (사 47:8-11)

바벨론 왕국과 그 지도자들은 한치 앞도 내다보지 못하는 어리석은 여인에 비유되고 있다. 그들은 당장 내일 무서운 패망이 임하게 되는데도 그에 대한 사실을 전혀 인식하지 못하고 있었다. 그들은 현실의 욕망을 채워가면서 그것을 삶의 자부심으로 여겼다. 즉 그 사람들은 현실적인 만족을 추구하기에 급급했을 따름이다.

세상의 여러 나라들이 보기에 성공적인 면모를 갖춘 바벨론 사람들은 마치 어리석은 여인들처럼 사치하며 안락하게 지내면서 자기가 마치 최고인양 착각하며 삶을 즐기고자 했다. 저들은 그와 같은 현실을 영영히 유지할 수 있을 것처럼 믿었다. 그와 같은 사고에 빠진 자들은 앞으로도 결코 남편 잃은 과부처럼 처량하게 지내지 않을 것이며, 자녀를 잃어버리지도 않으리라는 생각을 하고 있었다. 즉 당시뿐 아니라 장래에도 저들의 삶에 아무런 고통이나 위기가 닥치지 않으리라고 믿었던 것이다.

하지만 타락한 세상에서 누리는 복락은 아무런 의미가 없다. 남들 앞에서 자부심을 가지고 거만하게 굴지라도 하나님 앞에서는 아무 것도 아니다. 그와 같은 삶으로 인한 안일한 태도는 도리어 자기의 약은꾀에 빠지도록 하여 더 큰 고통을 유발한다. 그들이 세상에서 아무리 유능하고 넉넉한 형편에 놓인다고 할지라도 때가 이르면 하나님으로부터 임하는 재앙을 당하여 부끄러운 상황에 처할 수밖에 없게 된다.

그러므로 사람들의 눈에 보기에 모든 것이 형통한 것처럼 비쳐질지 모르지만 그에 대한 아무런 보장성이 없다. 그들 앞에는 항상 재앙의 그물과 올무가 드리워져 있기 때문이다. 이는 아무도 모르는 사이에 장차 하나님의 급작스런 심판이 임하게 되리라는 사실을 말해준다. 이는 특별한 사건에서 뿐 아니라 보편적인 의미를 지니는 교훈으로서 전도서와 시편에는 그에 연관된 내용이 기록되어 있다.

> **"내가 돌이켜 해 아래서 보니 빠른 경주자라고 선착하는 것이 아니며 유력자라고 전쟁에 승리하는 것이 아니며 지혜자라고 식물을 얻는 것이 아니며 명철자라고 재물을 얻는 것이 아니며 기능자라고 은총을 입는 것이 아니니 이는 시기와 우연이 이 모든 자에게 임함이라 대저 사람은 자기의 시기를 알지 못하나니 물고기가 재앙의 그물에 걸리고 새가 올무에 걸림 같이 인생도 재앙의 날이 홀연히 임하면 거기 걸리느니라"**(전 9:11,12); **"여호와께서 내 간구를 들으셨음이여 여호와께서 내 기도를 받으시리로다 내 모든 원수가 부끄러움을 당하고 심히 떪이여 홀연히 부끄러워 물러가리로다"**(시 6:9,10)

하나님의 은혜를 입어 참된 지식을 소유한 성도들은 이 말씀에 연관된 의미를 알고 있다. 따라서 세상의 것으로 인한 자랑거리를 만들고자 애쓰지 않는다. 그것이 궁극적인 값어치를 발생시키지 않는다는 사실을 잘 알고 있기 때문이다.

하나님을 경외하는 백성들은 오직 영원한 천상의 나라를 바라보는 가운데 이 세상에서 성실한 삶을 살아가고자 애쓴다. 하지만 계시된 말씀에 순종하고자 하는 성도들은 세상의 가치관을 가진 자들에 의해 상당한 고통을 당하게 된다. 그것으로 인해 그들은 하나님께 간구하며 도움을 요청하게 되는 것이다.

이처럼 선지자 이사야는 언약의 자손들을 괴롭히는 바벨론 왕국을 향해 여호와 하나님께서 무서운 진노를 내리신다는 사실을 예고하고 있다. 아직 그 징벌이 구체적으로 시행되지 않은 상태였지만 시간적인 차이가 날 뿐 이미 그것은 저들에게 임한 것과 마찬가지였다. 때가 이르면 오만한 바벨론 사람들에게 하나님의 무서운 심판이 갑자기 찾아들게 된다. 하나님께서는 저들에게 조만간 남편과 자식을 한꺼번에 잃는 처참한 상황이 발생하리라고 말씀하셨다. 그것은 하나님의 심판과 징벌로써 앞으로 반드시 일어나게 된다.

장차 무소불위無所不爲의 세력을 얻게 될 바벨론 왕국이었지만 그들은 하나님의 무서운 심판을 저들의 눈앞에 둔 상태에 놓여 있었다. 그럼에도 불구하고 그들은 하나님에 대한 경외감을 전혀 가지지 않는다. 그 사람들은 오히려 미신적인 주술을 되풀이하며 우상을 향해 주문을 외우기를 지속하게 된다. 그것을 통해 저들로부터 불안과 고통이 물러가기를 바라고 사치스런 삶이 지속되기를 빌었다. 그렇지만 저들의 머리 위에는 이미 하나님의 엄중한 심판이 가까이 임하고 있었던 것이다.

하나님을 알지 못하는 눈먼 장님이 된 어리석은 백성들은 자신의 사악한 성품을 의지하면서 아무도 자기를 보지 않을 것처럼 생각하며 더러운 행위를 지속하게 된다. 그와 같은 사고와 행동은 인간의 이성과 경험에 따른 지혜와 지식을 넘치게 함으로써 그 사람들을 거짓과 패망에 빠뜨리는 기능을 하게 될 따름이다.[72] 그들은 눈앞에 놓인 실제적으로 영원한 것들을 전혀 보지 못한 채 자신의 경험적인 판단을 믿고 자신을 의지하는 오만한 태도에 빠져 일시적인 욕망을 추구하는 삶을 이어가기를 좋아한다.

그렇지만 여호와 하나님께서는 그와 같은 사악한 태도를 지닌 바벨론 왕국 위에 무서운 재앙을 내리리라는 사실을 분명히 말씀하셨다. 장차 하나님으로부터 그 재앙이 임하게 되어도 그들은 그것이 어디서부터 왔는지조차 깨닫지 못한다. 즉 무엇 때문에 저들에게 그와 같은 심한 재앙이 내리게 되었는지 모른다. 따라서 저들에게 현실적인 끔찍한 손실이 발생한다고 할지라도 저들은 그 악행으로부터 돌이킬 마음을 먹지 않는다.

바벨론 왕국은 저들에게 임하는 무서운 재앙을 물리치거나 손실을 방지할 만한 능력을 갖출 수 없다. 사치에 빠져 있던 백성들 위에 파멸이 홀연

---

72) 하나님의 자녀들은 이성과 경험을 기초로 하여 습득한 지식과 지혜를 멀리해야 한다. 그대신 하나님의 말씀을 통해 허락되는 참된 지식과 지혜를 소유해야 한다. 사도 바울은 그에 대한 기록을 남기고 있다: "기록된 바 내가 지혜 있는 자들의 지혜를 멸하고 총명한 자들의 총명을 폐하리라 하였으니 지혜 있는 자가 어디 있느뇨 선비가 어디 있느뇨 이 세대에 변사가 어디 있느뇨 하나님께서 이 세상의 지혜를 미련케 하신 것이 아니뇨"(고전 1:19,20).

히 임하게 된다고 해도 영적인 소경인 저들은 그에 관한 실체를 인식하지 못한다. 바벨론과 그에 속한 권세자들은 일시적인 사치와 호화로운 상태에 도취되어 한치 앞도 내다보지 못할 것이기 때문이다.

오늘날 우리 시대에도 구약시대와 마찬가지로 세상의 것들로 인해 교만한 태도를 취하는 자들이 많이 있다. 특히 하나님을 섬긴다고 하는 기독교에 속한 인물들 가운데도 수없이 많다. 그런 자들은 하나님의 이름을 핑계대고 지상 교회를 도구삼아 개인적인 욕망을 추구하는 종교인에 지나지 않는다.

하지만 예수 그리스도의 재림과 더불어 마지막 심판이 행해지게 되면 세속주의적인 종교 활동을 즐기던 사람들의 실상이 낱낱이 드러나게 된다. 그때 그들은 땅을 치며 통곡하지 않을 수 없다. 그 심판의 날에는 모든 것이 완료되어 더 이상 과거로 돌이킬 수 없는 결정적인 상황에 이르게 되기 때문이다.

4. 주술과 점성술을 믿는 어리석은 자들 (사 47:12-15)

하나님께서는 바벨론 왕국을 향해 저들이 젊어서부터 애써 외우던 주문과 많은 주술을 가지고 자기에게 맞서 대항해보라는 말씀을 하셨다. 혹시 그것을 통해 어떤 유익을 얻을 수 있을지 실험해보라는 것이었다. 그리고 그와 같은 종교적인 행위로써 여호와 하나님을 놀라게 할 수 있을지 도전해보라는 언급도 하셨다. 하지만 그와 같은 종교행위는 아무런 의미가 없는 허망한 것에 지나지 않는다.

그럼에도 불구하고 어리석은 바벨론 사람들은 다급한 형편에 처하게 될 때, 패망하지 않고 살아남기 위해 온갖 계략을 꾸미며 다양한 작전들을 세우게 된다. 하지만 그것을 통해 승리를 거두거나 현상을 유지할 수 있는 만족할 만한 결과를 얻지 못한다. 뿐만 아니라 그로 말미암아 백성들이 더욱 곤고하게 될 따름이다. 그럼에도 불구하고 바벨론은 저들이 취할 수 있는 모든 미신적인 행위들을 다 동원하게 된다.

그러므로 어리석은 백성들은 하늘에 떠있는 별들을 쳐다보며 점성술에 의존한다. 그것은 지극히 미련한 미신 행위에 지나지 않는다. 또한 하나님께서는, 매월 초하룻날이 되면 저들을 위해 예언해주는 바벨론의 점쟁이들에게 저들이 직면한 어려움을 호소하고 위기로부터 구출해 달라고 해보라는 말씀을 하셨다. 하지만 그와 같은 미신적인 행위가 저들을 그 위기로부터 구할 수 없는 것은 분명하다.

점성술가나 점쟁이들이 주도하는 미신 행위는 마치 금방 불에 타버리는 검불과도 같다. 바싹 마른 풀에 불이 붙으면 순식간에 타버린다. 그것은 아무런 의미 없는 행위일 뿐 아니라 하나님을 욕되게 하는 악한 행동이다. 이는 저들의 종교행위가 저들을 구원해 주기는커녕 도리어 패망을 재촉하게 된다는 사실을 말해준다.

이와 마찬가지로 종교적인 미신을 통해 어려움을 극복하려는 백성들의 모든 행위는 타오르는 불꽃같이 된다. 그것은 저들로 하여금 패망을 향하여 달음질치게 하며, 저들을 구출하기는커녕 도리어 그들을 급속하게 태워버리는 무서운 역할을 할 뿐이다. 그 불꽃은 사람의 몸을 따뜻하게 해주는 고마운 불이 될 수 없으며 그 앞에서 손을 쬘 수 있는 것도 아니다. 그와 같은 행위는 바벨론을 태워 멸망에 이르게 할 따름이다.

이는 바벨론 왕국뿐 아니라 저들과 함께 있던 주변의 모든 사람들에게도 상당한 영향을 미치게 된다. 그 전에는 힘을 하나로 결집하여 세력을 규합했으나 이제 하나님의 심판으로 말미암아 패망을 향해 달음질 칠 수밖에 없다. 그리고 처음부터 저들과 함께 각종 사업을 펼치며 이익을 추구하던 사람들이 각기 제 갈 길로 흩어져 버리게 된다. 그렇게 되면 모두가 뿔뿔이 헤어짐으로써 저들을 극한 위기로부터 구출할 자가 아무도 없다.

이와 같은 상황은 역사상의 모든 시대마다 나타나는 일반적인 양상이다. 우리 시대에도 하나님을 알지 못하는 사람들은 각종 미신들을 섬기고 있다. 특히 현대에는 종교적인 모습을 지닌 미신뿐 아니라 과학과 철학의 형태를 띤 우상들도 많이 있다. 이런 양상은 기독교 내부에도 본색을 감춘 채 다양한 모양으로 들어와 있다. 성숙한 교회와 성도들은 그에 대하여 면밀히 살펴 악한 것들이 교회 안에 자리잡지 못하도록 해야 한다.

지상에 존재하는 교회가 타락하면 금방 세상의 지배아래 들어가게 된다. 그와 같은 구조가 형성되면 세상의 잘못된 가치관이 교회에 속한 어린 신도들을 유혹하며 유무형의 다양한 형태의 박해를 가하게 된다. 하지만 하나님께서는 교회 내부의 배도자들뿐 아니라 교회를 어지럽히는 악한 세상을 징계하시게 된다. 그렇게 되면 올바른 신앙을 소유한 성도들마저 그로 인해 상당한 어려움을 감내하지 않을 수 없다.

따라서 우리는 세상의 잘못된 풍조와 가치관이 교회 내부로 스며들지 못하도록 깨어 경계해야 한다. 그것들을 방치하게 되면 신앙이 어린 성도들이 그에 쉽게 영향을 받을 가능성이 있기 때문이다. 또한 그것은 위태로운 누룩이 되어 마치 전염병처럼 사람들의 사고에 악한 영향을 끼치게 된다. 따라서 우리는 이사야서에 나타난 이 교훈을 통해 항상 자신의 모습을 냉철하게 되돌아보며 여호와 하나님께 의지할 수 있는 온전한 지혜를 가져야만 한다.

제42장

인간의 배도와 하나님의 구원

(사 48:1-22)

1. 이스라엘의 거짓 믿음 (사 48:1-4)

선지자 이사야는 야곱의 자손들로 인해 세워진 언약의 왕국을 향하여 메시지를 전했다. 하나님께서는 자신의 거룩한 목적을 달성하시기 위해 다윗 왕국을 특별히 세우셨다. 그 나라에 속한 자들은 야곱 곧 이스라엘의 이름으로 일컬어지는 백성으로 구성되었다. 이는 언약과 연관되어 있으며 '이스라엘의 이름' 이라는 용어 가운데는 여호와 하나님과 더불어 세상의 악한 세력에 맞서 투쟁하며 싸워야 할 임무를 부여받고 있음을 말해주고 있다.

특히 북이스라엘 왕국이 BC 722년 앗수르 제국에 의해 패망당한 후 남게 된 유다 왕국에는 유다 지파에 속한 백성들이 그 중심에 자리잡고 있으면서, 여호와 하나님의 이름에 근거하여 존재하고 있었다. 이스라엘 백성은 형식적으로는 하나님을 기억하고 있는 듯이 보였지만 삶의 실상은 전혀 그렇지 않았다. 그들에게는 진리(truth) 안에 거하는 성실한 신앙이 없었으며 하나님의 의(righteousness)를 가까이 하기를 거부했다.

그럼에도 불구하고 당시 이스라엘 민족은 배도에 빠져 있으면서도 스스로 거룩한 성 예루살렘을 근거로 하여 살아가는 자들이라 내세우며 그것을 자랑하기를 즐겨했다. 그들은 여호와의 이름으로 맹세하며 하나님의 이름을 열심히 입에 오르내렸다. 배도자들은 그와 같은 종교적인 열성과 관념을 앞세워 저들이 마치 하나님을 섬기며 살아가는 듯이 착각하고 있었다. 따라서 그들은 저들이 믿고 있는 신이 만군의 하나님 여호와라는 사실을 주장하기를 게을리하지 않았다.

그렇지만 그 사람들은 욕망에 빠져 하나님께 순종하기를 거부했으며 그를 진정으로 경외하지 않았다. 그런 어지러운 형편 가운데서도 하나님께서는 이미 오래전부터 자기 자녀들에게 구원 계획을 알려주셨다. 하나님은 친히 사자를 보내 언약의 백성들을 구출하시게 될 사실을 말씀하셨으며 저들로 하여금 그것을 들을 수 있도록 특별한 은혜를 베푸셨다. 하나님께서는 사람들이 미처 생각지 못하고 있을 때 자신의 뜻에 따라 그 일을 이루어 가셨다.

그럼에도 불구하고 배도에 빠진 백성들은 하나님의 사랑에 아랑곳하지 않고 그의 뜻에 관심을 기울이기를 싫어했다. 그들은 완고하여 제 고집을 꺾기를 완강하게 거부했다. 성경 본문에는, 이스라엘 자손들은 목이 곧은 백성으로서 그 힘줄이 마치 쇠처럼 뻣뻣하고 그 이마는 놋으로 된 것처럼 굳어져 있었다는 식으로 묘사되어 있다. 그와 같은 오만한 태도가 여호와 하나님의 책망과 징계의 대상이 되도록 했던 것이다.

2. 하나님의 사랑과 인간의 배도 (사 48:5-8)

여호와 하나님께서는 이미 오래 전부터 언약의 백성들을 향해 자신의 궁극적인 뜻에 연관된 모든 사실을 지속적으로 선포해 오셨다. 그것은 하나님을 경외하는 자들을 향해 되풀이하여 계시된 바였다. 하나님을 진정으로 믿고 신뢰하는 자들은 당연히 계시된 그 말씀에 귀를 기울이고 그에 대한 깨달음을 가져야만 했다.

자기 자녀들에 대한 사랑을 가지신 하나님께서는 항상 심판과 징계를 시행하시기 전에 저들에게 엄중히 경고하셨다. 즉 어리석은 자들이 이방인들의 거짓 종교 사상과 더러운 우상에 빠지지 않도록 미리 언질을 주셨다. 그렇지만 미련한 자들은 종교적인 욕망을 추구하다가 그것이 충족되면 저들이 만든 우상이 그렇게 하여준 듯이 생각했다.

배도에 빠진 자들은 여호와 하나님을 뒤로 하고 우상을 '자기의 신' 과 '자기의 새겨 만든 신상' 으로 표현한다. 따라서 하나님께서는 그 백성들이 우상을 핑계대며, 그로 말미암아 모든 것이 이룩된 것이라 핑계를 대지 못하도록 하셨다. 이는 언약의 자손들이 우상숭배에 빠지지 않도록 경고하는 의미를 지닌 메시지였다.

그러므로 여호와 하나님께서는 이제까지 저들이 보고 들은 모든 것들에 대하여 증언해보라는 요구를 하셨다. 그들은 여러 선지자들을 통해 예언된 내용을 인정하기를 거부했다. 하나님은 그런 자들에게, 이제부터 '새 일' 곧 그전에 저들이 전혀 들어보지 못했던 은밀한 일을 저들에게 알려주시리라고 말씀하셨다(사 48:6). 그것은 옛날부터 계시해온 것이 아니라 지금 말씀하시는 새로운 내용이라는 것이었다.

이는 이방인들의 박해 아래 있는 자들에게 베풀어질 하나님의 은혜였지만 당시 이스라엘 백성은 그에 관한 내용을 전혀 모르고 있었다. 하나님께서 저들을 구출하시기 위한 새로운 계획을 말씀하신 까닭은 저들이 그전부터 이미 알고 있었다는 오만한 주장을 하지 못하도록 하기 위해서였다. 어리석은 백성들은 하나님의 일이 성취되면 그전에 자기가 모든 비밀을 이미 알고 있는 듯이 판단하고 행동하는 오만에 가득찬 인간들이었다. 따라서 하나님께서는 저들이 과거에 그 내용을 전혀 들어본 적이 없었으며 그 사실에 대하여 모르고 있다는 사실을 확인해 두고자 하셨다.

한편 하나님을 알지 못하는 자들은 귀가 열리지 않아 하나님으로부터 계시된 그에 연관된 내용을 알아들을 수 없었다. 언약의 자녀들에게는 진리의 말귀를 제대로 알아들을 수 있는 열린 귀가 필요했다. 그것은 오직 성령 하나님의 도우심을 통해 가능하게 된다. 즉 하나님의 은혜로 말미암아 계시가 점진적으로 이루어져 감으로써 구속사적인 의미를 깨달을 수 있게 되었던 것이다.

그럼에도 불구하고 배도에 빠진 인간들은 여호와 하나님을 떠나 악한 길에 들어서 있었다. 그들은 어머니의 태중에서부터 죄로 인해 배역한 상태에 놓여 있는 자들이었다. 따라서 범죄한 아담의 후손인 자연적인 모든 인간은 처음부터 부패한 존재로서 하나님의 은혜가 절대로 필요한 존재였다. 그와 같은 상황에서 언약에 신실하신 하나님께서 저들에게 은혜를 베풀고자 하셨다.

3. '하나님의 이름' 과 '하나님의 영광' (사 48:9-11)

여호와 하나님께서는 자기의 이름을 소중히 여기시는 분이다. 하나님의 거룩한 이름은 창세전부터 맺어진 언약에 연관된 것으로서 그의 영예와 신실하심에 직접 연결되어 있다. 우리가 여기서 기억해야 할 바는 하나님은 '자기의 이름' 과 '자기의 영광' 때문에 언약을 절대로 파기하지 않는 분이라는 사실이다. 따라서 그는 창세전에 선택하신 자기 자녀들을 대상으로 하여 맺으신 언약을 결코 잊어버리시지 않는다.

이사야서 본문에는 하나님께서 '자기의 이름을 위하여' 백성들에게 진노하기를 더디하신다는 사실이 명확하게 기록되어 있다. 이 말씀은 그가 타락한 인간들을 즉시 심판하여 멸망시키지 않고 오래 참으심으로서 끝까지 인내하시는 분이란 의미를 내포하고 있다. 그가 진노하기를 더디하고 오래 참으시는 일차적인 이유는 죄에 빠진 인간들이 아니라 하나님 자신의 거룩한 이름 때문이었다. 즉 하나님께서 인간들을 위해서 일하지만 그 근본 배경에는 자기를 위한 거룩한 섭리가 존재하고 있었다.

그러므로 언약에 신실하신 하나님께서는 자기 자녀들의 불순종에도 불구하고 자기의 영광을 위하여 끝까지 참고 인내하시게 된다. 즉 그는 사악한 죄에 빠진 백성들을 급히 멸절시키시지 않고 오래 참고 기다리시는 것이다. 그가 자기 자녀들을 위해 그처럼 오래 동안 참으시는 것은 그가 본성적으로 은혜롭고 긍휼이 넘치는 분이시기 때문이다.

하나님께서는 피조물이자 타락한 인간들로서는 결코 상상할 수 없는 무한한 사랑과 인자가 넘치는 분이시다. 그 사랑은 인간들의 사고의 범주를 넘어서는 초월적 개념을 지니고 있다. 자기 자녀들을 위하여 분노를 억제하시는 하나님의 성품에 관해서는 시편의 말씀 가운데 잘 나타나고 있다.

> **"여호와는 은혜로우시며 긍휼이 많으시며 노하기를 더디 하시며 인자하심이 크시도다"**(시 145:8)

여호와 하나님께서 분노를 억제하고 노하기를 더디하며 오래 참으시는 중요한 목적 가운데 하나는 자기 백성들을 강하게 연단시키고자 하는 것이었다. 하나님은 언약의 자손들을 연단할 때 은과 금을 제련하여 만들 때보다 더욱 철저한 과정을 거치게 된다. 따라서 그들은 고난의 풀무불 가운데서 엄청난 시련을 겪어야만 했다. 즉 하나님은 그 풀무불 안에서 고난당함으로써 철저하게 연단된 자기 백성을 불러내시게 되는 것이다.

성경은 그와 더불어 하나님께서 그렇게 하신 이유는 하나님 자신 곧 자신의 영광 때문이라는 사실을 되풀이하여 강조하고 있다(사 48:11). 그는 그 후에도 자신의 영광을 위하여 그와 같은 사역을 지속적으로 이루어 가셨다. 하나님은 그렇게 하심으로써 창세전에 언약을 맺은 자기의 거룩한 이름을 더럽히지 않으실 것이며 자신의 영광을 다른 어떤 피조물에게도 내어주지 않는다는 것이었다.

우리가 여기서 반드시 기억해야 할 점은 창조된 모든 것들은 하나도 예외 없이 하나님과 그의 영광을 위한 것이라는 사실이다. 하나님께서 우주만물을 창조하신 것도 그렇고 자신의 형상을 닮은 인간을 지으신 것도 그렇다. 아담이 타락한 후 자기 백성을 구원하신 것과 최후 심판을 작정하신 것도 모두 하나님의 영광을 위한 것이다.

4. 자기 자녀들을 위한 하나님의 원천적 관심 (사 48:12-16)

하나님께서는 자기가 친히 이스라엘 민족을 부르신 사실을 언급하며 저들에게 자신의 말씀을 귀담아 들어 순종하라는 요구를 하셨다. 또한 자기는 처음이요 마지막이라는 사실을 강조하셨다(사 48:12). 이는 우주만물 가운데 존재하는 모든 것들이 여호와 하나님으로 말미암는다는 사실을 의미하고 있다. 요한계시록에는 처음이자 나중이며 시작과 마침인 하나님께서 자기 자녀들을 위한 궁극적인 구원과 악한 자들에 대한 마지막 심판을 행하게 되리라는 사실에 대한 말씀이 기록되어 있다.

> **"보라 내가 속히 오리니 내가 줄 상이 내게 있어 각 사람에게 그가 행한 대로 갚아 주리라 나는 알파와 오메가요 처음과 마지막이요 시작과 마침이라"**(계 22:12, 13)

인간들을 비롯하여 우주 안에 존재하는 모든 만물은 원천적으로 여호와 하나님께 속해 있다. 이 세상에 하나님으로 말미암지 않고 그와 아무런 상관이 없이 스스로 존재하는 것은 없다. 그가 자신의 거룩한 목적과 의도에 따라 친히 땅의 기초를 정하셨으며 드넓은 하늘을 펼쳐 만드셨다.

그러므로 그것들을 창조하신 하나님께서는 자신의 고유한 의도에 따라 그 모든 것들을 운행하실 뿐 아니라 그 운행을 일시에 정지시킬 수 있다. 만드신 이가 피조물에 대한 통치와 관리를 행사하는 것은 지극히 당연하고 자연스러운 일이다. 따라서 만물의 주인이신 하나님께서는 그 가운데서 자신의 목적을 위해 모든 구속사역을 진행해 가신다.

여호와 하나님은 이사야서 본문 중에서 자기가 특별히 선택한 '협력자'(the chosen ally)를 동원하여 자신의 기뻐하시는 뜻을 바벨론에 행할 것이며, 그의 권능의 팔이 갈대아인들에게 임하게 되리라는 사실을 말씀하셨다(사 48:14). 이는 언약의 백성에게 온갖 악행을 저지른 바벨론 제국 위에 하나님의 무서운 심판이 임하게 될 것이라는 사실을 말해주고 있다. 본문에서 언급되어 있는 하나님께서 선택하신 '협력자'란 앞에서 예언된 페르시아의 고레스를 일컫고 있다.

장차 저들 가운데서 그와 같은 놀라운 사건이 발생하게 되리라는 사실에 대하여 이전에 알게 한 자는 어느 누구도 없었다. 오직 여호와 하나님께서 자기가 계획하신 모든 일들을 이루시기 위하여 임무를 맡길 자를 불러 그것을 위임하셨으므로 그 모든 일들이 형통하게 이루어지게 된다. 이는 그 일을 위임받은 자에게 특별한 능력이 있는 것이 아니라 하나님께 모든 권능이 존재한다는 사실을 말해주고 있다.

그러므로 여호와 하나님께서는 언약의 자손들에게 자기 앞으로 가까이 나아와 그에 대한 예언의 말씀을 들으라고 말씀하셨다. 그는 자기에게 속한 백성들을 구원하시고자 하는 뜻을 비밀리에 감추어둔 적이 없었다고 하셨다(사 48:16). 그 모든 일이 발생하던 처음부터 자기가 거기 함께 계셨다는 것이었다. 선지자는 이제 그 하나님께서 거룩한 성령과 함께 자기를 보내셨다는 사실을 말하고 있다.

여기서 우리는 하나님께서 처음부터 비밀리에 말씀하시지 않으셨다고 언급하신 사실(사 48:16)과, 전에 알지 못하던 '새 일'을 이제 알려 주시겠다고 말씀하신 사실(사 48:6)이 서로 연관된 의미를 지니고 있다는 사실을 이해해야 한다. 이 두 가지는 상호 모순되는 말씀이 아니라 역사 가운데 구별되어 조화되고 있다. 즉 구속사 가운데서는 하나님께서 자기 백성들에 대한 구원을 끊임없이 약속하셨으며, 그가 또한 역사 가운데서 압제당하는 자기 백성을 아무도 예기치 못하는 방식으로 구출해 내시게 되는 것이다.

하나님께서는 아담이 타락한 이래 처음부터 언약의 자녀들에게 구원에 관한 약속의 말씀을 선포해 오셨다(창 3:15). 또한 역사 가운데 발생하는 구체적인 사건들과 구속사의 중간에 발생하게 될 역사적 사실들에 대해서는 특별한 경륜에 따라 역사하셨다. 우리는 이에 대한 의미를 잘 이해할 수 있어야 한다.

5. 이스라엘을 인도하시는 하나님 (사 48:17-19)

여호와 하나님은 거룩하신 존재로서 언약의 백성을 타락한 세상 왕국의 압제로부터 구속해주시는 사랑의 하나님이다. 그러므로 하나님께서 이방 지역에 끌려가 심한 고통을 당하고 있는 이스라엘 민족을 향해 말씀하셨다. 그는 자기가 저들의 유익을 위해 모든 것을 알려주시고 저들이 마땅히 행해야 할 바른 길로 인도해 주시리라는 것이었다.

우리는 이 말씀 가운데서 매우 중요한 교훈을 받을 수 있어야 한다. 그것은 하나님께서 저들에게 진실을 가르쳐 주시지 않는다면 아무 것도 알 수 없으며 어떤 유익도 얻을 수 없다는 사실을 말해주고 있기 때문이다. 그리고 하나님께서 저들을 올바른 길로 인도해주시지 않으면 참된 방향으로 나아갈 수 없게 된다.

그러므로 언약의 백성들은 당연히 하나님의 인도하심에 따라 순종하는 자세를 유지해야 한다. 즉 하나님의 구속사 가운데서 부르심을 입은 백성들은 항상 말씀에 기록된 그의 명령에 귀를 기울여 따르도록 주의하지 않으면 안 된다. 그럼에도 불구하고 어리석은 백성들은 선지자들을 통해 계시된 하나님의 말씀을 귀담아 듣기를 거부했다.

그들이 하나님의 말씀에 온전히 순종했더라면 저들에게 평강이 강같이 흘렀을 것이 분명하다. 또한 저들의 자손이 바닷가의 모래알처럼 크게 번성했을 것이 틀림없다. 그리고 하나님 앞에서 언약의 백성을 통한 상속이 끊어지지 않고 지속되었을 것이다. 하나님께서는 이 말씀을 통해 배도로 말미암아 고통에 빠진 백성들이 지금이라도 하나님의 뜻을 향해 온전히 돌아서기를 원하셨던 것이다.

6. 생명의 구속자이신 하나님 (사 48:20-22)

하나님께서는 이스라엘 자손을 향해 말씀하셨다. 저들이 사로잡혀 간 지역의 갈대아인들의 손길을 피하여 바벨론으로부터 나오게 된다는 것이었다. 또한 그에 관한 사실을 즐거운 소리로 선포하여 온 세상이 알게 하라는 요구를 하셨다. 이는 물론 선지자 이사야가 예언할 당시를 기준으로 할 때는 오랜 시간이 지난 후에 이루어지게 될 일이었다. 여호와 하나님께서는 그것을 통해 이방 민족의 압제에 시달리는 자기 백성을 구출해 내시게 될 승리의 사건을 온 세상이 알 수 있도록 선포하셨던 것이다.

이는 앗수르 제국 이후에 발흥하게 될 바벨론 제국의 전성기가 지나가고 나라가 균형을 잃어 패망을 앞둔 시기에 페르시아 제국의 고레스를 통해 이루어질 사건에 연관되어 있었다. 하나님께서는 압제받던 언약의 백성으로 하여금 메마른 사막을 통과시켜 이방인들에 의해 유린당한 약속의 땅 가나안 본토로 불러들이시게 된다. 황량한 사막 길임에도 불구하고 그 백성들은 귀환 과정에서 하나님께서 베푸신 은혜로 말미암아 목마르지 않고 안전하게 이동할 수 있게 된다. 이는 여호와 하나님께서 은혜를 베풀어 바위를 쪼개 그곳으로부터 물이 솟아나게 할 것이었기 때문이다.

이 말씀은 삭막한 광야를 지나게 될 언약의 자손들의 생명이 전적으로 하나님의 손끝에 달렸다는 사실을 말해준다. 그와 같은 예언은 과거 이스라엘 백성이 홍해 바다를 건너 시내광야를 지날 때 경험한 사실에 대한 의미를 드러내 보여주고 있다. 출애굽한 언약의 자손들은 모세를 통해 허락된 반석의 물을 마시며 생명을 유지할 수 있었다. 출애굽기에는 그에 관한 기록이 남아 있다.

> **"내가 호렙 산에 있는 그 반석 위 거기서 네 앞에 서리니 너는 그 반석을 치라 그것에서 물이 나오리니 백성이 마시리라 모세가 이스라엘 장로들의 목전에서 그대로 행하니라"**(출 17:6)

시내광야에서 머물던 이스라엘 백성은 하나님의 은혜로 인해 새로운 생명을 공급받아 보존할 수 있었다. 그것은 인간의 능력이나 노력으로 실행할 수 없는 일이었으며 자연적인 환경에 의한 것도 아니었다. 하나님의 특별한 도움이 없이는 그 백성이 생명을 부지할 수 없었다. 이처럼 하나님께서는 바벨론에 사로잡혀 갔던 이스라엘 백성을 본토로 인도하실 때도 자신의 권능이 저들과 함께 하신다는 사실을 약속하셨던 것이다.

하나님으로부터 주어진 이 약속은 바벨론에서 사막을 거쳐 본토로 귀환하는 이스라엘 자손들에게, 출애굽한 후 시내광야에서처럼 저들에게 초자연적인 방법을 사용하여 물을 공급하시겠다고 말씀하신 것은 아니다. 과거 이스라엘 민족이 40년 동안 시내광야에 머물던 때와 바벨론에서 가나안 땅으로 이동하는 때는 그 형편이 달랐다. 그렇지만 하나님께서는 이 말씀을 통해 장차 저들이 황량한 사막을 건너는 동안 저들의 생명을 직접 보존해 주시겠다는 약속을 하셨다. 이는 바벨론의 포로가 되어 이방 지역으로 끌려간 이스라엘 백성을 가나안 땅 본토로 인도하시고자 하는 하나님의 적극적인 의도를 보여주고 있다.

제43장

'이방의 빛' 이스라엘

(사 49:1-26)

1. '이스라엘' 과 하나님의 영광 (사 49:1-4)

성경 본문 가운데는 '이스라엘' 에 관한 특별한 언급이 나타나고 있다. '하나님의 종' 으로 묘사된 이스라엘은 언약에 연관된 존재이다. 그 이스라엘은 어머니의 태중에서부터 부르심을 입었으며 하나님께서는 항상 그를 보호하고 계셨다. 그에게는 일반적이지 않은 매우 특별한 역할이 주어졌다. 그로 말미암아 하나님의 심판과 구원이 이루어졌던 것이다.

그러므로 이스라엘은 섬들과 먼 곳에 있는 백성들에게 귀를 기울이라고 했다. 이는 이스라엘로 불리는 자신의 존재를 만방에 선포하는 의미를 지니고 있다. 여기서 섬들이란 이스라엘 앞 바다에 섬들이 별로 없는 점을 감안한다면 세상의 오지에서 살고 있는 사람들을 지칭하는 것으로 보인다. 또한 먼 곳 백성들이란 세상에 흩어져 있는 모든 족속들을 가리키고 있다. 즉 온 세상이 하나님의 심판의 대상이 된다는 사실을 말해준다.

선지자는 여호와 하나님께서 이스라엘이 아무것도 인식하지 못하고 있을 때 어머니의 태중에서 부르셨다는 사실을 강조하고 있다. 그가 세상에 출생하기 전에 이미 그의 이름을 기억하고 계셨다. 이는 이스라엘이 하나님을 알기 전에 하나님이 먼저 그를 알았음을 밝히고 있다. 또한 하나님께서 그의 입을 날카로운 칼 같이 만드셨다는 말을 했다. 그는 처음부터 하나님의 편에 서 있으면서 세상에 맞서 싸워야 할 존재였던 것이다.

그러나 그는 겉보기에 세상의 권세를 통해 부귀영화를 누리는 존재가 아니었다. 오히려 타락한 세상에서는 부당한 박해를 받게 된다. 따라서 하나님께서 그를 자신의 손그늘 아래 숨겨주신다. 또한 그를 갈고 닦은 날카로운 화살로 만들어 하나님의 화살통에 감추어주신다. 이는 그가 세상에 대항하여 싸우게 될 자라는 사실을 말해주고 있다.

그런데 이사야서 본문 가운데는 그와 연관하여 매우 중요한 사실이 언급되어 있다. 그것은 이스라엘의 궁극적인 존재 의미에 밀접하게 관련되는 것이었다. 여호와 하나님께서 이스라엘을 자신의 종으로 묘사하시면서 그를 통해 하나님의 놀라운 영광이 나타나는 것으로 표현하고 있기 때문이다.

"너는 나의 종이요 내 영광을 네 속에 나타낼 이스라엘이라"(사 49:3)

배도에 빠져 진리를 멀리하는 자들은 인간의 이성과 경험을 통해 하나님을 찾아 만나고자 한다. 나아가 다양한 형태의 종교적인 우상들을 만들어 신에게 도달하고자 하는 자들이 많이 있다. 그들은 또한 신비주의적이며 초월적인 방편을 통해 하나님 앞으로 나아갈 수 있을 것처럼 여기기도 한다.

그러나 그와 같은 방식으로 여호와 하나님을 알게 되는 것은 불가능하다. 인간들이 하나님을 알고 그의 영광을 볼 수 있기 위해서는 반드시 중보자적 지위에 있는 존재를 거쳐야만 한다. 구약시대에는 이스라엘 민족 가운데 있는 성전을 통해야만 했다. 그것은 물론 장차 오시게 될 예수 그리스도와 밀접하게 연관되어 있었다. 즉 그리스도를 통하지 않고 하나님을 아는 것은 불가능한 일이다.

그러므로 하나님께서는 특별한 종으로 세우신 이스라엘 가운데 자신의 영광을 나타내리라고 하셨다. 즉 하나님의 영광은 이스라엘로 표현된 예수 그리스도 안에 나타나게 된다. 따라서 언약의 백성들은 이스라엘을 통해 하나님을 알게 되고 그의 영광을 볼 수 있게 된다. 구원받은 성도들은 하나님께서 예비하신 중보적 지위에 있는 자를 보며 그 안에 드러나는 하나님과 그의 영광을 보며 신앙인의 삶을 누리게 되는 것이다.

그럼에도 불구하고 정작 그 중보자인 당사자는 세상이 생각하는 화려한 모습을 띠고 있지 않다. 따라서 어리석은 자들은 고난당하는 중보자 안에 존재하는 하나님의 영광을 보지 못한다. 그에 반해 은혜를 입은 백성들은 나약하고 대수롭지 않아 보이는 중보자 가운데서 하나님의 영광을 보게 되는 것이다.

그러나 이스라엘은 지금까지 행해 온 자기의 모든 수고가 헛된 것 같고, 쓸데없는 일을 위해 힘을 허비한 것 같다는 생각을 하게 된다. 이는 그만큼 심한 고난을 감내해야만 한다는 사실을 말해준다. 하지만 그와 같은 어려운 형편 가운데서도 그는 하나님께서 자기의 편에 서서 충분히 변론해주시고 정당한 보상을 해주실 것으로 말하고 있다. 하나님께서 창세전부터 작정하고 계획하신 모든 것들을 온전케 하시게 된다는 것이었다.

2. 하나님의 구원과 '이방의 빛' (사 49:5-7)

죄에 빠진 인간들이 아직 아무것도 알지 못할 때 하나님께서는 창세전에 있었던 거룩한 작정에 따라 역사 가운데서 자신의 계획을 진행해 가신다. 그것은 전적으로 하나님께서 주관하시는 사역이다. 하나님께서는 이를 위해 그리스도를 인간의 태중에 잉태케 하셨으며 언약 가운데 있는 야곱 곧 이스라엘 자손을 돌아오게 하여 그에게로 모으시게 된다.

영광 가운데 존재하는 여호와 하나님께서는 구원을 베풀게 될 자를 영화롭게 하신다. 따라서 이땅에 강림하시게 될 그리스도는 영광스런 존재로 오시게 된다. 인간의 몸을 입고 세상에 태어나신 예수 그리스도께서는 하나님의 영광을 소유한 분이다. 구약의 그 모든 내용이 완벽하게 성취된 사실이 신약성경에 기록되어 있다.

> **"말씀이 육신이 되어 우리 가운데 거하시매 우리가 그 영광을 보니 아버지의 독생자의 영광이요 은혜와 진리가 충만하더라"**(요 1:14); **"예수께서 대답하시되 내가 내게 영광을 돌리면 내 영광이 아무 것도 아니어니와 내게 영광을 돌리시는 이는 내 아버지시니 곧 너희가 너희 하나님이라 칭하는 그이시라"**(요 6:54)

하나님은 원래부터 영화로우신 분이다. 따라서 하나님의 형상대로 지음받은 인간들은 그의 영광을 볼 수 있어야 한다. 하지만 인간은 범죄함으로써 장님이 되어 그 영광을 볼 수 있는 눈을 완전히 상실해 버렸다. 그럼에도 불구하고 우리는 인간의 몸을 입으신 예수 그리스를 통해 아버지의 영광을 목격할 수 있게 된다. 그를 통하지 않고 하나님의 영광을 볼 수 있는 인간은 아무도 없다.

이사야서에 예언된 특별히 선택받은 자는 하나님께 전적으로 의지하게 된다. 그는 하나님이 자신의 유일한 힘이 되신다는 사실을 알고 계셨다. 하지만 이 말씀 가운데 함유된 의미는 인간의 몸을 입으신 메시아는 세상 사람들이 보기에 대단한 세력을 소유한 자가 아니라 도리어 연약한 모습을 가진 사람으로 비쳐진다는 사실을 말해주고 있다. 따라서 세상에서 나약한 그에게는 성부 하나님이 유일한 힘의 근원이 되시는 것이다.

장차 인간의 몸을 입고 이땅에 오시게 될 메시아는 하나님의 말씀에 순종하여 야곱의 지파들을 일으키며 이스라엘 중에 보전된 자들을 자기에게 돌아오도록 하신다. 인간들의 형편과 능력을 생각하면 그것은 불가능한 일이었지만 하나님께는 전혀 그렇지 않다. 아무도 하나님의 구원사역을 가로막을 수가 없기 때문이다.

그러므로 성부 하나님께서는 그를 ‘이방의 빛’ 으로 삼으신다는 말씀을 하셨다. 그렇게 하시고자 하는 근본적인 까닭은 하나님의 구원이 땅 끝까지 베풀어지도록 하기 위해서였다. 이는 복음의 개방성을 보여주고 있다. 즉 하나님의 복음은 이스라엘 민족에 국한되지 않고 그것을 넘어서며 유다 왕국의 지경을 넘어 온 세상으로 전파된다. 세상 만방에 복음을 선포하시기 위해 하나님께서는 이스라엘 민족으로 하여금 약속의 땅 가나안에서 언약의 왕국을 세우도록 하셨던 것이다.

그렇지만 하나님께 속한 성도들은 타락한 세상에서 심한 멸시를 당하게 된다. 그들은 세상 사람들에 의해 미움을 받게 되고 세상 왕국의 관리들에 의해 박해를 받는다. 하나님의 백성들이 본질적인 속성이 다른 악한 자들로부터 조롱을 당하고 어려움을 겪는 것은 지극히 자연스럽다. 선지자 이사야는 그와 같은 고통스런 형편에 처한 백성들을 향해 앞으로 모든 상황이 완전히 반전되리라는 사실을 선포하고 있다.

그렇지만 하나님께서는 메시아를 통해 최종적인 승리를 거두신다. 때가 되면 세상의 왕들이 일어나 그를 향해 머리를 조아릴 것이며 천하만국의 높은 지위에 있는 자들이 그 앞에서 무릎을 꿇어 엎드리게 되리라는 것이었다. 이는 당시로는 상상조차 할 수 없는 일이었다. 하지만 장차 여호와 하나님께서 메시아를 통해 그 원수의 세력을 억누르고 승리를 거두도록 해 주신다. 언약의 자손들이 최종 승리를 쟁취할 수 있는 것은 전적으로 하나님께서 메시아를 통해 역사하시기 때문이다.

3. 구원의 날과 회복 (사 49:8-13)

하나님께서는 언약의 백성들을 향해 '은혜의 때' 가 이르면 반드시 응답하시리라는 말씀을 하셨다. 그리고 '구원의 날' 에 하나님께서 특별히 택한 자를 도우시게 된다고 하셨다. 이사야서 본문에는 문법상 과거시제가 사용되고 있는데 그것은 장차 반드시 성취될 일이라는 사실을 강조하는 의미를 지니고 있다.

예수님께서 인간의 몸을 입고 이 세상에 오신 것은 선지자 이사야의 예언 성취와 연관이 된다. 하나님은 임기응변적으로 이땅에 메시아를 보내신 것이 아니었다. 그것은 언약의 때가 되어 이루어진 경륜적 사역이다. 사도 바울은 갈라디아 교회에 보내는 편지에서 그에 대한 기록을 남기고 있다.

> **"때가 차매 하나님이 그 아들을 보내사 여자에게서 나게 하시고 율법 아래 나게 하신 것은 율법 아래 있는 자들을 속량하시고 우리로 아들의 명분을 얻게 하려 하심이라"**(갈 4:4,5)

성자 하나님께서 창세기 3장 15절에 약속된 '여자의 후손' 으로 이땅에 오시게 되는 것은 자기 자녀들을 속량하시고 성도들에게 상속자인 아들의 명분을 허락하시기 위해서였다. 하나님께서는 선지자 이사야의 예언을 통해 장차 그를 선택된 백성을 위한 언약으로 삼아 '나라' 를 일으키리라고 말씀하셨다. 그렇게 되면 과거에 황무했던 땅을 저들이 하나님으로부터 기업으로 상속받게 된다.

그렇게 하여 하나님께서 세상의 포로가 된 자들을 자기에게 불러 자유를 주어 해방시키신다. 그리고 흑암 가운데 머물고 있는 백성들에게 나타나시게 된다. 그로 말미암아 언약의 백성들은 헐벗은 산이 푸른 초장으로 변한 하나님의 영역으로 나아와 풍족하게 먹으며 즐거운 마음으로 살아가게 된다.

하나님의 백성들은 더 이상 굶주리거나 목마르지 않으며 무더위와 땡볕이 그들을 상하게 하지 못한다. 구원자이신 여호와 하나님께서 그들을 긍휼히 여겨 마르지 않는 샘물 근원으로 인도하실 것이기 때문이다. 하나님께서는 그것을 위해 모든 산들을 평탄한 길로 삼아 하나님의 대로大路를 만드시게 된다. 그리하여 먼 곳에 있는 사람들과 북방과 서방에서 뿐 아니라 남방 애굽 지역[73]에 살던 사람들도 하나님께서 예비하신 아름다운 땅으로 몰려든다.

그로 말미암아 회복된 우주만물이 여호와 하나님을 노래하게 된다. 하늘과 땅이 기뻐하며 산천초목이 즐거워한다. 그 가운데 살아가고 있는 성도들은 당연히 기쁨으로 충만하여 하나님을 노래하게 된다. 이는 고난당하는 자 곧 세상에서 멸시당하는 자를 긍휼히 여기시는 여호와 하나님께서 세상에서 고통당하는 자기 백성을 위로하시기 때문이다.

4. 하나님의 사랑과 예루살렘의 영화 (사 49:14-21)

여호와 하나님께서는 항상 언약의 백성을 기억하고 있는데 반해 배도에 빠진 자들은 그를 기억하기를 거부했다. 그러나 악에 빠진 이스라엘은 여호와께서 자기를 버리고 잊어버리셨다는 생각을 하고 있었다. 이는 배도자들이 자신의 구미에 맞는 하나님을 기대하며 추구하고 있었기 때문이다.

어리석은 백성들의 그와 같은 생각을 잘 알고 계시는 하나님께서는 절대로 그 백성을 잊지 않는다는 사실을 말씀하셨다. 그는 비유를 들어 말씀

73) 이사야서 49:12에 기록된 시님(Sinim) 혹은 아스완(Aswan)은 남쪽 애굽 지역을 가리키고 있다.

하시기를 어미가 젖 먹는 자식을 잊어버리지 못하고 자신의 태에서 출생한 아기를 잊어버리지 못한다는 사실을 언급하셨다. 설령 갓 태어난 자식을 그 어미가 잊어버린다 할지라도 하나님께서는 택한 자기 백성을 절대로 잊지 않는다고 하셨다. 이는 언약의 백성들에 대한 하나님의 사랑을 보여주고 있다.

하나님은 언약의 자손들의 이름을 자기의 손바닥에 새겨두고 있으며 저들이 살고 있는 성벽을 지키고 계신다는 말씀을 하셨다. 이는 하나님께서 항상 자기 자녀들을 기억하고 계신다는 사실을 말해주고 있다. 그로 말미암아 이스라엘을 회복하는 일에 참여하는 자들은 다시금 제자리로 돌아올 수 있게 된다. 그렇게 되면 저들의 터전을 허물고 황폐케 하던 자들은 그곳을 떠날 수밖에 없다.

언약의 자손들이 승리를 거두게 되면 사방에 흩어져 있던 백성들이 하나님께서 예비하신 곳으로 몰려들게 된다. 그것은 하나님의 약속에 따른 것이며 하나님께서 저들의 편에 서 있으면서 역사하고 계시기 때문에 가능하다. 하나님의 은혜로 말미암아 멀리서 몰려든 자들은 마치 신부가 아름다운 패물을 차듯이 이스라엘을 위한 장식물이 된다.

과거에 파멸당하여 황폐하게 되어 적막한 분위기를 드러냈던 땅이 이제는 주민들이 많아 좁게 될 것이며 그곳을 장악하고 있던 자들은 멀리 도망갈 수밖에 없다. 그렇게 되면 나중 이방인들의 세력에 의해 고난을 당하던 시기에 출산한 언약의 자손들은 이스라엘의 주거 지역이 좁으니 더 넓혀져야 한다는 생각을 하게 된다(사 49:20).

이는 이방 지역에 하나님의 복음이 선포되어야 한다는 사실을 시사하고 있다. 그때가 되면 백성들이 누가 자기를 위하여 그 자녀들을 낳았는지 의아하게 생각한다. 그들은 그동안 숱한 자녀들을 낳았지만 그들을 잃고 서글픈 마음을 가졌으며, 이방인들의 땅에 사로잡혀 가서 유리하게 되었다는 사실을 말하게 된다.

하나님께서 그와 같은 힘든 형편에서 신음하는 백성들을 불러 친히 양육하셨다. 그러나 어리석은 자들은 하나님이 행하신 그 일을 알지 못했다. 그들은 하나님의 경륜적인 사역을 잊어버린 채 자기는 홀로 외롭게 남아 많은 자녀를 낳을 수도 없고 양육할 수도 없는 형편이었는데 다시금 이스라엘을 강화하는 그 백성들이 어디서 났는지 의구심을 가지게 될 따름이었다. 그들은 그때까지도 하나님께서 행하신 놀라운 일에 별 관심을 두지 않고 있었던 것이다.

5. 하나님의 구원과 성도들의 영화로운 지위 (사 49:22,23)

하나님께서는 이스라엘을 강화하신 후 온 세상의 모든 민족을 향하여 손을 높이 들고 자기의 깃발을 세우시게 된다. 이는 장차 언약의 땅 예루살렘을 통해 오시게 될 메시아와 연관되어 있다. 그로 말미암아 이스라엘 백성이 흩어진 언약의 자녀들을 품에 안고 등에 업은 채 돌아오게 될 것이다. 시편 기자는 그에 연관된 예언적 노래를 하고 있다.

> **"우리가 너의 승리로 인하여 개가를 부르며 우리 하나님의 이름으로 우리 기를 세우리니 여호와께서 네 모든 기도를 이루시기를 원하노라 여호와께서 자기에게 속한바 기름 부음 받은 자를 구원하시는줄 이제 내가 아노니 그 오른손에 구원하는 힘으로 그 거룩한 하늘에서 저에게 응락하시리로다"**(시 20:5, 6)

그동안 이방인들에 의해 심한 괄시를 받던 하나님의 백성들은 왕족 같은 지위를 차지하게 된다. 하나님께서 저들을 높이실 것이기 때문이었다. 그리하여 세상의 왕들이 마치 저들의 양 아버지인 것처럼 되고 왕비들이 저들의 유모처럼 된다. 즉 세상의 권세자들이 오히려 저들을 보호하며 수종드는 역할을 하게 되는 것이다.

나아가 막강한 세력을 가지고 화려한 모습으로 천하를 호령하던 자들이 이제는 언약의 자손들 앞에서 머리를 땅에 대고 무릎을 꿇게 된다. 그리고 입술을 대고 저들의 발에 묻은 티끌을 핥게 된다. 고난중에 살아가던 백성들에게 장차 그와 같은 일이 발생하리라고는 아무도 상상할 수 없는 일이었다.

그렇지만 역사 가운데 그런 상황이 실제로 일어나게 되면 그때서야 비로소 백성들은 그 모든 것이 여호와 하나님께서 행하신 일이라는 사실을 깨달아 알게 된다. 이는 장차 오실 메시아를 통해 하나님의 뜻이 드러나게 된다는 점을 말해주고 있다. 따라서 선지자는 언약의 자손들 가운데 여호와 하나님을 바라보는 자들은 결코 수치를 당치 않으리라는 사실을 예언했던 것이다.

6. 하나님의 심판과 승리 (사 49:24-26)

막강한 세력을 지닌 적군에게 빼앗긴 전리품을 힘을 상실한 상태에서 다시금 되찾아 오는 것은 불가능한 일이다. 그리고 용맹한 병사들에 의해 이방으로 사로잡혀간 포로를 빼내는 것도 가능하지 않다. 그러나 하나님께서는 이방인들에 의해 포로로 사로잡혀간 언약의 자손들을 되찾아 올 것이며 막강한 군사력을 가진 자들이 빼앗아 간 물건들도 도로 빼앗아 오게 되리라는 말씀을 하셨다.

성경은 전쟁이 여호와 하나님께 속한 것이라는 사실을 언급하고 있다. 아브라함에게 약속한 가나안 땅을 완전히 정복하기 전 하나님께서는 다윗을 부르셨다. 하나님의 부르심을 받은 지 얼마 되지 않아 그는 블레셋의 골리앗과 맞서 싸우게 되었다.

골리앗은 전투 경력이 많은 맹장이었던데 반해 다윗은 군인이라기보다 아직 전투에 참여해 본적이 없는 어린 소년에 지나지 않았다. 누가 보아도 다윗은 골리앗의 적수가 될 수 없었다. 그와 같은 상황은 누구나 파악할 수 있었다.

따라서 골리앗뿐 아니라 블레셋 군대는 다윗과 이스라엘 민족을 비웃었다. 오죽하면 양국의 대표가 겨루는 자리에 어린 소년을 내보냈느냐는 것이었다. 하지만 다윗은 그 전쟁에서 승리할 수 있다는 확신을 가지고 있었다. 그것은 다윗에게 출중한 무술이나 전술이 있었기 때문이 아니라 그가 전적으로 여호와 하나님의 도우심을 의지하고 있었기 때문이다. 그러므로 다윗은 블레셋의 골리앗과 맞서 싸우기 시작하면서 적진을 향해 외쳤다.

> **"또 여호와의 구원하심이 칼과 창에 있지 아니함을 이 무리에게 알게 하리라 전쟁은 여호와께 속한 것인즉 그가 너희를 우리 손에 넘기시리라"**(삼상 17:47)

우리는 위의 본문에 언급된, '전쟁이 여호와께 속했다' 는 말을 일반적인 의미로 받아들여 해석하려고 해서는 안 된다. 즉 세상의 모든 전쟁들이 하나님께 속한 것으로 주장할 수는 없다. 여기서 말하고 있는 전쟁은 하나님의 언약에 연관된 것으로서 그의 뜻에 합당할 경우에만 그렇게 정의내릴 수 있다.

이 세상에는 수많은 전쟁이 여기저기서 일어나고 있다. 인간 역사 가운데는 항상 전쟁이 있어 왔으며 그로 말미암아 많은 사람들이 생명을 잃고 어려움에 빠졌다. 나아가 하나님의 백성들 가운데서도 그와 같은 일은 끊임없이 되풀이 되었다.

신약시대에도 기독교 신앙을 가진 사람들이 전쟁을 벌였으며 심지어는 같은 기독교 신앙을 가졌다고 주장하면서 자기들끼리 서로 싸우기도 했다. 우리는 그와 같은 모든 전쟁이 여호와 하나님께 속한 것이라 말할 수 없다. 대다수 전쟁들은 인간들의 이기심과 욕망으로 인해 발발하게 될 따름이다.

그러므로 하나님을 경외하는 나라들과 참된 신앙을 가진 성도들은 집단 이기적인 태도로 전쟁을 하려고 해서는 안 된다. 설령 개별 성도들의 의사와 아무런 상관이 없는 형태의 전쟁이 발발할 경우에도 그것을 통한 교훈을 배우기를 쉬지 말아야 한다. 사람의 생명을 담보로 하는 일반적인 전쟁은 하나님께서 원하는 것이라 말할 수 없기 때문이다.

구약성경에 언급된, '전쟁은 여호와 하나님께 속한 것' 이라는 말은 신약시대에 와서 교회와 세상 사이의 투쟁에 연관지어 이해해야 한다. 즉 지상 교회는 타락한 세상에 대항하여 전투하는 성격을 지니고 있다. 그것을 위해 교회와 성도들은 항상 영적인 무장을 하고 있어야만 한다(엡 6:13-17, 참조).

시편 기자는 언약의 자손들 스스로에게는 전쟁을 치를 만한 능력이 없다는 사실을 고백적으로 말하고 있다. 즉 하나님께서 저들을 위해 싸울 때 비로소 승리가 보장된다. 따라서 하나님의 자녀들을 죽이고 해롭게 하는 자들은 하나님의 심판을 받아 낭패를 당하게 된다. 하나님의 자녀들은 그의 뒤에 숨어서 승리와 영광에 참여하는 은혜를 누리게 되는 것이다. 시편 기자는 그에 연관된 사실을 기억하며 노래불렀다.

> **"여호와여 나와 다투는 자와 다투시고 나와 싸우는 자와 싸우소서 방패와 손방패를 잡으시고 일어나 나를 도우소서 창을 빼사 나를 쫓는 자의 길을 막으시고 또 내 영혼에게 나는 네 구원이라 이르소서 내 생명을 찾는 자로 부끄러워 수치를 당케 하시며 나를 상해하려 하는 자로 물러가 낭패케 하소서 저희로 바람 앞에 겨와 같게 하시고 여호와의 사자로 몰아내소서"**(시 35:1-5)

하나님께서 자기 백성을 괴롭히는 자들을 대적하여 싸우실 것이며 자기에게 속한 자녀들을 저들로부터 구출하시게 된다. 선지자 이사야는 장차 이와 같은 일이 발생하게 되리라는 사실을 예언했다. 하나님께서는 저들을 압박하는 자들로 하여금 심각한 굶주림에 빠지도록 한다. 그렇게 되면 그 원수들은 배고픔을 참지 못하고 자기의 살을 먹어야 하는 비참한 상황에 처할 수밖에 없게 된다. 또한 그들은 술에 취한 것처럼 자기의 피에 취하게 된다.

그렇게 되면 모든 백성이 여호와 하나님이 저들을 구원하는 구속자가 된다는 사실을 깨달아 알게 된다. 또한 그가 전능하신 야곱의 하나님이라는 사실을 깨닫게 된다. 이를 통해 언약의 자손과 여호와 하나님 사이에 원래의 관계가 회복되는 것이다. 이 말씀은 오늘날 우리 시대에도 여전히 생동하는 중요한 교훈이 되고 있다. 즉 그에 연관된 신앙은 구약시대 성도들뿐 아니라 모든 성도들이 소유해야만 할 근본적인 자세이다.

제44장

여호와의 종의 충성

(사 50:1-11)

1. 하나님의 질책 (사 50:1)

하나님께서는 배도에 빠진 이스라엘 민족에게 엄한 질책을 하셨다. 그는 언약의 백성을 멀리 내버린 적이 없었으나 그들 자신의 잘못으로 인해 이방인의 포로가 되어 사로잡혀 갔다는 것이었다. 즉 그들이 이방 지역으로 쫓겨나게 된 것은 전적으로 배도에 빠진 저들의 악한 사고와 행위 때문이었다.

그러므로 하나님은 그것을 설명하기 위해 저들에게 비유를 들어 말씀하셨다. 즉 그가 저들의 어미를 쫓아내지 않았다는 사실을 강조하시고자 했다. 만일 저들이 자기 어미가 쫓겨난 것으로 생각한다면 그녀의 '이혼증서' 를 가져와 보라고 하셨다. 만일 쫓아냈다면 '이혼증서' 를 소유하고 있으리라는 것이었다(신 24:1). 이는 하나님께서 저들의 어미에게 '이혼증서' 를 주어 쫓아낸 적이 없다는 점을 강조하고 있다.

또한 하나님께서는 돈을 받고 저들을 이방인들에게 종으로 팔지 않으셨다는 사실을 말씀하셨다. 그들은 자신의 죄악과 배도 행위로 인해 스스로 멀리 팔려가게 되었다는 것이다. 이처럼 그들은 자신의 죄악 때문에 이방인들의 종이 되었으며 저들의 어미는 배도행위로 말미암아 버림을 받게 되었다는 것이다.

하나님께서는 이 비유의 말씀을 통해 언약의 백성들이 이방 지역으로 팔려가게 된 것은 전적으로 저들의 배도 행위 때문이라는 사실을 분명히 밝히셨다. 즉 저들에게 아무런 잘못이 없는데도 쫓아내어 이방인들에게 넘겨준 것이 아니라 저들의 배도와 죄악으로 인해 그렇게 되었다는 것이다.

여기서 우리는 도리어 하나님의 놀라운 사랑을 엿보게 된다. 언약의 자손들이 배도에 빠져 영적인 간음을 일삼았지만 하나님께서는 저들을 완전히 내치지는 않으셨기 때문이다. 언약에 신실하신 하나님께서는 여전히 저들에 대한 사랑을 보이고 계셨다. 그 백성들이 사악한 모든 것을 버리고 자기에게 돌아오기를 기다리고 있음을 말씀하신 것이다.

2. 하나님의 능력 선포 (사 50:2,3)

하나님께서는 자기 백성을 구출해 내시기 위하여 저들을 찾아가셨지만 아무도 반응을 보이지 않았다는 사실을 말씀하셨다. 그들을 불러보았으나 대답하는 이가 없었다. 하나님은 자기 백성들이 죄를 회개하고 돌아오기를 바라며 애타게 부르셨지만 저들로부터 아무런 반응이 없었던 것이다.

언약의 백성들이 하나님의 부르심에 반응하지 않았던 까닭은 저들이 처한 형편을 자각하지 못하고 있었거나 하나님의 능력을 신뢰하지 않았기 때문이다. 또한 이방인의 포로가 된 자들은 이방 왕국의 막강한 세력을 보며 거기서 자유를 찾아 탈출하는 것은 불가능한 것으로 여기는 자들도 많이 있었던 것으로 여겨진다. 그와 같은 열악한 환경에 처한 자들은 자포자기에 빠져 있었다.

나아가 욕망에 빠져 하나님을 배반한 터에 하나님께서 저들을 구출해 주실 것으로 생각지 않은 자들이 많았을 것이다. 그러나 하나님께서는 언약의 백성들을 이방인들의 압제로부터 구원하시고자 했다. 그는 자기 백성을 구출해 낼 수 있는 능력을 갖추고 있었다. 그에게는 이방에서 고통당하는 이스라엘 민족을 건질 만한 충분한 능력이 있었던 것이다.

하나님께서 바다를 꾸짖으시면 가득차 있던 바닷물이 말라버리게 된다. 또한 강물이 메말라 황량한 사막이 되기도 한다. 그렇게 함으로써 물고기들이 죽어 심한 악취가 나도록 하실 수 있다. 오래전 이스라엘 백성이 애굽을 탈출해 나올 때 하나님께서 홍해 바다를 가르셨던 것은 그 능력을 보여주신 것이다.

또한 하나님께서는 자기가 하늘을 깜깜한 흑암으로 만들어버릴 수 있으며, 굵은 베로 하늘 전체를 뒤덮어버릴 수 있다는 사실을 말씀하셨다. 이는 하늘의 기능을 완전히 마비시킬 수 있음을 의미하고 있다. 그렇게 되면 하늘의 태양과 달과 별들이 지구를 위한 제 기능을 중단하게 될 수밖에 없다. 이를 통해 하나님이 세상과 우주만물의 모든 것들을 주관하시는 분이라는 사실을 말해주고 있다.

3. '학자의 혀' (사 50:4)

선지자 이사야는 하나님께 '학자의 혀' (the tongue of the learned)를 자기에게 주시도록 간구했다. 본문에 언급된 '학자의 혀' 란 객관성 있는 올바른 지식과 지혜를 소유하는 것에 연관된 의미를 지니고 있다. 우리는 여기서 하나님으로부터 계시된 성경에 대한 참된 지식을 소유하고자 하는 이사야의 간절한 마음을 보게 된다.

선지자가 '학자의 혀' 를 가지기 원했던 까닭은 어떤 학문이나 지적인 욕구 때문이 아니었음은 분명하다. 그가 '학자의 혀' 를 가지고자 했던 까닭은 자기 자신이 아니라 이스라엘 민족을 위한 것이었다. 피곤에 지쳐 곤고한 형편에 빠진 자들을 하나님의 말씀으로 도와줄 수 있기를 간절히 원했기 때문이다. 즉 이사야는 계시된 진리와 위로를 소유하기를 원하는 백성들에게 참된 말씀을 전하고자 원했던 것이다.

성경 본문에는 그에 연관된 매우 중요한 내용을 언급하고 있다. 그것은 '학자의 혀' 가 공부와 연구를 통해 한번 얻게 되면 영원히 지속되는 성격을 지니게 되는 것이 아니란 사실이다. 그것을 위해서는 아침마다 하나님께서 저를 깨우쳐 주셔야 하며, 저의 귀를 열어주셔야만 한다. 즉 참된 지식을 소유하기 위해서는 하나님의 말씀을 지속적으로 귀담아 듣지 않으면 안 된다.

그래야만 하나님의 말씀을 학자들처럼 정확하게 알아듣고 깨달을 수 있게 된다. 즉 계시된 말씀에 대한 올바른 이해를 할 수 있기 위해서는 항상 하나님의 도우심을 힘입어야만 한다. 그것은 인간들의 개인적인 능력이나 노력에 따른 것이 아니다. 다시 말해 선지자 이사야가 본문에서 언급한 '학자들의 혀' 란 계시를 통해 날마다 깨우침을 받을 때 그 지식을 지속적으로 소유할 수 있게 된다는 사실을 말해주고 있다.

이는 오늘날 우리에게도 그대로 적용되어야 할 원리이다. 즉 현대 교회에 속한 우리도 '학자의 혀' 를 가질 수 있어야 한다. 이것은 신학자나 목사 등 특정 직분을 가진 성도들에게만 국한되는 것으로 보이지 않는다. 성숙한 성도들이 소유해야 할 '학자들의 혀' 는 날마다 성령의 도우심과 계시된 말씀을 통해 공급받는 것으로부터 시작된다. 다시 말해 아무리 많은 지식을 머릿속에 담고 있다고 할지라도 날마다 공급하시는 하나님의 도우심이 없이는 '학자의 혀' 를 소유하는 것이 불가능하다.

4. 하나님에 대한 순종 (사 50:5,6)

선지자 이사야는 하나님의 진리를 선포함으로 말미암아 악한 자들에 의해 폭행과 조롱을 당했음을 언급하고 있다. 배도자들이 심한 폭행을 가할 때도 그는 자신의 몸을 저들에게 맡기고 아무런 저항을 하지 않았다. 나아가 그들이 자기의 수염을 뽑으며 조롱할 때도 자신의 얼굴을 저들에게 맡기고 저항하는 것을 포기했다. 또한 사악한 자들이 견디기 힘든 모욕을 주며 얼굴에 침을 뱉을 때조차도 그대로 있었다.

그와 같은 극심한 어려움을 겪는 상황에서도 이사야가 견뎌낼 수 있었던 것은 저들을 상대해 싸울 만한 대상으로 여기지 않았기 때문이다. 심한 폭력을 행사하고 수염을 뽑고 얼굴에 침을 뱉는 자들은 스스로 강자라고 여기며 의기양양했을 것이 틀림없다. 그러나 선지자는 그들이 무서운 멸망을 향해 나아갈 자들임을 알고 그냥 묵묵히 당하기만 했다.

그런데 우리는 왜 그 사람들이 선지자 이사야를 향해 그토록 심한 행동을 했는지 생각해 볼 필요가 있다. 그것은 이사야가 저들의 입맛에 맞는 말을 해주지 않고 배도 행위에 대한 강한 질책을 했기 때문이다. 물론 선지자를 통한 하나님의 말씀을 듣고도 그들은 배도에 빠진 삶과 행동을 개선하려고 하지 않았다.

그럼에도 불구하고 선지자는 하나님께서 계시하신 말씀을 통해 저들에게 분명한 메시지를 전달하려고 애썼다. 그들이 폭력을 행사할 때도 그 말을 멈추지 않았으며 조롱을 당하면서도 하나님의 말씀을 그대로 전했다. 선지자에게 있어서 가장 중요한 것은 개인의 영달이 아니라 하나님의 뜻에 온전히 순종하는 것이었다.

구약시대와 같은 그런 양상은 신약시대의 교회 가운데서도 그대로 나타난다. 배도자들은 하나님의 말씀을 듣기를 거부했다. 그들에게는 자신의 욕망을 좇는 종교적인 이기심으로 가득차 있었다. 사도 바울은 사랑하는 제자 디모데에게 보낸 두 번째 편지에서 그점을 명확하게 기록하고 있다.

> **"하나님 앞과 산 자와 죽은 자를 심판하실 그리스도 예수 앞에서 그의 나타나실 것과 그의 나라를 두고 엄히 명하노니 너는 말씀을 전파하라 때를 얻든지 못 얻든지 항상 힘쓰라 범사에 오래 참음과 가르침으로 경책하며 경계하며 권하라 때가 이르리니 사람이 바른 교훈을 받지 아니하며 귀가 가려워서 자기의 사욕을 좇을 스승을 많이 두고 또 그 귀를 진리에서 돌이켜 허탄한 이야기를 좇으리라" (딤후 4:1-4)**

악한 자들은 자기가 원하는 것을 추구하면서 하나님의 말씀을 듣기를 좋아하지 않았다. 따라서 참된 진리를 선포하는 하나님의 백성들은 평안한 삶을 살아가기 어려웠다. 배도자들에게는 선지자들이나 사도들과 달리 물리적인 폭력을 사용할 수 있는 완력이 있었다. 그러나 하나님을 경외하는 자들에게는 남에게 폭력을 행사할 수 있는 아무런 힘이 없었다. 설령 그럴 만한 힘이 있다고 할지라도 자신의 사리사욕을 추구할 목적으로 그렇게 하지는 않았다.

이와 달리 배도자들은 선지자의 예언이 자신들의 구미에 맞지 않으면 물리적인 폭력을 행사했다. 선지자가 저들로부터 심한 미움을 받게 된 것은 저들의 더러운 죄를 지적하는 하나님의 말씀을 전했기 때문이다. 그 진리의 말씀은 기회와 상황에 따른 계산된 시기에 맞추어져 있었던 것이 아니라 언제든지 선포되어야 했다.

하나님의 교훈을 떠난 그런 일은 신약시대에도 그와 별반 다르지 않게 발생하고 있다. 성경을 손에 들고 있는 어떤 사람들은 분위기를 살펴가며 스스로 지혜롭게 처신하고자 한다. 때가 있으니 눈치나 기회를 봐가면서 그렇게 하는 것이 좋다는 것이다. 하지만 그와 같은 태도는 인간들의 계산에 따른 세상의 약은꾀일 뿐 하나님으로 말미암은 참된 지혜라 말할 수 없다.

그러므로 선지자들과 사도들 가운데 그와 같은 인본적인 방식의 지혜를 동원한 경우를 찾아보기 어렵다. 하나님의 진리는 언제든지 변함없는 진리일 따름이다. 하나님으로부터 계시된 말씀이 분명하다면 그것을 전하다가 설령 다른 사람들에 의해 조롱과 멸시를 받고 심한 모욕을 당하게 된다고 할지라도 그만 두어서는 안 된다. 심지어 폭력이나 생명의 위협을 당한다고 할지라도 그 사역을 지속해야만 한다. 우리는 선지자 이사야의 글을 통해 그와 같은 중요한 교훈을 받게 된다.

5. 자기를 의지하는 자를 돕는 하나님 (사 50:7-9)

선지자 이사야는 폭력을 당하고 조롱과 침 뱉음을 당하는 수모를 겪었지만 부끄러워하지 않는다고 말했다. 이는 일반적인 경우라면 그것이 충분히 부끄럽고 창피한 일이 될 수 있다는 사실을 말해준다. 어른이 되어서 악한 자들에 의해 폭행을 당하고 얼굴에 침 뱉음을 당한다는 것은 부끄러운 일이 아닐 수 없다. 가족들이나 함께 신앙생활을 하는 여러 동료들과 주변 사람들 앞에 창피해서 얼굴을 들고 다니기 어려울 수도 있다.

그렇지만 선지자는 하나님께서 자신을 돕고 계신다는 사실을 잘 알고 있었기 때문에 결코 부끄러워하지 않았다. 그것은 세상의 어지러운 환경에 연연하지 않고 오직 하나님 한 분만 의지하기 때문에 가능한 일이었다. 그는 주변의 악한 사람들의 조롱에도 불구하고 얼굴빛을 바꾸지 않았다. 이는 저들에게 필요이상으로 분내거나 흥분하지 않고 여호와 하나님을 의지하며 침착하게 대응했다는 사실을 말해준다. 그가 그렇게 할 수 있었던 까닭은 자기는 배도자들과 달리 장차 하나님 앞에서 수치를 당치 않을 줄 알고 있었기 때문이다.

선지자는 하나님께서 자기를 의로운 존재로 인정하신다는 사실을 잘 깨닫고 있었다. 그것은 그의 윤리적인 행동이나 어떤 선행 때문이 아니라 오직 여호와 하나님과 그가 보내실 메시아를 소망하는 신앙을 소유한 것에 연관되었다. 즉 그의 소망은 항상 이 세상이 아닌 영원한 천국에 있었던 것이다.

또한 이사야 선지자는 이 세상에 살아가는 동안 하나님께서 항상 자기와 함께 계신다는 사실을 잘 알고 있었다. 따라서 그는 고통 가운데서도 당당하여 두려운 마음을 가지지 않았다. 겉으로는 물리적인 힘에 의해 온갖 수모와 박해를 받았지만 실상은 승리를 보장받고 있었기 때문이다.

그러므로 하나님의 사람인 자기와 다툴 자가 이 세상에 존재하지 않는다는 사실을 만방에 선포하듯 언급했다. 누가 감히 자기를 걸어 하나님의 재판정에 가서 소송할 것이며 시비를 가리겠느냐는 것이다. 만일 그와 같은 마음을 가진 자가 있다면 옳고 그름을 법정에 가서 따져보자고 했다.

그는 이를 통해 하나님께서 자기와 함께 거하시며 돕고 계시기 때문에 자기를 정죄할 자가 아무도 없다는 사실을 말해주고 있다. 만일 그렇게 하는 자가 있다면 그가 도리어 영원한 패망을 맛보게 된다. 그를 괴롭히는 원수들은 낡은 옷에 좀이 쓸어 삭아 떨어지듯이 하나님의 심판을 받아 멸망에 빠지게 된다는 것이었다.

이에 대해서는 신약시대에도 동일하다. 사도 바울은 로마에 있는 교회에 편지하면서 그에 대한 언급을 했다. 창세전부터 특별히 선택받아 하나님의 자녀가 된 자들을 하나님의 법정에 소송할 자가 없다는 것이다. 이는 자기 백성들을 죄로부터 구원하신 예수 그리스도께서 천상에 계시면서 성도들을 위해 변호하며 간구하고 계시기 때문이다.

> **"누가 능히 하나님의 택하신 자들을 송사하리요 의롭다 하신 이는 하나님이시니 누가 정죄하리요 죽으실 뿐아니라 다시 살아나신 이는 그리스도 예수시니 그는 하나님 우편에 계신 자요 우리를 위하여 간구하시는 자시니라"**(롬 8:33, 34)

하나님을 믿고 의지하는 성도들은 이 세상에서 두려워하는 마음을 가질 필요가 없다. 따라서 오늘날 우리도 하나님의 힘을 의지하고 담대한 자세를 가지게 된다. 타락한 세상으로부터 인정받는 것은 결코 자랑스럽거나 대단한 일이 아니며 배도자들에 의해 칭찬을 듣는 것은 도리어 부끄러운 일이다.

그러므로 하나님의 자녀들은 예수님을 조롱하고 능멸한 세상과 맞서 담대하게 싸울 수 있어야 한다. 교회와 그에 속한 성도들은 세상과는 근본적으로 다른 가치관을 소유하고 있다. 따라서 세상에 저항하는 가운데 발생하는 모든 위협과 고통을 능히 이길 수 있게 된다. 예수님께서는 제자들에게 그에 관한 교훈을 주셨다.

> **"이것을 너희에게 이름은 너희로 내 안에서 평안을 누리게 하려함이라 세상에서는 너희가 환난을 당하나 담대하라 내가 세상을 이기었노라 하시니라"**(요 16:33)

모든 하나님의 자녀들은 이 말씀을 귀담아 들어야 한다. 예수님의 제자들이 세상의 핍박을 이기며 살아간 것을 우리의 본으로 삼지 않으면 안 된다. 그러나 그것은 타락한 세상의 방법이 아니라 하나님께서 제시하신 비폭력적인 방법이어야 한다. 거기에는 물리적인 행동뿐 아니라 언어적인 표현까지 포함되어 있다. 그와 같은 깨달음을 가질 때 세상의 어떤 형편 가운데서도 하나님으로부터 허락된 참된 평안을 누릴 수 있게 되는 것이다.

6. 여호와를 경외하는 자 (사 50:10)

언약의 백성들에게 있어서 여호와 하나님을 경외하는 것은 가장 중요한 본질에 해당된다. 하나님을 경외하지 않는다면 그것 자체로서 하나님을 멸시하는 행위가 되기 때문이다. 오직 하나님을 전적으로 경외하는 자들만 하나님의 음성을 듣고자 하는 부드러운 마음을 가질 수 있게 된다.

그러므로 선지자 이사야는 이스라엘 민족 가운데 여호와를 경외하고 그가 보낸 종의 목소리를 청종하는 자가 누구냐며 다그치고 있다. 즉 이사야 자신은 하나님으로부터 보내심을 받은 선지자라는 것이었다. 하나님을 진정으로 경외하는 자라면 마땅히 그가 보낸 선지자의 말을 귀담아 듣게 된다.

따라서 비록 빛이 없이 흑암 중에 행하며 살아가는 자라 할지라도 여호와를 의뢰하는 자라면 저에게 소망이 있다는 것이다. 설령 아무런 소망이 없어 보이는 환경 가운데 근근이 살아간다고 할지라도 하나님을 의뢰하면 그가 저들을 도우시리라는 것이었다. 어떤 환경 가운데 살아가든지 하나님을 경외하고 의지하는 것이 참 생명을 위한 유일한 삶의 길과 방편이 된다. 시편 기자는 여호와를 의지하고 그를 경외하는 자들이 참된 복을 받게 된다는 사실을 노래하고 있다.

> **"이스라엘아 여호와를 의지하라 그는 너희 도움이시요 너희 방패시로다 아론의 집이여 여호와를 의지하라 그는 너희 도움이시요 너희 방패시로다 여호와를 경외하는 너희는 여호와를 의지하라 그는 너희 도움이시요 너희 방패시로다 여호와께서 우리를 생각하사 복을 주시되 이스라엘 집에도 복을 주시고 아론의 집에도 복을 주시며 대소 무론하고 여호와를 경외하는 자에게 복을 주시리로다"**
> (시 115:9-13)

시편의 노래는 여호와 하나님만이 인간들의 참된 소망이 되신다는 사실을 밝히 말해주고 있다. 그를 경외하고 의지하는 자에게 영원하고 참된 삶이 허락된다는 것이다. 이 말은 하나님을 의지하지 않는 자에게는 아무런 소망이 없다는 사실을 의미하고 있다. 세상에서 아무리 성공한 듯이 보여도 그것은 아무것도 아니다. 설령 많은 재물과 권력과 명예를 가지고 있다고 할지라도 잠시 지나가는 것에 지나지 않는다.

이에 대해서는 오늘날 우리 역시 잘 깨달아 받아들여야만 한다. 하나님의 자녀들은 타락한 이 세상에 궁극적인 목적을 두지 않는다. 세상의 모든 것들은 일시간 의미를 지니는 듯해도 완전히 소멸될 대상이다. 지상 교회에 속한 성도들이 그 사실을 명확히 깨달아 하나님을 의지하고 경외하는 자세로 살아가는 것은 매우 중요하다.

7. 배도자들에 대한 하나님의 심판 (사 50:11)

여호와 하나님께서는 자기에게 저항하는 인간들을 결코 용납하시지 않는다. 그리고 자기가 보낸 선지자의 말을 듣지 않는 자들도 동일한 심판을 받게 된다. 나아가 하나님의 선지자들을 박해하고 능욕하는 자들은 하나님을 욕되게 하는 것과 마찬가지다.

그러므로 선지자 이사야는 그런 자들을 향해 엄중한 경고의 메시지를 보냈다. 그들은 합심하여 화로火爐에 불을 피우고 전쟁을 위하여 저들의 화살을 달구고 있다는 것이었다. 이 말은 그들이 살아남기 위해 화살을 불에 달구어 만들면서 제 살길을 준비하고 있다는 사실을 말해준다.

하지만 그것은 승리가 아니라 무서운 패망의 길을 재촉하는 것에 지나지 않는다. 여호와 하나님을 경외하지 않고 그를 의뢰하지 않는 자들은 화살을 만들기 위해 저들이 피운 불에 타죽게 된다는 것이었다. 또한 그들은 자신의 손에 들고 나아가는 횃불에 의해 소멸된다. 뿐만 아니라 저들이 달구어 만든 그 화살이 도리어 자기를 쏘아 죽이는 역할을 하게 된다. 하나님께서 저들을 심판하심으로써 무서운 형벌을 가하실 것이기 때문이다.

이는 종말의 때가 이르면 모든 사람들에게 동시에 나타나는 현상으로 다가오게 된다. 이 세상에서 자신의 능력에 의존하여 살아가면서 거기에 궁극적인 소망을 두고 살아가는 사람들은 영원한 낭패를 당하게 되는 것이다. 사도 바울은 데살로니가 교회에 보내는 첫 번째 편지에서 그점을 언급하고 있다.

> **"주의 날이 밤에 도적 같이 이를 줄을 너희 자신이 자세히 앎이라 저희가 평안하다, 안전하다 할 그때에 잉태된 여자에게 해산 고통이 이름과 같이 멸망이 홀연히 저희에게 이르리니 결단코 피하지 못하리라"(살전** 5:2, 3)

오늘날 우리는 사도 바울을 통해 계시된 이 말씀을 귀담아 들어야만 한다. 이 세상에서 욕망을 추구하며 살아가는 것은 성도들의 건전한 삶의 자세가 아니다. 타락한 세상에서 일시적인 쾌락을 누리는 것을 삶의 목적으로 삼는 것은 지극히 어리석은 행위가 아닐 수 없다. 하나님을 진정으로 경외하는 참된 성도들은 항상 이에 대한 의미를 마음속 깊이 새긴 채 살아가야 한다.

제45장

하나님의 의를 추구하는 백성

(사 51:1-23)

1. 구약에 기록된 구속사 (사 51:1-3)

하나님의 자녀들은 이 세상의 것에 집착하지 않는다. 성숙한 성도들은 하나님의 의를 좇으며 그를 찾게 된다. 그런 사람들은 세상의 일반적인 상식으로 살아가려고 하는 대신 하나님의 말씀을 귀담아 들어야 한다. 하나님께서 인도해 오신 지나간 모든 역사를 살펴보면 그렇게 하지 않을 수 없다.

하나님께서는 자신을 찾고 구하는 언약의 자손들에게 저들의 근원에 관한 교훈을 주셨다. 바위와 구덩이에 관한 비유를 언급하시면서 저들이 그곳으로부터 나왔다는 것이다. 이는 그들이 하나님에 의해 바위에서 떼내어지듯이 떨어져 나왔으며 채석장과 같은 우묵한 구덩이 가운데서 파내졌다는 뜻이다.

이 말은 피조물인 인간은 하나님으로 말미암아 특별히 빚어진 존재라는 사실을 말해주고 있다.[74] 인간들은 진화과정에서 스스로 생겨난 것이 아니라 하나님께서 직접 흙으로 지으신 피조물이다. 이는 피조물인 인간은 하나님의 뜻에 따라 창조되었으므로 그의 뜻 가운데 살아야만 한다는 사실을 의미한다.

그러므로 하나님께서는 먼저 그들에게 아브라함과 사라를 생각해 보라는 말씀을 하셨다. 아브라함과 사라는 자녀를 가질 수 없는 불임不姙 부부였지만 하나님께서 저들이 외롭게 있을 때 특별히 불러내어 영원하고 참된 복을 주어 번성케 하셨다. 그로부터 출생하게 된 모든 언약의 자녀들은 하나님께 속한 백성들이었던 것이다.

여호와 하나님께서는 아브라함의 자손으로서 시온에서 살다가 그곳으로부터 쫓겨나 고통을 당하게 된 백성들을 위로하셨다. 그들은 하나님의 언약을 담고 있는 소중한 그릇과 같은 존재였다. 하나님께서는 황폐하게 된 저들의 터전을 에덴동산 같이 만들고 황량한 사막을 여호와의 아름다운 동산같이 변화시키게 된다.

장차 그와 같은 날이 이르게 되면 고통에 빠져 신음하던 백성들이 즐거워하며 기뻐하게 된다. 그리고 저들 가운데 여호와 하나님께 감사하며 찬송하는 소리가 울려퍼진다. 하나님은 신음하는 자들의 슬픈 울음소리가 가득한 영역 가운데 그전과는 전혀 다른 새로운 아름다운 소리들이 넘쳐나게 하시는 것이다.

---

74) 우리 시대에 극성을 부리기 시작한 소위 '기독교적 유신진화론'은 심각한 이단 사상이다. 그들은 대개 하나님께서 흙으로 아담을 지으시고 그의 갈비뼈로 하와를 만드셨다는 창세기의 기록을 역사적 사실로 받아들이지 않는다. 그렇게 되면 아담과 하와가 뱀의 유혹을 받아 에덴동산 중앙에 있던 선악과를 따먹음으로써 범죄하게 된 사실을 상징으로 받아들일 뿐 실제적인 사건으로 인정하지 않게 된다. 그럴 경우 아담이 저지른 인간의 원죄에 대한 개념과 예수 그리스도의 속죄에 대한 개념이 정통신앙과 본질적으로 달라진다. 따라서 그런 주장은 명백한 이단 사상이 아닐 수 없다.

2. 귀 기울여야 할 율법 (사 51:4,5)

하나님께서는 자기에게 속한 언약의 백성들을 부르셨다. 그들은 하나님의 뜻에 주의를 기울여야 하며 그 나라는 하나님의 율법을 중심에 두고 있어야 한다. 그 백성들은 인간의 이성과 경험에 따라 모든 것을 판단해서는 안 된다. 하나님이 저들에게 무엇을 원하며 요구하시는지 관심을 가지고 귀담아 듣는 것이 중요하다.

하지만 그에 연관된 구체적인 내용은 계시된 성경에 기록되어 있다. 그것을 위한 율법은 천상의 나라에 계시는 하나님으로부터 발하게 된다. 이는 사실 매우 중요한 의미를 지니고 있다. 즉 그 율법은 이 세상의 역사적인 상황에 근거하지 않으며, 인간들이 하나님을 열심히 섬길 목적으로 율법이나 법규를 인위적으로 정해서도 안 된다.

우리는 하나님의 율법이 전적으로 여호와 하나님의 뜻에 근거하여 제정되었다는 사실을 기억해야 한다. 이는 그것이 인간들의 종교적인 상식을 기초로 하지 않는다는 사실을 말해주고 있다. 따라서 성숙한 성도들은 인간들의 의도에 따라 신앙생활을 하고자 할 것이 아니라 계시된 말씀을 통해 드러나는 하나님의 뜻에 관심을 기울여야 한다.

하나님께서 제정하신 율법의 기준은 타락한 인간들이 아니라 거룩하신 하나님 자신이다. 하나님은 그것을 통해 세상 가운데 공의를 베풀기 원하셨다. 언약의 왕국 안에서 하나님의 공의가 실현되는 것을 드러내 보여주심으로써 '만민의 빛' 으로 세우고자 하셨다. 구원받을 백성들은 그 빛을 통해 참된 생명을 공급받게 되지만 그렇지 않은 자들은 그 빛으로 인해 저들의 모든 죄가 드러나게 되어 무서운 심판을 받게 되는 것이다.

하나님께서는 그 백성들에게 자신으로 말미암는 의가 장차 홀연히 드러나게 되고 구원이 속히 베풀어지게 되리라는 사실을 말씀하셨다. 하나님은 그것을 통한 놀라운 권능으로써 세상의 모든 사람들을 심판하시게 된다. 그렇게 되면 회복된 피조세계와 그에 속한 언약의 백성들이 하나님을 우러러보며 앙망하고 그의 능하신 팔에 의지하게 된다. 그것이 하나님의 자녀들이 악한 세상을 이기며 살아갈 수 있는 원동력이다.

3. 하늘과 땅의 소멸 (사 51:6-8)

하나님께서는 백성들에게 눈을 들어 위를 향해 하늘을 바라보고 아래로는 땅을 살펴보라는 말씀을 하셨다. 그 모든 것들은 결코 영원하지 않으며 잠시 있다가 곧 사라질 것에 지나지 않는다. 때가 이르면 하늘이 마치 연기처럼 사라져버리게 될 것이며 땅이 사람들이 입고 다니는 옷처럼 해어지게 된다.

종말의 때가 이르면 그와 같은 놀라운 일이 발생하게 된다. 그것은 하나님의 심판으로 말미암아 처음 하늘과 처음 땅이 없어지게 되는 사건과 연관되어 있다. 사도 요한은 그의 계시록에서 장차 하나님의 최종 심판이 임하면 하늘과 땅과 바다가 완전히 사라진다는 사실을 기록하고 있다.

> **"또 내가 새 하늘과 새 땅을 보니 처음 하늘과 처음 땅이 없어졌고 바다도 다시 있지 않더라"**(계 21:1)

타락한 세상 가운데 살아가는 인간들은 마치 하루살이 곤충처럼 잠시 살다가 인생을 마감하여 죽을 수밖에 없게 된다. 그렇지만 하나님의 구원은 영원한 성격을 지니고 있으며 그의 의는 결코 폐기되지 않는다. 하나님께서 멸망당할 인간들 가운데서 자신의 백성들을 영원히 구출해내시는 것이다.

그러므로 하나님께서는 자신으로 말미암는 의를 알고 그의 율법을 소유한 백성들에게 말씀하셨다. 이 세상의 정치, 경제, 사회적인 환경을 비롯한 다른 것에 지나친 신경을 쓰지 말고 오로지 자신의 말을 귀담아 들으라는 것이다. 물론 그것은 주관적인 인식이 아니라 계시된 하나님의 말씀에 귀를 기울이는 것을 의미한다.

그리고 하나님을 경외하는 성도들에게 세상에 속한 악한 자들의 훼방을 두려워하지 말라고 하셨다. 또한 인간들의 심한 비방을 들을지라도 놀랄 필요가 없다는 사실을 말씀하셨다. 그들은 낡은 옷처럼 좀에게 먹힐 것이며 양털같이 벌레에게 뜯어 먹힐 수밖에 없다. 그와 같은 상황을 알게 되면 세상을 두려워할 이유가 없어지는 것이다.

그러나 하나님의 의는 영원토록 존재한다. 또한 하나님의 구원은 자기 자녀들을 위해 세세토록 그 영향을 미치게 된다. 겉보기에 대단한 권세와 능력을 갖춘 것으로 보이는 세상은 때가 이르러 파멸에 빠지게 될 것이지만, 외적으로 보아 힘이 없어 보이는 하나님의 자녀들이 추구하는 바는 영원에 이르게 되는 것이다.

4. 선지자의 간구 (사 51:9-10)

선지자 이사야는 여호와 하나님께서 큰 권능을 펼쳐주시도록 간구했다. 그는 전능하신 하나님의 적극적인 도우심이 없이는 어떤 문제도 해결할 수 없다는 사실을 잘 알고 있었다. 인간들의 능력이나 사회적인 환경에 힘입어 최종적인 승리를 거둘 수는 없었던 것이다. 우리가 여기서 분명히 알 수 있는 점은 하나님의 작정과 실행이 따라야만 언약의 자손들이 구출받을 수 있다는 사실이다.

그러므로 선지자는 여호와께서 깨어 일어나서 권능의 팔을 펼쳐주실 것을 간구했다. 과거에도 하나님께서는 이스라엘 민족을 구출하시기 위해 큰 능력을 펼치신 적이 많이 있었다. 그 역사적 사실을 잘 알고 있던 이사야이기에 그와 같은 간구를 할 수 있었던 것이다.

선지자는 또한 이미 오래 전에 하나님께서 라합(Rahab)을 토막내셨다는 사실을 언급했다(사 51:9). 그리고 용을 찌르셨다는 사실을 말했다. 여기서 언급된 라합은 애굽을 일컫고 있다.[75] 하나님께서는 오래전 자기 백성을 구출하시기 위하여 라합으로 일컬어지는 애굽과 용으로 묘사되고 있는 해양을 지배하는 세력들을 크게 무찌르셨다.

작정하신 때가 이르러 하나님께서는 자신의 권능으로써 언약의 백성들 위에 군림하는 애굽을 엄중히 심판하셨다. 그리고는 홍해의 물을 마르게 하여 바닷길을 내시고 그 길을 통해 저들을 시내광야를 향해 안전하게 건너도록 인도하셨다. 이와 같은 하나님의 능력은 과거뿐 아니라 언제든지 실현 가능한 일이었다. 그 모든 기적들을 알고 그에 대한 믿음을 가지고 있던 선지자는 이제 하나님께서 권능을 행하실 때가 가까이 도래한 사실을 알고 하나님께 간구했던 것이다.

5. 기쁨과 감사의 노래 (사 51:11)

하나님께서는 장차 구속받은 언약의 백성들을 한자리로 불러 모으신다. 그들은 하나님이 예비하신 시온으로 돌아오게 된다. 하나님께서 이방인의 포로로 잡혀간 그들을 약속의 땅으로 다시금 부르시는 이유 가운데는 이땅에 메시아를 보내시고자 하는 중요한 목적이 들어있다. 즉 그들의 본토 귀환은 이스라엘 백성으로 하여금 인생의 행복을 맛보도록 하기 위한 것이 아니었다.

성숙한 성도들은 그와 더불어 계시된 메시아에 대한 명확한 깨달음을

75) 본문에 언급된 라합은 이스라엘 민족이 가나안 땅에 진입할 때 중요한 역할을 했던 기생 '라합' 을 일컫는 것이 아니다. 여기서 말하는 라합은 '애굽' 을 가리키고 있다: "애굽의 도움이 헛되고 무익하니라 그러므로 내가 애굽을 가만히 앉은 라합이라 일컬었느니라"(사 30:7). 구약성경에는 애굽을 라합으로 일컫는 경우가 여러 군데 나타난다(시 87:4; 89:10; 욥 9:13; 26:12, 참조).

가지고 있었다. 그러므로 그 백성들은 시온으로 돌아와서 하나님을 노래하며 그의 뜻을 바라보았다. 따라서 저들의 머리 위에는 영원한 기쁨이 존재하고 있었으며 그로 말미암아 참된 즐거움과 기쁨이 선물로 주어졌다. 그것은 메시아를 간절히 소망하는 신앙에 밀접하게 연관되어 있다.

따라서 언약의 백성들이 누리는 즐거움과 기쁨은 오염된 이 세상에서 얻게 되는 일반적인 것과는 그 성격이 근본적으로 달랐다. 저들이 소유한 기쁨은 타락한 이 세상에서 발생한 것이 아니라 거룩한 천상의 영역에 직접 연관되어 있었던 것이다. 그것은 하나님을 알지 못하는 세상 사람들이 결코 모방하거나 흉내낼 수 없는 것이었다.

그러므로 저들이 소유한 메시아와 연관된 영원하고 참된 기쁨으로 인해 세상에서의 모든 슬픔과 탄식이 달아나게 된다. 타락한 이 세상에서 어떤 환난과 고통이 닥친다고 할지라도 시온을 통해 허락될 메시아를 소망하는 자들의 즐거움을 꺾을 수는 없었다. 언약의 자손들은 장차 선지자가 예언하는 그 말씀이 반드시 성취될 것을 기대하며 항상 마음속 깊이 새겨두어야만 했다.

6. 하나님의 권능 (사 51:12-15)

어리석은 인간들은 어려움과 고통을 당할 때 자신의 능력에 의존하여 그 문제를 스스로 해결하기 위해 안간힘을 쓰게 된다. 물론 우리는 그와 같은 일이 발생할 때 지혜로운 처신을 해야 한다. 하지만 하나님의 도우심이 없는 상태에서 어떤 문제를 해결한다면 그것은 보장성 없는 일시적인 것에 지나지 않는다.

그러므로 신앙이 성숙한 성도들은 하나님의 적극적인 도움이 없이는 아무것도 할 수 없다는 사실을 기억해야 할 필요가 있다. 그것은 전적으로 하나님을 의지하도록 하는 겸손한 마음을 가지게 한다. 하나님의 자녀로서 그런 자세로 모든 일들을 멀리 바라볼 수 있는 혜안慧眼을 소유하는 것은 매우 중요하다.

그렇지만 어리석은 자들은 그렇지 않다. 그런 자들은 여호와 하나님이 아니라 주변의 환경에 민감하게 반응한다. 그와 같은 태도를 지니게 되면 생명력이 없는 멸망하게 될 사람들을 두려워하게 되고 시들어 사라질 사람들에 대하여 두려워하는 마음을 가지게 된다. 즉 저들에게 강압적인 권세를 행사하며 저들을 압제하기 위해 온갖 술수를 행사하는 학대자들의 분노를 두려워하게 되는 것이다.

그러나 하나님의 자녀들은 세상에서 권세를 행사하는 그런 자들을 결코 두려워할 필요가 없다. 성도들은 오로지 하늘과 땅을 창조하시고 인간들을 지으신 여호와 하나님을 진정으로 경외해야 한다. 하나님을 경외하는 자들은 살아계신 하나님을 두려워하며 그로부터 참된 위로를 받게 될 것이기 때문이다.

따라서 성도들은 이 세상의 것들로 위안을 삼으려 해서는 안 된다. 오직 하나님 홀로 이땅에서 살아가는 성도들을 위한 진정한 위로자가 되신다. 사도 바울은 고린도 교회에 보내는 두 번째 편지에서 그에 연관된 내용을 기록하고 있다.

> **"찬송하리로다 그는 우리 주 예수 그리스도의 하나님이시요 자비의 아버지시요 모든 위로의 하나님이시며 우리의 모든 환난 중에서 우리를 위로하사 우리로 하여금 하나님께 받는 위로로써 모든 환난 중에 있는 자들을 능히 위로하게 하시는 이시로다"**(고후 1:3,4)

하나님의 위로를 받는다는 것은 단순한 상징이 아니라 매우 현실적이고 구체적인 의미를 지니고 있다. 이는 계시된 성경 말씀을 통해 천상으로부터 허락된 위로를 받는 것에 연관되어 있다. 그리고 그것은 성도들이 예수 그리스도와 그의 몸된 교회를 통해 위로를 받아야 한다는 사실을 말해 준다.

그럼에도 불구하고 세상을 탐하는 어리석은 자들은 하나님이 아니라 자기의 노력이나 인간들을 통해 위로를 받으려고 애쓴다. 하나님께서는 그와 같이 자신을 멀리하는 자들의 행태를 강하게 책망하고 계신다. 따라서 하나님의 자녀들은 그에 대한 올바른 깨달음을 가지고 그에 순종하지 않으면 안 된다.

이처럼 하나님께서는 자기에게 속한 언약의 백성들을 깨우치며 저들에게 위로의 말씀을 전하고자 하셨다. 장차 이방의 포로가 되어 결박될 그 백성을 해방시키시리라는 약속은 진정한 위로의 말씀이었다. 그때가 되면 백성들이 더 이상 죽음을 두려워할 필요가 없으며 무서운 구렁텅이에 빠질 염려도 없어진다. 그대신 저들이 먹을 양식을 비롯한 모든 것들이 충분하게 공급된다. 그것은 고통당하는 백성들에게 주어진 최상의 약속이 아닐 수 없다.

하나님은 그 모든 약속을 하시면서 바다에 연관하여 과거에 행하신 자신의 권능에 관한 말씀을 하셨다. 이전에 자기가 어떤 기적들을 동원해 언약의 자손들을 지켜 보호하셨는지 기억하라는 것이었다. 우주만물을 창조하신 전능자 하나님께서 노아홍수 시대와 모세 시대 바닷물을 갈라 이스라엘 민족을 애굽으로부터 탈출시키신 일들을 상기할 만한 내용을 언급하셨던 것이다.

7. 하나님의 언약과 불순종에 대한 결과 (사 51:16-20)

하나님께서는 본문 가운데서 선지자의 입에 '자신의 말씀을 두셨다' 는 사실을 언급하셨다. 이는 특별계시에 해당되는 의미를 지니고 있다. 즉 하나님께서는 우주만물 가운데 존재하는 다른 피조물을 통해 말씀하시지 않는다. 세상의 모든 피조물들은 하나님의 존재를 보여주고 입증하는 역할을 하지만 그것들을 통해 인격적인 말씀을 하시지는 않는다는 것이다.

우리는 이스라엘 민족이 하나님으로부터 특별히 조성된 민족이라는 사실을 기억해야 한다. 하나님은 자신의 거룩한 목적을 성취하시고자 친히 자신의 손길로 그 백성을 덮어 보호해 오셨다. 이는 즉흥적으로 그렇게 된 것이 아니었다. 하늘과 땅을 창조하신 하나님께서 언약의 땅과 시온을 지정하심으로써 그 안에 살아가는 자들로 하여금 자기 백성으로 일컬음 받도록 하셨던 것이다.

그럼에도 불구하고 언약의 백성들은 타락한 인간의 사욕으로 인해 배도에 빠지게 되었다. 그 결과 예루살렘은 하나님으로부터 무서운 진노의 잔을 마셔야 했다. 그 백성은 큰 잔에 가득한 분노를 마셨으므로 비틀걸음을 걷고 정상적인 사고와 행동을 하지 못했다. 이제 그들 스스로 제대로 할 수 있는 일은 아무것도 없었다.

그럴 때 하나님께서는 본분을 망각한 예루살렘을 흔들어 깨우셨다. 분노로 인해 정신이 혼미하게 되어 취한 상태에서 속히 깨어서 일어나라는 것이었다. 이는 정신을 차려 여호와 하나님께 나아오라는 요구를 하는 것과 같았다. 거기에는 언약의 자녀들에 대한 하나님의 깊은 사랑이 담겨 있었다.

하나님께서는 이스라엘 백성들 가운데 출생한 자들 중에 저들을 인도해 낼 만한 인도자가 없다는 사실을 말씀하셨다. 저들이 양육한 자녀들 중에 자신의 능력으로 고통에 빠진 민족을 이끌어낼 사람이 아무도 없다는 것이었다. 이는 저들 스스로는 맡겨진 책무를 감당할 수 없다는 사실을 말해주고 있다.

하나님께서는 또한 여기서 이미 저들에게 두가지 재앙이 임했다고 말씀하셨다. 그것은 끔찍한 전쟁으로 인해 땅이 황폐해진 사실과 백성들이 심한 기근으로 말미암아 굶주림에 빠진 것을 두고 하시는 말씀이었다. 그와 같은 고통스러운 형편에서 저들을 위해 슬퍼해주거나 동정하고 위로해줄 만한 자가 존재하지 않았다. 즉 저들의 패망에 대해 마음 아파하거나 위로의 말을 건네줄 자가 아무도 없었다.

이처럼 그들은 피곤에 지칠 수밖에 없었으며 마치 덫이나 그물에 걸린 동물같이 포로가 된 신세가 되어 있었다. 그들은 모든 것을 포기한 듯이 거리 모퉁이에 아무렇게나 누워있었을 따름이다. 그런 판국에서도 어리석은 자들은 그에 연관된 하나님의 뜻에는 별다른 관심을 가지지 않았다. 그들이 그렇게 된 것은 하나님의 진노가 배도에 빠진 저들 위에 임했기 때문이며 그것은 하나님의 책망의 결과였던 것이다.

8. 하나님의 사랑 (사 51:21-23)

하나님께서는 달콤한 포도주가 아니라 무서운 진노에 취하여 비틀거리며 피곤에 빠진 백성들에게 자신의 말씀을 들으라고 요구하셨다. 하나님은 궁극적으로 자기 백성의 모든 억울함을 풀어주시는 분이다. 이제 그는 배도에 빠진 백성들에게 마시도록 했던 진노의 잔을 거두어 다시는 그 잔을 마시지 않도록 해주리라는 약속을 하셨다.

언약의 자손들로부터 거두어진 그 진노의 잔은 이제 그동안 저들을 괴롭히며 압제하던 자들의 손에 둠으로써 저들로 하여금 그 잔을 마시게 하겠노라고 하셨다. 그 이방인들은 과거에 막강한 세력을 소유한 채 기고만장氣高萬丈한 태도를 보이던 오만한 자들이었다. 그들은 이전에 언약의 자손들로 하여금 자기 앞에 납작 엎드리도록 요구했으며 그 위를 밟고 넘어가겠다고 말하던 자들이었다.

그와 같은 고통스런 과거가 지나가게 되면 장차 상황이 완전히 반전되는 날이 이르게 된다. 그렇게 되면 심한 모멸과 무시를 당하던 백성들이 허리를 펴고 도리어 저들 위로 지나다니게 될 것이다. 따라서 승리를 쟁취한 언약의 자손들은 당당한 자세로 약속의 땅에 살면서 자유롭게 거리를 활보하게 된다. 그 모든 것은 인간들의 지혜와 능력이 아니라 전적인 하나님의 은혜로 말미암아 이루어지게 되는 것이다.

이 말씀은 일차적으로 바벨론 포로가 되어 있던 언약의 백성들이 새 힘을 얻어 바벨론 사람들을 비웃게 될 것이란 사실을 의미하고 있다. 이는 구속사적인 관점에서 보아 하나님의 자녀들이 예수 그리스도를 통해 궁극적인 승리를 얻게 되리라는 사실을 시사한다. 사탄이 지배하는 타락한 세상에서 환난과 박해를 당하는 언약의 자손들이 구원을 받게 되는 것은 전적인 하나님의 사랑에 근거한다.

제46장

복된 소식과 '하나님의 종'

(사 52:1-15)

1. 예루살렘을 향한 선포와 회복 (사 52:1,2)

하나님께서는 이방에 사로잡혀간 언약의 백성들을 위한 자유를 선포하셨다. 그것은 예루살렘을 향한 것이지만 이스라엘 민족이 포로된 상태에서 완전히 해방된다는 사실을 시사하고 있다. 하나님께서 포로가 된 백성들을 예루살렘으로 인도하심으로써 자신의 구속사역을 더욱 구체적으로 진행시키리라는 거룩한 의도를 보여주셨던 것이다.

그러므로 선지자는 시온으로 하여금 잠에서 깨어나도록 촉구하고 있다. 그렇게 하여 새로운 힘을 얻으라는 것이었다. 그리고 거룩한 성 예루살렘을 향하여, 이제 이방인들 중에서 더럽혀진 옷을 벗어버리고 하나님께서 허락하시는 저의 아름다운 옷을 입으라는 말씀을 전했다. 그것을 통해 황폐화된 언약의 도성이 회복된다는 것이다.

그런데 하나님께서는 본문 가운데서 언약의 자손들은 이방 세계와 완전히 구별되어야 한다는 사실을 강조해 언급하셨다. 그들이 예루살렘으로 돌아오게 되면 부정한 자들을 거룩한 영역으로 가까이 나아오도록 허락해서는 안 된다. 예루살렘은 거룩한 하나님의 도성이기 때문에 할례받지 않은 이방인들은 원칙적으로 그곳에 들어갈 수 없다. 선지자 요엘은 그에 연관된 예언을 하고 있다.

> **"그런즉 너희가 나는 내 성산 시온에 거하는 너희 하나님 여호와인줄 알 것이라 예루살렘이 거룩하리니 다시는 이방 사람이 그 가운데로 통행하지 못하리로다"**(욜 3:17)

하나님의 자녀들은 이에 대한 분명한 깨달음을 가져야만 한다. 하나님을 알지 못하는 부정한 자들이 하나님의 거룩한 영역에 함부로 침범해 들어오도록 용납되어서는 안 된다. 거룩한 것과 부정하고 더러운 것이 서로 뒤섞이도록 방치할 수는 없다. 구약시대 언약의 자손들은 제사장들의 사역 및 선지자들로부터 선포된 예언의 말씀과 더불어 철저한 자세로 그에 대응해야만 했다.

이에 대해서는 신약시대에도 그 정신이 존속되어 그대로 적용되어야 한다. 지상에 존재하는 하나님의 거룩한 교회 안에 예수 그리스도의 보혈로 인한 용서와 상관이 없는 자들이 함부로 들어오도록 용납되어서는 안 된다. 이단적인 잘못된 사상을 가진 자들과 참된 신앙고백이 없는 자들을 교회에 용납하여 형제로 받아들이지 말아야 하는 것이다.

예수 그리스도께서 피로 값 주고 사신 교회에는 세례를 통한 분명한 담이 존재해야 하며 그것을 통해 거룩성을 유지할 수 있어야 한다. 교회가 순결성을 상실하게 되면 교인들은 영적 간음행위에 빠지게 된다. 사도 바울은 고린도 교회에 보내는 두 번째 편지에서 그에 관한 중요한 교훈을 주고 있다.

> **"너희는 믿지 않는 자와 멍에를 같이 하지 말라 의와 불법이 어찌 함께하며 빛과 어두움이 어찌 사귀며 그리스도와 벨리알이 어찌 조화되며 믿는 자와 믿지**

> **않는 자가 어찌 상관하며 하나님의 성전과 우상이 어찌 일치가 되리요 우리는 살아 계신 하나님의 성전이라 이와 같이 하나님께서 가라사대 내가 저희 가운데 거하며 두루 행하여 나는 저희 하나님이 되고 저희는 나의 백성이 되리라 하셨느니라"**(고후 6:14-16)

지상 교회는 외적인 성장을 추구하기 전에 내적인 순결을 소중히 여겨야 한다. 겉보기에 아무리 그럴듯한 종교적인 행위를 한다고 해도 거룩한 본질에서 벗어나게 되면 아무 것도 아니다. 나아가 교회의 외형을 키우고 많은 구제와 선교활동을 한다고 할지라도 하나님의 거룩함에 조화되지 않는다면 아무런 의미가 없다.

또한 선지자 이사야는 언약의 자손들에게 이방 지역에 살아가면서 묻힌 더러운 티끌들을 완전히 털어버리라고 명령하신 여호와 하나님의 말씀을 전달했다. 약속의 땅 이스라엘 본토로 귀환하게 될 이스라엘 백성은 이방인들의 더러운 종교 사상과 습성을 예루살렘 안으로 끌고 들어와서는 안 된다. 그것은 곧 거룩한 성을 오염시키는 누룩과 같은 역할을 하게 될 것이기 때문이었다.

예루살렘은 하나님의 섭리와 경륜 가운데 장차 거룩한 보좌에 앉도록 되어 있었다. 언약의 백성들은 항상 그에 대한 소망을 가지고 살아가야만 했다. 따라서 성숙한 이스라엘 자손들은 앗수르의 위협 아래 있을 때나 바벨론의 포로로 잡혀갔을 때나 항상 이 약속의 말씀을 염두에 두고 살아갈 수 있었다.

오늘날 우리 역시 여호와 하나님을 알게 됨으로써 주님의 몸된 교회에 속하게 되면 존귀한 존재로 변화되어 세상의 모든 더러운 것들을 털어내버려야 한다. 타락한 세상에서 익힌 오염된 가치관과 이방 사상을 교회 안으로 끌어 들여오게 되면 그것이 악한 누룩이 되어 교인들을 세속화시키게 된다. 그것을 위해 지상 교회 가운데는 항상 정화를 위한 권징사역이 진행되어야 하는 것이다.

하나님께서는 또한 자신의 구속사역을 진행시켜 나가시기 위해 언약의 자손들에게 장차 일어날 일들에 관한 예언을 하셨다. 그 백성이 정치적인 우여곡절迂餘曲折을 겪게 되겠지만 결국 이방 지역에 사로잡힌 상태에서 다시금 빠져 나오게 되리라는 것이었다. 때가 되면 저들의 목에 감겨 있는 속박의 쇠사슬을 끊어버리고 자유를 되찾는 날이 이르게 된다. 그것을 통해 언약의 백성은 이방의 노예생활을 청산하고 거룩한 성 예루살렘으로 돌아와 여호와 하나님을 섬기며 그의 뜻을 구하는 가운데 구원사역에 참여하게 되는 것이다.

2. 하나님의 심판과 자기 백성 구원 (사 52:3-6)

바벨론으로 끌려간 이스라엘 백성은 금전을 받고 팔려간 것이 아니었다. 만일 그렇게 했다면 그것은 일종의 계약 관계가 성립됨을 의미한다. 하지만 그들은 계약에 따른 과정에 의해 그와 같이 된 것이 아니었다.[76] 따라서 그들은 저들로부터 해방될 때도 값을 치를 이유가 없었다. 그들은 아무런 비용을 지불하지 않고 속량되는 것이었다. 물론 이 모든 것은 하나님의 섭리와 경륜 가운데 이루어지게 된다.

하나님께서는 장차 일어나게 될 이 사실과 더불어 이스라엘이 이방인들에게 압제를 당하게 되는 사실을 언급하셨다. 그 언약의 백성은 오래 전 애굽 땅에서 거류한 적이 있으며 앗수르인들도 공공연하게 저들을 압제했다. 또한 그들은 장차 바벨론의 포로가 되어 모진 고통을 당하게 된다.

하나님은 바벨론 사람들이 이스라엘 백성을 압제하는 동안 저들로부터

76) 야곱의 자손이 애굽으로 내려갔을 때는 그 성격이 이와 달랐다. 그들은 포로가 되어 애굽의 노예로서 이방지역으로 간 것이 아니었다. 하나님께서는 먼저 요셉을 그곳으로 보내고 난후 아버지 야곱과 그의 다른 형제들을 부르셨다. 야곱의 가족은 그 모든 과정을 통해 아브라함에게 약속하신 대로 그곳에서 큰 민족을 이루게 되었던 것이다.

끊임없이 자신의 이름이 더럽혀진다는 사실을 말씀하셨다. 그와 같은 상황에서 하나님께서 가만히 보고만 계시지 않는다. 이방인들이 언약의 자손들을 포로로 잡아가 능욕하며, 하나님의 이름이 지속적으로 모욕당하는 상황이 이르면 무서운 심판이 임하게 될 것이기 때문이다.

그렇게 되면 억압받던 백성들이 여호와 하나님의 이름을 알수 있게 된다. 그때가 이르러 저들이 그 말씀하시는 자가 여호와 하나님이라는 사실을 깨닫게 되리라는 것이었다. 그것을 통해 하나님과 언약의 자손들 사이에 허물어진 관계가 회복되어 가는 것이다. 그것은 하나님의 놀라운 은혜로 말미암아 진행된다.

하나님의 거룩한 이름이 부정한 자들에 의해 모독받는 일은 타락한 인간 역사 가운데 항상 있어 왔다. 그와 같은 일은 특히 언약의 언저리에 맴도는 악한 자들 사이에서 끊임없이 발생하게 된다. 사도 바울은 이와 연관하여 하나님의 백성이 배도자들에 의해 억압당함으로써 그의 거룩한 이름이 모독받는다는 사실을 언급하고 있다.

> **"율법을 자랑하는 네가 율법을 범함으로 하나님을 욕되게 하느냐 기록된 바와 같이 하나님의 이름이 너희로 인하여 이방인 중에서 모독을 받는도다"**(롬 2:23,24)

우리는 구약시대와 사도교회 시대에 일어났던 이와 같은 일들을 관심있게 보아야 한다. 이 말씀은 오늘날 우리 시대에도 스스로 기독교인이라고 칭하는 자들로 인해 하나님의 이름이 모독받고 있는 사실과 연관되어 있다. 따라서 지상 교회와 그에 속한 성도들은 이에 대하여 여간 민감한 자세를 유지하지 않으면 안 된다. 자칫 잘못하면, 하나님의 백성이라고 주장하는 배교자들에 의해 하나님의 이름이 모욕당하는 상황 가운데 자신도 모르는 사이 그에 가담할 우려가 따를 수 있기 때문이다.

3. 메시아를 통한 복된 소식과 더불어 임하는 기쁨의 노래 (사 52:7-10)

하나님께서는 바벨론의 압제에 시달려 신음하는 언약의 백성들에게 메시아에 연관된 좋은 소식을 전해주시게 된다. 그가 저들을 향해 참된 평화를 공포하며 구원의 복된 소식을 가져오시는 것이다. 또한 그는 세계만방에 흩어진 사람들에게 자신의 구원을 선포하신다. 이는 배도자들과 하나님을 멸시하는 자들에 대한 심판 선언을 동반한다.

그러므로 선지자 이사야는 시온 곧 예루살렘을 향하여, 여호와 하나님께서 모든 것을 통치하신다는 사실에 대한 선포와 더불어 좋은 소식을 전하기 위해 산을 넘어 달려오는 자의 발이 어찌 그리 아름다운지에 대한 기쁨의 노래를 불렀다. 이는 여호와 하나님께서 저의 백성들을 시온으로 인도하여 돌아오실 때 그들이 여호와 하나님을 직접 마주 대하게 되리라는 사실과 밀접하게 연관된 말씀이다. 사도 바울은 로마에 있는 교회에 편지하면서 이사야서에 기록된 그 내용이 성취된 사실에 연관하여 기록을 남기고 있다.

> **"그런즉 저희가 믿지 아니하는 이를 어찌 부르리요 듣지도 못한 이를 어찌 믿으리요 전파하는 자가 없이 어찌 들으리요 보내심을 받지 아니하였으면 어찌 전파하리요 기록된바 아름답도다 좋은 소식을 전하는 자들의 발이여 함과 같으니라"**(롬 10:14,15)

하나님께서는 자기 백성들에게 평화의 복음을 전파하시기 위해 자기의 사자를 보내신다. 그 사역은 아무나 제 맘에 내키는 대로 감당할 수 있는 일이 아니었다. 그것은 인간의 몸을 입고 이땅에 강림하신 하나님의 아들로 말미암은 구원과 심판에 연관된 메시지를 담고 있기 때문이다. 따라서 하나님의 복된 소식을 전하는 자들의 순종하는 발걸음은 가장 아름다운 모습을 지니게 된다.

그렇지만 여호와 하나님을 알지 못하여 심판의 대상이 되는 자들은 결코 저들을 환영하지 않는다. 그런 자들은 오히려 강력하게 저항하게 된다. 이는 하나님과 그의 백성들에게는 그 발이 아름다운 것이지만, 불신자들과 배도자들에게는 그 발이 무서운 심판을 선포하는 성격을 지니고 있기 때문이다. 이 말은 하나님의 복음을 선포하는 자들과 그것을 삶속에 받아들이는 성도들은 타락한 이 세상이 아니라 영원한 천국에 소망을 두고 그 아름다움에 대한 깨달음을 가진다는 사실에 연관되어 있다.

선지자 이사야는 또한 바벨론의 포로가 된 이스라엘 민족 가운데 놀라운 일이 발생하리라는 사실을 예언했다. 사람들의 발걸음이 뜸하게 된 황폐한 지역에서 언약의 백성들이 기쁜 소리로 하나님께 노래하게 된다는 것이었다. 참된 성도들은 자연스럽게 그 기쁨의 노래에 참여하게 된다. 이는 하나님께서 자신의 백성을 위로하시고 예루살렘을 구속하셨기 때문에 가능한 일이었다.

하나님께서는 그 일을 위해 세계 열방의 권세자들이 보는 목전에서 심판을 위한 그의 거룩한 팔을 펼치신다. 그것은 그 인근 지역뿐 아니라 세상의 땅 끝에 있는 자들에게까지 그 영향을 미친다. 따라서 모든 인간들이 하나님의 놀라운 능력과 구원을 목격하지 않을 수 없게 되는 것이다.

4. 부정한 것들로부터 단절과 탈피 (사 52:11,12)

하나님께서는 바벨론 땅에 사로잡혀가 고통당하는 언약의 백성들을 향해 그곳에서 떠나라는 말씀을 하셨다. 이방인들의 통치영역으로부터 탈출하라는 것이었다. 이는 과거 이스라엘 민족이 애굽의 압제에서 탈출한 것과 유사한 의미를 지니고 있다. 예루살렘 성전이 바벨론 제국의 느부갓네살 왕에 의해 파괴되던 시기에 하나님의 말씀을 예언했던 선지자 예레미야는 그에 직접 연관된 내용을 언급하고 있다.

> **"너희는 바벨론 가운데서 도망하라 갈대아인의 땅에서 나오라 떼에 앞서가는 수염소 같이 하라 보라 내가 큰 연합국으로 북방에서 일어나 나와서 바벨론을 치게 하리니 그들이 항오를 벌이고 쳐서 취할 것이라 그들의 화살은 연숙한 용사의 화살 같아서 헛되이 돌아오지 아니하리로다"(렘** 50:8,9)

이스라엘 민족이 바벨론으로부터 탈출하게 되기까지는 하나님의 직접적인 관여하심이 있어야만 한다. 하나님께서는 장차 큰 연합국이 북방에서 일어나 바벨론 제국을 공격하게 된다는 사실을 예언하셨다. 이는 나중에 막강한 세력을 형성하게 될 메데와 페르시아 연합군에 연관된 말씀이다.

장차 그들의 군대가 대열을 갖추어 당시 세계열강의 맹주 역할을 하던 바벨론을 쳐서 점령하게 된다. 잘 훈련된 병사들의 화살은 정확하게 바벨론 성을 향하게 될 것이며 언약의 백성을 압제하던 군사들의 심장에 명중하게 된다. 이로 말미암아 바벨론 제국은 완전히 패망하게 될 것이지만 저들의 압제를 받던 이스라엘 민족은 자유를 되찾아 빼앗긴 본토로 돌아올 수 있게 된다.

하지만 그 언약의 백성들에게는 신앙적인 삶을 위한 매우 중요한 과제가 주어졌다. 그것은 부정한 것들을 만지지 말고 그곳으로부터 나오라는 것이었다. 이는 단순히 부정한 것에 대한 신체 접촉을 금지하는 규정 이상의 의미를 지니는 것으로 보인다. 그것은 아마도 이방인들의 땅에서 탐나는 물건들을 가지고 나오지 말라는 요구를 포함하는 것으로 이해된다.

특히 여호와 하나님의 거룩한 기구를 메고 예루살렘까지 운반하게 될 레위 지파에 속한 일군들은 정결하게 되지 않으면 안 되었다. 바벨론에 의해 성전 기물들을 빼앗길 때는 이방인들이 아무렇게나 다룸으로써 진정한 지위를 상실하고 멸시받는 상태에 놓여 있었다. 이제 그 거룩한 성물들이 원래의 의미를 회복하여 본토로 돌아올 수 있게 되는 것이다.

그러므로 바벨론의 포로가 되어 오랜 기간 동안 이방 지역에서 살아가던 이스라엘 백성은 본토로 돌아갈 때 부정한 것들을 완전히 털어내야 한다. 또한 그들이 하나님의 인도하심에 따라 본토에 들어가서도 모든 더러운 것들과 우상을 섬기던 과거의 행위를 떨쳐내고 정결케 되어야만 한다. 직접 바벨론의 포로가 되어 이방 지역으로 사로잡혀 가게 된 에스겔 선지자는 그에 관한 기록을 남기고 있다.

> **"내가 너희를 열국 중에서 취하여 내고 열국 중에서 모아 데리고 고토에 들어가서 맑은 물로 너희에게 뿌려서 너희로 정결케 하되 곧 너희 모든 더러운 것에서와 모든 우상을 섬김에서 너희를 정결케 할 것이며"**(겔 36:24, 25)

에스겔 선지자는 이 예언의 말씀을 통해 이스라엘 민족은 거룩한 하나님과 온전히 조화되어야 한다는 사실을 언급하고 있다. 또한 이사야는 하나님께서 그들의 땅으로부터 이스라엘 백성을 인도해 내실 때 저들을 호위하신다는 사실을 예언했다. 하나님께서 저들을 본토로 인도해 가신다면 전혀 불안해할 필요가 없다. 따라서 그 백성은 황급하게 나오지 않아도 되며 도망치듯 달아나지 않아도 된다. 여호와 하나님께서 저들을 안전하게 본토로 인도하실 것이기 때문이었다.

5. 하나님의 종, 메시아 (사 52:13-15)

이스라엘 민족은 당시로부터 먼 미래에 바벨론의 포로가 되어 이방 지역에서 심한 압제를 당하게 되지만 결국은 하나님의 뜻에 따라 완전한 자유를 얻게 된다. 따라서 하나님께서는 자신의 종인 그 백성이 장차 형통하게 되리라는 사실을 예언하셨다. 나아가 그와 더불어 선택받은 자녀들이 높이 들림을 받아 지극히 존귀한 존재가 되리라고 하셨다.

그들이 바벨론이 통치하는 이방 지역에서 신음하는 동안에는 상상하기조차 어려운 열악한 상황에 처해질 수밖에 없었다. 이스라엘 자손이 포로가 되어 있을 때는 평범하게 살아가는 보통 사람들과 비교가 되지 않을 정도로 심한 상처를 입게 된다. 그것을 지켜보는 주변 나라의 백성들은 놀라지 않을 수 없다. 전지전능하신 하나님을 자랑하며 오만한 태도로 살아가던 백성들이 눈으로 알아보지 못할 정도로 큰 상처를 입은 것을 목격하게 될 것이었기 때문이다.

하지만 때가 이르면 그 모든 상황이 반전되는 상황이 도래하게 된다. 그렇게 되면 고통받던 이스라엘 백성이 도리어 주변의 많은 나라들로 하여금 놀라움에 빠지도록 한다. 천하를 호령하며 막강한 세력을 펼치던 나라의 통치자들은 그로 말미암아 놀라서 입을 떼지 못한다. 그들은 이제까지 보지도 듣지도 못했던 상황을 목격하게 될 것이며 아무도 예측하지 못하던 일들을 보게 될 것이었기 때문이다.

선택받은 하나님의 자녀들은 고난받는 종이신 메시아를 통해 영원한 구원을 받게 된다. 언약의 백성들은 장차 그와 같은 모든 일들을 직접 경험하게 된다. 아직 먼 미래에 발생할 사건들이지만 하나님을 경외하는 자들은 그에 대한 깊은 관심을 가져야만 한다. 역사 가운데 발생하고 성취될 그 모든 약속은 메시아 언약에 연관된 것으로서 언제든지 유효한 의미를 지니고 있다.

그러므로 이 말씀은 이사야 선지자가 예언하던 시대뿐 아니라, 나중 바벨론의 포로가 되어 이방 지역에서 살아가야 할 이스라엘 백성들에게도 주어졌다. 따라서 모든 성도들은 선지자를 통해 주어진 그 예언의 말씀을 반드시 기억하고 있어야만 한다. 나아가 그것은 장차 이땅에 오시게 될 메시아 언약에 밀접하게 연관되어 있었다. 그 약속을 마음속에 담고 있지 않으면 아무런 소망 없는 자처럼 고통스러운 삶을 살아갈 수밖에 없다. 하지만 그 예언을 마음속 깊이 새겨둔다면 그로 인해 세상의 어떤 어려움이라 할지라도 거뜬히 이겨낼 수 있게 된다.

제47장

메시아 예언

(사 53:1-12)

1. 메시아의 외모에 관한 묘사 (사 53:1,2)

선지자는 그 동안 전해져 온 하나님의 말씀을 듣고 믿은 자들이 과연 누구냐고 물었다. 그리고 '여호와의 팔' 이 누구에게 나타나게 되느냐며 묻고 있다. 이는 하나님께서 선언하는 말씀을 인간의 이성적 판단으로 듣고 마음에 새길 수 있는 자가 없다는 사실을 의미하고 있다. 하나님의 예언을 깨닫고 받아들이는 것은 인간들의 지혜에 달려 있지 않기 때문이다.

우리가 여기서 주의 깊게 기억해야 할 바는 앞 장에서도 언급된 '여호와의 거룩한 팔' (사 52:10)이 구속사 가운데 발생하는 과정을 거쳐 메시아 사역에 이르게 된다는 사실이다. 이는 나중 예수님의 놀라운 표적을 동반한 사역을 통해 구체적으로 나타나게 된다. 사도 요한은 그의 복음서에서 그에 대한 분명한 언급을 하고 있다.

"이렇게 많은 표적을 저희 앞에서 행하셨으나 저를 믿지 아니하니 이는 선지자 이사야의 말씀을 이루려 하심이라 가로되 주여 우리에게 들은 바를 누가 믿

었으며 주의 팔이 뉘게 나타났나이까 하였더라"(요 12:37,38)

하나님께서는 선지자의 예언대로 언약의 자손들 가운데 모든 것을 행하셨다. 그것은 인간의 몸을 입고 이땅에 오신 예수 그리스도를 통해 진행된다. 하지만 이스라엘 백성들 가운데는 고난중에 살아가면서도 하나님의 말씀에 귀를 기울이는 자들이 많지 않았다. 그런 형편에서 하나님께서는 구약시대 선지자들을 통해 구원 계획을 미리 예언해 주셨다. 그 예언은 하나님의 신실한 언약에 기초하고 있다.

여호와 하나님께서는 본문 가운데서 장차 인간의 몸을 입고 이땅에 오시게 될 메시아에 대한 구체적인 예언을 하셨다. 그는 사람들의 일반적인 기대치와는 상당한 거리가 있었다. 그는 동정녀의 몸을 통해 출생하여 하나님 앞에서 성장하게 된다. 그 모습은 마치 연한 순 같고 마른 땅에서 나온 튼튼해 보이지 않은 뿌리처럼 보인다. 이는 그가 인간들의 눈에 비쳐지기에 강하거나 유능한 존재로 보이지 않으며 매우 나약하게 보인다는 사실을 말해준다.

누구나 알고 있듯이 토지가 비옥하지 않고 메마른 땅에서 난 식물의 뿌리는 힘이 없어 거기 붙은 줄기는 외형상 튼실한 모습을 띠지 않는다. 그 줄기는 가까스로 돋아난 것 같이 매우 나약해 보인다. 물이 많고 토양이 좋은 곳에서 뿌리를 깊이 내리고 자라나는 식물의 줄기와는 전혀 다른 것이다.

그러므로 장차 인간의 몸을 입고 이땅에 오시게 될 메시아는 외모가 멋진 고운 모양을 갖추지 않으며 늠름한 풍채를 가지고 있지도 않다. 그는 사람들의 눈길을 끌 수 있는 흠모할 만한 아름다운 모습을 지닌 매력적인 인물이 아니었다. 따라서 겉모습을 보고 그를 따르게 될 사람들은 아무도 없다. 나중 예수님께서 "외모로 판단하지 말고 공의로 판단하라"(요 7:24)고 하신 말씀은 일반적인 의미를 지닌다고 할지라도 메시아이신 자기 자신에 연관된 의미가 내포된 것으로 이해할 수 있다.

또한 하나님께서는 이를 통해 인간들의 일반 종교적인 취향이나 판단에 따라 메시아를 알아보는 것을 허락하지 않는다는 사실을 보여주셨다. 나중 예수님께서 이 세상에 오셨을 때 그의 외모를 보는 자들은 그를 하나님의 아들로 인정하려고 하지 않았다. 그런 자들은 도리어 인간의 몸을 입으신 하나님의 아들을 멸시하기에 이르렀다. 단지 구약성경에 기록된 하나님의 예언을 믿고 소망하던 성도들만이 성령의 도우심에 힘입어 언약적인 관점에서 그를 올바르게 알아볼 수 있었다.

2. 세상의 힘을 거부하시는 메시아 (사 53:3)

장차 이땅에 메시아로 오시게 될 하나님의 아들은 오염된 세상의 어떤 것들도 의존하시지 않는다. 그는 근본적인 속성이 다른 타락한 인간들로부터 심한 멸시를 당하시게 된다. 그리고 결국은 사람들에 의해 버림을 받는다. 이 말은 그를 버리지 말아야 할 언약의 백성이 그를 버리게 되는 사실과 연관되어 있다. 다시 말해 하나님을 전혀 알지 못하는 자들이라면 그를 버리고 말고 할 것이 없다.

하지만 언약의 백성으로서 그를 영접해야 할 백성들이 도리어 그를 멸시하여 내다버리게 된다. 이는 하나님에 대한 배신과 밀접하게 연관되어 있다. 하나님의 아들이신 그는 단순히 인간들로부터 버림을 당했을 뿐 아니라 심한 멸시와 더불어 모진 고통을 당하시게 된다. 더러운 인간들에 의해 무시당하며 엄청난 슬픔과 괴로움을 겪게 되는 것이다. 시편 기자는 이와 동일한 맥락에서 메시아에 관한 예언을 하며 다음과 같이 노래부르고 있다.

"나는 벌레요 사람이 아니라 사람의 훼방거리요 백성의 조롱거리니이다 나를

보는 자는 다 비웃으며 입술을 비쭉이고 머리를 흔들며 말하되 저가 여호와께 의탁하니 구원하실걸, 저를 기뻐하시니 건지실걸 하나이다"(시 22:6-8)

이땅에 오시게 될 메시아는 이처럼 그 모든 과정들을 통해 자기의 자녀들이 죄로 말미암아 당해야 할 고통을 직접 체휼하신다. 선지자는 장차 오실 메시아가 언약의 백성들이라 일컫는 주변 사람들로부터도 철저하게 외면당하시게 된다는 사실을 예언하고 있다 . 그는 자신의 얼굴을 가리고 피해다니고 싶을 정도로 버림받게 되시는 것이다. 그가 당하는 멸시는 보통 사람들의 그것과는 비교가 되지 않는다. 하지만 어리석은 자들은 메시아가 당하는 고통을 보며 당연한 것으로 여긴다.

선지자 이사야는 여기서 매우 중요한 사실을 언급하고 있다. 그것은 하나님의 언약을 소유한 백성들이라 할지라도 이방인들과 전혀 다르지 않다는 것이었다. 그들이 오히려 더 심한 악행을 저지른다. 이 말은 오늘날 우리 시대에도 그대로 적용된다. 우리는 하나님의 은혜를 덧입기 전까지, 메시아가 당하는 고통을 당연한 것으로 여겨 왔다. 하나님의 아들이신 그가 얼마나 존귀한 분인가에 대하여 전혀 깨닫지 못하고 있었던 것이다.

3. 메시아가 당하는 고통과 의미 (사 53:4,5)

타락한 인간들의 죄성은 거룩한 메시아 앞에서 극명하게 드러날 수밖에 없게 된다. 빛이 비쳐지지 않으면 어둠과 그 아래의 형편이 드러나지 않는다. 즉 인간들이 거룩한 하나님 앞에 서지 않은 상태에서는 자신의 죄가 상대화되어 그것을 제대로 인식하지 못하게 된다. 죄에 빠진 미련한 인간들에게는 죄의 세력을 정복하는 하나님의 구속사역을 깨달을 수 있는 기반 자체가 없기 때문이다.

메시아가 이땅에 오신 것은 세상에서 자신의 영화로움을 누리기 위해서가 아니라 죄인들을 구원하시기 위해서였다. 그가 이 세상에서 질고와 고통과 슬픔을 당하신 것은 자신의 잘못 때문이 아니라 순전히 자기 자녀들의 죄 때문이다. 그의 모든 고통은 선택된 백성들을 위한 것이었으며, 우리를 위해 그 모든 어려움을 당하셨던 것이다. 즉 메시아가 당하신 모든 고난은 자기 자신의 유익을 위해 그렇게 하신 것이 아니었다.

나아가 메시아는 인간들이 겪고 있는 모든 질병들을 친히 고치시게 된다. 그는 백성들의 질고와 고통을 치유해주시는 분이다. 선지자 이사야가 전한 메시아 예언은 이와 직접 연관되어 있다. 따라서 예수님께서 이 세상에 오셨을 때 그 모든 것들이 성취되었다. 복음서에는 그에 관한 역사적인 사실이 기록으로 남아 있다.

> **"저물매 사람들이 귀신 들린 자를 많이 데리고 예수께 오거늘 예수께서 말씀으로 귀신들을 쫓아 내시고 병든 자를 다 고치시니 이는 선지자 이사야로 하신 말씀에 우리 연약한 것을 친히 담당하시고 병을 짊어지셨도다 함을 이루려 하심이더라"**(마 8:16,17)

하나님의 아들이신 예수 그리스도께서는 더러운 귀신을 쫓아내며 질병을 고침으로써 저들에게 소망을 주고자 하시지만 타락한 인간들은 무엇 때문에 그가 모진 고통을 당해야 하는지 알지 못한다. 심지어는 언약의 영역 안에 살아가는 백성들조차도 그가 질고를 지고 슬픔에 빠진 것을 보며 저의 잘못으로 인해 하나님의 징벌을 받는 것으로 여기게 된다. 그가 하나님으로부터 매를 맞으며 고난을 당하는 것이 당연한 듯 받아들이게 되는 것이다.

그것은 전적으로 인간들의 왜곡된 이성과 경험에 따른 판단과 평가 때문이었다. 그들은 모든 잘못은 무엇이든지 그것을 저지른 당사자가 책임져야 한다는 보편 윤리에 익숙해져 있었다. 따라서 인간의 몸을 입은 하나님의 아들인 메시아가 이땅에서 고통을 당하는 것을 보면서도 그것을 일반적인 상식에서 접근하려고 했던 것이다.

그러나 그가 예리한 창에 찔리고 끔찍한 고통을 당하게 되는 것은 순전히 창세전에 택하신 자기 자녀들을 위해서였다. 즉 그것은 약속의 백성인 우리를 위한 것이었다. 그가 십자가에 달려 보혈을 흘려야 했던 것은 하나님의 자녀들의 허물과 직접 연관되어 있었으며 그가 크게 상하게 된 것은 그 백성의 죄악 때문이었다.

하나님의 아들이신 메시아가 그와 같은 끔찍한 징계를 받게 됨으로서 그에게 속한 모든 성도들은 영원한 평화를 누릴 수 있게 되었다. 그리고 그가 채찍에 맞음으로 인해 우리가 온전한 치유를 받게 된 것이다. 즉 그의 고통이 없다면 이 세상에 살아가는 모든 인간들에게는 아무런 소망이 있을 수 없다.

4. 하나님의 지고한 사랑 (사 53:6)

모든 인간들의 조상인 아담은 사탄의 유혹에 빠져 하나님을 욕되게 한 사악한 배신자이다. 따라서 아담으로부터 출생한 인간은 배신자의 자손으로서 개인의 사적인 행동과 판단에 상관없이 태생적으로 배신자가 될 수밖에 없다. 그런데 죄의 속성은 자기가 하나님을 배신한 인간이라는 사실에 대하여 무감각하게 한다.

그러므로 죄인들은 배신자인 자기의 존재에 대한 아무런 인식이 없다. 나아가 종교성을 앞세운 인간들은 자기가 하나님의 무서운 심판대 앞에 서게 되리라는 사실을 간과하고 있다. 그들은 부패한 그런 상태에서도 정성을 다해 하나님을 열심히 섬기면 그것으로써 모든 것이 충족될 수 있을 것처럼 여긴다.

그렇게 되면 하나님의 뜻을 기억하기보다 인간의 종교적인 열정에 의존하게 된다. 그와 같은 태도는 계시된 하나님의 말씀이 아니라 인간적인 종교성에 따라 그릇 행하기 십상이다. 그것은 위태로운 죄악의 길에 들어서는 것과 같다. 결국 어리석은 자들은 그에 익숙하게 되어 세상에서 익힌 이성적인 판단에 따라 제 갈 길로 가면서도 그것이 사망의 길이라는 사실을 인식하지 못한다.

이땅에 하나님의 아들이신 메시아가 오셨을 때도 그와 같은 일이 그대로 발생했다. 그가 모진 고난을 당하시고 십자가에 달려 돌아가심으로써 저들의 죄 문제를 해결하셨음에도 불구하고 그들은 그 진정한 의미를 깨닫지 못하고 욕망을 추구하며 제 갈 길로 갔다. 사도 베드로는 자기의 서신에서 길을 잃었다가 하나님의 은혜로 말미암아 올바른 길을 되찾은 성도들에 관한 사실을 언급하고 있다.

> **"친히 나무에 달려 그 몸으로 우리 죄를 담당하셨으니 이는 우리로 죄에 대하여 죽고 의에 대하여 살게 하려 하심이라 저가 채찍에 맞음으로 너희는 나음을 얻었나니 너희가 전에는 양과 같이 길을 잃었더니 이제는 너희 영혼의 목자와 감독 되신 이에게 돌아왔느니라"(벧전** 2:24, 25)

언약의 자손들이 불순종하여 각자의 종교적인 취향에 따라 제 갈 길로 갔지만 신실하신 하나님께서는 잘못된 길로 접어든 자기 자녀들을 올바른 길로 인도하시게 된다. 그것이 인간들이 소유할 수 있는 유일한 참된 생명의 길이다. 하나님께서는 우리의 죄악을 죄 없는 메시아에게 뒤집어씌움으로써 악한 인간들이 받아야 할 형벌을 대신하도록 하셨다. 그것은 창세전에 이루어졌던 하나님의 신실한 언약에 밀접하게 연관되어 있다.

5. 죄에 빠진 인간들의 악행과 메시아의 인내 (사 53:7,8)

장차 이 세상에 오시게 될 메시아는 악한 인간들로부터 심한 곤욕을 당하고 괴로움을 겪게 된다. 그러나 그는 어느 누구에게도 저항하지 않은 채 입을 굳게 다물고 잠잠한 자세를 유지하신다. 그는 마치 도살장으로 끌려가는 어린 양과 같으며 털 깎는 자 앞에서 조용히 있는 양과 같이 그의 입을 열지 않으신다.

이는 견디기 어려운 고통가운데서도 아무런 원망을 하지 않는 메시아의 숭고한 자세를 보여주고 있다. 그는 성부 하나님께 원망하지 않았으며 선택받은 자녀이면서 자기를 배신한 인간들에 대하여 원망하는 마음을 가지시지도 않았다. 그는 자기에게 가해진 모든 고난을 기꺼이 당하셨던 것이다.

그럼에도 불구하고 악한 인간들은 그의 고난을 지켜보며 마음 아파한 것이 아니라 도리어 더욱 심한 욕설을 퍼부었다. 그는 많은 곤욕과 더불어 심문을 당하면서 악한 인간들에 의해 이리저리 끌려다니시게 된다. 그런 가운데서 그 진정한 의미를 아는 자들이 있어야만 했다. 선지자는 그와 같은 안타까운 상황에서 그가 인간들의 세계에서 생명을 잃게 되는 것은, 그 형벌을 받아야 할 자기 백성의 허물 때문이라는 사실을 깨닫는 자들이 있게 되리라는 사실을 시사했던 것이다.

이 말씀은 장차 오시게 될 메시아가 십자가에 달려 돌아가실 것에 대한 예언을 포함하고 있다. 그것은 대속의 죽음과 더불어 메시아가 대신 형벌을 감당하게 되리라는 사실을 의미한다. 그가 심한 고난을 당하고 십자가에 달려 돌아가실 때 선지자를 통해 선포된 내용을 알고 있던 자들은 그 모든 것이 메시아 사역이라는 사실을 알게 된다. 하지만 그렇지 않는 자들은 그것을 보며 하나님의 섭리와 경륜을 깨달을 수 없다. 우리는 여기서 성경에 예언된 말씀이 신앙의 소중한 근거가 된다는 사실을 여실히 보게 된다.

6. 메시아의 죽음과 하나님께 바쳐진 거룩한 제물 (사 53:9,10)

메시아는 인간의 몸을 입은 하나님의 아들로서 우주만물에 대한 통치권을 가진 분이다. 그럼에도 불구하고 그는 타락한 세상에서 악한 인간들로부터 모진 고난을 당하시게 된다. 그가 고통을 당하는 것은 창세전에 맺으신 언약 때문이다. 하지만 그는 자기를 괴롭히는 자들에게 물리적인 폭력을 행사하지 않으시며 그의 입에는 사악한 거짓이 전혀 없다.

성경 본문에는 나중 그가 죽게 되면 그의 무덤이 악인들과 함께 있게 되리라는 사실을 언급하고 있다. 이는 그가 악한 인간들과 마찬가지로 무덤에 묻히게 되리라는 사실을 말해주고 있다. 또한 거기에는 동일한 혹은 그 이상의 죄인으로 취급받아 악한 자들과 함께 십자가에 달리게 될 것을 시사해 준다. 이 예언의 말씀은 예수 그리스도가 십자가에 달리실 때 양편 강도와 함께 십자가에 달리심으로써 성취되었다(마 27:38).

또한 선지자는 그가 죽은 후에는 부자의 묘실에 묻히게 된다는 사실을 예언하고 있다. 이는 그의 시신이 아리마대 요셉의 묘실에 묻히게 됨으로써 그 예언이 성취된 것을 보여준다(마 27:57-60, 참조). 그 모든 광경을 직접 목격한 당시의 성도들은 그것을 통해 그가 구약에 예언된 메시아라는 사실을 확실히 알게 되었던 것이다.

그리고 선지자는 여기서 매우 중요한 언급을 하고 있다. 그것은 하나님께서 메시아로 하여금 이땅에서 심한 고통과 더불어 엄청난 상처를 입도록 하시기를 원하신다는 사실 때문이다(사 53:10). 그리하여 하나님께서는 의도적으로 그가 질고를 당하고 죽임을 당하도록 하신다. 인간의 몸을 입으신 메시아께서 그 대속의 죽음을 당하여 자기 백성들을 위한 형벌을 받음으로써 영원한 구원을 이루시게 된다.

그의 죽음은 하나님의 어린 양으로서 완벽한 제물이 되어 하나님께 바쳐지게 된다는 사실을 의미하고 있다. 나중 세례 요한은 인간의 몸을 입고 이 세상에 오신 예수 그리스도를 하나님의 어린 양으로 묘사했다. 이는 그가 하나님을 위한 제물로 바쳐지게 되리라는 사실을 의미한다. 사도 요한은 그에 대하여 기록하고 있다.

"이튿날 요한이 예수께서 자기에게 나아오심을 보고 가로되 보라 세상 죄를 지고 가는 하나님의 어린 양이로다"(요 1:29); "저는 우리 죄를 위한 화목 제물이니 우리만 위할뿐 아니요 온 세상의 죄를 위하심이라"(요일 2:2)

이처럼 메시아는 여호와 하나님께 바쳐지게 될 거룩한 제물이 되기 위하여 이땅에 오시게 된다. 이사야서 본문 가운데는 그에 연관된 매우 중요한 사실이 언급되어 있다. 그것은 메시아가 하나님께 바쳐질 때 그의 몸뿐 아니라 그의 영혼(soul)이 하나님을 위한 속죄제물(offering for sin)로 바쳐지게 된다는 점을 기록하고 있기 때문이다(사 53:10). 이는 그의 육체뿐 아니라 완벽한 인간으로서 영혼을 포함한 전인全人이 제물이 되어 하나님께 바쳐진다는 사실에 연관되어 있다.

이 경우는 구약시대 하나님께 제물로 바쳐졌던 일반적인 동물들과 크게 대비된다. 그때는 동물의 살과 피를 중심으로 하나님 앞에 바쳐졌다. 즉 동물의 영혼이 하나님께 바쳐졌던 것은 아니다. 이는 사실 매우 중요한 의미를 지니고 있다. 즉 나중 예수님께서 예루살렘 성 밖에서 십자가를 지고 돌아가실 때 성전 안의 성소와 지성소를 가로막고 있던 휘장이 찢어진 것은 완벽한 제물이 지성소 안에 바쳐진 사실을 말해준다. 우리가 여기서 알 수 있는 것은, 성전 휘장이 찢어질 때 그리스도의 영혼이 실제로 하나님께 바쳐졌다는 사실이다.

앞으로 그와 같은 때가 이르게 되면 하나님께서는 약속의 자손(seed)을 보시게 된다. 그것은 아브라함과 다윗을 통해 약속된 그 언약의 자손을 의미한다(마 1:1, 참조). 메시아로 오신 그를 통해 구약의 모든 예언이 성취됨으로써 그 날은 길게 될 것이며 그의 손으로 여호와 하나님이 기뻐하시는 뜻을 성취하게 된다. 즉 메시아의 통치는 영원할 것이며 그의 손으로 하나님의 거룩한 뜻을 완성하시게 된다. 이는 장차 궁극적인 구원과 심판이 임하게 되리라는 사실을 말해주고 있다.

7. 메시아의 승리와 그 결과 (사 53:11,12)

하나님께서는 메시아의 육신과 영혼이 자기에게 바쳐질 때 만족스러운 마음으로 모든 것을 받아들이신다. 이는 흠 없는 그 제물이 하나님의 진노를 누그러뜨리기 위한 조건으로서 완벽하게 충족되기 때문이다. 그 실체적인 과정을 통해 하나님께서 계획하신 구원사역을 온전히 성취하게 된다.

그러므로 하나님의 의로운 종인 메시아께서 자신의 온전한 지식으로 많은 사람을 의롭게 하는 역할을 하게 된다. 그의 지식은 타락한 인간들에게 알려지지 않은 하나님의 고유한 것으로 이해해야 한다. 그리고 그것을 통해 저들의 모든 죄악을 친히 담당하게 된다. 사도 바울은 로마에 있는 교회에 편지하면서 그에 대한 기록을 남기고 있다.

> **"그런즉 한 범죄로 많은 사람이 정죄에 이른 것 같이 의의 한 행동으로 말미암아 많은 사람이 의롭다 하심을 받아 생명에 이르렀느니라 한 사람의 순종치 아니함으로 많은 사람이 죄인 된 것 같이 한 사람의 순종하심으로 많은 사람이 의인이 되리라"**(롬 5:18,19)

하나님의 궁극적인 승리는 예수 그리스도의 십자가 사역을 통해 완성된다. 따라서 하나님께서는 그로 하여금 존귀한 자들과 함께 자신의 몫을 차지하게 하며 강한 자들과 함께 취한 전리품을 나누게 한다. 이는 궁극적인 승리와 연관되며, 그가 십자가 위에서 죽기까지 자신의 육체와 영혼을 하나님과 자기 백성을 위해 내어주고 범죄자 가운데 하나처럼 되지만 최종적인 승리가 그에게 돌려진다는 사실을 말해준다.

이땅에 메시아로 오시게 되는 하나님의 아들은 그 모든 사역을 통해 많은 사람들의 죄를 대신 짊어지시게 되며 죄에 빠진 자들을 구원하시기 위해 친히 하나님과 인간 사이를 중재하시게 된다. 따라서 메시아의 고난과 죽음은 하나님을 위한 제물이 되어 파괴된 하나님과 인간 사이의 관계를 회복하여 화목케 하는 근거를 제공한다. 그리고 그것이 하나님의 자녀들에게 영원한 유익을 끼치게 된다. 선지자 이사야는 이를 통해 당시 깊은 좌절에 빠져 있던 언약의 백성들에게 메시아에 연관된 진정한 소망을 예언했던 것이다.

제48장

언약의 자손과 이방을 향한 복음

(사 54:1-17)

1. 하나님의 계획 (사 54:1)

이사야가 예언할 당시 이스라엘 백성은 대내외적인 문제들로 인해 매우 불안한 환경에 처해 있었다. 선지자 이사야는 잉태하지 못하여 출산할 수 없는 여인 같은 언약의 백성에게 위로의 메시지를 전했다. 아기를 가지지 못하여 산고產苦를 겪지 못할 것처럼 보이는 자들에게 이제 노래를 부르라는 당부를 하고 있다. 그 백성은 그동안 엄청난 치욕을 당했을 뿐 아니라 주변으로부터 견디기 어려운 모멸감을 느끼고 있었을 것이 분명하다.

선지자는 본문 가운데서 과거 아브라함 집안에서 발생했던 역사적 사실에 관한 언급을 하고 있다. 나아가 장차 그들이 하나님 앞에서 즐거운 소리로 외치며 노래하게 되리라는 사실을 시사했다. 이는 목청을 높여 자유롭게 하나님을 찬미하라는 의미를 지니고 있다. 이 말은 잉태하지 못할 것 같은 그 여인에게 많은 자식이 허락되리라는 사실을 예언해주고 있다.

오래 전 아브라함은 하나님의 약속에 따라 아내 사라를 통해 많은 자손들을 얻게 되었다. 그 수는 사라의 몸종인 하갈이 낳은 자손보다 훨씬 더 많았다. 그것은 하나님의 놀라운 경륜에 연관된 문제였다. 아브라함 언약에 속한 이 예언은, 심한 기근으로 인해 가나안 땅에서 어려움을 당하던 야곱의 집안을 하나님께서 애굽 땅으로 데리고 내려감으로써 성취되어 갔다. 사도 바울은 갈라디아 교회에 편지하면서 그에 관한 사실을 언급하고 있다.

> **"기록된 바 잉태치 못한 자여 즐거워하라 구로치 못한 자여 소리질러 외치라 이는 홀로 사는 자의 자녀가 남편 있는 자의 자녀보다 많음이라 하였으니 형제들아 너희는 이삭과 같이 약속의 자녀라 그러나 그때에 육체를 따라 난 자가 성령을 따라 난 자를 핍박한 것 같이 이제도 그러하도다 그러나 성경이 무엇을 말하느뇨 계집 종과 그 아들을 내어 쫓으라 계집 종의 아들이 자유하는 여자의 아들로 더불어 유업을 얻지 못하리라 하였느니라"**(갈 4:27-30)

구약성경에 예언된 말씀이 바울의 서신 가운데 인용된 것은 신약시대에도 구약시대와 마찬가지로 성도들이 환난과 핍박을 당하게 되리라는 사실을 말해주고 있다. 하나님의 자녀들은 이 세상에 살아가는 동안 고통을 완전히 피할 수 없다. 따라서 지상 교회에 속한 성도들은 새로운 소망을 소유한 채 오직 하나님의 은혜로써 악한 세상을 극복할 수 있게 된다.

이처럼 하나님께서는 이사야 선지자가 예언할 당시 심각한 어려움에 빠져 있던 언약의 백성들에게 소망의 메시지를 전달하고 있다. 주변의 환경을 돌아보면 절망할 일밖에 없어 보이지만 하나님께서 저들을 위한 특별한 계획을 세워두고 계셨다. 세상에서 전개되는 모든 상황은 종말론적인 변혁을 동반할 수밖에 없는 것이다. 하나님을 신뢰하는 언약의 백성들은 항상 이점을 마음속 깊이 새겨두고 있어야만 한다.

2. '장막터를 넓히라' (사 54:2,3)

선지자는 또한 언약의 백성들에게 장막터를 넓히라는 명령을 내리고 있다. 나아가 저들의 처소 휘장(tent curtains)을 아끼지 말고 널리 펼치라는 요구를 하고 있다. 뿐만 아니라 저들의 장막에 사용하는 줄을 길게 늘어뜨리고 말뚝을 땅에 단단히 박으라고 했다.

이 명령은 매우 중요한 상징적인 의미를 지니고 있다. 즉 저들로 하여금 실제 그렇게 행동하라는 요구가 아니라 하나님의 구원사역을 위한 범위가 이스라엘 민족에 국한되지 않는다는 사실을 말해준다. 이는 또한 단순한 외적인 번영과 종교 확장을 추구하도록 요구하는 것이 아니다. 이 말은 언약의 자손들에게 이방 지역을 향하여 복음을 선포해야 한다는 의미를 지니고 있다.

장차 그것을 위해 언약의 백성들이 좌우로 흩어져 퍼질 것이며 저들의 후손은 열방을 얻게 된다. 또한 이스라엘의 지경 안에 위치한 황폐한 성읍들은 사람들이 활기차게 생활하는 환경으로 변한다. 이방인들의 위협과 더불어 배도자들로부터 심한 고통을 당하면서 아무런 소망이 없어 보이던 때 저들에게 주어진 이 예언의 말씀은 유일한 소망의 메시지가 되었다.

우리가 여기서 기억해야 할 바는 장막터를 넓히라는 말씀이 지상 교회의 외적인 규모를 수적으로 성장시키라는 말이 아니라는 사실이다. 만일 어떤 사람이 이 예언을 인용하며 실용적인 관점에서 설명하고 적용하려 한다면 그것은 근본적으로 잘못된 것이다. 우리는 여기서 온 세상에 전파될 진리의 복음에 대한 하나님의 궁극적인 뜻을 기억해야만 한다.

3. '두려워 말고 놀라지 말라' (사 54:4-6)

선지자 이사야가 예언할 당시 이스라엘 백성은 주변의 불안한 정세로 말미암아 두려움에 떨고 있었다. 북이스라엘 왕국은 앗수르 제국에 의해 완전히 패망한 상태였으며 이제는 그 이방 군대가 반쪽 남은 남유다 왕국을 삼키기 위해 호시탐탐 노리고 있을 때였다. 당시 앗수르 군대는 이미 예루살렘을 포위하고 주변의 많은 성읍들을 점령하고 있었다.

그런 위기의 상황에서 이스라엘 백성들은 두려움에 빠지지 않을 수 없었다. 그와 같은 힘든 형편에 처해 있을 때 하나님께서는 저들에게 두려워하지 말도록 요구하셨다. 장차 저들이 당하는 모든 수치와 부끄러움이 완전히 사라지게 될 날이 이르게 된다는 것이었다.

선지자는 이 예언의 내용을 설명하기 위해 비유를 들어 말했다. 저들을 빗대어 한 여성의 기구한 삶에 연관지어 말했던 것이다. 즉 그녀가 젊었을 때 당했던 모든 수치를 완전히 잊게 될 것이며 그후 과부가 되어 겪었던 치욕을 다시는 기억하지 않게 되리라는 것이었다. 이는 장차 그들이 과거의 모든 수치와 고통을 완전히 잊어버리게 될 날이 이르게 되리라는 사실을 말해 주고 있다.

젊어서 창피를 당하고 힘든 상황을 겪었던 그 여인이 과거를 완전히 청산한 후 모든 것을 정상적으로 회복할 수 있게 되는 것은 저를 지으신 여호와 하나님이 저의 남편이시기 때문에 가능한 일이다. 참된 신앙을 소유한 성도들에게 있어서 하나님은 의지할 만한 유일한 존재이다. 그는 또한 만군의 하나님이자 이스라엘 민족의 거룩한 여호와 하나님이시다.

여호와께서는 장차 이스라엘뿐 아니라 온 세상에 흩어진 자기 백성들의 하나님이라 일컬음을 받게 되신다. 즉 하나님의 복음은 이방 지역에 선포되어 택한 자녀들을 불러 모으신다. 사도 바울은 로마에 있는 교회에 편지하면서 그에 연관된 언급을 하고 있다.

> **"하나님은 홀로 유대인의 하나님 뿐이시뇨 또 이방인의 하나님은 아니시뇨 진실로 이방인의 하나님도 되시느니라 할례자도 믿음으로 말미암아 또는 무할**

례자도 믿음으로 말미암아 의롭다 하실 하나님은 한 분이시니라"(롬 3:29,30)

하나님께서는 이처럼 이방에 거주하는 자신의 자녀들을 자기 앞으로 불러 모으시게 된다. 물론 그들은 창세전부터 하나님의 선택과 예정 가운데 존재한 자들이었다. 이방으로부터 압제를 당하던 그 백성들은 마치 젊을 때 한 남자의 아내가 되었다가 배도에 빠져 그에게서 버림을 받아 근심하는 처지에 놓인 아내와 같은 심정을 가지고 있었다.

이는 언약의 백성들이 여호와 하나님을 진정으로 바라는 심정을 가지게 된다는 사실을 의미하고 있다. 선지자는 이 말씀을 통해 하나님께서 아담으로 말미암은 원죄뿐 아니라 자기 자녀들이 범한 모든 죄를 용서하시고 자기의 품안으로 불러들이게 된다는 점을 전하고 있다. 하나님의 자녀들은 어느 시대 어느 지역에 살고 있을지라도 이를 통해 진정한 소망을 소유할 수 있게 된다.

4. 심판과 구속에 대한 약속 (사 54:7-10)

하나님께서 이스라엘 민족을 버림으로써 이방인들의 손에 넘기신 것은 저들에 대한 영원한 심판이 아니라 일시적인 것이었다. 배도자들에 대한 심한 분노로 인해 하나님께서는 자신의 얼굴을 저들에게 가리셨다. 이는 저들을 가까이 돌아보지 않으셨다는 사실을 말해 준다. 거기에는 인간들이 알지 못하는 하나님의 원대한 계획이 들어 있었다. 즉 그것은 일시적인 사건으로서 저들에게 소중한 깨달음을 제공하기 위한 목적이 들어 있었던 것이다.

따라서 때가 이르면 그 백성이 하나님의 긍휼을 입어 다시금 그로부터 놀라운 은혜를 받게 된다. 하나님의 진노가 넘쳐남으로써 잠시 저들에게 얼굴을 가리셨지만 영원한 자비로 말미암아 저들을 긍휼히 여기시게 된 것이다. 그것은 메시아가 오실 때까지는 이스라엘 민족이 감당해야 할 중요한 역할이 있다는 사실을 말해주고 있다.

하나님께서는 그에 관한 사실을 말씀하시면서 노아홍수를 실례로 들어 설명하셨다. 노아홍수가 발생하기 이전은 철저히 배도에 빠진 시대였다. 당시 사람들은 이 세상에서 쾌락을 누리며 여유롭게 잘 살아가는 것을 최상의 덕목인 양 여기고 있었다. 마태복음에는 예수님께서 제자들에게 하신 그에 연관된 말씀이 기록되어 있다.

> **"홍수전에 노아가 방주에 들어가던 날까지 사람들이 먹고 마시고 장가 들고 시집 가고 있으면서 홍수가 나서 그들을 다 멸하기까지 깨닫지 못하였으니 인자의 임함도 이와 같으리라"**(마 24:38,39)

노아홍수 이전에 살던 사람들은 먹고 마시고 장가들고 시집가는 것에 최상의 가치를 두고 살아갔다. 이 말은 인간들의 일상적인 삶에 직접 연관되어 있다. 나아가 여기서 드러나는 것은 당시 사람들이 영원한 삶이 아니라 현세지향적인 욕망에 치중하고 있었다는 사실이다. 즉 노아 시대의 인간들은 성경이 예언한 메시아를 불필요한 존재로 여기고 있었다. 그럴 때 노아가 하나님으로부터 당대의 의인이요 온전한 자로 인정받은 것은 장차 오시게 될 메시아를 소망하고 있었기 때문이다(창 6:9, 참조).

선지자 이사야는 당시 이스라엘 민족에 대한 언급을 하면서 노아홍수 때와 같다는 사실을 언급하고 있다. 하나님께서는 노아 시대 메시아를 거부하던 배도자들을 심판하신 후 다시는 물로 심판하시지 않겠노라고 말씀하셨다. 하나님은 이를 통해 장차 때가 이르면 더 이상 자기 백성들에게 진노하지 않을 것이며 저들을 책망하지 않으시겠다고 강조하셨다.

또한 높은 산들이 무너져 내리고 눈앞에 있는 언덕이 멀리 떨어진 곳으로 옮겨진다고 할지라도 하나님의 자비는 항상 저들과 함께 있으리라고 하셨다. 그리고 때가 되어 이땅에 메시아가 오시면 하나님께서 저들로부터 완전히 떠나지 않을 것이며, 저들과 맺은 화평의 언약은 결코 흔들리지 않고 영원히 지속되리라는 사실을 말씀하셨다. 하나님으로부터 제공되는 참된 화평이 저들 가운데 영원토록 존재하리라는 것이었다.

5. 화려한 '새 예루살렘' (사 54:11,12)

하나님께서는 장차 당시와 같지 않은 화려한 새 예루살렘을 건립하시리라는 사실을 말씀하셨다. 선지자 이사야가 예언할 시기에는 앗수르의 위협으로 인해 유다 왕국이 풍전등화風前燈火의 위기에 처해 있었다. 나아가 앞으로 솔로몬이 건립한 예루살렘 성전과 성벽은 바벨론에 의해 완전히 파괴되리라는 사실이 이미 예언된 상태였다.

그런 상황에서 이스라엘 자손들의 마음이 편하지 않았을 것은 당연하다. 저들의 마음은 불안하기 짝이 없었을 것이며, 하나님의 은혜가 아니면 달리 아무런 대책을 세울 수도 없었다. 장차 바벨론 제국에 의해 예루살렘 성전이 파괴되고 성벽이 무너지면 저들의 모든 소망이 끊어지는 것처럼 보이게 된다.

하나님께서는 이스라엘 백성이 피곤에 지쳐있을 뿐 아니라 주변 세력으로부터 휘몰아치는 광풍狂風으로 인해 불안해 한다는 사실을 잘 알고 계셨다. 그와 같은 불안한 상태는 민족의 지도자들을 비롯한 모든 백성이 동일하게 느끼고 있었을 것이 틀림없다. 심지어는 자라나는 어린아이들과 청소년들도 그 상황을 파악할 만 했다.

그런 극한 어려움 가운데서 하나님께서는 장차 각종 보석과 화려한 색깔로 장식된 새 예루살렘을 건립하리라는 사실을 말씀하셨다. 그 화려하고 거룩한 성은 땅에 있는 도성과 전혀 다른 것이었다. 하나님은 청옥으로 기초를 놓고 홍보석으로 성벽을 쌓아올리게 된다. 또한 석류석으로 성문을 만들고 성벽 둘레의 모든 지경을 아름다운 보석으로 꾸미게 된다.

우리는 이사야서 본문에 언급된 장차 건립될 새 예루살렘을 물리적인 공간으로 이해할 필요가 없다. 그 영역은 하나님께서 거하실 아름다운 처소가 되며 하나님의 자녀들은 그 가운데서 평안하고 즐거운 삶을 누리게 된다. 나중 예수 그리스도께서 강림하신 후 신약시대의 사도 요한은 그의 계시록에서 새 예루살렘에 관한 구체적인 사실을 언급하고 있다.

> "그 성의 성곽의 기초석은 각색 보석으로 꾸몄는데 첫째 기초석은 벽옥이요 둘째는 남보석이요 세째는 옥수요 네째는 녹보석이요 다섯째는 홍마노요 여섯째는 홍보석이요 일곱째는 황옥이요 여덟째는 녹옥이요 아홉째는 담황옥이요 열째는 비취옥이요 열 한째는 청옥이요 열 둘째는 자정이라 그 열 두 문은 열 두 진주니 문마다 한 진주요 성의 길은 맑은 유리 같은 정금이더라 성안에 성전을 내가 보지 못하였으니 이는 주 하나님 곧 전능하신 이와 및 어린 양이 그 성전이심이라"(계 21:19-22)

이사야서에 기록된 새 예루살렘에 관한 예언의 내용이 요한계시록에는 더욱 분명하게 구체적으로 기록되어 있다. 앞서 언급한 대로 우리는 여기서 새 예루살렘을 물리적인 공간으로 해석하지 않도록 주의해야 한다. 즉 그 영역은 실제적인 건축물이 아니다. 그것은 오히려 어린 양이신 예수 그리스도의 신부가 되는 영원한 교회와 연관되어 있다. 또한 요한계시록에는 거룩한 성 새 예루살렘에 관한 내용이 기록되어 있다.

> "또 내가 보매 거룩한 성 새 예루살렘이 하나님께로부터 하늘에서 내려오니 그 예비한 것이 신부가 남편을 위하여 단장한 것 같더라"(계 21:2)

이처럼 장차 하나님으로 말미암아 건축될 새 예루살렘은 그리스도의 신부 곧 영원한 교회와 연관되어 있다. 따라서 사도 바울은 에베소 교회에 보내는 편지에서 교회를 영적인 차원에서 건축물에 비유하여 설명하고 있다. 그것은 지상에 존재하는 교회공동체에 관련된 의미를 지닌다. 예수 그리스도는 그 교회의 기초인 집 모퉁이의 머릿돌이 되시며, 열두 사도는 교회의 기초가 된다(계 21:14). 성경에는 그에 관한 예언이 여러 곳에 기록되어 나타난다.

> "건축자의 버린 돌이 집 모퉁이의 머릿돌이 되었나니"(시 118:22); "이 예수는 너희 건축자들의 버린 돌로서 집 모퉁이의 머릿돌이 되었느니라"(행 4:11); "너희는 사도들과 선지자들의 터 위에 세우심을 입은 자라 그리스도 예수께서 친히 모퉁이 돌이 되셨느니라 그의 안에서 건물마다 서로 연결하여 주 안에서 성전이 되어가고 너희도 성령 안에서 하나님의 거하실 처소가 되기 위하여 예수 안에서 함께 지어져 가느니라"(엡 2:20-22)

성경은 이와 같이 예수 그리스도를 건축물의 모퉁이 돌이 되는 것으로 묘사하고 있다. 따라서 지상 교회에 속한 모든 참된 성도들은 거대한 영적인 건축물의 한 부분을 차지하게 된다. 즉 예수님께서 새 예루살렘인 교회의 모퉁이 돌이 되고 모든 성도들은 벽돌이 되어 각자의 위치에서 하나로 연결되어 있다. 이는 장차 이르게 될 새 예루살렘에 연관된 의미를 지니고 있으며 물리적인 건축물을 지칭하지 않는다.

이처럼 이사야서와 요한계시록에 예언되어 기록된 새 예루살렘은 예수 그리스도의 신부가 되는 영원한 교회를 지칭하고 있는 것이 분명하다. 그것은 구약과 신약성경 전반에 나타나고 있는 진리의 말씀이다. 지상 교회에 속한 모든 성도들은 이에 대한 분명한 깨달음을 가지지 않으면 안 된다.

6. 여호와 하나님의 교훈과 언약의 상속 (사 54:13-17)

하나님께서는 선지자 이사야를 통해 장차 언약의 자녀들이 '여호와의 교훈' 을 받게 되리라는 사실을 언급하셨다. 그것은 타락한 세상에서 찾아볼 수 없는 큰 평안이 저들에게 제공될 것이라는 약속이었다. 즉 하나님의 공의가 저들 가운데 존재하게 될 것이며, 저들을 학대하는 세력이 더 이상 악행을 일삼지 못하리라는 것이었다.

그와 같은 놀라운 상황은 하나님, 즉 장차 오시게 될 메시아로 말미암아 온전히 성취된다. 즉 유한한 능력을 지닌 인간들이 자신의 노력을 통해 그와 같은 승리를 쟁취할 수 없다. 그런 때가 이르게 되면 언약의 백성들이 이방인들의 세력을 두려워할 필요가 없으며 저들로 인해 공포를 느끼지 않아도 된다.

사악한 배도자들은 그런 상태에서도 갖가지 분쟁을 일으키고자 시도한다. 그것이 아무리 그럴듯한 종교적인 형식을 갖추었다고 할지라도 이기적인 욕망에 근거하고 있을 따름이다. 따라서 그 분쟁들은 여호와 하나님으로부터 말미암은 것이 아니다. 하나님께서는 결코 자기 자녀들 가운데서 그와 같은 방식의 분쟁을 야기하지 않으신다.

우리가 여기서 각별히 주의를 기울여야 할 점은 분쟁을 일으키는 자들은 겉모습과 달리 하나님의 자녀들이 아니며 하나님께 저항하는 행위를 자행하고 있다는 사실이다. 따라서 잘못된 동기로 분쟁을 일으키는 자들은 하나님의 징벌을 받아 패망하게 된다. 언약의 자녀로서 이에 대한 올바른 깨달음을 가지는 것은 매우 중요하다.

여호와 하나님은 만물의 창조주로서 우주와 그 안에 존재하는 모든 것들의 주인이 되신다. 설령 인간들이 자신의 능력으로 무엇을 만든다고 할지라도 그것은 하나님께서 허락하신 재능에 기초하기 때문에 결국 하나님이 그에 대한 창조자라 말할 수 있다. 예를 들어 숯불로 철을 제조하는 장인도 하나님이 창조하신 자이므로 그가 만든 모든 것들은 자연적으로 하나님께 속한 것이 된다.

또한 모든 것을 파괴하며 진멸하는 인간들도 하나님의 피조물이기 때문에 그로 인해 파괴되는 것들은 전부 하나님의 손에 달린 것으로 이해할 수 있다. 따라서 인간들이 만든 다양한 연장과 무기들 역시 하나님의 것이 된다. 사악한 인간들이 하나님의 백성을 공격하기 위해 제작한 모든 무기들은 결국 아무런 쓸모없는 것이 되어 버린다.

뿐만 아니라 언약의 백성을 소송하는 인간들의 혀는 여호와 하나님께 저항하는 것이 되므로 도리어 무서운 정죄를 받을 수밖에 없다. 하나님의 백성에게 대적하는 행위는 여호와 하나님께 대적하는 것과 마찬가지다. 따라서 어느 누구라 할지라도 하나님의 사랑하는 자들에게 대적하는 행동을 해서는 안 된다. 언약의 자손들과 그 소유한 모든 것들은 여호와 하나님께 속한 기업이기 때문이다.

제49장

참된 생명의 공급과 장차 도래할 메시아 왕국

(사 55:1-13)

1. 하나님의 긍휼 (사 55:1)

하나님께서는 고통에 빠져 신음하는 백성들을 자기에게로 불러 모으고자 하셨다. 이는 하나님의 무한한 사랑을 보여준다. 이 사랑은 인간들의 요구가 개입되지 않은 하나님의 일방적이며 창세전에 이루어진 영원한 언약에 기초한다. 이와 같은 하나님의 뜻은 신구약 성경 전체에 흐르고 있다.

나아가 우리는 이 말씀을 종말론적인 의미를 지니는 것으로 이해해야 한다. 즉 이사야서에 기록된 이 예언의 말씀은 특정된 시대에만 국한하여 주어진 것이 아니었다. 그러므로 사도 요한이 기록한 계시록에는 구약의 약속에 따라 장차 천상으로부터 선언될 그에 연관된 사실을 다시금 언급하고 있다.

> **"성령과 신부가 말씀하시기를 오라 하시는도다 듣는 자도 오라 할 것이요 목마른 자도 올 것이요 또 원하는 자는 값 없이 생명수를 받으라 하시더라"**

(계 22:17)

요한 계시록에는 성령과 신부 곧 교회가 목마른 자들에게 생명수를 약속하는 내용을 담고 있다. 즉 구약에 계시된 예언이 세상에 존재하는 교회를 통해 드러나게 된다. 하지만 하나님께서 값없이 모든 것을 채워 주시겠다고 할지라도 그것을 거부하는 인간들의 오만한 태도가 문제가 된다. 인간의 사악한 태도는 하나님의 사랑과 크게 대비된다.

우리가 여기서 유념해야 할 바는 목마른 자들은 물을 찾게 되지만 목이 마르지 않다고 느끼는 자들은 물을 절박하게 요구하지 않는다는 사실이다. 먹을 음식이 풍족한 부자라면 먹을 수 있는 양식을 구하기 위해 다른 사람에게 아쉬운 말을 할 필요가 없다. 이처럼 영적인 갈증을 절실하게 느끼지 못하는 자들은 신령한 물을 원하지 않는다.

그러므로 중요한 사실은, 성숙한 성도라면 거룩한 결핍상태를 깨달아야 한다는 사실이다. 실제로는 목이 마르고 배가 고픈 형편에 처해 있으면서도 그 사실을 전혀 인식하지 못한다는 것은 심각한 문제가 아닐 수 없다. 아사餓死 직전에 처해 있다면 마땅히 양식을 찾아 구해야 한다. 그것이 생명을 구할 수 있는 유일한 길이기 때문이다. 그럼에도 불구하고 배고픈 사실을 자각하지 못한다면 심각한 질병에 걸려 있다는 사실을 말해준다.

한편 타락한 세상에서의 경험에 익숙한 자들은 값진 음식을 돈 없이도 풍족하게 제공받는 것을 이해하기 어렵다. 그들은 항상 적절한 대가를 치르고 난 후 양식과 음료를 구하는 것이 자연스러운 것으로 여긴다. 따라서 가격을 치르지 않고 풍족하게 얻을 수 있는 것이라면 그만한 값어치가 되지 않기 때문이라는 오해를 할 수 있다.

그럼에도 불구하고 하나님께서는 언약의 자녀들을 향해 돈 없이 와서 모든 것들을 풍족하게 먹고 마시라는 말씀을 하셨다. 하지만 어리석은 자들에게는 자신의 이성적인 판단에 따라 여러 각도에서 의심하게 된다. 공짜가 정말 충분한 값어치가 있는지, 또한 공짜라면 진짜 공짜일지 의심스러울 수도 있다. 따라서 하나님으로부터 값없이 제공되는 음식을 받아먹기 위해서는 진정한 믿음이 필요하다.

2. 헛된 수고와 참된 자세 (사 55:2,3)

어리석은 인간들은 참되고 유익한 것들을 뒤로하고 개인의 판단에 따른 헛된 수고를 한다. 그들은 내용상 무익한 것들을 자기에게 유익한 것으로 인식하게 된다. 따라서 그런 자들은 하나님으로부터 은혜로 주어지는 진짜 값진 것을 거부한다. 그대신 자기가 땀 흘려 번 돈으로 산 대수롭지 않은 것들을 두고 자부심을 가지기를 좋아한다. 그와 같은 사고는 세상에서 얻은 인간들의 경험과 이성에 근거하고 있다.

하나님으로부터 값없이 얻게 되는 것은 완벽하고 좋은 것이며 그것이 인간들에게 참된 기쁨과 즐거움을 제공한다. 그러나 인간들의 욕망을 위해 비싼 돈을 주고 산 것들에는 흠이 있을 수밖에 없다. 따라서 저들에게 잠시 지나가는 일시적인 즐거움만 끼칠 뿐 거기에는 결코 영원한 성격이 존재하지 않는다.

이사야서 본문 가운데 언급된, 양식이 아닌 것을 위하여 은을 달아주는 자들의 어리석음을 지적한 사실은 매우 중요한 의미를 지니고 있다(사 55:2). 인간들이 날마다 먹는 양식은 생명을 공급하고 유지하는 역할을 한다. 그것이 없으면 인간들은 생명을 보존하지 못하고 죽을 수밖에 없다. 따라서 생명과 아무런 상관이 없는 것들을 얻기 위해 모든 힘을 투자하며 수고하는 것은 어리석은 행위이다.

그렇지만 하나님의 말씀을 귀담아 듣는 자들은 그가 선물로 제공하는 좋은 것을 먹게 된다. 여기서 언급된 좋은 음식을 먹는다는 말은 진정한 생명을 공급하는 최상의 음식을 섭취하게 된다는 사실을 의미한다. 이처럼 하나님께 순종하는 자들은 완벽한 음식을 공급받는다. 그것은 성도의 영혼을 위한 양식이 된다. 따라서 하나님께서는 자기의 말씀을 듣는 자들은 그것을 통해 저들의 영혼이 영원히 살게 되리라는 사실을 말씀하셨다.

이와 같은 약속은 하나님께서 자기 자녀들을 위해 특별히 허락하신 영원한 언약에 속한다. 그것은 다윗에게 허락된 확실한 은혜로서 '그의 자손' 곧 장차 오시게 될 메시아와 직접 연관되어 있다. 즉 이 메시지는 앞으로 인간의 몸을 입고 피조세계인 이땅에 오실 하나님의 아들에 관한 예언이다.

3. '새로운 나라' 와 하나님의 은혜 (사 55:4,5)

하나님께서는 언약의 자손들을 향해 메시아에 연관된 말씀을 선포하셨다. 그가 장차 오시게 될 메시아를 모든 것에 대한 증인으로 세우시겠다는 것이었다. 또한 그는 세상에 흩어져 살아가는 자기 자녀들을 위한 인도자(leader)와 명령자(commander)가 되신다.

하나님께서는 또한 장차 저들이 알지 못하는 특별한 나라에 대한 언급을 하셨다. 언약의 백성들이 '한 나라' 를 부르게 될 것이며 그로 말미암아 그 나라가 저들에게 다가오게 될 것이다. 즉 그것은 백성들의 간절한 외침에 대한 하나님의 응답 형식으로 나타난다. 그 모든 것은 이스라엘의 거룩한 하나님이신 여호와로 말미암아 성취되어 간다.

또한 성경은 거룩하신 하나님께서 자기 백성들을 불러 영화롭게 하심으로써 저들로 구성된 새로운 나라가 임하게 된다는 사실을 언급하고 있다. 그것은 장차 이땅에 도래하게 될 천국(Kingdom of God)을 시사하고 있다. 세례 요한은 예수 그리스도를 공사역으로 안내하면서 '천국이 가까웠으니 회개하라' 는 촉구를 했다(마 3:2). 그리고 예수님께서도 자기와 더불어 이 땅에 천국이 도래했음을 선포하셨다(마 4:17).

이처럼 하나님께서는 선택하신 자기 백성들을 영화롭게 하신다. 우리가 여기서 유념해야 할 바는 인간들이 하나님을 영화롭게 하기 전에 하나님께서 먼저 인간들을 영화롭게 하시게 된다는 사실이다. 이는 물론 인간이 거룩한 하나님과 죄악에 빠진 자기 자신의 상태를 깨달을 때 그 일이 발생하게 된다. 구약성경 잠언에는 하나님께서 자기 백성을 영화롭게 하신다는 사실이 기록되어 있다.

> **"그를 높이라 그리하면 그가 너를 높이 들리라 만일 그를 품으면 그가 너를 영화롭게 하리라 그가 아름다운 관을 네 머리에 두겠고 영화로운 면류관을 네게 주리라 하였느니라"(잠 4:8,9)**

잠언서에 기록된 이 말씀은 예수 그리스도가 이땅에 오심으로써 성취된다. 그로 말미암아 선택받은 백성들이 영화롭게 된다. 하나님께서는 그와 더불어 아름다운 면류관을 자기 자녀들의 머리에 씌워주신다. 하나님의 백성들은 그 모든 과정을 통해 영화로운 자리에 나아가게 되는 것이다.

4. '여호와를 찾고 그에게 돌아오라' (사 55:6,7)

선지자 이사야는 고통에 처한 백성들에게 여호와를 '만날 만한 때' 에 찾으라는 선언을 하고 있다. 그리고 그가 '가까이 계실 때' 그를 부르라고 했다. 이 말은 단순히 열정과 더불어 최선을 다해 하나님을 찾아 부르라는 일반적인 의미를 넘어서고 있다. 즉 장차 백성들이 그를 만날 때가 이른다는 것이다.

그러므로 여기서 여호와를 만날 만한 때에 찾으라는 말과 가까이 계실 때 그를 부르라는 말은 메시아 강림에 밀접하게 연관된 것으로 이해해야 한다. 하나님의 자녀들은 당연히 메시아가 오실 때를 소망하며 그를 삶의 중심에 두고 살아가게 된다. 타락한 인간 세상에서는 그가 유일한 소망이 되시기 때문이다.

그렇지만 하나님을 알지 못하는 자들은 전혀 그렇지 않다. 그들에게는 우주만물을 창조하신 인격적인 하나님에 대한 아무런 인식이 존재하지 않는다. 그런데 문제는 인간들의 잘못된 사상이 언약의 자손들에게 그대로 미치게 된다는 사실이다. 그것은 죄로 오염된 인간의 이성으로부터 나오는 자연적인 것일 수 있다.

따라서 하나님께서는 배도에 빠진 자들을 향해 세속적인 상황에 머물러 있지 말고 자기에게 돌아오라는 말씀을 하셨다. 즉 악인의 길을 버리고 불의한 상태의 기존 생각을 버리라는 것이었다. 여기서 언급된 악인은 배도의 길에 빠져 세상에 탐닉해 살아가는 언약의 자손들을 일컫고 있다.

그런데 선지자는 저들이 아무리 사악한 자리에 있을지라도 돌이켜 하나님의 말씀에 순종하면 그가 저들을 너그럽게 용서하시리라고 말했다. 그것은 창세전 언약에 기초한 하나님의 신실한 사랑을 보여주고 있다. 시편 기자는 간절한 마음으로 하나님을 부르짖어 찾는 자들에 관한 노래를 부르고 있다.

> **"여호와여 내가 소리로 부르짖을 때에 들으시고 또한 나를 긍휼히 여기사 응답하소서 너희는 내 얼굴을 찾으라 하실 때에 내 마음이 주께 말하되 여호와여 내가 주의 얼굴을 찾으리이다 하였나이다"**(시 27:7,8)

선지자 이사야는 하나님을 찾아 부르는 자들에게 그 얼굴을 보여주며 구체적으로 응답하시는 하나님에 관한 내용을 기록하고 있다. 선지자가 예언한 것처럼 위의 시편 본문에서 '주의 얼굴을 찾으라' 는 말은 성육신하신 하나님을 일컫는 것으로 받아들이는 것이 자연스럽다. 즉 무형적인 의미에 가두어진 언어가 아니라 장차 인간의 몸을 입고 이땅에 오실 예수 그리스도의 구체적인 사역에 연관되어 있다. 구약시대의 모든 언약의 자손들이 가지게 된 소망은 바로 그 메시아였던 것이다.

그러므로 성자 하나님께서 친히 인간의 몸을 입고 이땅에 오셨을 때 세례 요한이 먼저 선포했으며 그뿐 아니라 예수 그리스도께서 직접 백성들을 향하여 하나님과 그의 아들이신 그리스도께 돌이키라는 선포를 하셨다. 이는 앞에서 언급한 것처럼 세례 요한과 예수님께서 언약의 백성들에게 '회개하라' 고 촉구했던 사실과 밀접하게 연관되어 있는 것으로 받아들여야 한다(마 3:2; 4:17, 참조).

5. '하나님의 뜻' 과 '인간의 판단' (사 55:8-11)

하나님과 인간은 창조 때부터 인격적으로 연관된 측면이 있었다. 그것은 다른 동물을 비롯한 어떤 생명체도 가지지 못한 독특한 성격을 지니고 있다. 인간은 하나님의 형상을 닮게 창조되었으므로 범죄하기 전에는 하나님과 인격적으로 서로 통하는 존재였던 것이다.

그렇지만 하나님과 인간 사이에 '하나님의 형상' 이라는 거룩한 연결고리가 있다고 할지라도 그 존재적인 의미와 능력에 있어서는 연결고리가 존재하지 않는다. 하나님은 근원자이고 인간은 피조물이기 때문이다. 따라서 인간들의 제한적인 사고로써 전능하신 하나님의 모든 것을 추론해 내는 것은 불가능하다.

이에 대해서는 하나님을 믿는 백성들조차 오해할 우려가 따른다. 날마다 하나님께 기도하며 그와 동행하기 때문에 그와 같은 오만함에 빠질 가능성이 있다. 따라서 하나님께서는 언약의 자손들에게 하늘과 땅 사이의 차이처럼 자신의 방법은 인간들의 방법과 비교할 수 없으며, 자신의 생각은 인간들의 생각과 다르다는 사실을 언급하셨다. 이는 인간들이 참된 진리를 확인하고자 할 때 자신의 이성적인 판단을 버려야 한다는 사실을 말해주고 있다.

여기서 중요한 사실은, 본문 가운데 언급된 비와 눈이 하늘로부터 땅으로 내려오는 것에 관한 비유를 통해 얻어야 할 교훈이다. 그것들은 풍부한 물로써 토지를 비옥하게 만들게 되고, 거기 파종된 씨앗이 싹이 나게 함으로써 소출을 거두게 된다는 것을 말해 준다. 인간들은 날마다 그 양식을 먹고 이 세상을 살아가게 된다. 즉 생명을 부지하는 모든 것들은 하늘 곧 하나님의 섭리로 말미암는 것이다.

이처럼 하나님의 모든 예언의 말씀도 위에서 내려온다. 인간들이 날마다 먹는 육의 양식은 하늘로부터 오는 비와 눈과 같은 자연현상을 힘입어 생겨나게 되지만, 하나님의 말씀은 천상의 나라로부터 주어지게 된다. 그것이 성도들을 위한 영혼의 양식이 되며 그와 더불어 하나님께서 기뻐하시는 뜻이 이루어져 간다. 그 모든 것들을 통해 하나님의 구원사역이 형통하게 진행되어 가는 것이다.

6. '성도의 기쁨'과 '만물의 노래' (사 55:12,13)

선지자 이사야는 장차 하나님께서 자기 백성들에게 참된 기쁨과 평안을 제공해 주시리라는 사실을 언급했다. 하나님께서 친히 저들을 선한 곳으로 인도하실 것이기 때문에 미래를 낙관할 수 있다. 또한 하나님의 자녀들에게는 그것이 가장 믿음직스럽고 안전한 길이 된다.

그와 같은 변화된 상황은 비록 인간들뿐 아니라 모든 피조세계 가운데서 일어나며 만물이 그에 화답하게 된다. 높은 산들과 낮은 언덕들이 춤을 추듯이 언약의 백성들 앞에서 기쁨의 노래를 부르며 들에 있는 모든 나무들도 손뼉을 치듯이 즐거움에 참여하게 된다. 그때가 이르면 질 좋은 잣나무가 무가치한 가시나무를 대신하게 되며 찔레를 대신하여 사철나무인 화석류(myrtle)가 산에 가득하게 된다.

이는 물론 장차 이르게 될 놀라운 변화에 대한 상징적인 의미를 지니고 있다. 실제로 산과 들이 벌떡 일어나 노래를 부르며 즐거워할 수는 없다. 하지만 상징적인 측면에서는 그와 같은 놀라운 일이 발생하게 된다. 이는 죄 아래 가두어져 있던 우주만물에 근본적인 변화가 일어나게 된다는 사실을 말해준다. 즉 하나님의 자녀들과 피조세계는 사탄이 지배하던 상태에서 완전히 벗어나 참된 자유를 회복하게 되는 것이다.

이에 연관된 사실들은 구약시대의 역사적인 사건과 실체 가운데서 다양한 형태의 계시로서 제시되어 왔다. 도저히 헤어나오지 못할 것 같은 최악의 상태에 처한 하나님의 자녀들이 아무도 예측할 수 없는 놀라운 반전을 경험하게 되면 그것이 마치 꿈만 같이 여겨질 것이 분명하다. 시편에는 언약의 자손들이 이방의 포로에서 해방되어 본토로 돌아올 때, 그 자유로 말미암아 여호와 하나님께 기쁨으로 찬양하게 되는 사실이 기록되어 있다.

> **"여호와께서 시온의 포로를 돌려보내실 때에 우리는 꿈꾸는 것 같았도다 그 때에 우리 입에는 웃음이 가득하고 우리 혀에는 찬양이 찼었도다 그때에 뭇 나라 가운데에서 말하기를 여호와께서 그들을 위하여 큰일을 행하셨다 하였도다 여호와께서 우리를 위하여 큰일을 행하셨으니 우리는 기쁘도다 여호와여 우리의 포로를 남방 시내들 같이 돌려보내소서 눈물을 흘리며 씨를 뿌리는 자는 기쁨으로 거두리로다 울며 씨를 뿌리러 나가는 자는 반드시 기쁨으로 그 곡식 단을 가지고 돌아오리로다"(시 126편)**

피조물인 인간들이 누릴 수 있는 참된 기쁨은 오직 여호와 하나님으로 말미암는다. 심한 괴로움과 고통의 때를 경험한 백성들에게는 그 기쁨과 감사함이 더욱 크게 다가온다. 따라서 타락한 세상에서 취하여 경험하는 일반적인 것들은 겉보기에 아무리 그럴듯해 보일지라도 한시적인 현상에 지나지 않는다. 그런 것들은 결코 영원할 수 없기 때문이다.

그럼에도 불구하고 어리석은 인간들은 현재의 기쁨과 만족을 추구하기에 급급하다. 세상에서 무언가 얻었다는 실용적인 판단이 들면 거기 안주하기를 원한다. 하지만 세상의 쾌락을 추구하는 인간들은 장차 임하게 될 실상을 모르는 미련한 자가 아닐 수 없다. 그들은 이땅에 존재하는 모든 것이 영원하지 않다는 사실을 어느 정도 인식하고 있으면서도 그로부터 헤어나지 못한다.

그러므로 우리는 여호와 하나님의 명예가 되고 기념이 될 뿐 아니라 영원한 표징이 될 것에 관한 깨달음을 가져야만 한다. 하나님의 심판과 더불어 임하게 될 근원적인 변화는 자연적인 관점에서 볼 때 상상을 초월하는 기적이 아닐 수 없다. 그 기적을 보며 하나님의 영원한 세계를 기억하고 그에 온전히 참여하는 것은 참된 성도들이 이땅에서 소유해야 할 궁극적인 신앙 자세이다.

제6부

예루살렘의 회복과 '새 하늘과 새 땅'

(이사야 56-66장)

제50장

만민을 위한 복음과 '벙어리 개'
(사 56:1-12)

1. '너희는 공평을 지키며 의를 행하라' (사 56:1)

하나님께서는 언약의 자손들에게 공평 즉 정의(justice)를 지키며 의(righteousness)를 행하라는 요구를 하고 있다. 이 말은 타락한 세상과 타협하지 말고 거룩한 하나님의 의를 드러내라는 의미를 지니고 있다. 이는 또한 언약의 자녀들은 자기의 욕망대로 살아서는 안 된다는 사실을 언급하는 것이기도 하다.

이 시점에서 이와 같은 예언의 말씀이 주어진 까닭은 하나님의 심판의 때가 가까워졌기 때문이다. 그 심판의 목적은 사탄에게 속한 악한 세력을 응징하는 동시에 하나님의 자녀들을 구원하기 위해서였다. 머잖아 그때가 이르면 선과 악을 구별하는 공의가 나타나게 된다.

그러나 어리석은 자들은 항상 현재적 상황에 따라 모든 것을 판단하기를 좋아한다. 그들은 그것이 마치 대단한 지혜라도 되는 양 생각한다. 하지만 그와 같은 것은 타락한 인간들의 두뇌에서 나온 세상의 약은꾀에 지나지 않는다. 참된 성도들은 죄인들의 모든 방편을 물리치고, 하나님의 말씀을 좇아 살아가게 된다. 시편의 맨 앞에 수록된 시에서는 그에 관한 사실을 노래하고 있다.

> **"복 있는 사람은 악인의 꾀를 좇지 아니하며 죄인의 길에 서지 아니하며 오만한 자의 자리에 앉지 아니하고 오직 여호와의 율법을 즐거워하여 그 율법을 주야로 묵상하는 자로다"**(시 1:1, 2)

여호와 하나님을 알지 못하는 불신자들에게는 참된 복이 존재하지 않는다. 개인의 생각이나 사회 집단의 판단, 나아가 인간 역사 가운데서 어떤 긍정적인 해석이 내려질지라도 그것은 참된 복이라 말할 수 없다. 세상에 속한 사람들은 진정한 실상에서 벗어나 자신의 이성과 경험을 통한 판단에 의존하는 것이 일반적이다.

그러나 하나님께 속한 백성들은 그렇지 않다. 참된 교회에 속한 성숙한 성도들은 세상의 지혜를 추구하지 않으며 그에 의존하려는 마음을 먹지 않는다. 또한 성숙한 자들은 세상의 것들을 자랑하는 자들의 편에 서지 않으며 저들에게 부러워할 만한 것이 아무것도 없다는 사실을 잘 알고 있다.

그러므로 하나님의 자녀들은 항상 여호와 하나님의 율법을 묵상하기를 즐겨한다. 그 가운데 참된 진리와 진정한 소망이 있다는 사실을 깨닫고 있기 때문이다. 영원한 기쁨과 즐거움은 타락한 이 세상이 아니라 하나님의 말씀과 거기서 증거된 영원한 하나님 나라에 존재한다. 그 말씀이 요구하는 공의를 알고 하나님의 의를 좇아 살아가는 성도들이 진정으로 복이 있는 자들이다.

2. '안식일을 거룩하게 지키라' (사 56:2)

하나님께서는 언약의 자손들에게 안식일을 거룩하게 지키라는 요구를 하고 있다. 우리는 대개 '안식일' 을 언급할 때 구약의 '율법적 안식일' 을 염두에 두고 있는 경우가 일반적이다. 이는 모세 이후 율법으로 제정되어 예수 그리스도의 사역이 완성될 때까지의 안식일을 의미한다. 그러나 우리가 유념해야 할 바는 율법시대 이전에 있었던 안식일에 관한 근원적인 의미를 기억해야 한다는 사실이다. 그것은 곧 인간 역사 전체를 포괄하여 드러나는 언약적 안식일과 밀접하게 연관되어 있다.

맨 처음 안식일은 율법을 통해 제정된 것이 아니라 천지창조와 더불어 하나님으로 말미암아 구별되어 주어졌다. 그 안식일은 인간들의 준수나 지킴에 우선적으로 연관되는 것이 아니었다. 그날은 도리어 하나님께서 영광을 누리는 것에 초점이 맞추어져 있다.

하나님께서는 엿새 동안 우주만물을 창조하신 후 마지막 일곱째 날 안식하셨다. 그 날은 하나님의 영광이 피조세계 가운데 온전히 드러나는 날로서 그때 하나님께서 모든 영광을 취하셨다. 물론 그 날은 그 이후 역사 가운데 따라오는 모든 안식일에 대한 대표성을 띠고 있었으며 하나님의 언약과 더불어 지속성을 가져야만 했다.

우리가 여기서 기억해야 할 바는 신약시대 교회 역시 안식일에 대한 언약적인 의미를 유지 보존하고 있어야 한다는 사실이다. 구약의 율법이 언약의 자손들에게 안식일을 지키도록 요구한 것은 하나님의 거룩함을 침범하거나 더럽히지 말라는 의미를 지니고 있다. 나아가 노동을 금함으로써, 이스라엘 자손의 생명은 인간들의 두뇌와 손끝이 아니라 전적으로 하나님께 달려 있다는 사실이 선포되고 있다. 하지만 안식일이란 날 자체가 다른 엿새와는 다른 특별한 성분을 지니고 있는 것은 아니다.

중요한 사실은 안식일을 통해 거룩하신 하나님과 그의 뜻을 깨달아야 한다는 점이다. 지금도 우리가 안식일을 기억해야 하는 것은 언약 가운데 조성된 하나님의 창조질서를 떠올리며 전지전능하신 하나님을 찬양하기 위해서이다. 이와 같은 신앙적인 삶을 살아가는 성도들이 진정으로 복이 있는 자들이다.

그러므로 안식일에 연관된 언약 사상은 주님께서 재림하시는 그 날까지 이어져야 한다. 우리 시대에는 그것이 예수 그리스도의 부활과 더불어 성취된 영광의 주일을 통해 실현되고 있다. 우리가 여기서 주의를 기울여야 할 점은 본질적인 내용에 대한 것을 간과한 채 형식에만 치우쳐 '안식일'을 지켜서는 안 된다는 사실이다. 그것은 율법주의적인 것이 되어 도리어 우상화 될 우려가 따르기 때문이다.

3. 여호와께 연합한 자들 (사 56:3-5)

선지자는 본문 가운데서 이방인들 가운데 여호와께 연합할 자들이 있다는 사실을 언급했다. 이는 저들이 언약의 백성들과 연합하는 것으로 드러나며 그들과 동일한 언약을 소유하게 된다는 의미를 지니고 있다. 그와 같이 된 이방인들은 유대인들과 아무런 차이가 없는 영적인 신분을 소유하게 된다.

이처럼 하나님의 복음은 특정한 민족에게 국한되어 존재하지 않는다. 따라서 하나님께서는 이방인들 가운데 흩어져 살아가고 있는 선택한 자기 자녀들을 언약의 백성 가운데로 불러 모으시게 된다. 나아가 성경은 이방인뿐 아니라, 생식에 연관된 신체적인 결함을 가진 고자鼓子라 할지라도 언약의 백성이 되는데 아무런 허물이 되지 않는다는 사실을 언급하고 있다. 이는 유대인과 이방인 사이에 가로막혔던 담과 신체적인 결함으로 인한 장벽이 완전히 허물어지게 된다는 사실을 말해준다.

그렇게 됨으로써 구약의 율법에 기록된 부정한 조건이 되는 모든 것들이 완전히 사라지게 된다. 우리가 잘 알고 있듯이 구약의 율법은 이방인들뿐 아니라 육체적으로 특별한 결함이 있을 경우 부정한 자로 규정짓고 있다. 물론 거기에는 본문 가운데 언급된 고자뿐 아니라 신체적으로 다양한 결함을 가진 모든 자들이 포함되어 있다.

하지만 이사야서 본문에는 장차 그와 같은 모든 율법들이 완전히 성취되리라는 사실이 예언되어 있다. 그들 가운데 안식일을 거룩하게 지키며 하나님께서 기뻐하시는 일을 행하며 그의 언약을 굳게 잡는 자라면 누구나 하나님의 백성이 될 수 있다. 즉 이방인이거나 신체적인 결함을 가진 자라 할지라도 언약의 자손이 되는 데 아무런 문제가 없다.

다시 말해 이방인이나 신체적으로 부정한 자로 간주되고 있던 자들이라 할지라도 언약 백성의 공동체 안으로 들어오게 되면 서로간 완벽하게 동화될 수 있으며 또한 그렇게 되어야만 한다. 어느 누구도 세상에서의 인종적인 배경이나 신체적인 결함을 문제 삼을 수 없다. 만일 그렇게 하는 자들이 있다면 그것은 도리어 하나님의 뜻을 경홀히 여기는 죄에 빠지게 된다. 나아가 이방인이나 고자와 같은 신체적 결함이 있는 자들이라 할지라도 그것 때문에 스스로 위축되어서도 안 된다.

이는 신약시대 교회 가운데서도 동일하게 적용되어야 한다. 하나님께서 피로 값 주고 사신 지상 교회 안에서는 어떤 외형적인 요소들도 차별의 기준이 될 수 없다. 즉 교회에서는 어느 누구도 세속적인 배경으로 인해 우월감이나 열등감을 가져서는 안 되는 것이다. 야고보 선생과 바울은 그에 대하여 강조하고 있다.

> **"내 형제들아 영광의 주 곧 우리 주 예수 그리스도에 대한 믿음을 너희가 가졌으니 사람을 차별하여 대하지 말라"**(약 2:1); **"거기에는 헬라인이나 유대인이나 할례파나 무할례파나 야만인이나 스구디아인이나 종이나 자유인이 차별이 있을 수 없나니 오직 그리스도는 만유시요 만유 안에 계시니라"**(골 3:11)

신약시대의 사도들이 언급한 이 말씀은 성도들간의 일반적인 윤리가 아니라 복음의 본질에 연관된 의미를 지니고 있다. 우리는 지상 교회 안에 어떤 차별도 존재하지 않는다는 사실을 잊어서는 안 된다. 현대 세속화된 교회 가운데 차등화의 기준이 되고 있는 학벌, 직업, 능력, 건강, 빈부, 남녀, 노소 등에 따른 차별은 당연히 없어져야 할 폐습이다.

또한 얼마나 오랜 기간 교회 생활을 했는가 하는 소위 신앙 경력도 차별의 근거가 되지 않는다. 설령 개별적인 공로가 있다고 할지라도 그 자체가 차별의 기준이 되어서는 안 된다. 단 장로나 집사 등 직분자를 선출할 때 교회의 일반적인 사정을 폭넓게 이해해야 한다는 차원에서 입교 기간에 따른 자격을 정해 두는 것은 성경적인 근거를 가진 별개의 문제로서 교회를 위한 방편이 된다(딤전 3:6, 참조).

또한 선지자 이사야는 본문 가운데 하나님께서 자신의 예루살렘 성 안에서 아들이나 딸보다 나은 기념물과 이름을 저들에게 주시게 된다는 사실을 언급하고 있다. 그들로 하여금 새로운 영원한 이름을 가지게 함으로써 자신으로부터 끊어지지 않게 하신다. 즉 그렇게 함으로써 하나님의 뜻이 성취되며 언약공동체가 더욱 견고해질 수 있다는 것이다.

4. '만민의 기도하는 집' (사 56:6-8)

성도들에게 있어서 가장 중요한 것은 여호와 하나님과의 연합이다. 이 말은 타락한 세상을 등지고 거룩한 하나님께 온전히 속하게 된다는 사실을 의미한다. 이는 또한 지상 교회를 통해 그리스도와 한 몸을 이룬다는 사실을 말해주고 있다.

이에 관한 성취는 선택받은 이방인들이 예수 그리스도를 통해 언약공동체 안으로 들어오게 됨으로써 분명히 드러나게 된다. 하나님과 연합한 성도들은 유대인이나 이방인에 상관없이 누구든지 새로운 삶의 본질적 의미를 소유하게 된다. 그들은 하나님을 섬기는 종이 되어 오직 그를 사랑하게 된다. 그 사람들은 안식일을 거룩하게 지킴으로써 하나님의 거룩한 언약에 참여하는 은혜를 누린다. 하나님의 자녀들에게는 세상의 환경이나 세속적인 조건이 절대적인 역할을 하지 않는다.

이방인 출신 성도들에게 있어서 가장 중요한 것은 유대인들과 마찬가지로 하나님과의 연합이며 성도들을 통해 드러나는 신령한 교제이다. 그와 같은 신령한 자리에 앉게 된 성도들은 하나님의 인도하심에 따라 참된 길로 나아가게 된다. 즉 세상에서 구별된 거룩한 성전을 통해 여호와 하나님과 교제할 수 있게 되는 것이다. 그러므로 선지자 이사야를 비롯한 여러 믿음의 선배들은 하나님의 집인 성전은 '만민이 기도하는 집' 으로서 그곳에서 거룩한 하나님을 대하게 된다는 사실을 언급하고 있다.

> **"내가 곧 그들을 나의 성산으로 인도하여 기도하는 내 집에서 그들을 기쁘게 할 것이며 그들의 번제와 희생을 나의 제단에서 기꺼이 받게 되리니 이는 내 집은 만민이 기도하는 집이라 일컬음이 될 것임이라"**(사 56:7); **"가르쳐 이르시되 기록된바 내 집은 만민의 기도하는 집이라 칭함을 받으리라"**(막 11:17)

선지자 이사야는 하나님께서 그 언약의 백성들을 자신의 거룩한 산으로 인도하시리라는 사실을 예언했다. 하나님은 예루살렘에 있는 하나님의 집 제단에서 저들이 바치는 번제와 희생 제물을 기꺼이 받으신다. 그 과정을 통해 하나님께서 저들로 하여금 기쁨을 소유하도록 허락하신다.

그러므로 하나님의 성전은 '만민이 기도하는 집' 이 된다. 즉 유대인들뿐 아니라 이방인들에게 완전히 개방되는 것이다. 이에 대해서는 신약성경에도 그대로 인용되고 있다. 인간의 몸을 입고 이땅에 오신 예수 그리스도께서 자기 백성들을 향하여 그것을 선포하신 사실이 위에 인용한 대로 복음서에 기록되어 있다.

이와 더불어 하나님께서는 이사야서에 기록된 말씀을 통해 고통받는 이스라엘 자손들에게 새로운 소망을 주셨다. 즉 장차 이스라엘의 쫓겨난 자들을 자기 앞으로 모으시게 되리라는 예언의 말씀을 하셨다. 또한 혈통적으로 이스라엘 민족이 아닌 이방인들과 부정한 자들로 간주된 자들 가운데 택한 백성들을 모아 자신의 언약의 공동체에 속하게 하시는 것이다. 이는 하나님의 복음이 온 세상을 정복하게 된다는 의미를 지니고 있다.

5. 짖지 않는 '벙어리 개' 가 된 이스라엘의 파수꾼들 (사 56:9-12)

하나님께서는 들의 모든 짐승과 숲 속에 살고 있는 짐승들을 불러 자기에게 나아와서 음식을 먹으라는 말씀을 하셨다. 여기서 언급된 들과 숲 속의 짐승들이란 본토로부터 이방 지역으로 쫓겨난 유대인들과 이방인들을 상징적으로 지칭하고 있다. 여기서 하나님은 저들에게 당시의 열악한 환경과 다른 새로운 삶의 터전을 약속하셨다.

그런데 그와 같은 놀라운 시대가 도래하면 하나님의 그 사역을 방해하는 세력들이 많이 생겨나게 된다. 그때가 되면 노골적으로 악을 행하는 자들이 있는가 하면 그 악행을 보고 모른 채 입을 다물고 잠잠한 자들이 있다. 그들은 직접적인 악행을 저지르지 않으면서 자기는 별 잘못이 없으므로 마치 의인인 양 착각하게 된다.

그렇지만 하나님께서는 그들을 배도자와 동일한 부류로 간주하셨다. 그들은 하나님으로부터 언약의 백성들을 보호하며 지키는 파수꾼 역할을 위한 사명을 부여받았음에도 불구하고 눈을 감은 맹인이 되어 있으며 소리내어 짖지 못하는 벙어리 개들이 되어 있었다. 그 개들은 탐욕이 가득하여 진리를 추구하지 않고 이기적인 욕망을 따라가기에 급급하다.

그와 같이 타락한 세태의 눈치를 살피며 살아가는 인간들은 진리에 대한 관심을 멀리한다. 그들에게는 오로지 자신의 인생과 종교적인 욕망만 가득차 있을 따름이다. 종교를 앞세워 미혹하는 자들은 헛된 꿈으로 말미암아 안일함에 빠져 게으른 자들이다. 탐욕에 가득한 자들은 하나님과 그의 뜻에 대해서는 지극히 둔감하고 게으르면서 자신의 욕망을 채우는 일을 위해서는 수단 방법을 가리지 않는 열정을 드러낸다.

몰지각한 상태에서 선지자의 칭호만 가진 거짓 지도자들은 온갖 부패로 얼룩져 있으면서도 자신을 선지자라 자랑하기를 즐긴다. 그들은 옳고 그름에 대하여 말씀을 근거로 한 분별력을 갖추지 못하고 있다. 그런 자들은 스스로 자신의 오만한 사고와 행동에 도취되어 쾌락에 빠진다. 따라서 항상 포도주와 독주를 가까이 두고 취하여 살아가기를 좋아한다.

하나님의 자녀들은 선지자라는 형식적인 칭호만 가지고 있을 뿐 실제로는 이기주의적 욕망에 빠져 있는 그런 자들을 극히 조심해야 한다. 그들은 자신을 교묘하게 꾸미기 때문에 신앙이 어린 자들은 저들의 실상을 알기 어렵다. 따라서 사도 바울은 여러 교회들에 편지하면서 사악한 개들을 조심하라는 경고의 메시지를 전했다.

> **"개들을 삼가고 행악하는 자들을 삼가고 손할례당을 삼가라"**(빌 3:2); **"저런 사람들은 거짓 사도요 궤휼의 역군이니 자기를 그리스도의 사도로 가장하는 자들이니라 이것이 이상한 일이 아니라 사단도 자기를 광명의 천사로 가장하나니 그러므로 사단의 일군들도 자기를 의의 일군으로 가장하는 것이 또한 큰 일이 아니라 저희의 결국은 그 행위대로 되리라"**(고후 11:13-15)

하나님을 진정으로 경외하는 성도들은 자신의 유익을 구하지 않고 항상 하나님의 영광을 기억한다. 그들은 하나님의 뜻에 민감하게 반응하는 것이 중요하다는 사실을 깨달아 알고 있다. 즉 그들은 개인적인 욕망 충족을 위해 신앙생활을 하지 않는다.

이에 반해 형식적인 신분을 가지고 종교 지도자 행세를 하는 배도자들은 교인들을 자기를 위한 도구로 여긴다. 또한 어리석은 자들은 거짓 교사들의 미사여구美辭麗句에 쉽게 넘어간다. 따라서 모든 성도들은 분별력을 소유하지 않으면 안 된다. 이는 외형을 보고는 그에 대한 분별이 어렵다는 사실을 말해 준다. 겉보기에 온화한 모습을 보이고 그럴듯한 윤리적인 태도를 보이면 신앙이 어리거나 어리석은 자들은 그에 넘어가기 십상이다.

말세지말末世之末을 살아가는 우리 시대의 성도들은 항상 깨어 있으면서 그에 철저하게 대응하지 않으면 안 된다. 우리 주변에는 사탄의 사주를 받아 지상 교회를 허물고자 하는 거짓 교사들이 넘쳐나고 있다. 따라서 이 세상을 살아가는 성도들은 항상 세상을 올바르게 파악하고 견제하는 자세로 살아가야 한다. 그것은 지상 교회의 보호와 성도들의 순결한 신앙을 유지하기 위한 중요한 방편이 된다.

제51장

하나님의 심판과 메시아 사역

(사 57:1-21)

1. 의인들이 당하는 고난과 안식 (사 57:1,2)

아담은 사탄의 유혹을 받아 하나님의 피조세계를 사탄의 세력에 넘겨주었다. 인간의 범죄 이후 타락한 세상은 사탄에게 속해 있게 되었다. 따라서 하나님의 자녀들은 세상 가운데 살아가면서 환난과 고통을 당할 수밖에 없다. 사도 바울은 에베소 교회에 보내는 편지에서 이 세상은 공중의 권세를 잡은 사탄에게 속해 있기 때문에 거듭나지 않은 자연인들은 그의 지배를 받고 있다는 사실을 말했다.

> **"그때에 너희가 그 가운데서 행하여 이 세상 풍속을 좇고 공중의 권세 잡은 자를 따랐으니 곧 지금 불순종의 아들들 가운데서 역사하는 영이라"**(엡 2:2)

하나님의 자녀들이 사탄이 지배하는 타락한 세상에 살아가면서 고통을 당하는 것은 지극히 자연스럽다. 천국시민권을 가진 성도들은 이 세상에서 지나가는 나그네로 살아간다. 세상에 속한 자들은 주인 행세를 하는데 반해 하나님의 백성들은 그렇지 않기 때문이다.

그러므로 이 세상의 잘못된 풍조와 왜곡된 가치관에 역행하며 올바른 삶을 살아가고자 하는 사람들은 박해를 받게 된다. 그렇게 되면 악한 자들이 더욱 기승을 부리게 되며 경건한 사람들은 고통스런 일을 겪지 않을 수 없다. 악한 인간들은 그와 같은 모든 상황을 주도하면서 기득권을 누리고자 한다. 나아가 그런 뒤엉킨 상황을 만들어 가는 인간들 가운데 진실을 깨닫는 자들은 아무도 없다.

선지자 이사야는 사람들의 눈에 비쳐지는 그와 같은 상황이 전부가 아니라는 사실을 언급하고 있다. 선한 자들을 박해하며 자기 욕망을 채우는 자들은 겉보기와 달리 패망을 향해 달려가고 있을 따름이며, 오히려 고통을 당하며 신음하는 자들은 영생을 향해 나아가고 있다는 것이다. 따라서 여호와 하나님께 속한 백성들은 장차 이 세상에 무서운 재앙이 임하기 전에 평안한 영역으로 옮겨진다. 그들은 안전하고 올바른 길을 취함으로써 평온한 삶을 영원토록 소유하게 되는 것이다.

2. 배도자들의 참람한 악행 (사 57:3-10)

언약의 자손들 가운데 뒤섞여 살아가던 배도자들은 모세의 율법을 버렸다. 그들은 성경을 자기의 목적을 위한 도구로 사용할 뿐 하나님의 말씀에 순종하기를 거부했다. 선지자는 그런 자들을 '무당의 자식' 이요 '음녀의 자식' 으로 묘사하고 있다.

그 사람들은 겉으로 드러나는 외양과는 달리 미신을 섬기는 무당의 자식으로 변해 있었으며 이방 신을 가지고 들어와 간음하는 음녀의 자식이 되어 있었다. 그들은 골짜기 안으로 들어가 더러운 우상을 만들어두고 섬겼다. 그들이 영적인 간음을 행하던 곳은 예루살렘 성 인근의 힌놈의 골짜기였다.

그런데 여호와 하나님께서는 그와 같은 참람한 행위를 하는 자들에게 자기 앞으로 나아오라는 요구를 하고 있다. 그들에게 시비를 가려 더러운 악행을 그만 멈추라는 것이었다. 하나님으로부터 등을 돌린 자들을 보고, 감히 누구를 희롱하며 누구를 향하여 입을 크게 벌리며 혀를 내미느냐는 말씀으로 책망하셨던 것이다. 패역한 자식들로서 우상을 섬기며 하나님의 율법을 버린 것은 진리를 포기함으로써 사악한 자들이 되었다는 사실을 말해준다.

그 배도자들은 또한 산 중에 있는 상수리나무를 비롯한 푸른 나무 아래 신당을 차려두고 우상숭배를 하며 음욕을 불태웠다. 그들은 바위틈에서 어린아이를 죽여 거짓 신에게 제물로 바치기까지 했다. 그들은 골짜기로부터 그럴듯하게 생긴 매끈한 돌들을 가져와 그것을 신으로 받들기를 주저하지 않았다. 그것들을 중심에 두고 종교적인 유산으로 여기며, 거기에다 전제의 술을 붓고 예물을 바치면서 정성을 기울였던 것이다. 그들은 그와 같은 종교행위를 통해 심적인 위안을 받고자 했다. 하지만 그것은 도리어 하나님을 진노케 하는 악행일 뿐 진정한 위로를 받을 수 없었다.

또한 배도 행위에 적극적인 자들은 더욱 높은 산꼭대기를 찾아 거기 올라가 넓은 자리를 펴고 제사지내기를 좋아했다. 어리석은 자들은 그렇게 하는 것이 더욱 깊은 신앙심을 드러내는 것이라 믿었다. 뿐만 아니라 자기의 집 문설주 안에 종교적인 기념물인 더러운 우상을 세워두고 여호와 하나님이 아닌 거짓 신을 섬기기를 즐겨했다. 그들은 그 헛된 물건을 향해 모든 좋은 것들을 갖다 바치며 자신의 몸을 드러내고 사랑을 표현하면서 영적인 음행을 저질렀던 것이다.

뿐만 아니라 그들은 이방 족속들 가운데 성행하는 불의 신으로 알려진 몰렉(Molech) 신을 위한 제물을 바치며 그 위에 기름을 붓고 향품을 더해 제사하기를 지속했다. 또한 섬길 만한 다른 이방 신들을 찾기 위해 먼 지역에까지 종교인들을 보냈으며 심지어는 종교적인 관점에서 음부에까지 내려가도록 했다. 오만한 배도자들은 더욱 자극적이고 효능이 있다고 소문난 신령들을 원했기 때문이다. 그들은 결국 참된 하나님을 버리고 거짓 신을 찾아 섬기기 위해 혼신의 노력을 다했던 것이다.

어리석은 인간들은 이방 신들을 찾아 나서는 길이 고되고 지칠 만한데도 그것을 헛수고라 생각지 않고 오히려 악을 행하기 위해 더욱 열성을 냈다. 그러면서 저들이 섬기는 그 우상들이 자신으로 하여금 지치지 않도록 새 힘을 준다며 자랑하고 다니기까지 했다. 선지자는 여기서 배도에 빠진 인간들이 얼마나 사악한 존재인가에 대하여 분명히 말해주고 있다.

이와 같은 양상은 구약시대 전반에 걸쳐 항상 발생하고 있던 일이었다. 어떤 시대에는 좀더 심각하고 다른 어떤 시대에는 좀 덜했을 따름이다. 선지자 이사야가 예언하던 시기보다 나중인 예레미야가 예언할 당시에도 그와 동일한 일이 발생했다. 그들은 하나님의 율법을 버리고 어리석은 종교생활을 하면서도 그에 대한 아무런 자각이 없었다.

> "그들이 등을 내게로 향하고 얼굴을 내게로 향치 아니하며 내가 그들을 가르치되 부지런히 가르칠찌라도 그들이 교훈을 듣지 아니하며 받지 아니하고 내 이름으로 일컬음을 받는 집에 자기들의 가증한 물건들을 세워서 그 집을 더럽게 하며 힌놈의 아들의 골짜기에 바알의 산당을 건축하였으며 자기들의 자녀를 몰렉의 불에 지나가게 하였느니라 그들이 이런 가증한 일을 행하여 유다로 범죄케 한 것은 나의 명한 것도 아니요 내 마음에 둔 것도 아니니라"(렘 32:33-35)

우리는 하나님의 율법을 벗어난 상태에서는 참된 신앙생활을 할 수 없다는 사실을 기억해야 한다. 그렇게 되면 하나님께서 보내신 선지자들의 말에 귀를 기울이지 않고 인간들의 종교적인 이성과 경험에 의존한다. 그것은 결국 우상을 의지하는 가운데 예루살렘 성을 더럽힐 뿐 아니라 거룩한 성전을 모독하게 된다.

선지자 예레미야가 예언하던 당시의 배도자들은 예루살렘 성 주변에 있는 힌놈의 골짜기를 우상의 영역으로 만들어 버렸다. 그들은 거기에다 바알(Baal) 신당을 건축하고 종교의례를 행했으며 어린아이들을 불 속에 던져 몰렉(Molech)에게 제사지냈다. 그렇게 함으로써 언약의 자손들로 하여금 혼란에 빠져 범죄케 했다. 하지만 그것은 하나님께서 원하는 것이 아니며 선지자들이 격려하고 있는 바도 아니었다. 이처럼 배도자들은 언약의 자손이라 주장하면서도 본분을 버리고 배도에 빠져 음란한 행위를 일삼았다.

우리는 현대에도 혼합주의적인 종교 사상으로 인해 무당의 자식과 음녀의 자식이 된 자들이 가득하다는 사실을 기억해야 한다. 이는 기독교 밖에 있는 일반적인 무당과 음녀들을 일컫는 것이 아니다. 성경에서 언급하고 있는 그런 자들은 교회 언저리를 배회하면서 자신을 세속적인 신앙으로 포장한 채 그 악행을 저지르고 있다. 따라서 그들은 겉보기에 근엄한 모습을 보일 수 있으며, 매우 존경받는 유능한 종교인으로 인정받는 자들일 수도 있다.

그러나 성숙한 성도들은 그들의 세속적인 관점을 기준으로 삼아 모든 것을 평가하지 않는다. 중요한 사실은 그들이 진정으로 하나님을 경외하며 성경에 계시된 하나님의 말씀에 순종하고자 하는 자세를 소유하고 있는가 하는 점이다. 본질을 상실한 신앙이라면 설령 수많은 사람들로부터 칭송을 받는다고 할지라도 아무런 의미가 없다.

예수님께서 이땅에서 사역하시던 당시에도 바리새인과 사두개인들, 제사장과 서기관들, 장로들은 배도에 빠져 하나님을 버리고 눈에 보이지 않는 우상을 섬기고 있었다. 그럼에도 불구하고 어리석은 백성들의 눈에는 그들이 매우 모범적인 고상한 종교인들로 비쳐졌다. 하지만 저들의 실상은 사악한 마귀에 속해 있었다. 우리는 오늘날에도 그때와 거의 다르지 않는 상황이 지속되고 있다는 사실을 기억하고 있어야만 한다.

3. 하나님의 심판 계획 (사 57:11-13)

하나님께서는 언약의 영역에 속해 있으면서 배도에 빠진 자들을 강하게 책망하셨다. 도대체 여호와 하나님 이외에 누구를 두려워하며 누구로 말미암아 놀라워하느냐는 것이었다. 어리석은 자들은 인간들이 만들어낸 우상으로 포장된 거짓 신을 겁내고 저에게 제물을 바치며 헛된 행위를 일삼고 있었다.

그런 자들은 살아계신 하나님을 기억하지 않았으며 그 마음에 여호와 하나님을 두지 않았다. 그들에게는 여호와 하나님을 진정으로 경외하고자 하는 마음이 아예 없었다. 그러므로 자기의 종교적인 취향과 이성적인 판단에 따라 모든 것을 행하기를 좋아했다.

하나님께서는, 저들이 그와 같은 악행을 저지르는 까닭은 자기가 오랫동안 잠잠했기 때문이라고 말씀하셨다. 저들의 배도행위에도 불구하고 하나님은 저들을 즉시 심판하지 않고 오래 기다리셨다. 하지만 그들은 하나님의 뜻을 멸시한 채 배도의 길을 걸어가기를 중단하지 않았다. 즉 그들은 하나님의 오래 참으심을 은혜로 받아들이지 않고 도리어 배은망덕한 태도를 취했던 것이다.

그러므로 이제 하나님께서는 저들의 모든 소행을 만천하에 드러내실 것이며 무서운 공의를 행하여 보이시리라는 말씀을 하셨다. 그들이 그동안 지속해온 모든 악행은 여호와 하나님을 욕되게 하는 사악한 것들에 지나지 않았다. 공의의 하나님께서는 그들을 엄히 징계하심으로써 창세전부터 작정된 자신의 사역을 이루어 가시리라고 말씀하셨던 것이다.

하나님께서는 저들에게 먼저 저들이 믿는 방식으로 그에 대한 실험을 해보라고 요구하셨다. 저들이 정성들여 만들어 둔 우상들을 향해 소리 높여 부르짖음으로써 그것이 저들을 구원하도록 해보라는 것이었다. 그들이 섬기는 우상들은 전부 바람에 날려가 버리게 될 것이며 입김에 불려 가게 된다. 그 우상들은 아무런 힘이 없으며 그것들은 일순간에 사라져 버릴 허망한 것들에 지나지 않는다.

그러나 여호와 하나님을 의뢰하는 자들은 흔들림없이 굳건한 모습을 유지할 수 있다. 그들은 배도에 빠진 악한 저들로부터 심한 고통을 당하면서도 하나님을 경배하기를 지속하는 것이다. 그들은 장차 영원한 삶의 기초가 되는 땅을 선물로 받아 차지하게 된다. 그리고 '하나님의 거룩한 산' 을 기업으로 얻게 된다. 이는 예루살렘과 그 안에 존재하는 성전을 통해 저들이 영원토록 살게 되리라는 사실을 말해주고 있다.

4. 메시아 사역 예언 (사 57:14-18)

하나님께서는 자기 백성이 허튼 길로 걸어갈 때 무서운 징계를 하시기도 하지만 궁극적으로는 선한 길로 인도하신다. 즉 고통중에 빠져 있으면서 말씀을 듣고자 하는 귀를 소유한 자들에게는 끊임없이 소망에 대한 메시지를 전하시는 것이다. 그것이 언약의 자손들이 타락한 이 세상을 살아가며 승리를 거둘 수 있는 원동력이 된다.

하나님께서는 본문 가운데서 메시아 강림에 관한 예언의 말씀을 하셨다. 그리고 백성들에게 땅을 돋우고 길을 내어서 앞을 가로막는 모든 장애물을 제거하라고 요구하셨다. 이는 우주만물을 창조하신 거룩한 하나님께서 배도자들에 의해 고통당하는 언약의 백성들에게 주신 특별한 메시지였다.

여호와 하나님은 천상의 나라에 계시면서 항상 지상에 살아가는 자기 백성들을 굽어 살피고 계신다. 하나님께서는, 잠시 배도의 길에 빠져들게 될지라도 통회함으로써 뉘우치며 겸손한 마음을 가진 자들을 외면하시지 않는다. 그로 인해 모든 것을 상실한 듯이 보이는 백성들의 영혼을 그가 소생시키시게 되는 것이다. 그것은 물론 인간들의 종교적인 노력이나 정성에 의존하지 않고 장차 있게 될 메시아 사역으로 말미암아 진행된다.

하나님께서는, 자신은 언약의 자손들과 영원히 다투지 않으실 것이며 끝까지 진노하지 않는 분이라는 사실을 언급하셨다. 그는 자기가 창조한 백성들의 영혼이 하나님 앞에서 피곤하지 않도록 해주신다는 것이었다. 우리는 여기서 하나님께서 자기 자녀들을 친히 창조하셨다고 말씀하신 사실에 관심을 기울여 보아야 한다(사 57:16).

즉 하나님께서 말씀하신, '내가 지은 사람들' (the breath of those whom I have made)이라는 말 가운데는 배타적인 의미가 담겨 있다. 이는 이 세상에 존재하는 모든 인간들을 염두에 둔 것이 아니라 오직 하나님의 형상에 따라 지어진 선택받은 자들에 국한되는 말로 이해하는 것이 자연스럽다. 즉 이 말은 자기 백성들을 향한 하나님의 약속이다.

하나님의 자녀로서 선택받은 백성들이라 할지라도 세상의 유혹으로 인해 탐심과 죄악에 빠질 수 있다. 그들은 일시적으로 패역하여 자신이 원하는 길로 걸어가기도 한다. 하나님 앞에서 범죄한 자들이 자신의 죄를 깊이 뉘우치지 않을 경우, 하나님께서는 저들의 악행에 대해서도 반드시 벌하신다. 그는 배도에 빠진 백성들을 징계하시며 저들로부터 잠시 얼굴을 돌리시는 것이다.

물론 하나님께서는 결코 창세전에 선택하신 자기 자녀들을 영원히 버리시지는 않는다. 그는 배도에 빠진 자기 백성들의 모습을 보면서 끝까지 유기하지 않고 때가 이르면 완전히 고쳐주신다. 그것은 단순한 상태 변화가 아니라 메시아의 사역으로 말미암아 이루어지게 된다. 이처럼 하나님께서 저들을 반드시 자기에게로 인도하실 것이며 슬퍼하는 자들을 위로해 주시리라는 약속을 하셨다.

이에 연관된 노래는 언약의 백성들이 소유한 시詩가 되어 구속 역사 가운데 끊임없이 선포되었다. 시편 기자는 그에 관한 노래를 계시받아 이스라엘 자손에게 전했던 것이다. 역사 가운데 존재했던 이스라엘 백성들은 견디기 어려운 고통을 당할 때 이 노래를 잊지 않았다. 그것은 물론 메시아 예언에 연관된 것으로 이해해야 한다.

> **"의인이 외치매 여호와께서 들으시고 저희의 모든 환난에서 건지셨도다 여호와는 마음이 상한 자에게 가까이 하시고 중심에 통회하는 자를 구원하시는도다 의인은 고난이 많으나 여호와께서 그 모든 고난에서 건지시는도다 그 모든 뼈를 보호하심이여 그 중에 하나도 꺾이지 아니하도다"**(시 34:17-20)

언약의 자손들은 타락한 세상으로부터가 아니라 하나님께서 보내시는 메시아를 통해 진정한 위로를 받게 된다. 그가 없는 세상은 아무런 소망이 보이지 않는 파멸의 공간에 지나지 않는다. 그에 대한 올바른 깨달음을 가지는 것은 하나님의 전적인 은혜로 말미암는다. 즉 성령 하나님의 도우심이 없이는 이에 대한 의미를 알아갈 수 있는 아무런 방도가 없다.

구약시대 언약의 백성들에게 주어진 이 노래는 오늘날 우리의 노래가 되기도 한다. 지상 교회에 속한 성도들은 하나님의 자녀로서 타락한 이 세상을 살아갈 때 항상 상당한 어려움을 동반한다. 지금도 배도자들은 참 성도들을 곱게 대하지 않는다. 여호와 하나님을 믿고 섬기는 백성들은 그 모든 실상을 알고 하나님께 의지할 때 진정한 위로를 받게 되는 것이다.

5. 하나님의 구원과 심판 작정 (사 57:19-21)

선지자 이사야는 본문 가운데서 '입술의 열매' 에 관한 언급을 하고 있다. 입술의 열매를 창조하신 분은 여호와 하나님이다. 이는 슬픔에 빠져 있던 백성들이 부르게 되는 고백의 찬송과 연관되는 것으로서, 성도들로 하여금 입술로 찬양하게 하신 분은 하나님이라는 사실을 말해준다. 즉 인간들이 자발적으로 신앙을 고백하며 하나님을 경배하게 되는 것이 아니라 하나님께서 그렇게 하도록 은혜를 베풀어 주시는 것이다.

여호와 하나님께서는 그때 이스라엘 지경 내부에 거주하는 언약의 자손들뿐 아니라 멀리 흩어져 살아가는 자기 백성들을 위한 평강을 빌었다. 장차 고통당하는 자기 백성들을 완전히 치유해주시겠다는 것이었다. 그것은 물론 이땅에서 발생하는 역사적 현상에 국한되는 것이 아니라 그리스도를 통해 성취될 영원한 일에 관한 예언이다.

당시 이스라엘 자손이 당하던 고통의 의미는 예수 그리스도의 강림과 십자가 사역을 통해 완성된다. 하지만 구원받은 성도라 할지라도 타락한 이 세상에 살아가는 동안에는 여전히 환난과 핍박을 받을 수밖에 없다. 따라서 히브리서 기자는 장차 임하게 될 영원한 천국과 그곳에서 '입술의 열매' 로서 하나님을 찬양하게 될 성도들에 관한 언급을 하고 있다.

> **"우리가 여기는 영구한 도성이 없고 오직 장차 올 것을 찾나니 이러므로 우리가 예수로 말미암아 항상 찬미의 제사를 하나님께 드리자 이는 그 이름을 증거하는 입술의 열매니라 오직 선을 행함과 서로 나눠주기를 잊지 말라 이같은 제사는 하나님이 기뻐하시느니라 너희를 인도하는 자들에게 순종하고 복종하라 저희는 너희 영혼을 위하여 경성하기를 자기가 회계할 자인 것 같이 하느니라 저희로 하여금 즐거움으로 이것을 하게 하고 근심으로 하게 말라 그렇지 않으면 너희에게 유익이 없느니라"**(히 13:14-17)

인간들이 살아가는 타락한 이 세상에는 진정한 소망이 존재하지 않는다. 그럼에도 불구하고 어리석은 인간들은 세상에서 무엇인가를 성취하고 어떤 흔적을 남기고자 심혈을 기울인다. 설령 그들이 세상에서 원하는 모든 것을 이룩하고 손에 움켜잡았다고 할지라도 그것들은 허망한 것에 지나지 않는다.

그와 같은 자들의 인생은 영원한 세계를 알지 못하는 안타까운 삶의 현상일 따름이다. 배도자들의 삶은 마치 진흙과 더러운 것들이 물에 뒤엉켜 소용돌이치는 바다와도 같다. 성경은 하나님께 대항하는 악한 자들은 그처럼 영원한 불안에 처해질 수밖에 없다는 사실을 끊임없이 언급하고 있다.

이에 반해 하나님을 진정으로 경외하는 성도들은 영원한 평강을 얻게 된다. 그들은 세상 가운데서 견디기 어려운 환난과 고통을 당한다고 할지라도 그것은 잠시 지나가는 것이란 사실을 깨달아 알고 있다. 그러므로 지상 교회에 속한 참된 성도들은 영원한 하나님 나라를 소망하며 그리스도를 바라보는 가운데 신앙인의 삶을 살아가게 되는 것이다.

제52장

참된 금식과 메시아 예언

(사 58:1-14)

1. 신앙을 착각하는 자들에 대한 선지자의 경고 (사 58:1,2)

하나님께서는 선지자 이사야에게 언약의 자손들을 향해 나팔을 불어 선포하듯이 목청껏 외치라고 명하셨다. 저들의 죄와 허물을 알려주고 그들을 일깨우라는 것이다. 이는 그 백성들이 하나님 보시기에 더러운 죄악을 저지르면서도 그 실상을 제대로 인식하지 못하고 있었다는 사실을 말해주고 있다.

그와 같은 배도의 상황에서 어리석은 자들은 날마다 형식적으로 하나님을 찾으면서 그의 뜻을 알고 있다는 듯 착각하며 스스로 만족스러워했다. 그 사람들은 마치 공의를 행하고 있는 듯이 여겼으며 하나님의 규례를 저버리지 않는 왕국에 속한 자들과 같이 의로운 판단을 하기 원하는 것처럼 행세했다. 하지만 그들은 잘못된 욕망을 위해 하나님께 간구하며 그의 주변을 어슬렁거리기를 좋아했다.

배도에 빠진 자들은 종교적인 형식을 빌어 그렇게 했을 뿐 실제로는 하나님의 뜻을 완전히 벗어나 있었다. 그들에게는 율법에 따라 하나님께 순종하고자 하는 마음이 전혀 없었다. 그들은 자신의 욕망을 채우기 위해 하나님을 이용하고자 하는 이기적인 마음만 가지고 있었을 따름이다.

우리는 여기서 매우 중요한 몇가지 사실을 새겨보아야 한다. 그것은 먼저 신앙의 착각에 관한 문제이다. 배도자의 길에 들어선 인간들은 죄악에 빠져 참된 신앙을 버리고 있으면서도 스스로는 올바른 신앙생활을 하는 듯 여기고 있다는 사실이다. 그들은 성경에 기록된 율법과 규례를 왜곡하여 변형된 신앙을 만들어 두고 있으면서도 마치 정의롭게 행동하는 듯이 착각하고 있었다.

그와 같은 상황은 타락한 종교가 집단화 될 경우 분별이 더욱 어려워진다. 어리석은 자들은 주변의 사람들의 배도행위를 따라하면서 안정감과 만족을 느끼게 된다. 잘못된 길을 걸어가면서도 집단적으로 움직이게 되면 사람들의 마음이 무디어지기 때문이다.

이와 같은 양상은 오늘날 우리 시대에도 그대로 나타나고 있다. 참된 신앙을 버린 자들은 하나님의 말씀에 불순종하면서도 마치 좋은 신앙을 가지고 있는 듯이 착각하는 경우가 많다. 진리에 대한 참된 깨달음이 없는 주변 사람들이 적당히 인정해주기 때문에 그에 속아 넘어가게 된다. 그런 자들은 진리의 말씀으로부터 떠나 있으면서도 하나님께서 저들의 종교행위를 기뻐할 것처럼 여기며 스스로 즐거워하는 것이다.

2. 왜곡된 명분과 잘못된 금식 (사 58:3-5)

본문 가운데 언급된 매우 중요한 용어는 '금식'(fasting)이다. 우리는 먼저 이 용어에 대한 분명한 이해를 해야 할 필요가 있다. 사람들은 일반적으로 금식이라는 말을 사용할 때 음식을 먹지 않고 음료수를 마시지 않는 것을 주로 염두에 둔다. 그러나 성경에서 말하는 금식은 그보다 훨씬 광범

위한 의미를 지니고 있다. 즉 그것은 음식을 금하는 것과 연관되어 있지만 그것만을 의미하지는 않는다.

성경에서 언급하고 있는 '금식'은 개인적인 즐거움을 포기하는 소극적 절제를 포함하고 있으나 이웃을 위한 적극적 행동을 요구하기도 한다. 우리가 마음속 깊이 새겨야 할 바는 그것이 일상적인 생활 가운데 상시적으로 진행되는 것이 아니라는 사실이다. 즉 성경에 언급되고 있는 금식은, 공적이든 사적이든 특정한 기간을 정해두고 신앙공동체를 기억하는 공적인 개념 가운데 행해져야 한다.

선지자 이사야는, 당시 언약의 자손들이 종교적인 열성을 다해 금식하면서 저들의 마음을 괴롭게 했다는 사실을 언급하고 있다. 즉 그들은 잘못된 금식이기는 하나 나름대로 그에 연관된 종교행위를 하고 있었다. 그러나 하나님께서는 저들의 금식을 기쁨으로 받아들이지 않으셨다.

하나님께서 저들의 금식을 싫어하신다는 정황을 인식하게 된 배도자들은 도리어 하나님을 원망하기에 이르렀다. 나아가 감히 그에게 항변하기를 주저하지 않았다. 그들은 자신을 괴롭히며 혼신을 다해 금식했는데 왜 하나님께서 그 정성을 받아주지 않느냐는 것이었다. 하지만 여호와 하나님께서는 저들의 금식 행위를 하나님의 뜻과는 아무런 상관이 없는 인간들의 종교적인 욕망이 표출된 것 이상으로 보시지 않았다.

그와 같은 금식은 하나님과 아무런 상관이 없는 엉터리 종교행위였다. 그들은 금식하는 기간 중에 자신의 욕망을 추구하며 종교적인 만족을 누리기에 바빴다. 본문에서 금식하는 날에 오락을 추구했다는 말은 그와 밀접하게 연관되어 있다. 그리고 그들은 자신의 목적을 위해 일꾼들에게 고된 노동을 시켰다. 또한 그 사람들은 금식을 하면서 다른 사람들과 다투어 논쟁을 일삼았으며 나약한 사람들에 대한 폭력을 행사하는 일을 중단하지 않았다.

하나님을 떠난 백성들의 금식은 금욕과 고행의 방식으로 종교적인 욕망을 채워가는 하나의 방편이 되었다. 따라서 그들은 금식을 하는 가운데 이기적인 욕망을 추구하기에 급급했다. 그와 같은 상황에서 저들의 부르짖는 목소리가 하나님 앞에 상달될 리 없었다.

그들은 진정으로 자신의 죄를 뉘우치며 통회 자복함으로써 괴로움을 체험하려는 자세를 가지고 있지 않았다. 그들은 금식할 때 외관상 자신을 괴롭히고 익은 갈대처럼 머리를 숙여 자세를 낮추어 굵은 삼베와 재를 깔고 누웠지만 하나님께서는 그것을 참된 금식으로 인정하지 않으셨다. 그와 같은 불경스런 상태에서는 그들이 혼신의 힘을 다해 금식한다고 할지라도 하나님 앞에서 아무런 의미가 없었다.

우리가 여기서 눈여겨보아야 할 점은 '금식'과 '마음을 괴롭게 하는 문제' 사이의 상관관계이다. 종교적인 형식을 갖추었음에도 불구하고 올바른 금식을 하지 않는 백성들은 감성에 따라 스스로 마음을 괴롭게 하기를 애썼다. 그들은 그와 같은 금식을 하나님 앞에서 정당한 것으로 내세웠다.

그러나 하나님께서는 저들의 금식이 잘못된 것임을 분명히 지적하셨다. 즉 저들이 금식을 한다고 하면서 실제로는 자신의 만족을 추구하기를 주저하지 않았다는 것이었다. 다시 말해, 그들은 한편으로 고행하듯이 하면서 다른 한편으로는 자신의 욕망을 추구하기에 급급했다. 그와 같은 종교행위는 진심으로 자신의 마음을 겸손하게 하는 것이 아니었다.

금식을 하면서 고통스러운 상황을 만들어가는 것 자체가 의미 있는 것은 아니다. 오히려 그런 힘든 과정을 통해 참된 신앙 자세로써 영원한 기쁨과 감사가 넘쳐나는 천상의 나라에 소망을 두어야만 했다. 나아가 그것은 장차 오시게 될 메시아로 인해 이루어지게 된다는 사실을 깨닫지 않으면 안 되었다.

참된 금식은 성도들로 하여금 겸손한 자세를 소유하게 한다. 그와 달리 잘못된 금식은 어리석은 자들로 하여금 그 행위로 인해 한없이 교만한 마음을 가지도록 한다. 예수님 당시에도 금식의 본질적인 의미를 모르는 채 금식하며 그것을 자랑으로 삼던 종교인들이 많이 있었다. 바리새인들은 하나님과 예수 그리스도를 능멸하면서도 금식을 하면서 그것을 자신의 공로로 여겼다. 그와 같은 상황에서 한 사람이 예수님께 금식에 관한 질문을 하자 답변이 주어졌다.

> **"저희가 예수께 말하되 요한의 제자는 자주 금식하며 기도하고 바리새인의 제자들도 또한 그리하되 당신의 제자들은 먹고 마시나이다 예수께서 저희에게 이르시되 혼인집 손님들이 신랑과 함께 있을 때에 너희가 그 손님으로 금식하게 할 수 있느뇨 그러나 그 날에 이르러 저희가 신랑을 빼앗기리니 그 날에는 금식할 것이니라"**(눅 5:33-35)

예수님께서는 여기서 금식이 가지는 진정한 의미에 관한 설명을 하셨다. 참된 금식은 그 행위 자체가 아니라는 것이었다. 이는 금식의 본질적인 의미의 중심에는 예수 그리스도가 존재하고 계신다는 사실을 말해 준다. 즉 금식을 할 때 외형상 윤리적인 자세와 행동이 요구된다고 해도 그것 자체가 목적이 될 수는 없었다.

구약시대의 금식 역시 그와 마찬가지였다. 금식을 하면서 그 가운데 장차 오실 메시아에 대한 진정한 소망이 없다면 아무런 의미가 발생하지 않았다. 올바르게 행해지는 언약 백성들의 금식이라면 항상 메시아가 존재하고 있었던 것이다.

또한 신약의 교회 시대에도, 예수 그리스도가 존재하지 않은 상태에서 이루어지는 금식이라면 올바른 것이라 말할 수 없다. 즉 금식하는 행위 자체가 성도들을 위한 종교적인 공로가 되지는 않는다. 우리가 생각해야 할 바는 잘못된 종교적인 금식 행위는 아무런 효력이 없을 뿐더러 실제로는 하나님을 욕되게 하는 것이 된다는 사실이다.

3. 하나님께서 기뻐하시는 참된 금식 (사 58:6,7)

하나님께서는 자기가 원하는 금식(fasting)은 단순히 음식을 먹지 않고 음료수를 마시지 않음으로써 배고픔과 목마름을 체험하며 고통당하는 것에 국한되는 것이 아니라는 사실을 말씀하셨다. 하나님께서 기뻐하시는 올바른 금식은 이기적인 욕망을 버리고 부당하게 고통당하는 자를 기억하며 그 사람을 위해 최선의 노력을 기울이는 것에 연관되어 있다. 이는 물론 일반적인 의미가 아니라 하나님의 언약의 백성을 중심에 두고 있는 것으로 이해하는 것이 자연스럽다.

성경은 그것을 설명하기 위해 구체적인 실례를 들고 있다. 참된 금식은 먼저 흉악한 자들에 의해 결박당한 채 고통스러운 삶을 살아가고 있는 자들을 해방시키는 것에 연관되어 있었다. 그리고 저들의 목에 매인 멍에를 끌러주는 것과 관련된다. 또한 사악한 권력자들에 의해 압제당하는 백성들을 옭아매고 있는 쇠사슬을 끊고 저들에게 진정한 자유를 되찾아 주는 일에 연관되었다.

그리고 참된 금식은 배가 고파 굶주린 자들에게 자신의 양식을 나누어 주며 거할 처소가 없어 떠돌아다니는 가난한 자들을 자기 집에 들이며 헐벗은 이웃에게 자신의 옷을 벗어 입혀주는 것에 연관되어 있다. 또한 자기에게 도움을 요청하는 가족을 외면하지 않아야 한다. 여기서 말하고 있는 가족이란 혈통적인 가족이 포함되지만 하나님의 공동체에 속한 언약의 가족을 의미하는 것으로 받아들이는 것이 자연스럽다.

그런데 참된 금식에 연관된 이 모든 것들은 연약한 인간들의 능력으로 취할 수 있는 내용들이 아니다. 힘없는 인간들로서는 그와 같은 일을 행하지 못한다. 부분적으로는 어느 정도 흉내를 낼 수 있을지 모르지만 이땅에 살아가는 인간들이 그 모든 것들을 완성할 수는 없다. 그에 연관된 놀라운 일은 나중에 이땅에 오시게 될 메시아만이 행하실 수 있는 사역이다.

우리가 여기서 반드시 기억해야 할 바는 참된 금식(fasting)이란 사람들이 일반적으로 생각하는 음식을 금하는 것 이상의 의미를 지닌다는 사실이다. 참된 금식은 메시아로 말미암아 메시아를 향하게 되는 것이다. 그 금식은 자신의 욕망을 절제할 뿐 아니라 메시아를 통해 이웃의 참된 자유와 평강을 회복해 주는 일에 직접 관련되어 있다. 따라서 예수님께서는 자기를 따르는 백성들에게 그에 연관된 교훈을 주셨다.

> **"내가 주릴 때에 너희가 먹을 것을 주었고 목마를 때에 마시게 하였고 나그네 되었을 때에 영접하였고 벗었을 때에 옷을 입혔고 병들었을 때에 돌아보았고 옥에 갇혔을 때에 와서 보았느니라"(마** 25:35,36)

예수님께서 교훈하신 이 내용은 전체적으로 볼 때 구약성경에 언급된 금식 정신과 연관된 것으로 이해할 수 있다. 이처럼 교회는 이사야서에 기록된 금식에 관한 말씀을 일차적으로 메시아에 연관지어 적용해야 한다. 따라서 오늘날 우리도 예수 그리스도와 그의 사역을 기억하는 가운데 주변의 어렵고 힘든 이웃을 돌아보며 그들을 긍휼히 여김으로써 자신을 절제하며 예수 그리스도를 선포할 수 있어야 한다. 그것은 물론 인간의 능력이 아니라 하나님의 은혜 가운데 허락될 수 있는 일이다.

4. 복음의 원리대로 살아가는 자들에게 허락되는 은혜 (사 58:8-12)

올바른 금식을 행하는 자들에게는 하나님의 은혜의 빛이 저들 가운데 비춰게 된다. 그것은 마치 아침 햇살 같을 것이며 그것을 통해 저들의 상처가 치유받게 된다. 그리고 하나님의 놀라운 영광이 피곤에 지친 저들을 감싸 안게 된다. 하나님의 은혜가 고통당하는 저들 위에 임하게 되는 것이다.

그 백성들이 메시아를 소망하며 간절히 부르짖어 기도할 때 하나님께서 그에 응답하신다. 그리고 그에게 도움을 요청할 때 하나님은 저들에게 자신을 숨기시지 않는다. 또한 그들이 힘없는 자들을 억압하고 다른 사람을 멸시하며 저들에게 사악한 말을 내뿜던 행위를 중단하고 굶주린 자들에게 먹을 음식을 주며 괴로움에 빠진 자들을 진심으로 도와준다면 저들을 휘감고 있던 주변의 어두움이 거두어지고 대낮처럼 밝아지게 된다.

하나님께서는 저들을 항상 올바른 길로 인도하시기를 원하시며 메마른 곳에서도 저들의 영혼을 만족스럽게 해주신다. 그렇게 되면 저들의 뼈가 견고하게 되어 강건한 모습을 유지할 수 있게 된다. 이는 이 세상뿐 아니라 성도들의 영원한 삶과 밀접하게 연관되어 있다. 따라서 그들은 마치 물 댄 동산 같이 아름다운 모습을 회복하게 되며 샘에서는 생수가 끊임없이 솟아오르게 된다.

그와 같은 과정을 통해 저들로부터 태어날 '한 자손' 이 상속자로서 자리를 이어간다. 그는 오랜 세월 동안 황폐화되어 있던 땅을 다시 일구어 정리할 것이며, 그동안 파괴된 터의 기초를 다시금 쌓아올린다. 그 상황을 목격하게 되는 많은 사람들은 그를 보고 '무너진 성벽을 재건하는 자' '파괴된 시가지를 복구하는 자' 라 일컫게 된다. 이는 장차 오시게 될 메시아에 대한 직접적인 약속이다. 이와 같은 내용은 선지자 이사야보다 약간 앞선 시대에 예언했던 선지자 아모스의 글에도 나타난다.

> **"그 날에 내가 다윗의 무너진 장막을 일으키고 그것들의 틈을 막으며 그 허물어진 것을 일으켜서 옛적과 같이 세우고 그들이 에돔의 남은 자와 내 이름으로 일컫는 만국을 기업으로 얻게 하리라 이 일을 행하시는 여호와의 말씀이니라" (암 9:11-12)**

선지자 이사야와 아모스 시대는 앗수르 제국이 막강한 세력을 펼치고 있었다. 부패한 남북 이스라엘 왕국은 그와 같은 상황에서 아무런 소망이 없어 보였다. 그럼에도 불구하고 배도자들은 하나님의 말씀에 귀를 막은 채 개인적인 욕망을 추구할 목적으로 백성들을 기만하는 언행을 일삼고 있었다.

그 모든 여건은 일반 백성들로 하여금 더욱 큰 절망에 빠져들도록 했다. 그런 위급한 상황 가운데서 선지자 아모스는 장차 '다윗의 무너진 장막'을 일으켜 세울 메시아에 관한 예언을 했다. 이처럼 선지자들은 극도의 위기에 처한 언약의 백성들에게 소망의 메시지를 전했다. 저들이 잠시 고통을 당하게 될 것이지만 하나님께서 저들에게 궁극적인 소망의 기회를 주시리라는 것이었다. 메시아에 연관된 이 약속이 저들에게 진정한 힘이 될 수 있었던 것이다.

5. 안식일과 참된 즐거움 (사 58:13,14)

언약의 자손들은 매주 돌아오는 안식일을 맞이할 때 인간적인 판단이나 욕망에 따른 행동을 해서는 안 되었다. 그날은 거룩한 성일로서 인간들의 만족을 추구하기 위한 날이 아니었다. 따라서 성도들은 그날을 통해 인간적인 만족을 멀리하고 하나님의 율법을 기억해야만 했다. 그것은 땅에서의 기쁨과 즐거움을 위한 모든 욕심을 버리고 천상의 참된 기쁨을 추구해야 한다는 의미를 지니고 있다.

그러므로 안식일은 하나님께 속한 성도들에게 진정한 기쁨의 날이 되어야 한다. 그날을 하나님으로부터 무거운 짐이 지워진 날로 이해해서는 안 된다. 그날은 백성들이 굳은 얼굴을 하며 자신을 억누르는 슬픔에 빠지게 되는 날이 아니라 하나님과 그의 뜻에 따라 진정한 즐거움을 누리는 날이다. 즉 여호와의 성일이 되는 안식일은 하나님 앞에서 존귀한 날이기 때문에 참된 성도들은 마땅히 그날을 존귀하게 여겨야만 한다.

따라서 그날에는 언약의 자손들이 개인적인 판단과 종교적인 취향에 따라 굽은 길로 가는 행위를 중단해야 한다. 즉 그날은 개인적인 목적을 달성하기 위한 노력을 해서는 안 된다. 성숙한 성도들이라면 마땅히 여호와 하나님과 그가 보내실 메시아를 기억하는 가운데 진정한 기쁨과 즐거움을 추구해야 한다. 그것을 통해 이땅에 살아가는 성도들이 영원한 천국을 맛보게 되는 것이다.

그리고 성도들은 안식일에는 특히 언어 사용을 조심해야 한다. 개인적인 판단에 따른 말을 함부로 해서는 안 된다. 즉 하나님의 자녀들은 그날의 의미를 기억하며 개인의 사사로운 말을 하지 않도록 주의를 기울여야 한다. 이는 인간의 이성과 경험에 따른 주장을 앞세우지 말아야 한다는 사실을 의미하고 있다. 물론 이 말은 안식일에 연관된 요구이지만 날마다 진행되는 성도들의 삶 전체에 연관되어 있다.

하나님께서는 이 모든 과정을 통해 자기 자녀들을 모든 민족 가운데서 높이 들어 올리신다. 그리고 저들을 언약의 조상 야곱의 상속자들로서 기르시고 보호하시게 된다. 그렇게 함으로써 하나님께서는 이땅에서 고통당하는 백성들에게 메시아를 통한 놀라운 은혜를 베푸시는 것이다. 이처럼 그는 배도자들로 말미암아 신음하는 언약의 자손들에게 메시아와 더불어 장차 임하게 될 영원한 세계에 대한 약속을 하셨다.

제53장

죄에 대한 심판과 메시아 강림 약속

(사 59:1-21)

1. 하나님의 능력과 죄의 본질적 기능 (사 59:1,2)

하나님은 전능하신 분이지만 언어적 선포나 구체적인 구속사역 없는 의지만으로 죄인들에 대한 구원을 이루시는 것이 가능하지 않다. 자격을 갖춘 적법한 '중재자 사역' 없이 '거룩'과 '죄악'이 만나는 것은 불가능하기 때문이다. 이는 우리가 매우 주의를 기울여 이해해야 할 중요한 사실이다.

거룩하신 하나님께서 죄에 빠진 자기 자녀들을 구원하시기 위해서는 반드시 중재자이신 예수 그리스도의 십자가 사역이 있어야만 한다. 그것을 통해 죄의 문제를 해결하는 대속이 이루어진다. 즉 완벽한 제물이 하나님께 바쳐짐으로써 죄인들을 향한 하나님의 진노가 풀리게 되는 것이다.

이에 반해 죄에 물든 인간들은 특별한 행위를 동반하지 않는 채 사고의 전환이나 언어적 선포만으로 타인에 대한 용서가 가능하다. 그것이 가능한 이유는 모든 인간들 자신이 더러운 죄인이므로 자기에게 범죄한 다른 사람들과 유사성을 공유하고 있기 때문이다. 즉 하나님은 그의 거룩성으로 인해 연결이 끊어진 죄인들을 언어적 선포만으로 용서할 수 없는데 반해 죄인인 인간들은 상호 동질성으로 인해 그것이 가능한 것이다. 물론 하나님의 용서는 완벽한 데 반해 인간들 상호간에 이루어지는 용서는 불안정한 상태로 이루어진다.

우리 시대 타락한 기독교 가운데서 발생한 종교다원주의(religious pluralism)는 왜곡된 하나님의 전능성을 강조한다. 그와 같은 주장을 하는 자들은 하나님은 전능하신 분이기 때문에 무엇이든지 가능하다고 생각한다.[77] 즉 하나님이 마음만 먹으면 예수 그리스도 없이 어떤 종교를 믿는다고 할지라도 모든 인간들을 구원할 수 있다는 것이다. 하지만 그것은 성경의 교훈에 직접 반하는 매우 위험한 발상에 지나지 않는다.

아담의 범죄로 말미암아 타락의 늪에 빠진 인간들은 하나님의 품을 떠난 상태에 놓이게 되었다. 사탄의 계략을 통해 들어온 더러운 죄가 거룩하신 하나님과 그의 형상을 닮은 인간 사이를 완전히 갈라놓았기 때문이다. 그로 인해 하나님은 인간들로부터 얼굴을 가리셨으며 저들의 요구를 일절 들어주지 않으셨다.

하나님의 피조세계를 뒤덮고 있는 죄의 문제를 해결하고 구속사역을 완성하기 위해서는 하나님과 인간 사이를 연결시켜줄 만한 적법한 중보자가 요구된다. 또한 그것을 위해서는 반드시 죄인이 된 선택받은 백성들을 대신하여 형벌을 받을 수 있는 존재가 필요하다. 나중에 인간의 몸을 입고 오시게 된 메시아 곧 예수 그리스도께서 그 모든 일을 감당하시게 된다.

---

77) 거룩하고 의로우신 하나님은 거짓말을 할 줄 모르시며, 나쁜 행위를 하시는 것 자체가 불가능하다. 그에게 저항하는 모든 것들에 대한 그의 공의가 드러나게 될 따름이다.

2. 죄의 성향 (사 59:3-5)

하나님으로부터 분리되어 타락한 인간들에게서는 자연적으로 죄악이 발생한다. 하나님께서 의롭게 보지 않은 영역에서는 항상 죄가 편만하게 지배하고 있다. 따라서 하나님의 의가 존재하지 않는 상태에서는 더러운 죄악이 그 본성을 드러나게 될 따름이다.

그러므로 인간들의 손과 손가락에는 항상 더러운 것들과 피가 가득한듯한 속성을 지니고 있다. 그것은 비록 일반적인 관점에서 말하는 악한 자들뿐 아니라 세상에 존재하는 모든 인간들에게 미치게 된다. 또한 저들의 입술과 혀에는 이기적인 욕망으로부터 분출되는 거짓과 악독이 가득하다. 비록 말을 할 줄 모르는 어린아기들이라 할지라도 그 악한 속성 가운데 거하게 된다.

죄에 빠진 자연적인 인간들에게는 세상에서 익힌 욕망만 가득할 뿐이며 모세의 법을 기초로 한 공의가 존재할 수 없다. 따라서 죄인들 가운데는 하나님의 공의에 따라 의롭게 소송하는 자가 없으며 진리를 근거로 하여 판결하는 자도 없다. 그 죄악은 결국 자신을 고발하는 성격을 지니게 될 따름이다. 이는 죄로 얼룩진 상황으로 인해 올곧은 것이 없는 상태에서 모든 것이 굽어 있기 때문이다.

그와 같은 형편 가운데 살아가는 인간들은 손으로 만든 우상을 비롯하여 허망한 것들을 의지하게 된다. 그로 인해 세상에서의 경험과 이성에 따른 헛된 말을 끊임없이 내뱉게 된다. 그런 것들이 마음속에서 죄악을 활성화하고 악한 것들을 지속적으로 양산해 냄으로써 죄의 상태로부터 벗어나지 못하게 한다.

그에 익숙한 인간들은 또한 독사의 알을 품으며 이기적인 태도로 타인을 궁지로 몰아넣기 위해 거미줄을 짜듯이 망을 친다. 독사로부터 나오는 알을 집어 먹는 자들은 사망에 빠지게 될 것이며 그 알이 인간들의 발에 밟혀 터지게 되면 거기서 맹독성을 가진 독사들이 나오게 된다. 그것은 결국 하나님의 적극적인 도우심이 없이는 그 위태로운 상황을 벗어날 수 없다는 사실을 말해 준다.

3. 행위와 구원 (사 59:6-8)

인간들의 어떤 대단한 행위라 할지라도 영원한 구원을 얻게 되는 조건과 아무런 상관이 없다. 즉 일반적인 선행이 구원을 위하여 조금의 도움도 되지 못한다. 성경은 이에 대한 비유를 들면서 거미줄로 옷을 만드는 천을 짜지 못하는 것처럼 인간들의 윤리적이며 종교적인 행위가 구원을 이룰 수 없다는 사실을 강조하고 있다.

인간들의 모든 행위는 다른 사람들의 눈에 아무리 훌륭하게 비쳐질지라도 하나님의 참된 의와는 상관이 없다. 그것들 역시 하나님 보시기에는 악한 것으로 분류될 수밖에 없으며 그것이 진정한 선을 이루지 못한다. 하나님께서 의롭게 보지 않는 세상의 오염된 영역에서 발생하는 모든 행위는 악하고 더러울 따름이다.

인간들의 손에는 자신의 욕망을 추구하기 위한 목적으로 다른 사람을 해하려는 포악한 행동이 들어있으며 그 발은 악을 행하기 위해 빠르게 움직인다. 하나님을 떠난 자들은 무고한 사람들의 피를 흘리기에 신속하며 그들의 모든 생각과 계획은 악한 것에 지나지 않는다. 그 결과는 세상에 존재하는 모든 것들을 황폐하게 만들어 파멸시키기에 이른다.

그럼에도 불구하고 어리석은 인간들은 자신이 원하는 평화를 추구하기 위해 나름대로 최선을 다한다. 하지만 그 평화는 영원하고 참된 것이 아니라 이 세상에서 누리는 일시적인 현상에 지나지 않는다. 따라서 죄에 빠진 인간들은 진리에 대한 깨달음이 없으므로 영원하고 참된 평화를 소유하지 못한다.

죄인들이 살아가는 삶의 현장에는 왜곡된 판단에 의해 형성된 어지러운 흔적만 남게 될 뿐 참된 정의가 존재하지 않는다. 따라서 인간들이 주장하는 정의는 시대와 환경에 따라 변하는 상대적인 것일 수밖에 없다. 사람들이 어느 곳에서 어떤 사람들과 더불어 살아가느냐에 따라 그 관점이 달라지기 때문이다.

하나님을 알지 못하는 사람들은 개인적인 욕망을 추구하는 가운데 끊임없이 왜곡된 방편을 양산해 내게 된다. 그것을 선택하는 자들은 결코 참된 평화를 누리지 못한다. 오직 하나님께서 예비하신 참된 길을 걸어가야만 진정한 평화를 얻을 수 있게 된다. 이는 천상에 계신 여호와 하나님과 직접 연관되어 있다. 예수님께서는 제자들에게 자신이 바로 '그 유일한 길'(the way)이라는 사실을 말씀하셨다.

> **"예수께서 가라사대 내가 곧 길이요 진리요 생명이니 나로 말미암지 않고는 아버지께로 올 자가 없느니라"**(요 14:6)

우리는 예수 그리스도 이외에 어떤 참된 길도 존재하지 않는다는 사실을 분명히 알고 있다. 하나님의 자녀들은 반드시 그 참된 길을 거쳐야만 한다. 그 길을 통하지 않고는 어느 누구도 천상에 계신 여호와 하나님 앞으로 나아갈 수 없다.

그럼에게 불구하고 어리석고 미련한 자들 가운데는 예수 그리스도 이외에 다른 길들을 찾고자 애쓰는 자들이 많이 있다. 그런 자들이 만들어내는 세속적인 길들은 인간들의 눈에 그럴듯하게 비쳐지기도 한다. 하지만 그것은 참된 길이 아니라 파멸로 인도하는 위험한 길에 지나지 않는다.

4. 언약 백성들의 자복 (사 59:9-11)

세상의 어지러운 상황 가운데 살아가는 참된 성도들은 하나님의 뜻을 알고 자신의 죄를 깨닫게 된다. 그것은 물론 인간의 지식이나 종교적인 노력으로 되는 것이 아니다. 그것은 오직 하나님의 은혜와 성령의 도우심으로 말미암는다.

복음을 깨닫게 된 성도들은 먼저 자신의 죄에 대한 올바른 지식을 소유하게 된다. 그리하여 하나님의 공의와 정의가 저들에게서 멀기 때문에 타락한 인간들에게 미치지 않는다는 사실을 알고 받아들인다. 이는 공의와 정의가 저들과 아무런 상관이 없으므로 하나님과 인간 사이에 접촉점이 존재하지 않는다는 사실을 말해주고 있다.

그럼에도 불구하고 창세 전 하나님으로부터 선택받은 백성들은 어둡고 깜깜한 곳에서 행하면서 밝은 빛 가운데 살아가기를 원한다. 하지만 빛이 없는 상태에서는 그들이 앞을 전혀 보지 못하는 맹인처럼 행세할 수밖에 없다. 그들은 손으로 담을 짚거나 여기저기를 더듬고 다니지 않으면 안 된다.

그런 형편에서는 한낮에도 깜깜한 밤길을 걸어가는 것처럼 넘어지게 되고 건강한 자들조차 죽은 자 같이 되어 버린다. 그들은 어두운 데 처해 있으면서 마치 사나운 곰같이 부르짖으며 비둘기가 울듯이 슬피 울며 갈피를 잡지 못한다. 의지할 곳 없는 자신의 처지로 인해 낙담하지 않을 수 없기 때문이다.

그러나 저들이 아무리 열정적으로 활동하면서 정의를 간절히 바란다고 할지라도 아무런 효과가 없다. 즉 그들이 정의를 바라지만 저들에게는 그것이 존재하지 않으며 구원을 받고자 갈망해도 그것이 이루어지지 않는다. 그들이 성령의 도우심을 힘입어 진정으로 자복하고 회개할 때 비로소 저들에게 하나님의 은혜가 임하게 되는 것이다.

5. 백성들의 죄에 대한 자백 (사 59:12-15)

인간들이 지니고 있는 죄와 허물은 자신을 영원히 죽이는 역할을 한다.

그리고 저들 가운데 존재하는 죄악은 인간이 죽어야 할 존재라는 사실을 증언하게 된다. 이는 인간 자신에게 죽음의 본질적인 요인이 내재되어 있다는 사실을 말해준다. 그것은 항상 인간의 내부에 존재하면서 지속적인 활동을 하고 있다.

아담이 범한 죄로 말미암아 인간은 여호와 하나님을 배반하고 그를 속이는 자리에 놓이게 되었다. 하나님의 형상을 닮은 인간들이 조물주를 떠나 배도의 길에 들어섰기 때문이다. 그것으로 인해 인간들의 본성은 포학해지고 항상 패역을 일삼고자 하는 마음을 가지게 되며 인간의 성품은 악해져 거짓을 잉태하게 되었다.

결국 타락한 인간들은 참된 공의와 정의로부터 멀어짐으로써 불의로 가득 찼다. 그러다보니 인간들은 성경이 요구하는 성실하고 정직한 삶을 살지 못한다. 그와 같은 상황은 하나님 앞에서 선한 자세로 살아가고자 하는 성도들로 하여금 심한 고통을 당하도록 한다. 따라서 세상에 범람하는 악의 세력으로부터 떠나고자 하는 자들이 도리어 악한 자들에 의해 고난과 더불어 탈취를 당하게 되는 것이다.

그럼에도 불구하고 하나님의 편으로 완전히 돌아선 성도들은 타락한 인간의 본성을 알고 뉘우치게 된다. 즉 선택받은 자녀들은 자신의 죄를 깨달아 하나님 앞에서 자복하게 되는 것이다. 이는 일반적인 죄를 회개하는 것을 말할 뿐 아니라 하나님을 배반하고 그를 떠나 속인 것들에 대한 전체적인 깨달음과 밀접하게 연관되어 있다.

6. 중보자 메시아를 통한 하나님이 구원계획 (사 59:15-18)

하나님의 고유한 성품은 원래부터 의롭다. 그것은 그의 선한 행위로 말미암아 의롭게 된 것이 아니라 존재자체가 거룩하다는 사실을 말해준다. 따라서 하나님께서는 자신의 성품과 온전히 조화되는 의로운 인간을 기뻐하신다.

그러므로 하나님께서 자신으로 말미암은 공의가 없는 자들을 미워하신다. 그는 의로운 인간을 보기 원하시지만 타락한 세상에 존재하는 사람들 가운데는 그런 자가 없다. 이로써 세상에 참된 인간인 흠 없는 사람이 존재하지 않는다는 사실이 하나님 앞에 드러나게 된다. 즉 사탄의 통치 영역 안에 살아가는 모든 인간들은 악한 존재일 수밖에 없는 것이다.

하나님께서는 자기 백성들을 악의 수렁에서 건져내기 위해 거룩하신 하나님과 더러운 인간 사이를 가로막고 있는 죄의 문제를 해결할 수 있는 중재자를 필요로 하셨다. 그것은 하나님과 인간 사이에 완전한 화목이 이루어지도록 하기 위한 중요한 조건이 된다. 그럼에도 불구하고 타락한 인간들 가운데 그 직무를 수행할 만한 자가 존재하지 않는 것은 안타까운 일이 아닐 수 없었다.

그러므로 하나님께서는 바로 그것을 위해 나중에 완벽한 중재자를 보내시게 된다. 그가 이땅에 와서 인간들의 모든 것을 체휼하고 자기 백성들의 죄를 담당하신 후 구원사역을 이루어 가신다. 그것을 이룩하시기 위해 하나님은 자신의 팔로써 구원을 베푸시고 죄악으로 가득한 인간들을 향해 공의를 베푸시고자 했다. 이는 앞으로 이땅에 강림하여 타락한 세상을 심판하실 메시아와 직접 연관되어 있다.

장차 그 일을 완성하기 위해 오시게 될 중재자는 공의로 갑옷을 삼게 되고 구원을 자기 머리에 써서 투구로 삼으시게 된다. 그리고 몸을 감싼 속옷에는 원수들에 대한 응징과 의분이 가득 들어 있다. 이는 하나님께서 자기 백성에 대한 구원과 더불어 배도에 빠진 모든 인간들에게 심판을 베푸시는 분임을 말해 주고 있다.

하나님께서는 메시아인 예수 그리스도를 통해 그 구원사역을 감당하도록 하실 것이며, 나중 하나님의 몸된 교회에 속한 백성들은 그와 같이 완전무장을 하고 세상의 악한 세력에 맞서 싸워야 한다. 이는 지상 교회에 맡겨진 사명으로써 구원받은 성도들이 하나님의 편에서 피 흘리는 전투에 임해야 한다는 사실을 말해주고 있다. 사도 바울은 에베소 교회에 보내는 편지에서 그에 관한 사실을 언급하고 있다.

> **"그러므로 하나님의 전신갑주를 취하라 이는 악한 날에 너희가 능히 대적하고 모든 일을 행한 후에 서기 위함이라 그런즉 서서 진리로 너희 허리 띠를 띠고 의의 흉배를 붙이고 평안의 복음의 예비한 것으로 신을 신고 모든 것 위에 믿음의 방패를 가지고 이로써 능히 악한 자의 모든 화전을 소멸하고 구원의 투구와 성령의 검 곧 하나님의 말씀을 가지라"**(엡 6:13-17)

이 세상에 살아가는 하나님의 자녀들은 모든 형태의 평화를 사랑해야 하는 존재인 양 생각해서는 안 된다. 성도들은 이 세상에 살아가면서 항상 평온하게 살아갈 수 없다. 물론 예수님은 평화의 왕이시고 그의 백성 역시 평화를 사랑하는 백성들이다. 그러나 하나님의 몸된 교회에 속한 성도들은 세상의 악한 것들마저 사랑해야 하는 것이 아니다.

이는 하나님께서 사탄에 속한 이 세상을 기쁨으로 받아들이지 않으신 사실과 직접 연관된다. 하나님은 오염된 세상과 타락한 인간들을 저들의 행위대로 갚으신다. 그는 자기를 대적하는 원수에게 분노하여 응징하시는 분이다. 하나님께서 메시아를 통해 타락한 세상을 심판하는 때가 이르면 인간들을 비롯한 모든 피조물은 하나님의 심판대 앞에 서야만 한다.

7. 만방을 향한 심판과 하나님의 언약 (사 59:19-21)

선지자 이사야가 예언할 당시 이스라엘 백성은 주변의 많은 종족들의 조롱거리가 되어 있었다. 그러나 그와 같은 상황은 하나님의 때가 이르러 완전히 끝이 나게 된다. 메시아를 통해 하나님의 구원이 베풀어지기 시작하면 궁극적인 심판이 세계만방에 선포된다.

그렇게 되면 세상의 모든 인간들이 여호와 하나님의 이름을 두려워하게 된다. 먼 곳에 떨어져 있는 서쪽과 동쪽 끝에서도 하나님을 경외하며, 천상의 영광을 보고 그 앞에 굴복하는 자들이 많이 나타난다. 이는 하나님께서 호령하는 소리가 세계만방에 퍼지게 된다는 사실을 의미하고 있다. 즉 하나님의 구원과 심판사역이 마치 급속히 흐르는 강물처럼 세상에 범람하게 된다.

그 모든 일들은 하나님께서 보내신 구속자 곧 거룩한 중재자에 의해 이루어진다. 그는 구약시대 언약의 중심지인 예루살렘 즉 시온에 강림하여 그에 관한 사실을 만방에 선포하시게 된다. 하나님의 약속을 믿는 야곱의 자손 곧 죄악 세상을 등진 백성들 가운데 그의 놀라운 은혜가 드러나는 것이다.

하나님께서는 그때 자기가 구속사 가운데서 자기 백성들과 세운 언약을 온 세상에 선포하시게 된다. 선지자는 장차 하나님의 성령이 임하게 될 사실과, 그의 입에 하나님의 말씀이 영원히 존재하게 되리라는 사실을 깨닫는다. 그로 말미암아 선지자의 입과 대대로 이어지는 언약의 자손들의 입에서 하나님의 계시가 떠나지 않는다. 이는 진리의 말씀이 세상 끝 날까지 지속적으로 상속되어 간다는 사실을 말해주고 있다.

제54장

메시아 예언과 영광의 나라
(사 60:1-22)

1. 메시아 예언 (사 60:1-3)

하나님께서는 본문 가운데서 '일어나라 빛을 발하라' 고 말씀하셨다. 이는 아직 이 세상에 참 빛이 존재하지 않는다는 사실을 시사하고 있다. 우리는 하나님의 말씀을 들어야 할 그 대상이 장차 오시게 될 메시아와 직접 연관된 것으로 이해한다. 그의 빛이 이르렀고 여호와의 영광이 그 위에 임하였다는 말씀은 그점을 시사해 준다.

이 예언의 말씀은 예수 그리스도의 지상 사역에 관련되는 것으로서 나중에 그를 통해 완전히 성취된다. 따라서 하나님의 아들로서 인간의 몸을 입고 이땅에 오신 예수님은 공사역을 시작하시면서 자신을 통해 드러나게 될 하나님의 영광에 관한 내용을 언급하셨다. 요한복음에는 그에 연관된 구체적인 내용이 기록되어 있다.

"아버지여 아버지의 이름을 영광스럽게 하옵소서 하시니 이에 하늘에서 소리가 나서 가로되 내가 이미 영광스럽게 하였고 또 다시 영광스럽게 하리라 하신

대"(요 12:28)

복음서에 기록된 이 말씀은 예수 그리스도의 공사역이 시작되는 시점에서 매우 중요한 의미를 드러내 보여주고 있다. 그리고 예수님으로 말미암아 영광을 입으신 성부 하나님께서 이미 그렇게 된 사실과 더불어 또다시 영광스럽게 하시리라는 사실을 되풀이해 말씀하셨다. 그것은 메시아께서 공사역의 시작과 함께 영광을 받으셨으며, 동시에 나중에 예수님께서 십자가에 달리심으로 얻게 될 영광에 관한 사실을 예언하고 있다.

그러므로 이사야 선지자가 예언하고 있는 것처럼 예수님의 십자가 사건과 더불어 놀라운 일들이 발생했다. 하나님의 영광이 십자가에 달리신 예수님 위에 임할 때 잠시 동안 어두움이 온 땅을 뒤덮게 되었다. 그 큰 영광을 인간들의 눈으로 목격하지 못하도록 하는 하나님의 의도가 있었던 것으로 보인다.

따라서 선지자의 예언은 십자가 사건이 일어날 때 뒤덮힌 캄캄함이 사람들의 눈을 가릴 것이며, 그때 여호와 하나님의 영광이 그 위에 임하게 되리라는 사실이 예언되었다. 거기에는 이 세상에 진정한 빛을 보내주시고자 하는 하나님의 뜻이 드러나고 있다. 즉 메시아를 통한 새로운 빛이 허락되리라는 것이었다.

그 사건을 통해 세상의 여러 나라들이 메시아로 말미암은 참 빛 가운데로 나아오게 되며 세상의 군왕들이 그의 광명을 향해 나아오게 된다. 그 빛은 타락한 세상에는 아예 존재하지 않는 것이다. 따라서 세상의 모든 왕국들과 권력자들이 그의 앞에 굴복하지 않을 수 없다. 그로 인해 이땅에 강림하신 메시아가 만왕의 왕이 되신다.

예수님은 언약의 백성을 위한 왕으로서 온 세상의 대표자격인 로마 제국의 파견 책임 권력자 본디오 빌라도 총독이 지켜보는 가운데 십자가 처형을 당하셨다. 그의 머리 위에 있는 나무 둥치에는 '유대인의 왕' 이란 쓴 패가 붙어 있었다. 그가 십자가에 달려 있는 동안 선지자 이사야가 예언한 내용들이 일어나게 되었다. 복음서에는 당시에 일어났던 현상에 관한 내용이 소상히 기록되어 있다.

> **"그의 위에 이는 유대인의 왕이라 쓴 패가 있더라...... 때가 제 육시쯤 되어 해가 빛을 잃고 온 땅에 어두움이 임하여 제 구시까지 계속하며 성소의 휘장이 한가운데가 찢어지더라 예수께서 큰 소리로 불러 가라사대 아버지여 내 영혼을 아버지 손에 부탁하나이다 하고 이 말씀을 하신 후 운명하시다"**(눅 23:38, 44-46)

예수님께서 십자가 위에서 피를 흘리며 고통을 당하고 계실 때 그 앞에 모여 안타까운 광경을 지켜보던 성도들 가운데는 그의 마지막 사역을 주시하며 선지자 이사야의 예언을 기억하는 자들이 상당수 있었을 것이다. 그들은 그 현상을 목격하며 성경에 기록된 대로 하나님의 경륜이 작용하고 있다는 사실을 알고 있었다. 당시의 우주적인 변화와 이적은 우연히 발생한 것이 아니라, 이미 구약에 기술된 모든 예언들에 대한 성취와 실현으로 이해하는 것이 지극히 자연스럽다.

2. '영광의 집' 으로 몰려드는 이방인들 (사 60:4-7)

하나님께서는 장차 이땅에 오실 메시아를 향해 눈을 들어 사방을 둘러보라는 말씀을 하셨다. 큰 무리가 그에게로 나아오게 된다는 것이었다. 그에게 속하게 될 아들과 딸들이 먼 곳으로부터 와서 그의 품에 안기게 된다. 이는 멀리 이방 지역에 살고 있던 자녀들이 메시아를 향해 나아와 그에게 의지하게 된다는 사실을 말해 준다.

그 광경을 지켜보시는 메시아는 그것을 보고 만족스럽게 여겨 기쁨에 넘친다. 하나님의 뜻이 성취되는 놀라운 과정으로 인해 모두가 즐거움을 누리게 되기 때문이다. 따라서 뭇 백성이 그로 말미암아 가슴이 벅차 크게 만족스러워 한다. 이 예언은 당시 이방인들에 의해 심한 고통을 당하고 있던 언약의 자손들에게 큰 소망을 안겨주었다.

장차 하나님께서 약속하신 그때가 이르게 되면 이방 지역의 먼 나라 사람들이 소유하고 있던 재물이 언약의 자손들에게 몰려들게 된다. 그리고 이방 왕국들의 귀중품들이 약속의 땅으로 옮겨진다. 이방 지역의 미디안(Midian)과 에바(Ephah)로부터 수많은 낙타들이 들어와 언약의 왕국에 가득 채워지는 것이다.

또한 스바(Sheba) 사람들은 많은 금과 유향을 가지고 와서 여호와 하나님께 드리고 그를 찬송한다. 그리고 언약에서 벗어나 있던 게달(Kedar)의 양 무리와 느바욧(Nebaioth)의 수양들이 하나님의 제단에 제물로 바치게 된다. 하나님께서는 그것들을 받으시고 자신의 성전을 영화롭게 하신다. 이는 상징적인 의미를 지니지만 그와 동시에 실제적인 의미를 내포하고 있다. 따라서 때가 차면 그 모든 예언들이 반드시 이루어지게 되는 것이다.

3. 메시아를 앙망하는 이방인들 (사 60:8,9)

정차 이땅에 메시아가 오시게 되면 멀리서부터 많은 사람들이 그를 찾아오게 된다. 하지만 정작 언약의 백성들이라 일컬어지는 자들은 그를 거부하며 강하게 저항한다. 유대인들의 종교적인 이념이 하나님의 말씀으로부터 멀어지게 하기 때문이다.

그에 반해 이방 지역에 살고 있던 자들은 마치 구름 떼처럼 몰려 그에게 나아오게 된다. 그들은 비둘기가 제 보금자리를 찾아 날아들듯이 그를 향해 몰려든다. 그 사람들은 창세전에 성자 하나님이신 그리스도 안에서 특별히 선택받은 백성들로서 하나님의 큰 은혜를 입은 사람들이다(엡 1:4, 참조).

또한 세계 도처에 흩어진 섬을 비롯한 오지奧地에 살고 있던 자들이 메시아를 앙망하게 되며 멀리 떨어진 다시스(Tarshish)의 선박들도 그를 향해 나아오게 된다. 그들은 은금과 보화를 가득히 싣고 와서 여호와 하나님의 이름 앞에 드리고자 한다. 이는 저들이 새롭게 언약 백성의 무리 안으로 들어오게 됨을 의미한다. 그 사람들은 이스라엘의 거룩한 하나님께 모든 귀중품들을 바치고자 한다.

본문 가운데 특별히 우리의 눈길을 끄는 대목은, 그때 그 선박 안에 '메시아에게 속한 자녀들' 이 타고 있었다고 언급된 사실이다(사 61:9). 이는 멀리 흩어져 살아가고 있던 이방인들 가운데 하나님의 자녀들이 있다는 점을 말해준다. 그 백성들이 이방의 다시스 선박을 타고 언약의 왕국으로 인도되어야 했던 것이다.

하나님께서는 그 모든 과정을 통해 인간의 모습으로 이땅에 오신 메시아를 영화롭게 하신다. 그리하여 언약의 백성들의 왕이신 메시아가 만왕의 왕이 되신다는 사실을 만방에 선포하기에 이른다. 그것을 통해 당시 이방인들에 의해 억압받던 이스라엘 자손이 장차 오실 메시아를 통해 이룩될 역사를 간절히 소망하게 되었던 것이다.

4. 공의의 하나님과 예루살렘의 회복 (사 60:10-13)

하나님께서는 당시 불순종하던 이스라엘 백성들을 징계하시기 위해 이방 왕국의 세력을 동원하여 고통에 빠지도록 하셨다. 언약의 자손들을 벌하신 배경에는 교육적인 의미가 들어 있었다. 특히 그 가운데 선택받은 백성들은 그 징계를 통해 여호와 하나님을 더욱 의지하며 바라볼 수 있어야만 한다. 따라서 저들에 대한 하나님의 진노는 영원토록 지속되는 것이 아니라 때가 되면 끝이 난다.

하나님께서는 그에 관한 사실을 언급하실 때 그 기한이 끝나면 저들을 압제하던 이방인들이 도리어 저들을 섬기게 되리라는 사실을 말씀하셨다.

이는 역사 가운데서 발생할 일이었지만 나중 메시아가 와서 고난당할 사건에 연관된 예표적인 성격을 지니고 있다. 메시아는 완벽한 하나님이자 완벽한 인간으로서 자기 백성들을 위하여 대신 징계를 받으셔야만 했다. 물론 당시 저들을 압제하며 괴롭히던 이방인들은 쇠퇴할 것이며 이방 나라의 왕들은 메시아 앞에 굴복하여 그를 섬기는 자리에 놓이게 된다.

그때가 되면 천하를 호령하는 듯이 보이던 이방인들이 도리어 언약의 자손들을 위해 성벽을 쌓는 노동을 하게 된다. 그렇게 되면 거룩한 성문은 닫혀있지 않고 세상을 향해 항상 열려 있다. 이방인들 가운데 구원받을 성도들을 맞이할 준비를 갖추고 있어야 했기 때문이다. 그리하여 이방 왕국들이 만왕의 왕이신 메시아에게 재물을 가져오며 불순종하는 악한 왕들은 참 왕이신 메시아 앞으로 끌려오게 된다. 따라서 메시아를 거부하는 백성과 왕국들은 완전히 파멸당하게 될 것이다.

그에 반해 이방인의 신분을 지니고 있었지만 메시아를 알고 그를 섬기는 백성들은 하나님의 영광에 참여하게 된다. 저들에게 하나님의 놀라운 영화가 임하게 되는 것이다. 이는 마치 많은 사람들의 칭송을 받는 레바논의 잣나무와 소나무와 황양목이 약속의 땅으로 옮겨져 하나님의 거룩한 집 곧 하나님의 발등상인 언약궤가 존재하는 성전을 아름답게 하는 것과 같다. 그것은 메시아 사역이 완성되는 사실에 대한 묘사를 하고 있다.

구약성경은 지성소 안에 보존되고 있는 언약궤를 하나님의 '발등상' 이라 칭했다(대하 28:2). 천상에 계신 하나님께서 천상의 보좌에 연결된 지상의 성소에 계시면서 자신을 드러내 보이셨기 때문이다. 따라서 이스라엘 백성은 예루살렘 성전을 찾아가 그 앞에서 여호와 하나님을 경배했던 것이다.[78] 시편 기자는 그에 관한 노래를 하고 있는데 그것은 모든 언약의

78) 예루살렘 성전이 이방인들에 의해 파괴되고 없었을 때도 이스라엘 민족의 삶 가운데는 항상 하나님의 성전이 자리잡고 있었다. 그것은 상징적인 의미를 지니기도 하지만 동시에 매우 실제적인 사실로 이해해야만 한다.

백성들에게 공히 적용되어야 할 노래이다.

> **"너희는 여호와 우리 하나님을 높여 그 발등상 앞에서 경배할찌어다 그는 거룩하시도다"**(시 99:5)

하나님의 자녀들은 상징적인 의미에서 볼 때 늘 하나님의 발 앞에 있어야만 한다. 구약시대 언약의 자손들은 항상 하나님의 성전과 언약궤를 기억하면서 그곳을 통해 여호와 하나님을 경배했다. 이는 신약시대 성도들이 하나님의 몸된 교회 가운데서 예수 그리스도를 통해 하나님을 섬기는 것과 같다. 오늘날 우리도 자의自意 대로가 아니라 성경에 요구된 계명에 따라 하나님을 섬기게 되는 것이다.

그러므로 우리는 이사야서에 기록된 예언이 장차 오실 메시아인 예수님과 직접 연관되어 있다는 사실을 기억해야 한다. 그가 악한 사탄의 지배 속으로 들어간 인간들과 타락한 세상을 심판하시게 된다. 즉 하나님의 아들인 메시아에게 속하여 순종하는 자들은 영원한 영광을 누리게 되지만 그렇지 않은 자들은 영원한 심판을 받을 수밖에 없게 된다. 이는 또한 세상 마지막 날 예수 그리스도의 신부로서 천상으로부터 임하게 될 새 예루살렘에 밀접하게 연관되어 있다.

5. 완전히 뒤바뀐 상황 (사 60:14-18)

선지자 이사야가 예언할 당시 이스라엘 민족은 국내정세뿐 아니라 불안한 주변의 국제정세 때문에 겪는 고초가 이루 말할 수 없이 컸다. 수도인 예루살렘은 앗수르 왕국의 위협으로 인해 한치 앞을 내다보기 어려울 정도였다. 당시 유다 왕국의 힘으로는 저들에게 대항해 싸울 만한 힘이 전혀 없었다.

그런 열악한 상황 가운데서, 하나님께서는 앞으로 이스라엘 민족의 지위가 크게 번창하게 되리라는 사실을 말씀하셨다. 장차 막강한 이방 왕국의 통치자들의 자손이 지금은 힘이 없는 언약의 자손들 앞에 머리를 조아리고 그들을 멸시하던 포악한 자들이 저들의 발 앞에 엎드리게 된다는 것이었다. 당시로서는 상상조차 할 수 없는 일이었지만 그것은 장차 반드시 일어나야 할 사건이었다.

그때가 이르게 되면 모든 사람들이 예루살렘을 여호와의 성읍으로 알아보게 된다. 그리고 그 거룩한 성을 이스라엘의 하나님께 속한 시온(Zion)이라 일컫게 된다. 그리하여 만왕의 왕이 거하시는 예루살렘 성이 온 세상 왕국들 위에 군림하게 되는 것이다.

배도에 빠져 참된 진리를 멀리하던 때는 언약의 자손들이 하나님의 손길로부터 완전히 벗어나 있었다. 그들은 하나님의 미움을 당해 아무런 보호를 받지 못했다. 따라서 저들에게 호감을 가지고 나아가는 자들이 세상에 아무도 없었다. 하지만 이땅에 메시아가 오시게 되면 상황이 완전히 변하게 된다. 하나님께서 그에게 영원히 광채나는 아름다움을 옷 입히실 것이기 때문이다. 하나님께서는 그것이 자손 대대로 상속되어 자신의 기쁨이 되도록 하신다.

그렇게 되면 하나님께서 그로 말미암아 언약의 백성을 소중하게 여기시며 저들에게 풍족한 음식을 공급하신다. 그 사람들이 이방 왕국과 왕들의 젖을 빨아 먹게 되며 이방 지역의 세력이 저들을 호위하게 된다. 이는 일반은총에 해당되는 의미로 받아들일 수 있다. 하나님께서 세상의 것들로서 저들을 지켜 보호하시는 것이다.

메시아와 연관된 이 모든 과정을 통해 그가 자기 백성을 위한 '구원자', '구속자', '야곱의 전능하신 하나님' 이란 사실을 선포하게 된다. 하나님께서는 그와 더불어 언약의 백성들을 부족한 것이 없는 부강한 나라로 만들어 주신다. 그가 오시게 되면 금으로 놋을 대신하게 하고, 은으로 철을,

놋으로 나무를, 철로 돌을 대신하게 된다는 것이었다. 그리하여 신실한 관원들을 세워 참된 평화를 구축하고, 정직한 감독을 세워 공의대로 판단하게 된다.

그렇게 됨으로써 다시는 약속의 땅에서 강포한 일이 발생하지 않는다. 그리고 이스라엘 지경 안에서는 황폐와 파멸이 완전히 사라지게 된다. 언약의 자손들은 예루살렘 성벽을 지켜 외부로부터 밀려오는 위험한 세력을 방어하여 하나님의 백성들을 안전하게 지켜 구원하는 역할을 감당한다. 따라서 하나님께서는 장차 그 성벽이 '구원' 이라 불리게 될 것이며, 성벽을 따라 난 저들의 성문들이 '찬송' 이라 불리게 되리라는 사실을 예언했다. 이는 예루살렘이 온전한 하나님의 도성이 되리라는 사실을 말해주고 있다.

6. 영원한 나라에 연관된 예언 (사 60:19-22)

하나님께서는 선지자 이사야를 통해 장차 완성될 영원한 나라에 관한 예언의 말씀을 주셨다. 그것은 이 세상에서 인간들이 경험할 수 있는 나라들과 전혀 다른 성격을 지니고 있다. 이땅에 살아가는 사람들을 위해 낮과 밤을 밝혀주는 것은 하늘에 떠 있는 해와 달과 별들이다. 그러나 때가 이르면 그 모든 것들은 사라지고 하나님으로 말미암은 완벽한 빛이 모든 것을 밝혀주게 된다.

우리는 여기서 창세기에 기록된 성경의 중요한 한 내용을 기억해야 할 필요가 있다. 그것은 창세기 1장에 기록된 빛에 연관된 내용이다. 하나님께서 우주만물을 창조하실 때는 성질이 다른 두 유형의 상이한 빛이 존재했다.

하나님께서는 맨 처음 우주만물을 창조하실 때 첫째 날 빛을 창조하셨으며, 넷째 날에는 하늘의 궁창에 해와 달과 별들을 만들어 두셨다. 그 천체들로 하여금 지구 위에 살아가는 인간들의 낮과 밤을 주관하도록 하셨다. 이는 해와 달이 만들어지기 전에 이미 만물을 밝히는 원래의 빛이 존재했다는 사실을 말해준다.

그런데 범죄한 자로서 타락한 세상에 살아가는 인간의 이성으로는 천체가 만들어지기 전인 첫째 날부터 셋째 날까지 낮과 밤이 있었다는 사실을 이해하기 어렵다. 즉 오늘날의 인간의 능력으로 그것을 완벽하게 알 수 없다. 그렇지만 성경은 그에 관한 사실을 명백하게 증거하고 있다. 우리는 인간의 경험을 배경으로 한 이성에 의존할 것이 아니라 하나님의 말씀을 전적으로 믿어야만 한다.

또한 이사야서 본문은 하늘에 떠 있는 해와 달의 빛이 아니라 여호와 하나님으로 말미암은 영원한 빛이 그의 백성들에게 비쳐지게 되리라는 사실을 예언하고 있다. 이 말씀은 인간이 타락하기 전 즉 하나님께서 천지만물을 창조하실 때인 넷째 날 이전에 존재했던 처음 빛의 회복과 어느 정도 연관된 것으로 보인다.

장차 도래하게 될 새로운 세계에 그 빛이 임하면 여호와 하나님께서 모든 성도들을 위한 영원한 빛이 될 것이다. 그것은 하나님의 영광을 온전히 드러내는 기능을 할 것이며 메시아의 영광이 되어 나타난다. 물론 그 영광은 하나님의 자녀가 되어 거듭난 모든 성도들이 함께 누리는 성격을 지니게 된다.

구원에 연관된 모든 일들이 완성되면 그 영원한 빛으로 인해 죄악이 가득한 세상에서 겪는 슬픔과 고통은 완전히 끝이 난다. 하나님의 자녀들은 의로운 존재로 변화되어 영원한 땅을 차지하게 된다. 그것은 인간들의 능력으로 쟁취하는 것이 아니라 하나님께서 저들에게 선물로 허락하시는 것이다.

또한 타락한 인간들의 눈에 보잘것없어 보이던 자가 큰 무리를 이루고 힘이 없어 나약해 보이던 자가 강대한 나라를 이루게 된다. 이는 메시아 언약과 밀접하게 연관되어 있다. 하나님께서는 그 일이 속히 이루어지게 되리라는 사실을 선지자 이사야를 통해 말씀하셨다. 이는 당시 불안한 상황 가운데 살아가면서도 하나님을 믿고 경외하는 성도들에게 주어진 최상의 선물이 되었을 것이 틀림없다.

하나님의 자녀들이 그 모든 것들을 선물로 받을 수 있었던 것은 전적인 하나님의 은혜에 해당된다. 여호와 하나님께서 그 일을 위해 직접 저들을 손으로 만들고 심으셨다는 사실을 말씀하셨다. 하나님이 그렇게 하신 궁극적인 목적은 그것을 통해 자신의 영광을 드러내시기 위해서였다.

그러므로 지상 교회에 속한 모든 성도들은 하나님의 영광을 위해 존재하며, 그런 신앙 정신으로 살아가야만 한다. 하나님의 때가 이르면 성경에 약속된 모든 일들이 속히 이루어지게 된다. 선지자 이사야를 통해 주어진 예언은 오늘날 우리에게도 유효하게 적용되고 있다. 우리는 지금도 그 예언이 영원한 소망이 되고 있다는 사실을 항상 기억하고 있어야 한다.

제55장

메시아와 제사장 나라
(사 61:1-11)

1. 메시아 사역 (사 61:1-3)

선지자 이사야는 장차 이땅에 메시아가 오셔서 감당하게 될 사역과 형편에 관한 내용을 현재적인 관점에서 언급하며 예언하고 있다. 여호와 하나님의 성령이 임하여 메시아에게 기름을 부어 주심으로써 구체적인 사역이 시작된다는 것이었다. 여기서 언급된 '성령과 기름부음' 은 그의 구별됨과 왕권에 관련되어 있다.

그로 말미암아 메시아는 타락한 세상에 복음의 아름다운 소식을 전하시게 된다. 그는 진리를 갈망하는 사람들에게 치유와 자유와 해방을 선포하신다. 이는 매우 중요한 의미를 지니고 있다. 즉 하나님의 복음이 가난한 자, 마음이 상한 자, 포로가 된 자, 감옥에 갇힌 자들 등 약자에게 선포된다는 사실을 말해주기 때문이다.

우리가 여기서 각별히 주의를 기울여야 할 바는, 그들이 가난하게 된 것이 게으름과 나태한 삶 때문이 아니었다는 사실이다. 그리고 저들이 포로가 되고 감옥에 갇힌 것이 일반적인 관점에서 이해하는 범죄와 연관된 것이 아니었다. 그들은 여호와 하나님을 바라보고 그에게 순종하고자 하는 자세를 가짐으로 인해 부당한 고통을 당하는 자들이었다.

그 사람들은 억울하게 고통을 당하면서도 스스로 그 문제를 해결할 수 있는 능력을 갖추고 있지 못했다. 따라서 그들은 진정한 권능과 능력을 소유한 '특별한 구원자'의 도움을 간절히 기다렸다. 그들은 오직 메시아에게만 참된 능력이 존재한다는 사실을 깨닫고 있었다. 예수님께서 인간의 몸을 입고 이땅에 오셨을 때 그 모든 것이 성취되었다. 복음서를 계시받은 사도는 이사야서에 예언된 내용을 언급하며 그에 관한 사실을 기록하고 있다.

> **"선지자 이사야의 글을 드리거늘 책을 펴서 이렇게 기록한 데를 찾으시니 곧 주의 성령이 내게 임하셨으니 이는 가난한 자에게 복음을 전하게 하시려고 내게 기름을 부으시고 나를 보내사 포로 된 자에게 자유를, 눈먼 자에게 다시 보게 함을 전파하며 눌린 자를 자유케 하고 주의 은혜의 해를 전파하게 하려 하심이라 하였더라"**(눅 4:17-19)

하나님으로 말미암아 허락된 메시아 사역이, 복음으로 인해 고통받는 자들에게 제공됨으로써 구약의 예언이 그대로 성취되었다. 앞에서 언급한 것처럼 본문에 기록된 가난하고 포로가 되고 눈멀고 억눌린 자들이란 일반적인 경우를 두고 하는 말이 아니다. 그것은 세상에서 발생하는 본질에 연관된 결핍으로서 하나님의 도우심을 갈망하는 자들에게 섭리와 경륜에 따라 이루어진 것이다.

우리는 여기서 이 세상의 것들로 말미암아 만족스럽게 살아가는 것이 얼마나 위태로운 것인가 하는 점을 생각해 보게 된다. 타락한 세상에 살아가면서 부족함이 없이 모든 것을 만족스럽게 여긴다면 하나님의 구원에 대한 의미를 간절히 새기며 바라볼 수 없다. 그러므로 예수님께서는, 제자들에게 '부자가 천국에 들어가는 것이 낙타가 바늘귀로 들어가는 것보다 어렵다' 는 말씀을 하셨다(마 19:23,24).

천국에 들어가기 위한 조건에 연관된 예수님의 이 특별한 교훈은 과연 무슨 의미를 지니고 있는가? 이는 하나님의 자녀들이라면 세상에서의 만족을 추구하지 말아야 하며 영원한 천국에 진정한 소망을 두지 않으면 안 된다는 사실을 말해주고 있다. 세상에서 소유하는 부와 풍요는 영원한 천국을 갈망하는 것에 대한 방해적인 기능을 하게 된다. 그에 연관된 올바른 깨달음이 없다면 결코 성숙한 신앙인이라 말할 수 없다.

또한 선지자 이사야는 장차 '여호와의 은혜의 해' 와 '하나님의 보복의 날' 이 임하게 되리라는 사실을 선포했다(사 61:2). 이 말씀은 위에 언급한 누가복음 4장 19절에 기록된 '주의 은혜의 해' 와 조화된다. 그날이 이르게 되면 세상의 압제로 말미암아 슬픔에 잠긴 자들이 하나님으로부터 참된 위로를 받게 된다(마 5:4, 참조). 특히 시온에서 슬퍼하는 자들에게 아름다운 면류관이 주어지며 괴로움에 빠져 있던 자들이 기쁨의 기름을 얻게 된다. 그리고 세상의 모든 근심을 떨쳐 버리고 참된 찬송의 옷을 입게 된다.

그렇게 되면 하나님의 자녀들이 '의의 나무' 곧 하나님께서 심으신 의로운 나무로부터 그 영광을 드러내는 자리에 서게 된다. 이는 예수 그리스도의 강림과 더불어 나타나는 종말론적인 의미를 지니고 있다. 예수님께서는 장차 세상 끝 날이 도래하면 영원한 구원과 심판에 관련된 그와 같은 일이 필연적으로 발생하게 되리라는 사실을 말씀하셨다.

> **"이를 기이히 여기지 말라 무덤 속에 있는 자가 다 그의 음성을 들을 때가 오나니 선한 일을 행한 자는 생명의 부활로, 악한 일을 행한 자는 심판의 부활로 나오리라"**(요 5:28,29)

선지자 이사야의 예언과 예수님의 교훈을 귀담아 듣는 성도들은 항상 이 말씀을 마음에 새기고 있어야만 한다. 하나님을 알지 못하는 자들에게는 그 날이 무섭고 두려운 날이 되겠지만 성도들에게는 기쁨과 소망의 날이 된다. 하나님께서는 이스라엘 민족을 향해 '그 영광의 날'을 선포하시면서, 이사야 시대와 예수님께서 사역하시던 당대뿐 아니라 오늘날 우리에게도 동일한 메시지를 주셨던 것이다.

2. '제사장 나라'와 '지상 교회' (사 61:4-6)

이방인들에 의해 포로로 잡혀갔던 이스라엘 민족은 하나님의 경륜에 따라 다시 본토로 돌아오게 된다. 그들은 파괴된 예루살렘 성전을 재건하고 폐허된 성읍과 성벽을 일으켜 세우게 된다. 파괴된 지 오래되어 방치되어 있던 성읍을 중수하게 되는 것이다.

그때가 이르면 언약의 자손들이 처해 있던 모든 상황이 뒤바뀌게 된다. 이방의 포로로 사로잡혀가 심한 고생을 해야만 할 만큼 나약한 민족이 도리어 이방인들을 통치하며 그들 위에 군림하는 자리에 앉게 될 것이기 때문이다. 이방인들이 저들에게 수종을 들고, 그들이 언약의 백성들을 위해 힘든 농사일을 하며 포도원을 가꾸고 지키는 일을 감당하게 된다.

그 모든 일들은 이스라엘 민족 스스로 연마한 능력으로 말미암아 실행되지 않는다. 그것은 하나님께서 직접 관여하심으로써 발생하게 된다. 여호와 하나님께서는 언약의 백성을 자신을 위한 제사장으로 삼기를 원하셨다. 이는 폭넓게 이해해야 할 말로서 그들이 제사장 나라로 세워져 이방민족 가운데 택한 백성들을 불러 모으게 된다는 의미를 포함하고 있다. 그렇게 되면 저들이 온 세상 사람들로부터 제사장 나라로 일컬음 받게 된다.

하나님께서 아브라함을 통해 조성하신 이스라엘 자손은 원래부터 제사장 나라가 될 백성이었다. 따라서 그들은 하나님 앞에서 거룩한 백성이 되어야만 했다. 제사장 나라로서 하나님의 구원사역에 동참하기 위해서는 그렇게 되지 않으면 안 된다. 하나님께서는 오래전에 이미 모세를 통해 그에 대한 분명한 말씀을 주셨다.

> **"너희가 내게 대하여 제사장 나라가 되며 거룩한 백성이 되리라 너는 이 말을 이스라엘 자손에게 고할찌니라"**(출 19:6)

하나님께서 갈대아 우르에 있던 아브라함을 불러 이스라엘 민족을 특별히 조성하신 것은 바로 그 이유 때문이었다. 이는 그것이 단순한 신분에 그치는 것이 아니라 구체적인 사역과 직무가 포함되어 있음을 말해 준다. 제사장 나라의 역할을 감당하게 되면 세상의 뭇 백성들이 저들을 보고 '하나님의 봉사자'(ministers of our God)로 일컫게 된다. 그렇게 되면 그들이 거룩한 제사장이 되어 이방 나라의 재물들을 취할 것이며 저들로부터 높이 들림을 받아 저들 앞에서 당당한 지위를 누리게 된다.

구약시대 이스라엘 민족이 특별한 제사장 나라로 선정되었던 것이, 신약시대에는 예수 그리스도의 피로 값 주고 사신 바 된 지상 교회가 그 거룩한 역할을 이어받게 되었다. 하나님의 약속은 그것을 통해 전체적으로 드러나게 되는 것이다. 신약성경에는 교회의 제사장 사역에 연관된 분명한 증거가 나타나고 있다. 특히 베드로전서와 요한계시록에 명시적으로 기록되어 있다.

> **"오직 너희는 택하신 족속이요 왕 같은 제사장들이요 거룩한 나라요 그의 소유된 백성이니 이는 너희를 어두운데서 불러 내어 그의 기이한 빛에 들어가게 하신 자의 아름다운 덕을 선전하게 하려 하심이라"**(벧전 2:9); **"저희로 우리 하나님 앞에서 나라와 제사장을 삼으셨으니 저희가 땅에서 왕노릇하리로다 하더라"**(계 6:10)

지상 교회와 그에 속한 성도들은 하나님께서 택하신 자녀들로서 왕 같은 제사장이자 하나님께 속한 백성으로서 거룩한 나라를 이루게 된다. 이는 지상에 존재하는 보편교회를 중심으로 이해해야 한다. 하나님께서는 자기 자녀들을 죄악 세상으로부터 불러내어 그리스도를 통해 자신의 신비한 빛 가운데로 인도하셨다. 그리하여 그 백성은 하나님의 아름다운 덕을 선포하는 봉사의 직무를 감당하게 되는 것이다.

위에 언급한 요한계시록 본문에서도 그와 동일한 내용이 증거되고 있다. 교회에 속한 성도들은 하나님 앞에서 제사장 나라를 이루어 그 직무를 감당해야 한다는 것이다. 그것은 곧 저들이 세상에 존재하는 동안 그리스도와 더불어 왕 노릇하며 세상을 향해 구원과 심판을 선포하게 된다는 사실을 말해준다. 즉 그들은, 세상에 살아가는 하나님의 자녀들에게는 구원을 선포하고 그렇지 않는 자들에게는 심판을 선언하게 되는 것이다.

3. 하나님의 보상 (사 61:7)

악한 인간들은 자신의 욕망에 근거한 판단에 따라 하나님의 자녀들을 능욕하기를 좋아한다. 따라서 천국에 소망을 두고 살아가는 성도들이 이 땅에서 수모를 당하는 것은 자연스럽다. 즉 이는 전혀 이상한 일이 아니며 지극히 당연한 일이라 할 수 있다.

그렇지만 그와 같은 상황은 일시적인 것일 뿐 결코 오래 지속되지 않는다. 하나님께서는 고통당하는 자기 자녀들에게 장차 배나 보상할 것이며 세상에서 당한 환난에 대하여 충분한 즐거움을 선사할 것이기 때문이다. 따라서 그들은 자신에게 허락된 고유한 영역에서 세상 사람들이 알지 못하는 영원한 기쁨을 소유하게 된다.

예수님께서는 산상수훈에서 그에 연관된 언급을 하셨다. 참된 하나님의 백성들은 구약시대나 신약시대를 막론하고 세상에서 심한 핍박을 당한다는 것이었다. 그것은 타락한 이 세상을 살아가는 하나님의 자녀로서 가지게 될 중요한 표징이 되기도 한다.

> **"나를 인하여 너희를 욕하고 핍박하고 거짓으로 너희를 거스려 모든 악한 말을 할 때에는 너희에게 복이 있나니 기뻐하고 즐거워하라 하늘에서 너희의 상이 큼이라 너희 전에 있던 선지자들을 이같이 핍박하였느니라"**(마 5:11,12)

예수님께서는 여기서 자기를 따르는 성도들은 타락한 세상에서 능욕과 핍박을 당하게 된다는 사실을 강조하셨다. 그것은 필히 발생하게 될 일이었다. 세상에 속한 자들은 교회에 속한 성도들을 거슬러 악한 말을 하는 것을 당연하게 여긴다.

교회에 속한 성도들이 세상의 악한 자들로부터 그런 욕을 듣게 된다면 괴로워할 것이 아니라 도리어 기뻐하고 즐거워해야 할 일이다. 그것이 하나님의 자녀라는 사실에 대한 객관적인 증거 역할을 하기 때문이다. 다시 말해 그것으로 인해 참된 복을 보장받고 있다는 사실이 겉으로 드러나게 되는 것이다.

그러므로 고난받는 성도들에게는 타락한 세상의 것들과 비교될 수 없는 크고 영원한 보상이 약속되어 있다. 악한 자들에 의해 당하는 능욕과 핍박은 구약시대의 참된 믿음의 선배들도 동일하게 받아왔다. 그와 같은 사실을 알고 있다면 우리 역시 세상에서의 고통을 천상으로부터 약속된 말씀으로써 능히 이겨낼 수 있게 된다.

4. 온 세상을 향해 선포될 복음 (사 61:8,9)

타락한 이 세상은 항상 유무형의 다양한 형태의 범죄와 폭력으로 인해 혼란스럽다. 불의로 가득한 인간들은 이기적인 성품을 버리지 못한다. 할 수만 있으면 다른 사람들을 자기를 위한 도구로 만들기 위해 온갖 술수를

다 동원하게 된다.

이런 일은 시대와 지역을 불문하고 언제 어디서나 일어나고 있다. 선지자 이사야가 예언할 당시에도 그와 같은 풍조가 가득했다. 악한 사람들은 이웃의 것을 강탈하여 자신의 소유로 만들고자 했으므로 힘없고 연약한 자들은 그로 인해 고통을 당하며 어려운 삶을 살아갈 수밖에 없었다.

그와 같은 불안한 상황은 '약속의 자손' 인 예수 그리스도의 사역이 구체적으로 성취될 때 더욱 심하게 기승을 부리며 나타난다. 이땅에 메시아가 오시게 되면 사탄이 적극적으로 방해하기 때문이다. 또한 말세가 가까울수록 악한 세력이 더욱 기승을 부리게 된다. 예수님께서는 복음서 가운데서 장차 종말이 이르게 되면 불법이 성행하고 극도로 이기주의화된 인간들이 자기 목적을 달성하기 위해 수단과 방법을 가리지 않으리라는 사실을 말씀하셨다.

> **"그때에 많은 사람이 시험에 빠져 서로 잡아 주고 서로 미워하겠으며 거짓 선지자가 많이 일어나 많은 사람을 미혹하게 하겠으며 불법이 성하므로 많은 사람의 사랑이 식어지리라 그러나 끝까지 견디는 자는 구원을 얻으리라 이 천국 복음이 모든 민족에게 증거되기 위하여 온 세상에 전파되리니 그제야 끝이 오리라"(마 24:10-14)**

이와 같은 종말의 때가 이르면 하나님을 진정으로 사랑하는 성도들은 이 세상에서 살아가기가 더욱 어려워지게 된다. 사실 우리 시대는 이미 그와 같은 때가 도래한 것으로 보아야 한다.[79] 하나님을 두려워하지 않는 인

---

79) 우리시대에는 첨단 과학의 발달로 인해 심각한 문제들이 끊임없이 발생하고 있다. 그 가운데 전쟁을 위한 살상무기와 과학적인 결과물들은 인간들의 삶을 위협하고 있다. 나아가 도덕과 윤리가 실종되며, 동성애, 동성결혼 등은 인간성 자체를 파괴하고 있다. 그럼에도 불구하고 타락한 인간들은 그에 대한 문제를 제대로 인식하지 못하고 있다. 따라서 성경에 기록된 대로 올바른 신앙을 지키며 살아가려는 자들은 고통을 받지 않을 수 없다.

간들은 삶에 연관된 기본적인 모든 규범을 파괴하고 있다. 하지만 어리석은 인간들은 세태의 변화와 더불어 그런 일이 발생하는 것이 자연스러운 것인 양 받아들인다.

그러므로 어리석고 미련한 자들 사이에는, 첨단 과학과 더불어 포스트모던 시대에 돌입하여 사회가 진화해 가는 과정에서 용납되지 못할 것은 아무것도 없다는 식의 사고가 만연하게 된다. 이는 인간으로서 지켜야 할 기초적인 도리로서의 도덕관마저 파괴하는 양상을 띤다. 그것은 하나님의 자녀들로서는 결코 용납할 수 없는 실상이다.

그러다보니 지상 교회에 속한 성도들은 환난과 고통을 당하지 않을 수 없게 된다. 사악한 풍조를 하나님의 말씀으로 비판하는 것마저 허용되지 않는 악한 세상이 되어 버리기 때문이다. 그와 같은 상황에 처하게 되면 참 성도들은 세상으로부터 가해지는 고난과 핍박을 피하지 못한다.

그렇지만 지상 교회는 그와 같은 상황에 맞서 싸우며 끝까지 견뎌내야 한다. 하나님의 백성들은 결코 사탄이 지배하는 세상과의 투쟁을 포기할 수 없다. 종말이 이르게 되면 교회 밖에서의 핍박과 더불어 소위 기독교 내부에서 분란이 일어나게 된다. 잘못된 신앙을 가진 자들은 세상의 가치관을 수용하고 저들의 편에 서게 될 것이며, 거짓 선지자들은 하나님의 자녀들을 미혹하기 위해 온갖 술수들을 다 펼치게 될 것이기 때문이다.

그때가 이르면 교회 가운데 존재해야 할 사랑이 식어 참된 사랑을 보기 힘들게 된다. 그럼에도 불구하고 여전히 많은 사람들이 '사랑'이라는 용어를 입에 올리며 달콤한 말들을 끊임없이 쏟아낸다. 하지만 그들은 사랑이라는 단어를 자신을 합리화시키기 위한 이기적인 도구로 사용할 뿐 이웃을 위해 진정한 사랑을 실현하는 것과는 거리가 멀다.

진정으로 영원한 천국에 소망을 두고 살아가는 성도들은 그와 같은 상황을 이겨내야 한다. 참된 성도들은 그리스도의 복음을 깨달아 세상 사람들과 구별되는 삶을 인내하며 살아내지 않으면 안 된다. 타락한 세상에 맞서 싸우는 가운데 그런 삶을 살아가는 것이 성도들에게 맡겨진 신앙의 기본적인 덕목이 되기 때문이다.

하나님의 복음은 그와 같은 열악한 환경 가운데서 온 세상에 퍼져나가게 된다. 하나님께서는 그 가운데서 자기 자녀들을 구별해 내실 것이다. 하나님의 뜻을 알고 그에 참여하는 성도들은 최종 승리를 향해 나아가게 되며 영원한 구원을 받게 된다.

선지자 이사야는 이스라엘 민족 가운데 보냄을 받게 될 메시아가 만민 가운데 알려지리라는 사실을 예언했다. 불의와 폭력이 난무하는 시대에 공의를 행하시는 하나님께서 모든 악한 것들을 심판하심으로써 자신의 뜻을 이루어 가시게 된다는 것이었다. 그것을 통해 하나님께 속한 성도들은 진정한 복을 소유한 자들로 인정받게 되는 것이다.

5. 그리스도와 교회 : 신랑과 신부 (사 61:10,11)

선지자 이사야는 본문 가운데서 또다시 메시아의 종말론적 사역에 관련된 예언을 하고 있다. 그가 여호와 하나님으로 말미암아 크게 기뻐하며 자신의 영혼이 그로 인해 즐거워한다는 것이었다. 이는 하나님께서 모든 권한을 그에게 위임하는 의미와 연관되어 있다.

하나님께서는 그의 구원의 옷을 메시아에게 입히셨으며 공의의 겉옷을 저에게 덧입히셨다고 말씀하셨다. 그렇게 되면 그가 신랑이 빛나는 관을 쓴 것과 신부가 아름다운 보석으로 단장한 것 같은 영화롭고 능력있는 모습을 띠게 된다. 이것은 그의 복식을 통해 드러나는 권위의 실상을 보여주고 있다.

또한 이 예언은 그가 구원자와 심판주가 되신다는 사실에 연관되어 있다. 인간의 몸을 입으신 메시아를 통해, 창세전에 선택받은 백성들은 영원한 구원에 참여하게 되고 사탄에게 속해 그와 상관없는 자들은 무서운 심판을 받게 된다. 하나님의 사랑과 공의가 세상 가운데서 진정한 의를 드러내기 때문이다.

따라서 하나님으로 말미암은 참된 의가 장차 오실 메시아를 통해 세계 만방에 드러나고 실행된다. 그렇게 되면 그에게 속한 백성들도 그 거룩한 사역에 동참하게 된다. 이는 지상 교회에 속한 모든 성도들이 세상에 대한 구원과 심판 사역에 구체적으로 참여하게 된다는 사실을 말해주고 있다.

그 사역이 완성되면 인간들이 전혀 경험해보지 못한 놀라운 일이 발생한다. 선지자 이사야는 영광스런 메시아의 사역을 통해 일어나게 될 변화에 관한 언급을 하고 있다. 땅이 싹을 내고 동산에 뿌려진 씨앗을 움트게 하는 것처럼 여호와 하나님께서 공의와 찬송을 모든 나라 앞에 솟아나게 하신다는 것이었다. 이는 예수 그리스도와 성령 하나님을 통해 시작되는 신약교회 시대를 거쳐 종말에 임하게 될 영원한 세계와 연관되어 있다. 사도 요한은 계시록 말미에서 그에 관한 기록을 남기고 있다.

> **"또 내가 새 하늘과 새 땅을 보니 처음 하늘과 처음 땅이 없어졌고 바다도 다시 있지 않더라 또 내가 보매 거룩한 성 새 예루살렘이 하나님께로부터 하늘에서 내려오니 그 예비한 것이 신부가 남편을 위하여 단장한 것 같더라"**(계 21:1,2)

하나님의 구원과 심판이 완료되면 인간들의 이성과 경험을 초월한 새로운 세계가 펼쳐진다. 그것은 새 하늘과 새 땅으로서 처음 피조세계와는 상당한 차이가 난다. 첫 번째 세계와 두 번째 피조세계 사이에는 연속성과 불연속성이 존재하게 된다. 맨 처음 창조되었던 세계는 아담의 범죄로 말미암아 오염되어 심판의 대상이 되고 두 번째 세계는 하나님의 언약으로 인한 완전한 세계가 될 것이기 때문이다.

여호와 하나님께서는 새로운 하늘과 땅을 창조하시고 천상으로부터 성도들을 내려보내 그곳에서 영원한 삶을 누리도록 하신다. 거룩한 성 새 예루살렘이 천상으로부터 남편을 위해 단장한 신부처럼 아름다운 모습으로 새 하늘과 새 땅으로 내려오게 된다. 이는 세상에 살다가 먼저 천상의 나라에 올라간 성도들과 이땅에서 마지막까지 살아 있다가 그리스도의 재림과 더불어 천상으로 올라간 성도들이 새로운 피조세계로 옮겨지게 된다는 사실을 말해준다. 따라서 모든 성도들은 세상의 고통과 환난을 겪으면서 하나님의 약속을 믿고 소망하며 영원한 천국을 바라보게 되는 것이다.

제56장

메시아와 그의 사역에 대한 소망

(사 62:1-12)

1. 메시아와 언약의 백성 (사 62:1-3)

선지자 이사야는 장차 '시온의 공의' 가 빛같이 드러나며 '예루살렘의 구원' 이 횃불같이 나타나게 되리라는 사실을 예언했다. 이는 앞으로 도래하게 될 메시아 사역에 직접 연관된 예언이다. 이땅에 메시아가 오시게 되면 시온과 예루살렘을 위하여 잠잠하거나 쉬지 않고 자신의 사역을 감당하시게 된다.

그와 같은 상황이 이르면 이방의 여러 나라들이 메시아가 베푸는 공의를 경험하게 된다. 또한 세상 모든 나라의 통치자들은 예루살렘에 대한 구원과 더불어 나타나는 하나님의 영광을 목격할 수밖에 없다. 그리하여 메시아는 여호와 하나님의 입으로 정해주실 '새 이름' (a new name)으로 일컬음 받게 된다.

여기서 일컫는 '새 이름' 이란 과연 무엇을 의미하는가? 성경에는 '새 이름' 에 연관된 내용이 여러 차례 기록되어 나타난다. 특히 요한계시록 2장 17절의 버가모 교회에 보내는 편지에서 흰 돌 위에 '새 이름' 이 새겨진 사실이 언급되고 있으며, 3장 12절의 빌라델비아 교회에 보내는 편지에서는 그 새 이름이 '이기는 자' 위에 새겨진 것을 언급하고 있다. 이 말씀들은 메시아에 대한 약속과 그의 신분이 선포되는 사실에 연관되어 있다.

또한 이사야서에서는 그가 여호와의 손에 의한 아름다운 면류관이 될 것이며 하나님의 손에 의한 왕관이 된다는 사실이 기록되어 있다. 이 말은 하나님께서 친히 그를 최상의 영광이 드러나는 자리에 앉히게 될 것이라는 사실을 말해주고 있다. 즉 장차 이땅에 오시게 될 메시아는 보통 사람이 아니라 하나님으로부터 보내심을 받아 특별히 인정받는 존재가 되리라는 것이었다.

그러므로 외부의 강압적인 세력과 내부적인 부패로 인해 신음하던 이스라엘 자손은 그것을 유일한 소망으로 삼아야 했다. 그가 오시면 일거에 모든 것을 해결하시게 된다. 따라서 세상에서의 욕망을 포기한 지혜로운 자들은 장차 오실 메시아를 간절히 바라보았다. 하지만 그렇지 않은 자들은 현실에 안주하며 개인의 복락에 치중할 따름이었다.

예수 그리스도의 재림을 앞두고 있는 오늘날 우리 시대도 영적으로 보아 그와 동일한 선상에 놓여 있다. 기독교 안팎으로 성도들을 위협하고 교회를 어지럽히는 세력이 산재하고 있기 때문이다. 그러므로 지혜로운 성도들은 성경에 기록된 역사적인 교훈들을 면밀히 살피며 진리의 말씀을 자신의 삶 가운데 받아들여야만 한다.

2. 이스라엘의 회복 (사 62:4,5)

이스라엘 백성은 선지자 이사야가 예언할 당시 완전히 버림받은 것과 같은 상태에 놓여 있었다. 그들 가운데 이스라엘의 북쪽 지역에 살던 다수는 이방인의 포로로 잡혀가거나 앗수르의 혼혈정책으로 인해 민족의 정체성을 상실당한 채 방황했다. 나아가 저들이 살던 약속의 땅은 황무지로 변해가고 있었다.

그러므로 여러 나라에 속한 주변 민족들은 그들을 비웃었다. 그들이 그토록 믿고 의지하던 여호와가 어디 있느냐는 것이었다. 저들의 눈에는 이방인들에게 굴욕을 당하고 있는 이스라엘 백성이 세력을 회복한다는 것은 불가능하게 비쳐졌다. 하나님의 징계를 받는 백성들은 이방인들의 조롱과 비아냥거림 속에 모든 것을 상실했던 것이다.

그러나 언약에 신실하신 하나님께서는 장차 저들이 잃어버린 모든 것들을 회복해주시게 된다. 하나님께 속한 백성들은 특별한 사역을 감당하게 될 메시아를 기다렸다. 사람들은 장차 오시게 될 메시아를 '헵시바'(Hephzibah)라고 부르게 되는데 그 말은 '하나님의 기쁨이 그에게 있다'는 뜻을 지니고 있다. 그로 말미암아 하나님께서 작정하신 모든 것들이 성취되리라는 것이었다.

그리고 그가 통치하는 땅은 사람들로부터 '쁄라'(Beulah)라 불리게 된다. 그것은 '안식의 땅'이란 뜻을 지니며, 동시에 '혼인한 여자'라는 상징적인 의미를 담고 있다. 이는 그에게 속한 약속의 땅이 마치 그와 혼인한 것처럼 밀접하게 되어 하나님의 기쁨의 대상이 된다는 사실을 말해준다.

그것은 마치 청년이 처녀와 결혼하여 자기 자녀들에게 모든 것을 상속해주듯이, 언약의 자손들이 자연스럽게 그를 취하게 된다. 그리고 신랑이 신부를 기쁘게 맞이하는 것과 같이 하나님이 저를 기쁨의 대상으로 여기게 된다. 이는 성부 하나님과 성자이신 그리스도와의 관계를 말해주고 있다. 하나님께서 이룩하시고자 하는 구원사역이 이 모든 과정을 통해 역사 가운데 진행되어 가는 것이다.

3. '찬송의 중심이 되는 예루살렘'을 위한 파수꾼 (사 62:6,7)

하나님께서는 예루살렘 성벽 위에 파수꾼을 세우시겠다는 말씀을 하셨다. 이는 백성들 스스로 그 거룩한 성을 지켜낼 수 있는 능력이 없으므로 하나님께서 친히 그 성을 지키시리라는 사실을 말해주고 있다. 하나님께서 세우신 그 파수꾼은 밤낮으로 성벽을 지키며 항상 깨어 활동하게 된다.

인간들이 제아무리 모든 노력을 기울여 견고한 성을 세우고 철저한 경비를 한다고 할지라도 그것은 완전할 수 없다. 예루살렘 성읍에 대해서도 마찬가지다. 신앙을 가진 자들의 순수하고 성실한 마음 자체가 안전한 결과를 유지시키지 못하는 것이다. 시편 기자는 그에 관한 노래를 부르며 여호와 하나님께 전적으로 의존해야 함을 고백하고 있다.

> **"여호와께서 집을 세우지 아니하시면 세우는 자의 수고가 헛되며 여호와께서 성을 지키지 아니하시면 파수꾼의 경성함이 허사로다"**(시 127:1)

시편 기자의 이 노래는 타락한 세상에 살아가는 모든 성도들의 노래가 되어야 한다. 선지자 이사야가 예언할 당시뿐 아니라 오늘날 우리 시대도 마찬가지이다. 그러므로 하나님을 진심으로 경외하는 성도들은 항상 하나님께서 보내시는 완벽한 파수꾼을 믿고 의지하는 가운데 자신을 보호받아야만 하는 것이다.

선지자는 또한 하나님으로부터 중요한 임무를 맡은 자는 결코 잠잠하지 말아야 한다는 사실을 언급하고 있다. 그는 마땅히 전해야 할 내용들을 만방에 선포해야만 한다. 그리고 그것으로 인해 성읍 안에서 보호받고 있는 백성들은 항상 그점을 기억하고 있어야 한다. 따라서 그들은 여호와께서 스스로 약속하신 내용을 기억하시도록 지속적으로 그에게 상기시켜 드려야 하는 것이다.

이 말은 언약의 자손들은 여호와 하나님과 올바른 교제를 지속해야 한다는 사실을 말해주고 있다. 성도들은 쉬지 말고 기도하며 하나님과의 교제를 이어가야 한다. 그 가운데서 하나님에 대한 감사와 찬송이 드려져야

하며 회개가 동반된다.

선지자 이사야는 이땅에 예루살렘이 세워지고 회복되어야 하는 이유가, 하나님께서 이땅에서부터 찬송을 받기 위해서라는 사실을 언급하고 있다. 구약시대는 아직 그 일이 완성되지 않았을 때였지만 그 의미는 살아 있었다. 따라서 그 일이 완성되어 하나님께서 완벽한 찬송을 받으실 때까지 성도들은 끊임없이 하나님과의 신령한 교제를 지속해야 하는 것이다.

4. 하나님의 자녀들을 위한 식량 공급 (사 62:8,9)

여호와 하나님께서는 고통당하며 신음하고 있는 자기 백성들을 향해 맹세하셨다. 그는 자신의 오른손 곧 그의 능력의 팔로 맹세하셨던 것이다. 이는 그것이 하나님께서 언약의 백성들에게 보여주시는 실제적이며 확실한 증거 역할을 하고 있음을 말해준다.

그 맹세의 내용 가운데는 장차 언약의 백성들이 최종 승리를 거두게 된다는 사실이 내포되어 있다. 이는 이방의 원수들이 저들의 곡식을 취하며 위협하는 일이 다시는 발생하지 않게 된다는 것을 의미한다. 또한 저들이 재배한 포도나무에서 맺힌 열매로 빚은 포도주를 이방인들에게 내어주지 않도록 하시리라는 것이었다.

오직 곡식을 재배한 언약의 자손들이 그것을 추수하여 먹게 된다. 그것은 하나님의 은혜로 말미암아 제공된 것으로서 언약의 자손들이 그것을 먹고 여호와 하나님을 찬송하며 그에게 감사하게 된다는 사실을 말해준다. 그리고 포도 열매를 거두어 포도주를 만든 자들이 그것을 하나님의 성소 뜰에서 마시게 된다는 것이었다.

이 말씀은 신약시대의 성도들에게 긴밀하게 연관되어 있다. 예수 그리스도로 말미암아 하나님께 속한 백성들은 하나님으로부터 공급되는 것으로 먹고 마시며 살아갈 수 있게 된다. 날마다 먹고 마시는 다채로운 음식은 더 이상 인간들의 본질적인 삶의 의미를 결정짓지 못한다. 그러므로 예수님께서는 제자들에게 무엇을 먹고 마실까에 대하여 염려하지 말라고 하셨다.

> **"너희는 무엇을 먹을까 무엇을 마실까 하여 구하지 말며 근심하지도 말라 이 모든 것은 세상 백성들이 구하는 것이라 너희 아버지께서 이런 것이 너희에게 있어야 될 줄을 아시느니라 오직 너희는 그의 나라를 구하라 그리하면 이런 것을 너희에게 더하시리라"**(눅 12:29-31)

이 세상에 존재하는 모든 성도들의 생명은 하나님께 달려 있다. 영원한 생명뿐 아니라 이땅에 살아갈 때의 생명 역시 마찬가지다. 선지자 이사야가 본문 가운데서 언급한 '하나님의 성소 뜰' (사 62:9)은 성도들에게 가장 중요한 삶의 근거지가 된다. 이에 대해서는 구약시대에도 그러했으며 신약시대에도 그와 동일하다.

또한 우리가 반드시 기억해야 할 점은 이 교훈이 단순히 날마다 먹고 마시는 일반적인 음식 문제에 국한되지 않는다는 사실이다. 그것은 매주일 되풀이되는 교회의 공예배시 하나님 앞에서 베풀어지는 성찬과 밀접하게 관련되어 있다. 언약의 주일날 시행되는 공예배는 천상에 존재하는 하나님의 성소 앞에서 이루어지게 된다.

또한 그 신령한 음식은 장차 있게 될 영원한 생명의 양식과 연관되어 있다. 그것은 전적으로 하나님으로 말미암아 제공되는 음식이다. 사도 요한은 그의 계시록에서 그와 관련하여 하나님의 백성들이 영원한 성소 앞에서 즐겁게 먹고 마시는 것에 대한 기록을 남기고 있다.

> **"그러므로 그들이 하나님의 보좌 앞에 있고 또 그의 성전에서 밤낮 하나님을 섬기매 보좌에 앉으신 이가 그들 위에 장막을 치시리니 저희가 다시 주리지도 아니하며 목마르지도 아니하고 해나 아무 뜨거운 기운에 상하지 아니할찌니 이**

는 보좌 가운데 계신 어린 양이 저희의 목자가 되사 생명수 샘으로 인도하시고 하나님께서 저희 눈에서 모든 눈물을 씻어 주실 것임이러라"(계 7:15-17)

요한계시록에 기록된 이 말씀은 선지자 이사야가 본문 가운데 언급한 내용이 최종적으로 성취된 것과 연관된다. 선지자 이사야는 하나님의 성소 뜰에서 먹고 마시는 것을 언급하면서 장차 이루어지게 될 사실을 예언하고 있다. 즉 하나님께서는 이스라엘 민족의 회복과 더불어 저들이 먹고 마시는 모든 음식이 자신의 언약에 관련되어 있다는 사실을 말씀하셨다.

선지자가 언급하고자 한 것은 단순히 이 세상에서의 생명 연장을 의미하지 않는다. 그것은 공급되는 양식을 통해 허락되는 육신의 생명을 넘어 그것을 허락하신 하나님을 경배하는 사실에 연관되어 있다. 그것을 통해 하나님과 그의 자손들 사이에 명확한 언약 관계가 이루어져 확인되는 것이다.

5. '구원의 성문으로 나아가라' (사 62:10-12)

하나님께서는 선지자 이사야를 통해 메시아를 염두에 두고, "성문으로 나아가라"는 요구를 강조해 말씀하셨다. 그렇게 함으로써 장차 언약의 백성이 나아오게 될 길을 닦으라는 것이었다. 또한 그것을 위해 큰 길을 수축하고 돌들을 제거하여 치우라고 하셨다. 그것을 통해 만민을 위한 기를 높이 들라는 것이었다.

이 말씀은 언약의 자손들이 메시아가 오실 것에 대한 준비를 갖추고 있어야 한다는 사실을 말해준다. 그것이 악한 자들로 인해 신음하고 있는 백성들에게 주어진 유일한 소망으로서 최고의 선물이 된다. 따라서 현재 심한 고통중에 있을지라도 하나님의 자녀들은 장차 일어날 그 사실을 기억하며 기대해야 하는 것이다.

여호와 하나님께서는 또한 그에 관련된 사실을 땅 끝까지 선포하시리라는 점을 말씀하셨다. 그때 딸 시온을 향하여 그 앞에 구원이 이르렀음이 선포되었다. 그리하여 성도들에게 제공될 상급과 원수들에게 행해질 보응이 저들 앞에 있게 된다는 사실이 드러났다. 나중 스가랴 선지자는 이에 대하여 좀 더 발전적인 예언을 하고 있다.

> **"시온의 딸아 크게 기뻐할찌어다 예루살렘의 딸아 즐거이 부를찌어다 보라 네 왕이 네게 임하나니 그는 공의로우며 구원을 베풀며 겸손하여서 나귀를 타나니 나귀의 작은 것 곧 나귀새끼니라"**(슥 9:9)

성경에 예언된 약속에 따라 장차 메시아가 오셔서 죄 가운데 신음하는 자기 백성들을 구원하신다. 이땅에 그가 임하시게 되면 시온의 딸 곧 예루살렘의 딸인 언약의 자손들이 기뻐하며 즐거이 외치게 된다. 저들을 통치하실 왕이 강림하셨기 때문이다. 공의로운 분이신 그는 자기 백성들을 위해 구원을 베푸시게 된다. 하지만 왕의 권위를 나타내는 방편은 일반적인 상황과는 달리 어린 나귀새끼를 타고 자신을 드러내신다.

메시아가 통치하는 그와 같은 일이 발생하면 사람들이 저들을 하나님의 거룩한 백성이라 일컫게 된다. 또한 사람들은 그들을 하나님으로부터 구원받은 자들이라 부르게 된다. 당시 그들은 마치 버려진 자들처럼 보였지만 때가 되면 제 위치로 돌아오게 되는 것이다. 그리하여 예루살렘과 그 안에 거주하는 백성들은 버림받지 않은 성읍이자 다시 찾은 바 된 자들이라 칭함을 받게 된다는 것이었다.

제57장

메시아의 심판과 언약 백성들

(사 63:1-19)

1. 화려한 '홍의'를 입고 오시는 메시아 (사 63:1)

하나님께서는 자신의 뜻에 저항하는 사악한 인간들을 반드시 심판하시게 된다. 그 심판은 자연적인 현상에 따라 나타나는 것이 아니라 인격을 가진 한 특별한 왕에 의해 이루어진다. 죄에 빠진 어리석은 인간들은 자신에게 그와 같은 무서운 일이 발생하리라는 사실을 전혀 인식하지 못한 채 살아가고 있다.

선지자 이사야는 본문 가운데서 화려한 모습의 홍의紅衣를 입고 오시는 메시아에 관한 예언을 하고 있다. 여기서 언급한 홍의란 왕이 입는 자주색 계통의 붉은색 의상을 일컫는 것으로 이해해야 한다. 이는 이땅에 왕으로 오셔서 악한 자들을 심판하시게 되는 메시아의 권위를 보여준다.

그는 일반 인간들과는 비교할 수 없는 큰 능력을 소유하신 분이며 공의를 엄격하게 베푸시는 분이다. 그리고 자기 백성을 구원할 수 있는 권능을 가지고 계신다. 하나님께서는 본문 가운데서 그 메시아가 바로 '하나님 자신' 이라는 사실을 밝히셨다. 그가 오시면 모든 것을 공의로 심판하시고 자기 자녀들을 불러모아 구원하시게 된다.

성경 본문은 메시아인 그 왕이 에돔 지역 곧 보스라(Bozrah)[80] 에서 오시게 된다는 사실을 언급하고 있다. 그런데 왜 그가 예루살렘이 아니라 보스라에서 오신다고 했을까? 이는 그가 에돔과 그들 가운데 있는 가장 강력한 전술 요충지인 보스라를 심판하고 돌아오시는 광경을 묘사하고 있다.

에돔은 야곱의 쌍둥이 형제인 에서 자손이 세운 왕국이다. 야곱과 그의 후손들이 가나안 땅에서 지리멸렬한 행태를 보일 때 에서와 그의 자손들은 탄탄한 기반을 형성해 가고 있었다. 그들은 이스라엘 집안이 애굽에 내려가 타국살이를 하는 동안 벌써 세일산을 중심으로 왕국을 형성해 가고 있었다(창 36:31, 참조).

외관상 보기에 에돔 족속은 성공적인 모습으로 크게 번성해갔다. 야곱의 자녀들이 온갖 불의한 일들을 저지르는 동안[81]에 에서의 후손들은 승승장구乘勝長驅했다. 그 시기에 심각한 기근에 빠진 이스라엘 족속은 가나안 땅에서 생존하기조차 어려운 형편에 처했으며 결국 애굽으로 내려가 이방에 떠도는 나그네 생활을 하게 되었다. 이스라엘 민족이 가나안 땅을 정복하고 다윗 왕으로부터 시작된 언약의 왕국이 세워지기까지는 칠백 년

80) 보스라(Bozrah)는 사해 남동쪽 약 30km 페트라 북쪽 60km 정도의 지점에 위치하고 있다. 그 성은 에돔의 통치영역에 속한 군사적인 요충지로서 난공불락의 성이었다(창 36:33; 사 34:6; 63:1; 렘 49:13; 암1:12, 참조).

81) 야곱의 자녀들은 가나안 땅에서 상상을 초월하는 온갖 형태의 부정한 일들을 저질렀다. 장자인 르우벤은 서모(庶母)와 간통을 했고, 야곱의 딸 디나가 세겜에 의해 강간을 당하게 되자 그의 형제들인 시므온과 레위가 세겜의 집안을 속이고 잔혹한 살해극을 벌였다. 또한 유다는 며느리 다말과의 성적인 관계를 통해 쌍둥이 아들을 낳게 되었다. 뿐만 아니라 야곱의 여러 아들들은 동생 요셉을 애굽으로 팔아넘기는 악행을 저질렀다. 이처럼 가나안 땅에 있는 동안 야곱의 집안은 그야말로 엉망진창이었다.

이 훨씬 넘는 장구한 세월이 걸렸다.

선지자 이사야가 예언할 당시에도 에돔은 건재했던 것으로 보인다. 따라서 하나님께서는 저들에 대한 심판을 예언하셨던 것이다. 나중 선지자 예레미야는 그와 동일한 내용을 예언하고 있다. 하나님께서 에돔을 반드시 심판하시게 된다는 것이었다.

> **"그런즉 에돔에 대한 나 여호와의 도모와 데만 거민에 대하여 경영한 나 여호와의 뜻을 들으라 양 떼의 어린 것들을 그들이 반드시 끌어가고 그 처소로 황무케 하리니 그 넘어지는 소리에 땅이 진동하며 그 부르짖는 소리는 홍해에 들리리라 보라 원수가 독수리 같이 날아와서 그 날개를 보스라 위에 펴는 그 날에 에돔 용사의 마음이 구로하는 여인 같으리라"(렘 49:20-22)**

하나님께서 에돔을 심판하시고자 한 근본적인 이유 가운데 하나는 그들이 언약의 자손들과 근접한 거리에 살고 있으면서 저들에게 이방 사상을 전하는 역할을 했기 때문이다. 그들은 여호와 하나님 앞에서 오만한 태도를 보이면서 자신의 성공을 자랑했다. 그것은 이스라엘의 어린 신앙인들이 나쁜 영향을 받을 만 했다. 따라서 하나님께서는 저들을 먼저 심판하시기로 작정하셨던 것이다.

우리는 여기서 하나님께서 멀리 떨어져 있는 이방인들이 아니라 언약의 왕국 주변을 서성이며 하나님께 저항하는 자들을 우선적인 심판의 대상으로 삼는다는 사실을 기억해야만 한다. 이는 오늘날 우리에게도 그대로 적용될 수 있는 내용이다. 즉 하나님께서는 신약시대에도 복음을 전혀 들어본 적이 없는 이방인들을 심판하시기에 앞서 하나님의 몸된 교회를 어지럽히는 자들을 먼저 심판하시게 된다. 그것은 물론 시간에 따른 기계적 순서를 말한다기보다 논리적인 순서 개념으로 받아들여야 한다.

2. 하나님의 심판 (사 63:2,3)

하나님께서는 또한 그에게 무엇 때문에 저의 의복이 그렇게 붉으며 포도주 틀(winepress)을 밟는 자 같이 되었는지 물었다. 여기서 옷이 붉다는 것은 앞 절에서 말한 붉은 색 홍의紅衣와는 전혀 다른 의미를 지니고 있다. 앞의 홍의는 왕의 권위를 상징하는 의미를 지닌다면 나중의 붉은 색 옷은 심판으로 말미암아 튀긴 피가 묻은 의복을 의미한다.

그때 메시아는 만민 가운데 자기와 함께 한 자가 아무도 없이 홀로 포도주 틀을 밟았다는 사실을 언급하셨다. 그가 악한 자들을 심판하는 일에 인간들의 힘을 보탤 필요가 없었다. 그 심판은 오직 메시아 홀로 감당할 수 있는 일이었기 때문이다.

선지자는 또한 그 메시아가 매우 진노하여 악한 무리를 심판하면서 마치 포도주 틀을 밟듯이 저들을 발밑에 두고 짓밟은 사실을 말씀하셨다. 그가 그토록 크게 진노한 까닭은 하나님께 저항하는 더러운 속성을 지닌 악한 인간들 때문이었다. 그리하여 그들의 선혈鮮血 곧 피가 그의 옷에 튀어 붉게 물들게 되었던 것이다.

이는 종말의 때가 되어 일어날 일들에 대한 예언적 성격을 지니고 있다. 종말이 되면 에돔을 심판하신 하나님께서 여호와 하나님을 멀리하고 메시아에게 저항하는 자들을 포도주 틀을 밟듯이 저들을 짓이겨 심판하시게 된다. 이는 하나님의 심판이 얼마나 철저하게 이루어지는가 하는 것을 보여준다. 요한계시록에는 종말에 발생할 사건에 연관된 내용이 기록되어 있다.

> "또 그가 피 뿌린 옷을 입었는데 그 이름은 하나님의 말씀이라 칭하더라 하늘에 있는 군대들이 희고 깨끗한 세마포를 입고 백마를 타고 그를 따르더라 그의 입에서 이한 검이 나오니 그것으로 만국을 치겠고 친히 저희를 철장으로 다스리

며 또 친히 하나님 곧 전능하신 이의 맹렬한 진노의 포도주 틀을 밟겠고 그 옷과 그 다리에 이름 쓴 것이 있으니 만왕의 왕이요 만주의 주라 하였더라"(계 19:13-16)

하나님은 자기 자녀들에 대해서는 한없이 자비로운 분이다. 그러나 사악한 원수들에 대해서는 무서운 심판을 하시는 분이다. 하나님께서는 선지자 이사야를 통해 에돔을 심판하시는 메시아를 보여주시면서 동시에 장차 일어나게 될 종말론적인 사건에 대한 예언을 하고 있다.

우리는 여기서 요한계시록의 위 본문에 언급된 '만왕의 왕' 이신 그리스도께서 얼마나 철저하게 악한 자들을 응징하시는가에 대하여 알 수 있다. 이는 하나님을 대적하는 자들에게는 무서운 경고의 성격을 지니고 있다. 하지만 그의 자녀들에게는 장차 오게 될 그 날이 소망의 근거가 되고 있는 것이다.

3. '원수 갚는 날' (사 63:4-6)

장차 이땅에 메시아가 오시게 되면 무서운 심판과 더불어 하나님의 구원사역이 구체적으로 행해진다. 하나님께서는 때가 이르러 그 놀라운 일을 시작하시게 되지만 인간들 가운데 그를 도와주는 자가 아무도 없다. 악한 자들에 의해 그가 몸을 지탱하기 어려울 정도가 되어도 그를 붙들어 주는 자들이 보이지 않는다.

이 예언은 예수 그리스도께서 모진 고난을 당함으로써 성취된다. 그가 악한 자들에 의해 채찍으로 맞고 얼굴에 침 뱉음을 당하고 십자가에 달리실 때 아무도 그를 도와주지 않았으며 도와줄 수도 없었다. 십자가에 달려 고통당하는 그리스도 앞에 서 있던 성도들은 그 참혹한 상황을 그저 잠잠히 지켜보고 있을 수밖에 없었다. 그는 홀로 그 모진 고통을 감내해야만 하셨던 것이다.

일반 원리적인 측면에서 본다면, 메시아가 자기 자녀들을 압제한 원수들에게 심판을 행하고 그들을 구원하기 위해 오셨음에도 불구하고 아무도 그의 편에 서지 않는다는 것은 이상한 일이었다. 이는 사람들이 일반적인 안목으로 메시아인 그를 알아보지 못했다는 사실에 연관되기도 한다. 그리고 하나님의 자녀라 할지라도 전적으로 무능하다는 사실을 말해준다.

그러므로 메시아는 스스로 자기 자신을 그 자리에서 구원할 도리밖에 없었다. 따라서 세상을 심판하고자 하는 그의 진노가 그 심판을 더욱 재촉하게 되었다. 그것이 악한 자들을 심판하고자 하는 그의 의로움을 드러내도록 했던 것이다.

결국 메시아는 악한 죄에 대한 진노로 인해 세상에 살아가는 만민을 짓밟아 심판하시게 된다. 그가 분노함으로써 타락한 자들로 하여금 독한 술에 취하듯이 취하도록 만들었다. 그렇게 하여 저들이 메시아를 통해 전개되는 상황을 파악하지 못하도록 하는 저주를 내리게 되었다. 결국 그로 말미암아 저들의 선혈이 땅에 낭자하게 되었다.

이는 또한 세상 마지막 날 임하는 최종 심판과 연관되는 예언적 성격을 지니고 있다. 그때가 이르면 모든 것이 완성된다. 즉 하나님께서 사탄의 유혹에 빠져 오염된 세상과 타락한 인간들을 심판하신 후 새로운 창조 세계를 완성하게 되는 것이다.

4. 언약의 백성들에게 베푸신 은총 (사 63:7-10)

선지자 이사야는 여호와 하나님께서 언약의 백성들에게 베푸신 모든 자비와 그의 찬송에 관하여 언급하겠다고 했다. 또한 그의 사랑과 무한한 자비에 따라 이스라엘 백성 가운데 베푸신 큰 은총을 말하리라고 했다. 이는 하나님과 이스라엘 민족 사이에 형성된 특별한 관계와 연관되어 있다.

하나님께서는 그들이 진실로 자신의 백성이며 거짓을 행하지 않는 자녀라고 말씀하셨다. 거기에는 자기 자녀들의 모든 죄를 용서하시겠다는 하나님의 약속이 내포되어 있다. 그러므로 하나님께서 친히 저들의 구원자가 되고자 하신다는 말씀을 하셨던 것이다.

장차 이땅에 오시게 될 메시아는 그것을 위해 저들의 모든 고난에 동참하시게 된다. 이는 나중 성자 하나님으로서 인간의 몸을 입고 오신 예수 그리스도께서 당하시는 고난에 대한 예언으로 이해해야 한다. 베드로는 그의 서신에서 고난당하신 예수 그리스도에 관한 증거를 하고 있다.

> **"저는 죄를 범치 아니하시고 그 입에 궤사도 없으시며 욕을 받으시되 대신 욕하지 아니하시고 고난을 받으시되 위협하지 아니하시고 오직 공의로 심판하시는 자에게 부탁하시며 친히 나무에 달려 그 몸으로 우리 죄를 담당하셨으니 이는 우리로 죄에 대하여 죽고 의에 대하여 살게 하려 하심이라 저가 채찍에 맞음으로 너희는 나음을 얻었나니 너희가 전에는 양과 같이 길을 잃었더니 이제는 너희 영혼의 목자와 감독 되신 이에게 돌아왔느니라"(벧전 2:22-25)**

모진 고난을 동반한 예수님의 구원사역은 갑작스럽게 일어난 것이 아니라 구약성경에서 끊임없이 예언되어 온 바였다. 하나님께서는 그전에 이미 다양한 방편들을 통해 언약의 백성들을 높이 들어 품고자 하셨다. 그러나 구약시대의 백성들은 되풀이되는 반역으로 인해 하나님의 성령을 근심케 했다. 그러므로 배도에 빠진 언약의 백성들을 심판하시는 자가 그들을 엄히 응징하여 치셨다.

그는 또한 자기 앞에 있는 사자 곧 천사들로 하여금 그들을 구원하도록 하시며 그의 사랑과 자비로 그 백성들을 구출하시게 된다. 즉 하나님께서는 적절한 시간에 택한 자들을 보내 저들로 하여금 자기에게 돌아오게 하셨다. 이는 먼저 하나님의 부르심을 받은 성도들이 교회에 속하여 그 일에 참여하는 자들이 되어야 한다는 사실과 연관되어 있다.

우리는 이 말씀에 대한 올바른 이해를 함으로써 마음속 깊이 그 교훈을 받아들여야 한다. 우리 역시 하나님의 말씀에 순종치 않고 배도에 빠지면 그런 무서운 징계를 피할 수 없게 된다. 그러나 하나님을 진심으로 경외하며 그에게 순종하는 성도들은 악한 자들로부터 임하는 핍박과 더불어 상당한 고난을 당하겠지만 궁극적으로는 천상의 은혜가 베풀어진다.

5. 여호와 하나님과 모세 시대 (사 63:11-14)

하나님의 특별한 목적을 위해 조성된 언약의 백성들은 그 가운데 항상 언약에 관한 보증을 소유하고 있었다. 그것은 예나 지금이나 마찬가지다. 우선은 저들에게 주어진 기록된 하나님의 말씀이 절대적인 역할을 한다. 그리고 성경에 확증되어 나타나는 하나님의 구체적이며 다양한 사역들이 곧 그것이다.

선지자 이사야는 당시 이스라엘 백성들에게 모세 시대 하나님께서 친히 역사하셨던 사실을 다시금 상기시키고자 했다. 옛적 모세 시대 하나님께서 언약의 자손들을 위해 행하신 모든 이적들을 기억하라는 것이었다. 하나님께서는 이스라엘 민족을 구출하실 목적으로 홍해를 갈라 자신을 위한 제물이 될 양 떼와 목자들로 하여금 그 바닷길을 건너가도록 하셨다. 그가 친히 모세의 오른손을 통해 바다의 밑바닥을 드러나게 하심으로써 자신의 이름과 능력을 인간 역사 가운데 드러내셨다.

하나님께서는 그 모든 일을 행하실 때 먼저 자기 자신을 위해서 그렇게 하셨다. 애굽을 떠나기 바로 직전에도 모세와 아론에게 그점을 강조하여 말씀하셨다(출 12:32, 참조). 이는 모든 언약의 자손들이 명확하게 깨달아야 할 사실이었다. 따라서 하나님의 백성들은 그의 놀라운 사역을 통해 영원토록 전능하신 그 이름을 기억하게 된다.

이제 선지자는 배도에 빠진 백성들을 엄히 꾸짖고 있다. 자기 자녀들을 인도하여 홍해 바다의 깊은 곳을 지나 건너게 하시고 시내 광야의 메마른 땅에서 보호하신 그 하나님이 이제 어디 계시느냐고 물었다. 이는 하나님께서 저들과 함께 계심에도 불구하고 그 사실을 멀리하는 자들에 대한 책망이었다.

여호와 하나님께서는, 언약의 자손들이 배도에 빠진 자들 가운데서 신음하는 중에도 저들과 함께 계셨다. 그리하여 성령 하나님은 끝내 그들을 안전한 곳으로 인도하여 편히 쉬도록 해주신다. 그렇게 함으로써 자신의 이름을 영화롭게 하시기를 원하셨다. 하나님의 선하신 능력이 아니고는 결코 그에 도달할 수 없다. 선지자는 성숙한 백성들에게 그에 대한 올바른 깨달음을 가지고 있어야만 한다는 사실을 촉구했던 것이다.

6. 자비와 도움을 간구하는 언약의 백성 (사 63:15-19)

자신의 연약함을 깨달은 이스라엘 백성은 하나님의 자비를 간절히 구하게 된다. 하나님께서는 거룩하고 영화로운 처소에 계신다. 그는 천상의 나라 보좌에 앉아계시며 동시에 지상 가운데 마련된 거룩한 성소를 통해 자신을 보이시게 된다.

하나님께서 천상의 나라에 계시는 것은 지극히 당연하다. 그런데 성경에서는 천상에 계시는 하나님이 지상에도 계신다는 사실을 증거하고 있다. 다윗 왕은 예루살렘 성전이 건립되기 전 지성소 안에 놓인 언약궤가 하나님의 발등상이란 사실을 말했다. 하나님이 그곳에 계신다는 것이었다. 이에 대한 사실은 시편에서도 되풀이되어 나타나고 있다.

> **"이에 다윗 왕이 일어서서 가로되 나의 형제들, 나의 백성들아 내 말을 들으라 나는 여호와의 언약궤 곧 우리 하나님의 발등상을 봉안할 전 건축할 마음이 있어서 건축할 재료를 준비하였으나"**(대상 28:2); **"너희는 여호와 우리 하나님**

을 높여 그 발등상 앞에서 경배할찌어다 그는 거룩하시도다"(시 99:5); "우리가 그의 성막에 들어가서 그 발등상 앞에서 경배하리로다"(시 132:7)

하나님께서는 천상의 나라에 계시지만 지상에 있는 자기 자녀들과 함께 하신다. 그 사실을 알고 있는 언약의 백성들은 하나님께 저들의 고통스런 모든 형편을 살펴보시고 도움을 달라고 간구했다. 여호와 하나님처럼 적극적으로 사역하시며 능력 있는 행동을 하시는 분이 세상에는 없다는 것이었다. 거기에는 과거 하나님의 말씀에 순종할 때 임했던 그의 자비와 사랑이 그쳤으므로 그 고통에서 헤어날 수 없다는 고백이 담겨 있다.

이스라엘 자손은 여기서 여호와 하나님을 '아버지'라 칭하고 있다(사 63:16).[82] 그 말은 저들이 하나님으로 말미암아 존재하게 되었다는 의미를 지니고 있다. 그렇지만 믿음의 조상 아브라함은 저들을 모르고 이스라엘은 그 백성을 인정치 않는다는 사실을 언급했다. 이 말 가운데는 일시적으로 배도의 길에 들어섰던 저들을 믿음의 선배들이 용납하지 않을 것이란 점에 대한 염려가 들어 있다.

그럼에도 불구하고 하나님은 저들의 아버지로서 옛날부터 그의 이름을 '구속자'(Redeemer)로 보이셨기 때문에 백성들은 그에 대한 믿음을 소유하고 있었다. 즉 하나님께서 저들을 도와주실 것에 대한 신뢰를 가지고 있었던 것이다. 이는 저들이 하나님께 간구하며 간절히 매어달리고 있음을 보여준다.

그들은 하나님께 저들로 하여금 참된 길에서 떠나지 말도록 해달라는 간구를 했다. 그리고 저들의 마음이 완고하게 되어 더 이상 하나님을 경외하지 않는 자가 되지 않도록 도움을 요청했다. 따라서 여호와 하나님의 종

---

82) 하나님의 아들이신 예수 그리스도께서 십자가 사역을 완성하심으로써 신약시대 교회에 속한 성도들은 하나님을 '아바 아버지'(Abba, Father)라 부를 수 있게 되었다(롬 8:15; 갈 4:6). 이는 하나님과 그의 자녀들 사이에 막혔던 담이 완전히 허물어지게 되었음을 말해주고 있다.

이자 그의 기업이 되는 이스라엘 열두 지파들을 기억하고 돌이켜 주시도록 간곡히 빌었다.

하나님의 거룩한 백성은 그의 약속과 은혜로써 저들의 땅을 소유하게 되었다. 하지만 그리 오랜 세월이 흐르지 않아 이방의 대적하는 원수들이 약속의 땅을 점령하고 하나님의 거룩한 성소를 유린하게 되었다. 그렇게 되자 언약의 자손들은 하나님의 통치에서 제외된 자들처럼 되었으며 하나님의 이름으로 일컬음을 받지 못하는 자들과 같이 되어버렸다.

하나님을 향한 저들의 간구 가운데는 과거의 범죄에 대한 회개가 동반되어 있다. 즉 배도에 빠진 과거의 행태를 진심으로 뉘우치며 이제는 하나님의 말씀에 온전히 순종함으로써 여호와 하나님을 섬기겠다는 것이었다. 하나님께서는 자신의 과오를 깨달아 각성하는 그런 자들을 결코 외면하거나 내치지 않으신다.

이 말씀은 오늘날 우리에게도 그대로 적용되어야 할 생생한 교훈이다. 지금도 하나님께서는 천상의 보좌에 계시면서 동시에 지상 교회 가운데 계신다. 성숙한 성도들은 원래 인간의 악한 모습과 더불어 과거에 행했던 자신의 악한 모습을 정확하게 깨달아야 한다. 하나님의 자녀들이라 할지라도 모든 인간들은 과거에 여호와 하나님을 대적하는 자리에 있었다. 이제 그 모든 악한 것들을 벗어버리고 하나님의 뜻에 온전히 순종하고자 하는 마음을 가지는 것이 가장 소중한 것이다.

제58장

하나님의 일시적 징계와 영원한 구원

(사 64:1-12)

1. 하나님의 강림 간구 (사 64:1-4)

이방 왕국의 세력이 편만해짐으로써 고통을 당하게 된 언약의 자손들에게는 하나님의 도우심만이 유일한 살 길이었다. 그 사실을 깨닫는 것 자체가 하나님의 놀라운 은혜이다. 하지만 어리석은 자들은 현재뿐 아니라 미래에 도래하게 될 엄청난 국난國難 앞에서도 이기적인 욕망을 채우기에 급급했다.

이방 족속들로부터 고통당하는 백성들은 모세 시대를 마음에 떠올렸다. 출애굽할 당시 이스라엘 백성들에게는 현실적으로 볼 때 모든 것이 암담했다. 농사가 되지 않는 광야에서 먹고 살아갈 문제도 그러했지만 장차 들어가게 될 가나안 땅에는 원수들만 가득했다. 외형적으로 볼 때 그들의 장래는 결코 밝지 않았다.

그런 상황에서 하나님께서는 시내산에서 하늘을 가르고 자기 백성들에게 강림하셨다. 그때 산이 진동하며 천상으로부터 큰 나팔소리가 울려

퍼졌다. 모세가 백성들과 함께 하나님을 맞기 위해 산기슭에 서자 시내산 주변에 자욱한 연기가 휩싸였으며 불꽃 가운데 계신 하나님께서 말씀하셨다.

그것을 통해 하나님의 놀라운 영광이 드러났으며 백성들 앞에 그 존재의 실체를 드러내 보여주셨다. 하지만 죄에 빠진 인간들에게는 그 광경이 실로 두려운 일이 아닐 수 없었다. 모세는 당시에 발생했던 광경을 구체적으로 기록하고 있다.

> **"모세가 하나님을 맞으려고 백성을 거느리고 진에서 나오매 그들이 산기슭에 섰더니 시내산에 연기가 자욱하니 여호와께서 불 가운데서 거기 강림하심이라 그 연기가 옹기점 연기 같이 떠오르고 온 산이 크게 진동하며 나팔 소리가 점점 커질 때에 모세가 말한즉 하나님이 음성으로 대답하시더라"**(출 19:17-19)

선지자 이사야가 활동하던 시기 하나님을 경외하던 자들은 기록된 말씀을 알고 있었으며 애굽에서 신음하는 이스라엘 백성을 인도해 내신 하나님의 큰일에 관한 지식을 소유하고 있었다. 성실한 이스라엘 백성은 항상 이 사건을 마음에 새겨두고 있으면서 잊지 않았다. 백성들 가운데 실체적으로 역사하신 내용이 그 가운데 담겨 있었기 때문이다. 이는 사건상으로는 단 한 번 있었던 일이지만 그와 더불어 하나님께서 자기 백성을 떠나지 않는다는 사실을 말해주고 있다.

이에 대해서는 오늘날 우리 시대 역시 마찬가지다. 하나님은 과거 이스라엘 민족 가운데 역사하신 하나님이실 뿐 아니라 오늘날 우리 시대에도 구체적으로 역사하신다. 그는 언제든지 자기 자녀들을 위해 모든 일을 행하실 수 있는 분이다. 이는 역사적인 시대와 지리적 위치를 초월한다. 이 세상의 모든 인간들은 하나님의 눈길을 피할 수 없기 때문이다.

선지자 이사야 시대에도 그와 동일했다. 하나님은 언약의 백성들 가운데 계셨지만 어리석은 인간들은 그 사실을 무시하기를 되풀이했다. 하지만 궁지에 빠져 있었으나 하나님의 자녀들인 참 이스라엘 백성들은 그 놀라운 능력이 저들에게 구체적으로 임하기를 원했다.

그리하여 신실한 백성들은 하나님께서 모세 시대처럼 하늘을 가르고 강림하시기를 간구했다. 하나님이 임하시면 산들이 진동하게 되고 무서운 불이 풀섶을 사름으로써 원수들이 그것을 보고 하나님의 이름을 알게 되리라는 것이었다. 여기서는 그것을 통해 배도에 빠진 이스라엘과 언약의 백성들을 괴롭히는 이방 왕국의 세력이 그 앞에서 떨고 도망하게 해달라는 것이었다.

그들은 하나님께서 모세 시대에 행하셨던 것처럼 해 달라며 간절한 마음으로 구했다. 시내산에서 두려운 일을 행하시고 산들이 하나님 앞에서 진동하던 때를 기억하고 있었던 것이다. 그와 같은 일은 오직 여호와 하나님만 행하실 수 있는 일이었다. 우주만물을 창조하신 하나님 이외에는 어느 누구도 그와 같은 일을 행할 수 없었다. 따라서 이스라엘 자손들에게는 하나님의 능력만이 유일한 참 소망이었다.

2. 하나님의 자비와 심판 (사 64:5-7)

성도들의 삶은 항상 공의를 행하고 계시된 말씀을 통해 하나님을 기억할 수 있어야만 한다. 물론 여기서 말하는 공의란 인간들의 편에서 정립된 일반적인 정의를 일컫지 않는다. 그것은 하나님으로 말미암는 공의여야 한다.

그리고 언약의 백성들은 주님의 길에서 벗어나지 말아야 한다. 이 말은 인간들 스스로 구축한 욕망의 길에서 벗어나야 된다는 의미를 지니고 있다. 욕망에 빠진 인간들은 세상의 것들에 탐닉할 수밖에 없다. 그러나 그 길을 버리고 주님의 길에 들어선 자들은 하나님과 영원한 삶의 의미를 중심에 두고 살아가게 된다.

선지자는 본문 가운데서 하나님께서 그와 같은 자들을 선대하신다는 사실을 언급하고 있다. 그것이 이 세상에 살아가는 인간들이 소유하고 지켜야 할 삶의 방식이어야 한다. 그럼에도 불구하고 어리석은 인간들은 그와 같은 삶을 살아가기를 좋아하지 않는다. 눈앞에 보이는 욕망을 통해 자기 인생을 누리는 것을 최고의 가치로 착각하기 때문이다.

그러나 성숙한 하나님의 자녀들은 그에 대한 분명한 깨달음을 가지게 된다. 그들에게는 하나님의 뜻을 버리고 범죄한 자신의 원래 모습을 볼 수 있는 안목이 있다. 선지자 이사야가 예언할 당시에는 배도에 빠진 자들의 그와 같은 삶의 양상이 이미 오랫동안 지속되어 왔다. 그로 인해 하나님의 진노가 저들 위에 임하고 있었다.

그러므로 참된 믿음을 소유한 성숙한 성도들은 그에 대한 고백을 했다. "무릇 우리는 다 부정한 자 같아서 우리의 의는 다 더러운 옷 같으며 우리는 다 잎사귀 같이 시들므로 우리의 죄악이 바람 같이 우리를 몰아가나이다"(사 64:6). 이 고백은 매우 중요한 의미를 지니고 있다. 하나님의 자녀들은 본문 중에 표현된 '우리의 의는 다 더러운 옷 같다' 는 말씀에 특별한 관심을 기울여야 한다.

이 말은 인간들에게는 어떤 참된 의도 발생할 수 없다는 사실을 말해준다. 인간들이 세상에 살아가면서 스스로 의라고 생각하는 것은 인간들의 사회 가운데 규정된 것일 뿐 진정한 의미를 발생시키지 못한다. 즉 그것은 하나님의 의와는 아무런 상관이 없는 것이다.

이에 대해서는 성경 여러 곳에서 증거하고 있다. '인간의 의는 진정으로 의로운 것이 아니라 하나님 보시기에는 불의한 것일 따름이다' . 인간들이 의라고 여기는 그 어떤 것도 불의한 것에 지나지 않는다는 것이다. 시편 기자는 그에 연관된 시를 노래하고 있으며 사도 바울도 로마서에서 그에 관한 내용을 기록하고 있다.

"어리석은 자는 그 마음에 이르기를 하나님이 없다 하도다 저희는 부패하며 가증한 악을 행함이여 선을 행하는 자가 없도다 하나님이 하늘에서 인생을 굽어 살피사 지각이 있는 자와 하나님을 찾는 자가 있는가 보려 하신즉 각기 물러가 함께 더러운 자가 되고 선을 행하는 자 없으니 하나도 없도다"(시 53:1-3); **"기록한바 의인은 없나니 하나도 없으며 깨닫는 자도 없고 하나님을 찾는 자도 없고 다 치우쳐 한가지로 무익하게 되고 선을 행하는 자는 없나니 하나도 없도다 저희 목구멍은 열린 무덤이요 그 혀로는 속임을 베풀며 그 입술에는 독사의 독이 있고 그 입에는 저주와 악독이 가득하고 그 발은 피 흘리는데 빠른지라 파멸과 고생이 그 길에 있어 평강의 길을 알지 못하였고 저희 눈앞에 하나님을 두려워함이 없느니라 함과 같으니라"**(롬 3:11-18)

성경은 모든 인간들이 예외 없이 악한 죄인이라는 사실을 밝히고 있다. 인간들의 윤리적인 행위가 진리를 배경으로 한 참된 의로움 사이에 끼어들 여지는 아예 존재하지 않는다. 인간들에게서 드러나는 가장 큰 죄는 자만하여 하나님을 무시하고 그의 뜻을 멸시하는 것이다. 겉보기에 아무리 선을 행하는 듯하고 모든 사람들에게 칭찬받는다고 할지라도 삼위일체이신 여호와 하나님을 알지 못하고 그를 무시한다면 그보다 큰 죄는 없는 것이다.

그들은 하나님을 알지 못하기 때문에 그의 이름을 부르지 않는다. 그런 자들에게는 멸망해 가는 자기 생명을 구하기 위해 하나님을 붙잡고자 하는 간절한 마음도 없었다. 저들은 참된 윤리와 상관없이 자기 욕망에 따라 살아가겠다는 집념만 가득할 따름이었다. 그 집념 가운데는 타락한 종교적인 욕망이 자리잡고 있었기 때문이다.

하나님께서는 배도에 빠져 악을 행하는 자들에게 자신의 얼굴을 숨기신다(사 64:7). 인간들에게 임하는 가장 무서운 저주는 하나님께서 얼굴을 돌리시고 그 얼굴을 숨기시는 것이다. 이는 하나님의 은혜로부터 멀어져 그와 아무런 상관이 없게 된다는 사실을 말해주고 있다. 그와 같은 인생은 결국 완전히 멸망할 수밖에 없는 것이다.

그러므로 믿음의 선배들은 항상 하나님의 얼굴을 가까이 뵙기를 원했다. 이는 물론 의인화된 표현이다. 제사장 아론은 자신의 직분을 이어받은 자손들에게 이스라엘 자손들을 위해 복과 은혜와 평강을 선포하도록 요구했다. 그것은 자손 대대로 이어져야 할 축복의 내용이었다. 민수기에는 그에 관한 구체적인 사실이 기록되어 있다.

> **"여호와는 네게 복을 주시고 너를 지키시기를 원하며 여호와는 그 얼굴로 네게 비취사 은혜 베푸시기를 원하며 여호와는 그 얼굴을 네게로 향하여 드사 평강 주시기를 원하노라 할찌니라 하라"**(민 6:24-26)

아론의 후손 제사장들은 여호와께서 언약의 자손들에게 얼굴을 숨기지 않고 언약의 백성들을 향해 그 얼굴을 드러내 비추기를 기원했다. 그것은 지속적으로 행해야 할 제사장 직분으로서 저들에게 맡겨진 중요한 직무들 가운데 하나였다. 그것을 통해 백성들은 하나님의 은혜를 소유하게 되며 하나님과 그 백성들 사이에 형성된 평화의 관계가 지속적으로 확인된다.

이와 같은 언약은 오늘날 우리에게도 그대로 적용되고 있다. 하나님께서 자신의 얼굴을 들어 교회 가운데 드러내 보여주시는 것은 최상의 은혜가 된다. 따라서 지금도 우리는 민수기에 기록된 본문을 공예배의 축도로 사용하고 있다. 하나님의 자녀들은 항상 그 가운데 거한다는 사실을 확인하게 되는 것이다.

3. 창조주와 피조물 (사 64:8,9)

하나님의 자녀들에게는 여호와 하나님이 저들의 '아버지'가 된다. 이는 하나님의 형상대로 인간이 지어진 사실과 연관되어 있다. 하나님을 알지 못하는 현대의 진화론자들이 주장하듯이 인간은 어떤 미생물로부터 서서히 진화한 것이 아니라 하나님께서 의도와 목적을 가지고 직접 창조하신 피조물이다. 우리 시대에 성행하는 나쁜 주장인 소위 유신진화론은 인간의 이성을 중심으로 한 위태로운 악한 사상이다.

언약의 백성들이 하나님을 '아버지'라 부르고 그의 자녀가 된 것은 사랑과 순종의 관계가 형성된 사실을 말해준다. 타락한 인간들은 우주와 인간의 존재 의미뿐 아니라 자기 분수를 알지 못한다. 즉 어리석은 자들은 하나님으로 말미암아 허락된 이성을 자기를 위한 이기적인 도구로 사용할 줄밖에 모른다.

그것을 설명하기 위해 선지자들과 사도들은 토기장이 비유를 들어 설명하는 경우가 많다. 진흙으로 토기를 만들 때 무엇을 만들든지 그 의도와 목적은 오직 토기장이의 마음에 달려 있다. 조물주와 피조물의 관계인 하나님과 인간 사이도 이와 동일하다. 사도 바울은 로마에 있는 교회에 편지하면서 그에 관한 기록을 하고 있다.

> **"이 사람아 네가 뉘기에 감히 하나님을 힐문하느뇨 지음을 받은 물건이 지은 자에게 어찌 나를 이같이 만들었느냐 말하겠느뇨 토기장이가 진흙 한 덩이로 하나는 귀히 쓸 그릇을, 하나는 천히 쓸 그릇을 만드는 권이 없느냐 만일 하나님이 그 진노를 보이시고 그 능력을 알게 하고자 하사 멸하기로 준비된 진노의 그릇을 오래 참으심으로 관용하시고 또한 영광 받기로 예비하신바 긍휼의 그릇에 대하여 그 영광의 부요함을 알게 하고자 하셨을찌라도 무슨 말 하리요 이 그릇은 우리니 곧 유대인 중에서 뿐아니라 이방인 중에서도 부르신 자니라"**(롬 9:20-24)

조물주 하나님은 토기장이와 같으며 인간들은 진흙과 같은 존재이다. 토기장이가 흙으로 토기를 만들 듯이 하나님께서는 인간들을 포함한 모든 피조물을 자신의 거룩한 뜻에 따라 창조하셨다. 하나님께서 지으신 모든 것들은 그의 고유한 의도에 근거했다. 따라서 하나님의 어떤 의도를 가지셨든 간에 인간들이 그것을 탓할 이유가 전혀 없다.

그럼에도 불구하고 타락한 인간들은 자기의 욕망에 부합하지 않으면 하나님을 원망하기를 주저하지 않았다. 선지자 이사야가 예언할 당시 이스라엘 민족도 그러했다. 그와 같은 정황을 잘 알고 있던 언약의 자손들은 이제 돌이켰으니 그로 인한 모든 분노를 멈추어 주시도록 하나님께 간구했다.

그들은 저들의 행동이 여호와 하나님의 진노를 사기에 충분했다는 사실을 인정하고 있다. 악한 자들이 그것을 부인하고 있는 것과 대조적이다. 따라서 이제 하나님의 백성으로서 제 자리로 돌아왔으니 지나간 모든 죄악을 기억하지 말고 용서해 달라고 빌었던 것이다.

4. 예루살렘 성전 파괴에 대한 예언 (사 64:10,11)

선지자 이사야는 장차 일어나게 될 일에 대한 예언을 하고 있다. 이는 이사야가 예언할 당시보다 더욱 처참한 상황이 도래할 것을 말해주고 있다. 이스라엘 민족에게 있어서는 청천벽력靑天霹靂 같은 소리가 아닐 수 없었다.

지금은 비록 어렵다고 할지라도 참고 인내하면 더 나은 세월이 도래해야 그것이 위로가 될 수 있다. 그러나 앞으로 약속의 땅에 남아 있는 성읍들이 심하게 파괴되고 예루살렘이 무너져 황폐하게 된다는 것이었다. 그리하여 조상들이 여호와 하나님을 찬송하던 그 거룩하고 아름다운 성전은 불에 타버리게 된다.

하나님으로부터 그 말씀을 듣는 선지자와 이스라엘 백성들은 암담한 마음을 가지게 될 수밖에 없다. 그러나 거짓 선지자들과 사악한 자들은 그런 일이 절대로 일어나지 않을 것처럼 선전했다. 그렇게 되면 어린 백성들은 그 말을 듣고 속아 넘어가게 된다.

이스라엘 역사를 보게 되면 항상 악한 자들이 신앙을 가장하여 백성들을 기만하고자 했다. 하나님이 살아계시기 때문에 절대로 그런 일이 발생하지 않을 것처럼 선전하며 백성들을 속였던 것이다. 즉 어떤 경우라 할지라도 하나님께서 예루살렘 성전만은 끝까지 지켜 보호하신다는 것이었다. 이는 저들이 마치 유능한 지도자인 양 포장하기 위한 간사한 수법에 지나지 않는다. 그에 영향을 받은 자들은 하나님의 집인 예루살렘 성전이 파괴된다고 말하는 것 자체가 하나님을 모독하는 양 생각하기까지 했다.

그러나 하나님의 예언은 반드시 성취된다. 이사야의 예언은 나중 앗수르 제국이 패망한 후 바벨론의 느부갓네살 왕이 예루살렘을 공격함으로써 이루어진다. 그때 예루살렘 성벽과 성읍이 파괴되었으며 성전이 불살라지게 되었다. 백성들 가운데 평범한 자들은 뒤에 남아 농사를 지으며 살아가게 되었지만 영향력이 있는 유능한 사람들은 모두 바벨론 지역으로 포로가 되어 잡혀갔다. 열왕기하에는 그에 관한 내용이 기록되어 나타난다.

> **"바벨론 왕 느부갓네살의 십 구년 오월 칠일에 바벨론 왕의 신하 시위대 장관 느부사라단이 예루살렘에 이르러 여호와의 전과 왕궁을 사르고 예루살렘의 모든 집을 귀인의 집까지 불살랐으며 시위대 장관을 좇는 갈대아 온 군대가 예루살렘 사면 성벽을 헐었으며 성중에 남아 있는 백성과 바벨론 왕에게 항복한 자와 무리의 남은 자는 시위대 장관 느부사라단이 다 사로잡아가고 빈천한 국민을 그 땅에 남겨두어 포도원을 다스리는 자와 농부가 되게 하였더라"**(왕하 25:8-12)

약속의 땅 가나안의 모든 성읍들이 무너지고 예루살렘 성읍이 훼파되었지만 그 가운데 가장 심각한 문제는 성전이 파괴된 일이었다. 그것은 배도에 빠진 백성들에 대한 하나님의 무서운 징계였다. 우리가 여기서 매우 신중하게 생각해야 할 점은 예루살렘 성전이 파괴된 것은 이스라엘 백성들에게 모든 기쁨을 박탈하는 의미를 지닌다는 사실이다.

선지자 이사야는, 언약의 자손들이 하나님을 찬송하고 기뻐하며 즐거워하던 중심에 예루살렘 성전이 존재했다는 사실을 강조하고 있다(사 64:11). 그 성전이 불에 타 허물어졌다는 사실은 저들의 기쁨의 근원을 상실한 것과 동일한 의미를 지니게 된다. 그로 인해 언약의 자손들은 메시아를 더욱 간절히 사모하며 기다릴 수밖에 없었다.

5. 언약의 자손들의 고발 (사 64:12)

여호와 하나님은 언약에 신실하신 분이다. 창세전에 선택하신 자기 백성들을 향해 맺은 언약은 결코 파기되지 않는다. 따라서 하나님께서는 언약의 자손들이 일시적인 배도의 길에 빠지게 된다고 해도 다시 불러오실 것이며, 저들이 극심한 고통에 처할지라도 진정한 소망의 끈을 드리우고 계신다.

하나님에 대한 온전한 믿음을 가지고 있던 성도들은 그 사실을 잘 알고 있었다. 그러므로 참 이스라엘 자손들은 속히 그 고통을 거두어주시도록 간구했다. 이방인들의 모독과 배도자들로부터 가해지는 고통에서 속히 구출해 달라는 것이었다. 하나님께서 저들의 목소리를 들으시리라는 사실을 잘 알고 있었기 때문이다.

하나님을 의지하는 백성들은 언제까지 그가 사악한 자들의 횡포를 관망하고 계실지 탄원했다. 하나님을 모독하는 자들이 거룩한 성전을 파괴하는 터에 그냥 침묵하시지 말고 엄중하게 심판해 달라는 것이었다. 또한 언약의 자손들이 심한 괴로움을 당하고 있으니 굽어 살펴달라는 간청을 했다. 그들에게는 응답하실 하나님에 대한 믿음이 있었기 때문에 그 기도를 쉬지 않았다.

나중 이스라엘 백성이 바벨론에 의해 포로로 잡혀갔을 때 하나님께서는 칠십 년 간의 기한이 지난 후 다시 원래대로 회복되리라는 사실을 예언하셨다. 그것은 처참한 고통을 동반했지만 동시에 그 예언의 말씀 가운데는 소망이 담겨 있었다. 그 칠십 년의 기한이 되었을 때 하나님께서는 저들을 이스라엘 본토로 불러들이시고 선한 말씀으로 위로해 주셨다. 구약성경에는 그에 관한 내용이 기록되어 있다.

> **"이 온 땅이 황폐하여 놀램이 될 것이며 이 나라들은 칠십년 동안 바벨론 왕을 섬기리라"**(렘 25:11); **"여호와의 사자가 응하여 가로되 만군의 여호와여 여호와께서 언제까지 예루살렘과 유다 성읍들을 긍휼히 여기지 아니하시려나이까 이를 노하신지 칠십년이 되었나이다 하매 여호와께서 내게 말하는 천사에게 선한 말씀, 위로하는 말씀으로 대답하시더라"**(슥 1:12,13)

여호와 하나님은 자기 자녀들에 대해서는 무한한 은혜와 사랑을 베풀어 주신다. 그 동일한 하나님께서 자기를 멸시하는 자들에게는 무서운 심판과 더불어 저주를 내리신다. 성숙한 성도들은 고통을 당할 때마다 약속의 말씀을 소망으로 삼고 살아가야 한다. 이는 구약시대뿐 아니라 예수 그리스도의 모든 지상 사역이 완성된 후인 오늘날 우리 시대에도 그 의미가 동일하게 적용된다.

659

제59장

이방인을 향한 하나님의 계획과 패역한 백성들

(사 65:1-16)

1. 이방을 향한 은혜의 빛 (사 65:1)

하나님께서는 사탄으로 말미암아 오염된 세상 가운데서 자신의 구원사역을 이루시기 위해 계획적으로 한 민족을 조성하셨다. 갈대아 우르에 살고 있던 아브라함을 불러내어 조성하신 이스라엘 민족은 언약의 백성이 되었다. 그들에게 맡겨진 직무는 특별한 왕국을 세워 하나님의 구원사역에 참여하는 것이었다.

하나님께서 나중 다윗 왕국을 세우신 것은 그 나라로 하여금 세상을 심판하는 도구가 되도록 하시기 위해서였다. 그러나 배도에 빠진 인간들은 저들에게 맡겨진 본분을 망각하고 자기중심의 사고와 행동을 하기에 급급했다. 하나님께서 저들을 '제사장 나라'로 세워, 죄로 인해 신음하며 이방에 흩어져 살아가는 선택받은 백성들을 자신의 품으로 불러들이고자 하는 뜻을 외면했던 것이다.

어리석은 이스라엘 자손들은 장차 하나님의 사랑의 대상이 되는 이방 지역의 택한 백성들로 인하여 질투에 빠지게 된다. 육체적으로 이스라엘 민족의 혈통을 가진 자들은 왜곡된 선민의식選民意識을 가지고 있었다. 그들은 민족 자체가 하나님의 사랑의 대상이 되는 것으로 착각했다. 즉 자기들만이 하나님의 선택을 받아 하나님으로부터 주어진 특별한 지위를 누리게 되는 양 여겼던 것이다.

그렇지만 하나님의 궁극적인 관심은 그렇지 않았다. 하나님께서는 이스라엘 민족 자체를 사랑하신다기보다 저들을 선한 도구로 삼아 인간 역사 가운데 이방 지역에 흩어져 살아가고 있는 창세전에 택하신 자기 자녀들에게 사랑을 드러내기를 원하셨다. 성숙한 신앙인들은 이에 대한 이해를 할 수 있어야만 했다.

그러므로 하나님께서는 선지자 이사야를 통해 자신의 의사를 분명히 밝히셨다. 이스라엘 백성은 하나님의 뜻을 이루기 위해 언약 가운데서 하나님을 찾아 불러야 할 백성이었다. 그에 반해 이방 지역에 흩어져 살아가는 자들에게는 그에 대한 별다른 인식이 없었다.

그런데 하나님께서는 자기를 찾지 못하고 찾을 수 없는 자들에게 자신을 드러내 보여주시고자 했다. 그리하여 저들이 하나님을 알 수 있도록 인도해 주시게 되었던 것이다. 여호와 하나님은 자신을 찾을 수 있는 아무런 배경을 갖추지 못한 자들을 향해, "내가 여기 있노라, 내가 여기 있노라"고 간절히 말씀하셨다. 이에 대해서는 구약성경에 기록되어 있으며, 신약시대 사도 바울은 로마에 있는 교회에 편지하면서 선지자들의 말을 인용하며 그에 대한 증거를 하고 있다.

"그러나 내가 말하노니 이스라엘이 알지 못하였느뇨 먼저 모세가 이르되 내가 백성 아닌 자로써 너희를 시기 나게 하며 미련한 백성으로써 너희를 노엽게 하리라 하였고 또한 이사야가 매우 담대하여 이르되 내가 구하지 아니하는 자들에게 찾은바 되고 내게 문의하지 아니하는 자들에게 나타났노라 하였고 이스라엘을 대하여 가라사대 순종치 아니하고 거스려 말하는 백성에게 내가 종일 내

손을 벌렸노라 하셨느니라"(롬 10:19-20)

바울이 기록한 위의 말씀 가운데 드러나고 있는 것처럼 하나님께서는 처음부터 이방인들의 구원을 작정하고 계셨다. 물론 그 이방인들이란 이스라엘 민족 바깥에 존재하는 창세전에 택하신 백성들을 의미한다. 그것은 구약시대에 이미 모세와 선지자 이사야를 통해 언약의 백성들에게 선포된 바였다.

모세는 장차 이스라엘 백성이 아닌 자들로 인해 언약의 백성들이 시기할 것이며, 이방의 미련한 부류로 간주된 백성들이 저들을 화나게 할 것이라는 사실을 말했다. 이는 이방인들 가운데 부르심을 받아 유대인들의 자리를 대신하게 될 자들이 존재한다는 의미를 지니고 있다. 그것은 이스라엘 백성들로 하여금 충분히 시기나게 할 만한 일이었다.

이사야서 본문 말씀 가운데 기록된 선지자의 예언 역시 그와 동일한 의미를 지니고 있다. 사도 바울이 인용하고 있는 것처럼, 그는 하나님께서 자기를 찾거나 구하지 않는 자들에게 깊은 관심을 가지고 친히 말씀하시게 된다는 것이었다. 이사야가 당시 그와 같은 말을 한 것은 배도자들로 말미암아 상당한 위험부담을 가질 만했다.

이는 그들이 부정하게 여기는 이방인들이 하나님의 사랑을 받고 그대신 이스라엘 민족이 도리어 버림을 받게 되리라는 의미를 내포하고 있었기 때문이다. 이는 선민의 자부심을 가진 백성으로서는 결코 받아들일 수 없는 내용이었다. 그러나 하나님의 계시를 받은 이사야는 그 예언의 말씀을 계시받은 그대로 선포하지 않을 수 없었다.

2. 패역한 백성들 (사 65:2-7)

거룩한 하나님께서는 선택하신 백성들을 자기에게로 부르셨다. 그는 쉬지 않고 종일토록 손을 펴서 그들을 부르셨다는 사실을 강조하셨다. 우리는 여기서 자기 백성들을 애타게 기다리는 하나님의 모습을 보게 된다. 타락의 늪에 빠진 인간들은 무지하고 저들에 대한 하나님의 사랑은 간절하다. 이것은 일반적으로 이해하기 어려운 비상식적인 상황이라 할 수 있다. 우리는 여기서 약속에 신실하신 하나님의 궁극적인 사랑을 엿보게 된다.

이는 또한 예수님께서 제자들에게 말씀하신 '탕자 비유' 를 기억나게 한다(눅 15:11-32, 참조). 아버지는 자신을 배신하고 집을 떠난 둘째 아들이 돌아오기를 간절히 기다렸다. 언제든지 돌아오기만 하면 받아들일 준비를 갖추고 있었던 것이다. 하지만 자신의 욕망에 빠진 탕자는 아버지의 마음을 전혀 알지 못했다.

그에게 심각한 어려움이 발생하고 자기 능력으로는 도저히 살아갈 수 없다는 판단이 섰을 때 비로소 아버지를 찾았다. 그런 형편이 되어서야 비로소 아버지에 대한 자신의 잘못을 되돌아볼 수 있었다. 그리고 아버지의 무한한 사랑을 깨달을 수 있게 되었던 것이다.

당시 탕자는 자기의 인생을 누릴 만한 모든 것들이 완전히 사라져버린 상태였다. 이는 아무런 조건 없이 아들을 기다리는 아버지의 심정과 대조적이다. 이 말은 또한 자기가 처한 형편이 최악이 되어 도저히 살아갈 수 없을 때 아버지를 찾게 된 것을 말해준다. 아버지의 사랑은 무한한데 비해 아들의 사랑은 여전히 자기중심적인 이기심에 근거를 두고 있었다.

선택받은 백성들에 대한 하나님의 사랑도 그와 같았다. 하나님은 죄에 빠진 그 백성들이 자기에게 돌아오기를 간절히 기다리고 있었다. 그것은 백성들이 성실했기 때문이 아니라 창세전 언약으로 인해 자기 자녀들로 확정되었기 때문이다. 그렇지만 어리석은 백성들은 자기의 형편이 어려울 때가 되어서야 하나님을 찾았다. 이는 그들이 자신의 욕망을 충족시킬 만한 것이 있을 때는 결코 하나님을 찾지 않았다는 사실을 말해준다.

당시 이스라엘 백성은 배도에 빠져 있었다. 그들은 예루살렘에 있는 거룩한 성전이 아니라 산위에 올라가서 제사를 지내면서 스스로 다듬어 놓은 벽돌 위에 분향하기를 즐겨했다. 패역한 백성들은 철저하게 하나님을 욕되게 하는 길에 빠져 있었던 것이다. 그들은 배도의 길을 선택했으며 자기의 판단에 따라 인간적인 욕망에만 충실했을 따름이다.

뿐만 아니라 그들은 죽은 사람들의 무덤 사이에 앉아 있기를 좋아했으며 은밀한 장소를 찾아가 밤을 지새우며 모든 정성을 다해 우상숭배에 몰입하기도 했다. 또한 성경이 부정한 것으로 규정한 돼지고기를 먹으며 가증한 것들로 국을 끓여 먹기도 했다. 그것은 자신의 입맛으로 인해 여호와 하나님을 배신하고 모독하는 사악한 행위였다.

그런데 그들이 왜 그런 어처구니없는 행동을 했을까? 그들은 무덤 사이에 있으면서 세상의 것들과 분리된 모습을 보여주고자 했으며, 은밀한 장소에 머물면서 모든 정성을 다하는 듯이 행세했다. 그리고 성경이 부정한 것으로 규정한 돼지고기를 먹은 것은 구약의 율법으로부터 귀를 막고 있었기 때문이다. 배도자들의 성경을 벗어난 가르침이 백성들로 하여금 믿음의 기준을 상실하도록 만들어 버렸던 것이다.

그러므로 어리석은 자들은 자신의 신앙이 마치 훌륭한 것인 양 착각하고 있었다. 저들 주변의 많은 사람들이 자신의 신앙을 부러워할 것으로 여기면서 자기가 소유한 풍요로움이 하나님의 축복인 양 자랑스러워했다. 따라서 가난하고 어렵게 살아가는 사람들을 향해, 저들의 차별성을 부각하며 거룩한 자인 양 행세했던 것이다.

"너는 네 자리에 서 있고 내게 가까이 하지 말라 나는 너보다 거룩함이라"(사 65:5)

이 말은 배도에 빠져 종교 활동에 열심을 내는 자들의 입술에서 나온 자만에 찬 말이다. 하나님 앞에서 행악을 저지르는 자들이 자신의 신앙이 좋은 것으로 착각한 당시의 상황은 매우 중요한 교훈을 지니고 있다. 그들은 인간의 종교적인 이성에 의존하고 있으면서도 하나님을 잘 섬기는 것처럼 상당한 자부심을 가지고 있었다. 하지만 그것은 하나님의 뜻을 멸시하는 근본적인 오해에 지나지 않았다.

성경은 그런 자들이 당하게 될 심판에 연관지어 '하나님의 코의 연기'와 '종일 타는 불'로 묘사함으로써 장차 멸망받을 자들이라는 증언과 더불어 저주를 선포하고 있다. 하나님을 멀리하고 끝까지 배도하는 자들은 장차 무서운 심판을 받게 된다. 그들은 언약의 주변을 맴돌았지만 종교적인 외양과는 달리 하나님의 참된 자녀가 아니었던 것이다.

우리 시대의 성도들은 이 말씀을 통해 중요한 교훈을 얻을 수 있어야 한다. 인간들은 결코 자신의 신앙을 스스로 보증하지 못한다. 제아무리 신앙이 좋은 듯 행세해도 그것 자체로서는 객관적인 효력을 지닐 수 없다. 참된 신앙은 기록된 성경과 성령 하나님의 사역과 참된 교회를 통해 보증받을 수 있을 따름이다.

배도에 빠진 인간들이 아무리 자신의 신앙이 좋다고 자랑할지라도 저들의 모든 악행은 하나님 앞에 그대로 드러나 서책에 기록되게 된다. 거룩한 하나님께서는 지극히 미미한 부정이라 할지라도 결코 용납하시지 않는다. 저들의 심중에는 반드시 거룩한 하나님으로부터 상상을 초월하는 무서운 심판이 임하게 된다.

선지자 이사야가 예언할 당시 배도에 빠진 다수의 백성들은 패역한 조상들의 악한 행위를 그대로 이어받고 있었다. 그들은 조상들이 그랬던 것처럼 산당에서 분향함으로써 하나님의 이름을 능욕했다. 저들 가운데 존재하는 조상 때부터 전해 내려온 종교적인 사악한 전통은 기록된 하나님의 말씀을 멀리하도록 했다. 거룩하신 하나님은 장차 반드시 죄에 물든 저들을 엄히 보응하시게 된다.

3. 구별된 영역 (사 65:8-12)

모든 사람들은 포도원에 달린 싱싱한 포도송이를 소중하게 여긴다. 농부는 포도 열매 가운데 즙이 가득하므로 그것을 상하지 않도록 보호하게 된다. 그 안에 유익이 될 만한 복된 것이 가득 들어 있기 때문이다. 그 송이들 가운데는 사람들이 먹을 수 있는 달콤한 열매와 더불어 포도주를 낼만한 성분들이 담겨 있다.

하나님께서는 이스라엘 민족을 향해 언약의 자손들도 그와 같다는 점을 말씀하셨다. 하나님은 자기에게 속하여 섬기는 백성들을 완전히 패망하도록 방치하시지 않는다. 이는 그들 가운데 '참된 복' 이 존재하기 때문에 특별히 보호하시게 된다는 사실을 말해준다.

선지자 이사야는 하나님께서 그 백성을 통해 이땅에 메시아를 보내실 것에 대한 예언을 했다. 하나님께서는 야곱으로부터 씨를 낼 것이며, 유다에게서 자신의 산지를 기업으로 얻을 자를 보내시리라고 하셨다. 그리고 자기가 특별히 선택하신 사람이 그 모든 것을 상속받는 자가 되리라는 말씀을 하셨다. 그것은 장차 인간의 몸을 입고 이땅에 오실 메시아가 감당하게 될 사역에 연관되어 있다.

그렇게 되면 샤론 평야는 양 떼들을 위한 초원과 거처가 될 것이며, 아골 골짜기는 소 떼들이 풀을 뜯어먹고 누워 쉴 수 있는 곳이 될 것이다. 이는 하나님께서 당시 폐허가 되어 있던 약속의 땅을 다시금 기름진 땅으로 만드시겠다는 의지를 보여주고 있다. 그로 인해 실의에 빠져 아무런 소망이 없는 상태에서 하나님을 찾던 백성들이 그곳에 거하게 됨으로써 하나님의 소유가 된다.

그러나 여호와 하나님을 버리고 그의 거룩한 산을 멸시하던 자들은 패망의 늪에 빠질 수밖에 없다. 그들은 그동안 복을 내려준다는 행운의 신(Fortune) '갓' 앞에서 음식상을 차려놓고 우상숭배를 했으며, 인간의 삶을 결정짓는다는 운명의 신(Destiny) '므니' 에게 여러 가지를 섞어 만든 포도주를 가득히 부어 바치는 악행을 저질렀다. 그들은 배도에 빠져 있으면서도 자신이 여호와 하나님을 얼마나 노엽게 하는지조차 모를 정도로 무지한 자들이 되어 버렸던 것이다.

결국 하나님께서는 저들을 원수의 칼에 붙이실 것이며 모두 그 앞에서 비참하게 살해당하게 된다. 그것은 전적으로 여호와 하나님을 경외하지 않는 저들의 부패한 이성에 따른 종교적 습성 때문이었다. 그들은 하나님이 원하지 않는 배도의 길을 선택함으로써 하나님 보시기에 악행을 저질렀던 것이다.

4. '복 있는 자들' 과 '저주받은 자들' (사 65:13-16)

하나님께서는 그와 더불어 장차 인간들이 겪게 될 일들에 대한 말씀을 하셨다. 그것은 이 세상에 살아가는 자들의 일반적인 상황이 하나님의 구원과 심판에 의해 뒤바뀌게 될 것에 연관되어 있었다. 하나님께 속하여 그를 섬기는 자들(servants)은 양질의 음식을 풍족하게 먹으면서 충분한 물을 마시게 된다. 그러나 언약의 백성들 언저리에 맴돌며 사악한 활동을 일삼던 자들은 음식에 굶주릴 뿐 아니라 마실 물이 없어 심히 목말라 한다.

그렇게 되면 하나님을 섬기는 백성들에게는 참된 기쁨과 즐거움이 가득 넘치게 된다. 그와 달리 나머지 인간들은 형언할 수 없는 큰 수치를 당하게 된다. 즉 고통중에 살아가던 나약한 사람들과 평소에 자신의 능력을 내세우며 떵떵거리며 살아가던 자들의 상황이 완전히 뒤바뀌게 되는 것이다.

그때를 맞아 하나님의 자녀들은 마음에 천상의 즐거움이 넘쳐나 기쁨의 노래를 부른다. 그에 반해 당시 권세를 가지고 오만한 태도를 보이던 기득권자들은 심령이 무너져 내리고 마음이 괴로워 통곡하게 된다. 심한 고통으로 인해 신음하던 백성들은 기쁨을 누리게 되는데 반해 세상의 것들을 자랑하던 자들은 창피하고 부끄러움을 당하게 되는 것이다.

그것은 각 사람들을 영생과 영멸로 갈라놓는 역할을 하게 된다. 예수님께서는 제자들에게 장차 하나님의 심판날이 도래하게 되면 선한 자와 악한 자가 완전히 분리될 것에 대한 말씀을 하셨다. 선한 자들은 생명의 부활로 나아오게 되지만 악한 자들은 심판의 부활로 나아오게 된다는 것이었다.

> **"선한 일을 행한 자는 생명의 부활로, 악한 일을 행한 자는 심판의 부활로 나오리라"**(요 5:29)

위의 본문에 언급된 '선한 일을 행한 자' 와 '악한 일을 행한 자' 라는 말은 단순한 종교적이거나 윤리적인 행위에 국한되지 않는다. 이는 하나님께 속한 자와 그렇지 않는 자들에 대한 언급이다. 즉 하나님께 속한 자들은 예수 그리스도로 말미암아 선한 일에 참여하게 되지만 그렇지 않는 자들은 그리스도와 상관이 없으므로 악한 일에 참여하였기 때문이다.

그러므로 저들이 세상에 남겨놓은 그럴듯한 모든 이름은 하나님의 선택받은 자들에 의하여 저주거리가 된다. 그들이 이룩한 크고 작은 모든 업적은 한갓 쓰레기에 지나지 않는 것들이다. 그에 반해 악한 자들을 심판하시는 하나님께서는 자기 자녀들에게 '새로운 이름' 을 주신다. 그 이름은 타락한 세상에서 취한 것이 아니라 하나님으로 말미암아 주어진 것이므로 최고의 명예로운 이름이 된다.

선지자 이사야를 통해 선포된 이 말씀은 당시 배도자들과 이방인들에 의해 고통을 당하던 언약의 백성들에게 커다란 위로와 소망이 되었을 것이 틀림없다. 하나님을 떠난 상태에서 세상에서 성공을 거둔 자들은 스스로 자기의 인생을 멋진 것으로 착각한다. 그리고 어리석은 자들은 그들을 보며 부러워하게 된다. 하지만 아무리 기고만장氣高萬丈한 태도로 인생을 성공적으로 살아가는 것처럼 보일지라도 저들은 불쌍한 사람에 지나지 않는다. 진정한 복은 눈앞에 보이는 세상적인 현실이 아니라 성도들의 눈앞에 놓인 영원한 천국이다.

이에 대해서는 오늘날 우리 시대에도 그와 전혀 다르지 않게 적용되고 있다. 어리석은 자들은 세속적인 것을 추구하며 세상에서의 성공과 실패 여부에 민감한 태도를 보인다. 남달리 성공했다고 여기면 어쭙잖은 자부심을 가지게 되고 그렇지 않으면 한없이 위축된다. 문제는 그와 같은 상황이 일반 세상뿐 아니라 세속화된 교회 가운데서 발생하기도 하며, 어린 신앙인들 역시 그와 같은 잘못된 사고를 버리지 못한다는 사실이다.

그러므로 하나님의 자녀들은 이땅에 살아가면서 복을 빌 때 타락한 세상의 것이 아니라 하나님으로부터 허락되는 참된 복을 빌며 그것을 소망해야 한다. 또한 세상에서 맹세할 일이 있을 경우에는 자기중심적이 아니라 하나님과 그의 뜻에 부합하는 맹세를 해야 한다. 하나님의 자녀들은 장차 영원한 세계를 소유하게 되며, 과거의 괴로운 일들에 대해서는 완전히 잊어버리고 뒤를 되돌아볼 일이 없을 것이기 때문이다.

제60장

'새 하늘과 새 땅'

(사 65:17-25)

1. '원상의 나라'[83]와 '첫 하늘과 첫 땅' (요 1:1; 창 1:1)

존재하는 모든 것들은 특정 공간 안에 자리잡을 수밖에 없다. 공간의 질과 형태에 대해서는 정확하게 알기 어려울지라도 존재와 공간은 필연적인 관계를 형성하고 있다. 하나님께서는 우주만물을 창조하기 전 인간의 상상으로는 결코 접근할 수 없는 아름다운 원상의 영역에 계셨다(요 1:1).

하나님께서는 그곳에 계시면서 자신의 거룩한 작정에 따라 우주만물을 창조하셨으며(창 1:1) 그 안에 거하게 될 인간을 자기 형상대로 지으셨다(창 1:26,27). 하나님은 인간을 통해 자기가 지으신 피조세계를 다스리고자 하셨다. 따라서 아담과 하와는 하나님께서 위임한 대로 모든 피조물들을 대리 통치하게 되었다.

---

83) 필자가 여기서 '원상의 나라'로 이름붙인 영역은 하나님께서 우주만물을 창조하시기 전 원래부터 존재하신 거룩한 공간을 의미한다. 이에 대해서는 분명한 영역이 존재함에도 불구하고 그 적절한 용어를 찾기 어렵다. 단지 우리의 이해를 돕기 위해 이 용어를 사용할 따름이다.

그러나 하나님을 떠나 악한 존재가 된 사탄은 인간을 유혹했다. 그로 하여금 하나님을 배신하고 자신의 수하에 들어오게끔 만들고자 했던 것이다. 결국 에덴동산 중앙에 심겨진 금단의 열매인 선악과를 따먹도록 함으로써 배신의 길로 유인했다. 그 외적인 형식은 인간을 유혹하는 것이었지만 실상은 하나님께 저항하는 악한 행위였다.

사탄은, 아담이 자기의 요구에 따르게 되면 하나님으로부터 위임받아 다스리는 모든 세계가 저의 소유가 되리라는 거짓말을 했다. 하나님께서 에덴동산 중앙에 선악과나무를 심어두신 까닭은 아담과 하와로 하여금 하나님의 언약을 기억케 하려는 의도 때문이었다. 그것은 하나님의 사랑에 근거하는 것이었다.

따라서 아담과 하와는 피조세계를 다스릴 때 하나님의 뜻 가운데 모든 직무를 감당해야만 했다. 즉 하나님을 떠나 인간의 욕망에 따라 통치하는 것이 금지되었다. 그러나 그들은 사탄이 지시하는 달콤한 말에 유혹되어 자신의 이기심을 앞세운 판단을 함으로써 깊은 타락의 늪에 빠져버렸다.

그 결과 하나님께서 아담에게 관리를 위탁하셨던 아름다운 피조세계는 사악한 사탄의 소유로 넘어가게 되었다(엡 2:2, 참조). 인간은 사탄에게 속았지만 그에 대한 인식조차 할 수 없는 존재가 되어버렸다. 그로 인해 사탄에게 속하게 된 인간들은 완전히 타락하여 사망의 구렁텅이에 빠지게 되었다. 또한 하나님의 작정 가운데 창조된 아름다운 피조세계는 순식간에 오염되어 더럽고 추악한 영역이 되고 말았다.

그러므로 그 이후의 모든 피조물들은 더 이상 하나님의 기쁨의 대상이 될 수 없었다. 그것은 인간과 피조세계가 하나님의 심판의 대상이 된다는 사실을 말해준다. 따라서 하나님께서는 인간이 타락했을 때 즉시 우주만물을 더럽게 만든 사탄을 심판하실 것을 예언하셨다(창 3:15). 그리하여 첫 번째 지어진 천지만물은 무서운 심판의 대상이 되었다. 그 말씀 가운데는 인간들에 대한 심판과 더불어 구원에 관한 내용이 포함되어 있었다.

2. '새 하늘과 새 땅' 에 대한 약속 (사 65:17)

하나님께서는 언약의 자손들에게 새 하늘과 새 땅에 대한 약속을 하셨다. 이는 사실상 인간이 타락한 직후부터 곧바로 인간들에게 선포된 것으로 이해할 수 있다. 창세전 하나님의 선택을 받은 인간들에게는 오염된 첫 하늘과 땅이 아니라 저들을 위한 새 하늘과 새 땅에서 영원한 삶을 누리도록 배려되었기 때문이다.

우리는 창세기 3장 15절에 기록된 '여자의 후손' 에 관한 예언 가운데 새로운 피조세계에 연관된 하나님의 의도가 내포된 것으로 이해해야 한다. 그러므로 역사 가운데 존재한 하나님을 경외하는 사람들은 항상 '여자의 후손' 으로 오실 메시아와 그로 말미암아 재창조될 새 하늘과 새 땅을 바라보았던 것이다. 그에 연관된 예언은 구약성경의 이사야서뿐 아니라 신약성경에도 동일하게 기록되어 있다.

> **"우리는 그의 약속대로 의의 거하는바 새 하늘과 새 땅을 바라보도다"**(벧후 3:13); **"또 내가 새 하늘과 새 땅을 보니 처음 하늘과 처음 땅이 없어졌고 바다도 다시 있지 않더라"**(계 21:1)

사도 베드로는, 지상 교회에 속한 성도들은 항상 하나님의 약속을 의지하게 되며 그와 동시에 참된 의가 존재하는 새 하늘과 새 땅을 바라보며 살아간다는 사실을 말하고 있다. 그리고 요한계시록에는 장차 발생하게 될 최종적인 사건에 대한 기록이 나타난다. 요한은 그 사건이 아직 일어나지 않았지만, 처음 하늘과 땅과 바다가 없어져 버렸으며 그대신 새 하늘과 새 땅의 실제적인 존재를 목격한 사실을 현재적인 관점에서 묘사하고 있다.

세상 역사의 끄트머리에 살아가고 있는 우리에게도 유일한 참된 소망은 하나님께서 약속하신 새 하늘과 새 땅을 바라보는 것이다. 이 세상의 모든 것들이 사라지겠지만 예수 그리스도로 말미암아 주어지는 새로운 세계는 영원히 존재하게 된다. 예수님의 재림과 더불어 임하게 될 그 사건은 장차 반드시 일어나게 되는 것이다.

그때가 이르게 되면 이 세상에서 고생한 성도들이 과거의 모든 고통을 완전히 잊어버린다. 그런 것들은 기억날 수 없을 것이며 마음에 생각나지도 않는다. 이는 과거의 아픔이 완전히 소멸된다는 사실을 말해주고 있다. 이는 이 세상에 대해서는 어떤 아쉬움도 남지 않는다는 사실을 의미한다.

예를 들어, 영원한 천국에 들어간 사람이 세상에서 함께 했던 사랑하는 가족이나 친구가 그곳에 없으면 마음이 매우 괴롭지 않을까하는 상상을 해 볼 수 있다. 하지만 분명한 사실은 새 하늘과 새 땅에서는 그와 같은 일이 발생하지 않는다는 점이다. 우리는 물론 영원한 천국에서 있게 될 상황에 대해서는 더 이상 알 길이 없으나 분명한 사실은 천국에서는 완벽한 기쁨만 존재한다는 것이다.

3. '새 하늘과 새 땅' 에 존재하는 '새 예루살렘' (사 65:18,19)

참 언약의 자손들은 하나님의 재창조 사역으로 인해 영원히 기뻐하며 즐거워하게 된다. 인간의 타락으로 인한 슬픔과 괴로움이, 하나님의 구속을 통해 기쁨과 즐거움으로 대치되기 때문이다. 하나님께서는 퇴락한 지상의 예루살렘을 다시금 영원한 즐거움의 성으로 창조하겠다는 말씀을 하셨다. 언약의 백성들은 그 가운데서 하나님의 기쁨의 대상이 된다.

선지자 이사야가 예언할 당시 예루살렘은 극한 위기에 처해 있었다. 내부적으로는 배도자들에 의해 온갖 부패로 얼룩져 있었으며 외부적으로는 강대국이 끊임없이 위협하고 있었다. 그런 상황에서는 불안에 떨 수밖에 없었으며 즐거움을 취하는 것이 불가능했다. 그것은 당시 이스라엘 자손에게 절망적인 상황이었음을 말해준다.

그런 열악한 형편 가운데서, 하나님께서는 언약의 자손들에게 장차 새 예루살렘을 허락하시리라는 사실을 말씀하셨다. 처음의 것과는 구별되는 새 예루살렘은 새 하늘과 새 땅에 존재하게 될 것이었다. 이는 하나님께서 성경을 통해 줄곧 약속해 오신 언약이 확증된다는 사실을 말해주고 있다.

우리는 여기서 매우 의미심장한 생각을 해 볼 수 있어야 한다. 그것은 예루살렘이 하나님의 언약에 연관되어 있다는 사실과 밀접하게 관련되어 있다. 약속의 땅 가나안에 세워진 다윗 왕국의 중심에 예루살렘 성읍이 특별히 조성된 것은 하나님의 의도에 따른 것일 뿐 아니라 이 세상에서의 하나님의 임재와 직접 연관되어 있다. 멜기세덱 왕국과 더불어 하나님께서 아브라함에게 모리아 산을 지정하여 이삭을 제물로 바치도록 요구하실 때 이미 예루살렘의 지역적 의미가 확증되고 있었다.

그 예루살렘에 하나님의 거룩한 성전이 건립됨으로써 여호와 하나님께서 자기 백성들과 함께 그 가운데 계셨다. 그것은 상징이 아니라 구체적이며 현실적이었다. 따라서 언약의 자손들에게는 예루살렘 자체가 하나님의 존재를 확인하는 소중한 언약의 방편이 되었다.

우리가 여기서 특별히 주의 깊게 이해해야 할 점은 에덴동산 중앙에 심겨져 있던 선악과나무가 소유한 언약에 연관된 문제이다. 하나님께서 에덴동산에 선악과나무를 심어두신 것은 특별한 언약에 연관되어 있었다. 아담과 하와는 금단의 열매를 맺고 있는 그 나무를 보며 저들과 함께 계시는 하나님을 기억하고 항상 그의 뜻에 순종하고자 하는 자세를 유지해야 했다. 그러나 그들은 그 열매를 따먹음으로써 하나님께 범죄하고 말았다. 그것은 하나님과의 관계가 단절되었다는 사실을 의미하고 있다.

여호와 하나님께서는 구약시대 믿음의 선배들의 손을 빌어 예루살렘 성을 건립하게 하시고 그 가운데 거룩한 성전과 성소, 지성소를 두심으로써 언약의 백성과 함께 계시는 자신을 드러내 보여주셨다. 하나님은 항상 자기 백성들과 함께 계셨으며 결코 그들을 떠나지 않으셨다. 그렇지만 악한 자들은 그와 같은 상황을 의도적으로 거부했다. 그들은 하나님께서 분명한 목적을 가지고 세우신 거룩한 성 예루살렘을 세속화하여 더럽혔던 것이다.

예루살렘의 의미는 처음부터 메시아와 밀접하게 연관되어 있었다. 따라서 예수 그리스도께서 그곳에서 십자가 사역의 완성과 더불어 부활 승천하신 후 오순절 성령께서 강림하셨다. 그로 말미암아 지상에 그의 몸된 교회가 세워지게 되었다.

그러므로 이 세상에 존재하는 참된 교회는 구약시대의 예루살렘과 같이 특별한 언약에 연관되어 있다. 하나님께서는 중재적 기능을 하는 기관인 교회를 통하지 않은 상태에서 여기저기 흩어진 개별 인간들로부터 경배를 받으시지 않는다. 즉 예수 그리스도의 피로 값 주고 사신 교회에 속한 성도들을 기뻐하시게 되는 것이다.

이 세상에 살아가는 모든 참된 성도들은 인생을 마감하고 죽으면 그 영혼이 천상의 나라로 올라가게 된다. 그들은 하나님께서 새 하늘과 새 땅을 창조하실 때 천상으로부터 내려와 지상에 살았던 몸과 결합하여 부활의 몸을 입는다. 성경은 그때 천상에서 거룩한 성인 새 예루살렘이 내려오게 된다는 사실을 증거하고 있다. 요한계시록에는 그에 관한 기록이 분명하게 나타난다.

> **"또 내가 보매 거룩한 성 새 예루살렘이 하나님께로부터 하늘에서 내려오니 그 예비한 것이 신부가 남편을 위하여 단장한 것 같더라"**(계 21:2)

천상의 나라에서 내려오는 새 예루살렘 성은 인간들이 흔히 생각하는 건축물이 아니라 남편을 기쁘게 하기 위하여 아름답게 단장한 신부로서의 순결한 교회 곧 성도들을 뜻한다. 선지자 이사야가 본문 가운데서 예언한 새 예루살렘도 그와 동일한 관점에서 이해해야 한다. 하나님께서는 그 새 예루살렘 성으로 인해 즐거워하며 자기의 백성을 기쁨의 대상으로 삼게 된다. 나중 성경에 기록된 모든 예언이 성취되면 그들 가운데 우는 소리나 슬픔에 빠져 통곡하는 소리가 아예 들리지 않는다.

4. '지상의 하나님 나라' 에서 이루어지는 성도들의 복락 (사 65:20-23)

하나님께서는 장차 도래하게 될 영원한 나라는 이 세상과 전혀 다르다는 사실을 말씀하셨다. 여기서는 절대적인 개념이 아니라 비교상대적인 방법으로 설명하고 있다. 이 세상에서는 태어난 지 오래되지 않은 어린아기가 죽기도 하고 각종 사고와 질병으로 인해 수명을 다하지 못하고 죽는 사람들도 많이 있다.

그러나 나중 하나님께서 예비하신 때가 이르면 나이가 백세가 되어도 아직 청년이라 할 만큼 사람들이 장수하게 된다. 그전에 죽는 자들은 저주받은 자라 일컬어지게 될 만큼 오래 살게 된다. 그곳에 거하는 사람들은 아름다운 가옥을 건축하고 안전하게 살아갈 것이며 포도나무를 심어 그 열매를 통해 즐거움을 누리게 된다. 즉 거기서 살아가는 사람들은 건강하게 오래 살면서 인생을 누리게 된다는 것이었다.

우리는 여기서, 당시 선지자 이사야로부터 하나님의 말씀을 듣던 이스라엘 자손들이 노아홍수 이전의 시기를 머리에 떠올렸으리란 사실을 기억해야 한다. 당시 믿음을 소유한 성도들은 대홍수 이전의 사람들의 수명에 대하여 잘 알고 있었을 것이 틀림없다. 이사야가 전하는 예언의 말씀을 듣는 백성들은 홍수 이전의 과거 역사를 알고 있었기 때문에 하나님의 약속을 의심 없이 그대로 받아들일 수 있었다.

그러므로 성숙한 백성들은 그 예언을 통해 이 세상에서 오래 사는 것을 넘어 영원한 삶에 대한 소망을 가질 수 있었다. 이처럼 하나님께서는 세상에서의 장수를 약속하심으로써 영원한 생명을 기대하는 자들에게 구체적인 약속을 제시하셨다. 즉 모든 사람들이 원하는 세상에서의 긴 수명을 언급하며 궁극적인 영생의 길을 보여주셨던 것이다.

이는 또한 당시 이스라엘 백성들이 안전한 삶을 누리지 못하고 식량이 부족하여 고통스럽게 살아갔지만 장차 상황이 변하게 되리라는 사실을 말해준다. 그렇게 되면 사람들이 살아가는 생명의 수한이 마치 거대한 나무들처럼 오래 될 것이며, 선택받은 하나님의 백성들은 자신의 노력으로 얻은 것을 악한 자들에 의해 빼앗기지 않는다. 이 예언의 말씀은 언약의 자손들에게 진정한 소망이 있음을 말해 주고 있다.

이는 물론 전적인 하나님의 은혜로 말미암게 된다. 즉 이스라엘 백성의 부단한 노력이 그와 같은 삶을 쟁취하도록 하지 않는다. 도리어 인간의 능력을 앞세워 그것을 의지하고자 하는 것은 하나님의 권능을 가볍게 여기는 오만한 태도에 지나지 않는다. 만일 그와 같은 자세를 유지한다면 더욱 어려운 심판에 직면하게 될 따름이다. 시편 기자는 그에 관한 노래를 부르고 있다.

> **"여호와께서 집을 세우지 아니하시면 세우는 자의 수고가 헛되며 여호와께서 성을 지키지 아니하시면 파숫군의 경성함이 허사로다"**(시 127:1)

하나님께서 계시하신 이 노래는 지상의 모든 성도들이 마음에 새겨두고 삶 가운데 기억해야 할 내용이다. 인간들이 아무리 애써서 집을 짓고 성곽을 굳건히 하여 지킨다고 해도 안전을 보장하지 못한다. 즉 탁월한 기술자들이 최상의 재목을 가지고 아름다운 집을 건축하고 파숫군들이 밤을 지새우며 성실하게 보초를 선다고 할지라도 그것 자체가 완벽한 보호막이 될 수는 없다.

오직 여호와 하나님께서 저들을 눈동자 같이 지켜주실 때 아무리 강력한 세력이라 할지라도 저들에게 접근하지 못한다. 그 가운데서 행해지는 성도들의 모든 수고가 헛되지 않을 것이며 저들이 생산한 것들을 이방인들의 손에 넘겨주지 않는다. 그와 같은 삶을 살아가는 자들이 진정으로 복된 자의 후손이라 할 수 있으며 그들로부터 진리를 상속받는 자손들도 그와 동일한 참된 복락을 누리게 된다.

5. 완성된 나라와 성도들의 영원한 삶 (사 65:24,25)

하나님께서는 여기서 자신의 무한한 사랑과 은혜를 보여주고 계신다. 그는 자기의 자녀들이 자기를 찾아 부르기 전에 먼저 저들의 필요를 아시고 응답하시는 분이다. 또한 그들이 입술을 통해 무언가 간절히 요구할 때 미처 말을 끝내기 전에 벌써 모든 것을 들어주시게 된다는 사실을 말씀하셨다.

그때가 이르면 사나운 이리가 온순하게 되어 어린 양과 더불어 풀을 뜯어 먹을 것이며 맹수인 사자가 마치 소처럼 여물을 먹게 된다. 또한 뱀은 흙(Dust)으로 양식을 삼게 된다. 이는 영적인 의미를 지닌 동물을 일컫는 것이 아니라 일반적인 생물로서 뱀을 언급한 것으로 보는 것이 자연스럽다.

우리가 여기서 기억해야 할 점은 다른 동물들을 위협하는 이리와 사자들도 원래의 온유한 성품을 회복하여 인간들의 다스림 아래 놓이게 된다는 사실이다. 이는 동물들 사이에 약육강식弱肉强食의 생태가 사라지게 된다는 것을 의미하고 있다. 이 말은 메시아의 강림과 그의 사역과 연관되는 말씀으로 이사야서 11장 6-10에 더욱 분명하게 기록되어 있었다.

"그때에 이리가 어린 양과 함께 거하며 표범이 어린 염소와 함께 누우며 송아지와 어린 사자와 살찐 짐승이 함께 있어 어린 아이에게 끌리며 암소와 곰이 함께 먹으며 그것들의 새끼가 함께 엎드리며 사자가 소처럼 풀을 먹을 것이며 젖

먹는 아이가 독사의 구멍에서 장난하며 젖뗀 어린 아이가 독사의 굴에 손을 넣을 것이라 나의 거룩한 산 모든 곳에서 해됨도 없고 상함도 없을 것이니 이는 물이 바다를 덮음 같이 여호와를 아는 지식이 세상에 충만할 것임이니라 그 날에 이새의 뿌리에서 한 싹이 나서 만민의 기호로 설 것이요 열방이 그에게로 돌아오리니 그 거한 곳이 영화로우리라"(사 11:6-10)

이 말씀은 타락한 인간과 오염된 세상에 대한 최종 회복의 때를 시사하는 것과 동시에 장차 이땅에 메시아가 오시게 될 때 일어나게 될 일을 동시에 말해주고 있다. 메시아가 강림하시면 인간들의 이성과 경험을 초월한 다양한 이적들이 일어나게 된다. 그것들 가운데는 모든 사람들이 눈으로 보고 경험할 수 있는 사건들이 있는가 하면 그렇지 않은 경우도 있다.

즉 이땅에 살아가는 성도들에게만 제한적으로 허락되는 이적에 연관된 특별한 사역들이 많아지게 된다. 그것은 모든 인간들에게 다 해당되고 적용되는 것이 아니라 오직 하나님을 믿는 성도들에게만 나타난다. 예수님께서는 자기를 따르는 제자들에게 그와 연관된 직접적인 말씀을 하셨다.

"믿는 자들에게는 이런 표적이 따르리니 곧 저희가 내 이름으로 귀신을 쫓아내며 새 방언을 말하며 뱀을 집으며 무슨 독을 마실찌라도 해를 받지 아니하며 병든 사람에게 손을 얹은즉 나으리라 하시더라"(막 16:17,18)

일반적인 인간의 이성과 경험에 비추어 볼 때 이 말씀은 결코 상식적인 것이라 말할 수 없다. 손으로 뱀을 집어도 물지 않고 독을 마셔도 해를 입지 않고 병든 자에게 손을 얹으면 낫게 된다는 것은 결코 상식적이지 않다. 그렇지만 장차 그와 같은 놀라운 사건이 발생하는 때가 반드시 오게 된다는 사실이 언급되고 있다. 그 모든 것들은 세상에 구원을 베풀고자 하시는 하나님으로부터 허락된 징조들이다.

그러므로 타락한 세상에 살아가면서 심한 고통을 당하는 언약의 자손들은 장차 임하게 될 메시아의 때를 간절히 바라보며 그것을 소망하는 자세로 살아가야 했다. 이는 당시의 힘든 현실에 처한 백성들이 하나님께서 직접 관여하시는 이상의 때를 기대해야 한다는 점을 말해준다. 특히 위에 기록된 말씀은 그것이 메시아 언약에 직접 연관되어 있다는 사실을 명확하게 보여주고 있다.

그러므로 하나님께서는 거룩한 산(holy mountain)에 성도들을 해롭게 하는 것들이 더 이상 존재할 수 없다는 사실을 말씀하셨다. 따라서 그때가 이르게 되면 하나님의 백성들 가운데 아무도 해를 당하지 않는다. 이는 만물이 완전히 회복된다는 사실을 말해주고 있다. 하나님의 자녀들은 타락한 이 세상에 살아가면서 심한 해를 받고 여러 모양으로 상하게 되지만 하나님의 능력으로 모든 것이 회복될 미래를 소망하며 감사한 마음으로 살아가게 되는 것이다.

제61장

하나님의 심판과 메시아 강림 예언
(사 66:1-9)

1. 하나님의 창조세계와 그의 백성들 (사 66:1,2)

하나님은 우주만물을 지으신 창조주이시자 그 주인이시다. 따라서 성경은 하늘이 하나님의 보좌가 되며 땅은 그의 발을 두는 발등상이라는 묘사를 하고 있다. 하나님께서 천지를 창조하신 것은 자신을 위한 고유한 목적을 지니고 있었다. 즉 하나님께서는 자신의 영광을 위해 모든 피조세계를 지으셨다.

물론 본문에 언급된 하늘(heaven)은 단순한 하늘(sky)이 아니라 '천상의 나라'를 일컫는 것으로 보는 것이 자연스럽다(계 4:1-3, 참조). 이 말은 하나님의 보좌는 천상의 나라에 존재하지만 땅은 그의 발을 두는 곳이 된다는 의미를 지닌다. 그 땅의 중심에는 약속의 땅 가나안과 하나님의 집인 예루살렘 성전이 존재하고 있다.

그런데 죄에 빠진 어리석은 인간들은 그에 대한 올바른 깨달음이 없었다. 죄가 하나님과 우주만물에 대한 인간의 참된 지식을 완전히 소멸시켜 버렸기 때문이다. 그런 자들은 자신의 노력으로 이땅에 하나님의 거처를 예비할 수 있는 것처럼 생각했다. 따라서 그들은 인간의 취향에 따라 하나님을 위한 전당을 짓고 그의 안식처를 만들고자 만용을 부렸다. 이는 겉보기에 하나님을 위한 것처럼 보였지만 실상은 그에 대적하는 인본적인 판단에 따른 욕망에 지나지 않았다.

그러므로 하나님께서는 죄에 빠진 존재인 인간으로서 어떻게 감히 이땅에 자신이 거하게 될 거룩한 집을 짓고 안식할 처소를 지으려 하는지 따지며 배도자들을 책망하셨다. 이는 저들의 근본적인 사고 자체가 올바르지 않았기 때문이다. 하늘과 땅을 비롯한 모든 피조세계는 하나님께서 직접 창조하셨으므로 존재하게 된 것들이다. 이 말은 온 우주가 하나님의 관할 아래 있다는 사실을 시사해주고 있다.

따라서 하나님의 아들로서 인간의 몸을 입고 이땅에 오신 예수님께서는 당시 자기를 따르던 백성들에게 인간이 얼마나 나약한 존재인가 하는 점을 말씀하셨다. 죄에 빠진 인간들은 아무것도 맹세할 수 없는 무력한 존재에 지나지 않는다. 인간들이 어떤 문제를 두고 스스로 다짐하며 맹세한다고 할지라도 그것 자체로서는 아무런 보장성이 없다. 산상수훈에는 그에 연관된 기록이 나타나고 있다.

> **"나는 너희에게 이르노니 도무지 맹세하지 말찌니 하늘로도 말라 이는 하나님의 보좌임이요 땅으로도 말라 이는 하나님의 발등상임이요 예루살렘으로도 말라 이는 큰 임금의 성임이요"**(마 5:34,35)

참된 신앙을 가진 인간들이 깨달아야 할 사실은, 하나님의 전지전능성과 더불어 전적으로 무능하고 부패한 자신의 실재에 연관된 모습이다. 그런 타락한 인간은 그 자체로서는 거룩한 하나님 앞으로 나아가지 못한다. 따라서 인간이 감히 거룩한 하나님의 보좌인 하늘이나 그의 발등상인 땅을 두고 맹세한다는 것은 오만한 행동에 지나지 않는다. 나아가 하나님께서 특별히 세우신 예루살렘 성을 두고 맹세한다는 것은 자신의 본분을 망각한 태도이다.

하나님께서는 그런 오만한 인간들을 결코 기쁜 마음으로 용납하시지 않는다. 하나님께서 기뻐하시는 자는, 마음이 가난하고 심령으로 통회하는 자들이다. 그런 성도들은 세상에 대한 욕망을 포기하고 죄에 빠진 인간에 대한 자책을 동반하게 된다. 그리고 하나님의 말씀을 주의 깊게 경청하고 두렵고 떨리는 마음을 가지고 천상을 바라보게 된다. 하나님은 그와 같은 자들을 돌보아 보호해 주신다.

이에 대해서는 신약성경의 복음서에 잘 기술되어 있다. 이른바 '팔복'이라 일컬어지는 말씀 가운데서 그에 관련된 특별한 교훈이 주어졌다. 특히 심령이 가난하고 애통하는 자들이 복이 있다고 하신 말씀은 그에 직접 연관되는 교훈으로 이해해야 한다(마 5:3,4, 참조).

그러므로 하나님께서는 자신의 말씀을 인하여 떨며 두려워하는 자를 버리지 않고 권고하시리라고 하셨다(사 66:2). 하나님께 속한 성도들은 그와 같은 신앙 자세를 유지하게 된다. 그런 사람들은 하나님의 날개 그늘 아래서 안전한 보호를 받게 되는 자들로서 참된 복을 소유한 백성들이다.

2. 가증한 제사를 드리는 자들 (사 66:3,4)

죄에 빠진 인간들은 종교적인 형식을 통해 자기 마음 내키는 대로 하나님을 즐겁게 만들어보고자 애쓴다. 그 가운데는 이방인들의 신앙 풍습을 도입한 것들도 많이 있다. 그와 같은 종교행위는 자신의 욕망을 추구하는 과정에서 하나님과 일종의 거래를 하려는 인간들의 사악한 심성에서 나온 것이다.

어리석은 인간들은 다른 사람들의 겉모습을 보고 속아 넘어가지만 전지

전능하신 하나님께서는 저들의 속마음을 훤히 들여다보고 계신다. 그러므로 성경은, 하나님께서 사람의 외모를 보거나 그것을 취하시는 분이 아니라는 사실을 강조하고 있다(신 10:17; 삼상 16:7; 행 10:34). 이는 물론 인간들의 외모에서 드러나는 겉모습에 연관되지만, 거기에는 본질에서 벗어난 형식적인 행동이 포함되어 있다.

내면적 신앙이 부실한 종교인들은 겉으로 드러나는 외형을 통해 남에게 자기의 종교성을 나타내 보이고자 하는 속성을 지니고 있다. 선지자 이사야가 예언할 당시에도 그와 같은 자들이 많이 있었다. 그 사람들은 살찐 소를 잡고 어린 양을 잡아 하나님 앞에 예물로 바치는 행위를 이어갔다.

그리고 분향焚香을 하며 자신의 종교심을 표출하기를 좋아했다. 그들은 그렇게 함으로써 자신의 신앙을 자랑하고자 하는 마음을 소유하고 있었다. 즉 그런 자들은 그와 같은 행위를 통해 자신의 신앙을 과시하고자 했던 것이다.

하지만 저들의 종교행위는 여호와 하나님 보시기에 가증한 것으로서 하나님을 기쁘게 하기는커녕 도리어 욕되게 할 따름이었다. 따라서 그들이 소를 잡아 하나님께 드리는 것은 마치 살인행위를 하는 것과 다르지 않은 악행이었다. 그리고 어린 양으로 제사를 드리는 것은 모세의 율법에 명백히 규정된 부정한 동물인 개의 목을 꺾어 하나님 앞에 바치는 것과 같았다. 배도자들이 바치는 모든 예물은 돼지의 피와 같이 가증스러운 것에 지나지 않았다. 나아가 그들이 분향하는 모든 것은 우상을 숭배하는 것과 마찬가지였다.

이처럼 배도에 빠진 인간들은 하나님의 율법을 멸시하며 살아갔다. 그들은 자기의 이성에 근거한 종교적인 취향과 욕망에 따라 하나님을 섬기고자 했다. 그 사람들은 이방 세계로부터 유입된 다양한 종교적인 활동을 전개함으로써 자신의 만족을 추구하고자 했다. 그들은 종교로 포장된 가증한 행위를 하면서 스스로 만족스러워했던 것이다.

우리가 여기서 분명히 알 수 있는 점은, 악하고 더러운 배도행위가 때로는 인간들에게 종교적으로 상당한 기쁨과 즐거움을 제공할 수 있다는 사실이다. 하나님을 떠나 그의 원수의 편에 가담한 악한 자들은 항상 그것을 매개로 삼아 아직 신앙이 어린 교인들을 미혹하고자 한다. 죄에 물든 인간의 종교적인 심성이 마치 신앙의 증거라도 되는 듯이 그것을 앞세워 사람들을 속이게 되는 것이다.

하나님께서는 선지자 이사야의 글을 통해 자신의 뜻을 멸시하고 그와 같은 종교행위를 하는 자들을 반드시 응징하신다는 사실을 강조하셨다. 그것은 사람들의 판단을 흐리게 하여 분별력을 잃어버리게끔 내버려두시는 것과 연관되어 있다. 하나님의 도우심이 없는 상태에서는 심한 두려움과 공포가 밀어닥칠 수밖에 없다. 하나님은 저들에게 그에 관한 경고를 지속하며 악행을 멈추도록 요구하셨지만 그들은 귀를 막고 듣지 않았다.

여기서는 하나님의 간청과 인간들의 악한 배도 행위가 대비되고 있다. 그들은 하나님의 간곡한 요구에도 불구하고 그가 증오하는 이방인들의 종교적인 습성을 끌어들여 하나님의 목전에서 악을 자행하기를 지속했다. 이는 저들의 행동이 일시적인 판단에 의한 것이 아니라 악한 것들에 물들어 깊이 잠겨 있었다는 사실을 말해주고 있다.

오늘날 우리도 선지자가 전하는 이 예언의 말씀을 기억하며 정신을 빠짝 차려 세상의 악한 논리에 올바르게 대응해야만 한다. 어리석은 자들은 자기가 느끼는 종교적인 즐거움과 기쁨의 감정을 통해 자신의 신앙을 확정지으려는 오류에 빠지게 된다. 이에 대해서는 개별 성도들뿐 아니라 온 교회가 공적으로 세속의 가치와 이방 종교사상의 유입을 경계함으로써 단호하게 대처하지 않으면 안 된다.

그것을 방치하게 되면 결국 하나님의 무서운 저주와 끔찍한 심판을 불러일으키게 된다. 따라서 하나님을 진정으로 경외하는 성도들은 항상 하나님의 뜻 가운데 살아가고자 하는 마음을 가지고 있어야만 한다. 하나님은 의를 도모하시는 분으로서 결코 인간의 악행을 간과하시는 분이 아니라는 사실을 성경이 증거하고 있다.

3. '하나님의 백성들' 과 원수들에 대한 보응 (사 66:5,6)

선지자 이사야가 예언할 당시 이스라엘 민족 가운데는 하나님을 진정으로 믿고 의지하는 성도들이 배도에 빠진 악한 자들에 의해 억눌린 채 살아가고 있었다. 그와 같은 현상은 인간들의 전 역사 가운데 끊임없이 발생해 왔다. 이에 대해서는 오늘날 우리가 살고 있는 시대도 예외가 아니다.

하나님을 경외하는 올바른 신앙을 가진 자들은 이 세상에서 풍족한 삶을 누리며 살아가는 것이 아니라 도리어 정신적인 고통을 감내하며 살아가야만 한다. 앞에서도 언급된 것처럼 지혜로운 자들은 그런 가운데서도 떨며 하나님의 말씀을 귀담아 듣고자 애쓴다(사 66:5). 그러나 배도자들은 전혀 그렇지 않다.

따라서 이사야서 본문은 혈통적으로 형제라 할 수 있는 배도자들이 하나님의 자녀들을 미워하게 된다는 사실을 언급하고 있다(사 66:5). 이는 혈통적으로 아무런 상관이 없는 이방인들보다 언약의 굴레 안에 있다고 주장하는 자들이 훨씬 더 적대적이라는 사실을 말해준다. 즉 원수들은 항상 언약의 백성 주변을 맴돌면서 하나님을 대적하며 참된 성도들을 괴롭힌다.

나아가 그들은 자신의 종교적인 목적을 달성할 목적으로 감히 하나님의 이름을 빙자했다. 그리하여 언약의 백성들을 위한 삶의 터전에서 참 성도들을 박해하며 저들을 쫓아내고자 했다. 그와 같은 사악한 행동을 하면서도 그들은 스스로 자기의 신앙이 매우 훌륭한 것인 양 착각하고 있었다.

그러므로 그 사람들은, 여호와 하나님의 영광이 저들이 박해하는 그 대상자들에게 나타나 그로 인한 기쁨을 자기에게 보여주기를 원한다고 말했다. 즉 하나님의 영광은 저들의 종교적인 행위를 통해 나타난다는 것이었다. 이 말은 잘못된 우월감으로써 종교성으로 포장된 배도자들의 거짓과 위선을 여실히 보여주고 있다.

이와 같은 어처구니없는 양상은 예수님 당시에도 배도에 빠진 바리새인들과 서기관들 가운데서 나타났다. 그들은 자신의 주관적인 종교성에 빠져 오만한 태도를 보이고 있었다. 그러므로 어리석은 자들은 하나님과 그의 자녀들을 핍박하면서도 그것이 마치 하나님을 섬기는 방편인 양 생각하기도 했다(요 16:1,2, 참조).

이 가운데는 저들의 종교행위에 대한 하나님의 해석과 인간들의 자기 착각에 의한 실상이 정반대라는 사실이 그대로 드러난다. 사악한 배도자들은 자신의 종교적인 행위를 통해 하나님으로부터 인정받고 장차 커다란 상급을 받을 수 있을 것처럼 여겼으나, 하나님께서는 그 모든 것들을 자신을 모독하는 참람한 행위로 간주하셨다. 따라서 그들은 상급을 받기는커녕 하나님의 저주를 받아 수치와 수모를 당하게 된다.

타락한 세상 가운데 살아가며 고통당하는 언약의 자손들은 그에 대한 분명한 소망을 가지고 있어야만 한다. 악한 자들은 세상에서 만족을 누리며 성도들을 박해하면서 그것이 마치 자신에게 주어진 인생의 특권이라도 되는 양 여기며 살아간다. 하지만 저들에게는 장차 임하게 될 하나님의 무서운 심판에 대한 깨달음이 전혀 없다.

그러므로 여호와 하나님을 믿고 신뢰하는 성도들은 어떤 힘든 상황 가운데서도 천상의 나라를 바라보며 기쁜 마음을 보존할 수 있어야 한다. 이 세상의 모든 것들은 아침 안개와 같이 잠시 있다가 지나가 버리지만 저들에게는 영원한 것이 약속되어 있기 때문이다. 예수님께서는 제자들에게 그에 연관된 사실을 확인해 주셨다.

"나를 인하여 너희를 욕하고 핍박하고 거짓으로 너희를 거스려 모든 악한 말

을 할 때에는 너희에게 복이 있나니 기뻐하고 즐거워하라 하늘에서 너희의 상이 큼이라 너희 전에 있던 선지자들을 이같이 핍박하였느니라"(마 5:11,12)

하나님의 자녀들은 타락한 세상 가운데서 원수들에 의해 심한 욕을 당하고 핍박을 당하는 것을 도리어 기쁨으로 받아들여야 한다. 그들이 악한 말을 하는 것을 듣게 될 때 그것이 진정한 복이라는 사실을 깨달아야 하는 것이다. 그것은 고통 자체가 즐거움이나 복이 된다는 의미가 아니다. 그 말은 세상의 악한 자들로부터 핍박을 당하는 것을 통해 하나님의 편에 서 있는 자신의 모습을 확인할 수 있기 때문이다. 즉 그들이 하나님의 자녀가 아니라 세상에 속해 있다면 그와 같이 핍박받지 않으리라는 것이다.

지상 교회에 속한 참된 성도들은 장차 예루살렘으로부터 들려오는 위엄에 찬 소리와 거룩한 성전에서 울려퍼지는 선포를 듣게 될 날을 맞이하게 된다. 그 날은 하나님께서 자기에게 저항하는 원수들에게 보응하는 목소리를 동반한다. 이는 메시아 강림과 밀접하게 연관되는 것으로서 이 세상에서 박해를 당하는 자녀들에게는 진정한 소망의 근거가 된다.

4. 시온(Zion)을 통해 강림하시는 메시아 (사 66:7-9)

구약시대의 시온 곧 예루살렘은 이땅에 메시아를 보내는 통로의 역할을 하게 되는 거룩한 도성이다. 시온은 미처 진통을 겪기도 전에 해산하는 임산부처럼 자연스럽게 한 특별한 남자 아기를 낳게 된다. 이는 하나님께서 예비하신 때가 되어 속히 메시아가 오시게 되리라는 사실을 말해주고 있다.

성경에는 처음부터 그에 연관된 언약이 드러나고 있었다(창 3:15, 참조). 구약성경에는 그에 대한 약속이 지속적으로 이어졌으며, 성자 하나님께서 인간의 몸을 입고 이땅에 출생함으로써 구약의 모든 예언이 성취되었다.

타락한 세상을 심판하시는 왕으로서 이땅에 오신 예수님께서는 그 약속에 근거하여 지상 사역을 감당하셨다. 사도 요한은 계시록에서 그에 관한 중요한 기록을 남기고 있다.

> **"여자가 아들을 낳으니 이는 장차 철장으로 만국을 다스릴 남자라 그 아이를 하나님 앞과 그 보좌 앞으로 올려가더라"**(계 12:5)

이스라엘 민족에게 허락된 약속의 땅 가나안의 중심에 존재하는 시온에서 메시아가 오셨다. 남자를 알지 못하는 여성인 동정녀 마리아를 통해 이 세상에 강림하신 예수님은 장차 철장鐵杖으로 만국을 다스리게 될 왕이었다. 그에 저항하는 인간들은 부딪치는 반석이신 예수 그리스도로 말미암아 영원한 멸망에 빠지게 된다(벧전 2:8).

요한은 계시록의 환상 가운데서, 여자로부터 난 그 아들이 하나님과 그의 보좌 앞으로 들려올라간 것을 직접 목격했다. 이는 그것이 상징적인 의미가 아니라 실체적인 사건으로 나타난다는 사실을 보여주고 있다. 신구약 성경은 하나님으로부터 예언된 모든 내용들이 인간 역사 가운데 그대로 성취되었다는 점을 기록하고 있다.

하나님께서는 또한 그 일을 이룩하시기 위해 언약의 민족을 조성하셨다. 그들은 하나님의 작정으로 인해 생겨나게 된 백성이다. 선지자 이사야는 그와 같은 놀라운 일을 귀로 들은 자가 과연 누구이며 그것을 목격한 자가 누구냐고 다그쳐 묻듯이 말했다.

하나님의 나라는 결코 하루아침에 세워질 수 있는 것이 아니며, 언약의 민족이 한 순간에 형성되지도 않는다. 그러나 약속의 도성 시온은, 마치 출산을 앞둔 산모에게 진통이 시작되는 것과 같은 시점에 하나님께서 언약의 자손들을 낳게 되었다. 이는 구약의 모든 언약이 그에 연관되어 있음을 말해주고 있다.

성경은 또한 그 언약의 민족이 이땅에 생겨나게 된 것은 전적으로 하나님으로 말미암은 것이란 사실을 증거하고 있다(사 66:9). 즉 인간들의 종교적인 기대와 대응이 그와 같은 사건을 불러온 것으로 말할 수 없다. 이는 메시아가 창세전의 작정 및 성령에 의해 잉태되어 출생하는 것과 그것을 위해 특별한 민족이 조성된 사실을 드러내 보여주고 있다.

천상의 나라에 연결된 이와 같은 사건은 일반 인간 세상 가운데서는 결코 발생할 수 없는 일이다. 그러나 하나님께서는 이스라엘 민족 가운데 발생한 분명한 징표인 예수 그리스도의 동정녀 탄생을 통해 자신의 구원사역을 이루어 가실 것을 구약시대 백성들에게 선언하셨다. 우리는 그에 관련된 모든 것들이 전적인 하나님의 섭리와 경륜에 따라 성취된 사실을 기억하고 있어야만 한다.

제62장

예루살렘과 최후심판

(사 66:10-24)

1. 예루살렘으로부터 위로받은 백성들 (사 66:10-14)

하나님께서는 '예루살렘' 을 사랑하는 자들에게 말씀하셨다. 여기서 예루살렘을 사랑한다는 말은 단순히 한 성읍을 감정적으로 사랑하는 것 이상의 의미를 지닌다. 그것은 메시아의 강림에 연관하여 예루살렘에 대한 관심과 소망을 가지고 있음을 뜻하고 있다.

하나님은 이처럼 예루살렘을 진정으로 사랑하는 자들을 향하여 그 성읍과 함께 기뻐하며 즐거워하라는 말씀을 하셨다. 또한 하나님께서는 그 성을 위하여 슬퍼하는 자들에게도 그 성읍이 소유한 기쁨으로 말미암아 그 성과 함께 즐거워하라고 하셨다. 우리가 여기서 기억해야 할 바는 예루살렘이 모든 기쁨의 근원이 되고 있다는 사실이다. 즉 개인과 사회적인 환경이 참된 기쁨과 즐거움을 제공하지 못한다.

슬픔과 기쁨은 양립할 수 없는 성격을 지니고 있음에도 불구하고 하나님께서 그렇게 언급하신 것은 예루살렘이 보유한 본질적인 기쁨과 배도자들의 악행에 연관되어 있다. 본문에 언급된 것처럼 그 성을 위하여 슬퍼하는 자들은 배도에 빠진 자들에 의해 거룩한 성읍이 훼손당하는 것을 보며 슬픔에 빠지게 되었다. 그리고 이방인들의 군대가 예루살렘 성을 포위하고 위협하는 것을 보고 슬퍼할 수밖에 없었다.

예루살렘으로 인해 슬퍼하는 자들은 하나님을 진정으로 사랑하고 예루살렘의 구속사적인 의미를 알고 그 성읍을 사랑하는 성도들이었다. 그들은 당시에는 슬픔에 잠겨 있었지만 마치 어린아기가 어미의 젖을 빨듯이 장차 저들을 위로하시는 분의 품 안에서 만족하게 된다. 또한 풍부한 젖으로 말미암아 풍성해지듯이 저들에게 허락된 영광의 풍성함으로 말미암아 즐거워하게 된다.

여호와 하나님께서는 저들에게 미래에 임하게 될 메시아 사역에 관한 예언을 하셨다. 그가 메시아에게 평강을 강 같이 넘치도록 할 것이며 그에게 뭇 나라의 영광을 넘치는 시내 같이 넘치도록 주신다는 것이었다. 이는 세상에서 경험하는 것과는 전혀 다른 하나님의 평강과 영광이 만방에 선포되는 것에 연관되어 있다.

그렇게 되면 하나님의 자녀들은 생명의 근원인 예루살렘 성읍의 젖을 빨아먹게 될 것이며 그 보호자의 품 안에 안겨 그의 무릎 위에서 뛰놀게 된다. 이는 마치 어머니가 자기 자식을 위로하는 것 같이 하나님께서 저들을 위로할 것을 의미한다. 이 말은 위로부터 주어지는 불변하는 무한한 사랑을 보여주고 있다.

이리하여 언약의 백성들은 하나님의 구원사역이 구체화되는 예루살렘에서 진정한 위로를 받게 된다. 그 백성들은 그와 같은 놀라운 상황을 보고 기뻐하지 않을 수 없다. 그렇게 되면 저들의 뼈가 유연성을 가지고 무성한 풀 같이 왕성하게 된다. 이 말은 모든 것이 형통하게 되리라는 사실을 예언하고 있다.

이를 통해 여호와 하나님의 전능한 손이 자기 종들에게 무한한 은총을 베푸시게 된다. 그와 더불어 그의 원수들에게는 무서운 진노를 내리신다. 이 말씀은 세상의 모든 악한 세력을 이기고 궁극적으로 승리를 거두시는 메시아에 연관되어 있다. 모든 성도들은 타락한 세상 가운데 살아가면서 이에 대한 분명한 깨달음을 가지고 있어야만 한다.

2. 여호와의 강림과 심판 (사 66:15-17)

선지자 이사야는 장차 여호와께서 강림하실 것에 대한 예언을 했다. 그는 화염火焰에 둘러싸여 오시게 되며 그와 더불어 오는 수레들은 회오리바람 같다는 것이었다. 그는 혁혁한 위세로 노여움을 나타내시고 맹렬한 불로써 책망하시게 된다. 그것은 하나님의 최종 심판과 연관되어 있다.

세상에 최후의 종말이 임하게 되면 하나님께서 불과 칼로써 모든 인간들에게 철저한 심판을 베푸신다. 그로 말미암아 악한 자들은 처참한 사망에 빠질 수밖에 없다. 우리가 여기서 분명히 이해해야 할 점은 본문에서 언급된 여호와 하나님이 나중에 인간의 몸을 입고 이땅에 오실 메시아를 지칭하고 있다는 사실이다(사 66:15). 이를 통해 하나님께서 자기 백성을 구원하시기 위해 친히 이 세상에 오시게 된다는 사실을 알 수 있다.

초림하신 예수님께서는 십자가 사건과 더불어 지상의 모든 사역을 완성하신 후 승천하시게 된다. 그때부터 지금까지 천상에 계신 그가 마지막 심판날 재림하시게 되면 궁극적인 구원과 심판을 행하신다. 하나님의 자녀들에게는 영원한 구원과 안식을 제공하시게 되지만 악한 자들에게는 무서운 형벌을 내리시게 된다. 사도 바울은 데살로니가 교회에 보내는 편지에서 그에 연관된 사실을 기록하고 있다.

"환난 받는 너희에게는 우리와 함께 안식으로 갚으시는 것이 하나님의 공의시니 주 예수께서 저의 능력의 천사들과 함께 하늘로부터 불꽃 중에 나타나실

때에 하나님을 모르는 자들과 우리 주 예수의 복음을 복종치 않는 자들에게 형벌을 주시리니 이런 자들이 주의 얼굴과 그의 힘의 영광을 떠나 영원한 멸망의 형벌을 받으리로다"(살후 1:7-9)

하나님께서는 세상에 살아가는 자기 백성을 향해 장차 이와 같은 사건이 일어나리라는 사실을 분명히 밝히셨다. 그런데 문제는 배도자들과 어리석은 자들은 그에 대한 인식이 전혀 없다는 사실이다. 따라서 그들은 두려운 심판을 눈앞에 두고 가증스러운 악행을 저지르면서도 그것을 아무렇지 않게 여겼다. 도리어 그 사람들은 선악을 분별하지 못한 채 그것이 마치 신앙을 위해 잘 하는 종교행위인 양 착각했다.

그와 같은 불신과 배도 현상은 개별적으로 드러나기도 하지만 집단성이 강하다. 그런 자들은 종교적인 자아도취에 빠져 자신의 욕망을 채우기 위해 하나님의 말씀을 주관적으로 해석하기를 좋아한다. 나아가 하나님께 저항하는 자들은 하나님을 열심히 섬기는 삶을 살아가는 양 서로간 부당한 격려를 주고받는다.

그러므로 성숙한 성도들은 신앙이 어린 교인들이 그와 같은 유혹에 빠지지 않도록 도와주지 않으면 안 된다. 잘못된 종교성을 지닌 자들은 마치 거룩한 종교행위를 하는 자들인 것처럼 착각하여 스스로 정결하게 구별하여 자부심을 가지기도 한다. 그들은 가증스런 것을 선한 것인 양 주장하며 사악한 종교행위를 되풀이하게 되는 것이다.

이사야가 예언하던 시대의 배도자들은 인근의 산중에 들어가 그 가운데 있는 자를 따라 돼지고기와 쥐고기를 먹고 가증한 물건을 숭상하며 그것들을 가까이 하면서도 아무런 거리낌이 없었다. 그들은 종교적인 욕망에 취해 돼지고기와 쥐고기를 즐겁게 먹었다. 그런 자들은 율법을 무시한 채 자신의 종교심을 극대화했던 것이다.

그와 같은 행위는 이방인들의 추악한 종교성을 받아들임으로써 하나님을 멸시하는 행동이었던 것이 틀림없다. 그들은 하나님의 법과 뜻이 아니라 이방인들의 다채로운 종교성에 눈을 돌리기를 좋아했다. 따라서 그들은 오히려 그것들을 내세워 종교적인 자랑거리로 삼기도 했다. 하지만 그것들은 때가 이르면 하나님의 심판대 앞에서 엄격한 심판을 받아 영원한 멸망에 빠지는 근거가 된다.

이런 양상은 인간 역사 가운데 끊임없이 일어났다. 말세를 당한 지금 우리 시대 역시 마찬가지다. 어리석은 자들은 가증스러운 종교행위를 되풀이하면서도 하나님의 영광을 위해 그렇게 한다는 착각을 하고 있다. 그들은 구약시대 배도자들이 먹고 섬기던 돼지고기와 쥐고기, 그리고 가증한 물건들을 다른 형태의 것으로 대체했을 뿐 여전히 그와 같은 자리에 앉아 있는 것이다.

그러므로 오늘날 우리는 그에 대해 민감한 자세를 취하고 경계하는 마음을 가지고 있어야 한다. 이를 위해서는 반드시 기록된 성경과 성령 하나님의 도우심을 통해 그에 대한 깨달음을 가져야만 한다. 그와 같은 신령한 자세를 포기하지 않음으로써 지상 교회의 정결한 상태를 유지해야만 하는 것이다.

3. 이방인들에게 전파되는 복음과 하나님의 영광 (사 66:18-21)

하나님께서는 배도에 빠진 자들의 모든 행위와 사상을 속속들이 알고 계신다는 말씀을 하셨다. 하지만 어리석은 자들은 하나님이 그에 대한 사실을 모를 것처럼 여겼다. 그런 자들에게는 감히 여호와 하나님의 눈을 속이고자 하는 악한 마음으로 가득 차 있었다.

장차 때가 이르게 되면 하나님께서 세상의 많은 나라들과, 사용하는 언어가 다른 다양한 민족들 가운데서 선택받은 백성들을 불러 모으시게 된다. 그것은 창세전에 확정된 하나님의 예정과 선택에 근거하고 있다. 하나님의 은혜를 입은 그 사람들은 장차 하나님의 영광을 목격하게 된다.

성경은 하나님께서 언약의 백성들 가운데 징조를 세우시리라고 말씀하셨다. 그리하여 그들 가운데 도피한 자를 다시금 여러 나라 곧 다시스와 막강한 군사력을 갖춘 룻을 비롯하여 두발과 야완 땅으로 보내시리라는 것이었다. 그리고 하나님의 명성과 그의 영광을 전혀 듣거나 본적이 없는 자들이 살고 있는 먼 섬들로 보내시게 된다. 그들이 여호와 하나님의 복음을 온 세상의 모든 나라에 전파하게 되는 것이다.

이사야서 본문에 언급된 '징조' (a sign)는 그리스도의 피로 값 주고 사신 지상 교회와 연관되는 것으로 이해하는 것이 가장 자연스럽다(사 66:19). 그 성도들 가운데 드러나는 하나님의 말씀과 그의 영광이 만방에 선포된다. 이땅에 오신 예수님께서는 십자가에 달려 죽었다가 부활한 후 승천하시기 전 제자들에게 그에 연관된 말씀을 하셨다. 성령께서 임하시면 하나님의 자녀들이 예루살렘으로부터 약속의 땅 지경을 넘어 땅 끝까지 이르러 자신의 증인이 되리라는 것이었다.

"오직 성령이 너희에게 임하시면 너희가 권능을 받고 예루살렘과 온 유대와 사마리아와 땅 끝까지 이르러 내 증인이 되리라 하시니라"(행 1:8)

이처럼 예수님께서는 자기를 따르는 제자들이 성령의 권능을 받아 자신의 증인이 되리라는 사실을 예언하셨다. 이는 뒤이어 설립될 지상 교회와 밀접하게 연관되어 있다. 따라서 지상에 존재하는 모든 교회의 성도들은 예루살렘과 온 유대와 사마리아와 땅 끝까지 이르러 예수 그리스도의 증인이 되어야 하는 것이다.

선지자 이사야는 장차 이와 같은 놀라운 사건이 일어나게 될 것을 미리 예언했다. 당시로는 도저히 그런 일이 발생할 것 같지 않은 상황이었다. 그러나 구약시대의 참된 성도들은 그 사실을 굳게 믿고 기다려야만 했다.

나중 예수 그리스도의 지상 사역을 통해 그 모든 예언들이 구체적으로 성취 되었다.

하나님께서는 또한 이스라엘 민족이 정결한 예물을 그릇에 담아 여호와의 성전에 바치는 것처럼 그들 곧 이방인들을 중심으로 형성된 신앙공동체인 교회가 세상에 흩어진 모든 형제들을 하나님께 바치게 되리라는 사실을 말씀하셨다. 그들은 세상의 여러 나라들로부터 선택받은 자들을 말과 수레와 마차와 노새와 낙타에 태워다가 거룩한 성 예루살렘으로 데리고 와서 그곳에서 하나님께 예물로 드리게 된다.

이에 대해서는 신약성경에서도 그에 연관된 교훈을 주고 있다. 사도 바울은 예수 그리스도의 일꾼이 되어 이방인들을 하나님께 제물로 바치게 된다. 그는 하나님의 복음을 맡은 제사장 직무를 감당하게 되는 것이다. 이 말은 사도들의 교훈 위에 세워진 지상 교회가 그 제사장 사역을 감당하게 되리라는 의미를 내포하고 있다. 바울은 로마 교회에 편지하면서 그에 관한 기록을 남기고 있다.

> **"이 은혜는 곧 나로 이방인을 위하여 그리스도 예수의 일군이 되어 하나님의 복음의 제사장 직무를 하게 하사 이방인을 제물로 드리는 그것이 성령 안에서 거룩하게 되어 받으심직하게 하려 하심이라"**(롬 15:16)

신약시대의 사도들과 그들로 말미암아 상속된 지상 교회는 영적인 제사장 직무를 수행해야만 한다. 교회와 그에 속한 성도들이 하나님의 제사장이 되어 세상에 대한 구원사역을 감당하게 되리라는 사실이 이사야서에 예언되어 있다(사 66:21). 그들 중에서 일꾼들을 택하여 특별한 제사장과 레위인을 삼는다는 것이었다.

이는 물론 아론 지파의 혈통을 이어받은 제사장을 의미하지 않으며 레위지파를 뜻하지 않는다. 이 말씀은 하나님께서 특별히 선택하여 세우신 자들에게 그와 같은 제사장 직무를 맡긴다는 사실을 말해주고 있다. 그것은 곧 복음 전파를 위한 선교적 사역과 연결되어 있다.

그러므로 선지자 이사야가 전한 이 예언은 신약시대 교회의 제사장 역할과 연관되며 직분과 관련되는 것으로 이해할 수 있다. 즉 우리 시대에는 개별 성도가 제사장 직무를 감당하는 것이 아니라 하나님의 교회가 집단적으로 그 사역에 참여하게 된다.[84] 지상 교회 가운데 존재하는 직분들은 그 사역을 위한 중추적인 역할을 하게 된다. 신약성경에는 교회가 왕 같은 제사장 역할을 하게 된다는 사실이 언급되어 있다.

> **"오직 너희는 택하신 족속이요 왕 같은 제사장들이요 거룩한 나라요 그의 소유된 백성이니 이는 너희를 어두운데서 불러내어 그의 기이한 빛에 들어가게 하신 자의 아름다운 덕을 선전하게 하려 하심이라"(벧전 2:9)**

사도 베드로는 이처럼 지상에 존재하는 교회들이 제사장 사역을 감당하게 될 것에 대한 기록을 남기고 있다. 온 세상에 흩어진 하나님의 선택을 받은 이방의 성도들은, 앞선 시대 교회의 복음 전파를 통해 부르심을 받은 자들이다. 따라서 그후에 교회를 상속받은 모든 성도들은 그 사역에 참여하는 가운데 하나님의 복음을 전파해야 한다. 선지자 이사야가 성도들로 하여금 제사장과 레위인을 삼아 사명을 감당케 하시리라고 말씀하신 것은 그와 밀접하게 연관되어 있다(사 66:21, 참조).

4. '새 하늘과 새 땅' 및 '영원한 불 못' (사 66:22-24)

하나님께서는 또한 장차 완성될 새 하늘과 새 땅에 관한 말씀을 하셨다.

84) 중세 종교개혁시대 마르틴 루터 이후부터 제시된 만인제사장 이론은, 성도들 각 개인이 제사장이란 의미를 지닌 것으로 개신교회 안에 고착되었다. 그러나 그 의미는 보편교회에 속한 지 교회 단위로 이해하는 것이 바람직하다; 이광호, 『개혁조직신학』, 서울: 칼빈 아카데미, 2012, pp.287-289, 참조.

이사야서 본문에는 그 새 하늘과 새 땅이 아직 완전히 창조된 것은 아니지만 항상 하나님 앞에 존재하는 것으로 묘사되고 있다. 우리는 여기서 시공간에 제한적인 인간들의 경험과 하나님의 영원성 사이에는 본질적인 차이가 난다는 사실을 기억하게 된다.

그처럼 언약의 자손을 비롯한 모든 성도들의 이름은 항상 여호와 하나님 앞에 놓여 있다. 이는 아직 출생하지 않은 성도들조차 이미 하나님 앞에 존재한다는 사실을 말해준다. 즉 창세전에 선택받은 성도들은 하나님의 구원사역이 완성되기 전에 벌써 하나님의 은혜 안에 존재하고 있었던 것이다.

그런데 성경에는 장차 새 하늘과 새 땅에서 이루어질 궁극적인 사건에 대한 내용이 기록되어 있다. 그것은 구약시대의 율법과 밀접하게 연관된 내용이다. 즉 매월 초하루와 매 안식일마다 모든 인간들이 하나님 앞에 나아와 예배하게 되리라는 것이었다.

이 말씀은 신약시대 교회가 매주일 하나님을 경배하는 것과 연관되어 있다. 그 날은 예수 그리스도의 십자가 사역으로 인해 구약시대 안식일 개념을 완성한 '주님의 날'로서 새로운 안식이 드러난 날이다. 하나님의 은총을 입은 백성들은 매 주일마다 하나님 앞으로 나아와 그를 경배하게 된다.

하나님의 백성들은 바깥으로 나가 하나님께 패역한 자들의 죽은 것과 같은 몸을 보게 된다. 그 사람들이 영원토록 거하게 될 저주의 영역은 이글거리는 불 못으로 벌레들조차도 죽지 않는 무서운 곳이다. 예수님께서는 제자들에게 그에 관한 말씀을 하셨다. 마태복음에는 그에 관한 기록이 되풀이하여 나타나고 있다.

"인자가 그 천사들을 보내리니 그들이 그 나라에서 모든 넘어지게 하는 것과 또 불법을 행하는 자들을 거두어 내어 풀무 불에 던져 넣으리니 거기서 울며 이를 갈게 되리라"(마 13:41,42); **"세상 끝에도 이러하리라 천사들이 와서 의인 중**

에서 악인을 갈라 내어 풀무 불에 던져 넣으리니 거기서 울며 이를 갈리라"(마 13:49,50)

우리는 하나님으로부터 계시된 성경을 통해 영원한 천국이 존재하는 것과 동시에 영원한 지옥이 존재한다는 사실을 알게 된다. 지옥은 결코 꺼지지 않는 영원한 불 못을 이루고 있다. 지옥의 처참한 상황은 이 세상에서는 결코 경험할 수 없는 끔찍한 영역임이 분명하다.

또한 우리가 말씀을 통해 알 수 있는 사실은 새 하늘 및 새 땅과 첫 하늘 및 첫 땅 사이에 연속성과 불연속성이 존재한다는 사실이다. 즉 새 하늘과 새 땅은 첫 번째 창조된 천지와 전혀 다르지만 동시에 연속성을 지니고 있다. 이는 창세전부터 약속하신 하나님의 언약에 밀접하게 연관되어 있다.

모든 성도들은 이사야서의 맨 마지막 부분에 기록된, 하나님의 자녀들이 거하게 될 새 하늘과 새 땅인 영원한 천국과, 악한 자들이 거하게 될 영원한 불 못에 대한 기록을 마음에 새겨야 한다. 이는 그것이 하나님의 자비로운 성품과 공의로운 심판에 연관되어 있기 때문이다. 이에 대한 올바른 깨달음은 타락한 세상에서 핍박을 당하며 살아가는 성도들에게 허락된 참 소망의 근거가 된다.

그럼에도 불구하고 우리 시대에는 영원한 지옥의 존재를 부인하고 소위 '영혼멸절설' 을 주장하는 자들이 많다. 그들 가운데는 복음주의자로 알려진 신학자들도 상당수 포함되어 있다. 어리석은 자들이 그런 식으로 생각하는 까닭은, 하나님께서 진정한 사랑을 가지고 계신다면 결코 인간들 가운데 일부를 영원한 고통에 빠뜨려두지 않을 것이라는 인간중심의 잘못된 종교사상 때문이다. 그와 같은 주장을 펼치는 자들은 계시된 하나님의 말씀을 온전히 받아들이지 않고 교회를 어지럽히는 위태로운 자들이 아닐 수 없다. 우리는 오직 성경에 기록된 하나님의 말씀을 믿고 의지할 따름이다.

〈구 약〉

〈신 약〉